BORIS SCHINKELS

Die Verteilung des Haftungsrisikos für Drittmissbrauch von Medien des bargeldlosen Zahlungsverkehrs

Untersuchungen über das Spar-, Giro- und Kreditwesen

Abteilung B: Rechtswissenschaft

Schriften des Instituts für deutsches und internationales Recht des Spar-, Giro- und Kreditwesens an der Johannes Gutenberg-Universität Mainz

Herausgegeben von

Prof. Dr. Walther Hadding und Prof. Dr. Uwe H. Schneider

Band 138

Die Verteilung des Haftungsrisikos für Drittmissbrauch von Medien des bargeldlosen Zahlungsverkehrs

Eine Betrachtung von Scheck, Kreditkarte, Debetkarte und Geldkarte

Von

Boris Schinkels

Duncker & Humblot · Berlin

Die Deutsche Bibliothek – CIP-Einheitsaufnahme

Schinkels, Boris:
Die Verteilung des Haftungsrisikos für Drittmissbrauch von Medien des bargeldlosen Zahlungsverkehrs : eine Betrachtung von Scheck, Kreditkarte, Debetkarte und Geldkarte /
von Boris Schinkels. – Berlin : Duncker und Humblot, 2001
(Untersuchungen über das Spar-, Giro- und Kreditwesen : Abt. B ; Rechtswissenschaft ; Bd. 138)
Zugl.: Bielefeld, Univ., Diss., 2000
ISBN 3-428-10531-1

Fotoprint: Werner Hildebrand, Berlin
Printed in Germany

ISSN 0720-7352
ISBN 3-428-10531-1

Gedruckt auf alterungsbeständigem (säurefreiem) Papier
entsprechend ISO 9706 ♾

Vorwort

Diese Darstellung erwuchs aus dem Entschluss, erstmals *verschiedene* Medien des bargeldlosen Zahlungsverkehrs in *einer* Monographie zu beleuchten und daraus Erkenntnisse sowohl über gemeinsame Strukturprinzipien wie dasjenige der geschäftsbesorgungsrechtlichen Weisung als auch über Besonderheiten einzelner Medien, etwa der Wertpapiereigenschaft der Geldkarte, zu gewinnen. Sie hat im Wintersemester 2000/2001 der rechtswissenschaftlichen Fakultät der Universität Bielefeld als Dissertation vorgelegen. Die daraus vorgegebene gespaltene Prüfung der Rechtslagen vor und nach Geltung des neuen § 676h BGB habe ich auch für die Veröffentlichung bewusst beibehalten, da die fragmentarische, misslungene und insbesondere hinsichtlich der Geldkarte teleologisch zu reduzierende Norm am besten aus einer fundierten Analyse der bisherigen Rechtslage heraus verstanden werden kann.

Die Arbeit entstand im Wesentlichen während meiner Tätigkeit als wissenschaftlicher Mitarbeiter am Lehrstuhl von Herrn Prof. Dr. Thomas Pfeiffer, dem ich an dieser Stelle herzlich dafür danken möchte, dass er eben jene Tätigkeit stets mehr als Inspiration denn als zeitliche Belastung für meine Auseinandersetzung mit den Medien des Zahlungsverkehrs ausgestaltet hat.

Dank schulde ich auch Herrn Prof. Dr. Kleindiek für die freundliche Übernahme sowie die zügige Erstellung des Zweitgutachtens.

Danken möchte ich ferner den Herausgebern Herrn Prof. Dr. Hadding und Herrn Prof. Dr. Schneider für die Aufnahme dieses Werks in die Schriftenreihe der „Untersuchungen über das Spar- Giro- und Kreditwesen" sowie dem Verlag Duncker & Humblot für die umfassende Betreuung.

Schlussendlich gebührt mein persönlicher Dank all denen, die mich während der Erstellung dieser Arbeit unterstützt und meine Inanspruchnahme hierduch nachgesehen haben, ganz besonders Bettina Arnold, der ich zahllose Diskussionen sowie das Lesen des Manuskripts gleich mehrfach zugemutet habe.

Bielefeld, im März 2001 *Boris Schinkels*

Inhaltsverzeichnis

3. Kapitel
Verbleibende Möglichkeiten der Risikoverlagerung 327

4. Kapitel
Zusammenfassung einiger Thesen 332

Einführung

Das Problem der Verteilung des Missbrauchsrisikos im bargeldlosen Zahlungsverkehr betrifft die rechtliche Beziehung zwischen dem Kunden und dem Kreditinstitut bzw. Kreditkartenherausgeber: Fälscht ein Dritter z. B. einen Scheck samt Vordruck, so ergibt sich für das einlösende Kreditinstitut nach heute wohl einhelliger Ansicht aus der dispositiven Gesetzeslage kein Recht, das Kundenkonto zu belasten[1]. Dieses vom Kreditinstitut zu tragende Risiko der Totalfälschung einer Weisung wurde durch die Einführung von mit der Konto-Nr. des Ausstellers versehenen Vordrucken, die nur diesem ausgehändigt werden, bzw. für den Bereich der Kartenzahlung durch die Verwendung von fälschungsaufwendigen Karten minimiert. Dadurch entstand allerdings das Risiko des Missbrauchs solcher Vordrucke und Karten. Deren Abhandenkommen und Missbrauch unterliegen aber nunmehr in erheblichem Maße dem Einfluss des Kunden. Dieser Umstand erlaubt nicht nur die Entwicklung von Sorgfaltspflichten des Kunden zur Abschirmung des Missbrauchsrisikos, an deren Verletzung sich verschuldensabhängige Ersatzansprüche des trotz aller Sorgfalt einer gefälschten Weisung nachkommenden Kreditinstituts knüpfen können. Vielmehr wird die von E. Ulmer[2] für den Scheckvertrag formulierte Sphärentheorie gerade zur Begründung einer verschuldensunabhängigen Haftung des Kunden für die Realisierung des Restrisikos herangezogen, das nicht mehr mit der im Verkehr erforderlichen Sorgfalt ausgeschaltet werden kann. Die zentrale Fragestellung dieser Arbeit lautet daher: Wer soll das Risiko tragen, dass eine Bank Zahlungen oder ein Vertragsunternehmer eines Kartensystems Leistungen an einen Nichtberechtigten erbringt, der ordnungsgemäß für den Berechtigten gehalten werden darf, weil er Legitimationsmittel vorlegt, die dem Berechtigten abhanden gekommen sind?

Heute sind die Missbrauchsrisiken abschließend durch AGB verteilt. Daher stellt sich die im Folgenden zu erörternde Frage, inwieweit den Geschäftsbesorgungsverhältnissen der verschiedenen Systeme bargeldloser Zahlung statt der vom Gesetzgeber allgemein vorgesehenen Institute der Unmöglichkeit und des Verschuldens[3] eine Haftung des Kunden für ihm anvertraute Medien des bar-

---

[1] Vgl. dazu unten S. 30 ff.

[2] Das Recht der Wertpapiere, S. 315 ff.

[3] *Koller*, Risikozurechnung, S. 74; *Henssler*, Risiko, S. 26.

geldlosen Zahlungsverkehrs immanent ist, in erster Linie als Vorfrage der Inhaltskontrolle nach dem AGBG (§ 8 AGBG): Soweit risikoverteilende Klauseln von der dispositiven Rechtslage abweichen, eröffnet sich die Inhaltskontrolle der risikoverteilenden AGB anhand der jeweiligen Leitbilder der verschiedenen Zahlungsformen. Die hierzu erforderliche Erörterung der Reichweite des gesetzlichen Grundgedankens der Verschuldenshaftung und möglicher Abweichungen im Vertragsrecht ist dabei über den Bereich bargeldloser Zahlung hinaus von grundsätzlichem dogmatischen Interesse. Neben einer eingehenden Betrachtung der Funktionsweise der Rechtsscheinshaftung wird dabei der von Canaris[4] postulierte Satz, dass eine Haftung des Geschäftsherrn für Zufallsschäden des Geschäftsbesorgers nur bei unentgeltlichen Verträgen und solchen mit Unselbständigen in Betracht komme, auf den in einschlägigen Monographien[5] inzwischen mit einer Beiläufigkeit verwiesen wird, als entspräche er einem Gesetzeswortlaut, in Frage zu stellen sein. Zudem soll eine vertiefte Analyse der Risikoverteilungskonzeption Kollers erfolgen, die sowohl Elemente der Geschäftsherrnhaftung als auch allgemeiner Sphärentheorien mit dem Ziel zu integrieren versucht, den Gedanken ökonomischer Effizienz für die zivilrechtliche Haftungsverteilung fruchtbar zu machen.

---

4 RdA 1966, 41, 48 f.

5 Für den Einsatz von Debetkarten wie er ec-Karte im POS-Verfahren etwa *Petring*, POS-Zahlungen, S. 186; für den Karteneinsatz am Geldautomaten *Bucher*, Risikoverteilung, S. 182.

1. Kapitel

Das Drittmissbrauchsrisiko nach dispositivem Recht

1. Abschnitt

Zahlungen mittels Schecks

Der Scheck ist als Mittel zur Erfüllung von Geldschulden ein Medium des bargeldlosen Zahlungsverkehrs. Während eine Barzahlung unmittelbar zwischen zwei Personen stattfindet, sind an einer Scheckzahlung mindestens drei Seiten beteiligt. Die Zahlung mittels Schecks ist ein Sonderfall der bürgerlichrechtlichen Anweisung (§ 783 BGB)[6], bei der ein zur Zahlung Verpflichteter nicht unmittelbar selbst zahlt, sondern per Scheck seine Bank anweist, eine Zahlung an seinen Gläubiger gegen Einreichung des Schecks vorzunehmen. Deshalb bestehen bei einer Scheckzahlung auch Rechtsverhältnisse zwischen mindestens drei Parteien. Weitere Rechtsverhältnisse treten hinzu, wenn der Scheck bei einer anderen als der bezogenen Bank zur Einlösung vorgelegt wird. Für die Verteilung des Drittmissbrauchsrisikos zwischen dem angewiesenen Kreditinstitut und seinem Kunden kommt es allerdings entscheidend auf deren Rechtsbeziehung an. Freilich darf man dabei nicht verkennen, dass Interdependenzen zwischen allen aufgezeigten Rechtsbeziehungen bestehen, die bei der Feststellung von vertraglichen Pflichten zu berücksichtigen sein können. Darüber hinaus können sich auch Rechte eines Beteiligten einer Scheckzahlung aus einer Vertragsbeziehung, an der er nicht unmittelbar beteiligt ist, ergeben, etwa unter dem Gesichtspunkt des Vertrags mit Schutzwirkung zugunsten Dritter. Zu weit geht es allerdings, aus diesem Verbundcharakter heraus einen über die bipolaren Rechtsbeziehungen hinausreichenden „Netzvertrag" als eigenständige dogmatische Figur anzuerkennen, die in über die bisherige Dogmatik hinausgehender Weise die Feststellung von Rechten und Pflichten zwischen an einem Vertragsverbund Beteiligen aber nicht unmittelbar durch zweiseitigen Vertrag Verbundenen ermöglichen soll. Diese von Möschel[7] angeregte und von Rohe[8] auf-

---

[6] Ein wichtiger Unterschied besteht dabei in der fehlenden Annahmefähigkeit des Schecks (Art. 4 SchG) vgl. *Erman/Heckelmann*, Vor § 783, Rn. 6.

[7] AcP 186 (1986), 187, 211 ff.

[8] Netzverträge, passim, für den Scheckverkehr S. 25 ff.

gegriffene Lehre droht einerseits zu verschleiern, dass der jegliches vertragliche Recht und jegliche vertragliche Pflicht determinierende Parteiwille nun einmal ungeachtet eines Vertragsverbundes in einer auf Abschluss eines bilateralen Vertrags gerichteten Erklärung zum Ausdruck kommt[9]. Zum anderen ist nicht ersichtlich, welche Wertungen für den einzelvertragsübergreifenden Interessenausgleich durch diese neue Figur erfasst werden könnten, die mit der bisherigen Dogmatik nicht abgedeckt werden. Dies gilt insbesondere für die im Rahmen dieser Arbeit interessierenden Sorgfaltspflichten der Kreditinstitute zur Verhinderung des Einlösens von Scheckfälschungen, zu denen auch Rohde in seinem Werk „Netzverträge" eingehend Stellung nimmt[10], ohne auf Wertungen zurückgreifen zu müssen, die jenseits des bipolaren Interessenausgleichs zwischen Kreditinstitut und Kontoinhaber im Rahmen des Scheckvertrags lägen.

A. Das Rechtsverhältnis zwischen dem Kreditinstitut und dem Kunden

Die Scheckbegebung erfolgt regelmäßig im Rahmen eines zuvor geschlossenen Scheckvertrags zwischen dem Kreditinstitut und dem Scheckaussteller[11], durch den letzterer ermächtigt wird, mittels Schecks über sein Konto zu verfügen, und ersteres verpflichtet wird, bei Vorliegen eines ausreichenden Guthabens bzw. einer entsprechenden Kreditlinie die unter Verwendung der vorgeschriebenen Vordrucke ausgestellten Schecks einzulösen[12]. Es handelt sich daher um einen Geschäftsbesorgungsvertrag nach § 675 BGB, dessen Einordnung als Dienst- oder Werkvertrag unterschiedlich beurteilt wird[13]. Neben seinen

---

[9] Prinzipiell gegen die Konstruktion von Rechtsfolgen aus einer „Verbundsstruktur" auch *Schröter*, ZHR 151 (1987), 118, 126 f.

[10] Rohe, Netzverträge, S. 26 ff.

[11] Dieser ist zwar nicht Wirksamkeitsvoraussetzung eines Schecks (Art. 1 SchG), aber ohne einen solchen Vertrag wird der Kunde keine Scheckvordrucke erhalten, so daß sich die Frage nach deren Mißbrauch gar nicht stellt.

[12] Vgl. *Canaris*, Bankvertragsrecht, Rn. 682; *Joost*, ZHR 153 (1989), 237, 244; *Pfeiffer*, in: Graf v. Westphalen, ec-Bedingungen, Rn. 14.

[13] Für eine Einordnung als Werkvertrag *Canaris*, Bankvertragsrecht, Rn. 682; auf diesen verweisend nunmehr *Baumbach/Hefermehl*, Art. 3 SchG, Rn. 3; *Bülow*, WG/SchG/AGB Art. 3 SchG Rn. 3; *Staudinger/Martinek*, § 675 B 21. "Werkvertragselemente" betont *Reifner*, NJW 1987, 630. Differenzierend, insb. zwischen erfolgsbezogenen "Abwicklungstechnizitäten" und tätigkeitsbezogener Unterschriftsprüfungspflicht *Pfeiffer*, in: Graf v. Westphalen, ec-Bedingungen, Rn. 15. Für eine Einordnung als Dienstvertrag noch *Baumbach/Hefermehl*, 13. Aufl. 1981, Art. 3 Rn. 3a; eine Mischung annehmend *Baumbach/Hopt*, HGB, (7) Bankgeschäfte E/1.

Sorgfalts- und Prüfungspflichten schuldet allerdings das Kreditinstitut die Einlösung als Erfolg[14], so dass jedenfalls insoweit Werkvertragscharakter besteht.

Die h. M. sieht nun die Scheckeinlösung als Ausführung eines Auftrags an, aus der sich ein in das Kontokorrent einzustellender Aufwendungsersatzanspruch des Kreditinstituts gemäß § 670 BGB ergibt[15]. Einer anderen Ansicht zufolge soll mit der Einlösung unmittelbar die Tilgung der sich aus dem Guthaben bzw. aus der Kreditlinie ergebenden Forderung gegen das Kreditinstitut auf Auszahlung gemäß §§ 362 Abs. 2, 185 BGB bzw. § 787 Abs. 1 BGB eintreten[16]. Nach der h. M. beinhaltet der Scheck also eine vom Scheckinhaber als Boten an die Bank überbrachte Einzelweisung i. S. d. § 665 BGB[17], nach der zweiten Ansicht hingegen die Einwilligung in die Leistung an Dritte. Letzteres ist jedoch in Bezug auf Scheckeinlösung im Rahmen der Kreditlinie problematisch, da § 787 Abs. 1 BGB nach h. M. nicht die Anweisung auf Kredit erfasst[18]. Zudem ist nach dem BGH[19] § 787 Abs. 1 BGB nicht mit der Kontokorrentabrede vereinbar.

Der Vollständigkeit halber ist bereits an dieser Stelle kurz darauf hinzuweisen, dass die Sonderregeln für Giro-, Zahlungs- und Überweisungsvertrag in den neuen §§ 676a bis 676g BGB als Spezialregeln auf den Scheckvertrag als allgemeinen Geschäftsbesorgungsvertrag nicht unmittelbar anwendbar sind[20]. Die §§ 676a bis 676g BGB werden im Folgenden jedoch eine eingehende Darstellung mit Blick auf die Frage erfahren, ob sie auf den Scheckvertrag übertragbare Wertungen enthalten[21].

---

[14] *Canaris*, Bankvertragsrecht, Rn. 682; so nun auch *Baumbach/Hefermehl* Art. 3 SchG Rn. 3; anders noch *Baumbach/Hefermehl*, 13. Auflage 1981, Art. 3 SchG Rn. 3a; vgl. auch *Gößmann*, Recht des Zahlungsverkehrs, Rn. 246.

[15] Vgl. *Canaris*, Bankvertragsrecht, Rn. 696; *Jäger*, Fälschungsrisiko, S. 145.

[16] *Enneccerus/Lehmann*, SchuldR, § 203 I Nr. 2, S. 828; vgl. dazu *Baumbach/Hefermehl*, Art. 3 SchG, Rn. 5 m. w. N.

[17] *Schwintowski/Schäfer*, Bankrecht, § 4 Rn. 291; *Joost*, ZHR 153 (1989), 237, 247.

[18] *Gößmann*, Recht des Zahlungsverkehrs, Rn. 236; *Staudinger/Marburger*, § 787 Rn. 1; *Hüffer*, in: MünchKomm, § 787 Rn. 2; RGRK/*Steffen*, § 787 Rn. 2; a. A. *Erman/Heckelmann*, § 787 Rn. 2 m. w. N.

[19] NJW 1951, 598, 599.

[20] Auch für die rechtsfortbildende Übertragung der neuen Vertragsfiguren auf den Bereich des Scheckvertrages ist nicht nur kein Bedarf erkennbar. Vielmehr hat *Bülow*, WM 2000, 58, 59, bereits zu Recht darauf hingewiesen, dass etwa ein von ihm sog. „Einlösungsvertrag" in Analogie zum Überweisungsvertrag und das daraus resultierende Kontrahierungsbelieben den Scheckaussteller in eine mit dem Sinn des Scheckvertrags unvereinbare Gefahr scheckrechtlicher Rückgriffshaftung trotz Einhaltung der scheckvertraglichen Bedingungen bringen würde.

[21] Vgl. unten S. 98 ff.

B. Die in Betracht kommenden Formen von Fälschung und Missbrauch

Damit stellt sich die Frage nach den Rechtsfolgen der einzelnen Formen von Fälschung und Missbrauch. Unterscheiden lassen sich folgende Fälle:

1. Totalfälschung
Bereits der Scheckvordruck wird nachgemacht und mit der vermeintlichen Unterschrift des Kontoinhabers versehen.

2. Fälschung
Ein echter Vordruck wird insbesondere mit gefälschter Unterschrift ausgefüllt. Denkbare Fälle der Erlangung von Vordrucken durch Dritte sind neben freiwilliger Weitergabe Raub, Diebstahl oder schlichtes Auffinden nach Verlieren.

3. Verfälschung
Ein vollständiger echter Scheck wird nachträglich durch Hinzufügen oder Entfernen von Schriftzeichen verändert. Als Täter kommt insoweit insbesondere der Schecknehmer in Betracht.

4. Blankettmissbrauch
Ein nur mit echter Unterschrift versehener Vordruck wird ohne entsprechende Erlaubnis ausgefüllt. Hierbei kann man unterscheiden, ob der Kontoinhaber das Blankett begeben hat (Fall des Art. 13 ScheckG), oder ob es ihm abhandengekommen ist.

5. Scheckmissbrauch
Ein vollständig ausgestellter Scheck kommt vor Begebung abhanden.

Eine Totalfälschung lässt sich auch unter erdenklichen Sphärengesichtspunkten nicht dem Kunden zuweisen. In den Fällen der Fälschung lässt sich weiter differenzieren, ob die Vordrucke bereits beim Versand an den Kunden oder erst diesem abhanden gekommen sind, oder ob der Kunde sie dem Fälscher zur Verwahrung geben hat. Der Verfälschung schließlich liegt typischerweise ein Abhandenkommen beim Schecknehmer oder eine Manipulation durch diesen zugrunde.

Die folgende Darstellung konzentriert sich daher besonders auf das Risiko des Missbrauchs von Vordrucken, also auf die Fälle der Fälschung.

C. Der Streitstand zum Missbrauchsrisiko nach dispositivem Recht

I. „Enges Auftragsverständnis" der herrschenden Meinung

Nach h. M. weist das dispositive Recht bei fehlendem Verschulden des Kunden das Risiko der Einlösung gefälschter Schecks dem Kreditinstitut zu. Mangels Auszahlungsermächtigung durch den Berechtigten ergibt sich jedenfalls aus den §§ 362 Abs. 2, 185 BGB bzw. § 787 Abs. 1 BGB kein Recht der Bank, das Kundenkonto zu belasten[22]. In Betracht kommt daher allein ein Aufwendungsersatzanspruch aus §§ 675, 670 BGB. Überwiegend wird jedoch das Vorliegen einer für § 670 BGB erforderlichen Weisung verneint[23]. Reifner vertritt darüber hinausgehend, dass sich die Risikotragung des Kreditinstituts aus der Natur des Scheckvertrags ergebe, da dieses die Organisation des Zahlungsverkehrs bestimme und Risiken minimieren könne. Schließlich seien es dessen Angestellte, die durch gefälschte Schecks betrogen würden[24].

II. „Extensives Auftragsverständnis"

1. Die Ansicht v. Tuhrs und Reichels

Für das in Bezug auf das Mandat[25] inhaltsgleiche schweizerische Recht hat v. Tuhr ein extensives Verständnis des Kundenauftrags postuliert: Das beauftragte Institut könne Aufwendungsersatz auch für solche Zahlungen an einen Nichtberechtigten verlangen, die aufgrund nicht sorgfaltswidrigen Irrtums erfolgt sind und daher für erforderlich gehalten werden durften[26]. Dem ist Reichel[27] mit der Begründung beigetreten, dass § 670 BGB entgegen der Ansicht, der Auftrag sei

---

[22] *Koller*, Gutachten, S. 1469.

[23] RGZ 92, 50, 51; 100, 55, 60; BGHZ 91, 229, 230; BGH, WM 1997, 910, 911; WM 1997, 1250,1251; *Baumbach/Hefermehl*, Art. 3 SchG Rn. 7; *Bittner*, VersR 1996, 805, 806; *Brox*, Handels- und Wertpapierrecht, Rn. 673; *Bundschuh*, in: RWS-Forum 1, 5, 16; *Bülow*, WM 1991, 443; *Joost*, ZHR 15 (1989), 237, 247 f.; *Meder*, JuS 1996, 89, 93; *Nuissl*, Bankgeschäftsrecht, Rn. 109; *Pfeiffer* in: Graf v. Westphalen, ec-Bedingungen, Rn. 86 ff., 89; *Schwintowski/Schäfer*, Bankrecht, § 4 Rn. 292; *Wand*, ZIP 1996, 214, 216.

[24] *Reifner*, NJW 1987, 630, 632. Auch das Common Law verneint ganz im Sinne *Reifners* ein Recht zur Belastung des Kundenkontos aufgrund der Doktrin, daß die Banken die Handschrift ihrer Kunden kennen müssen, vertiefend *Geva*, LQR 114 (1998), P. 251, 258 ff. Darauf beruhen auch Section 3- 404 (1), Section 4-401 (1) des amerikanischen Uniform Commercial Code, nach denen grundsätzlich die Bank das Fälschungsrisiko trägt, vgl. *Gruson/Fischer*, ZHR 153 (1989), 643, 647 f.; siehe auch *Landvogt*, Fälschung und Verfälschung von Wechseln und Schecks, S. 21 f.

[25] Nach Art. 402 Abs. 1 des Schweizerischen Obligationenrechts schuldet der Auftraggeber dem Beauftragten Ersatz der "Verwendungen", die dieser "in richtiger Ausführung des Auftrags" gemacht hat. Dies meint Aufwendungen, die bei objektiver Betrachtungsweise für erforderlich gehalten werden durften, vgl. *Gauch/Aepli/Casanova*, OR, Art. 402, entspricht also insoweit § 670 BGB. Inzwischen gilt allerdings *§ 1132 OR*, wonach die Bank das Risiko aus der Einlösung eines falschen oder verfälschten Schecks trägt, sofern den Kunden kein Verschulden trifft.

[26] *v. Tuhr*, SchweizJZ 1925, 333 ff.

[27] *Reichel*, DJZ 1925, Sp. 1800 f.

nur auf Einlösung echter Schecks gerichtet[28], nicht auf objektiv richtige, sondern nur auf subjektiv vorwurfsfreie Ausführung des Auftrages abstelle. Beide Autoren sehen also nicht den jeweiligen Scheck als maßgebliche Weisung an, sondern betrachten den Scheckvertrag als generelle Verpflichtung, Schecks des Kunden einzulösen.

2. Die Differenzierung Jacobis

Noch weitergehend ist Jacobi der Ansicht, dass bei Anwendbarkeit des Auftragsrechts der Auftrag so zu verstehen sei, dass der Beauftragte den Scheck honorieren solle, an dessen Echtheit er bei dessen Vorlage keine Bedenken haben könne[29]. Nach dieser Ansicht ist also die Einlösung unerkennbarer Fälschungen Auftragserfüllung und die darin liegende Aufwendung objektiv erforderlich. Sei allerdings der Bezogene Schuldner des Ausstellers, so gelte der Grundsatz, dass der Schuldner durch Zahlung an Nichtberechtigte nicht frei werde, da die Interessen des Schuldners denen des Gläubigers überall nachgesetzt seien[30]. Für die Einlösung eines schuldlos nicht als gefälscht erkannten Schecks erwächst dem Kreditinstitut danach nur dann ein (Aufwendungsersatz-) Anspruch, wenn sich die Einlösung nicht als Versuch der Schuldtilgung bei Aktivsaldo bzw. bei eingeräumtem Kredit darstellt.

III. Aufwendungsersatz nach Zuordnung der Risikoquelle

1. Sphärentheorie nach E. Ulmer

1938 formulierte E. Ulmer[31] seine Ansicht, die auf derjenigen v. Tuhrs und Reichels beruht, wonach die subjektiv vorwurfsfreie Einlösung eines wie auch immer erstellten Falsifikats einen Anspruch aus § 670 BGB auslöst. Während aber die Letztgenannten folgerichtig dem Kreditinstitut sogar für die Einlösung nicht erkennbarer Totalfälschungen Aufwendungsersatzansprüche zubilligen, befürwortet E. Ulmer aufgrund "der Interessenlage und der natürlichen Ordnung des Scheckverkehrs" eine Risikoverteilung nach Sphären[32]. Aus den Re-

---

[28] Gemeint ist *Herold*, DJZ 1925, Sp. 1627 ff., der mit der h. M. bei Fälschungen das Fehlen einer Weisung bemängelt, die er in der jeweiligen Scheckausstellung sieht.

[29] *Jacobi*, Wechsel- und Scheckrecht, § 53, S. 403; *ders.*, ZHR 91 (1928), 197 ff.

[30] *Jacobi*, Wechsel- und Scheckrecht, § 53, S. 403; *ders.*, ZHR 91 (1928), 200 ff.

[31] Das Recht der Wertpapiere, S. 315 ff.

[32] *E. Ulmer* erachtet also § 670 BGB für alle Fälle nicht erkennbarer Fälschungen/Verfälschungen/Totalfälschungen grundsätzlich als einschlägig und will dessen Anwendung durch den Sphärengedanken erst *beschränken*. In diese Richtung geht auch die Interpretation durch *Baumbach/Hefermehl*, WG/SchG, Art. 3 SchG Rn. 13; *Koller*,

geln des Geschäftsbesorgungsrechts und einer sinngemäßen Auslegung des Scheckvertrags ergebe sich, dass der Kunde das Risiko der Einlösung einer nicht erkennbaren Fälschung trage, wenn sie durch einen Umstand ermöglicht worden sei, der in seiner Sphäre liege. Insbesondere wenn dem Kunden das Scheckbuch abhanden gekommen sei oder die unvorsichtige Art der Ausstellung eine spätere Verfälschung begünstigt habe, liege eine Weisung vor, die der Bezogene im Rahmen des Geschäftsbesorgungsvertrages als Weisung des Kunden betrachten dürfe. Im Übrigen trage die Bank das Fälschungsrisiko[33].

Dem folgen Teile des Schrifttums[34]. Dabei wird allerdings häufig verkannt[35], dass E. Ulmer „Sphäre" nicht mit „Beherrschbarkeit" gleichsetzte. Beweis dafür ist, dass E. Ulmer[36] mit der Sphärenerwägung eine Zurechnung der Weisung auch bei Eintritt von Geisteskrankheit des Kunden nach Abschluss des Scheckvertrags aber vor Abgabe der Weisung rechtfertigte. Denn der Eintritt von Geisteskrankheit entzieht sich der Beherrschung durch den Betroffenen.

2. *Rechtsscheinshaftung nach Canaris*

Canaris[37] geht mit der h. M. davon aus, dass es bei der Fälschung und der Verfälschung des Schecks grundsätzlich an einer rechtsgeschäftlich wirksamen Zahlungsanweisung des Ausstellers an die bezogene Bank fehlt. Dennoch sei in Anwendung der Regeln über den Rechtsschein E. Ulmer zu folgen. Die Schaffung eines Scheintatbestandes sei zwar bei Fälschung und Verfälschung i. d. R. nicht zurechenbar, doch bestünden im Wertpapierrecht wesentlich strengere Rechtsscheinsregeln. Deren Anwendung auf den Aufwendungsersatzanspruch rechtfertige sich daraus, dass die Zahlungsanweisung im Scheck als Wertpapier i. e. S. verbrieft sei und diese den Anspruch aus § 670 BGB ipso iure nach sich

---

Gutachten, S. 1469. A. A. allerdings *Bucher*, Risikoverteilung, S. 183. Auch *Canaris*, Bankvertragsrecht, Rn. 368, Fn. 58, erörtert die *Ulmer'sche* Sphärentheorie im Zusammenhang mit dem Gedanken einer lediglich analogen Anwendung des § 670 BGB auf gefälschte Überweisungsformulare.

[33] *E. Ulmer*, Das Recht der Wertpapiere, S. 316 f.

[34] *Zöllner*, Wertpapierrecht, § 26 VI 2 c, S. 161; */Horn*, HGB, Anh. § 372 Abs. 3, Rn. 97 ff.; *Meyer-Cording*, Wertpapierrecht, 1. Aufl. C IV 1 b, S. 90 (nicht aufrechterhalten durch *Meyer-Cording/Drygala*, Wertpapierrecht, C IV 1 b, S. 85 ff.); nicht ganz eindeutig *Meder*, JuS 1996, 89, 93. Ausdrücklich vertritt die Sphärenzurechnung auch *Claussen*, Bank- und Börsenrecht, § 7 Rn. 45, allerdings liegt in dem vom ihm gebildeten Beispiel bereits ein Verschulden des Kunden vor.

[35] Eine Fehlinterpretation *Ulmers* in Richtung auf Beherrschbarkeit findet sich z. B. bei *Schneider*, POS-Zahlungen, S. 124; *Strohdeicher*, Risiken des automatisierten Zahlungsverkehrs, S. 65 f.

[36] Das Recht der Wertpapiere, S. 317 f.

[37] Bankvertragsrecht, Rn. 710.

ziehe[38]. Soweit Canaris ausführt, im Wertpapierrecht werde grundsätzlich für jede Art und Form einer zurechenbaren Risikosetzung gehaftet[39], kann daraus allerdings nicht mit einer Literaturansicht geschlossen werden, ersterer wolle dem Kunden alle aus seiner Sphäre stammenden Risiken unabhängig davon aufbürden, ob die Bank die Fälschung erkennen konnte[40]. Zum einen begründet die Verletzung der auch nach Canaris unabdingbaren Scheckprüfungspflicht eine Verschuldenshaftung der Bank aus pFV[41], zum anderen entfällt bei grober Fahrlässigkeit die für die Rechtsscheinshaftung erforderliche Gutgläubigkeit des Bezogenen[42].

3. Die Ansicht Jägers

Jäger[43] schließlich sieht in dem Umstand, dass gefälschte Schecks keine Weisung des Kunden darstellen, keinen Hinderungsgrund für die Anwendbarkeit des § 670 BGB, da die Bank aus dem Geschäftsbesorgungsvertrag verpflichtet sei, Schecks im Rahmen des Vereinbarten einzulösen. Zwar müsse die Bank zwischen echten und unechten Schecks unterscheiden, die Pflicht zur Erbringung der vertraglich geschuldeten Leistung ende jedoch, wenn der Kunde für Fälschungen verantwortlich zu machen sei, die von der Bank generell nicht zu beherrschen seien. Der Kunde habe einen seine Haftung begründenden Beherrschbarkeitsvorsprung, wenn er fälschungsanfällige Schecks begebe oder wenn er Vordrucke Dritten anvertraue, nicht aber bei Abhandenkommen von Vordrucken[44].

---

[38] *Canaris*, Bankvertragsrecht, Rn. 710.

[39] *Canaris*, Bankvertragsrecht, Rn. 710.

[40] So aber *Koller*, Gutachten, S. 1469.

[41] *Canaris*, Bankvertragsrecht, Rn. 712; darauf verweist bereits *Jäger*, Fälschungsrisiko, S. 143. Für den Schluss *Kollers* mag ausschlaggebend gewesen sein, dass dieser selbst eine Prüfungspflicht der Kreditinstitute aus Rentabilitätserwägungen weitgehend verneint, vgl. *Koller*, WM 1985, 821 ff.

[42] Vgl. dazu *Canaris*, Vertrauenshaftung, S. 504 ff.

[43] Fälschungsrisiko, S. 146 ff.

[44] *Jäger*, Fälschungsrisiko, S. 147.

IV. Verschuldensunabhängiger Schadensersatz nach Zuordnung der Risikoquelle

1. Sphärentheorie nach Müller-Erzbach

Bereits 1910 widersprach Müller-Erzbach[45] der reichsgerichtlichen Verneinung einer Haftung des Bankkunden für aus dem Verlust seiner Vordrucke resultierende Schäden der Bank nach dispositivem Recht. Dabei stützte er sich nicht auf die besondere Wertung des § 670 BGB, sondern auf die von ihm entwickelten allgemeine Gefahrtragungsregel, wonach derjenige ein Risiko verschuldensunabhängig tragen soll, der dessen Realisierung beherrschen kann[46]. Daraus folgerte er eine Haftung desjenigen, aus dessen Gefahrenkreis sich der Schaden entwickelt habe[47]. Den Vorzug dieser Konzeption sah er insbesondere in der „erzieherischen Wirkung", dass der mit der Haftung belastete Risikobeherrscher motiviert werde, das wirtschaftlich sinnvolle Maß an Vermeidungsanstrengungen zu ermitteln und einzuhalten[48], um seinen Schaden bzw. seine Versicherungsprämien gering zu halten[49]. Diese Regel stützte er unter anderem auf § 645 Abs. 1 BGB, den er als Risikozuweisung nach Beherrschbarkeit verstand[50].

2. Die Entwicklung der Position Kollers

Auch Koller stimmt dem Ausgangspunkt der h. M. zu, dass die Bank für die Einlösung gefälschter Schecks mangels gültiger Weisung keinen Aufwendungsersatzanspruch hat[51]. Jedoch postuliert er prinzipiell ein System der Risikozurechnung nach den Kriterien der abstrakten Beherrschbarkeit der Störungsquelle[52], der Absorbierbarkeit[53] und der arbeitsteiligen Veranlassung des Risikos[54] als jeglicher vertraglicher Risikozuweisung zugrundeliegend. Darauf aufbauend geht er davon aus, dass im Verhältnis zur Privatkundschaft das Kreditinstitut das Fälschungsrisiko tragen müsse, weil diese Kunden keinen relevanten Be-

---

45 *Müller-Erzbach*, AcP 106 (1910), 309, 447 f.

46 Vgl. dazu *Müller-Erzbach*, AcP 106 (1910), 309, 409 ff., insb. 413 f.

47 *Müller-Erzbach*, AcP 106 (1910), 309, 413 f.

48 *Müller-Erzbach*, AcP 106 (1910), 309, 350 f., 414, 418.

49 *Müller-Erzbach*, AcP 106 (1910), 309, 418.

50 *Müller-Erzbach*, AcP 106 (1910), 309, 420 f.

51 *Koller*, NJW 1981, 2433, 2435.

52 *Koller*, Risikozurechnung, S. 78 ff.

53 *Koller*, Risikozurechnung, S. 89 ff.; der Begriff findet sich bereits bei *Trimarchi*, ZHR 136 (1972), 118, 121 ff.

54 *Koller*, Risikozurechnung, S. 95 ff.

herrschbarkeitsvorsprung hätten und das Kreditinstitut das Risiko durch Versicherungen besser absorbieren könne[55]. Hingegen vertrat er ursprünglich im Verhältnis zur sonstigen Kundschaft eine Risikozuweisung an letztere. Bei dieser Gruppe seien Missbrauchsrisiko und Schadenshöhe heterogen strukturiert, so dass jede Absorption des Fälschungsrisikos durch die Banken zu einer ungerechtfertigten Externalisierung des Risikos führe. Dogmatisch folgerte er dieses Ergebnis aus einer Rechtsfortbildung parallel zu § 645 BGB bzw. aus ergänzender Vertragsauslegung[56].

Diese Ansicht hat er nunmehr aufgegeben[57]. Neuerdings misst er dem „Bekenntnis des BGB-Gesetzgebers zum Verschuldensgrundsatz"[58] höhere Bedeutung bei und will den Schritt der Rechtsfortbildung in Richtung auf eine verschuldensunabhängige Haftung nur noch dort tun, wo "starke Anreize für eine innovative Gefahrbeherrschung unumgänglich" seien. Dies sei in Hinblick auf die Verwahrung von Scheckvordrucken auch durch Kaufleute nicht der Fall. Ohne von seinen grundsätzlichen Kriterien abzuweichen, verneint er daher für den Verlust von Scheckvordrucken nunmehr das unabweisbare Bedürfnis zur Rechtsfortbildung bzw. Schließung der Vertragslücke[59].

D. Vertraglicher Aufwendungsersatzanspruch

I. Stellungnahme zur Reichweite des § 670 BGB

Ein Aufwendungsersatzanspruch des Kreditinstituts für die Einlösung gefälschter Schecks nach § 670 BGB kommt außer in den Fällen zurechenbaren Rechtsscheins nur dann in Betracht, wenn man mit den Vertretern eines extensiven Auftragsverständnisses das zugrundeliegende Geschäftsbesorgungsverhältnis heranzieht und als Maßstab des Erforderlichen die generelle Verpflichtung des Kreditinstituts ansieht, Schecks einzulösen. Auch unter dieser Prämisse vermag jedoch die Ansicht Jacobis[60], das Kreditinstitut sei zur Einlösung als echt erscheinender Fälschungen beauftragt und daher sogar *verpflichtet*, nicht zu überzeugen. Eine solche Verpflichtung müsste sich aus der Parteivereinbarung ergeben. Der Kunde wird aber bei Abschluss des Scheckvertrags die Fälschungsmöglichkeit i. d. R. nicht bedenken und daher auch keinen diesbezügli-

[55] *Koller*, NJW 1981, 2433, 2436.
[56] *Koller*, NJW 1981, 2433, 2437.
[57] *Koller*, JZ 1997, 1068, 1070.
[58] *Koller*, JZ 1997, 1068, 1069.
[59] *Koller*, JZ 1997, 1068, 1069 f.
[60] Wechsel- und Scheckrecht, S. 403.

chen Geschäftswillen äußern[61]. Koller[62] weist insoweit pointiert auf den fiktiven Charakter eines einklagbaren und schadensersatzbewehrten Anspruchs des Kunden auf Einlösung sorgfaltsgemäß für echt gehaltener Fälschungen hin. Damit ist allerdings noch nicht ausgeräumt, dass auch bei einem Auftrag, gegen Vorlage bestimmter - echter - Dokumente bestimmte Aufwendungen zu tätigen, die Reaktion auf unerkennbare Fälschungen als erforderlich erscheinen kann. Eine Aufwendung hält sich aber auch nicht schon deshalb im Rahmen des Geschäftsbesorgungsverhältnisses, weil sie als erforderlich erscheint. Anders ausgedrückt kann der subjektiv-objektive Maßstab[63] des für erforderlich halten Dürfens in § 670 BGB nur innerhalb eines objektiv zu bestimmenden Rahmens für die Gewährung von Aufwendungsersatz[64] herangezogen werden. Dieser erschließt sich aus dem Zusammenspiel von § 670 BGB und § 665 BGB: Grundgedanke des § 670 BGB ist es zwar, den Geschäftsbesorger von dem Risiko zu entlasten, dass eine ex-ante betrachtet sinnvolle Aufwendung sich ex-post als nutzlos erweist, um damit seine Handlungsbereitschaft im Interesse des Geschäftsherrn zu stärken. Wer beauftragt wird, ein Geschäft zu besorgen, der muss den durch die Vorgaben des Geschäftsherrn offengelassenen Spielraum durch eine eigene Entscheidung ausfüllen. Ohne Sicherheit, bereits für die aus dem subjektiven Kenntnishorizont des Beauftragten anhand von objektiv vernünftigen Kriterien vorgenommene Ausschöpfung dieses Ermessensfreiraums Aufwendungsersatz zu erhalten, würde niemand einen Auftrag annehmen. Andererseits ist für die Ausführung der Geschäftsbesorgung der Wille des Geschäftsherrn maßgeblich, der das Ermessen des Geschäftsbesorgers durch Einzelweisungen nach § 665 BGB[65] beschränken oder sogar vollständig ausschließen kann. Nur in dem Maße, in dem die Weisungen des Auftraggebers einen Interpretations- und Verhaltensspielraum eröffnen, innerhalb dessen der Auftragnehmer eigene Abwägungen vornehmen muss, gilt daher ohne weiteres der subjektiv-objektive Maßstab des § 670 BGB. Hingegen ist im Grundsatz eine Ab-

---

[61] So auch *Joost*, ZHR 153 (1989), 237, 246; *Koller*, NJW 1981, 2433, 2434; vgl. auch *Pfeiffer*, in: Das Recht vor den Herausforderungen der modernen Technik, S. 186, 194 für elektronische Formen bargeldloser Zahlungen.

[62] NJW 1981, 2433, 2434.

[63] Vgl. dazu allgemein *Seiler*, in: MünchKomm, § 670 Rn. 9; zur Scheckeinlösung *Haertlein*, Der abhandengekommene Inhaberscheck, S. 204 ff.

[64] Zur Frage des Schadensersatzes im Rahmen einer Geschäftsherrnhaftung vgl. unten S. 89 ff.

[65] Die geschäftsbesorgungsrechtliche Einzelweisung nach § 665 BGB wird gemeinhin als empfangsbedürftige Willenserklärung und als einseitiges Rechtsgeschäft charakterisiert, vgl. *Seiler*, in: MünchKomm, § 665 Rn. 5; *Staudinger/Wittmann*, § 665 Rn. 3. Sie unterliegt keiner gesetzlichen Form, vgl. *Schön*, AcP 198 (1998), 401, 422.

weichung von konkreten Vorgaben des Auftraggebers, die keiner weiteren Ausfüllung zugänglich sind, nicht mehr auftragsgemäß. Insoweit normiert § 665 BGB, dass der Beauftragte, der von Weisungen abweichen will, grundsätzlich den Auftraggeber zu benachrichtigen und dessen Entschließung abzuwarten hat. Daraus ist weitergehend der Grundgedanke zu entnehmen, dass der Beauftragte, der seine Ungewissheit über Umfang oder gar Bestehen einer Weisung nicht zum Anlass nimmt, beim Auftraggeber nachzufragen, das Risiko läuft, objektiv nicht weisungsgemäß - d. h. nicht auftragsgemäß - zu handeln.

Demnach ist entscheidend, dass der Scheckvertrag lediglich die generelle Verpflichtung begründet, in den durch Weisung des Kunden noch zu bestimmenden Fällen Zahlungen an Dritte vorzunehmen. Diese Verpflichtung allein eröffnet der Bank noch keinen eigenen Abwägungsspielraum, an wen und in welcher Höhe Zahlungen geleistet werden sollen. Ohne weitere Weisung darf das Kreditinstitut vielmehr prinzipiell nicht handeln. Für die Einlösung von nicht im Wege der Rechtsscheinshaftung zurechenbaren Fälschungen - ein Handeln ohne Weisung - ist daher der Maßstab für von den Weisungen des Auftraggebers abweichendes Handeln aus § 665 BGB als Grenze des Auftragsgemäßen entscheidend. Danach ist die Bank grundsätzlich auf die Möglichkeit der Nachfrage beim Kunden verwiesen. Eine entsprechende Einschätzung hat sich schließlich auch der heutige Gesetzgeber für Zahlungskarten im Rahmen des Gesetzgebungsverfahrens zu § 676h BGB, welcher noch eingehender Betrachtung bedürfen wird, zu eigen gemacht[66].

Löst also ein Kreditinstitut ein Falsifikat unter Verzicht auf eine Nachfrage beim vermeintlichen Aussteller bezüglich der Echtheit ein, so handelt es nicht weisungsgemäß und damit außerhalb des Auftrags. Dann besteht ungeachtet der Einhaltung des Sorgfaltsmaßstabs nach § 670 BGB kein Aufwendungsersatzanspruch[67].

---

[66] Besonders klar in der Begründung des Gesetzesentwurfs der Bundesregierung zum Fernabsatzgesetz, BT-Drucks. 14/2658, S. 20 f.

II. Zurechnung der gefälschten Weisung aus Rechtsschein

1. Rechtsscheinstatbestand

Wird dem Kreditinstitut ein gut gemachtes Falsifikat vorgelegt, so entsteht der Rechtsschein einer Weisung (§ 665 BGB) des Kunden, an den Vorlegenden zu zahlen. Insbesondere bei Verwendung echter Vordrucke erscheint eine Vertrauensinvestition in diesen Rechtsschein auch objektiv schutzwürdig. Weitere Voraussetzung einer Rechtsscheinshaftung des Kunden, bei der er den Schein der Weisung gegen sich gelten lassen muss, als hätte er selbst den Scheck ausgestellt, ist jedoch neben der Gutgläubigkeit des Kreditinstituts die Zurechenbarkeit des Rechtsscheins. Denkbare Anknüpfungspunkte hierfür sind vor allem der Besitz und das daraus resultierende Abhandenkommen von Scheckvordrucken beim Kunden.

---

[67] Denkbar wäre immerhin, unter Heranziehung des Gedankens in § 665 S. 2 a. E. BGB das ein Falsifikat einlösende Kreditinstitut in den Genuss eines subjektiven Maßstabs kommen zu lassen, wenn der Namensinhaber bei einem Versuch der Nachfrage nicht erreichbar ist. Denn danach gilt ein dem § 670 BGB vergleichbarer Maßstab der Auftragsgemäßheit von Abweichungen von Weisungen, wenn mit dem aus einer Nachfrage beim Auftraggeber resultierenden Aufschub Gefahr, also die Wahrscheinlichkeit eines Schadenseintritts, verbunden wäre. Eine solche Gefahr kommt insoweit in Betracht, als im Falle der Echtheit des Schecks dessen Nichteinlösung normalerweise auch die Nichterfüllung einer vertraglichen Zahlungsverpflichtung des Scheckausstellers gegenüber dem Scheckeinlöser bedeutet und der Scheckaussteller, der deshalb schadensersatzpflichtig wird, seinerseits aufgrund positiver Forderungsverletzung des Scheckvertrags bei der nicht einlösenden Bank Rückgriff nehmen kann. Indessen kommt es zu Rückfragen bei Scheckkunden in der Praxis allenfalls bei Schecks über besonders hohe Summen oder bei erheblich von der hinterlegten Schriftprobe abweichender Scheckunterschrift. In solchen Fällen wird die Bank auch bei Nichterreichbarkeit ihres Kunden nicht ohne weiteres annehmen dürfen, dass der Kunde das Risiko der Auszahlung auf eine Fälschung dem Risiko der Nichtauszahlung auf einen echten Scheck vorzieht. Eher wird man erörtern können, ob in diesen Fällen auch die Nichtauszahlung auf einen echten Scheck hin nach § 665 S. 2 a. E. BGB auftragsgemäß ist und daher keine Schadensersatzansprüche des Kunden gegen das Kreditinstitut auslöst.

2. *Wertpapierrechtliche Rechtsscheinszurechnung bei Vordruckmissbrauch*

a) Abhandengekommene Urkunden im allgemeinen und im Wertpapierrecht

Im allgemeinen erfordert die verschuldensunabhängige Zurechnung des durch eine Urkunde geschaffenen Rechtsscheins das In-Verkehr-Bringen der Urkunde als willentliche Setzung dieses Rechtsscheins[68]. Dass das Abhandenkommen einer Urkunde grundsätzlich der Zurechnung des Rechtsscheins entgegensteht, ergibt sich aus dem Wortlaut des § 172 Abs. 1 BGB, der eine Aushändigung der Vollmachtsurkunde verlangt[69], im Umkehrschluss aus den Ausnahmevorschriften der §§ 794, 935 Abs. 2 BGB und aus dem allgemeinen Erfordernis der Abgabe einer Willenserklärung, nach dem das Abhandenkommen einer schriftlich fixierten Erklärung mangels willentlicher Entäußerung in den Rechtsverkehr keine wirksame Willenserklärung begründet[70].

Deutlich schärfer ist dagegen die Haftung im Bereich der Wertpapiere, zu denen auch der Scheck zählt. Hier genügt allein die Ausstellung, d. h. die Herstellung der Urkunde, auch wenn diese abhandengekommen ist: Nachdem die ältere Kreationstheorie[71] zu Recht aufgegeben worden ist[72], bestimmt sich die Begründung einer wertpapierrechtlichen Forderung nach der durch die Rechts-

---

[68] Vgl. *Canaris*, Vertrauenshaftung, S. 39.

[69] Selbst Abhandenkommen infolge fahrlässiger Aufbewahrung reicht für den Tatbestand des § 172 Abs. 1 BGB nicht aus, BGHZ 65,13, 15 = JZ 1976, 132 mit Anm. *Canaris*; *Schramm*, in: MünchKomm, § 172 Rn. 5; *Erman/Palm*, § 172 Rn. 6; im Grundsatz auch *Knoche*, Missbrauch der Scheckkarte, S. 99, der allerdings aufgrund der Interessenlage beim Scheckkartenverfahren eine Verschuldenszurechnung vertritt (S. 107 ff., 111).

[70] *Canaris*, Vertrauenshaftung, S. 38 f., 235.

[71] Vertreten u. a. von *Ulmer*, Das Recht der Wertpapiere, S. 37 ff. Auch die Verfasser des BGB gingen bei der Schaffung von § 794 BGB von der Kreationstheorie aus, vgl. Motive I S. 695. Zu den Varianten wie Eigentumstheorie und Redlichkeitstheorie vgl. *Hueck/Canaris*, Recht der Wertpapiere, § 3 I, S. 28 ff.

[72] Gegen die Kreationstheorie spricht bereits die gesetzliche Regelung, dass prinzipiell nur ein Vertrag eine Verpflichtung begründet, falls keine explizite Spezialregelung besteht (vgl. *Canaris*, JuS 1971, 441, 442). Eine Schwäche in praktischer Hinsicht bedeutet die Verkehrsfeindlichkeit der Kreationstheorie: nach dieser beruht die wertpapierrechtliche Verpflichtung auf einem einseitigen Rechtsgeschäft, so dass in den Fällen der §§ 111, 174, 180 BGB unheilbare Nichtigkeit statt Genehmigungsfähigkeit wie bei der Vertragstheorie angenommen werden muss (*Baumbach/Hefermehl*, WG/SchG, WPR Rn. 26). Dogmatisch unbefriedigend sind die Lösungsvorschläge der Kreationstheorie für den Fall, dass im Augenblick des Kreationsakts der Inhaber des verbrieften Rechts noch gar nicht feststeht, vgl. vertiefend zum Ganzen *Hueck/Canaris*, Recht der Wertpapiere, § 3 I S. 28 ff.

scheintheorie ergänzten Vertragstheorie als heute einhelliger Ansicht[73]. Danach bedarf es zwar zur Begründung einer wertpapiermäßigen Verpflichtung des Schuldners sowohl der Ausstellung als auch eines Begebungsvertrags. Fehlt letzterer, entsteht aber dennoch eine Verpflichtung gegenüber dem gutgläubigen Erwerber des Papiers, sofern ein zurechenbarer Rechtsschein der Begebung bestand[74]. Dass es dabei für die Zurechenbarkeit bei Wertpapieren nur auf die Ausstellung und nicht auf das In-Verkehr-Bringen ankommen kann, erhellt aus § 794 Abs. 1 BGB[75] und dem Rechtsgedanken in Art. 21 SchG, Art. 16 Abs. 2 WG und § 935 Abs. 2 BGB[76].

Eine Zwischenstellung kommt schließlich der Quittung (§ 368 BGB) zu, die mangels verbrieften Rechts kein Wertpapier ist. Gemäß § 370 BGB gilt der Überbringer einer Quittung gegenüber dem gutgläubigen Schuldner als ermächtigt, die Leistung mit Erfüllungswirkung entgegenzunehmen (§§ 362 Abs. 2, 185 BGB). Die dadurch ausgelöste Erfüllungswirkung einer Leistung an einen nicht berechtigten Überbringer gilt nach herrschender Ansicht[77], die sich auf Wortlaut des § 370 BGB und einen eindeutigen Willen des Gesetzgebers stützen kann[78], auch bei Vorlage einer abhandengekommenen Quittung[79].

---

[73] Vertreten z. B. von *Hueck/Canaris*, Recht der Wertpapiere, § 3 I, S. 31; *Zöllner*, Wertpapierrecht, § 6 V, S. 35; *Bülow*, WG/SchG/AGB, Einl. WG, Rn. 7; *Baumbach/Hefermehl*, WG/SchG, WPR, Rn. 30; BGH WM 1974, 774 ff.

[74] Vgl. *Baumbach/Hefermehl*, WG/SchG, WPR, Rn. 30; *Hueck/Canaris*, Recht der Wertpapiere, § 4 II 3 b, S. 35; *Schwintowski/Schäfer*, Bankrecht, § 4 Rn. 291.

[75] Nach *Meyer-Cording*, Wertpapierrecht, E I S. 98, ist § 794 BGB allerdings auch auf Schecks mit der üblichen Überbringerklausel (Art. 5 Abs. 2 SchG) nicht direkt anwendbar, da der Inhaberscheck kein Leistungsversprechen, sondern eine Anweisung beinhalte (weniger deutlich *Meyer-Cording/Drygala*, Wertpapierrecht, E I S. 99). Die Gegenansicht verweist aber zutreffend auf die Rückgriffshaftung des Ausstellers, vgl. *Hildebrandt*, Wertpapierrecht, § 7 I, S. 44; *Palandt/Sprau*, § 793 Rn. 5.

[76] *Hildebrandt*, Wertpapierrecht, § 7 I, S. 43 f.; *Hueck/Canaris*, § 4 II 3 b, S. 35.

[77] *Haertlein*, Der abhandengekommene Inhaberscheck, S. 244; *Heinrichs*, in: MünchKomm, § 370 Rn. 4; Staudinger/Kaduk 12. Aufl.), § 370 Rn. 11; RGRK-*Weber*, § 370 Rn. 5; a. A. *Canaris*, Vertrauenshaftung, S. 53.

[78] Vgl. Prot. I, S. 341, wonach ausdrücklich die Wertung des Art. 296 ADHGB unter Verwerfung des ein "Anvertrauen" fordernden I, 13, § 130 prALR übernommen werden sollte. Der von *Canaris*, Vertrauenshaftung, S. 54, behauptete Wertungsirrtum des Gesetzgebers ist nicht zu erkennen, da die Nähe der Quittung zur bürgerlichrechtlichen Anweisung hinreichend Grund für eine Differenzierung zu § 172 BGB bietet.

[79] Nach *Heinrichs*, in: MünchKomm, § 370 Rn. 4 soll der Grund für die Abweichung gegenüber § 172 BGB darin zu sehen sein, dass die Vollmacht eine umfassendere Rechtsmacht begründet.

b) Ablehnung einer wertpapierrechtlichen Haftung durch die Literatur

Auf dieser Grundlage ist die von Canaris[80] vertretene Heranziehung der wertpapierrechtlichen Rechtsscheinshaftung zur Begründung des Aufwendungsersatzanspruchs des Kreditinstituts für die Einlösung eines gefälschten Schecks nun in zweifacher Hinsicht problematisch. Zum einen verlangt das Kreditinstitut Aufwendungsersatz. Der entsprechende Anspruch ergibt sich aber nicht aus dem Scheck, also dem Wertpapier, sondern aus dem Scheckvertrag; zu seiner Geltendmachung bedarf es auch nicht der Innehabung des Schecks. Es handelt sich folglich um eine nicht wertpapierrechtliche Forderung. Bereits deshalb sollen nach Joost[81] wertpapierrechtliche Rechtsscheinsgrundsätze unanwendbar sein. Zum anderen ist die Unterschrift, auf der der Rechtsschein beruht, gefälscht. Fast einhellig wird aber dem Namensträger beim nicht verschuldeten Verlust von Vordrucken der Fälschungseinwand zugebilligt, wonach sich niemand eine gefälschte Unterschrift zurechnen lassen muss[82]. Insgesamt wird eine Anwendung wertpapierrechtlicher Rechtsscheinsgrundsätze im Verhältnis Kunde-Kreditinstitut daher nahezu allgemein abgelehnt[83].

c) Möglichkeiten ergänzender Rechtsfortbildung

aa) Voraussetzungen ergänzender Rechtsfortbildung

Der die Rechtsscheinshaftung verneinenden Literatur ist insoweit zuzustimmen, als das geschriebene Recht keine Rechtsscheinshaftung für den Verlust von Vordrucken kennt. Diese kann sich daher nur aus ergänzender Rechtsfortbildung ergeben. Eine ergänzende Rechtsfortbildung ist jedenfalls bei Vorliegen einer Gesetzeslücke zulässig[84]. Der Begriff der Lücke beinhaltet neben dem

---

[80] Bankvertragsrecht, Rn. 710.

[81] ZHR 153 (1989), S. 237, 255.

[82] *Pleyer/Müller-Wüsten*, WM 1975, 1102, 1104; *Reifner*, NJW 1987, 630; *Thomsen*, Einwendungslehre, S. 260; *Zahrnt*, Scheckeinlösung, S. 96; BGH, WM 1974, 774 ff.; gegen ein uneingeschränktes Unterschriftserfordernis allerdings *Koller*, WM 1985, 821 ff.

[83] Vgl. BGH, WM 1997, 910, 911; *Nobbe*, in: Schimansky/Bunte/Lwowski, Bankrechts-Handbuch, § 60 Rn. 100; *Schwintowski/Schäfer*, § 4 Rn. 292, *Reifner*, NJW 1987, 630; *Joost*, ZHR 153 (1989), 237, 255. *Koller*, WM 1981, 210, 213.

[84] Vgl. *Larenz*, Methodenlehre, S. 370; *Canaris*, Die Feststellung von Lücken im Gesetz, S. 17 f.; *Bydlinski*, Juristische Methodenlehre, S. 472. Den Begriff der Lücke verwendet bereits *Savigny*, System I, 290, für den Fall, dass die Rechtsquellen zur Entscheidung einer Rechtsfrage nicht ausreichen. Dies bezieht sich klar auf Gesetzeslücken, denn als organischer Ausdruck des "Volksgeistes" kann das Recht nach der historischen

Fehlen einer Regelung gleichzeitig die Bewertung desselben als planwidrige Unvollständigkeit[85]. Eine solche Unvollständigkeit liegt vor, wenn die einer gesetzlichen Regel zugrundeliegenden Wertungen und Zwecke sowie übergeordneten Rechtsprinzipien[86] im Sinne eines dem Gesetz zugrundeliegenden Regelungsplans[87] zu ihrer optimalen Verwirklichung eine Regelung erwarten lassen, die dem Wortlaut der vorhandenen gesetzlichen Anordnungen nicht mehr zu entnehmen ist[88]. Wichtigstes Verfahren zur Lückenschließung ist die Analogie, also die Übertragung einer gesetzlichen Regelung für den Tatbestand A auf einen ähnlichen Tatbestand B. Dieses Vorgehensweise beruht auf dem Gerechtigkeitsprinzip, dass gleichartige Tatbestände gleich zu behandeln sind[89]. Aus diesem Gleichbehandlungsgebot folgt, dass die Analogie nicht nur der Lückenausfüllung dient, sondern dass sich bereits das Vorliegen einer Gesetzeslücke aus der Rechtsähnlichkeit eines geregelten Falles mit einem ungeregelten Fall ergibt[90]. In der Grundform der analogen Rechtsfindung, der Gesetzes- oder auch Einzelanalogie, wird dabei eine bestimmte Gesetzesregel auf einen ähnlichen Sachverhalt übertragen[91]. Dem gegenüber steht die sog. Rechts- oder Gesamtanalogie, bei der aus einer Mehrzahl verwandter Vorschriften induktiv auf ein grundlegendes Prinzip geschlossen wird, das sich seinerseits wieder auf nicht geregelte Fälle anwenden lässt.

Schule keine Lücken haben. Gegen die Denkbarkeit einer Gesetzeslücke richtet sich auf der Grundlage einer positivistischen Vorstellung der logischen Geschlossenheit des Gesetzes die Lehre vom "allgemeinen negativen Satz", vertreten u. a. von *Zitelmann*, Lükken im Recht, S. 17 ff.; *Kelsen*, Reine Rechtslehre, S. 16 ; vgl. dazu *Canaris*, die Feststellung von Lücken im Gesetz, S. 49 f. m. w. N; *Langhein*, Das Prinzip der Analogie als juristische Methode, S. 117 ff. Diese Lehre, die dem strafrechtlichen Analogieverbot gleicht, ist jedoch für das Zivilrecht, das sich ständig verändernde Lebensverhältnisse bewältigen muss, unbrauchbar, vgl. *Larenz*, Methodenlehre, S. 378. Im weiteren wird der Begriff der Lücke im Sinne einer Lücke des Gesetzes verwandt.

[85] Diese Erkenntnis stammt von *Elze*, Lücken im Gesetz, S. 4 ff.; vgl. auch *Canaris*, Die Feststellung von Lücken im Gesetz, S. 16 f., 19 ff.; *Larenz*, Methodenlehre, S. 370 ff. Die mitunter verwandte Formulierung einer "planwidrigen Gesetzeslücke" (etwa bei *Schmalz*, Methodenlehre, Rn. 315) ist daher tautologisch.

[86] Diese rationes legis betont *Bydlinski*, Juristische Methodenlehre, S. 473.

[87] So die Terminologie bei *Larenz*, Methodenlehre, S. 375.

[88] Dies allein die Rechtsfortbildung von der Auslegung ab, vgl. *Canaris*, Die Feststellung von Lücken im Gesetz, S. 19 ff. Für *Larenz*, NJW 1963, 737, 738, ist deshalb die Lückenfüllung die "Fortsetzung der Auslegung auf anderer Stufe".

[89] Vgl. *Larenz*, Methodenlehre, S. 381.

[90] *Canaris*, Die Feststellung von Lücken im Gesetz, S. 71 f.

[91] Vgl. *Larenz*, Methodenlehre, S. 383; *Bydlinski*, Juristische Methodenlehre, S. 477.

bb) Besondere wertpapierrechtliche Anknüpfungspunkte

Nach der Grundstruktur etwa des § 794 Abs. 1 BGB wird der Skripturakt als zwingende Voraussetzung der Haftung des Namensträgers normiert. Entsprechend moderner Dogmatik erlaubt erst die Ausstellung die Zurechnung des Scheins der Begebung. Bei der in Art. 13 ScheckG vorgesehenen Haftung für die Begebung eines Blanketts bleibt immerhin der Kernbestand der Ausstellung, die Unterschrift, für eine Zurechnung des Scheins vollständiger Ausstellung und Begebung. Canaris will nun aber nicht nur den Schein der Begebung, sondern bereits den Schein der Ausstellung durch den Namensträger allein aufgrund der Echtheit der Vordrucke zurechnen. Eine solchermaßen begründete Rechtsscheinshaftung wäre daher weniger der Schutz des guten Glaubens an eine rechtsgeschäftliche Erklärung des Namensträgers als ein Schutz des Vertrauens in die Echtheit der Vordrucke[92]. Die Rechtsscheinsfunktion des Vordrucks wäre von diesem Standpunkt aus in Bezug auf die gesetzlich geregelten Rechtsscheinstatbestände einerseits mit derjenigen eines Blanketts, andererseits mit derjenigen einer den Inhaber als Berechtigten ausweisenden Vollmachtsurkunde (§ 172 BGB) vergleichbar. Zwar würde aufgrund der Echtheit des Vordrucks nicht das Vertrauen in die Vertretungsmacht des im fremden Namen Unterzeichnenden, sondern das Vertrauen in die Identität des Unterzeichnenden mit dem Namensträger geschützt. Insoweit entspräche also die Rechtsscheinshaftung aufgrund der Verwendung echter Vordrucke der Struktur der Blanketthaftung[93]. Doch wird diese von der h. M. außerhalb des Wertpapierrechts mit § 172 BGB analog begründet[94].

Da nun aber eine solche Rechtsscheinsfunktion von Vordrucken in den wertpapierrechtlichen Rechtsscheinstatbeständen nicht vorgesehen ist, sondern diese jedenfalls eine echte Unterschrift, also die Ausstellung durch den Namensinhaber und nicht nur den Schein derselben fordern, kann die Heranziehung der wertpapierrechtlichen Rechtsscheinshaftung geknüpft an die Verwendung echter Vordrucke nicht im Wege der Gesetzes- bzw. Einzelanalogie erfolgen. Sie kann demnach nur mit einem im Wege der Rechts- bzw. Gesamtanalogie gewonnenen, übergeordneten Prinzip der Rechtsscheinshaftung begründet werden.

Insoweit lässt sich feststellen, dass der echten Unterschrift die Doppelfunktion zukommt, einerseits aus der Sicht des darauf Vertrauenden ein Indiz für die

---

[92] Das räumt auch *Koller*, WM 1981, 210, 213, ein, der deshalb die wertpapierrechtliche Verpflichtung bei der Scheckfälschung verneint. Allerdings bejaht er eine verschuldensunabhängige wertpapierrechtliche Verpflichtung bei Fälschungen mithilfe von Formularen, die bereits bestimmte Nennwerte tragen.

[93] *Canaris*, Vertrauenshaftung, S. 65.

[94] Vgl. RGZ 138, 265, 269; BGHZ 40, 297, 304; *Soergel/Leptien*, § 172 Rn. 6; *Schramm*, in: MünchKomm, § 172 Rn. 17. Für den Bereich des Scheckrechts bildet Art. 13 ScheckG eine Sonderregelung.

Echtheit des gesamten Wertpapiers darzustellen (Rechtsscheinstatbestand), welches andererseits auf die Person des Namensträgers derart bezogen ist, dass dieser es gegen sich gelten lassen muss (Zurechnung). Damit verglichen ist die Echtheit des Vordrucks bei einer gut gemachten Fälschung ein Authentizitätsindiz von nicht minderer Überzeugungskraft. Fraglich ist aber, ob allein der Verlust von Vordrucken beim Namensinhaber eine Beziehung zum unter Vordruckmissbrauch gefälschten Scheck darstellt, die dem übergeordneten wertpapierrechtlichen Zurechnungsprinzip genügt, welches auch dem Kriterium der Ausstellung durch den Namensinhaber zugrunde liegt. Dies bejaht Canaris auf der Grundlage des Sphärengedankens.

d) Zurechnungskriterien der Vertrauenshaftung, insbesondere der Rechtsscheinshaftung

aa) Sphärenzurechnung nach Canaris

Während nun Canaris die fehlende Verbriefung des Aufwendungsersatzanspruchs mit der Feststellung für unbeachtlich erklärt, dass die Zahlungsanweisung im Scheck verbrieft sei, aus der der Aufwendungsersatz ipso iure folge[95], greift er mit der Einschränkung des Fälschungseinwandes den Sphärengedanken auf: auch eine gefälschte Unterschrift sei zurechenbar, wenn eine Verknüpfung des Rechtsscheins mit der Sphäre des Namensträgers zu bejahen sei[96]. Damit verfolgt er den Risikogedanken, wer an den bestehenden Risiken „näher daran" sei[97], nach welchem die Zurechnung eines „Mangels" an denjenigen erfolgen soll, in dessen Sphäre er sich verberge[98]. Dabei knüpft Canaris daran an, wer ein erhöhtes Risiko geschaffen habe und wer die fraglichen Risiken eher beherrsche[99]. Auch wenn Canaris also E. Ulmer aufgreifen will, steht er eher in der Tradition Müller-Erzbachs.

Das Abhandenkommen von Scheckformularen wertet er demgemäß als "Mangel" in der Sphäre des Kunden, weil dieser über die bessere Möglichkeit der Risikobeherrschung verfüge[100].

---

[95] *Canaris*, Bankvertragsrecht Rn. 710.

[96] *Canaris*, Vertrauenshaftung, S. 243.

[97] *Canaris*, Vertrauenshaftung, S. 236.

[98] *Canaris*, Vertrauenshaftung, S. 479 ff.

[99] *Canaris*, Vertrauenshaftung, S. 482.

[100] *Canaris*, Bankvertragsrecht, Rn. 710.

bb) Das zugrundeliegende Zurechnungsprinzip

(1) Veranlassungsprinzip und Risikoprinzip

Dadurch ist die Frage nach den Prinzipien der Rechtsscheinszurechnung aufgeworfen. Rechtsscheinshaftung bedeutet Haftung für das Erwecken enttäuschten Vertrauens. Wie bei der sogenannten Erklärungshaftung nach § 122 BGB wird daher auch vom Veranlassungsprinzip gesprochen[101]. Der Terminus Veranlassung sagt aber eigentlich nur das Bestehen eine Kausalbeziehung zwischen dem Verhalten des Namensträgers und dem Bestehen des Rechtsscheins aus, die als alleiniges Zurechnungsprinzip nicht ausreicht, weil sie kein Wertungsmodell gerechter Risikoverteilung beinhaltet[102]. Der Veranlassungsbegriff bringt daher vor allem den Gegensatz zur Verschuldenshaftung zum Ausdruck[103]. Terminologische Verwirrung entsteht zudem dadurch, dass das Kriterium in anderer Bedeutung auch zur Verteilung aller aus der Durchführung vertraglicher Beziehungen resultierenden Risiken herangezogen wird. So lässt sich feststellen, dass jeder Gläubiger seinen Schuldner mit dem Vertragsschluss zur Eingehung von Risiken "veranlasst", die er selber eingehen müsste, würde er seinen Bedarf selbst decken[104]. Deshalb befürwortet Lehmann[105] eine Haftung nach dem "Veranlassungsprinzip" bei zufälliger Unmöglichkeit: „Wer durch seine Erklärung

[101] Vgl. dazu *Canaris*, Vertrauenshaftung, S. 473; *Soergel/Hefermehl*, § 122 Rn. 1; *Kramer* in: MünchKomm, § 122 Rn. 2.

[102] Vgl. *Baumbach/Hefermehl*, SchG/WG, WPR Rn. 29. Wenig stichhaltig ist allerdings das Argument von *Canaris*, Vertrauenshaftung, S. 475, dass das Veranlassungsprinzip verstanden als reine Kausalhaftung bei der Zurechnung im Falle des Unterlassens versage, da das Unterlassen mit der conditio-sine-qua-non-Formel nicht zu erfassen sei und deshalb nur wie eine Ursache *bewertet* werden könne, sich aber Kausalhaftung und Wertung ex definitione gegenseitig ausschlössen. Wie andere Kausalitätstheorien beweist auch die Äquivalenztheorie nicht etwa die Kausalität (Vgl. *Engisch*, Kausalität, S. 18), sondern beinhaltet eine rechtliche Bewertung der mit Hilfe der Naturwissenschaften zu ermittelnden Beziehung von Ursache und Wirkung, die z. B. in der Gleichachtung jeder einzelnen Bedingung als ursächlich zum Ausdruck kommt. Ganz anders wertet etwa der erkenntnistheoretische Kausalitätsbegriff *Mills* (Buch I Kap. 5 § 5 ff.), wonach Ursache eines Erfolges erst die Gesamtheit aller ihn vorbringenden Umstände ist. Auch die einhellige Betrachtung jeder von mehreren alternativ hinwegdenkbaren Bedingungen als ursächlich (sog. ·alternative Kausalität) ist eine Wertung, die zudem von der conditio-Formel abweicht (zu den sonstigen Schwächen der conditio-Formel vgl. *Röh*, Die kausale Erklärung überbedingter Erfolge im Strafrecht). Einen Widerspruch zwischen einer an Kausalität orientierten Zurechnung und der Einbeziehung von Wertungen, was als ursächlich behandelt werden soll, zu konstruieren, suggeriert daher eine von Wertungen freie, naturwissenschaftliche Exaktheit der conditio-Formel, die diese gar nicht aufweist.

[103] *Soergel/Hefermehl*, § 122 Rn. 1.

[104] Vgl. *Koller, Risikozurechnung*, S. 70.

[105] *Enneccerus/Lehmann*, SchR, S. 307; für Fälle der Zweckerreichung auch *A. Blomeyer*, SchR, § 41 I, S. 251.

zu einer mit Aufwendungen verbundenen Tätigkeit des Antragsempfängers Anlass gegeben hat, muss diesem, wenn er sich auf das Erlöschen des Schuldverhältnisses infolge Unmöglichkeit beruft, den Vertrauensschaden ersetzen, § 122." Zwar führe bei der zufälligen Unmöglichkeit § 323 BGB zu einem Verlust des Anspruchs des Schuldners auf die Gegenleistung, doch sei ihm der Gläubiger zu Aufwendungsersatz aufgrund der „Erklärungshaftung" bzw. in Analogie zu den §§ 667, 683 BGB verpflichtet.

Eine derartige Sichtweise vermengt jedoch strikt zu trennende Wertungsaspekte. So beinhaltet § 122 BGB eine Risikozuweisung an den Erklärenden nicht einfach deshalb, weil dieser das enttäuschte Vertrauen verursacht hat, sondern nicht zuletzt weil es Sache des Erklärenden und nur diesem möglich ist, mit Willensmängeln behaftete Erklärungen zu vermeiden[106]. Als denkbare Haftungsaspekte kommen hier also zunächst Gefahrsetzung und -beherrschung in Betracht. Ferner kann § 683 BGB nicht Ausdruck einer Erklärungshaftung sein, da er eine Geschäftsführung ohne Auftrag voraussetzt, bei der keine Erklärung des Geschäftsherrn vorliegt, die dessen Haftung begründen könnte. Überdies hat ganz im Gegensatz zu den Fällen der mangelhaften Willenserklärung typischerweise der unbeauftragte Geschäftsführer entscheidend die Möglichkeit zur Risikoabschirmung, so dass es auf die Beherrschbarkeit gerade nicht ankommen kann. Statt dessen greift der Gedanke, dass derjenige, der einen anderen zur Erfüllung seiner Bedürfnisse tätig werden lässt, einen besonderen Nutzen aus der Eingehung der damit verbundenen Risiken zieht[107].

Mit Canaris ist daher davon auszugehen, dass die Vertrauenshaftung im allgemeinen und die Rechtsscheinszurechnung im besonderen eine an Gesichtspunkten der Risikosteuerungsmöglichkeit bzw. der Setzung eines erhöhten Risikos orientierte Wertung beinhalten[108]. Auf den Begriff der Veranlassung wird

---

[106] So bereits *Müller-Erzbach*, AcP 106 (1910), 309, 437; nach ihm *Canaris*, Vertrauenshaftung, S. 532; MünchKomm/*Kramer*, § 122 Rn. 3; anders *v. Schenck*, Der Begriff der "Sphäre", S. 142, der den verpflichtenden Umstand in der Anfechtung durch den Erklärenden sieht. Nach dieser Ansicht wäre aber nur eine Haftung auf das positive Interesse plausibel, da man den Anfechtungsgegner so stellen müsste, wie er ohne die Anfechtung gestanden hätte, vgl. *Meincke*, AcP 179 (1979), 170, 171; *Soergel/Hefermehl*, § 122 Rn. 1. Die alleinige Relevanz des Anfechtungsgrundes ergibt sich schließlich daraus, dass im Gesetzgebungsverfahren ursprünglich Fahrlässigkeit des Erklärenden in Bezug auf den Irrtum als Haftungsvoraussetzung vorgesehen war, vgl. Mot. I, S 195.

[107] Vgl. zu den Zurechnungskriterien der Geschäftsherrnhaftung unten S. 91 ff.

[108] Dies findet in der Literatur in verschiedener Nuancierung Zustimmung. Während etwa *Baumbach/Hefermehl*, WG/SchG, WPR Rn. 29, die Gefahrsetzung durch die Zeichnung betont, hebt *Jäger*, Fälschungsrisiko, S. 39, besonders den Gedanken der Beherrschbarkeit hervor.

im Folgenden nur noch im Zusammenhang mit dem Gedanken der Risikohaftung des Geschäftsherrn eingegangen[109].

(2) Risikoprinzip und Verkehrsschutzprinzip am Beispiel des § 122 BGB

Allerdings stellt die Anknüpfung an die Risikosteuerungsmöglichkeit des Haftenden entgegen Canaris keinesfalls das ausschlaggebende Zurechnungsprinzip der Vertrauenshaftung dar[110], vielmehr entscheiden weitere Gesichtspunkte darüber, ob eine Risikoerhöhung in schutzwürdiger oder nicht schutzwürdiger Weise erfolgt. Dies sei kurz am Beispiel der Erklärungshaftung erläutert, deren Rechtsfolge allerdings anders als bei der Rechtsscheinshaftung nur auf Ersatz des negativen Interesse gerichtet ist.

Grundsätzlich ist Canaris[111] zwar darin zu folgen, dass die Haftung nach § 122 BGB daran orientiert ist, dass zumeist der Anfechtende seinen Irrtum hätte vermeiden können. Der Gesetzgeber hat sich aber entgegen seiner ursprünglichen Planung[112] nicht mit einer diesem Gedanken Rechnung tragenden verschuldensabhängigen Haftung des Anfechtenden begnügt, sondern eine verschuldensunabhängige Haftung eingeführt. Diese greift nun gerade ohne Rücksicht auf die Beherrschbarkeit durch den Erklärenden, wenn man sich nicht auf den Standpunkt stellen will, dass es für den Erklärenden unbeherrschbare Irrtümer bzw. Irrtümer, die auf Umständen aus einer "neutralen Sphäre" beruhen, nicht gibt[113]. Die grundsätzliche Frage nach dem tieferen Sinn einer Haftung für solche Beherrschungsmöglichkeiten, deren Wahrnehmung nicht zumutbar ist, stellt sich hier aber insoweit nicht, als es für die Funktion der Erklärungshaftung, Willenserklärungen vertrauenswürdig zu machen, irrelevant ist, ob jenseits der verkehrserforderlichen Sorgfalt Beherrschungsmöglichkeiten des Erklärenden in Bezug auf Irrtümer bestehen. Denn diese Funktion schöpft gerade daraus ihre Bedeutung, dass solche Beherrschungsmöglichkeiten auch im Falle ihres Bestehens nicht wahrgenommen werden. Hier geht es nämlich nicht um die Vermeidung von Irrtümern, sondern um Verkehrsschutz, der sich mit dem

---

[109] Vgl. unten S. 89 ff.

[110] Ebenso insbesondere für die Rechtsscheinshaftung im Wertpapierrecht *Thomsen*, Einwendungslehre, S. 232.

[111] Vgl. oben S. 45.

[112] Im ersten Entwurf war eine Haftung nur für Verschulden vorgesehen, vgl. Mot. I, 195.

[113] Immerhin räumen die Vertreter des Sphärengedankens die Möglichkeit eines Irrtums aufgrund eines Umstandes in der "Sphäre des Erklärungs*empfängers*" ein, nehmen dies aber folgerichtig zum Anlass für eine Einschränkung des § 122 BGB, vgl. *Canaris*, Vertrauenshaftung, S. 486; *Kramer*, in: MünchKomm, § 122 Rn. 12.

über die Prävention hinausgehenden Gesichtspunkt der Sicherheit und Leichtigkeit des rechtlichen Verkehrs umschreiben lässt[114]. So müsste auch bei einer verschuldensabhängigen Erklärungshaftung in den meisten Fällen ebenfalls der Erklärende den Vertrauensschaden tragen. Im Hinblick auf den ihm drohenden Vertrauensschaden bei Anfechtung infolge unverschuldeter Irrtümer müsste sich aber der Erklärungsempfänger immer fragen, ob es für ihn nicht sinnvoller wäre, auf einen Vertragsschluss zu verzichten oder Informationen darüber einzuholen, ob dem Erklärenden bei der Erklärung kein Fehler unterlaufen ist. Während also in den meisten Fällen der Erklärende auch nach Verschuldensgesichtspunkten haften müsste, würde der nicht lückenlose Vertrauensschutz für den Erklärungsempfänger erhöhten Aufwand bedeuten bzw. gegebenenfalls den Abschluss von Verträgen sogar verhindern. Die Erklärungshaftung ist also bei objektiv teleologischer Betrachtung[115] auch Ausdruck einer Abwägung, bei der die Förderung von Vertragsschlüssen durch lückenlosen Vertrauensschutz stärker ins Gewicht fällt, als die Härte, die es für den Erklärenden bedeutet, selbst bei Anfechtung infolge von ihm nicht verschuldeter Irrtümer der Vertrauenshaftung ausgesetzt zu sein. Diese Abwägung ist nun wiederum in dem Maße überzeugend, in dem der Gesetzgeber einerseits die Haftung an einen Vertrauenstatbestand angeknüpft hat, dessen Setzung typischerweise schuldhaft erfolgt, also die Haftung für eine nicht mit zumutbaren Mitteln beherrschbare Fehlentwicklung nur die Ausnahme bildet, und andererseits auch der mit der Haftung Belastete dadurch profitiert, dass der im Vertrauen Geschützte in seiner Bereitschaft bestärkt wird, am Rechtsverkehr teilzunehmen. Erst aus dieser Abwägung ergibt sich also, dass die Risikoerhöhung durch die Verkehrsteilnahme des Erklärenden in Bezug auf Willensmängel nicht in einer Weise schutzwürdig ist, die seiner Haftung entgegenstünde.

Verkehrsschutz durch Vertrauenshaftung bedeutet daher in einem ersten Gedankenschritt die Entlastung eines der beiden Geschäftsanbahnenden von *Ungewissheit* in Bezug auf einen bestimmten Umstand (ökonomisch gesehen: Entlastung von Informationskosten[116]), was erst in einem zweiten Gedankenschritt durch die Zuweisung des Risikos enttäuschten Vertrauens an denjenigen erfolgt, der typischerweise die Irreführung mit zumutbarer Sorgfalt vermeiden kann. Für diesen bleibt damit auch der Präventionsanreiz in Bezug auf die beherrschbaren Risiken bestehen, der sich ansonsten aus der Verschuldenshaftung ergibt.

---

[114] Vgl. vertiefend *Schäfer/Ott*, Lehrbuch der ökonomischen Analyse, S. 492 ff.

[115] Wenig brauchbar erscheinen hingegen die Erklärungsversuche der an der Entwicklung der Norm Beteiligten, vgl. etwa *Gierke*, Der Entwurf eines bürgerlichen Gesetzbuches und das Deutsche Recht, S. 167: seien beide Teile schuldlos, so sei doch der Empfänger der Erklärung "noch unschuldiger"(!) als der Irrende.

[116] Zur Einordnung eines Irrtums als Kostenfaktor vgl. *Koch*, in: FS Zweigert, 851, 868; Näher *Schäfer/Ott*, Lehrbuch der ökonomischen Analyse, S. 482 ff.

In dem Maße, in dem die Vertrauenshaftung über die Verschuldenshaftung hinausgeht, liegt ihre eigenständige Bedeutung also in der Zuweisung eines Risikos ohne Rücksicht auf dessen Beherrschbarkeit, da nicht die Prävention (Prinzip der Beherrschbarkeit), sondern die Vermeidung von Informationsaufwand und die Förderung der Bereitschaft zur Verkehrsteilnahme als Voraussetzungen der Privatautonomie (Verkehrsschutzprinzip) im Vordergrund stehen.

(3) Gefahrsetzung als Kriterium bei fehlender Begebung eines Wertpapiers

Im Rahmen der wertpapierrechtlichen Rechtsscheinshaftung kommt nun die Heranziehung des Gedankens der typischerweise bestehenden Beherrschbarkeit für die Zurechnung vor allem bei Fehlern des Begebungsvertrags in Betracht. Bei gänzlichem Fehlen einer Begebung ist jedoch jegliche Anknüpfung an die Beherrschbarkeit des aus dem Abhandenkommen von Vordrucken resultierenden Risikos zur Begründung einer wertpapierrechtlichen Rechtsscheinshaftung prinzipiell ungeeignet. Dass, wie Canaris selbst feststellt, zumindest bei Umlaufpapieren der Rechtsscheinstatbestand bereits in der Ausstellung liegt[117] und die Art des In-den-Verkehr-Gelangens unerheblich ist, heißt nämlich nicht nur, dass das Abhandenkommen einer verschuldensunabhängigen Rechtsscheinshaftung nicht entgegensteht, sondern auch, dass es für diese gerade nicht darauf ankommt, ob der Aussteller die darin liegende Gefahr „besser beherrscht". Dies liegt an der Eigenart der Rechtsscheinshaftung, dass der einmal zurechenbar gesetzte Rechtsschein im Scheckrecht auch dann noch gegen den Aussteller wirkt, wenn auf diesen Schein leicht fahrlässig vertraut wird: wem ein ausgefülltes Scheckformular trotz aller Sorgfaltsmaßnahmen, etwa bei Aufbewahrung in einem Tresor, abhanden kommt, der haftet einem Erwerber selbst dann noch nach Art. 40 SchG, wenn der Erwerber leicht fahrlässig das Abhandenkommen verkennt (Art. 21 SchG)[118]. Eine pauschale Annahme der „besseren Beherrschbarkeit" des im Abhandenkommen liegenden Risikos seitens des Ausstellers ist für diese Situation nicht plausibel. Ebenso müsste aber nach Canaris die Rechtsscheinshaftung eingreifen, wenn beim Abhandenkommen von sorgfältig verwahrten Vordrucken die einlösende Bank die Fälschung der Unterschrift leicht fahrlässig verkennt. Auch wenn in diesem Fall die endgültige Schadensbelastung des Kunden jedenfalls durch dessen Gegenanspruch aus pFV verhindert würde[119], so widerlegt doch der grundsätzliche Schutz des leicht fahrlässig Ver-

---

[117] *Hueck/Canaris*, § 4 II 3 b, S. 35; ebenso *Baumbach/Hefermehl*, WG/SchG, WPR Rn. 29; *Hildebrandt*, Wertpapierrecht, S. 43; *Münch*, Die Reichweite der Unterschrift im Wechselrecht, S. 70.

[118] Vgl. etwa *Bülow*, WG/SchG/AGB, Art. 21 SchG Rn. 5.

[119] Vgl. dazu *Canaris*, Bankvertragsrecht, Rn. 712.

trauenden durch die Rechtsscheinshaftung die These, dass eine wertpapierrechtliche Rechtsscheinshaftung für das Abhandenkommen von Vordrucken eine Zuweisung nach der „besseren Beherrschbarkeit" des darin liegenden Risikos bedeute. Daraus ergibt sich, dass im Rahmen der verschuldensunabhängigen wertpapierrechtlichen Rechtsscheinshaftung beim Abhandenkommen eines Papiers nicht erst die Beherrschbarkeit des Verlusts das entscheidende Kriterium darstellt, sondern dass das entscheidende Zurechnungskriterium bereits in der Gefahrsetzung durch die Ausstellung, d. h. insbesondere durch die Unterschrift zu sehen ist[120]. Wer den Entwurf eines Wertpapiers herstellt, schafft eine erhöhte Gefahr[121]. Dass er für deren Realisierung haften muss, ist unabhängig von der Sorgfalt der Aufbewahrung bereits deshalb gerecht, weil grundsätzlich niemand ein gegenüber dritten Erwerbern schützenswertes Interesse daran hat, auf Vorrat Entwürfe für Wertpapiere anzufertigen und aufzubewahren[122]. Abstrakt von Beherrschbarkeitserwägungen greift zudem auch beim wertpapierrechtlichen Rechtsschein der rein wirtschaftlich motivierte[123] Gedanke des Verkehrsschutzes, der nicht nur dem Schecknehmer nützt, sondern durch dessen Risikoentlastung auch dessen Bereitschaft zur Teilnahme am Wertpapierverkehr erst begründet. Demnach eröffnet sich auch zugunsten des Ausstellers die Möglichkeit des reibungslosen Scheckverkehrs nur deshalb, weil die Vertrauenshaftung besteht. Diese ist wiederum nur dann optimal, wenn sie lückenlos ist, d. h., wenn sie die Zuweisung eines bestimmten Risikos unabhängig von der Beherrschbarkeit im konkreten Einzelfall vornimmt.

Die Beherrschbarkeit des In-den-Verkehr-Gelangens eines Papiers ist nach alledem für eine verschuldensunabhängige wertpapierrechtliche Haftung bei fehlender Begebung irrelevant[124].

Überträgt man diese Erkenntnis auf den Fall des Abhandenkommens von Scheckvordrucken, so kann man eine verschuldensunabhängige wertpapier-

---

[120] In diese Sinne auch *Baumbach/Hefermehl*, WG/SchG, WPR Rn. 29.

[121] Das betont auch *Canaris*, Vertrauenshaftung, S. 236.

[122] Dies gilt auch für die Anfertigung eines Blanketts unabhängig davon, ob dessen spätere Ausfüllung und dessen In-den-Verkehr-Gelangen für den Unterzeichner (besser) beherrschbar war. Insoweit gleicht die wertpapierrechtliche Rechtsscheinshaftung der Gefährdungshaftung, bei der an die Errichtung und Unterhaltung einer Gefahrenquelle ohne Rücksicht darauf angeknüpft wird, inwieweit daraus resultierende Schadensverläufe beherrschbar sind. Allerdings unterscheidet sie sich von dieser dadurch, dass der durch die Rechtsscheinshaftung Geschützte sich gerade freiwillig dem Risiko ausgesetzt hat, vgl. *Canaris*, Vertrauenshaftung, S. 481, Fn. 36. Auch der Unterschied zur reinen Kausalhaftung (Veranlassungshaftung) wird deutlich: nicht bereits die Verursachung des Rechtsscheins begründet die Haftung. Hinzukommen muss die Bewertung des geschaffenen Risikos als nicht schutzwürdig.

[123] *Jacobi*, Wechsel- und Scheckrecht, S. 70; *ders.* ZHR 99 (1934), 1, 8 f.; *Thomsen*, Einwendungslehre, S. 186 ff.

[124] Das verkennt *Koller*, WM 1981, 210, 213.

rechtliche Rechtsscheinszurechnung nur dann annehmen, wenn man bereits die Gefahrsetzung durch die Bevorratung mit echten Vordrucken der Aufbewahrung unterschriebener Scheckentwürfe gleichsetzt, ohne die dem Kunden und der Bank zu Gebote stehenden Steuerungsmöglichkeiten in Bezug auf das Risiko des Abhandenkommens zu berücksichtigen.

e) Ablehnung eines besonderen wertpapierrechtlichen Zurechnungskriteriums „Besitz echter Vordrucke"

Eine verschuldensunabhängige wertpapierrechtliche Rechtsscheinshaftung für den bloßen Besitz von Vordrucken ohne jede Rücksicht auf Risikosteuerungsmöglichkeiten vermag letztlich nicht zu überzeugen. Denn wie bereits ausgeführt, erlaubt der Gedanke der Gefahrsetzung die Risikozuweisung an den Aussteller im Verhältnis zum gutgläubigen dritten Erwerber eines nicht willentlich in den Verkehr gebrachten Papiers, obwohl sich letzterer der Gefahr selbst exponiert hat, weil der Aussteller durch die Erstellung des Papiers in nicht schutzwürdiger Weise ein erhöhtes Risiko geschaffen hat. In Bezug auf die bloße Aufbewahrung von Scheckvordrucken ist aber gerade diese nicht schutzwürdige Schaffung eines erhöhten Risikos für den Rechtsverkehr zu verneinen, weil die Einführung von schwer nachzuahmenden Vordrucken das Risiko des Vertrauens auf Totalfälschungen nahezu ganz ausgeräumt hat[125] und somit insgesamt das Risikoniveau für den Rechtsverkehr nicht erhöht, sondern reduziert wurde. Die besseren Gründe sprechen daher dafür, eine trotz sorgfältiger Aufbewahrung eingreifende, wertpapierrechtliche Rechtsscheinshaftung auch im Verhältnis zu gutgläubigen dritten Erwerbern abzulehnen. Jedenfalls aber verkennt Canaris mit der Einbeziehung vertraglicher Ansprüche in die verschuldensunabhängige wertpapierrechtliche Rechtsscheinshaftung, dass der als maßgeblich ausgemachte Aspekt der Gefahrsetzung im Rahmen vertraglicher Beziehungen kaum jemals eine *eindeutige Zuweisung des gesamten spezifischen Risikos der Vertragsdurchführung* an einen Vertragspartner erlaubt. Die Eingehung der mit der Durchführung eines Vertrags spezifisch verbundenen Risiken beruht immer auf dem Willen beider Parteien: beide Parteien setzen also die Gefahr. Auch die Annahme einer Rechtsscheinshaftung für den bloßen Besitz von Vordrucken im Verhältnis zum Kreditinstitut lässt sich daher nicht mit der Setzung einer erhöhten Gefahr begründen. Gerade die Kreditinstitute zwingen ihre Kunden zur Bevorratung mit Vordrucken, indem sie die Hereinnahme von Schecks verweigern, die nicht auf von ihnen ausgehändigten Vordrucken erstellt

[125] Ebenso *Jäger*, Fälschungsrisiko, S. 150.

wurden[126]. Die spezielle Gefahrsetzung erfolgt also nicht minder durch die Kreditinstitute als durch deren Kunden[127].

Ein wertpapierrechtlicher, verschuldensunabhängiger Schutz der Banken vor der von ihnen vorgegebenen Aufbewahrung von Scheckvordrucken durch ihre Kunden ist daher abzulehnen. Eine Rechtsscheinshaftung angeknüpft an das Merkmal "Echtheit der Vordrucke" kann nicht mit der Wertung der §§ 794 Abs. 1, 935 Abs. 2 BGB, Artt. 21 SchG, 16 Abs. 2 WG begründet werden.

f) Die Unterschrift als wertpapierrechtliches Zurechnungskriterium

Als Kriterium wertpapierrechtlicher Zurechnung bleibt daher nur die echte Unterschrift des Kontoinhabers auf dem eingereichten Scheck.

In Art. 13 ScheckG gesetzlich geregelt ist die Rechtsscheinshaftung für den Fall, dass ein Scheck bewusst unvollständig mit Ausfüllungsermächtigung begeben, vom ersten Nehmer abredewidrig ausgefüllt und von einem gutgläubigen Dritten erworben wird. Doch selbst wenn ein nicht vollständig ausgefüllter Scheck ohne Begebung abhanden kommt, rechtfertigt allein die Unterzeichnung die Zurechnung des Rechtsscheins aus dem später vervollständigten (formnichtigen) Scheck und damit den Schutz eines gutgläubigen Erwerbers[128]. Nicht im Wege der Rechtsscheinshaftung erfaßbar ist hingegen die Begebung eines vollständigen aber fälschungsanfälligen Schecks. Zum einen ergibt sich aus Art. 9 ScheckG, dass dem Aussteller etwa eine Gefahrerhöhung durch das Freilassen der Buchstabenzeile anheimgestellt ist. Zum anderen steht einer Rechtsscheinshaftung für spätere Verfälschungen der eindeutige Wortlaut des Art. 51 ScheckG entgegen[129].

---

[126] Vgl. Nr. 1 der Scheckbedingungen 95 Banken/Sparkassen.

[127] Dagegen lässt sich auch nicht einwenden, die besondere Gefahrsetzung der Kunden läge in der Teilnahme am Scheckverkehr, denn auch den Kreditinstituten steht es frei, auf das Scheckgeschäft zu verzichten.

[128] Vgl. Baumbach/Hefermehl, WG/SchG, Art. 10 WG, Rn. 13.

[129] *Bülow*, SchG/WG/AGB, SchG Art. 3 Rn. 23; *a. A.* für Art. 69 WG *Canaris*, JZ 1987, 543 ff.

3. Aufwendungsersatz nach wertpapierrechtlicher Rechtsscheinshaftung

a) Meinungsstand

Damit stellt sich die Frage, inwieweit Kriterien wertpapierrechtlicher Rechtsscheinshaftung auch einen bürgerlich-rechtlichen Aufwendungsersatzanspruch der bezogenen Bank für die Scheckeinlösung begründen können. Entgegen Joost[130] steht die h. M. auf dem Standpunkt, dass die formale Ordnungsgemäßheit eines eingereichten und mit echter Unterschrift versehenen Schecks auch bei Einlösung zugunsten eines materiell nicht Berechtigten einen Aufwendungsersatzanspruch der bezogenen Bank auslöst, sofern ihr die fehlende materielle Berechtigung nicht bekannt oder grob fahrlässig unbekannt ist. Dabei wird auf den Gedanken wertpapierrechtlicher Rechtsscheinshaftung zurückgegriffen, welche an die förmliche Legitimation insbesondere Verkehrserwerberschutz (Art. 21 ScheckG) und Schutz des wertpapierrechtlichen Schuldners bei Leistung an einen materiell nicht Berechtigten anknüpft[131]. Wohl am klarsten ist Canaris der Ansicht, dass die Zahlungsanweisung im Scheck wertpapierrechtlich verbrieft sei[132] und dass es keinen sachlichen Differenzierungsgrund dafür gebe, die bezogene Bank bei gutgläubiger Zahlung auf einen nicht begebenen Scheck schlechter zu stellen, als bei dessen gutgläubigem Erwerb etwa im Wege der Diskontierung[133].

Dem ist jüngst Haertlein[134] entgegengetreten. Nach diesem sind wertpapierrechtliche Rechtsscheinsgrundsätze auf die geschäftsbesorgungsrechtliche Beziehung zwischen Scheckkunde und bezogener Bank unanwendbar[135]. Bei Leistung der Bank an einen nicht berechtigten Inhaber eines abhandengekommenen Inhaberschecks sei vielmehr § 370 BGB analog mit der Folge anzuwenden, dass die Bank durch gutgläubig Leistung an den formell legitimierten Inhaber gemäß § 362 Abs. 2 BGB, 185 BGB frei werde und das Konto ihres Scheckkunden belasten dürfe[136]. Die Begründung hierfür ist freilich so komplex und umfang-

---

[130] ZHR 153 (1989) 237, 255.

[131] BGH, WM 1995, 20, 22; OLG Koblenz, WM 1987, 679 f.; Baumbach/Hefermehl, WG/SchG, Art. 21 Rn. 6; *Bittner*, VersR 1996, 805, 807; *Bülow*, WG/SchG/AGB, Art. 3 SchG Rn. 22 ff., Art. 34 SchG Rn. 1, 35 SchG Rn. 7; *Canaris*, Bankvertragsrecht, Rn. 717, 723, 725; *Jacobi*, Wechsel- und Scheckrecht, S. 662; *Nobbe*, in: Schimansky/Bunte/Lwowski, Bankrechts-Handbuch, § 60 Rn. 169; *Schwintowski/Schäfer*, Bankrecht, Rn. 295 ff.

[132] *Canaris*, Bankvertragsrecht, Rn. 710.

[133] *Canaris*, Bankvertragsrecht, Rn. 717.

[134] Der abhandengekommene Inhaberscheck, 221 ff.

[135] *Haertlein*, Der abhandengekommene Inhaberscheck, S. 242.

[136] *Haertlein*, Der abhandengekommene Inhaberscheck, S. 242 ff.

reich, dass sie im begrenzten Rahmen dieser Arbeit kaum angemessen wiedergegeben werden kann. Insbesondere gegen eine Analogie zu Art. 21 ScheckG führt Haertlein an, dass die Bezogene mit dem Aussteller nicht in einem wertpapierrechtlichen, sondern in einem rein schuldrechtlichen Verhältnis stehe, aus dem sich gegenüber dem Scheckinhaber keinerlei unmittelbare Verpflichtung ergeben könne (Artt. 4, 15 Abs. 3 ScheckG etc.) Entgegen Canaris sei die Zahlungsanweisung nicht wertpapierrechtlich verkörpert (verbrieft), sondern nur beurkundet. Deshalb spiele die Wertpapiereigenschaft bei der Einlösung durch die Bezogene keine Rolle[137]. Hier zähle allein die beurkundete Ermächtigung zur Zahlung an den Inhaber für Rechnung des Ausstellers, die der Scheck gleich einer Quittung enthalte[138]. Art. 21 ScheckG verdanke seine Existenz allein der für ein Wertpapier konstitutiven Forderungsverbriefung im Scheck (Art. 40 ScheckG), sei daher im Verhältnis zum Bezogenen sachlich funktionslos[139]. Auch wäre eine Anwendung wertpapierrechtlicher Rechtsscheinshaftung zugunsten der einlösenden Bank ein Widerspruch dazu, dass der Revalierungsanspruch (§§ 670, 669 BGB) des Gefälligkeitsakzeptanten bei Abhandenkommen des Wechsels vor Begebung nicht analog Art. 16 Abs. 2 WG auf den wertpapierrechtlichen Schutz des Umlauferwerbs gestützt werde[140]. Ferner könne der Verkehrsschutz durch Förderung der Einlösungsbereitschaft der Bank nicht auf das Wertpapierecht gestützt werden, da gerade keine wertpapierrechtliche Einlösungsverpflichtung bestehe[141].

Schließlich greife auch der Vergleich mit dem Erwerb eines Schecks im Wege des Diskonts nicht. Zum einen sei eine Diskontierung durch die Bezogene nur höchst ausnahmsweise gemäß Art. 15 Abs. 5 ScheckG zulässig[142]. Zum anderen sei wertpapierrechtlich nur der redliche Erwerb der Rückgriffsansprüche nach Artt. 40, 12 ScheckG maßgeblich. Auch wenn die Bezogene den Scheck erwürbe und sich selbst daraufhin die Nichteinlösung bescheinigte, würde nicht zuletzt aufgrund der treuwidrigen Herbeiführung der Nichteinlösung der Erwerb der Rückgriffsansprüche vom Nichtberechtigten an § 162 Abs. 2 BGB scheitern[143].

Auch eine wertpapierrechtliche Liberationswirkung bei Leistung der Bezogenen an einen nicht berechtigten Papierinhaber sei mit der Urkundlichkeit der Zahlungsanweisung nicht begründbar, da die Bezogene nicht wertpapierrechtlich zur Zahlung verpflichtet sei, das Wertpapierrecht aber nicht das Vertrauen

[137] *Haertlein*, Der abhandengekommene Inhaberscheck, S. 227.
[138] *Haertlein*, Der abhandengekommene Inhaberscheck, S. 228.
[139] *Haertlein*, Der abhandengekommene Inhaberscheck, S. 229.
[140] *Haertlein*, Der abhandengekommene Inhaberscheck, S. 229 f.
[141] *Haertlein*, Der abhandengekommene Inhaberscheck, S. 231.
[142] *Haertlein*, Der abhandengekommene Inhaberscheck, S. 232 ff.
[143] *Haertlein*, Der abhandengekommene Inhaberscheck, S. 235 ff., 238.

desjenigen schütze, der freiwillig zahle. Die wertpapierrechtliche Liberationswirkung beruhe auf der Zwangslage des Schuldners, dessen unberechtigte Zahlungsverweigerung insbesondere kreditschädigend und ruinös sein könne, was aber nicht für Zahlungsverweigerung beim Scheck gelte[144].

b) Stellungnahme

Dreh- und Angelpunkt der Frage nach der Anwendbarkeit wertpapierrechtlicher Rechtsscheinszurechnung auf den geschäftsbesorgungsrechtlichen Aufwendungsersatzanspruch ist die Einschätzung der im Scheck zum Ausdruck kommenden Zahlungsanweisung als nur beurkundet oder als wertpapierrechtlich verbrieft. Auf den ersten Blick möchte man nur eine Beurkundung annehmen, da die Verbriefung doch nach wertpapierrechtlichen Kategorien vor allem für einen von der Vorlage des Papiers abhängigen *Anspruch* (oder ein entsprechendes Mitgliedschaftsrecht*)* relevant ist, was der Aufwendungsersatzanspruch für die Einlösung eines Schecks nicht ist. Dies spricht zwar nicht zwingend gegen die rechtsfortbildende Erstreckung der wertpapierrechtlichen Rechtsscheinshaftung auch auf in Wertpapieren beurkundete *Willenserklärungen*, doch stellt sich insoweit die Frage, ob dies durch ein Bedürfnis für das reibungslose Ineinandergreifen von Wertpapier- und bürgerlichem Recht zu rechtfertigen ist. Ob insoweit Canaris oder Haertlein zuzustimmen ist, richtet sich daher danach, ob die jeweilige Sicht alle denkbaren Fallkonstellation des Scheck- bzw. Blankett-Missbrauchs widerspruchsfrei zu bewältigen vermag. Hierzu stelle man sich den Fall vor, dass ein Scheck nach Ausstellung aber vor Begebung entwendet und dann vom gutgläubigen Erwerber eingelöst wird. Gemäß der wertpapierrechtlichen Rechtsscheinstheorie wird nach Art. 21 ScheckG der gutgläubige Erwerber materiell Berechtigter und hätte bei Nichteinlösung gegen den Aussteller Rückgriff nehmen können (Art. 40 ScheckG). Unterwirft man mit Canaris auch die im Scheck liegende Zahlungsanweisung den Regeln wertpapierrechtlichen Gutglaubenserwerbs, so besteht der zurechenbare Rechtsschein einer geschäftsbesorgungsrechtlichen Zahlungsanweisung an die Bezogene, aufgrund der die Einlösung auftragsgemäß war und einen Aufwendungsersatzanspruch nach § 670 BGB auslöst. Betrachtet man die Zahlungsanweisung demgegenüber mit Haertlein als nur beurkundete Willenserklärung, so ist deren Rechtsschein im vorliegenden Fall nach bürgerlich-rechtlichen Rechtsscheinsgrundsätzen aufgrund des Abhandenkommens nicht zurechenbar (vgl. die Wertung des § 172 BGB)[145]. Aufgrund der hier vertretenen und wohl der h. M. ent-

[144] *Haertlein*, Der abhandengekommene Inhaberscheck, S. 240.

[145] Siehe dazu oben S. 40 f.

sprechenden *strikten Weisungsgebundenheit der Scheckeinlösung*[146] wäre mangels Weisung die Einlösung gegenüber dem materiell Berechtigten nicht auftragsgemäß. Auch die Analogie zu § 370 BGB würde nicht weiterhelfen: Zwar hätte die Einlösende ohnehin an den materiell Scheckberechtigten geleistet, doch bestünde dazu mangels Weisung erst gar keine Schuld, da eine solche durch § 370 BGB nicht begründet wird. Man könnte zwar schließlich darauf verfallen, abweichend von der Dogmatik der Weisungsgebundenheit der Schekkeinlösung die Bezogene aus dem bestehenden Scheckvertrag als zur Einlösung gegenüber jedem materiell Berechtigten auch ohne jeweilige Weisung anzusehen. Doch würde auch dies in dem Fall versagen, dass ein Scheck von einer Bank eingelöst wird, zu welcher der Aussteller vor Einlösung keine Vertragsbeziehung hatte. Auch wenn ein entsprechendes Vorgehen nicht häufig vorkommen wird, so ist es doch rechtlich ohne weiteres zulässig und muss daher mit der allgemeinen Dogmatik zu bewältigen sein.

Sähe man also die Zahlungsanweisung des Schecks rein bürgerlich-rechtlich, so erhielte die Bezogene trotz Leistung an den materiell Berechtigten, die den Aussteller vor Rückgriffsansprüchen gemäß Art. 40 ScheckG bewahrte, keinen Aufwendungsersatz. Die Vorenthaltung eines Aufwendungsersatzanspruchs trotz Leistung an einen materiell Berechtigten widerspräche aber dem durch die auf Scheckeinlösung gerichtete Geschäftsbesorgungsbeziehung vorgesehenen Interessenausgleich, nach dem die Bezogene nicht das Risiko tragen muss, dass der Aussteller unnötig zumindest unterschriebene Vordrucke bevorratet. Daraus wird die Ergänzungsbedürftigkeit dieser Geschäftsbesorgungsbeziehung durch die Rechtsscheinshaftung im Sinne einer Gesetzeslücke offenbart. Da das Abhandenkommen nur durch wertpapierrechtliche Zurechnung der im Scheck liegenden Weisung überwunden werden kann und gegen die Betrachtung einer in einem Wertpapier beurkundeten Willenserklärung als verbrieft keine zwingenden Bedenken bestehen, ist mit Canaris von einer *wertpapierrechtlichen Verbriefung der Zahlungsanweisung im Scheck* auszugehen. Damit reduziert sich die Kritik an dem von Canaris vorgenommenen Vergleich mit einer Diskontierung des Schecks durch die Bezogene darauf, dass eine solche nur unter engen Voraussetzungen zulässig ist. Der Einwand hingegen, dass die Bezogene die Rückgriffsansprüche gegen den Aussteller nicht gutgläubig erwerben könne, geht ins Leere: die Bezogene kann einen Scheck nach Erwerb einlösen und dafür Aufwendungsersatz nach § 670 BGB verlangen, da durch gutgläubigen Erwerb des Schecks die wertpapierrechtlich verbriefte Zahlungsanweisung im Wege der Rechtsscheinshaftung zurechenbar ist. Wertpapierrechtliche Rechtsscheinshaftung bei Einlösung kann also durchaus auf eine Wertungsparallelität zum Gutglaubenserwerb nach Art. 21 ScheckG gestützt werden.

---

[146] Vgl. oben S. 30 f. sowie insbesondere S. 36 ff.

Zweifelhaft ist schließlich aber auch die Einschätzung, dass die Wertung einer Liberationswirkung von Wertpapieren bei der Leistung der Bezogenen an den Vorleger eines formal ordnungsgemäßen Schecks außen vor bleiben müsste. Der Gedanke, dass sich der Schuldner bei Leistungsverweigerung vielfältiger Nachteile ausgesetzt sieht, wenn er die fehlende materielle Berechtigung nicht liquide nachweisen kann, ist auch für die zur Einlösung verpflichtete Bank nicht völlig unpassend. Deren Verpflichtung folgt zwar aus dem bürgerlichrechtlichen Scheckvertrag, beruht aber auch auf einer wertpapierrechtlich verbrieften Zahlungsanweisung.

Im Übrigen ergibt sich hier auch kein Wertungswiderspruch zu geschäftsbesorgungsrechtlichen Wertungen beim Wechsel. Etwas anderes lässt sich nicht mit Haertlein durch Verweis darauf begründen, dass etwa nach Bülow[147] dem Gefälligkeitsakzeptanten für die Einlösung eines Wechsels kein Aufwendungsersatzanspruch (§ 670 BGB) bzw. Vorschussanspruch (§ 669 BGB) gegen den Begünstigten erwachse, wenn der Wechsel dem Begünstigten vor Begebung abhanden gekommen und vom gutgläubigen Erwerber vorgelegt worden ist. Gemeint ist insoweit ein Wechsel, der allein zum Zwecke der Beschaffung liquider Mittel für den Begünstigten akzeptiert wird, weshalb der Begünstigte im Innenverhältnis gehalten ist, es nicht zu einer Inanspruchnahme des Akzeptanten kommen zu lassen[148]. Indessen wird von Würdinger, auf den auch Bülow[149] sich beruft, danach differenziert, ob das Akzept entgeltlich durch eine Bank (Akzeptkredit) oder durch einen fremdnützig handelnden Freund (Gefälligkeitsakzept) erfolgte. Der erste Fall soll als gescheiterte Verschaffung von liquiden Mitteln im Rahmen einer Darlehensgewährung keine Ersatzansprüche auslösen, während im zweiten Fall Aufwendungsersatz- bzw. Freistellungsansprüche aus der unentgeltlichen Geschäftsbesorgung durchaus bestehen sollen[150]. Diese Differenzierung zeigt zunächst, dass die richtige Risikoverteilung bei Akzept zur Kreditschöpfung noch nicht als endgültig geklärt angesehen werden kann. Jedenfalls aber spielt dabei der Rechtsschein einer im Wechsel beurkundeten Weisung keine Rolle, da mit dem Akzept die eigene wertpapierrechtliche Verpflichtung des Akzeptanten in den Vordergrund tritt. Ab Akzept beruht jede Einlösung weniger auf einer im Wechsel liegenden (vermeintlichen) Weisung als auf der (Annahme einer) eigenen wertpapierrechtlichen Verpflichtung. Anknüpfungspunkt für mögliche Aufwendungsersatzansprüche ist daher bereits die *Geschäftsbesorgung durch Gewähr des Akzepts*, welche insbesondere für den Fall gutgläubigen Erwerbs eines abhandengekommenen Wechsels bereits die entscheidende Vermögensdisposition darstellt. Das vom Begünstigten erbetene

[147] WG/SchG/AGB, Art. 17 WG Rn. 83.

[148] Näher *Bülow*, WG/SchG/AGB, Art. 17 WGG Rn. 80.

[149] WG/SchG/AGB, Art. 17 Rn. 80.

[150] So *Würdinger*, BB 1956, 225.

Akzept ist aber selbst bei Verneinung der Zurechenbarkeit der im Wechsel liegenden Weisung auftragsgemäß. Wenn man daher aufgrund einer Verpflichtung zur tatsächlichen Verschaffung liquider Mittel das Risiko des Fehlschlagens der Kreditschöpfung der akzeptierenden Bank zuweisen und für aus dem Akzept folgende Kosten keinen Aufwendungsersatz gewähren will, so ist das keine Frage der Rechtsscheinshaftung, sondern eine Frage, ob nicht Wertungen des Darlehensvertrags im allgemeinen und des Akzeptkredits im besonderen denen des allgemeinen Geschäftsbesorgungsrechts vorgehen. Die Kreditschöpfung durch Akzept ist daher insgesamt nicht mit der Scheckzahlung vergleichbar.

Schließlich wird auch im Wechselrecht die an bloße Leistung geknüpfte Rechtsscheinszurechnung als angemessen betrachtet. Z. B. für die allgemeine Situation der Leistung des im Sinne von Art. 40 Abs. 3 WG schutzwürdigen Bezogenen an einen formell aber nicht materiell Legitimierten wird ein Eigentumserwerb durch den Leistenden nicht unmittelbar aus Art. 16 Abs. 2 WG, sondern aus dem Rechtsschein angenommen, der „vom Wechsel ausgeht und gleichermaßen Schutz des Schuldners erheischt"[151].

Zusammenfassend lässt sich feststellen, dass die im Scheck beurkundete Zahlungsanweisung wertpapierrechtlich verbrieft ist und dass insbesondere bei vor Begebung abhandengekommenem Scheck die Zahlungsanweisung durch an Verkehrserwerb (auch durch die Bezogene) geknüpfte wertpapierrechtliche Rechtsscheinshaftung zurechenbar ist. Weitergehend kann man daraus die Wertung ableiten, dass der Aussteller eines Schecks unabhängig von der Frage des Abhandenkommens im Vergleich zur redlich einlösenden Bezogenen von geringerer Schutzwürdigkeit ist, wobei wertungsmäßig keine Rolle spielt, ob ein abhandengekommenes Papier vor Einlösung gutgläubig erworben worden ist, oder nicht. Die Herstellung eines harmonischen Ineinandergreifens von Wertpapierrecht und bürgerlichem Scheckvertrag ohne Wertungsbrüche lässt sich daher nur verwirklichen, wenn man mit Canaris die wertpapierrechtliche Rechtsscheinshaftung auch auf die Vertrauensinvestition der Bezogenen durch Einlösung erstreckt.

Demnach erwächst dem Kreditinstitut nach wertpapierrechtlichen Rechtsscheinsgesichtspunkten ein Aufwendungsersatzanspruch aus § 670 BGB für die Einlösung von Schecks, die unter Verwendung von durch den Berechtigten unterschriebenen Vordrucke hergestellt wurden. Bei Einlösung gegenüber einem materiell nicht Berechtigten muss freilich die Einlösung auf nicht grob fahrlässigem Vertrauen in die materielle Berechtigung beruhen.

---

[151] *Bülow*, WG/SchG/AGB, Art. 40 WG Rn. 8; *Hueck/Canaris*, § 12 IV. 4, S. 144 f.

4. Allgemeine Rechtsscheinshaftung bei nicht unterschriebenen Vordrucken

a) Verschulden des Abhandenkommens

Als denkbares Kriterium für eine das Abhandenkommen der Vordrucke überwindende Zurechnung kommt schließlich das Verschulden in Betracht. So nimmt Bülow[152] eine Rechtsscheinshaftung mit der Folge eines Aufwendungsersatzanspruches der Bank bei fahrlässiger Ermöglichung der Scheckfälschung, insbesondere bei Fehlen sorgfältiger Vorkehrungen gegen das Abhandenkommen von Vordrucken an. Allgemein bejahen auch Thomsen[153] und Koller[154] die Möglichkeit einer - wertpapierrechtlichen - Rechtsscheinshaftung gegenüber dem gutgläubigen Erwerber eines Wertpapiers trotz gefälschter Unterschrift, wenn der Namensinhaber die Fälschung dadurch begünstigt hat, dass er zumutbare Sorgfaltsvorkehrungen außer Acht gelassen hat.

Diese Ansätze beruhen jedoch nach den bisherigen Ergebnissen dieser Untersuchung[155] nicht mehr auf spezifisch wertpapierrechtlichen Erwägungen. Bei der wertpapierrechtlichen Rechtsscheinshaftung liegt der Rechtsschein von Ausstellung und Begebung in einem Wertpapier, das zumindest eine echte Unterschrift trägt. Zurechnungskriterium ist die spezifische Gefahrerhöhung für den Wertpapierverkehr durch Unterschreiben eines Papiers. Auf Gefahrbeherrschungsmöglichkeiten kommt es insoweit nicht an. Bei der Zurechnung eines gänzlich gefälschten Wertpapiers besteht hingegen nur der Rechtsschein der gefälschten Unterschrift. Ohne zu unterzeichnen hat sich der Namensträger nicht in spezifisch gefahrerhöhender Weise dem Wertpapierverkehr genähert. Die Zurechnung nach Verschulden beruht statt dessen allein auf dem Kriterium der Beherrschbarkeit begrenzt durch den zumutbaren Vermeidungsaufwand. Die Möglichkeit der Zurechnung einer gefälschten Unterschrift nach Verschulden ist demnach an allgemeinen Grundsätzen der Rechtsscheinshaftung zu bemessen, weil sie nicht an Besonderheiten des Wertpapierverkehrs anknüpft.

---

[152] WG/SchG/AGB, Art. 3 SchG, Rn. 22 f. *Bülow*, ebenda, hält allerdings Grenzfälle für möglich, bei denen die Zurechnung schon zu bejahen, die Fahrlässigkeit aber noch zu verneinen ist. Ein Beispiel für einen solchen "Grenzfall" vermag *Bülow* aber nicht zu benennen.

[153] Einwendungslehre, 232 ff.

[154] WM 1981, 210, 220.

[155] Vgl. oben S. 46 ff., 53 f.

aa) Vergleich mit der Figur der Anscheinsvollmacht

Grundsätzlich ist Canaris darin beizupflichten, dass das Verschuldensprinzip schlecht zur Rechtsscheinshaftung passt[156]. Dies ergibt sich nicht nur daraus, dass die gesetzlich vorgesehenen Rechtsscheinstatbestände verschuldensunabhängig ausgestaltet sind, sondern auch daraus, dass dem Schutz des Vertrauens in einen Scheintatbestand, der nicht verschuldensunabhängig greift, nur sehr begrenzt die oben beschriebene Verkehrsschutzfunktion[157] zukommt. Bejaht man aber mit der h. M.[158] die Möglichkeit einer Anscheinsvollmacht, so bietet sich deren wertende Heranziehung auch für die Einreichung gefälschter Schecks an. Denn bei der Anscheinsvollmacht wird dem Vertretenen das Handeln eines Vertreters ohne Vertretungsmacht nach gewisser Häufigkeit und Dauer bereits dann zugerechnet, wenn er dieses bei Einhaltung der verkehrserforderlichen Sorgfalt hätte erkennen und verhindern können. Die Figur der Anscheinsvollmacht bedeutet also eine Rechtsscheinszurechnung nach Verschulden[159]. Zudem entspricht die Fälschung dem Handeln unter fremdem Namen im Sinne einer Identitätstäuschung[160], bei der das Kreditinstitut von einer Weisung des wahren Namensträgers ausgeht. Auf diese sind die Regeln für die Stellvertretung zumindest analog anwendbar[161].

Abgelehnt wird die Figur der Anscheinsvollmacht allerdings insbesondere von Flume[162], da die Nichterfüllung pflichtgemäßer Sorgfalt nach bürgerlichem Recht nicht die Geltung einer rechtsgeschäftlichen Regelung, sondern nur Schadensersatzansprüche begründen könne. Canaris[163] wendet gegen die Anscheinsvollmacht ferner ein, dass das bürgerliche Recht aufgrund seiner Orientierung am Grundsatz der Privatautonomie keine rechtsgeschäftliche Bindung an nicht willentlich gesetzte Schein-/Erklärungstatbestände kenne. Sowohl das Argument eines Widerspruchs zwischen Rechtsgeschäft und Verschulden als auch dasjenige des Willentlichkeitserfordernisses kann jedoch nicht aufrecht erhal-

---

[156] *Canaris*, Vertrauenshaftung, S. 476 f.

[157] Vgl. oben S. 48 ff.

[158] Vgl. BGHZ 5, 111, 116; BGH, NJW 1991, 1225; BAGE 15, 305; st. Rspr.; *Schramm*, in: MünchKomm, § 167 Rn. 45 ff.; *Palandt/Heinrichs*, § 167 Rn. 1 ff., § 173 Rn. 14; *Larenz/Wolf*, AT, § 48 Rn. 25 ff., 30; *Soergel/Leptien*, § 167 Rn. 17 ff.

[159] St. Rspr. seit BGHZ 5, 111, 116; vgl. vertiefend die in der vorherigen Fußnote genannten.

[160] *Canaris*, Vertrauenshaftung, S. 69 f.; allgemein zum Handeln unter fremdem Namen *Lieb*, JuS 1967, 106 ff.

[161] *Palandt/Heinrichs*, § 164 Rn. 10; *Borsum/Hoffmeister*, NJW 1985, 1205, 1206; *Redeker*, NJW 1984, 2390, 2392.

[162] BGB AT, § 49, 2, 3, insbesondere S. 834; dem folgend *Canaris*, JZ 1976, 132 f.; *Larenz*, AT § 33 I a, S. 640; *Medicus*, BR, Rn. 101; *Bader*, Duldungs- und Anscheinsvollmacht, 179 ff.

[163] Vertrauenshaftung, insb. S. 48 ff.

ten, wer mit der den Verkehrsschutz betonenden überwiegenden Ansicht[164] entgegen den vorrangig an der Privatautonomie orientierten Autoren[165] nur potentielles Erklärungsbewusstsein als Voraussetzung einer Willenserklärung ansieht, da dies die Möglichkeit einer "fahrlässigen Willenserklärung" eröffnet und somit jeglichen Gegensatz zwischen Rechtsgeschäft und Verschulden einebnet[166]. Letztlich ist allerdings auch die nach der Gegenansicht anzunehmende Haftung bei Vertretung ohne Vertretungsmacht aus culpa in contrahendo eine Haftung für enttäuschtes Vertrauen, so dass der Streit weniger die Vereinbarkeit von Verschuldensprinzip und Vertrauenshaftung betrifft, als die Frage nach der Rechtsfolge: ob positiver oder negativer Vertrauensschutz zu gewähren ist.

Diesbezüglich ist darauf hinzuweisen, dass für eine Anscheinsvollmacht das erstmalige Handeln eines Vertreters ohne Vertretungsmacht in der Regel selbst dann nicht ausreichen soll, wenn es vom Vertretenen verschuldet ist[167]. Ebenso ist bemerkenswert, dass die Zurechnung der unbewusst fahrlässigen Verwirklichung des objektiven Tatbestands einer Willenserklärung durchaus Charakterzüge der Zurechnung eines Rechtsscheins aufweist, aber dennoch nach h. M. gemäß § 119 BGB (analog) die Möglichkeit zur Beschränkung der Haftung auf das negative Interesse (§ 122 BGB) besteht[168]. Aus keiner Ansicht ergibt sich also, dass man jeglichen schuldhaft geschaffenen Vertrauenstatbestand im Sinne einer Rechtsscheinshaftung gegen sich gelten lassen muss. Es ist daher auch bei Anerkennung einer Verschuldenszurechnung zunächst eine Frage der Intensität des objektiven Scheintatbestandes, ob der Verkehrsschutzgedanke eine strikte Bindung an den Rechtsschein fordert oder als Schuldausgleich eine Haftung auf das negative Interesse genügt.

---

[164] Vgl. dazu BGHZ 91, 324; 109, 171; *Kramer*, in: MünchKomm, § 119 Rn. 79 ff.

[165] *Canaris*, NJW 1984, 2281 ff., *ders*., Vertrauenshaftung , S. 427 f., 548 f., *Frotz*, Verkehrsschutz, S. 429 ff.; *H. Hübner*, AT, Rn. 677 f., *Thiele*, JZ 1969, 405, 407; *Wieacker*, JZ 1967, 385 389.

[166] Dieses Argument greift jedoch nicht, wenn man auch auf ein potentielles Erklärungsbewusstsein verzichtet, vgl. die Erwägungen in diesen Sinne bei *Medicus*, BR, Rn. 130. Vertiefend zum Erfordernis einer Zurechnung nach dem Maßstab des § 276 Abs. 1 BGB bei Erklärungen ohne Erklärungsbewusstsein *Stumpf*, Auslegung, S. 40 ff. *Flume*, BGB AT II, § 23 1 S. 450, schließlich differenziert und verlangt bei Schweigen und bei konkludentem Verhalten ausnahmsweise aktuelles Erklärungsbewusstsein.

[167] Vgl. BGH, WM 1969, 43; entspricht st. Rspr., vgl. BGH, NJW 1991, 1225; BAG 15, 305.

[168] Vgl. *Kramer*, in: MünchKomm, § 119 Rn. 79 ff.

bb) Mangelnde objektive Intensität des Rechtsscheintatbestandes

Unabhängig davon, ob man - etwa unter Berufung auf eine richterrechtliche Verfestigung der Anscheinsvollmacht[169] - eine Verschuldenszurechnung grundsätzlich für möglich hält, kommt daher für den Fall der Fälschung eine Rechtsscheinszurechnung nach dem Verschuldensprinzip deshalb nicht in Betracht, weil es dafür bereits an einem auf den Namensträger bezogenen, objektiven Scheintatbestand von ausreichender Intensität fehlt:

Wenn man mit der Rechtsprechung als rechtsscheinsbegründend in der Regel ein Auftreten als Vertreter ohne Vertretungsmacht mit gewisser Häufigkeit und Dauer[170] ansieht, so liegt der auf den Vertretenen bezogene Rechtsschein in dem gesicherten Schluss des Geschäftsgegners, dass der Vertretene das Vertreterhandeln entweder bewusst duldet oder bei Anwendung der verkehrserforderlichen Sorgfalt hätte erkennen und vermeiden müssen[171], dass also der Vertretene sein Nichteingreifen zumindest verschuldet hat. Der gute Glaube an den nicht gesetzlich typisierten Rechtsschein ist demnach für eine Verschuldenszurechnung nur dann ausreichend, wenn aus der Sicht des Geschäftsgegners *bereits der Rechtsschein zumindest Verschulden indiziert*. Dies korrespondiert insofern mit dem Verkehrsschutzprinzip, als dieses nur bei lückenloser, d. h. grundsätzlich verschuldensunabhängiger Haftung für die Setzung eines Vertrauenstatbestandes optimal verwirklicht wird[172], bei durch den Scheintatbestand indiziertem Verschulden aber bereits die verschuldensabhängige Haftung aus der Sicht des Vertragspartners annähernd die Sicherheit einer verschuldensunabhängigen Haftung bietet.

Das Abhandenkommen von Vordrucken beruht aber nicht typischerweise auf Verschulden. Reicht es deshalb für die Annahme einer Anscheinsvollmacht noch nicht aus, dass eine Erklärung in fremdem Namen unter Verwendung von vom Vertretenen stammenden Vordrucken erfolgt, weil daraus noch nicht sicher geschlossen werden kann, dass dies entweder mit dem Willen oder aufgrund von Fahrlässigkeit desjenigen erfolgt, in dessen Namen gehandelt wird, so kann bereits aus dem gleichen Grund keine Rechtsscheinshaftung zu Lasten des Namensträgers eingreifen, wenn solche Vordrucke zu einem Handeln unter fremdem Namen verwandt werden. Würde man hingegen das verschuldete Abhandenkommen von Vordrucken oder sonstigen auf den Namensträger hinweisen-

---

[169] Vgl. *Schramm*, in: MünchKomm, § 167 Rn. 45.

[170] Vgl. besonders zu dieser Voraussetzung BGH, WM 1969, 43; entspricht st. Rspr., vgl. BGH, NJW 1991, 1225; BAGE 15, 305.

[171] *Soergel/Leptien*, § 167 Rn. 20; *Schramm*, in: MünchKomm, § 167 Rn. 47.

[172] Vgl. dazu oben S. 48 ff.

den, nicht handelsrechtlich einzuordnenden Berechtigungsindizien[173] für eine Rechtsscheinshaftung generell ausreichen lassen, so geriete man zudem in einen Wertungswiderspruch zu § 172 BGB, der selbst bei verschuldetem Abhandenkommen einer Vollmachtsurkunde nicht eingreift[174].

b) Missbrauch nach Aushändigung von Vordrucken an eine Vertrauensperson

Schließlich ist auch eine Rechtsscheinshaftung bei Missbrauch durch denjenigen, dem Vordrucke vom Namensträger ausgehändigt wurden, abzulehnen. Insoweit kommt zwar eine analoge Heranziehung des § 172 BGB in Betracht, auch wenn § 172 BGB das Vertrauen in die Legitimation des in der Vollmachtsurkunde Bezeichneten schützt, während eine an die Verwendung echter Vordrucke geknüpfte Rechtsscheinshaftung das Vertrauen in die Identität des Unterzeichners mit dem Berechtigten schützte. Denn gerade das Vertrauen in ein Eigenhandeln des Namensinhabers wird beim sogenannten Blankettmissbrauch geschützt. Allerdings beruht dies weniger auf der von der h. M.[175] angenommenen Rechtsähnlichkeit zur Vollmachtsurkunde[176] als auf einem „Erst-Recht-Schluß" zu § 172 BGB[177]: wenn bereits die Hingabe einer Vollmachtsurkunde eine Rechtsscheinshaftung auslöst, muss dies erst recht für das bewusste Aus-der-Hand-Geben einer unvollständigen Erklärung gelten, bei der die Nachträglichkeit der Vervollständigung für Dritte nicht erkennbar ist.

Soweit die Banken nur Schecks auf ihren Vordrucken einlösen, mag man solche Vordrucke durchaus als Teil der zuzurechnenden Erklärung und damit als Blankett einordnen. Doch wenn der besondere Zurechnungsgedanke in der Unerkennbarkeit der Nachträglichkeit einer Vervollständigung liegt, so kommt für die Blanketthaftung nur ein solches Dokument in Betracht, das beim Aus-der-Hand-Geben bereits alle Merkmale aufweist, anhand derer zu überprüfen ist, ob das Schriftstück von demjenigen stammt, der das Blankett weitergab. Das Gesetz, welches keinen Vordruck kennt, weist aber gerade der Unterschrift diese Prüfungsfunktion zu. Anhand der gefälschten Unterschrift ist der spätere

---

[173] Die anerkannte Möglichkeit der Rechtsscheinshaftung bei Verwendung von Firmenstempeln oder -briefbögen (dazu etwa BGHZ 5, 111, 116) beruht besonders auf dem Zugänglichmachen solcher Berechtigungsindizien im Rahmen einer kaufmännischen Organisation, so auch *Schneider*, POS-Zahlungen, S. 116.

[174] BGHZ 65, 13; näher dazu oben S. 40, insbesondere Fn. 69.

[175] Vgl. für einen Analogieschluß zu § 172 BGHZ 40, 65, 68; RGZ 138, 265, 269; *Soergel/Leptien*, § 172 Rn. 6; *Schramm*, in: MünchKomm, § 172 Rn. 17.

[176] Zweifelnd bereits *Canaris*, Vertrauenshaftung, S. 65.

[177] Das ist auch angedeutet in BGHZ 40, 65, 68: "mindestens ebenso schutzwürdig"; wie hier bereits *Ikas*, EFTPOS, S. 154.

Missbrauch auch prinzipiell erkennbar. Eine Anwendung des § 172 BGB "erst recht" auf die Weitergabe von Vordrucken entsprechend dem Vorgehen beim Blankettmissbrauch, für den beim Scheckblankett ohnehin Art. 13 SchG vorrangig zu berücksichtigen ist, verbietet sich daher[178].

5. Endergebnis für die Rechtsscheinshaftung

Allein im Wege der Rechtsscheinshaftung zurechenbar ist der Fall des Abhandenkommens bereits vom Namensträger unterschriebener, nicht notwendigerweise vollständig ausgefüllter Schecks. Die bei Einlösung gegenüber einem materiell nicht Berechtigten unter der weiteren Voraussetzung der Auszahlung infolge subjektiv schutzwürdigen Vertrauens in den insoweit vorliegenden Rechtsschein eingreifende Rechtsscheinshaftung umfasst allerdings nicht nachträgliche Veränderungen vollständiger Schecks durch Dritte. Die Verwendung echter Vordrucke hingegen steht dem Fälschungseinwand selbst dann nicht entgegen, wenn deren Abhandenkommen verschuldet wurde oder wenn der Missbrauch durch jemanden erfolgt, dem die Vordrucke vom Kontoinhaber anvertraut worden sind. Aus der Einlösung gefälschter Schecks erwächst dem Kreditinstitut daher ein Aufwendungsersatzanspruch gemäß § 670 BGB auch nicht aus Rechtsschein.

III. Exkurs: Vertrauenshaftung nach § 122 BGB analog

Der Vollständigkeit halber bereits an dieser Stelle angesprochen sei schließlich eine verschuldensunabhängige Haftung des Kunden gegenüber der Bank auf den Schaden aus dem Vertrauen auf die Echtheit der unter Verwendung echter Vordrucke gefälschten Schecks aus § 122 BGB analog, wie sie z. T. für den Aussteller einer abhandengekommenen Urkunde vertreten wird[179]. Die hierfür gegebene Begründung besteht allerdings entsprechend der wertpapierrechtlichen Rechtsscheinshaftung darin, dass der Aussteller durch die Unterzeichnung der Urkunde „auf Vorrat" wissentlich und in nicht schutzwürdiger Weise eine erhöhte Gefahr für den Rechtsverkehr hervorgerufen hat[180]. Wie ausgeführt[181], lässt sich dieser Gedanke aber gerade im Verhältnis des Kunden zur Bank nicht

[178] Für den Scheckvordruck daher zutreffend bereits *Pleyer/Müller-Wüsten*, WM 1975, 11022, 1104 m. w. N in Fn 29. Anders verhält es sich nach Ansicht des Verfassers für die Weitergabe einer Geldkarte, bei der eine weitergehende Legitimation als durch Inhaberschaft nicht vorgesehen ist, vgl. dazu unten S. 242.

[179] Vgl. *Canaris*, Vertrauenshaftung, S. 548; *Larenz*, BGB AT, § 33 I a), S. 638.

[180] *Canaris*, Vertrauenshaftung, S. 548.

[181] Vgl. oben S. 50 f.

auf die von beiden gleichermaßen gesetzte Gefahr der Aufbewahrung von Vordrucken übertragen. Eine die Rechtsscheinshaftung ergänzende Analogie zu § 122 BGB scheidet daher aus. Insgesamt löst der nicht verschuldete Drittmissbrauch nicht unterschriebener Vordrucke keinerlei Vertrauenshaftung des Kunden aus. Da somit insbesondere ein Aufwendungsersatzanspruch aus § 670 BGB ausscheidet, verdient der diesem nicht unähnliche Anspruch auf Auslagenersatz nach § 645 BGB nähere Betrachtung.

IV. Auslagenersatz nach § 645 Abs. 1 S. 1 BGB

Auch § 645 Abs. 1 S. 1 BGB ist nicht unmittelbar einschlägig. Diese Vorschrift ist im Rahmen des Geschäftsbesorgungsverhältnisses gegenüber den Regeln des Auftragsrechts gleichgerichtet, soweit sie den Ersatz von Auslagen für - wenn auch sinnlos gewordenen - auf Erbringung des geschuldeten Erfolgs gerichtete Arbeiten regelt, da diesbezüglich auch ein Aufwendungsersatzanspruch aus § 670 BGB besteht. Eine weitergehende Regelung enthält § 645 Abs. 1 S. 1 BGB insoweit, als er eine über die tatsächlichen Auslagen hinausgehende anteilmäßige Vergütung vorsieht. Die Einlösung eines gefälschten Schecks ist nun aber gerade nicht auf Erbringung eines geschuldeten Erfolgs, der Auszahlung an eine vom Aussteller gemäß § 665 BGB bezeichnete Person, gerichtet. Auf die Sorgfaltspflicht des Kreditinstituts, Missbräuche zu verhindern[182], kommt es in diesem Zusammenhang nicht an, denn diese hat dienstvertraglichen Charakter[183].

E. Vertraglicher Schadensersatzanspruch

I. Rahmensetzung durch das Verschuldensprinzip

Sowohl die Kreditinstitute als auch deren Kunden treffen gegenseitige Schutzpflichten. Verletzt der Kunde seine Pflichten schuldhaft, so erwächst dem Kreditinstitut auch bei Verneinung einer verschuldensunabhängigen sphärenbezogenen Risikozuweisung an den Kunden nach herkömmlicher Dogmatik[184] jedenfalls ein Schadensersatzanspruch aus positiver Forderungsverletzung

---

[182] Vgl. unten S. 71 ff.

[183] *Pfeiffer*, in: Graf v. Westphalen, ec-Bedingungen, Rn. 87.

[184] Zur Theorie eines an die Stelle der Institute "culpa in contrahendo" und "positive Forderungsverletzung" tretenden "einheitlichen gesetzlichen Schuldverhältnisses" nach *Canaris*, JZ 1965, 475 ff., vgl. *Kramer*, in: MünchKomm Vor § 241 Rn. 72 ff., insbes. Rn. 75; kritisch *Medicus*, JuS 1986, 665, 668 ff. Für das Ergebnis dieser Untersuchung ist der Streit jedoch nicht von Belang.

(pFV)[185]. Umgekehrt führt eine schuldhafte Pflichtverletzung seitens des Kreditinstituts selbst bei grundsätzlicher Bejahung einer sphärenbezogenen Risikozuweisung an den Kunden zu einem Gegenanspruch des Kunden aus pFV und damit zu einer Belastung der Bank[186]. Bei beiderseitigem Verschulden erfolgt eine Haftungsverteilung nach § 254 BGB. Soweit also ein Verschulden mindestens eines Vertragspartners in Bezug auf einen durch Drittmissbrauch entstandenen Schaden vorliegt, können verschuldensunabhängige Haftungserwägungen keine eigenständige Bedeutung erlangen. Zunächst soll daher dargestellt werden, inwieweit die Risikozuweisung nach Verschuldensgesichtspunkten Raum für Erwägungen verschuldensunabhängiger Haftung lässt.

1. Sorgfaltspflichten des Kunden

a) Aufbewahrungspflicht

Bereits das Reichsgericht[187] hat festgestellt, dass sich der Kunde im Scheckverkehr so verhalten muss, dass der Missbrauch von Scheckvordrucken nach Möglichkeit ausgeschlossen wird und dass daher Scheckvordrucke wegen der großen Gefahr der missbräuchlichen Verwendung mit besonderer Sorgfalt zu verwahren sind. Die gebotene Sorgfalt ist dabei situationsabhängig und entspricht ungefähr derjenigen Sorgfalt, die für den Umgang mit Bargeld angemessen ist[188]. Für die Aufbewahrung von Vordrucken innerhalb eines Geschäftsraumes oder einer Wohnung ist nach vielfach vertretener Ansicht die Anschaffung eines Tresors im Regelfall nicht geboten, dafür aber die Verwahrung in einem verschlossenen Behältnis erforderlich[189]. Sei dieser Anforderung genügt, könne sich ein Fahrlässigkeitsvorwurf an die Zugänglichkeit des Schlüssels knüpfen[190]. Nach anderer Ansicht ist diese Sorgfaltsanforderung überspannt. Da man Bargeld zu Hause nicht verschließen müsse, könne für Schecks nichts an-

---

185 Vgl. *Joost*, ZHR 153 (1989), 237, 252; *Nobbe*, in: Schimansky/Bunte/Lwowski, Bankrechts-Handbuch, § 60 Rn. 102. Ebenfalls in Betracht kommende Ersatzansprüche aus § 823 Abs. 2 BGB i. V. m. einem Schutzgesetz, z. B. §§ 263, 267 StGB, oder aus § 826 BGB werden hier nicht weiter vertieft, da sie neben der Haftung aus pFV nicht relevant sind.

186 So etwa *Canaris*, Bankvertragsrecht, Rn. 712.

187 RGZ 81, 254, 255 f.; 92, 50,52 f.

188 *Koller*, WM 1985, 821, 824; *Nobbe*, in: Schimansky/Bunte/Lwowski, § 60 Rn. 105.

189 RGZ 81, 254, 255 f. (mit einem "Kunstschloss" versehenes Behältnis); BGHZ 91, 229, 233; OLG Celle, WM 1993, 101, 102 = WuB I D 3. - 5.93 (*Christoffel*); OLG Köln WM 1983, 1025, 1027; *Nobbe*, in Schimansky/Bunte/Lwowski, Bankrechts-Handbuch, § 60 Rn. 105.

190 OLG Hamm WM 1985, 1260, 1261 f.

deres gelten[191]. Richtigerweise ist zu differenzieren: Gegenüber denjenigen Personen, denen der Inhaber der Vordrucke Zutritt zu seinen Räumlichkeiten gewährt, ist die Verwahrung in einem verschlossenen Behältnis zumindest dann erforderlich, wenn zu diesen Personen kein besonders enges Vertrauensverhältnis besteht. Gegenüber Einbrechern muss aber das sorgfältige Sichern aller Eingänge genügen[192]. Wer hier dennoch die Verwahrung in einem verschlossenen Behältnis fordert, muss immerhin einräumen, dass diese zusätzliche Sicherungsmaßnahme nur in Ausnahmefällen Schäden abwenden kann, dass also ein Schaden gegebenenfalls auch bei rechtmäßigem Alternativverhalten eingetreten wäre: kaum ein Einbrecher macht nach der Überwindung einer Haustür mit Sicherheitsschloss vor einem Schubladenschloss halt.

Außerhalb von Büro- oder Wohnräumen soll bereits die Verwahrung in einer Handtasche hinreichende Sorgfalt bedeuten[193], während das Belassen von Vordrucken in einem abgestellten Kfz. überwiegend als sogar grob fahrlässig angesehen wird[194].

b) Sonstige Pflichten

Des weiteren trifft den Kunden die Pflicht, die über sein Konto abgewickelten Scheckvorgänge zu überwachen. Diese umfasst insbesondere die Kontrolle anhand von Kontoauszügen[195] und die gelegentliche Überprüfung der Vordrucke auf Vollzähligkeit[196]. Auffälligkeiten, die das Abhandenkommen von Vordrucken nahe legen, sind dem Kreditinstitut unverzüglich mitzuteilen[197]. Hierbei ist zu beachten, dass eine Verschuldenshaftung des Kunden nur eingreifen kann, wenn die unverzügliche Mitteilung etwa des Verlusts der Vordrucke den Miss-

---

[191] *Schwintowski/Schäfer*, Bankrecht, § 4 Rn. 294; ähnlich *Jäger*, Fälschungsrisiko, S. 173 f.

[192] Insoweit zutreffend *Jäger*, S. 174.

[193] *Nobbe*, in: Schimansky/Bunte/Lwowski, Bankrechts-Handbuch, § 60 Rn. 106.

[194] *Canaris*, Bankvertragsrecht, Rn. 714; LG Köln WM 1988, 160 = WuB I D 3. - 5.88 (*Harbeke*) = EWiR 1988, 295 (*Huff*); LG Essen WM 1993, 546, 548 = WuB I D 5. - 3.93 (*Reiser*); AG Mönchengladbach-Rheydt, WuB I d 5 b - 2,97 m. zust. Anm. Göbel; a. A. LG Köln NJW-RR 1987, 740, 741; LG Koblenz WM 1988, 1665, 1667.

[195] BGH, WM 1965, 741, 743; NJW 1982, 1513,1514; *Canaris*, Bankvertragsrecht, Rn. 714; *Reiser*, WM 1984, 1557, 1563; *Nobbe*, in: Schimansky/Bunte/Lwowski, Bankrechts-Handbuch, § 60 Rn. 107.

[196] OLG Hamm, WM 1985, 1261 f.; *Canaris*, Bankvertragsrecht, Rn. 714; *Nobbe*, in: Schimansky/Bunte/Lwowski, Bankrechts-Handbuch, § 60 Rn. 107.

[197] Eingehend *Nobbe*, in: Schimansky/Bunte/Lwowski, Bankrechts-Handbuch, § 60 Rn. 108. Ähnliche Pflichten statuiert Section 4-406 des US-amerikanischen UCC. Näher zur dortigen Rechtslage vgl. *Schultz*, WM 1998, 583 ff.

brauch auch verhindert hätte[198]. Sorgfaltswidrig in Bezug auf Verfälschungen von begebenen Schecks ist schließlich auch deren Begünstigung beim Ausfüllen von Vordrucken z. B. durch die Angabe der Schecksumme nur in Zahlen[199] und allgemein durch das Lassen von Freiräumen, die Ergänzungen ermöglichen[200]. Hingegen ist das Versenden des üblichen Überbringerschecks mittels einfachen geschlossenen Briefs bislang nicht sorgfaltswidrig[201], weil die Banken sicherere Scheckformen wie etwa den nicht an Order gestellten Namensscheck (Art. 5 Abs. 1 2. Alt. ScheckG) nicht zulassen. Grob fahrlässig ist allerdings die Versendung in einem Fensterumschlag, in dessen Adressfeld der Scheck sichtbar wird[202].

c) Sonderfall: Haftung für fremdes Verschulden

aa) Beherrschbarkeit als Abgrenzungsmerkmal der Verschuldenshaftung

Der Aussteller haftet ferner nicht nur für eigenes Verschulden, sondern gemäß § 278 BGB auch für das schuldhafte Verhalten derjenigen Personen, denen er die Verwahrung der Vordrucke übertragen hat[203]. Diese Vorschrift unterscheidet sich aber prinzipiell von der Verschuldenshaftung. Die Haftung für fremdes Verschulden begrenzt daher auch nicht die Möglichkeit einer sphärenbezogenen Risikozuweisung, sondern wird von Anhängern der Sphärenidee gerade als Ausdruck derselben verstanden[204]. Verschuldenshaftung setzt nämlich einerseits die Vermeidbarkeit, also die Beherrschbarkeit des Schadenseintritts voraus. Zum anderen kommt es auf die Vermeidbarkeit nur soweit an, wie der erforderliche Vermeidungsaufwand zumutbar, d. h. verkehrserforderlich im Sinne von Verschulden ist. Die Möglichkeit der Vermeidung eines Diebstahls von Vordrucken aus einer Privatwohnung durch Verwendung eines Tresors ist z. B. unzumutbar aufwendig, daher nicht verkehrserforderlich und somit im Rahmen der Verschuldenshaftung irrelevant.

---

[198] AG Bad Kreuznach, NJW-RR 1986, 1104, 1105.

[199] RGZ 92, 50, 52; *Bülow*, WG, SchG/AGB, Art. 3 SchG Rn 22.

[200] *Baumbach/Hefermehl*, WG/SchG, Art. 3 SchG Rn. 14; *Jäger*, Fälschungsrisiko, S. 175; *Nobbe*, in: Schimansky/Bunte/Lwowski, Bankrechts-Handbuch, § 60 Rn. 109.

[201] BGH, WM 1998, 1622 = ZIP 1998, 1351.

[202] OLG Frankfurt a. M., WM 1999, 1318.

[203] OLG Hamm; WM 1985, 1260, 1262.

[204] Vgl. *Oertmann, DR 1922*, Sp. 5 ff.; *Wilburg*, Elemente, S. 61; Von einer Haftung für den eigenen Geschäftskreis spricht auch *Palandt/Heinrichs*, § 278 Rn. 1.

Während also die Verschuldenshaftung auf der Beherrschbarkeit eines Risikos mit zumutbarem Aufwand beruht, ist die Vermeidbarkeit im Rahmen der Zurechnung nach § 278 BGB nur insoweit logisch vorausgesetzt, als der Schuldner auf den Einsatz eines Erfüllungsgehilfen ganz verzichten könnte. Hingegen ist gerade nicht Voraussetzung, dass der Geschäftsherr die Schadensverursachung durch seinen einmal gewählten Erfüllungsgehilfen vermeiden, d. h. beherrschen kann[205]. § 278 BGB wird daher noch im Rahmen der Erwägungen zur verschuldensunabhängigen Risikozuweisung Berücksichtigung finden[206].

Der Vollständigkeit halber ist allerdings darauf hinzuweisen, dass in Grenzfällen auch die Verschuldenshaftung trotz fehlender Beherrschbarkeit eingreifen kann. Dies ergibt sich aus dem objektiven Fahrlässigkeitsbegriff des Zivilrechts[207], dessen Maßstab der verkehrserforderlichen Sorgfalt nur dasjenige Sorgfaltsniveau ausreichen lässt, das von einem durchschnittlichen Verkehrsteilnehmer erwartet werden kann. Niemand kann sich darauf berufen, nach seinen individuellen Fähigkeiten dieses Sorgfaltsniveau nicht erreichen zu können. Unterdurchschnittlich Befähigte kann daher auch eine Verschuldenshaftung für Schäden treffen, deren Eintritt sie nicht beherrschen können[208]. Insoweit hat die Haftung nach dem objektiven Fahrlässigkeitsbegriff den Charakter einer „Gefährdungshaftung für unterdurchschnittliche Fähigkeit" geknüpft an die Verkehrsteilnahme. Auch darin wird zum Teil bereits eine Sphärenhaftung gesehen[209].

bb) Fälschung durch Angestellte

Problematisch ist im Rahmen des § 278 BGB der Fall, dass etwa ein Angestellter des Ausstellers die ihm anvertrauten Vordrucke selbst für Fälschungen

---

[205] Der Gesetzgeber begründete § 278 BGB damit, dass der Einsatz von Erfüllungsgehilfen im Interesse des Schuldners erfolge, vgl. Mot. II, S. 30. Dieser Gedanke hat sich auch in der Rechtsprechung durchgesetzt, vgl. BGH NJW 1996, 464 f. m. w. N. Zum Teil wird allerdings § 278 BGB mit dem Gedanken der Gefahrbeherrschung insoweit erklärt, als nur der Schuldner, nicht aber der Gläubiger auf den Einsatz von Erfüllungsgehilfen Einfluss habe, vgl. *v. Schenck*, Der Begriff der Sphäre, S. 213. Dies erklärt jedoch nicht die Haftung des Minderjährige für seine gesetzlichen Vertreter, der seine Vertreter gar nicht bestellt hat, vgl. *Müller-Erzbach*, AcP 106 (1910), 309, 441.

[206] Vgl. unten S. 106 ff.

[207] Vgl. dazu RGZ 95, 16 ff.; BGH, VersR 1968, 395; *Müller-Erzbach*, AcP 106 (1910), S. 309, 325 f.; *Deutsch*, Fahrlässigkeit und erforderliche Sorgfalt, S. 126 ff; *Weyers*, Unfallschäden, S. 386 ff.

[208] Diese Erkenntnis findet sich erstmalig bei *Oertmann*, DR 1922, Sp. 5, 6; ausführlich *J. Hübner*, Schadenszurechnung nach Risikosphären, S. 71 ff, insb. 75 f.

[209] *J. Hübner*, Schadenszurechnung nach Risikosphären, S. 71 ff, insb. 75 f.

verwendet. Zwar umfasst die Haftung nach § 278 BGB jedes Verhalten einer Hilfsperson, das in einem unmittelbaren sachlichen Zusammenhang mit den ihm übertragenen Aufgaben steht, auch dann noch, wenn die Hilfsperson entgegen den Weisungen des Geschäftsherrn im eigenen Interesse Straftaten begeht[210], doch haftet der Geschäftsherr nur für die Verletzung von ihn treffenden Pflichten. Da den Kontoinhaber keine Pflicht trifft, nicht zu fälschen, weil ihm das nicht möglich ist[211], begründet allein der Umstand der Fälschung daher keine Haftung nach § 278 BGB[212]. Anders als bei einer Totalfälschung, also einer gefälschten Anweisung ohne Verwendung besonderer Vordrucke[213], ist aber die Pflicht des Kunden zur sorgfältigen Aufbewahrung der Vordrucke tangiert, die jeglichen Missbrauch gerade dieser Vordrucke auszuschließen soll. Derjenige, dem Vordrucke anvertraut sind, bewirkt eine Verletzung der Pflicht zur sorgfältigen Aufbewahrung bei vorsätzlichem Missbrauch nicht weniger als durch Liegenlassen der Vordrucke in einem nicht verschlossenen Kfz.[214].

2. Sorgfaltspflichten des Kreditinstituts

a) Echtheitsprüfungspflicht

Grenze jeglicher verschuldensunabhängiger Risikozuweisung an den Kunden nach Sphärengesichtspunkten ist eine schuldhafte Pflichtverletzung der Bank. Diese trifft nach ständiger Rechtsprechung und nahezu einhelliger Literatur insbesondere die Pflicht, die Echtheit der vorgelegten Schecks zu prüfen.

---

[210] BGH WM 1997, 1250, 1251; entgegengesetzt deutet die Rechtsprechung erstaunlicherweise *Schön*, AcP 198 (1998), 401, 427.

[211] Vgl. für die Verfälschung BGH, WM 1997, 1250. 1251.

[212] Prinzipiell gegen die Zurechenbarkeit von Fälschungen durch Angestellte daher *Liesecke*, WM 1970, 502, 506 f.; *Canaris*, Bankvertragsrecht, Rn. 714.

[213] Zu Recht wurde mit RGZ 160, 310 ff. die Anwendbarkeit des § 278 BGB auf durch einen Angestellten gefälschte Zahlungsaufträge verneint.

[214] Vgl. auch BGH, WM 1997, 1250, 1251: Nicht in der Verfälschung des Schecks, dafür aber im Verstoß gegen die Pflicht zur sorgfältigen Aufbewahrung des Schecks sieht der BGH ein nach § 278 BGB zurechenbares Verschulden.

Dieser Pflicht sei genügt, wenn sie sich in einer den Erfordernissen des Massenverkehrs entsprechenden Weise davon überzeuge, dass der Scheck seinem äußeren Gesamtbild nach den Eindruck der Echtheit erwecke[215].

aa) Begrenzung durch eine Kosten-Nutzen-Analyse nach Koller

Einen anderen Ansatz verfolgt hingegen Koller[216] mit Blick auf das Verhalten der Kreditinstitute. Diese verzichten seit Abschluss des „Abkommens über das beleglose Scheckeinzugsverfahren (BSE-Abkommen)[217]" von 1985 aus Rationalisierungsgründen bei Schecks über niedrige Beträge (zur Zeit bis 5000,- DM) auf die Vorlage bei der bezogenen Bank. Dies stellt zwar nach der Rechtsprechung ein bewusst rechtswidriges Verhalten dar[218]. Offensichtlich ist aber die Tragung der durch erkennbare Fälschungen angerichteten Schäden weniger kostenintensiv als die Durchführung einer Echtheitsprüfung. Daran anknüpfend vertritt Koller nun den Standpunkt, dass gesamtwirtschaftlich effizientes Verhalten keine Missachtung sinnvoller Sorgfaltsmaßstäbe bedeuten könne[219], sowie dass ein Verhalten nicht mehr zumutbar sei, wenn es einzelwirtschaftlich aber auch gesamtwirtschaftlich gänzlich unrentabel sei und die hoheitlichen Befehle daher gezielt ignoriert würden[220]. Folgerichtig sollen die Banken eine Echtheitsprüfung bei Schecks über geringe Beträge ohne Schuldvorwurf unterlassen dürfen. Diese treffe aber eine Verschuldenshaftung, wenn sie die Kunden, die auf die Vornahme von Echtheitsprüfungen vertrauten, nicht über den Verzicht auf solche Prüfungen aufklärten[221]. Verfehlt ist nun die Annahme, dass sich deshalb angesichts nicht erfolgter Aufklärungskampagnen der Kreditinstitute keine anderen Folgen ergäben, als bei Annahme einer unbedingten Prü-

---

[215] BGH WM 1969, 240; WM 1986, 123; WM 1997, 1250, 1251; OLG Hamburg, WM 1994, 1107, 1108; OLG Frankfurt, WM 1990, 10 f.; *Baumbach/Hefermehl*, WG/SchG, Art. 3 SchG Rn. 25; *Canaris*, Bankvertragsrecht, Rn. 713; *Höhlscheid*, Die Haftung der Banken im Zahlungsverkehr, S. 205; *Nobbe,* WM 1991, Sonderbeilage Nr. 10, S. 11; *ders.*, in: Schimansky/Bunte/Lwowski, Bankrechts-Handbuch, § 60 Rn. 111 m. w. N. Vergleichbar ist die Handhabung beim Überweisungsverkehr, vgl. OLG Köln, WM 1999, 1211.

[216] WM 1985, 821 ff.

[217] Abgedruckt bei Schimansky/Bunte/Lwowski, Bankrechts-Handbuch, Anh. 9 zu §§ 60-63; eingehend dazu *Reiser*, WM 1986, 409 ff.

[218] BGH WM 1984, 1173; *Reiser*, WM 1986, 409, 412.

[219] *Koller*, WM 1985, 821, 822.

[220] *Koller*, WM 1985, 821, 823.

[221] *Koller*, WM 1985, 821, 825.

fungspflicht[222]. Denn auch bei unterlassener Aufklärung entgeht nach dieser Ansicht die Bank bei Einlösung erkennbar gefälschter Schecks über niedrige Summen jeglicher Verschuldenshaftung, wenn sie nachweist, dass die Formulare der eingelösten Schecks auch bei Aufklärung des Kunden abhandengekommen wären[223].

Eine Entscheidung über den Umfang der Prüfungspflicht hängt damit davon ab, ob der Verhaltensmaßstab der verkehrserforderlichen Sorgfalt durch eine Kosten-Nutzen-Analyse begrenzt wird. Insofern verdient zunächst die Frage Betrachtung, inwieweit die h. M. die Kosten der Echtheitsprüfung bei der Festlegung deren Umfangs berücksichtigt.

bb) Umfang der Prüfungspflicht nach h. M.

(1) Vergleich der Originale mit der hinterlegten Schriftprobe

Die h. M. stellt insofern hohe Anforderungen an die Echtheitsprüfung, als sie zu Recht die Prüfung der Unterschrift durch Vergleich mit der in den Kontounterlagen hinterlegten Unterschriftsprobe verlangt. Dafür reicht aus, dass entweder die Schriftprobe oder die Scheckunterschrift oder beides statt im Original in gleichwertiger Kopie oder in hochauflösender Darstellung auf einem Computerbildschirm zum Vergleich vorliegen[224]. Dabei wird man allerdings fordern müssen, dass zumindest der Angestellte, der die Kopie des Schecks herstellt bzw. den Scheck „scannt", diesen in Hinblick auf Rasuren, Korrekturen mit Korrekturflüssigkeit, Aufkleber und ähnliche Verdachtsmomente[225] untersucht, die bei der Reproduktion möglicherweise nicht mehr erkennbar sind. Der Umstand, dass Fälschungsmerkmale einer Scheckurkunde nicht erkannt werden, weil sie durch die Reproduktion nicht richtig wiedergegeben wurden, begründet jedenfalls ein Verschulden der Bank[226]. Während ein Verzicht auf den Unter-

---

[222] So aber scheinbar *Jäger*, Fälschungsrisiko, S. 154 f., der das Bestehen einer Prüfungspflicht dem Grunde nach als nicht durch *Koller* bestritten ansieht.

[223] *Koller*, WM 1985, 821, 824. Der Sache nach handelt es sich dabei um den Einwand der hypothetischen Schadensursächlichkeit rechtmäßigen Alternativverhaltens, vgl. dazu *Grunsky*, in: MünchKomm, Vor § 249 Rn. 87.

[224] *Nobbe*, in: Schimansky/Bunte/Lwowski, Bankrechts-Handbuch, Rn. 112. Nur den Vergleich von Originalen genügen lassen will *Reiser*, WM 1984, 1557, 1561, unter Verweis auf BGH, WM 1971, 474. Die Entscheidung bezieht sich allerdings direkt nur auf die gerichtliche Kontrolle der Einhaltung der erforderlichen Sorgfalt seitens der Bank.

[225] Vgl. *Nobbe*, in: Schimansky/Bunte/Lwowski, Bankrechts-Handbuch, § 60 Rn. 119; *Schwintowski/Schäfer*, Bankrecht, § 4 Rn. 304.

[226] Insoweit ist *Reiser*, WM 1984, 1557, 1561 zuzustimmen.

schriftsvergleich demnach allenfalls zulässig sein kann, wenn der Bankangestellte den Einreicher als Berechtigten kennt oder sich die Unterschrift bereits bei früheren Vorgängen genau eingeprägt hat[227], ist eine telefonische Rückfrage durch eine nicht kontoführende Stelle ohne optischen Vergleich sorgfaltswidrig[228].

Aus alledem ergibt sich, dass die gerichtliche Entscheidung, ob die Fälschung für die Bank erkennbar war, ausnahmslos anhand des Augenscheins der Originale sowohl der Schriftprobe als auch der gefälschten Schecks erfolgen muss[229].

(2) Von der Schriftprobe abweichende Zeichnungsweise

Relativiert wird der strenge Vergleichsmaßstab allerdings dadurch, dass auch von der Schriftprobe abweichende Unterschriften in weitem Umfang ohne Sorgfaltsverstoß akzeptiert werden dürfen. So soll zu berücksichtigen sein, dass die Unterschrift je nach subjektiver Situation - Eile, besondere emotionale Lage etc. - und verwandten Schreibutensilien Schwankungen unterliege und sich nach der Hinterlegung fortentwickeln könne[230], so dass ein vom Schriftbild der Schriftprobe abweichend gezeichneter Scheck dann ohne Sorgfaltsverstoß eingelöst werden dürfe, wenn der Bank diese Abweichung aus den bisherigen Geschäftsvorgängen bekannt ist[231]. Während ein im Gegensatz zur Schriftprobe abgekürzt gezeichneter Vorname ein gewisses Verdachtsmoment begründen soll[232], seien abweichende Zusätze, die nicht auf eine andere Person als den Zeichnungsberechtigten hinwiesen, etwa die Hinzufügung des nicht hinterlegten Vornamens, unverdächtig[233].

---

[227] Vgl. BGH, WM 1969, 240 f.; *Canaris*, Bankvertragsrecht, Rn. 713; *Nobbe*, in: Schimansky/Bunte/Lwowski, Bankrechts-Handbuch, Rn. 113.

[228] Unzutreffend daher KG, WM 1979, 478, 479; LG Frankenthal, WM 1975, 482, 483; AG Düsseldorf, ZIP 1982, 687 f. Durch Sprache lassen sich die besonderen Charakteristika einer Unterschrift nun einmal nicht präzise wiedergeben; vgl. OLG Celle, WM 1993, 101 = WuB I D 3. - 5.93 (*Christoffel*); *Baumbach/Hefermehl*, WG/SchG, Art. 3 SchG Rn. 26; *Bundschuh*, WM 1984, 1357, 1362; *Jäger*, Fälschungsrisiko, S. 164; *Nobbe*, in: Schimansky/Bunte/Lwowski, Bankrechts-Handbuch, Rn. 113 (Fn. 7).

[229] Vgl. BGH, WM 1971, 474.

[230] Vgl. OLG Frankfurt, WM 1972, 861, 862; *Baumbach/Hefermehl*, WG/SchG, Art. 3 SchG Rn. 27a; *Nobbe*, in: Schimansky/Bunte/Lwowski, Bankrechts-Handbuch, § 60 Rn. 117.

[231] BGH, WM 1969, 240 f.; OLG Hamm, WM 1985, 1032, 1034; LG Bochum, WM 1984, 1639 f.; *Canaris*, Bankvertragsrecht, Rn. 713; *Schwintowski/Schäfer*, Bankrecht, § 4 Rn. 305.

[232] LG Karlsruhe, WM 1986, 1347; vgl. auch *Canaris*, Bankvertragsrecht, Rn. 713.

[233] BGH WM 1971, 474; *Baumbach/Hefermehl*, WG/SchG, Art. 3 SchG Rn. 27a.

Einen prinzipiell strengeren Maßstab legt, soweit ersichtlich, nur Jäger an. Diesem zufolge ist jede von der Schriftprobe abweichende Zeichnung vertragswidrig und eine dennoch erfolgende Einlösung ohne weiteres pflichtwidrig[234]. Auch sei der Sorgfaltspflicht nicht bei der Einlösung eines Schecks genügt, dessen Unterschrift zwar nicht erkennbar von den zuletzt erbrachten Unterschriften des Kunden, dafür aber von der hinterlegten Schriftprobe abweiche[235]. Insbesondere seien der Vereinbarung einer veränderten Art der Zeichnung durch konkludentes Handeln Schranken gesetzt, da dies die Fälschungssicherheit in einer Weise vermindere, die nicht im Interesse der Vertragspartner sei[236].

Diese Anforderungen erscheinen jedoch überzogen. Der Prüfungsmaßstab muss sich einerseits daran orientieren, inwieweit das Zulassen von Abweichungen überhaupt eine Gefahrerhöhung bewirkt[237], und andererseits berücksichtigen, dass die Unterschrift durch zu strenge Maßstäbe als Legitimationsmittel grundsätzlich in Frage gestellt würde. Erforderlich ist daher nur, dass die eingereichte Unterschrift noch in solchem Umfang der hinterlegten Probe entspricht, dass genügend Merkmale vergleichbar sind, um ein Urteil über die Identität der Schriftzüge bilden zu können[238]. Insoweit kann nur das Weglassen, nicht aber das Hinzufügen von Merkmalen eine Gefahrerhöhung bedeuten, die die Unterschrift als Legitimationsmittel ohne weitere Verdachtsmomente generell disqualifiziert. Auch die kaum mit der Privatautonomie zu vereinbarende These, dass sogar durch dauerhaft gleiches, aber nicht mit der hinterlegten Unterschrift übereinstimmendes Zeichnen von Schecks und deren Einlösen keine konkludente Vereinbarung über die Vertragsgemäßheit dieser Zeichnung getroffen werden könne, kann keine Verschuldenshaftung der Bank für die Einlösung eines Schecks begründen, dessen Unterschrift von den letzten Unterschriften des Kunden nicht erkennbar abweicht. Selbst wenn man diese Einlösung als schuldhaft ansähe, müsste man dem Umstand Rechnung tragen, dass der Kunde durch

---

[234] *Jäger*, Fälschungsrisiko, S. 161 f.

[235] *Jäger*, Fälschungsrisiko, S. 162. Erstaunlicherweise beruft er sich dafür auf LG Krefeld, WM 1984, 993, 994. In dem entschiedenen Fall fehlte der gefälschten Unterschrift eine charakteristische Dreiteilung, die allerdings nicht nur die hinterlegte Schriftprobe, sondern ausnahmslos alle vom wahren Berechtigten gezeichneten Schecks aufwiesen.

[236] *Jäger*, Fälschungsrisiko, S. 163. Dies begründet *Jäger*, ebenda, auch mit einer Parallele zu BGH, NJW 1982, 1513 f. In dieser Entscheidung hat der BGH für einen Fall wiederholter Scheckeinlösung entgegen der schriftlich mit der Bank vereinbarten Gesamtvertretungsmacht des Alleinausstellers das Bestehen einer Anscheinsvollmacht verneint. Die Vergleichbarkeit beider Fälle ist aber schon deshalb nicht ersichtlich, weil zu den Voraussetzungen einer Anscheinsvollmacht gehört, dass ein konkludentes Verhalten des Vertretenen gerade nicht vorliegt.

[237] Vgl. BGH, WM 1971, 474.

[238] Bedenklich ist daher bereits LG Karlsruhe, WM 1986, 1347, wonach die Abkürzung des Vornamens verdächtig sein soll, wenn dieser in der Schriftprobe ausgeschrieben ist. Ablehnend auch *Schwintowski/Schäfer*, Bankrecht, § 4 Rn. 305.

sukzessive Änderung seiner Zeichnung die Bereitschaft der Bank zur Einlösung von Schecks mit der zuletzt geübten Zeichnung erst bewusst geschaffen und auch gebilligt hat. Darin läge nicht nur ein Mitverschulden des Kunden im Sinne von § 254 BGB. Vielmehr wäre ein Berufen des Kunden auf das Verschulden der Bank widersprüchlich und treuwidrig, so dass einer Verschuldenshaftung der Bank § 242 BGB (venire contra factum proprium[239]) entgegenstünde. Der den Banken durch die h. M. in Bezug auf abweichende Zeichnungsweisen eingeräumte Spielraum berücksichtigt demnach nur die Natur der Sache, nämlich dass die Zeichnungsweise des Menschen erheblichen Schwankungen unterliegt.

(3) Anforderung an die Prüfungsintensität

Von der Problematik, inwieweit die Scheckunterschrift sich an der Schriftprobe orientieren muss, damit überhaupt eine Vergleichsmöglichkeit besteht, ist die Frage zu trennen, mit welcher Präzision dieser Vergleich durchgeführt werden muss. Während das Reichsgericht noch urteilte, dass die bezogene Bank die ihr vorgelegten Schecks mit besonderer Sorgfalt zu prüfen habe[240], reduziert die heute h. M. den Sorgfaltsmaßstab unter Verweis darauf, dass es sich um ein schnelle Abwicklung forderndes Massengeschäft handelt, auf das Erfordernis, dass sich die Bank davon überzeugt, dass der Scheck "seinem äußeren Gesamtbild nach den Eindruck der Echtheit erweckt"[241]. Weil es sich bei den Bankangestellten nicht um Schriftsachverständige handelt[242], sollen Fälschungen nur erkannt werden müssen, wenn beim Vergleich zwischen Unterschrift und hinterlegter Schriftprobe Abweichungen in den charakteristischen Zügen "ins Auge springen"[243]. Vielleicht nicht jeder Schreibkundige[244], jedenfalls aber jeder zeichnerisch geschickte Mensch, dem eine Unterschriftsprobe, etwa ein Ausweis, in die Hände fällt, kann also eine Unterschriftsfälschung bewerkstelligen, die nach diesem Sorgfaltsmaßstab dem Kreditinstitut nicht auffallen muss.

---

[239] Vertiefend zu den Voraussetzungen unzulässiger Rechtsausübung bei widersprüchlichem Verhalten *Roth*, in: MünchKomm, § 242 Rn. 322 ff.

[240] RGZ 92, 50, 54; 100, 31, 33; 161, 174.

[241] BGH WM 1969, 240; WM 1986, 123; OLG Hamburg, WM 1994, 1107, 1108; OLG Frankfurt, WM 1990, 10 f.; *Baumbach/Hefermehl*, WG/SchG, Art. 3 SchG Rn. 25; *Canaris*, Bankvertragsrecht, Rn. 713; *Nobbe,* WM 1991, Sonderbeilage Nr. 10, S. 11; *ders.*, in: Schimansky/Bunte/Lwowski, Bankrechts-Handbuch, § 60 Rn. 111 m. w. N.

[242] BGH WM 1969, 240, 240 f.; Baumbach/Hefermehl, WG/SchG, Art. 3 SchG Rn. 25; *Nobbe*, in: Schimansky/Bunte/Lwowski, Bankrechts-Handbuch, § 60 RN. 111.

[243] OLG Frankfurt, WM 1972, 861, 862; BGH, WM 1986, 123; BGH WM 1969, 240; *Nobbe*, in: Schimansky/Bunte/Lwowski, Bankrechts-Handbuch, § 60 Rn. 117.

[244] So aber *Koller*, WM 1985, 821.

Analysiert man nun die Begründung für diesen reduzierten Sorgfaltsmaßstab, nämlich die "Anforderungen des Massenverkehrs", so erweist sich diese als inhaltsleere Floskel. Dass mit der schnellen Abwicklung eines Massengeschäfts eine Senkung des Sorgfaltsniveaus notwendig verbunden wäre[245], wird man z. B. im Rahmen der Produzentenhaftung, etwa bei der Massenproduktion von Feuerwerkskörpern, nicht ernsthaft behaupten können. Prinzipiell rechtfertigt die Vielzahl von Geschäften, die der Anbieter einer Leistung durchführt, nicht die Verschlechterung des Sorgfaltsniveaus zu Lasten des anderen Vertragspartners[246]. Der in Wahrheit ausschlaggebende Aspekt ist daher ein wirtschaftlicher. Den Kreditinstituten sollen keine Maßnahmen zugemutet werden, deren Kosten den wirtschaftlichen Nutzen des Scheckgeschäfts in Frage stellen. Offensichtlich ist allerdings für die h. M. die Grenze des Zumutbaren nicht bereits erreicht, wenn die Kosten für die Scheckprüfung über den Kosten durch die Nichtvermeidung des Missbrauchs bei erkennbaren Fälschungen liegen. Vielmehr wird nicht das "Ob" der Prüfung, sondern erst die Intensität der Prüfung durch ökonomische Gesichtspunkte begrenzt. Die Entscheidung über das Bestehen der Prüfungspflicht bei Schecks über niedrige Beträge hängt also davon ab, ob man eine Kosten-Nutzen-Analyse für die Bestimmung von Sorgfaltspflichten als einen Faktor unter mehreren oder mit Koller als absolute Grenze jeglicher Verschuldenshaftung versteht.

cc) Stellungnahme zur Bedeutung einer Kosten-Nutzen-Analyse

Die Verschuldenshaftung ist nicht zuletzt auch von der Zielsetzung geprägt, einen sinnvollen Verhaltensanreiz zur Schadensvermeidung zu bewirken. Zumindest bei Sach- bzw. Vermögensschäden ist die verkehrserforderliche Sorgfalt daher an einer Kosten-Nutzen-Analyse orientiert[247]. Einen Maßstab für einen an ökonomisch sinnvoller Schadensvermeidung orientierten Fahrlässigkeitsbegriff entwickelte erstmals der amerikanische Bundesrichter Learned Hand[248]. Er nahm eine Bewertung anhand des mathematischen Erwartungswertes des Schadens vor, der durch das Produkt aus Schadenshöhe (S) und Scha-

---

245 Verneinend auch *Koller*, WM 1985, 821, 822.

246 So bereits *Zöllner*, Wertpapierrecht, § 26 VI 2 d, S. 162; ebenso *Jäger*, Fälschungsrisiko, S. 158; *Joost*, ZHR 153 (1989), 237, 251.

247 *Esser/Weyers*, SchuldR II/2, § 55 II 3 d, S. 172, *Palandt/Heinrichs*, § 276 Rn. 19; Kötz, Deliktsrecht, Rn. 119 ff.; *Koller, Risikozurechnung*, S. 79 f.; *Mertens*, in: MünchKomm, Vor § 823 Rn. 44, § 823 Rn. 22; *Schäfer/Ott*, Lehrbuch der ökonomischen Analyse, S. 145 ff.

248 United States v. Carroll Towing Co., 159 F. 2d 169 (2d Cir. 1947).

denswahrscheinlichkeit (q) gebildet wird[249]. Grenze sinnvollen Vermeidungsaufwandes (V) ist danach V=Sq[250]. Learned Hand bejahte daher ein Verschulden bei V<Sq. Berücksichtigt man nun einerseits, dass zumindest bei in ihrer Schadenswahrscheinlichkeit abschätzbaren Risiken sich bereits die üblichen Verhaltensstandards des Verkehrs an einer Kosten-Nutzen-Analyse orientieren, und andererseits, dass die Gepflogenheiten des Verkehrs für die Verschuldenshaftung zumindest in der Regel sowohl Mindestgehalt als auch Höchstgrenze der verkehrserforderlichen Sorgfalt darstellen[251], so wird eine weitgehende Übereinstimmung zwischen dem Maßstab der Learned Hand-Formel und dem an die verkehrserforderliche Sorgfalt anknüpfenden, objektiven Fahrlässigkeitsbegriff deutlich, für den die individuellen Fähigkeiten des Schadensverursachers außer Betracht bleiben[252].

In der Tat spricht daher die Orientierung des Verschuldens an wirtschaftlich sinnvoller Prävention dafür, eine Scheckprüfungspflicht bei Schecks über geringe Summen zu verneinen. Soweit die Kosten für die Scheckprüfung den Nutzen durch vermiedenen Missbrauch übersteigen, bedeutet die Verschuldenshaftung für die Bank keinen Anreiz mehr, die geforderte Scheckprüfung vorzunehmen. Die Verschuldenshaftung der Banken verliert den an Prävention orientierten Verschuldenscharakter und wird zu einer verdeckten Gefährdungshaftung[253], also einer Haftung für das Durchführen eines gefährlichen Geschäfts, einer Haftung für ein „Handeln auf eigene Gefahr"[254].

Allerdings darf man nicht außer Acht lassen, dass der objektive Fahrlässigkeitsbegriff bereits immer dann eine Gefährdungshaftung für die bloße Verkehrsteilnahme bedeutet, wenn ein Verkehrsteilnehmer nicht die Fähigkeit besitzt, die verkehrserforderliche Sorgfalt einzuhalten. Schon darin zeigt sich, dass die Verschuldenshaftung keinesfalls vornehmlich vom Präventionsaspekt geprägt ist, sondern etwa auch der Definition von Handlungsspielräumen und Freiheitsbereichen dient[255] und dabei dem Prinzip des Schadensausgleichs ver-

---

[249] Die Entscheidung nach dem Erwartungswertprinzip (exspected value principle) wird auch als Bayes-Regel bezeichnet, vgl. dazu *Lee*, Entscheidungstheorie, S. 52.

[250] Zur präziseren, marginalisierten Learned Hand-Formel vgl. *Schäfer/Ott*, Lehrbuch der ökonomischen Analyse, S. 146, Fn. 8.

[251] *Henssler*, Risikoverteilung, S. 56.

[252] Eingehend dazu *Kötz*, Deliktsrecht, Rn. 119 ff; *Schäfer/Ott*, Lehrbuch der ökonomischen Analyse, S. 130 f.

[253] *Koller*, WM 1985, 821, 823; Zum Phänomen vgl. *Will*, Quellen erhöhter Gefahr, S. 41 ff. Allerdings greift die verdeckte Gefährdungshaftung im Gegensatz zur echten Gefährdungshaftung jedenfalls dann nicht mehr, wenn alle denkbaren Vermeidungsmaßnahmen nicht nur unwirtschaftlich, sondern mit völlig unzumutbarem Aufwand verbunden sind.

[254] Vgl. *Canaris*, Bankvertragsrecht, Rn. 712.

[255] Vgl. Prot. II, 567 zur verschuldensabhängigen Haftung aus unerlaubter Handlung.

pflichtet ist. Dass die Üblichkeit des BSE-Verfahrens allein genauso wenig wie jede andere Verkehrsübung die Verschuldenshaftung rechtlich verbindlich ausschalten kann[256], war gerade Ziel die Verwendung des Ausdrucks „verkehrserforderlich" statt „verkehrsüblich" durch das Gesetz: In der 2. Kommission herrschte die Ansicht, „daß, wenn man von der üblichen Sorgfalt spreche, der Irrthum naheliegt, als ob unter Umständen ein im Verkehr eingerissener Schlendrian beachtet werden dürfe." So ist auch eine unwirtschaftliche Sorgfaltsmaßnahme jedenfalls dann erforderlich, wenn ihre Einhaltung ein Gebot der Gerechtigkeit ist[257], wenn sie sich also aus einer gesetzlichen Wertung ergibt oder einer allgemeinen sozialpolitischen Überzeugung entspricht[258]. Etwa in Bezug auf die Beeinträchtigung immaterieller Rechtsgüter wie Körper und Gesundheit führt das deutliche Überwiegen der Schadensvermeidungskosten gegenüber drohenden Behandlungskosten nicht etwa zur Verneinung des Verschuldens. Insoweit bestimmt entgegen der Learned Hand-Formel nicht die Kostenanalyse den Verschuldensmaßstab, sondern die Verschuldenshaftung die Kostenanalyse.

dd) Fazit: Prüfungspflicht ohne Rücksicht auf die Schecksumme

Unter diesen Gesichtspunkten ergibt sich zwingend eine Scheckprüfungspflicht. Zum einen ist nach der gesetzlichen Regelung die Unterschrift konstitutiv für den Scheck (Art. 1 Nr. 6 SchG). Damit hat der Gesetzgeber nicht nur die Möglichkeit zur Unterschriftsprüfung geschaffen, sondern gleichzeitig auch die Anforderung aufgestellt, dass Schecks grundsätzlich auf ihre Echtheit hin überprüft werden. Für eine dahingehende Gesetzessystematik spricht auch, dass die in Art. 21 ScheckG, §§ 989, 990 BGB normierte Haftung für grobe Fahrlässigkeit, die die Inkassobank ex lege einer Echtheitsprüfungspflicht unterwirft[259], keine Differenzierung nach der Schecksumme vorsieht. Nach der gesetzlichen Wertung besteht daher kein Spielraum für ökonomische Erwägungen in Bezug auf das „Ob" der Vornahme einer Scheckprüfung; solche Erwägungen können also erst an die Prüfungsintensität anknüpfen. Zum anderen ist die h. M. als Ausdruck der zutreffenden sozial-ethischen Wertung zu begreifen, dass eine *be-*

---

[256] Zum Unterschreiten der verkehrs*erforderlichen* trotz Einhaltung der verkehrs*üblichen* Sorgfalt vgl. BGH NJW 1956, 184; 1981, 50.

[257] Vgl. *Canaris*, Bankvertragsrecht, Rn. 713. Auch Vertreter der ökonomischen Analyse des Rechts sehen dies so, vgl. etwa *Schäfer/Ott*, Lehrbuch der ökonomischen Analyse, S. 6 f.

[258] Vgl. *Henssler*, Risikoverteilung, S. 56.

[259] Vgl. *Köndgen*, NJW 1992, 2263, 2270; näher zur Reichweite dieser Haftungsnormen auch *Schnauder*, WM 1998, 1901 ff.

rechtigte Sicherheitserwartung der Kunden gegenüber den Banken dahingehend besteht, dass letztere dem Missbrauchsrisiko durch eine Echtheitsprüfung begegnen[260]. Entgegen Koller[261] kann diese Sicherheitserwartung auch nicht durch eine Aufklärung über den Verzicht auf Scheckprüfung seitens der Bank ausgeräumt werden. Denn die Einschätzung, dass eine Prüfung durch die Banken ein Gebot der Gerechtigkeit darstellt, lässt sich nicht durch die Ankündigung beeinflussen, auf diese Prüfung in Zukunft zu verzichten[262]. Die Banken müssen daher ihren Kunden Sicherheit vor erkennbar gefälschten Schecks bieten. Dabei steht es ihnen frei, statt zu kontrollieren die aus der Einlösung erkennbar gefälschter Schecks resultierenden Kosten zu tragen[263].

b) Sonstige Pflichten

Des weiteren ist eine Vielzahl von Auffälligkeiten denkbar, die im Einzelfall einen hinreichenden Verdacht begründen können, der eine Auszahlung als sorgfaltswidrig erscheinen lässt. Einige davon sollen hier ohne Anspruch auf Vollständigkeit angesprochen werden.

Allgemein ist anerkannt, dass die Höhe der Schecksumme oder die Zahl der innerhalb eines Zeitraums eingereichten Schecks im Einzelfall eine Pflicht der Bank zur Rückfrage beim Aussteller begründen können[264]. Dabei kommt es angesichts der verschiedenen Verhältnisse der Kontoinhaber nicht auf die absolute Höhe oder Anzahl der Schecks an, sondern darauf, ob diese im Vergleich zum der Bank bekannten bisherigen Verhalten des Ausstellers ungewöhnlich sind[265]. Ein Verdachtsmoment kann sich insoweit auch aus einer fehlenden Kreditdeckung ergeben, wenn kein vergleichbares Verhalten des Kunden bekannt ist und die Überziehung im Verhältnis zum regelmäßigen Umsatzvolumen nicht unbedeutend ist[266]. Weiterhin muss die Bank organisatorisch sicherstellen, dass nach

---

[260] In diesem Sinne *Canaris*, Bankvertragsrecht, Rn. 712.

[261] WM 1985, 821, 825.

[262] Ähnlich *Canaris*, Bankvertragsrecht, Rn. 712; *Nobbe*, in: Schimansky/Bunte/Lwowski, Bankrechts-Handbuch, § 60 Rn. 115; *Reiser*, WM 1986, 409, 412.

[263] *Canaris*, Bankvertragsrecht, Rn. 712.

[264] *Canaris*, Bankvertragsrecht, Rn. 713; *Nobbe*, in: Schimansky/Bunte/Lwowski, Bankrechts-Handbuch, § 60 Rn. 121.

[265] Vgl. RGZ 81, 254, 256; BGH WM 1993, 505 f.; WM 1986, 123; OLG Hamburg, WM 1994, 1107, 1108; *Baumbach/Hefermehl*, WG/SchG, Art. 3 SchG Rn. 29; *Canaris*, Bankvertragsrecht, Rn. 713; *Nobbe*, in: Schimansky/Bunte/Lwowski, Bankrechts-Handbuch, § 60 Rn. 121.

[266] Vgl. großzügig *Baumbach/Hefermehl*, WG/SchG, Art. 3 SchG Rn. 29 (Verdacht erst bei ungewöhnlich hoher Summe); enger *Canaris*, Bankvertragsrecht, Rn. 697, 713; *Nobbe*, in: Schimansky/Bunte/Lwowski, Bankrechts-Handbuch, § 60 Rn. 124. Nach *Jä-*

einer *Verlustanzeige* des Kunden gefälschte Schecks nicht mehr eingelöst werden[267]. Der Umstand, dass ein Barscheck von einem Unbekannten eingereicht wird, liegt hingegen im Wesen des Schecks als Zahlungsmittel begründet und ist daher kein absolutes Verdachtsmoment, das eine Identitätsprüfungs- oder Rückfragepflicht auslöst[268]. Besonders hinzuweisen ist in diesem Zusammenhang allerdings auf die Einlösung sog. *disparischer Schecks* mit der von den Banken diktierten Überbringerklausel, bei denen der im Scheck bezeichnete Empfänger und der Einreicher erkennbar verschieden sind. Hier erhebt die neuere Rechtsprechung den Vorwurf grober Fahrlässigkeit gegen die hereinnehmende Bank, wenn diese den Umstand, dass ein auf ein kaufmännisches Unternehmen ausgestellter Scheck von einer Privatperson eingelöst wird, nicht zum Anlas nimmt, beim Scheckaussteller nachzufragen[269]. Das OLG Frankfurt[270] begründete dies in jüngerer Zeit mit einem Handelsbrauch dahingehend, dass Inhaberschecks im Geschäftsverkehr nicht zahlungshalber weitergegeben zu werden pflegten. Auch auf zahlungshalber[271] oder blanko indossierte[272] *Orderschecks* wird diese Prüfungspflicht ausgedehnt. Diese neuere Rechtsprechungslinie ist solange zustimmungswürdig, als die Banken einen nicht an Order gestellten Namensscheck nicht zulassen[273], weil nur deshalb einem Scheck nicht anzusehen ist, ob er als verkehrsfähiges oder nicht verkehrsfähiges Papier gewollt ist.

---

ger, Fälschungsrisiko, S. 169, ist eine Überziehung sogar unabhängig von ihrer Höhe prinzipiell verdächtig und löst eine Überprüfungspflicht der Bank aus. Das erscheint jedoch überspannt, da Überziehungen alltägliche Normalität bedeuten (vgl. *Baumbach/Hefermehl*, WG/SchG, Art. 3 SchG Rn. 29) und daher nicht ohne weiteres verdächtig sein können.

[267] *Canaris*, Bankvertragsrecht, Rn. 713; *Jäger*, Fälschungsrisiko, S. 170; *Nobbe*, in: Schimansky/Bunte/Lwowski, Bankrechts-Handbuch, § 60 Rn. 125.

[268] RGZ 81, 254, 256; OLG Hamburg, WM 1994, 1107, 1108; *Baumbach/Hefermehl*, WG/SchG, Art. 3 SchG Rn. 29; *Canaris*, Bankvertragsrecht, Rn. 713; *Nobbe*, in: Schimansky/Bunte/Lwowski, Bankrechts-Handbuch, § 60 Rn. 123.

[269] So LG Frankfurt, NJW-RR 1998, S. 562; LG Hamburg, WM 1998, 2102; a. A. OLG Düsseldorf, NJW-RR 1997, 496 ff. Letzteres Urteil wurde in der Revision aufgehoben, vgl. BGH WM 1997, 2395. Ausgelöst hatte diese Entwicklung BGH, WM 1996, 248 ff. = WuB I D 3. - 4.96 (*Hadding*). In der Entscheidung hatte der BGH aus Anlas der Kritik durch *Aden*, NJW 1994, 413, 416 erstmals an der bisher angenommenen Üblichkeit der Weitergabe zahlungshalber von Inhaberverrechnungsschecks im kaufmännischen Verkehr gezweifelt. Vertiefend zum Ganzen *Müller-Christmann*, WM 1998, 577, 579 ff.

[270] ZIP 1999, 1207 ff.

[271] Dazu OLG Dresden, WM 1999, 1660.

[272] Dazu LG Frankfurt, WM 1998, 596 ff.

[273] Vgl. die eingehenden Ausführungen in Nr. 1 Scheckbedingungen 1995 Sparkassen.

3. *Zusammenfassung*

Das Verschuldensprinzip bewirkt eine sehr weitgehende Risikoverteilung nach dem Gesichtspunkt der Risikobeherrschungsmöglichkeit[274]. Sieht man das Wesen der Verschuldenshaftung auch darin, einen Anreiz zu konkreten Präventionsmaßnahmen gegen das Risiko zu schaffen, für dessen Realisierung gehaftet wird[275], so ergibt sich allerdings bereits nach herkömmlicher Handhabung der Verschuldenshaftung ohne Rückgriff auf besondere Sphärentheorien ein Bereich der Haftung, der diesem Wesen nicht entspricht und daher auch als Ausdruck einer Risikoverteilung nach Sphären verstanden werden mag. Dieser umfasst insbesondere die Haftung für Erfüllungsgehilfen nach § 278 BGB und die Haftung der Kreditinstitute für die Einlösung erkennbar gefälschter Schecks über niedrige Beträge, weil die Haftungszuweisung insoweit keine Präventionswirkung zeitigt.

II. Verschuldensunabhängiger Schadensersatz

1. *Ergänzende Vertragsauslegung*

Das geschriebene Recht enthält keine unmittelbar anwendbare Norm, die das Risiko unverschuldeten Missbrauchs dem Kunden zuweist. Ebenso wenig kann dem Scheckvertrag - jedenfalls bei Außerachtlassung der AGB - im Wege der erläuternden Auslegung ein besonderer Anspruch des Kreditinstituts gegen den Kunden für die Honorierung gefälschter Schecks entnommen werden. Möglich bleibt daher nur eine Risikozuweisung in ergänzender Rechtsfortbildung des dispositiven Rechts oder in ergänzender Vertragsauslegung. Die Methode der ergänzenden Vertragsauslegung soll im Folgenden kurz dargestellt und auf ihre Verwertbarkeit überprüft werden.

a) Methode der ergänzenden Vertragsauslegung

Unter ergänzender Vertragsauslegung, die ihre positivrechtliche Stütze in § 157 BGB findet, wird allgemein die Ausfüllung von Lücken nicht des dispositiven Rechts sondern des konkreten Vertrags[276] durch Ermittlung des hypothetischen Parteiwillens verstanden. Nach der Rechtsprechung[277] besteht eine die

---

[274] So auch *Baumbach/Hefermehl*, WG/SchG, Art. 3 SchG Rn. 14.

[275] Vgl. in diesem Sinne *Koller*, ZIP 1986, 1089, 1090 f.

[276] Vgl. *Soergel/Wolf*, § 157 Rn. 103.

[277] BGH LM Nr. 1 zu § 157 BGB (D); BGH WM 1967, 1147 f.; 1979, 889, 891.

Lücke konstituierende planwidrige Unvollständigkeit[278] eines Vertrages dann, wenn die Vertragsparteien über ein bestimmtes Lebensverhältnis eine abschließende Regelung getroffen, aber dabei bestimmte Fragen nicht geregelt haben, sei es, dass sie diese bewusst in Erwartung einer späteren Einigung offen ließen, sei es, dass sie an einen bestimmten Fall nicht gedacht haben. Das Verfahren der ergänzenden Vertragsauslegung ist wie bei der ergänzenden Rechtsfortbildung zweistufig[279]. Durch die Auslegung im engeren Sinne, die ihre Grenze im möglichen Wortsinn der Parteierklärungen findet[280], wird allein das Vorliegen einer Vertragslücke festgestellt[281]. Diese zu schließen bedarf es der Ermittlung und sinnvollen Fortbildung des Vertragszwecks, der „lex contractus"[282] verstanden als Normgefüge, in dem die Wertungen der Parteien ihren Niederschlag gefunden haben[283]. Das Instrument der ergänzenden Vertragsauslegung zur Lückenfüllung, der hypothetische Parteiwille, soll nach der Rechtsprechung zu ermitteln sein, indem danach gefragt wird, was die Parteien bei einer angemessenen Abwägung ihrer Interessen nach Treu und Glauben als redliche Vertragspartner vereinbart hätten, wenn sie den regelungsbedürftigen Punkt bedacht hätten[284]. Larenz[285] verwendet dafür den Begriff des „Zuendedenkens des Vertrags aus seinem eigenen Zweckzusammenhang". Einerseits wird damit - subjektiv - an den tatsächlichen Willen der Parteien angeknüpft, aus dem heraus die Ergänzung entwickelt werden soll. Andererseits soll die Fortentwicklung des vertraglichen Normgefüges mit Rücksicht auf die Verkehrssitte selbst dann gelten, wenn die konkreten Parteien die Lücke anders geschlossen hätten[286], wenn z. B. eine Partei aufgrund wirtschaftlicher Macht oder überlegenen Verhandlungsgeschicks Regelungen hätte durchsetzen können, die nicht dem an Redlichkeit orientierten Maßstab des § 157 BGB entsprechen[287]. Hier entscheidet also - objektiv - weniger der hypothetische Parteiwille als der Wille hypothetischer Parteien - nämlich solcher von perfekter Redlichkeit. Damit ist der hypothetische Parteiwille von der inneren Spannung geprägt, dass einerseits seine dogmatische

---

[278] Vgl. *Larenz*, NJW 1963, 737, 738.

[279] *Brox*, Irrtumsanfechtung, S. 117; *Flume*, BGB AT II, § 16 4 a, S. 322 f.

[280] *Larenz*, NJW 1963, 737, 738.

[281] Vgl. *Staudinger/Roth*, § 157 Rn. 15; *Soergel/Wolf*, § 157 Rn. 104.

[282] Der Begriff stammt von *Larenz*, NJW 1963, 737, 738.

[283] *Jauernig/Jauernig*, § 157 Anm. 4; *Soergel/Wolf*, § 157 Rn. 104 spricht von der "sinneinheitlichen Regelung eines soziale Ordnungsaufgaben erfüllenden Vertragsverhältnisses."

[284] St. Rspr: BGHZ 9, 273, 278 f.; 84, 1, 7; 111, 214, 218; vgl. auch *Staudinger/Roth*, § 157 Rn. 30; *Mayer-Maly*, in: MünchKomm, § 157 Rn. 39; *derselbe*, in: FS Flume, S. 621.

[285] NJW 1963, 737, 740.

[286] Vgl. *Jauernig/Jauernig*, § 157 Anm. 4.

[287] So etwa *Sandrock*, Zur ergänzenden Vertragsauslegung, S. 102; *Henssler*, Risiko, S. 98 ff.; *Jauernig/Jauernig*, § 157 Anm. 4.

Berechtigung als Auslegung in der Verwirklichung des Willens und damit der Privatautonomie der Parteien liegt[288], andererseits aber die Orientierung an den objektiv-normativen Gesichtspunkten des Grundsatzes von Treu und Glauben sowie der Verkehrssitte zumindest zum Teil einen vom Parteiwillen abstrakten Interessenausgleich darstellt. Für das die ergänzende Fortbildung des Vertragszwecks prägende Zusammenspiel der subjektiv-faktischen, am Parteiwillen orientierten Komponente mit der objektiv-normativen Komponente der ergänzenden Auslegung[289] hat nämlich der Parteiwille vor allem eine negative Funktion: Eine ergänzende Auslegung, deren Ergebnis dem *tatsächlichen* Parteiwillen widerspricht, ist nicht zulässig[290]. Der *mutmaßliche* Wille als positives Kriterium der ergänzenden Auslegung kann dagegen nur innerhalb des von Treu und Glauben sowie von der Verkehrssitte vorgegebenen Korsetts Wirkung entfalten[291].

b) Der vom hypothetischen Parteiwillen abweichende tatsächliche Wille in AGB

Berücksichtigt man, dass die Kreditinstitute seit jeher in ihren Geschäftsbedingungen die Verteilung des Missbrauchsrisikos - bisher überwiegend zu Lasten ihrer Kunden - geregelt haben, so kann man feststellen, dass eine Lückenhaftigkeit von Scheckverträgen in diesem Punkt nicht in Betracht kommt, weil die Parteien grundsätzlich über AGB einen tatsächlichen Willen zur Risikoverteilung äußern. Dennoch sieht Koller nach wie vor[292] gerade unter Ausblendung der AGB in der ergänzender Vertragsauslegung ein adäquates Mittel zur Risikoverteilung, auch wenn er eine Risikozuweisung an den Kunden auf diesem Wege nicht mehr vornehmen will. Bereits E. Ulmer[293] begründete mit ergänzender Vertragsauslegung seinen Ansatz. Daher stellt sich die Frage nach dem Verhältnis von ergänzender Vertragsauslegung und AGB.

Die Problematik ergibt sich daraus, dass sich dem in AGB geäußerten tatsächlichen Parteiwillen häufig der aus dem Vertragszweck abgeleitete, normativ überformte "hypothetische Parteiwille" mit abweichendem Inhalt gegenüberstellen lässt und dass es als geboten erscheint, diesen an Treu und Glauben orien-

---

[288] Fragwürdig ist daher die Behauptung in BGHZ 96, 313, 320 f., dass der hypothetische Parteiwille keine unmittelbaren Berührungspunkte mit der Parteiautonomie habe.

[289] Vgl. dazu *Sandrock*, Zur ergänzenden Vertragsauslegung, S. 93; *Mayer-Maly*, in: FS Flume, S. 621, 626.

[290] *Mayer-Maly*, in: FS Flume, S. 621, 627.

[291] Vgl. *Henssler*, Risiko, S. 99.

[292] NJW 1981, S. 2433, 2437; JZ 1997, 1068, 1070.

[293] Das Recht der Wertpapiere, S. 316 f.

tierten Inhalt zum Maßstab der Inhaltskontrolle zu nehmen. In Bezug auf den Fall des Praxistausches zweier Ärzte etwa, bei dem der BGH[294] ein Konkurrenzverbot mit ergänzender Auslegung des Tauschvertrages begründet hat, kann nicht zweifelhaft sein, dass dieses Ergebnis auch dann Maßstab der Inhaltskontrolle sein müsste, wenn sich der rückkehrende Arzt in AGB ein Rückkehrrecht ausbedungen hätte. In der Tat sieht die Rechtsprechung ohne nähere Differenzierung die aus "ergänzender Auslegung nach §§ 157, 242 BGB und aus der Natur des jeweiligen Schuldverhältnisses zu entnehmenden Rechte und Pflichten" als Inhalt der Rechtsvorschriften i. S. d. § 8 AGBG sowie der gesetzlichen Regelungen i. S. d. § 9 Abs. 2 Nr. 1 AGBG an[295]. Dogmatisch ist dieses Vorgehen jedoch nicht haltbar, da es nicht den beiden ausschließlich denkbaren Alternativen entspricht. Denn entweder sieht man den ermittelten hypothetischen Parteiwillen ohne Rücksicht auf den Inhalt der AGB als Inhalt der Individualabrede an. Dann wäre aber jede vom hypothetischen Parteiwillen abweichende AGB, sofern nicht bereits der Grundsatz des Vorrangs der Individualabrede nach § 4 AGB eingriffe, wegen versuchter Aushöhlung der Individualabrede nach § 9 Abs. 2 Nr. 1 AGBG unwirksam[296] - das mit der Verwirklichung der Parteiautonomie begründete Institut der "Auslegung" würde die Parteiautonomie stärker beschneiden als das dispositive Recht über die §§ 9 ff. AGBG. Oder man berücksichtigt die AGB als Äußerung des tatsächlichen Willens. Dann aber scheitert eine ergänzende Vertragsauslegung i. S. des § 157 BGB sowohl am Fehlen einer vertraglichen Lücke als auch am entgegenstehenden tatsächlichen Parteiwillen. Als Konsequenz entspräche ein klauselmäßiges Rückkehrrecht des Arztes dem dispositiven Recht und wäre gemäß § 8 AGBG der Inhaltskontrolle entzogen. Hingegen müsste man die Inhaltskontrolle eines klauselmäßig vereinbarten Konkurrenzverbots erwägen, obwohl ein solches gerade dann bestanden hätte, wenn die Parteien keine diesbezügliche Regelung getroffen hätten.

Daraus folgt, dass eine Einbeziehung des vom in AGB geäußerten tatsächlichen Willen abweichenden hypothetischen Parteiwillens nur über das dispositive Recht in Betracht kommt. Dies ergibt sich auch daraus, dass der hypothetische Wille, der genau genommen der Wille hypothetischer Parteien ist, nur dann noch mit dem Willen der tatsächlichen Parteien eine besondere Verbindung aufweist, wenn zumindest die durch die Willensäußerung der Parteien ge-

---

[294] BGHZ 16, 71 ff.

[295] Etwa BGH, NJW 1993, 721,722; NJW 1985, 2585, 2587; dieser Linie eingeschränkt zustimmend *Canaris*, in: FS Steindorff, S. 519, 556; weitere Nachweise bei *Wolf*, in: Wolf/Horn/Lindacher, § 8 Rn. 5 und § 9 Rn. 66.

[296] Vgl. *Brandner*, in: Ulmer/Brandner/Hensen, § 9 Rn. 136; *Pfeiffer*, EWiR § 9 AGBG 7/97, S. 483, 484.

formte Interessenlage individuell ist[297]. Da aber AGB ihrem Sinn nach auf die Regelung einer Vielzahl gleichartiger Verträge mit gleichartiger Interessenlage gerichtet sind, kann eine diesbezüglich angenommene "lex contractus" nicht mehr als Verwirklichung des Willens konkreter Parteien begründet werden - sie trägt als generelle Regelung den Charakter dispositiven Rechts[298]. Verallgemeinernd lässt sich feststellen, dass auch jeglicher aus den in §§ 157, 242 BGB genannten Maßstäben - Verkehrssitte und Treu und Glauben - abgeleiteter ungeschriebener Inhalt eines nicht ausdrücklich im BGB geregelten, aber aufgrund seines häufigen Vorkommens in Bezug auf die zu regelnde Interessenlage verkehrstypischen Vertrages nicht Parteiwille (Individualabrede), sondern dispositives Recht ist[299].

Für die hier behandelte Fragestellung, wie das Risiko unter Berücksichtigung der typische Interessenlage des Scheckvertrags zu verteilen ist, folgt daher zwingend, dass sich die Antwort nicht einer ergänzenden Vertragsauslegung, sondern nur der ergänzenden Rechtsfortbildung entnehmen lässt.

---

[297] So grundsätzlich *Sandrock*, Zur ergänzenden Vertragsauslegung, S. 86; a. A. *Flume*, Rechtsgeschäft und Privatautonomie, in: Hundert Jahre Deutsches Rechtsleben, Bd. I, S. 135 ff., 197 f.; *Canaris*, Die Feststellung von Lücken im Gesetz, S. 53.

[298] Eine Abweichung von dieser lex contractus der Inhaltskontolle zu unterwerfen bedarf es daher nicht des Erklärungsversuchs *Brandners* (in: Ulmer/Brandner/Hensen, § 8 Rn. 6), AGB in Bezug auf nicht ausdrücklich geregelte Vertragstypen als "Rechtsvorschriften ergänzende Regelungen im Sinne des § 8 AGBG" zu erfassen.

[299] Vgl. in diesem Sinne bereits *Pfeiffer*, ZIP 1997, 49, 50. Außerhalb der AGB-Problematik hängt die eigenständige Bedeutung der ergänzenden Vertragsauslegung davon ab, inwieweit der tatsächlich geäußerte Wille der Parteien von der Regelung wegführt, die sich allein aus der Heranziehung von Treu und Glauben sowie der Verkehrssitte zur Lückenfüllung ergäbe. Ist hingegen für die Lückenfüllung dem Parteiwillen nichts näheres zu entnehmen, so dass ausschließlich eine Anknüpfung an die vertragliche Interessenlage möglich ist, kann man eine ergänzende Vertragsauslegung nur in Bezug auf die Vorgehensweise des Rechtsanwenders von der Ermittlung dispositiven Rechts unterscheiden. Denn ergänzende Vertragsauslegung erlaubt dem Richter die als gerecht erachtete Schließung einer Vertragslücke für einen konkreten Vertrag ohne Festlegung für spätere Fälle gerade dann, wenn er in dieser Lösung aufgrund der individuellen Umstände (noch) keine verallgemeinerungsfähige Regel erblickt. Erkennt er hingegen eine verallgemeinerungsfähige Regel für eine typisierbare Interessenlage, so ist deren Anwendung Ergänzung des dispositiven Rechts. Dem entspricht z. B., dass die Rechtsprechung zunächst die Drittschadensliquidation der ergänzenden Vertragsauslegung zugeordnet hat (RGZ 170, 246, 251; BGHZ 15, 224 f.), bevor sie deren Zugehörigkeit zum dispositiven Recht erkannte. Auch das Konkurrenzverbot beim Praxistausch gehört daher entgegen *Canaris*, Die Feststellung von Lücken im Gesetz, S. 54; *ders.*, in: FS Steindorff, S. 519, 539, in den Bereich des dispositiven Rechts, weil der Schutz des anderen Vertragsteils vor der ihm schadenden Ausnutzung einer Vertrauensbeziehung zu dessen potentiellen Kunden ein verallgemeinerungsfähiger Rechtsgedanke ist (vgl. auch §§ 74, 112 HGB).

2. Möglichkeiten ergänzender Rechtsfortbildung

Für einen im Wege der ergänzenden Rechtsfortbildung zu findenden Schadensersatzanspruch eröffnen sich beim Scheckmissbrauch neben der Rechtsscheinshaftung mehrere Ansatzpunkte.

Zum einen lässt sich die fehlende Kompensation der Vermögenseinbuße durch eine nicht auftragsgemäße Aufwendung, für die kein Ersatzanspruch aus § 670 BGB eingreift, auch als unfreiwilliger, geschäftsbesorgungsspezifischer Zufallsschaden auffassen. Diesbezüglich kommt ein Schadensersatzanspruch in Betracht, wenn man § 670 BGB - bzw. § 110 HGB[300] - als Ausdruck einer Risikohaftung des Geschäftsherrn[301] versteht. Allerdings geht eine allgemeine Zubilligung von Schadensersatzansprüchen für unfreiwillig erlittene, geschäftsbesorgungsspezifische Zufallsschäden dann über die in § 670 BGB vorgesehene Rechtsfolge des Aufwendungsersatzes hinaus, wenn man als Aufwendungen nur freiwillige Vermögensopfer auffasst[302]. Dann entspricht eine Erstreckung des Anspruches aus § 670 BGB auf Zufallsschäden der von Canaris[303] formulierten Figur der teleologischen Extension[304], also einer Erweiterung einer Norm über ihren zu engen Wortsinn hinaus, deren Rechtfertigung im Gegensatz zur Analogie nicht im Prinzip der Gleichbehandlung vergleichbarer Sachverhalte, sondern unmittelbar in der ratio legis liegt. § 110 HGB wiederum gewährt zwar die Rechtsfolge des Schadensersatzes, kann allerdings aufgrund seiner nicht einschlägigen weiteren Tatbestandsvoraussetzung dogmatisch nur im Rahmen einer Rechtsanalogie herangezogen werden.

Zum anderen bietet sich die Erstreckung von Haftungskriterien für Mitwirkungshandlungen des Gläubigers, insbesondere aus § 645 Abs. 1 BGB, bereits auf den Verlust von Scheckvordrucken, an. § 645 Abs. 1 BGB setzt allerdings Untergang, Unausführbarkeit oder Verschlechterung des Werks infolge einer Anweisung durch den Besteller oder eines Mangels des von diesem gelieferten Stoffs voraus. Die Vorgehensweise des BGH[305], § 645 Abs. 1 BGB in zurückhaltender Gesetzesanalogie auf Fälle anzuwenden, in denen ein diesen Merkmalen vergleichbares, gefährliches Verhalten des Gläubigers zur Unausführbarkeit oder Verschlechterung geführt hat, kommt für die Missbrauchsfälle nicht in Be-

---

[300] So *Genius*, AcP 173 (1973), 481 ff., insb. 511 ff.

[301] Vgl. *Canaris* RdA 1966, S. 41 ff.

[302] Vgl. *Staudinger/Wittmann*, § 670 Rn. 12; *Seiler*, in: MünchKomm, § 670 Rn. 7.

[303] Die Feststellung von Lücken im Gesetz, S. 89 ff; vgl. ferner *Larenz*, Methodenlehre, S. 397 ff.

[304] So bereits *Staudinger/Wittmann*, § 670 Rn. 14.

[305] Z. B. in BGHZ 40, 71: Der Unternehmer hatte dem Besteller die Einbringung von Heu in eine unfertige Scheune gestattet. Diese brannte infolge einer Selbstentzündung des Heus ab.

tracht, da eine Anweisung des Kunden gerade nicht vorliegt. Die Scheckvordrucke können deshalb nicht als Substrat der von der Bank zu erbringenden Leistung einem durch den Kunden gelieferten Stoff gleichgeachtet werden: mangels Weisung des Kunden bestand keine Leistungspflicht, erfolgte keine Verschlechterung oder Unausführbarkeit eines geschuldeten Werks. Eine Heranziehung des § 645 Abs. 1 BGB kommt daher nur für einen - dem Prinzip der Rechts- bzw. Gesamtanalogie entsprechenden - induktiven Schluss auf ein allgemeines Prinzip des Einstehenmüssens für eine eigene Sphäre bzw. einen eigenen Gefahren- oder Einflussbereich oder zumindest für vertragsspezifische Mitwirkungshandlungen in Betracht[306].

Über diese besonderen Anknüpfungspunkte hinausgehend soll auch das Zusammenspiel aller in Betracht kommenden Prinzipien der Schadenszurechnung beleuchtet werden, um das gesetzliche Leitbild der Risikoverteilung beim Scheckvertrag umfassend zu ermitteln.

3. Ansätze verschuldensunabhängiger Risikozurechnung

a) Der Satz „casum sentit dominus"

Ein denkbares Prinzip für eine verschuldensunabhängige Zurechnung enthält der Satz "casum sentit dominus", der überwiegend dahingehend aufgefasst wird, dass die als zufällig erscheinende Beeinträchtigung kompensationslos von demjenigen getragen werden muss, dessen Vermögen betroffen ist, sofern keine besonderen Gründe für die Zuweisung an ein anderes Vermögen bestehen[307]. So verstanden bedeutet dieser Satz jedoch weder ein besonderes legislatorisches Prinzip[308], noch weist er einen für die Risikozuweisung verwertbaren Gerechtigkeitsgehalt auf[309]. Es handelt sich also lediglich um eine Folge des Nichteingreifens der Rechtsordnung[310], worin allenfalls reflexartig zum Ausdruck kommt, dass ungeregelte Freiheitsbereiche Voraussetzung des sozialen Zusammenlebens sind. Weitergehend ist hingegen die Auffassung v. Schencks, der die Zurechnung des Schadens an den Geschädigten als Gestaltungsprinzip schlecht-

---

[306] Vgl. dazu unten S. 106 ff., insbesondere S. 114 ff.

[307] *Wächter*, AcP 15 (1832), S. 97, 119; *M. Rümelin*, Die Gründe der Schadenszurechnung, S. 13, *Esser/Schmidt*, SR AT, Bd. I/1, § 2 III, S. 35; *Nassauer*, "Sphärentheorien", S. 109 f., 231.

[308] *M. Rümelin*, Die Gründe der Schadenszurechnung, S. 13.

[309] *Koller*, Risikozurechnung, S. 63. Zwar könnte man dafür ein ökonomisches Kosten-Nutzen-Argument anführen, vgl., *Kötz*, Deliktsrecht, Rn. 5. Jedoch ist ein Prinzip, das die Rechtsordnung zur Vermeidung marginaler Kosten der Schadenszuweisung von der Anordnung einer als gerecht empfundenen Schadensverteilung abhält, keiner Erörterung wert, vgl. *Weyers*, Unfallschäden, S. 609.

[310] *v. Schenck*, Der Begriff der "Sphäre", S. 81.

hin versteht[311], denn aus der Stellung als Rechtsgutsinhaber ergäben sich in der Regel einerseits die "rechtliche Macht" über das Rechtsgut (im Sinne von Gefahrbeherrschung) und andererseits das intensivste „rechtliche Interesse"[312]. Dies überzeugt insoweit nicht, als „casum sentit dominus" bedeutet, dass der Rechtsgutsinhaber auch Schäden tragen muss, deren Eintritt er nicht beherrschen kann, etwa bei höherer Gewalt[313]. Tragfähiger erscheint daher der durch v. Schenck angesprochene Gedanke, dass derjenige den Schaden tragen soll, der auch den Nutzen aus der Innehabung des Rechts zieht. Allerdings kann die gleichlaufende Zuordnung von Nutzen und Risiko an den Rechtsgutsinhaber nicht grundsätzlich für einen vom „do ut des" geprägten gegenseitigen Vertrag gelten, da innerhalb dieser Beziehung eingegangene Risiken nicht nur dem Rechtsgutsinhaber nutzen und insoweit keine Partei eindeutig „dominus" ist[314]. So verfolgt das entgeltlich handelnde Kreditinstitut sein wirtschaftliches Interesse, indem es dem vermeintlichen Interesse des Kunden dient, weil es nur dafür auf einen Aufwendungsersatzanspruch hoffen kann. Wenn demnach auch kein Grund für die Zurechnung des Schadens an den Träger des ohnehin betroffenen Vermögens besteht, verdienen die Kriterien der Gefahrbeherrschung und des Interesses an der Eingehung des Risikos nähere Betrachtung.

b) Haftung des Kunden für geschäftsbesorgungsspezifische Zufallsschäden

Gefahrbeherrschung und Interesse an der Risikoeingehung sind nämlich auch die Kriterien, die für die Risikoverteilung zwischen Geschäftsherrn und Geschäftsbesorger ins Feld geführt werden.

aa) Entwicklung der Risikohaftung bei Tätigkeit in fremdem Interesse/Veranlassungshaftung

Wie bereits erwähnt[315], brachte schon Lehmann den Begriff einer Veranlassungshaftung mit der Interessenlage einer Geschäftsbesorgung in Verbindung.

---

311 *v. Schenck*, Der Begriff der "Sphäre", passim.

312 *v. Schenck*, Der Begriff der "Sphäre", S. 33, 80 ff.; vgl. dazu *J. Hübner*, Schadenszurechnung nach Risikosphären, S. 59 f.; *Fitz*, Risikozurechnung, S. 78 ff.

313 Zum Verhältnis von Beherrschbarkeit und der Regel des "casum sentit dominus" sagt *Mataja*, Das Recht des Schadensersatzes, S. 23: "Der Bedrohte ist machtlos und derjenige, der die Verfügung hat, ist hingegen unbedroht."

314 Eingehend *Wächter*, AcP 15 (1832), 117 ff.; vgl. auch *Koller*, Risikozurechnung, S. 63.

315 Vgl. oben S. 46 ff.

Besonders diskutiert wird dieser Gedanke im Rahmen von Auftrag und Geschäftsführung ohne Auftrag bei der Frage nach einem Anspruch des Beauftragten/Geschäftsführers gegen den Geschäftsherrn auf Ersatz der aus der Geschäftsführung erlittenen Zufallsschäden, deren Subsumtion unter § 670 BGB der Gesetzgeber offen gelassen hat[316]. Nachdem sich die ursprüngliche Lösung des Reichsgerichts, die Konstruktion eines stillschweigenden Garantievertrages zugunsten des Beauftragten[317], für die Geschäftsführung ohne Auftrag und für unvorhersehbare Risiken als unbrauchbar erwiesen hat[318], bejahen die Rechtsprechung und die überwiegende Literatur nunmehr eine (analoge) Anwendung von § 670 BGB auf Zufallsschäden[319], sofern sich in diesen nicht das allgemeine Lebensrisiko, sondern das spezifische Risiko der Geschäftsbesorgung verwirklicht hat[320]. Will man allerdings an einem etwa mit den §§ 538 Abs. 2, 633 Abs. 3, 693 BGB einheitlichen Aufwendungsbegriff festhalten, der nur freiwillige Vermögensopfer umfasst[321], dann entspricht die Heranziehung des § 670 BGB insbesondere bei unvorhersehbaren Schäden einer teleologischen Extension[322]. Den allgemeinen Rechtsgedanken, dass derjenige, der bei Besorgung fremder Geschäfte einen geschäftsbesorgungsspezifischen Schaden erleidet, dafür vom Geschäftsherrn Schadensersatz verlangen kann, will schließlich Genius[323] aus dem auf Schadensersatz gerichteten § 110 HGB ableiten, um die §§ 249 ff, insb. 254 BGB nicht auf § 670 BGB anwenden zu müssen[324].

---

[316] Vgl. Mot. II, S. 541.

[317] Vgl. RG, JW 1914, 673, 676; RGZ 94, 169, 170; RG, JW 1931, 3441.

[318] Dies wurde mit RGZ 167, 85, 88, erstmals anerkannt.

[319] Vgl. BGHZ 33, 251, 257; 52, 115; 89, 153, 157; *Steindorff*, in: FS Dölle, Bd. 1, S. 273, 292; *Seiler*, in: MünchKomm, § 670 Rn. 14 m. w. N.

[320] Vgl. Prot. II, S. 367; *Huber*, Die Haftung des Geschäftsherrn, S. 78 f. *Staudinger/Martinek*, § 675 Anm. A 77. Dem Bedürfnis der Eingrenzung des ersatzfähigen Schadens trug bereits im römischen Mandatsrecht die Differenzierung zwischen Schäden ex causa mandati und ex occasione mandati Rechnung, vgl. vertiefend *Fitz*, Risikozurechnung bei Tätigkeit in fremdem Interesse, S. 61 ff., insb. S. 64.

[321] So *Staudinger/Wittmann*, § 670 Rn. 12; Seiler, in: MünchKomm, § 670 Rn. 7.

[322] *Staudinger/Wittmann*, § 670 Rn. 14; *Wittmann*, Begriff und Funktionen der GoA, S. 85. Eine extensive Auslegung des § 670 BGB durch die Einordnung von Zufallsschäden als bedingte Aufwendungen desjenigen, der sich einer Gefahr immerhin bewusst aussetzt, versagt jedenfalls bei nicht erkennbaren Risiken und bei erkennbaren, die tatsächlich nicht erkannt wurden vgl. *Staudinger/Wittmann*, § 670 Rn. 12. Zu weiteren Begründungsvorschlägen der Ersatzpflicht des Geschäftsherrn u. a. mit § 242 BGB vgl. *Genius*, AcP 173 (1973) 481, 495 ff.

[323] AcP 173 (1973), 481, 512 ff.

[324] Letztlich spricht jedoch die Mitverschuldensproblematik nicht zwingend gegen eine Heranziehung von § 670 BGB für den Ersatz von geschäftsbesorgungsspezifischen Zufallsschäden vgl. *Grunsky*, in: MünchKomm, § 254 Rn. 12; *Staudinger/Martinek*, § 675 Anm. A 76. Hingegen beruht § 110 HGB auf der besonderen Gemeinschaft der Gesellschafter; insbesondere führt diese Vorschrift über die Haftung der Gesellschaft im

bb) Die vertretenen Zurechnungsprinzipien

Als besonderes Haftungskonzept hat insbesondere Canaris[325] für unentgeltliche Verträge und für Verträge mit Unselbständigen eine "Risikohaftung bei Tätigkeit in fremdem Interesse" als Gefährdungshaftung vertreten, bei der er neben die Veranlassung, die er als Gefahrsetzung und Gefahrbeherrschung versteht, gleichberechtigt den Gedanken der Vorteilsziehung durch den Geschäftsherrn stellt[326]. Demgegenüber lehnt Huber eine Heranziehung des Konzepts der Gefährdungshaftung genauso wie des Konzepts der Aufopferungshaftung für die Zuweisung geschäftsbesorgungsspezifischer Zufallsschäden an den Geschäftsherrn mit dem Hinweis ab, dass der Geschäftsführer die Risiken freiwillig übernehme, während bei Gefährdungs- und Aufopferungshaftung eine zwangsweise hinzunehmende Beeinträchtigung vorliege[327], und begründet die Haftung nur mit dem überwiegenden Interesse des Geschäftsherrn an der Geschäftsbesorgung[328]. Danach kommt es auf die Beherrschbarkeit des Risikos nicht an. Allein entscheidend ist vielmehr das Interesseprinzip, der Gedanke der Zurechnung eines Risikos an den Nutznießer desselben, der bereits dem römisch-rechtlichen Utilitätsprinzip innewohnte[329]. Ganz in diesem Sinne stellt auch Larenz[330] besonders den Gedanken der Zurechnung eines Risikos an den Nutznießer heraus. Dieses Kriterium ordnet er als Hauptprinzip der Schadenszurechnung neben dem Verschuldensprinzip, dem Schadensausgleich bei ausnahmsweise erlaubter Inanspruchnahme fremden Gutes und der Schadenszurechnung aufgrund einer vom Gesetz auferlegten Garantiepflicht, insbesondere wegen der Schaffung eines Vertrauenstatbestandes, ein. Dabei nimmt Larenz wie Huber[331] entgegen Canaris[332] keine Beschränkung dieses Zurechnungsprinzips auf unentgeltliche Verträge und Arbeitsverhältnisse vor, sondern bezieht grundsätzlich auch Dienst- und Werkverträge mit Selbständigen ein. Denn der-

---

Endeffekt zu einer *Teilung* des Schadens unter den Gesellschaftern und nicht zu einer vollständigen Risikoentlastung des Geschäftsbesorgenden.

[325] Die Feststellung von Lücken im Gesetz, § 173, S. 181 f. Fn. 37, unter Verweis auf *Esser*, Gefährdungshaftung.

[326] Vgl. *Canaris*, RdA 1966, 41, 43. "Veranlassung" und "Mangel" sieht bereits *Wilburg*, Elemente, S. 136 als Kriterien der Schadensersatzpflicht des Auftraggebers.

[327] *Huber*, Die Haftung des Geschäftsherrn, S. 39, 42.

[328] *Huber*, Die Haftung des Geschäftsherrn, S.49 ff.

[329] Vgl. zum geschichtlichen Hintergrund der Geschäftsherrnhaftung *Honsell*, in: FS v. Lübtow, S. 485 ff.

[330] JuS 1965, 373, 374.

[331] Die Haftung des Geschäftsherrn, S. 91 f.

[332] RdA 1966, 41, 48 f.

jenige, der in seinem Interesse einen anderen eine risikobehaftete Tätigkeit ausüben lasse, müsse sich zumindest bis zu einem gewissen Grade den Schaden zurechnen lassen, der aus der Verwirklichung dieses Risikos entstehe[333]. Die Bestimmung dieses Grades bleibt allerdings offen. Lässt man diese Einschränkung weg, so entspricht das solchermaßen verallgemeinerte Nutznießungsprinzip exakt der "rechtlich verfestigten Wertung", in der Koller sein Prinzip der arbeitsteiligen Veranlassung gegründet sieht, nach dem ein vertragliches Austauschverhältnis in zwei Austauschprozesse zu spalten ist, wobei jeweils der Gläubiger der Leistung die von seinem Schuldner in Hinblick auf diese Leistung eingegangenen Risiken tragen muss[334]. Dieses Prinzip will Koller allerdings nur anwenden, wenn Beherrschbarkeit und Absorptionsmöglichkeiten keine Aussage erlauben[335]. Noch weitergehend im Sinne eines reinen Interesseprinzips ist die Formulierung Köhlers: „Wer einen Nutzen aus einem bestimmten Umstand, sei es aus der Tätigkeit eines anderen, sei es aus einer bestimmten Sachlage, zieht, hat auch das mit diesem Umstand verbundene Risiko zu tragen"[336].

cc) Risikosteuerungsmöglichkeit als Kriterium neben überwiegendem Interesse?

Während also das Interesse-/Nutznießungsprinzip allgemein als der Geschäftsherrnhaftung zugrundeliegend anerkannt wird, stellt sich die Frage, inwieweit mit Canaris der Gedanke der Risikosteuerungsmöglichkeit für die Geschäftsherrnhaftung als relevant anzusehen ist. Betrachtet man in diesem Zusammenhang freilich den Aspekt der Gefahrsetzung, so fällt auf, dass immer das Verhalten beider Vertragsparteien kausal für die Risikoeingehung ist, wobei der Verursachungsbeitrag des Geschäftsherrn allgemein nur mittelbar über das Handeln des Geschäftsführers wirkt. Der von Canaris hervorgehobene Gedanke der Gefahrsetzung trifft also auf beide Vertragsparteien zu. Eine besondere Veranlassung des Geschäftsherrn liegt allein darin, dass von diesem typischerweise die Initiative zum Vertragsschluss ausgeht[337], dieser also den Geschäftsführer zur Risikoeingehung „veranlasst". Bei der Geschäftsführung ohne Auftrag reduziert sich diese Veranlassung aber darauf, dass der Geschäftsführer im Rahmen des mutmaßlichen Willens des Geschäftsherrn handelt, der, sofern kei-

---

[333] *Larenz*, JuS 1965, 373, 375 f.

[334] *Koller, Risikozurechnung*, S. 96 f.

[335] Vgl. *Koller*, Risikozurechnung S. 97, sowie unten C III 2 c) ee) (1).

[336] *Köhler*, Unmöglichkeit, S. 154.

[337] In diesem Sinne für Tätigkeit in fremdem Interesse *Canaris*, RdA 1966, 41, 43.

ne besonderen Anhaltspunkte vorliegen, nichts anderes ist als das „wohlverstandene Interesse des Geschäftsherrn"[338].

Zutreffend stellt Huber[339] ferner fest, dass es an einer Gefahrbeherrschung seitens des Geschäftsherrn in aller Regel fehlt. Auch Koller[340] weist darauf hin, dass zwar der Auftragnehmer die Gefahren in der Regel besser abwehren kann, sieht aber die Prinzipien der abstrakten Beherrschbarkeit und der Absorbierbarkeit als unanwendbar an, wenn der Geschäftsbesorger mangels Entgelts keine Rücklagen zur Absorption bilden könne und daher nicht die für das "selbststeuernde System" essentielle Wahl zwischen Gefahrenabwehr und Absorption des Schadens habe. Fraglich ist allerdings, ob der "rational egoistisch handelnde Mensch"[341] unentgeltliche Verträge schließt und inwieweit diese der noch zu erörternden ökonomischen Betrachtungsweise Kollers[342] überhaupt zugänglich sind.

Für die Zuweisung vertragsimmanenter Risiken an eine Vertragspartei ist die Anknüpfung an die Gefahrsetzung jedenfalls unbrauchbar[343]. Auch ist eine Risikohaftung des Geschäftsherrn nicht mit Beherrschbarkeitserwägungen zu erklären, da Beherrschungsmöglichkeiten des Geschäftsherrn nicht erforderlich sind. Da demnach die Zuordnung eines Risikos entscheidend vom dem besonderen Interesse einer Partei an dessen Eingehung abhängt, ist die Larenz'sche Betonung der Nutznießung als Zurechnungsprinzip treffend. Der Begriff der (arbeitsteiligen) Veranlassung betont hingegen irreführend die Kausalität, d. h. die Gefahrsetzung als Merkmal der Risikozurechnung. Der Terminus der Risikohaftung bei Tätigkeit in fremdem Interesse erscheint daher vorzugswürdig.

dd) Verwertbarkeit des Interesseprinzips als allgemeines Zurechnungsprinzip

Allerdings ist das Interesseprinzip in der Formulierung Köhlers, dass der Nutznießer eines Umstandes auch das mit diesem Umstand verbundene Risiko zu tragen habe, zu pauschal, um verwertbar zu sein[344]. Da menschliches Handeln nicht ohne Verfolgung eigenen Interesses denkbar ist[345], müsste man bei

---

[338] BGH, NJW 1971, 609, 612; *Staudinger/Wittmann*, § 677 Rn. 4.

[339] Die Haftung des Geschäftsherrn, S. 46, ebenso *Fitz*, Risikozurechnung, S. 173.

[340] Risikozurechnung, S. 405.

[341] Vgl. dazu unten S. 123.

[342] Vgl. unten S. 117 ff.

[343] Vgl. dazu bereits oben S. 52 f.

[344] In diesem Sinne *J. Hübner*, Schadenszurechnung nach Risikosphären, 127 f.; *Genius*, AcP 173 (1973), 481, 521; *Koller*, Risikozurechnung, S. 71.

[345] *v. Ihering*, Der Zweck im Recht, S. 5.

konsequenter Einhaltung eines uneingeschränkten Prinzips des „cuius commodum, eius periculum" für die deliktische Haftung auf Rechtswidrigkeit und Verschulden verzichten und Kausalität genügen lassen. Jedoch kann nicht einmal die in besonderen Tatbeständen normierte Gefährdungshaftung, die nach der allgemein geteilten Erkenntnis Essers[346] Haftung nicht für Unrecht, sondern für Unglück ist, für ein solches übergreifendes Prinzip mobilisiert werden. Dies gilt unabhängig davon, ob man den Zurechnungsgrund der Gefährdungshaftung in dem Umstand der Gefahrbeherrschung durch Schaffung einer Gefahrenquelle sieht[347], der als Gefahrsetzungskriterium für die innervertragliche Risikoverteilung bereits verworfen wurde[348], oder ob man als Zurechnungsgrund annimmt, dass derjenige, der aus dem Betrieb einer Gefahrenquelle Vorteil zieht, als Preis dafür mit dem Schadensrisiko belastet wird[349]. Denn auch wenn man die Gefährdungshaftung als Zuweisung aller Risiken einer gefährlichen Tätigkeit an deren Nutznießer versteht, hat sie nämlich bei wirtschaftlicher Betrachtungsweise den Sinn, im *außervertraglichen* Bereich sicherzustellen, dass die Risikoeingehung nicht mehr gesamtwirtschaftliche Schäden anrichtet, als sie dem Nutznießer Vorteile bringt[350]. Damit ist auch unter Nutznießungsaspekten eine pauschale Heranziehung der Figur der Gefährdungshaftung für die *vertragliche* Risikoverteilung selbst innerhalb unentgeltlicher Verträge entgegen Canaris bereits deshalb ausgeschlossen, weil die innervertragliche Risikoverteilung nicht sicherstellen kann, dass der Nutzen beider Vertragsparteien die aus der Vertragsdurchführung resultierenden Schädigungen insbesondere Dritter überwiegt[351]. Ferner erfolgt innerhalb einer vom "do ut des" geprägten vertraglichen Austauschbeziehung die Eingehung der vertragsimmanenten Risiken immer im jeweiligen Eigeninteresse *beider* Vertragsparteien.

Demnach ist zwar unzweifelhaft die Zuweisung eines Risikos an den Nutznießer desselben ein von der Rechtsordnung vielfach berücksichtigtes Prinzip. Dennoch kann dieser Gedanke für jede vertragliche Austauschbeziehung nur dann fruchtbar gemacht werden, wenn es gelingt, Kriterien zu entwickeln, die einerseits eine Aussage darüber ermöglichen, wann die Interessenbeziehung ei-

---

[346] Grundlagen und Entwicklung der Gefährdungshaftung, S. 5.

[347] Siehe zu dieser Interpretationsmöglichkeit *Müller-Erzbach*, AcP 106 (1910), 309, 415 ff.

[348] Vgl. oben S. 52 f.

[349] Für eine Begründung der Zurechnung aus dem Nutznießungsgedanken etwa *Larenz*, JuS 1965, 373, 374. Entsprechende Erwägungen finden sich bereits bei *Müller-Erzbach*, AcP 106 (1910), 309, 323 ff.

[350] Vgl. etwa *Schäfer/Ott*, Lehrbuch der ökonomischen Analyse, S. 192.

[351] Demgegenüber von weit geringerem Gewicht ist der Umstand, dass die Gefährdungshaftung nur bei besonderen Gefahrenquellen greift (vgl. dazu *Kötz*, AcP 170 (1970), 1 ff.) deren Betrieb zudem vom Geschädigten hingenommen werden muss, was auf die Eingehung vertragsspezifischer Risiken durch Vertragsschluss nicht zutrifft.

ner Partei zum eingegangenen Risiko in einer Weise intensiver ist, die es rechtfertigt, diese Partei mit der Haftung zu belasten, und die sich andererseits systematisch in die bereits bestehenden gesetzlichen Modelle der Haftungszuweisung widerspruchsfrei einreihen lassen.

Denkbar ist daher in erster Linie die Interessenzurechnung an eine Partei bei mangelnder Kompensation der Risikoübernahme durch ein Entgelt. Während dies bei unentgeltlicher Leistungserbringung der Vorgehensweise des Gesetzgebers entspricht[352], was z. B. in den §§ 521, 599, 690 BGB, 8a Abs. 1 StVG sogar in Bezug auf die Verschuldenshaftung zum Ausdruck kommt, erscheint der Vorschlag, bei entgeltlichen Verträgen zu berücksichtigen, ob für die Übernahme eines Risikos Risikoprämien in das Entgelt einkalkuliert sind[353], jedenfalls bei fehlenden ausdrücklichen Willensäußerungen der Parteien undurchführbar, weil dies darauf hinausläuft, den durch Angebot und Nachfrage ermittelten Preis einer Leistung auf seine Angemessenheit hin zu überprüfen, was unterhalb der Schwelle des § 138 BGB dem Richter in für die Privatautonomie unerträglicher Weise die Festsetzung "gerechter" Preise zuweist. Auch der Umstand, dass die Banken Risiken den Kunden durch AGB aufbürden und dadurch unmissverständlich zum Ausdruck bringen, dass sie die Eingehung dieser Risiken nicht als entgolten betrachten, ist allein noch kein sachlicher Grund für die Risikozuweisung an die Kunden nach dem Interesseprinzip durch das dispositive Recht[354]. Vielmehr gilt zumindest bei vorhersehbaren Risiken, dass derjenige Anbieter, der aus eigenverantwortlicher Entscheidung seinen Konkurrenten gezielt unterbietet, um Marktanteile zu gewinnen, nicht eine Risikoentlastung fordern kann, weil er keine Risikoprämie einkalkuliert hat[355], zumal der Nachfrager in aller Regel keinen Einblick in die individuellen Risikostrukturen verschiedener Anbieter hat. Dieser Aspekt gerechten Interessenausgleichs lässt sich zwar auch klar als ökonomisch gerechtfertigt ansehen: Muss nämlich der Geschäftsbesorger Kosten zu erwartender Risikorealisierung bereits in seine Entgelte kalkulieren, so zwingt ihn der Preiswettbewerb dazu, durch sinnvolle Risikoprävention die Kosten zu minimieren, während dieser Verhaltensanreiz entfällt, soweit er Kosten nach Vertragsschluss auf den Geschäftsherrn überwälzen kann. Indessen hat sich der historische Gesetzgeber beim Auftragsrecht nicht

---

[352] Vertiefend *Grundmann*, Zur Dogmatik der unentgeltlichen Geschäftsbesorgung, AcP 198 (1998), 457 ff.

[353] Vgl. *Lent*, Wille und Interesse bei der Geschäftsbesorgung, S. 93; *Wilburg*, Elemente, S. 122 ff., 137; *Huber*, Die Haftung des Geschäftsherrn, S. 91; *Larenz*, JuS 1965, 373, 375 ff., *Honsell*, Die Risikohaftung des Geschäftsherrn, in: FS v. Lübtow, S. 485, 498; *Schürmann*, Haftung im mehrgliedrigen bargeldlosen Zahlungsverkehr, S. 122; *Staudinger/Martinek*, § 675 Rn. 77.

[354] Vgl. zur anklingenden Problematik der "Unerheblichkeit des Preisarguments" bei der Inhaltskontrolle von AGB -Klauseln *Kötz*, in: MünchKomm, § 9 AGBG Rn. 7.

[355] *Koller*, Risikozurechnung, S. 419, dem folgend *Fitz*, Risikozurechnung, S 173.

von konkreten Erwägungen effizienter Risikoprävention leiten lassen, so dass es in Bezug auf solche wohlfahrtsökonomische Aspekte einer noch folgenden Betrachtung[356] darüber bedarf, inwieweit die Rechtsordnung insgesamt auch das Ziel ökonomischer Effizienz durch Risikozuweisung verfolgt. Jedenfalls aber begründet die „arbeitsteilige Veranlassung" der Risikoeingehung in Bezug auf vorhersehbare Risiken als allgemeines Prinzip für alle entgeltlichen Verträge grundsätzlich nur die Belastung des Gläubigers mit einer Pflicht, seinen Schuldners über drohende, für die Vertragsdurchführung spezifische Gefahren zu informieren[357]. Eine Risikohaftung im weiten Sinne Larenz′ ist jedenfalls abzulehnen, weil sie auf die Gewährung von Ersatzansprüchen nach richterlichem Billigkeitsermessen hinausläuft. Selbst eine Erklärung der Besonderheiten arbeitsrechtlicher Risikozurechnung allein aus einem gleichermaßen der Haftung des Auftraggebers für Schäden des Beauftragten zugrundeliegenden, allgemeinen Gedanken der Rechtsordnung, wie sie Canaris versucht, erscheint bereits nicht mehr hinreichend[358].

---

[356] Vgl. unten S. 123 ff.

[357] Vgl. *Henssler*, Risiko, S. 59.

[358] Inwieweit die für eine Risikohaftung aufgrund einseitiger Nutznießung des Arbeitgebers pauschal vorauszusetzende Inäquivalenz von Risiko und Entgelt für die Ersatzansprüche des Arbeitnehmers gegen seinen Arbeitgeber selbst bei leicht fahrlässig mitverursachten Schäden sowie bei der Haftungsbeschränkung im Rahmen betrieblich veranlasster Tätigkeit relevant ist (dafür etwa, 242), kann hier nicht näher erörtert werden. Hinreichend ist sie jedenfalls nicht. Zumindest bei bestimmten Berufsgruppen, etwa den Berufskraftfahrern, ist nur deshalb keine Versicherungsprämie für tätigkeitsspezifische Risiken im Entgelt einkalkuliert, weil die Haftung dem Arbeitgeber zugewiesen wird. Hier mit Inäquivalenz von Entgelt und Risiko zu argumentieren wäre zirkulär, weil diese Argumentation Ursache und Wirkung vertauschte. Die weitherzigen Analogieschlüsse zu § 670 BGB durch das BAG (vgl. etwa BAGE 12, 15 ff.; BAG, NJW 1979, 1423; NJW 1996, 1301, 1302) für Schadensersatzansprüche des Arbeitnehmers erscheinen daher durchaus problematisch. Würde man ferner z. B. den Haftungsausschluss bei leichter Fahrlässigkeit des Arbeitnehmers gegenüber seinem Arbeitgeber und den Freistellungsanspruch des ersteren bei Schädigung Dritter allein mit der lediglich pauschal angenommenen Inäquivalenz von Entgelt und Risiko begründen, müsste man dieses Haftungsprivileg konsequenterweise auf alle Verträge anwendbar erklären, jedenfalls aber auf Auftrag und GoA, bei denen die einseitige Nutznießung des Geschäftsherrn auf der Hand liegt. In der Tat befürworten dies z. B. *Canaris*, RdA 1966, 41, 48 f. für Auftrag und GoA, und *Larenz*, JuS 1965,373, 375 f., sogar bei Werk- sowie Dienstverträgen mit Selbständigen. Die von diesen Autoren vertretene Verallgemeinerung der haftungsbeschränkenden Berücksichtigung des überwiegenden Interesses einer Partei analog § 254 BGB verbietet sich aber, da der Gesetzgeber mit den §§ 521, 599, 680, 690 BGB selbst bei unentgeltlichen Geschäften das grundsätzliche Erfordernis der besonderen Anordnung jeglicher Haftungsbeschränkung zum Ausdruck gebracht hat. Der ein argumentum e contrario rechtfertigende und einer Gesamtanalogie entgegenstehende Ausnahmecharakter dieser Vorschriften ergibt sich dabei daraus, dass der Gesetzgeber auf eine allgemeine Regelung auch für Auftrag und GoA verzichtet und mit § 680 BGB ausdrücklich nur die Gefahrenabwehr privilegiert hat. Zu weiteren Begründungsansätzen der besonderen Risikoverteilung im Arbeitsrecht vgl. *Blomeyer*, in: Münchener Arbeits-

Dem trägt Koller zwar Rechnung, wenn er sein Prinzip der arbeitsteiligen Veranlassung auf Risiken beschränkt, die nicht durch Beherrschbarkeit und Streubarkeit des Risikos zu erfassen sind. Aber auch wenn für die verbleibenden Fälle innerhalb entgeltlicher Verträge, namentlich für unvorhersehbare Risiken, immerhin festgestellt werden kann, dass diese prinzipiell nicht in das Entgelt einkalkuliert werden können und insoweit außerhalb des vertraglichen Austausches stehen, geht deren pauschale Zurechnung an den Gläubiger der risikobehafteten Leistung über die Wertungen der Rechtsordnung hinaus, woran auch die von Koller vorgeschlagene Aufspaltung des Vertragsverhältnisses in zwei Austauschprozesse nichts ändert. Denn anders als durch § 278 BGB angeordnet müsste danach der Gläubiger auch außerhalb von Schuldverhältnissen nach §§ 662, 675, 677 BGB grundsätzlich für eine durch seinen Erfüllungsgehilfen unvorhersehbar und schuldlos verursachte Schädigung seines Vertragspartners haften. Wird eine Leistung ferner unvorhersehbar und zufällig unmöglich, müsste der Gläubiger entgegen § 323 Abs. 1 Halbs. 1 BGB Aufwendungsersatz schulden. Selbst als subsidiäres Zurechnungsprinzip ist Kollers Prinzip der arbeitsteiligen Veranlassung für alle Verträge daher nicht mit der Rechtsordnung vereinbar.

ee) Beschränkung auf den Anwendungsbereich des § 670 BGB

Letztlich wird man die erforderliche Eingrenzung des Gedankens der Risikozurechnung an den Nutznießer für die rechtsfortbildende Gewährung von Schadensersatz - von § 110 HGB einmal abgesehen - in der besonderen Natur der Verträge nach §§ 662, 675, 677 BGB suchen müssen. Denn nur für diese greift in besonderer Weise der Grundgedanke des § 670 BGB, den Geschäftsbesorger von den Risiken aus der Geschäftsbesorgung zu entlasten, um damit seine *Handlungsbereitschaft im Interesse des Geschäftsherrn* zu stärken oder - im Duktus der noch zu erörternden ökonomischer Sichtweisen[359] - das Aktivitätsniveau des Geschäftsbesorgers auf das für den Geschäftsherrn nützliche Maß zu steigern. Auch bei entgeltlicher Geschäftsbesorgung nach § 675 BGB ist dieser Aspekt immer von Belang, weil entgeltliche Geschäftsbesorgung nur dann vorliegt, wenn dem Geschäftsbesorger im Rechtsverhältnis zum Geschäftsherrn Ermessens- und Gestaltungsspielräume verbleiben[360]. Entgegen Canaris[361] soll

rechtshandbuch, § 57 Rn. 24 ff., der überzeugend von einer sich monokausalen Begründungsansätzen entziehenden Billigkeitserwägung ausgeht.

[359] Vgl. unten S. 117 ff.

[360] Vgl. *Staudinger/Martinek*, § 675 Anm. A 25. Dieser Aspekt gilt gerade nicht pauschal für vom Direktionsrecht geprägte Arbeitsverhältnisse.

[361] RdA 1966, 41, 48.

also nicht derjenige, der das Risiko durch Ausgestaltung seines Herrschaftsbereichs „besser" beherrschen kann, aus Präventionsgesichtspunkten haften, sondern der Geschäftsführer auch angesichts seiner Möglichkeiten zur Ausgestaltung seines Tätigkeitsbereichs von der Haftung für Risiken freigestellt werden, damit er diese einzugehen bereit ist.

Allerdings ist gerade der Umstand, dass Zufallsschäden spezifisch aus dem besorgten Geschäft resultieren, nicht nur Voraussetzung für eine Ersatzfähigkeit nach dem Gedanken des § 670 BGB[362], sondern gleichzeitig auch ein Indiz dafür, dass die Risikoeingehung bereits entgolten ist. Wie bereits ausgeführt, steht in Bezug auf bei Vertragsschluss kalkulierbare Risiken die Entgeltlichkeit der Geschäftsbesorgung einer Risikozurechnung an den Geschäftsherrn als Nutznießer der Risikoeingehung prima facie entgegen[363]. Da zudem konkrete Betrachtungen über Frage, ob das vereinbarte Entgelt Risikoprämien enthält, weithin unbrauchbar sind, kommt eine Risikohaftung des Geschäftsherrn nur dann in Betracht, wenn aus einer Wertung besonderer Umstände folgt, dass die Entgeltlichkeit ausnahmsweise nicht gegen die Geschäftsherrnhaftung spricht.

ff) Zur Reichweite der Risikohaftung beim Vordruckmissbrauch

(1) Beachtlichkeit des neuen Überweisungsgesetzes?

Bereits grundsätzlich gegen eine Anwendbarkeit der Grundsätze der Risikohaftung des Geschäftsherrn auf den Vordruckmissbrauch könnte allerdings das neue Überweisungsgesetz vom 21.7.1999[364] zur Umsetzung der Richtlinie 97/5/EG[365] sprechen. Denkbar wäre es, in den durch diese Gesetz mehrfach vorgesehenen verschuldensunabhängigen Haftungen der Kreditinstitute eine Wertung dahingehend zu sehen, beim bargeldlosen Zahlungsverkehr Zufallsrisiken weitergehender als beim allgemeinen Geschäftsbesorgungsrecht den Kreditinstituten, Kartenemittenten etc. zuzuweisen.

Durch das Überweisungsgesetz sind der Überweisungsvertrag (§ 676a BGB)und der Zahlungsvertrag (§ 676d BGB) als besondere Werkverträge in das Geschäftsbesorgungsrecht eingefügt worden. Auch der Girovertrag ist nunmehr besonders kodifiziert (§ 676f BGB). Der Gesetzgeber sah zur Umsetzung der Richtlinie die Notwendigkeit, das Recht der Überweisung unter einem

---

[362] Nicht über § 670 BGB zu ersetzen sind nach h. M. solche Schäden, in denen sich das allgemeine Lebensrisiko realisiert, vgl. *Erman/Ehmann*, § 670 Rn. 16; *Seiler*, in: MünchKomm, § 670 Rn. 14, m. w. N.

[363] Siehe oben S. 93 ff., 96.

[364] Bundesgesetzblatt 1999, Teil I Nr. 39, S. 1642 ff.

[365] Vom 27.1.1997, ABl. Nr. L 43/25.

Bruch mit der Dogmatik des allgemeinen Geschäftsbesorgungsrechts auszugestalten[366]. Insbesondere stellen Banküberweisungsaufträge nicht mehr Weisungen im Sinne des § 665 BGB dar, sondern begründen jeweils besondere Überweisungsverträge, bei denen anstelle des Widerrufs die Kündigung tritt (§ 676a Abs. 4 BGB)[367]. Diesen Systembruch erforderlich machen sollen die neben der Haftung für verspätete Bewirkung der Überweisung[368] vorgesehene Haftung der vom Überweisenden beauftragten Bank für das Verschulden der durch diese zwischengeschaltete Bank (§ 676c Abs. 1 S. 3 BGB) und die sog. "Money-back-guarantee": § 676b Abs. 3 BGB sieht eine Erstattung des Überweisungsbetrags bis zu 12.500 Euro durch das beauftragte Institut gegenüber dem Überweisenden vor, wenn die Überweisung nicht innerhalb einer gesetzten Nachfrist bewirkt worden ist. Nach bisher h. M. zur alten Rechtslage[369] war demgegenüber die ausführende Bank nur zur Weiterleitung der Überweisung verpflichtet. Mit ordnungsgemäßer Weiterleitung war demnach ein Aufwendungsersatzanspruch nach § 670 BGB verdient und eine Haftung für Verschulden des nachgeschalteten Instituts nach § 278 BGB ausgeschlossen.

Indessen hätte die bloße Statuierung der „Bewirkung der Überweisung" als geschuldeten Erfolg genügt, um die bereits bisher von einer Mindermeinung[370] vertretene Haftung der beauftragten Bank für die zwischengeschaltete Bank nach § 278 BGB zu begründen. Auch wäre es unter Beibehaltung der bisherigen Dogmatik möglich gewesen, den "Money-back-Anspruch" sogar betragsmäßig unbegrenzt als Herausgabeanspruch nach § 667 BGB zu sehen, dem bei "verloren gegangener" und als Erfolg geschuldeter Überweisung kein Aufwendungsersatzanspruch nach § 670 BGB entgegenstünde[371]. Aus der Perspektive eines geschuldeten Überweisungserfolgs gesehen bedeuten einzelne Neuregeln ferner eine Betonung der Verantwortlichkeit des Überweisungskunden. Unverkennbar dem § 645 Abs. 1 BGB verwandt sind die §§ 676b Abs. 3 S. 6, 676c Abs. 1 S. 3 a. E. BGB, wonach sowohl die „Money-back-Haftung" des überweisenden Kre-

---

[366] Vgl. Regierungsentwurf eines Überweisungsgesetzes, BT-Drucks. 14/775, S. 11 ff. Der Entwurf ist auszugsweise abgedruckt in ZBB 1999, 106 ff. (dort S. 108 f.).

[367] Näher auch *Ehmann/Hadding*, WM 1999, Sonderbeilage 3, S. 3 ff.; *Köndgen*, ZBB 1999, 103, 104.

[368] Das überweisende Institut muss bei verspäteter Gutschrift auf das Konto des Begünstigten verschuldensunabhängig den Überweisungsbetrag für die Dauer der Verspätung gegenüber dem Überweisenden ebenso verzinsen (§§ 676b Abs. 1, 676c Abs. 3 BGB), wie das das Girokonto eines Überweisungsempfängers führende Institut diesem gegenüber, wenn es eingegangene Beträge verspätet gutschreibt (§ 676g Abs. 1, 4 BGB). Diese Garantiehaftung wird allerdings durch die Aushandelbarkeit der Überweisungs- bzw. Gutschriftfrist (§§ 676a Abs. 2, 676g Abs. 1 S. 1 Alt. 1 BGB) entschärft.

[369] Vgl. nur die Nachweis bei *Einsele*, AcP 199 (1999), S. 145, 148, Fn. 15.

[370] *Einsele*, AcP 199 (1999), S. 145, 177 ff.; *Köndgen*, in: RWS-Forum 1, S. 133, 146 ff.

[371] Vertiefend *Ehmann/Hadding*, WM 1999, Sonderbeilage Nr. 3, S. 13.

ditinstituts als auch seine Haftung für Verschulden des zwischengeschalteten Instituts insbesondere dann entfällt, wenn der Überweisende das Kreditinstitut, bei dem die Überweisung „hängen geblieben" oder sonst ein Fehler aufgetreten ist, selbst vorgegeben hat.

Neben der Festlegung der Erfolgsbezogenheit der Überweisung ist demnach eine Besserstellung des Kunden, die eine Geschäftsherrnhaftung im Rahmen „allgemeiner" Geschäftsbesorgungen des bargeldlosen Zahlungsverkehrs in Frage stellen könnten, nicht ersichtlich.

Da ferner nach der gesetzgeberischen Vorstellung Überweisungsvertrag und Zahlungsauftrag mit dem allgemeinen Geschäftsbesorgungsvertrag inkompatible Vertragsformen darstellen, müssen die Haftungsregeln für Verzögerung oder Ausbleiben des Erfolgs als Spezialregeln angesehen werden, die gerade auf unter dem Primat des allgemeinen Geschäftsbesorgungsvertrages stehende Geschäfte auch des bargeldlosen Zahlungsverkehrs nicht übertragbar sein sollen[372].

Insgesamt stehen daher die Modifikationen des Überweisungsrechts der Annahme einer Risikohaftung des Geschäftsherrn im Rahmen des Scheckvertrags als „allgemeiner" entgeltlicher Geschäftsbesorgung im Sinne des § 675 BGB nicht entgegen.

(2) Beachtlichkeit des neuen § 676h BGB?

Einer Risikohaftung des Geschäftsherrn könnte ferner der neue § 676h BGB entgegenstehen, welcher zur Umsetzung von Art. 8 der Richtlinie 97/7/EG („Fernabsatzrichtlinie")[373] eingefügt worden ist. Mit Inkrafttreten dieser Norm[374] kann „ein Kreditinstitut" für Zahlungstransaktionen Aufwendungsersatz für die Verwendung von Zahlungskarten oder von deren Daten nur verlangen, wenn diese nicht von einem Dritten missbräuchlich verwendet wurden, ungeachtet ob der Zahlungskarte ein Girovertrag oder ein anderer Geschäftsbesorgungsvertrag zugrunde liegt.

Als Regelung für die Kartenzahlung gelten § 676h BGB und die ihm zugrundeliegende Richtlinie wie die §§ 676a bis g BGB nicht unmittelbar für den Scheckvertrag. Auch bezüglich dieser Norm ist festzuhalten, dass bereits der

---

[372] So ausdrücklich die Regierungsentwurf zum Überweisungsgesetz über die " Anwendbarkeit des § 278 BGB im Überweisungsrecht", vgl. BT-Drucks. 14/745 S. 13 sub b).

[373] vom 20.5.1997, ABl. Nr. L 144/19.

[374] Die Norm ist auf Fälle nach dem 29 Juni anwendbar, vgl. Art. 229 § 2 Abs. 1 EGBGB.

Charakter als Spezialregelung gegen eine Analogiefähigkeit spricht. Entscheidend muss insoweit sein, dass es dem Gesetzgeber vor allem um die Klarstellung der bereits bestehenden Rechtslage bei Universalkredit- und Debetkarten ging. Selbst für die vom Wortlaut des § 676h BGB erfasste Geldkarte werden insoweit noch Unzulänglichkeiten der gesetzgeberischen Abwägung zu erörtern sein[375]. Hinzu kommt, dass der deutlich vom Regierungsentwurf abweichende Wortlaut der Norm erst auf die Beschlussempfehlung des Rechtssausschusses[376] hin gewählt worden ist, welche anscheinend in großer Eile formuliert wurde. So erfasst etwa der Wortlaut des § 676h BGB alle Fälle des „Drittmissbrauchs". Dazu gehören nach bisheriger Dogmatik auch solche, in denen ein Aufwendungsersatzanspruch wegen zurechenbaren Rechtsscheins einer Weisung des Karteninhabers besteht, ohne dass ein Wille zur Aufhebung der Rechtsscheinshaftung für die Kartenzahlung erkennbar wäre[377]. Nach alledem hat der Gesetzgeber in seinem Streben nach einer zeitigen Umsetzung einer Richtlinie keine Erwägungen über die Besonderheiten nicht kartengestützter Zahlungsmittel angestellt, die vertieft genug wären, um die Annahme einer Geltung beanspruchenden Gesamtwertung des Gesetzgebers für die bargeldlose Zahlung zu erlauben.

Demnach muss § 676h BGB ebenfalls für die Scheckzahlung unberücksichtigt bleiben.

(3) Die besondere Interessenlage beim Vordruckmissbrauch

Damit stellt sich die Frage, ob nicht das besondere Interesse des Scheckkunden an der Eingehung des Missbrauchsrisikos trotz der Entgeltlichkeit des Scheckvertrags eine teleologischen Extension des § 670 BGB mit der Folge der Kundenhaftung erlaubt.

(a) Die Literatur

Soweit ersichtlich, befassen sich nur Canaris und Koller mit dem Gedanken eines geschäftsbesorgungsrechtlichen Schadensersatzanspruches bei sorgfältig für erforderlich gehaltenen, objektiv aber nicht weisungsgemäßen Aufwendungen. Canaris geht darauf zwar nicht im Zusammenhang mit dem Scheckverkehr

[375] Vgl. unten S. 265 ff.

[376] BT-Drucks. 14/3195.

[377] Näher dazu unten S. 219 ff.

ein, da er hier bereits eine Lösung über die Rechtsscheinshaftung befürwortet[378]. Er erörtert aber eine analoge Anwendung von § 670 BGB als „Risikohaftung bei schadensgeneigter Tätigkeit in fremdem Interesse" bei der Giroüberweisung. Diese Möglichkeit lehnt er allerdings ab, da die Bank weder unentgeltlich handele, noch unselbständig sei[379]. Koller hingegen weist darauf hin, dass die Bank nur irrtümlich von der Existenz einer Weisung ausgehe und daher überhaupt nicht aufgrund einer konkreten Veranlassung tätig werde[380].

(b) Schadensersatzanspruch und extensiver Auftragsbegriff

Dieser Hinweis Kollers lenkt den Blick auf die Gefahr der inneren Widersprüchlichkeit der Annahme eines Schadensersatzanspruches. Wenn man bei sorgfältigen aber nicht weisungsgemäßen Aufwendungen pauschal einen Schadensersatzanspruch annähme, so bestünde im Ergebnis kein Unterschied zum bereits abgelehnten extensiven Auftragsverständnis, nach dem jede gemessen am Scheckvertrag sorgfältige Aufwendung auch bei Fehlen einer zurechenbaren Weisung nach § 665 BGB einen Aufwendungsersatzanspruch begründet. Das wäre ein Verstoß gegen die Wertung des § 665 BGB[381]. Zudem erscheint die Konsequenz daraus, ein Ersatzanspruch selbst für die Einlösung von Totalfälschungen ohne Verwendung von Vordrucken, als unangemessen weit. Dennoch ist Kollers Ablehnung einer Veranlassung überraschend. Mag es an einer konkreten Weisung fehlen, so wird nichtsdestotrotz das Kreditinstitut aufgrund einer Scheckabrede und damit ohne Zweifel auf Veranlassung des Kunden sowie grundsätzlich in dessen Interesse tätig, wenn es nach sorgfältiger Prüfung für echt gehaltene Schecks einlöst. Das Dilemma, dass das Kreditinstitut einerseits aufgrund eines bestehenden Geschäftsbesorgungsvertrags, andererseits ohne konkrete Weisung tätig wird, ist demnach mit dem Übergang vom Aufwen-

---

[378] Vgl. oben S. 33.

[379] *Canaris*, Bankvertragsrecht, Rn. 368. Bemerkenswert ist insoweit, dass *Canaris*, ebenda, keine Ausnahme für den Missbrauch von vom Kunden selbst hergestellten Überweisungsvordrucken macht, obwohl er diesbezüglich wie bei Scheckvordrucken eine bessere Beherrschbarkeit seitens des Kunden annehmen muss. Denn ursprünglich hatte *Canaris* die "Risikohaftung" mit den Aspekten der Gefahrbeherrschung und der Nutznießung begründet und ihre Ausdehnung auf entgeltliche Verträge mit Selbständigen nicht etwa wegen deren Entgeltlichkeit verneint, sondern weil er Selbständigen pauschal eine bessere Beherrschbarkeit unterstellte (vgl. *Canaris*, RdA 1966, S. 41, 48). Nach diesen Kriterien müsste *Canaris* aufgrund seiner Prämisse der "besseren Beherrschbarkeit" seitens des Kunden also dessen Haftung bei Missbrauch von durch ihn selbst hergestellten Überweisungsformularen trotz Selbständigkeit der Bank bereits nach dispositivem Recht bejahen.

[380] *Koller*, NJW 1981, 2433, 2434, Fn. 15.

[381] Vgl. oben S. 36 ff.

dungs- zum Schadensersatzanspruch nicht überwunden. Es löst sich hingegen auf, wenn man sich auf den Kerngedanken einer Risikohaftung des Geschäftsherrn, den Aspekt der Risikoverlagerung, besinnt:

Der Geschäftsherr soll diejenigen Risiken tragen, die der Durchführung des Geschäfts entgegenstehen, weil diese Risiken den Geschäftsherrn getroffen hätten, wenn er selbst zur Verfolgung seiner Interessen tätig geworden wäre[382].

Das Risiko des Tätigwerdens der Bank aufgrund einer dem Kunden nicht zurechenbaren Weisung ist nun zunächst nicht Ausdruck einer Risikoverlagerung, sondern entsteht als besonderes Systemrisiko erst durch die Einschaltung der Bank. Eine Risikoverlagerung ist aber insoweit unzweifelhaft, als der Kunde aufgrund der Teilnahme am Scheckverkehr auf den Einsatz von Bargeld verzichtet. Weder die Verneinung eines Aufwendungsersatzanspruchs für die sorgfältige Einlösung gefälschter Schecks noch das Fehlen einer konkreten, zurechenbaren Weisung des Kunden stehen daher der Annahme einer Risikohaftung des Geschäftsherrn insoweit entgegen, als die besondere Schaffung des Systemrisikos des Scheckverkehrs nur das ausgeschaltete Bargeldrisiko widerspiegelt. In dem Maße, in dem das Systemrisiko allerdings weitergeht, kommt eine Haftung des Kunden aus dem Gedanken einer Risikohaftung des Geschäftsherrn nicht in Betracht. Daraus ergibt sich, dass etwa eine Risikoabwälzung auf den Kunden bei Missbrauch von während der Übersendung an den Kunden entwendeten Vordrucken oder bei Einlösung von Totalfälschungen bzw. nach Begebung in Bezug auf die Summe manipulierten Schecks bereits deshalb ausgeschlossen ist, weil dieses mit dem aufgehobenen Bargeldrisiko nicht annähernd vergleichbar ist. Insoweit kann der Gedanke der Risikohaftung des Geschäftsherrn die Banken als Schuldner nicht von dem Risiko entlasten, an den richtigen Empfänger zu zahlen[383].

(c) Das Problem der Entgeltlichkeit

Unabhängig von der Frage, inwieweit das Risiko des Verlusts von Vordrucken als Verlagerung des ausgeschalteten Bargeldrisikos verstanden werden kann, stellt sich das weitere Problem der Entgeltlichkeit des Scheckvertrags. Wie ausgeführt[384], kann bei entgeltlichen Verträgen nur ausnahmsweise eine be-

---

[382] Diesen Grundgedanken benennen ausnahmslos alle Vertreter einer Risikozurechnung bei Tätigkeit in fremdem Interesse/ auf fremde Veranlassung, vgl. nur *Canaris*, RdA 1966, 41, 43; *Erman/Ehmann*, § 670 Rn. 17; *Huber*, Die Haftung des Geschäftsherrn, S. 55; *Fitz*, Risikozurechnung bei Tätigkeit im fremden Interesse, S: 76; *Koller*, Risikozuweisung, S. 96 f.; *Larenz*, JuS 1965, 373, 375 f.

[383] Vgl. dazu schon *Jacobi*, Wechsel- und Scheckrecht, S. 403.

[384] Vgl. oben S. 93 ff.

sondere Zuordnung des Risikos im Wege einer Risikohaftung des Geschäftsherrns erfolgen, weil der entgeltlich handelnde Geschäftsbesorger die geschäftsbesorgungsspezifischen Risiken immer auch im eigenen Interesse eingeht und eine Betrachtung der Äquivalenz von Entgelt und übernommenem Risiko grundsätzlich ausscheidet. Eine hier weiterführende, abweichende Bewertung erlaubt m. E. allerdings die besondere Risikostruktur des Abhandenkommens von Vordrucken. Grundstruktur der Risikohaftung des Geschäftsherrn ist nämlich die vollständige Verlagerung der riskanten Tätigkeit vom Geschäftsherrn auf den Geschäftsbesorger. Riskant ist im Normalfall allein das Verhalten des Geschäftsführers, während sich der Kausalnexus zwischen dem Risiko und dem Verhalten des Geschäftsherrn darauf beschränkt, dass der Geschäftsherr den Geschäftsführer zur Übernahme der Geschäftsbesorgung veranlasst hat. Fremdes riskantes Verhalten wird also dem Interesse des Geschäftsherrn zugerechnet, wenn dem nicht die Entgeltlichkeit entgegensteht.

Anders liegen die Dinge beim Scheckverkehr. Hier übernimmt zwar die Bank das Risiko der Auszahlung auf nicht erkannte Fälschungen. Keineswegs erschöpft sich aber die Kausalbeziehung des Kunden zu diesem Risiko im Abschluss des Scheckvertrags. Vielmehr liegt in der Art und Weise der Aufbewahrung von Vordrucken durch den Kunden eine zusätzliche systemspezifische Mitwirkung, durch die das Risiko beeinflusst wird. Während also im Normalfall der entgeltlichen Geschäftsbesorgung die Haftung des Geschäftsführers mangels Eingreifens einer Risikohaftung des Geschäftsherrn nur auf die übernommene gefährliche Tätigkeit bezogen ist, bedeutet eine Haftung der Bank beim Vordruckmissbrauch gleichzeitig eine Haftung für ein gefahrbeeinflussendes Verhalten des Kunden. Mag nun aber die Entgeltlichkeit grundsätzlich gegen die Zurechnung des riskanten Verhaltens des Geschäftsbesorgers an den Geschäftsherrn sprechen, so folgt daraus noch nicht, dass der Geschäftsbesorger umgekehrt auch das weitere gefahrbehaftete Verhalten des Geschäftsherrn versichern muss. Eine zu diesem Gedanken parallele Wertung kann man durchaus auch in § 676b Abs. 3 S. 6 BGB und in § 676c Abs. 1 S. 3 a. E. BGB erblicken, wonach sowohl die "Money-back-Haftung" des überweisenden Kreditinstituts als auch seine Haftung für Verschulden des zwischengeschalteten Instituts insbesondere dann entfällt, wenn der Überweisende das Kreditinstitut, bei dem die Überweisung „hängen geblieben" oder sonst ein Fehler aufgetreten ist, selbst vorgegeben hat. Freilich bestehen gegen die Übertragbarkeit der Spezialregeln für den Überweisungsvertrag auf den „allgemeinen" Geschäftsbesorgungsvertrag die genannten dogmatischen Bedenken[385].

Insgesamt jedenfalls steht auch die Entgeltlichkeit des Scheckvertrags der Annahme einer Risikohaftung des Geschäftsherrn zumindest insoweit nicht prinzipiell entgegen, als eine Risikotragung der Bank nicht allein mit der über-

---

[385] Siehe oben S. 100.

nommenen riskanten Tätigkeit korrespondiert, sondern zudem auf eine Versicherung der systemspezifischen Mitwirkung des Kunden hinausläuft. Auch insoweit sei schon eine mögliche ökonomische Problembeschreibung angedeutet: Zwar verliert die Bank in Bezug auf Risiken, deren Realisierungskosten sie auf den Scheckkunden abwälzen kann, den Präventionsanreiz, gleichzeitig bedeutet die Risikoabwälzung aber einen Präventionsanreiz für den Kunden. Doch bereits ungeachtet solcher Präventionserwägungen erlaubt der jedenfalls dem § 670 BGB zugrundeliegende Gedanke einer an Interessenzurechnung orientierten Geschäftsherrnhaftung trotz Entgeltlichkeit grundsätzlich eine teilweise Belastung des Kunden mit dem Missbrauchsrisiko.

(d) Mangelnde Vergleichbarkeit mit dem Bargeldrisiko

Letztlich scheitert aber eine Risikohaftung des Kunden für nicht verschuldeten Drittmissbrauch am Fehlen eines Maßstabs für die Gleichsetzung des Systemrisikos des Vordruckmissbrauchs mit dem Risiko des Bargeldverlusts. Zwar ähnelt das Abhandenkommen von Vordrucken durchaus dem Risiko des Abhandenkommens von Barmitteln, die der Kunde vorgehalten hätte, wenn er nicht am Scheckverkehr teilgenommen hätte. Doch orientiert sich die Höhe des Bargeldvorrats am vom Kunden prognostizierten kurzfristigen Bedarf. Erwartet er größeren Umsatz, hält er mehr Geld vor, erwartet er geringeren Umsatz, geht er auch nur das Risiko des Abhandenkommens eines kleineren Geldvorrats ein. Sein Guthaben bzw. seine Kreditlinie schöpft der Kunde dabei nicht regelmäßig voll aus. Grundlegend anders ist die Risikostruktur beim Abhandenkommen von Vordrucken. Unabhängig vom prognostizierten kurzfristigen Umsatz kann der Verlust eines einzigen Vordrucks zu einem Schaden in der Höhe des Guthabens bzw. der Kreditlinie des Kunden, ja sogar noch darüber hinaus führen. Die diesbezüglich mögliche Zufallshaftung des Kunden wird zwar durch den Umstand begrenzt, dass die Einlösung eines nach dem bisherigen Kundenverhalten ungewöhnlich hohen Schecks durch die Bank ohne Rückfrage beim Kunden sorgfaltswidrig sein kann[386]. Dennoch drohen jenseits der von den Banken geschuldeten Sorgfalt immer noch Schäden, die das ausgeschaltete Bargeldrisiko in Bezug die Schadenssumme erheblich übersteigen. Andererseits tritt mit dem Abhandenkommen von Bargeld noch kein Eigentumsverlust, aber ein unmittelbarer wirtschaftlicher Schaden ein, während z. B. der Kunde beim Verlust von Vordrucken noch die Bank vom Abhandenkommen unterrichten und somit einen Schaden unter Umständen verhindern kann. Insgesamt unterscheidet sich das Risiko des Missbrauchs von Vordrucken erheblich vom Risiko des Bargeldverlusts und übersteigt dieses tendenziell in Bezug auf die drohenden Scha-

---

[386] Vgl. oben S. 80 ff.

denssummen. Letztlich müsste man für eine mit dem Aspekt der Risikoverlagerung begründete Haftung im Einzelfall ermitteln, wie viel Bargeld dem Kunden anstelle der Vordrucke abhandengekommen wäre. Dafür gibt es aber keinen gesetzlichen Maßstab.

gg) Ergebnis

Eine Zuweisung des Risikos des Drittmissbrauchs im Wege einer Risikohaftung des Geschäftsherrn kommt in Bezug auf Totalfälschungen ohne Verwendung der vom Kunden stammenden echten Vordrucke bereits deshalb nicht in Betracht, weil dieses Risiko nicht annähernd mit dem Bargeldrisiko vergleichbar ist, das dem Kunden/Geschäftsherrn abgenommen wird. Bei Missbrauch von dem Kunden abhandengekommenen Vordrucken besteht zwar eine grundsätzliche Vergleichbarkeit mit dem ausgeschalteten Bargeldrisiko. Letztlich können beide Risiken aber insbesondere in Bezug auf die drohenden Schadenssummen nicht gleichgesetzt werden. Aus dem Gedanken der Risikohaftung des Geschäftsherrn erwächst der Bank daher kein Anspruch gegen den Kunden für die Einlösung nicht als solcher erkennbarer Falsifikate.

c) Allgemeine Sphärentheorien

aa) Ursprung und Auswirkung des Risikos

Ferner bietet sich als Kriterium verschuldensunabhängiger Risikozurechnung im Rahmen des Schuldverhältnisses zwischen dem Kreditinstitut und dem Kunden eine Differenzierung nach der Art des Risikos und seiner Beziehung zu den Vertragsparteien an. Kerngedanke nicht nur der Ansicht E. Ulmers sondern von Sphärentheorien ganz allgemein ist die Vorstellung, dass sich Sphären abgrenzen und den jeweiligen Vertragspartnern zuweisen lassen[387].

---

[387] Vgl. v. *Schenck*, Der Begriff der "Sphäre"; *Nassauer*, "Sphärentheorien"; *J. Hübner*, Schadenszurechnung nach Risikosphären; *Larenz*, SchuldR I, § 8 II, S. 100 ff.; *Oertmann*, AcP 140 (1934), 129, 148 f.; *Ballerstedt*, in: FS Nipperdey 1955, S. 261, 274 f.; *P. Ulmer*, AcP 174 (1974), 167 ff.

Dies erlaubt eine Zuweisung der Haftung für Zufall:

1. an denjenigen, aus dessen Sphäre das Risiko stammt[388] (Ursprungskriterium)
2. an denjenigen, in dessen Sphäre sich das Risiko zuerst ausgewirkt hat[389] (Auswirkungskriterium).

In der Tat ist eine Fülle gesetzlicher Vorschriften - so z. B. §§ 254[390], 276 Abs. 1, 278[391], 279[392], 293 ff., 324 Abs. 2[393], 446 Abs. 1 S. 1[394], 459, 552[395], 644, 645, Abs. 1 S. 1[396], 670[397], 701[398] BGB - als Ausdruck von Sphärenerwägungen angesehen worden. Sphärentheorien wurden zur Lösung von Problemen wie der Verteilung des Betriebsrisikos in Arbeitsverhältnissen[399], der Abgrenzung von Unmöglichkeit und Annahmeverzug[400], der Auslegung des Vertretenmüssens in § 324 Abs. 1 S. 1 BGB[401] und der Rechtswirkung des anfänglichen Unvermögens[402] vertreten. Vor allem aber die gesetzliche Verteilung der Gefahrtragung zwischen Werkunternehmer und Besteller durch § 645 Abs. 1 S. 1 BGB als "deutlichste Ausprägung des Sphärengedankens"[403] wird zum Teil

---

388 Den Ursprungsgedanken betont etwa *Beuthien*, Zweckerreichung und Zweckstörung, S. 88.

389 Den Auswirkungsgedanken betonen *Kohler*, ArchBürgR, 13, 200 ff.; *Crome*, System des Deutschen Bürgerlichen Rechts, Bd. II, S. 149.

390 *J. Hübner*, Schadenszurechnung nach Risikosphären, S. 69 f.; *Wilburg*, Elemente, S. 39.

391 *Oertmann, DR 1922*, Sp. 5, 6 ff.

392 *Granzer*, Freizeichnung, S. 150.

393 *Beuthien*, Zweckerreichung, S. 76, 210 f.; *v. Schenck*, Der Begriff der "Sphäre", S. 197 ff.

394 *Erman*, JZ 1965, 657; *Larenz*, SchuldR II/1, § 42 II a, S. 96.

395 BGH NJW-RR 1991, 267; *Köhler*, Unmöglichkeit, S. 32 f.

396 Vgl. dazu *Erman*, JZ 1965, 657 ff.

397 *v. Schenck*, Der Begriff der "Sphäre", S. 236 ff.; *J. Hübner*, Schadenszurechnung nach Risikosphären, S. 105 ff.

398 *Granzer*, Freizeichnung, S. 151; *Oertmann, DR 1922*, Sp. 5, 8.

399 BAGE 3, 346 zu § 615 BGB, Betriebsrisiko; eingehend *Biedenkopf*, die Betriebsrisikolehre als Beispiel richterlicher Rechtsfortbildung.

400 Vgl. *Nassauer*, "Sphärentheorien", S. 1f., S. 23 ff. Im Gefolge von *Beuthien*, Zweckerreichung, S. 230 ff., werden die Unmöglichkeitsregeln heute allerdings überwiegend auch dann angewandt, wenn nur der Gläubiger dauerhaft außerstande ist, die Leistung anzunehmen oder eine Mitwirkungshandlung vorzunehmen, vgl. *Emmerich*, in: MünchKomm, Vor § 275 Rn. 34; *Staudinger/Löwisch*, § 293 Rn. 4 m. w. N.

401 *Beuthien*, Zweckerreichung, S. 76, 210 f.; *v. Schenck*, Der Begriff der "Sphäre", S. 197 ff.

402 Vgl. *Köhler*, Unmöglichkeit, S. 42; *Nassauer*, "Sphärentheorien", S. 1f.; *Granzer*, Freizeichnung, S. 63 ff. m. w. N.

403 Vgl. *Henssler*, Risiko, S. 63; *Kronke*, JuS 1984, 758, 761; *Medicus*, BR, Rn. 277; *Nassauer*, "Sphärentheorien", S. 142 ff.; v. *Schenck*, Der Begriff der "Sphäre", S. 40 ff.

auch zur Begründung einer Haftung nach Sphären als allgemeines Prinzip der Risikoverteilung herangezogen[404]. Besonders plastisch formulierte Oertmann[405] den ursprungsbezogenen allgemeinen Sphärenansatz, dass „jedermann im geschäftlichen Verkehr für seine persönliche Unzulänglichkeit oder doch für das Versagen in seinem geschäftlichen Betriebs- und Einflussbereich aufzukommen hat." Diesen entwickelte er aus den Rechtsgedanken der §§ 276 Abs. 1 S. 1, 278, 831, 833, 701 (a. F.) BGB, § 1 RHaftpflG[406].

bb) Der Sphärengedanke als allgemeines Prinzip der Risikozurechnung

(1) Kritik der Unbestimmtheit der Sphäre in der Literatur

Überwiegend wird eine allgemeine Sphärenlehre vor allem wegen der Unbestimmtheit des Begriffs der Sphäre und seiner Umschreibungen als „Macht-" „Herrschafts-" oder „Einflussbereich"[407] abgelehnt[408]. Das entspricht auch der Ansicht der Kommission für die zweite Lesung des Entwurfs des BGB. Diese hat einen Änderungsvorschlag, die Haftung des Bestellers für die in § 645 Abs. 1 S. 1 BGB aufgezählten Schadensfolgen auf alle Fälle zu erweitern, in denen diese Folgen auf einem „bei dem Besteller eingetretenen Umstand" beruhen, mit der Begründung abgelehnt, dass dieser Begriff der notwendigen Bestimmtheit entbehre[409]. Eine Haftung nach dem Kriterium der Auswirkung des Risikos in einer "Sphäre" umschreibt überdies nichts anderes als das Risiko selbst, das es - will man es nicht beim „casum sentit dominus" belassen - gege-

---

404 *Esser/Schmidt*, SchuldR AT, Bd. 1, 2. Teilbd., § 23 III 1 a), S. 31; *Erman*, JZ 1965, 657, 660 f.; *Söllner*, AcP 167 (1967), 132, 141 ff. Eingehend dazu *Nassauer*, "Sphärentheorien", S. 225 ff.

405 DR 1922, Sp. 5 ff.; *ders*., AcP 140 (1934), 129, 148.

406 *Oertmann*, DR 1922, Sp. 5 ff. Das Einstehenmüssen für den eigenen Rechts und Gefahrenkreis als originäres allgemeines Rechtsprinzip vertrat *Staudinger/Weber*, (11. Aufl.), § 242 Anm. C 3.

407 Vgl. zu den verschiedenen Fassungen *Nassauer*, "Sphärentheorien", S. 6 f.

408 *Nassauer*, "Sphärentheorien", S. 225 ff.; *Koller*, Risikozurechnung, S 62 ff.; *Erman/Seiler*, § 645 Rn. 11; *Weyers*, Unfallschäden, S. 485 f.; *Emmerich*, in: MünchKomm, Vor § 275 Rn. 34.

409 Prot. II, S. 334. Auch § 552 S. 1 BGB nennt zwar den "in der Person des Mieters liegenden Grund", doch taugt dies als bloßer Ausdruck des allgemeinen Grundsatzes, dass der Leistungsgläubiger das Verwendungsrisiko trägt (vgl. *Rädler*, NJW 1993, 689) nicht zur Begründung einer allgemeinen Sphärentheorie. Gleiches gilt für den inzwischen aufgehobenen § 667 HGB. Schließlich verbietet sich eine Heranziehung des § 396 Abs. 1 S. 2 Halbs. 2 HGB bereits durch § 385 HGB.

benenfalls korrigierend zuzuweisen gilt[410]. Sie wird daher zu Recht heute nicht mehr vertreten.

(2) Ausfüllungsbedarf und unklarer Gerechtigkeitsgehalt der Sphärenidee

Aber auch die pauschale Zuweisung des Risikos an denjenigen, aus dessen Sphäre es stammt, trifft der fundamentale Vorwurf Nassauers[411], dass die Untersuchung des zu einem zufälligen Nachteil führenden Bedingungszusammenhangs willkürlich abgebrochen werde, wenn eine Bedingung ermittelt sei, die sich der Sphäre einer der beteiligten Personen zuordnen lasse. In der Tat ist die Zuweisung eines Risikos an die Person, aus deren Sphäre es stammt, keinesfalls bereits Ausdruck eines Gerechtigkeitsgebots, sondern der Sphärengedanke bedarf weiterer konkreter Ausfüllung. So ist im Rahmen der Sphärenerwägungen neben der Anknüpfung an den Ursprung des Risikos der Gedanke der Beherrschbarkeit desselben von zentraler Bedeutung[412], der allein darauf abstellt, ob eine Partei die Risikorealisierung hätte abwenden können. Dem liegt der Gedanke der Optimierung der Schadensprävention[413] durch die Risikoverteilung zugrunde. Allerdings wäre ein rein präventives Abstellen allein auf die Risikovermeidungsfähigkeit eine Verengung gegenüber dem Kriterium des Risikoursprungs. Denn die Zuordnung eines Risikos in die Sphäre eines Vertragspartners ermöglicht selbst bei fehlender Beherrschbarkeit die Anknüpfung daran, dass dieser die aus der Gestaltung seines Geschäftskreises resultierenden Vorteile genießt[414] oder dass er die besonderen Risiken aus seiner Sphäre in pauschalierender Betrachtung besser vorhersehen und daher besser kalkulieren und z. B. durch Versicherungen auffangen kann als der andere Vertragspartner[415]. Damit offenbart sich eine weitere Schwäche der Sphärenidee: Nicht nur die Sphäre ist diffus, auch der zugrundeliegende Gerechtigkeitsgedanke ist unklar. So gibt die Risikozuweisung nach Sphären keinen Aufschluss darüber, in welchem Verhältnis gegebenenfalls kumulativ berührte, für eine Sphärentheorie ins

---

[410] *Staudinger/Schmidt*, § 242, Rn. 1058; *Henssler*, Risiko, S. 61.

[411] "Sphärentheorien", S. 288.

[412] Etwa bei *Beuthien*, Zweckerreichung, S. 88; für die Einlösung gefälschter Schecks *Jäger*, Fälschungsrisiko, 146 f.; vgl. auch *Henssler*, Risiko, S. 60 ff.; *Müller-Erzbach*, AcP 106 (1910), 309, 415. Besondere Betonung findet der Aspekt der Beherrschbarkeit auch bei *Koller*, Risikozurechnung, passim, der sich allerdings nicht als Vertreter des Sphärengedankens versteht.

[413] Vgl. nur *Müller-Erzbach*, AcP 106 (1910), 309, 350 f., 414, 418.

[414] So ausdrücklich *Oertmann*, DR 1922, Sp. 5.

[415] Darauf abstellend z. B. *Ballerstedt*, in: FS Nipperdey (1955), S. 261, 274; *Henssler*, Risiko, S. 62; *Koller*, Risikozurechnung, S. 178 ff.

Feld geführte Gerechtigkeitsaspekte wie Gefahrsetzung bzw. Gefahrerhöhung[416], Gefahrbeherrschung[417], Vorhersehbarkeit und Versicherbarkeit des Risikos[418] oder besonderes Interesse[419] an der Eingehung einzelner Risiken zueinander stehen.

(3) Abstraktheit der entscheidenden Gesichtspunkte vom Sphärengedanken

Wenn sich ferner bestimmte Gerechtigkeitsaspekte als maßgeblich erweisen sollten, stellt sich zudem die Frage, ob diese Kriterien nicht unabhängig von der Ursprungssphäre des Risikos eingreifen müssen. Der Gedanke der Beherrschbarkeit z. B. tendiert zumindest insoweit zur Abstraktion vom Sphärengedanken, als es im Rahmen der Vermeidbarkeit nicht darauf ankommt, woher das Risiko stammt, wo bzw. wie es sich auswirkt und wie es abgewehrt werden kann. Zwar könnte man auch den Sphärenbegriff derart fassen, dass die Sphäre soweit reicht, wie die Möglichkeit der Gefahrbeherrschung[420]. Die Gleichsetzung der Reichweite des Sphärenbegriffs mit derjenigen der Beherrschbarkeit führte allerdings dazu, dass z. B. in einem Vertragsverhältnis immer dann, wenn beide Parteien einen Schaden hätten abwenden können, das Risiko in beider Sphären fiele, und eine eindeutige Zuweisung unmöglich wäre. Zudem ist die Beherrschbarkeit keine Voraussetzung der für Sphärenerwägungen herangezogenen Vorschriften. § 645 BGB, vor allem auf Rechtssicherheit hin konzipiert, greift im Gegenteil auch bei höherer Gewalt[421]. Mit einer Risikozuweisung nach

---

[416] *Henssler*, Risiko, S. 63, betont Veranlassung und Risikoerhöhung.

[417] Vgl. dazu *Staudinger/Weber* (11. Aufl.), § 242 Anm. C 1, m. w. N. auf Vertreter verschiedener Spielarten des Beherrschbarkeitsgedankens.

[418] Diese Aspekte unterstreichen *Ballerstedt*, in: FS Nipperdey (1955), S. 261, 274; *Henssler*, Risiko, S. 62; *Koller*, Risikozurechnung, S. 178 ff.

[419] Vgl. *Oertmann*, DR 1922, Sp. 5. Im Besonderen sieht *v. Schenck*, Der Begriff der "Sphäre", S. 236 ff., aufgrund des besonderen Interesses des Geschäftsherrn dessen Risikohaftung für aus der Geschäftsführung erlittene Schäden als Ausdruck einer Sphärenhaftung; ähnlich *J. Hübner*, Schadenszurechnung nach Risikosphären, S. 105 ff.

[420] In diesem Sinne bereits *Müller-Erzbach*, AcP 106 (1910), 309 ff. Noch über den Bereich der Beherrschbarkeit hinausgehend ist sogar das Verständnis von Sphäre bei *J. Hübner*, Schadenszurechnung nach Risikosphären, S. 71 ff, insb. 75 f., der darauf verweist, dass der objektive Fahrlässigkeitsbegriff an die Unterdurchschnittsfähigkeit des Schädigers anknüpfe und folglich eine Unglückshaftung nach Risikosphären für nicht beherrschbare Risiken begründe. Vgl. dazu schon *Oertmann*, DR 1922, Sp. 5, 6.

[421] Vgl. *Köhler*, Unmöglichkeit, S. 43. Anders ist dies hingegen im Rahmen der Gastwirthaftung nach §§ 701, 702 BGB. Aber auch die ausdrückliche Ausnahme der höheren Gewalt beweist entgegen *v. Schenck*, Der Begriff der "Sphäre", S. 222, nicht, dass der Aspekt der Gefahrbeherrschung den alleinigen und ausreichenden Grund der Gastwirtshaftung darstellt. Diese Ausnahme ist vielmehr bereits damit zu erklären, dass sich in Fällen höherer Gewalt wie z. B. Blitzschlag nicht das besondere Risiko des Be-

sphärenbezogener Beherrschbarkeit selbst jenseits der verkehrserforderlichen Sorgfalt ist zudem die Regel des § 644 Abs. 1 S. 3 BGB schlechterdings unvereinbar, da der vom Besteller gelieferte Stoff sich doch „im Einflussbereich" des Unternehmers befindet und dessen Untergang oder Verschlechterung ein „beim Unternehmer eingetretener Umstand" sein müsste. Ferner beherrscht etwa der Schuldner nicht ausnahmslos das nach § 278 BGB haftungsbegründende Verhalten seiner Erfüllungsgehilfen[422]; man denke nur an die Haftung des Minderjährigen für seine gesetzlichen Vertreter.

Insbesondere bei unbeherrschbaren Risiken bedarf die Zurechnung nach Sphären nach alledem des Rückgriffs auf ganz andere Aspekte wie z. B. Gefahrsetzung und Gefahrerhöhung. Der ferner in Betracht kommende Aspekt, wer von zwei Vertragspartnern ein Risiko besser vorhersehen, den drohenden Schaden abschätzen und, vor allem durch Versicherungen, kompensieren kann, ist jedenfalls abstrakt vom Sphärengedanken. Freilich mag der bessere Einblick in einen noch zu definierenden eigenen Organisationsbereich typischerweise zu einer besseren Vorhersehbarkeit des Risikos seitens des Vertragspartners führen, aus dessen Organisationsbereich das Risiko stammt. Zum einen greift aber eine Risikozuordnung nach Ursprungssphären letztlich auch bei unvorhersehbaren Risiken und zum anderen muss unter dem Aspekt der Gerechtigkeit die Berücksichtigung der besseren Vorhersehbarkeit von Risiken doch unabhängig davon erfolgen, woher diese Risiken stammen[423]. Dies zeigt sich auch an der Rechtsprechung, die die allgemeinste und auf eine genaue Definition der Sphäre bewusst verzichtende[424] Formulierung des Sphärengedankens, die Haftung desjenigen, der „der Gefahr näher steht" [425], verwendet. Gerade in Verfolgung des Vorhersehbarkeitskriteriums hat der BGH in seiner Entscheidung vom 11.3.1982 (BGHZ 83, 197 ff.) die Grenzen einer Risikozuweisung nach möglichen Sphärengesichtspunkten analog § 645 Abs. 1 BGB überschritten:

Eine Unternehmerin verpflichtete sich gegenüber ihrer Bestellerin zur Lieferung und Montage einer Tierkörperverwertungsanlage im Iran. Nach Lieferung musste die Montage infolge der 1978 herrschenden politischen Unruhen im Iran

---

herbergungsbetriebs mit ständig wechselnden Gästen verwirklicht, vgl. *Hüffer*, in: MünchKomm, § 701 Rn. 34.

[422] So bereits *Nassauer*, "Sphärentheorien", S. 255 f.

[423] Das vernachlässigt *Henssler*, Risiko, S. 62, der den ursprungsbezogenen Sphärenbegriff mit der Gerechtigkeitserwägung gleichstellt, das Risiko nach den Aspekten der Vermeidbarkeit und der Versicherbarkeit dem "cheapest risk avoider" bzw. dem "cheapest risk insurer" (Vgl. zu diesen Begriffen u. C III 2 c) ee) (2)) zuzuordnen.

[424] *Erman*, JZ 1965, 657, Fn. 4.

[425] BGHZ 83, 197, 204 m. Anm. *Kronke*, JuS 1984, 758 (759), der von einem "Näher-dran-Test" spricht. Besondere Bedeutung hat der Sphärengedanke in der Judikatur zur Beweislastverteilung, vgl. BGHZ 51, 91, 104 (Hühnerpest). Der Gedanke des "Näher dran" findet sich bereits bei *Larenz*, JuS 1965, 373, 374.

unterbleiben. Die Bestellerin hatte sich gegenüber ihren iranischen Auftraggebern durch getrennte Akkreditive für Lieferung und Montage gesichert und erhielt die volle auf die Lieferung entfallende Vergütung. Ausgehend von der Unmöglichkeit der Montage und damit der Erbringung des geschuldeten Werkes sprach der BGH der Unternehmerin einen Anspruch auf den der Lieferung entsprechenden Teil der Vergütung aus § 645 Abs. 1 S. 1 BGB analog zu.

Bemerkenswert ist dabei die Begründung des BGH für die größere "Nähe" der Bestellerin zu den politischen Unruhen, die eine Ausführung der Montage für die Unternehmerin unmöglich gemacht hatten: Die Bestellerin habe zwar die politische Lage *nicht beeinflussen können*, aber sie habe eher als der Unternehmer mit einem Leistungshindernis dieser Art *rechnen müssen*[426]. Entscheidend sei jedoch die umfassende *Absicherung* der Bestellerin durch Akkreditive. Die Ausgestaltung des Vertragsverhältnisses bewirke eine Verschiebung des Risikos auf die Bestellerin insoweit, als sie das Risiko auf ihre eigenen Auftraggeber *abgewälzt* habe[427].

Dabei will der BGH im Einklang mit früheren Entscheidungen[428] die Verallgemeinerungsfähigkeit eines Prinzips der Verteilung des Risikos nach Sphärengesichtspunkten ausdrücklich offen lassen [429]. Irrig nimmt er also an, dass die Anknüpfung an die bessere Vorhersehbarkeit eines Risikos bereits unabhängig davon als Sphärengesichtspunkt zu werten ist, ob die Vorhersehbarkeit nun gerade auf den besseren Einblick in einen eigenen Einflussbereich beruht. Da nämlich selbst von Befürwortern des Sphärengedankens die politische Situation im Iran nicht als „Sphäre" eines Vertragspartners, sondern als „neutraler Bereich" aufgefasst wird[430], gibt die Entscheidung den ursprungsbezogenen Sphärengedanken etwa im Oertmann'schen Sinne des Einstehenmüssens für die „Zulänglichkeit des eigenen Geschäftskreises, nicht aber auch für Umstände, die darin nicht ihren Urgrund haben"[431], gerade auf[432]. Das Argument des „Näher dran" ist daher ein Blankettbegriff, der je nach Judiz beliebig mit Kriterien aufgeladen werden kann. So ist selbst der mit dem Sphärengedanken am häufigsten in Verbindung gebrachte Aspekt der Beherrschbarkeit nur ein Kriterium in einer Faktorenkombination, die mit den weiteren Kriterien der Vorhersehbarkeit, der Absicherung und der Abwälzung des Risikos eine unübersehbare Ähnlichkeit

---

[426] BGHZ 83, 197, 204 (Hervorhebungen des Verfassers).

[427] BGHZ 83, 197, 205 (Hervorhebungen des Verfassers).

[428] Vgl. insbesondere BGHZ 40, 71, 75; JZ 73, 366, 368 mit Anm. *Medicus*.

[429] BGHZ 83, 197, 205 f.

[430] Vgl. *Henssler*, Risiko als Vertragsgegenstand, S. 65.

[431] *Oertmann*, Recht der Schuldverhältnisse, § 306 Anm. 1 b, S. 228, *ders.*, AcP 140 (1934), 129, 148; *ders.*, DR 1922, Sp. 5 ff.

[432] Zur Subsumtion der Zurechnung von Risiken aus der neutralen Sphäre an den Gläubiger unter das "Ursprungs"-Prinzip vgl. *Koller*, Risikozurechnung, S. 66.

mit Kollers Konzeption eines „allgemeinen Teils der Risikozuweisung[433]" aufweist[434]. Das vom BGH gefundene Ergebnis ist aber weder mit einer Gesetzesanalogie zu § 645 Abs. 1 BGB noch mit einer allgemeinen Sphärenlehre zu begründen[435].

(4) Fazit: Ablehnung einer allgemeinen Sphärentheorie

An § 645 Abs. 1 BGB zeigt sich, dass der Gesetzgeber mit einer Norm, die Risiken nach einem pauschalierenden Sphärenaspekt - der Anweisung bzw. Stellung eines mangelhaften Stoffes durch den Besteller - zuordnet, keine ausdifferenzierte Einzelfallgerechtigkeit bezweckt, sondern gerade angesichts einer Unsicherheit über die gerechteste Lösung der Bestimmtheit und der Praktikabilität den Vorzug gegeben hat[436]. Aber auch die sonstigen für die Begründung von Sphärentheorien herangezogenen Vorschriften wie § 278 BGB oder § 831 BGB verfügen ausnahmslos über im Gegensatz zum Begriff der Sphäre genau bestimmte Tatbestandsmerkmale. Als Charakteristikum von Normen wie § 645 Abs. 1 BGB oder auch § 701 BGB kann man die Hintanstellung von an der konkreten Problematik orientierten Gerechtigkeitserwägungen zugunsten von Rechtsklarheit und Praktikabilität auffassen[437]. Da aber nun auch die Vertreter

---

[433] So die Begrifflichkeit bei *Kronke*, JuS 1984, 758, 760.

[434] Die "Abwälzung" in der Terminologie des BGH gleicht dabei der "Absorption durch Risikostreuung" bei *Koller* und darf nicht mit der Möglichkeit der Risikoabwälzung auf die eigenen Kunden durch die Preisgestaltung verwechselt werden (vgl. dazu *Koller, Risikozurechnung*, S. 92 f.). *Kronke*, JuS 1984, 758, 761, folgert denn auch die bessere Absorptionsmöglichkeit der Bestellerin aus deren Absicherung durch Akkreditive. Demgegenüber verweist 1984, 170, 174 f, darauf, dass mit der Auszahlung des Akkreditivs noch nichts über etwaige Rückzahlungsansprüche des iranischen Endkunden gesagt ist. Allerdings hindert dieser Einwand genauso wenig wie der Aspekt, dass das Risiko politischer Unruhen kaum versicherbar ist (die Hermes-Kreditversicherung deckt ein derartiges Risiko nicht), eine Risikozuweisung an die Bestellerin nach dem Absorptionsprinzip: *Koller,* Risikozurechnung, S. 93, sieht die überlegene Absorptionsmöglichkeit in Bezug auf nicht abzuwendende und nicht zu versichernde Risiken bereits bei der Partei, die das Risiko besser vorhersehen und abschätzen kann [diese ist "superior risk bearer" i. S. d. ökonomischen Analyse des Rechts, vgl. dazu unten S. 121]). Gerade die bessere Vorhersehbarkeit hat der BGH, a. a. O, S. 204, der Bestellerin attestiert (a. A. 1984, 170, 174).

[435] Angeboten hätte sich dagegen z. B. eine Aufteilung von Lieferung und Montage in zwei selbständig abzuwickelnde Leistungen im Wege der ergänzenden Vertragsauslegung, vgl. *Schäfer/Ott*, Lehrbuch der ökonomischen Analyse, S. 413, oder ein Rückgriff auf die Lehre vom Wegfall der Geschäftsgrundlage, vgl. dazu *Kronke*, JuS 1984, 758, 759 ff., der allerdings auch die Analogie des BGH zu § 645 Abs. 1 BGB begrüßt.

[436] Vgl. Prot. II, S. 334 f.

[437] So wird die Gastwirthaftung nach § 701 BGB in der seit dem 1.4.1966 geltenden Fassung vor allem mit der Beweisnot des Gastes in Bezug auf das für vertragliche und deliktische Haftung erforderliche Verschulden des Gastwirts begründet, vgl. BT Drucks.

von Sphärentheorien keine bestimmte Definition einer Sphäre geben können, bedeutete eine allgemeine Sphärentheorie folglich eine Hintanstellung am Einzelfall orientierter Gerechtigkeitserwägungen zugunsten von Rechtsunsicherheit.

Neben der Unbestimmtheit des Sphärenbegriffs spricht zudem entscheidend gegen allgemeine Sphärentheorien, dass die Zuweisung des Risikos an eine Ursprungssphäre nicht bereits Ausdruck einer eigenständigen Gerechtigkeitsidee ist, sondern dass mit dieser Zuweisung ein in seiner Zusammensetzung unklares Bündel von Gerechtigkeitserwägungen allenfalls in pauschalierender Betrachtungsweise berücksichtigt wird, das überdies abstrakt von der Frage eingreift, woher das zuzuweisende Risiko stammt. Die mit dem Sphärengedanken oftmals gleichgesetzten Gesichtspunkte wie Gefahrsetzung, Beherrschbarkeit und Vorhersehbarkeit bzw. Versicherbarkeit des Risikos[438] führen vielmehr bei direkter Anwendung nicht zu einer mit Sphärenerwägungen deckungsgleichen Risikoverteilung, wofür BGHZ 83, 197 ff. ein Beispiel gibt. Sie können daher ohne weitere Konkretisierung weder aus § 645 Abs. 1 BGB noch aus einer sonstigen zu Sphärenerwägungen herangezogenen Vorschrift entnommen werden. Jeglicher Ansatz, der auf Sphärengesichtspunkte zurückgreift, ist daher bereits wegen Unbestimmtheit abzulehnen, wenn er nicht im einzelnen bezeichnet, welche im Zusammenhang mit Sphärenbetrachtungen erwogene Kriterien berücksichtigt werden sollen, in welchem Rangverhältnis gegebenenfalls mehrere Kriterien zueinander stehen und welche konkreten Umstände an diesen Kriterien zu messen sein sollen.

d) § 645 Abs. 1 BGB als Haftung für besondere Mitwirkungsakte des Gläubigers

Der Vorwurf der Unbestimmtheit des Sphärenbegriffs lässt sich allerdings entschärfen, wenn man aus den in § 645 Abs. 1 BGB genannten Alternativen der Lieferung eines mangelhaften Stoffs und der Erteilung einer Anweisung eine Haftung für besondere, vertragsspezifische Mitwirkungsakte des Gläubigers ableitet, deren Gefährlichkeit sich im zuzurechnenden Schaden realisiert hat[439].

V/146, S. 11; dazu auch Mot. II, 584, 585; *Staudinger/Werner*, Vor § 701, Rn. 4. Zu diesem Zweck hätte allerdings eine Haftung für vermutetes Verschulden vergleichbar den §§ 833 Abs. 1 S. 2 BGB, 18 StVG ausgereicht, in diesem Sinne bereits v. Schenck, der Begriff der "Sphäre", S. 222. Naheliegend ist daher auch ein Verständnis des § 701 BGB als Vertrauenshaftung, da die Haftung des Gastwirts die Bereitschaft von Gästen zur Einkehr fördert.

[438] Eine solche Gleichsetzung vertritt *Henssler*, Risiko, S. 62.

[439] In diese Richtung gehen die Erwägungen z. B. bei *Henssler*, Risiko, S. 64; vgl. auch *Staudinger/Peters*, § 645 Rn. 32.

Dass der Gedanke der Eigenverantwortung des Gläubigers für vertragsspezifische Mitwirkungsakte Potenzial zur Rechts- bzw. Gesamtanalogie hat, wird auch durch die dem § 645 Abs. 1 BGB im Tatbestand durchaus verwandten Haftungsbeschränkungen aus § 676b Abs. 3 S. 6 BGB und aus § 676c Abs. 1 S. 3 a. E. BGB im Übeweisungsrecht untermauert[440], nach denen sowohl die „Money-back-Haftung" des überweisenden Kreditinstituts als auch seine Haftung für ein Verschulden des zwischengeschalteten Instituts bereits dann entfällt, wenn der Überweisende das Kreditinstitut, bei dem die Überweisung "hängen geblieben" oder sonst ein Fehler aufgetreten ist, selbst vorgegeben hat.

Als ein der Stofflieferung bzw. der Erteilung von Anweisungen vergleichbarer vertragsspezifischer Mitwirkungsakt ließe sich die Aufbewahrung von Vordrucken durchaus qualifizieren, auch wenn darin weder eine Weisung noch die Lieferung eines mangelhaften Stoffs zu sehen ist. Doch müsste man auch dafür die besondere gesetzgeberische Wertung ermitteln: Warum ist die vollständige einseitige Risikozuweisung durch § 645 Abs. 1 BGB allein aufgrund der Verwirklichung einer Mitwirkung des Gläubigers im eingetretenen Schaden angemessen, obwohl sich darin auch das Verhalten des Schuldners realisiert hat?

Da man bei der Schaffung des § 645 Abs. 1 BGB vor allem Risiken im Auge hatte, mit denen zu rechnen dem Unternehmer nicht zumutbar ist[441], kann m. E. eine sowohl der Stellung eines mangelhaften Stoffs als auch der Anweisung seitens des Bestellers gleichermaßen zugrundeliegende Wertung darin gesehen werden, dass der Besteller zwar das Risiko nicht unbedingt im Sinne von Präventionsmöglichkeiten beherrscht[442], dass er es aber *in* besonderer, für den Schuldner gegebenenfalls *bei Vertragsschluss noch nicht absehbarer Weise ausgestaltet*. Dies wird insbesondere für den Fall deutlich, dass der Besteller den Stoff erst nach Vertragsschluss noch beschafft. Zwingend ist die Struktur der für den Unternehmer bei Vertragsschluss noch unabsehbaren Risikogestaltung durch den Besteller bei der Anweisung, denn bereits in den Werkvertrag aufgenommene Regelungen über die Methode der Werkherstellung sind keine Anweisungen im Sinne des § 645 Abs. 1 BGB[443]. Daraus folgt, dass eine Heranziehung der Billigkeitsentscheidung des vollständigen Ersatzes erfolgloser Auslagen in § 645 Abs. 1 BGB jenseits der unmittelbar erfassten Fälle - also insbesondere der Stellung eines mangelhaften Leistungssubstrats - nur in Bezug auf vertragsspezifische Mitwirkungshandlungen des Gläubigers in Betracht

---

[440] Gegen deren Verallgemeinerungsfähigkeit spricht indes, dass sie nach dem Willen des Gesetzgebers Spezialregeln nur für den Überweisungsverkehr darstellen, vgl. oben S. 100.

[441] Vgl. die Begründung zum Änderungsantrag 2, Prot. II, S. 333.

[442] So aber unzutreffend *Koller*, Risikozurechnung, S. 160; *Müller-Erzbach*, AcP 106 (1910), S. 309, 420 f.

[443] Vgl. *Staudinger/Peters*, § 645 Rn. 15; *Erman/Seiler*, § 645 Rn. 3.

kommt, die die Risiken der Vertragsdurchführung in solchem Maße beeinflussen, dass der Schuldner bei Vertragsschluss diese Risiken nicht abschätzen und daher kein der Risikoübernahme entsprechendes Entgelt kalkulieren kann.

Diese Mindestanforderung ist beim Missbrauch von Scheckvordrucken indes bereits nicht erfüllt. Deren Abhandenkommen ist ein besonderes Systemrisiko, das gerade auf der maßgeblich durch die Banken bestimmten Ausgestaltung des Scheckvertrags beruht und für die Banken bei Vertragsschluss durchaus kalkulierbar ist. Dem hält Koller zwar entgegen, dass das Risiko des Abhandenkommens von Vordrucken gerade bei Geschäftskunden entscheidend durch die unterschiedlichen Ausformungen des Geschäftsbetriebes beeinflusst werde und durch die Banken daher nicht im Einzelfall zutreffend ermittelt werden könne[444]. Doch gibt der Verweis auf die komplexeren Strukturen von kaufmännischen Betrieben und juristischen Personen für die Frage der Vorhersehbarkeit allein keinen besonderen Aufschluss. Schließlich bedeutet eine komplexe Organisation einerseits auch erhöhte Organisationspflichten, deren Verletzung zu einer Haftung des Kunden aus pFV führt, in deren Rahmen Kaufleute zudem besonderen Anforderungen unterliegen (vgl. § 347 HGB). Andererseits haftet der Geschäftsherr für das Verschulden seiner Erfüllungsgehilfen nach § 278 BGB[445]. Die Schwankungsbreite möglicher Heterogenität des Risikos unverschuldeten Missbrauchs wird also durch die vertraglichen Sorgfaltspflichten begrenzt, die bereits eine nicht unerhebliche Homogenisierung von Risiko und Umsatz bewirken. Insgesamt ist das Missbrauchsrisiko in Bezug auf seine Vorhersehbarkeit gegenüber dem Risiko eines Mangels des vom Besteller gelieferten Stoffes im Sinne des § 645 Abs. 1 BGB unvergleichlich enger umgrenzt. Während etwa ein Mangel des gelieferten Stoffes auf einer für den Unternehmer unvorhersehbaren Vielzahl von Gründen beruhen kann, die der Besteller noch nach Vertragsschluss durch seine persönliche Lebensführung entscheidend ausgestalten kann, sei es, dass er eine unzuverlässige Bezugsquelle einschaltet, sei es, dass er den Stoff zwischenzeitlich noch zu anderen Zwecken benutzt, beschränkt sich das Risiko beim Scheckvertrag im wesentlichen darauf, dass dem Kunden die Scheckvordrucke trotz sorgfältiger Verwahrung entwendet werden. Damit soll keineswegs geleugnet werden, dass aufgrund unterschiedlicher Organisationsstrukturen von Kunden für die Entgeltkalkulation der Bank ein Rest Prognoseunsicherheit verbleibt. Doch rechtfertigt dies allein keine vollständige Risikozuweisung an den Kunden aus dem Gedanken des § 645 Abs. 1 BGB, denn diese Norm will dem Unternehmer das Risiko der Unvorhersehbarkeit der Mitwirkung durch den Besteller keinesfalls vollständig abnehmen, sondern nur insoweit, als die Risikoübernahme eine *besondere Härte* bedeutete. Das zeigt sich auch daran, dass § 645 Abs. 1 BGB trotz Lieferung eines mangelhaften

---

[444] *Koller*, NJW 1981, 2433, 2437.

[445] Vgl. oben S. 69 f.

Stoffes bzw. kostenverursachender Anweisung seitens des Bestellers grundsätzlich nicht eingreift, wenn das geschuldete Werk ausführbar bleibt, sich aber die erforderlichen Aufwendungen aufgrund des Bestellerverhaltens unvorhersehbar erhöhen[446].

e) Ökonomische Ansatzpunkte

aa) Die Risikoverteilungskonzeption Kollers

Wie bereits ausgeführt[447], vertritt Koller für Austauschverträge eine Risikozurechnung nach den kombinierten Kriterien der abstrakten Beherrschbarkeit der Störungsquelle, der Absorbierbarkeit und der arbeitsteiligen Veranlassung des Risikos. Ausgangspunkt für diese Auffassung ist der Schluss Kollers, dass die dem BGB zugrundeliegende Konzeption der Risikoverteilung Mithilfe der Begriffe „Unmöglichkeit" und „Verschulden" zwar Klarheit und Praktikabilität, also Rechtssicherheit, nicht aber materielle Vertragsgerechtigkeit gewährleiste. Bisherige Ansätze der Rechtsfortbildung hingegen - insbesondere die „Sphärentheorie" - drohten mangels hinreichender Konturierung in das gegenteilige Extrem zu verfallen[448]. Mit den drei genannten Kriterien glaubt Koller, sowohl Rechtssicherheit als auch materielle Gerechtigkeit zu gewährleisten.

Aus der Zielrichtung Kollers, alle Risiken so zu verteilen, dass ein Anreiz zur optimalen Allokation von Ressourcen und zur Beschleunigung des technischen und organisatorischen Fortschritts entsteht[449], wird deutlich, dass sein Ansatz vor allem von der ökonomischen Analyse des Rechts in der ursprünglichen Form der Transaktionskostenanalyse inspiriert ist.

Mit dem ersten und wichtigsten[450] Prinzip der abstrakten Beherrschbarkeit, demzufolge das Risiko derjenigen Partei zuzurechnen ist, aus deren Sphäre das Risiko stammt bzw. auf deren Sphäre es sich zunächst auswirkt[451], greift Koller

---

[446] Tatbestandsvoraussetzung der Norm ist Untergang, Verschlechterung oder Unausführbarkeit des Werks. Der Unausführbarkeit ist es zwar aus dem Rechtsgedanken der §§ 251 Abs. 2, 633 Abs. 2 S. 3 BGB gleichzustellen, wenn der Unternehmer die Ausführung wegen unverhältnismäßigen Aufwands verweigern kann. Letzteres setzt aber voraus, dass das Werk bereits einmal ausgeführt worden ist, vgl. *Staudinger/Peters*, § 645 Rn. 17.

[447] Vgl. oben S. 35 f.

[448] *Koller*, Risikozurechnung, S. 74 f.

[449] *Koller*, Risikozurechnung, S. 79.

[450] Vgl. auch *Wolf*, NJW 1980, 983; *Roth*, AcP 181 (1981), S. 145.

[451] *Koller*, Risikozurechnung, S. 78.

die allgemeinen Sphärentheorien auf[452]. Es dient der Prävention, indem es Risikofolgen derjenigen Vertragspartei aufbürdet, die nach abstrakt-typischen Grundsätzen am zuverlässigsten die Risikoverwirklichung abwehren kann[453]. Neuerdings schränkt Koller diesen Ansatz jedoch insofern ein, als er zumindest die *rechtsfortbildende* verschuldensunabhängige Risikozuweisung nach Beherrschbarkeit nur da zulassen will, wo „starke Anreize für eine innovative Gefahrbeherrschung unumgänglich seien"[454].

Ergibt sich in Bezug auf die Beherrschbarkeit keine eindeutige Aussage, greift das Absorptionsprinzip, wonach die Partei das Risiko tragen muss, die am besten in der Lage ist, das Risiko aufzufangen und die daraus resultierende Belastung zu streuen, d. h. insbesondere das Risiko mit dem geringsten Aufwand zu versichern. Hierbei stützt Koller sich auf die These, die Risikostreuung verbessere sinnvolles Wirtschaften und verhindere die Existenzvernichtung von Wirtschaftseinheiten durch große Schäden. Dies soll aber nicht zur pauschalen Belastung der wirtschaftlich stärkeren Partei nach dem "deep-pocket-approach" führen, denn der Auslesewettbewerb habe Vorrang vor dem Fortbestand wirtschaftlich schwacher Unternehmen[455].

Ist eine Risikozurechnung nach den Kriterien der Beherrschbarkeit und der Absorptionsfähigkeit nicht möglich, was insbesondere bei unvorhersehbaren Risiken der Fall ist, so soll nach dem bereits oben behandelten[456] Prinzip der arbeitsteiligen Veranlassung jede Partei die Risiken tragen, die ihr Vertragspartner in ihrem Interesse eingegangen ist[457].

bb) Das zugrundeliegende Wertungsmodell der Transaktionskostenanalyse

Die ökonomische Analyse des Rechts ist Ausdruck der Vorstellung, dass die Vermeidung der Verschwendung von Ressourcen ein Gebot der Gerechtig-

---

[452] *Koller*, Risikozurechnung, S. 87, weist auf die Nähe seiner Konzeption zur Sphärenlehre ausdrücklich hin. Den Gedanken der Risikozuweisung an denjenigen, der den Schadenseintritt generell zu hindern in der Lage ist, hat bereits *Müller-Erzbach*, AcP 106 (1910), 309, 413 verfolgt.

[453] *Koller*, Risikozurechnung, S. 79.

[454] *Koller*, JZ 1997, 1068 f.

[455] *Koller*, Risikozurechnung, S. 89 f.

[456] Vgl. oben S. 91 ff.

[457] *Koller*, Risikozurechnung, S. 95.

keit[458] darstellt. Sie nahm mit Aufsätzen von Calabresi[459] und Coase[460] um 1960 als sog. Transaktionskostenanalyse ihren Anfang.

Die Transaktionskostenanalyse steht in der geistigen Tradition der utilitaristischen Sozialphilosophie und erklärt sich aus der Zielsetzung, die soziale Wohlfahrt zu optimieren. Die Maßstäbe für Effizienz sind dabei das Pareto-Kriterium und das Kaldor-Hicks-Kriterium. Nach dem Pareto-Kriterium ist ein sozialer Zustand X einem sozialen Zustand Y dann vorzuziehen, wenn mindestens ein Gesellschaftsmitglied X für besser hält und kein Gesellschaftsmitglied diesen Zustand für schlechter hält als Y[461]. Legt man dieses Kriterium bei der Auswahl sozialer Zustände zugrunde, so erreicht man einen Zustand, von dem aus eine Besserstellung einer Person nur möglich ist, wenn mindestens eine andere Person dadurch einen Nachteil erleidet. Dieser Zustand wird als Pareto-Effizienz, Pareto-Optimalität oder Allokationseffizienz bezeichnet[462]. Das Kaldor-Hicks-Effizienz-Kriterium lautet: Ein sozialer Zustand X ist besser als ein sozialer Zustand Y, wenn die aus dem Übergang von X zu Y erwachsenden Vorteile so groß sind, dass sich alle benachteiligten Gesellschaftsmitglieder derart entschädigen ließen, dass nach dieser Entschädigung mindestens ein Mitglied X für besser und niemand diesen Zustand für schlechter hielte als Y[463]. Die tatsächliche Durchführung dieser Entschädigung beim Übergang von Y zu X ist allerdings nicht erforderlich.

---

[458] *Schäfer/Ott*, Lehrbuch der ökonomischen Analyse, S. 1; vgl. auch *Kötz*, Haftungsausschluss der Chemischreiniger, in: Sozialwissenschaften im Zivilrecht, S. 76, 82.

[459] Some Thoughts on Risk Distribution and the Law of Torts, Yale L. J. 70 (1960-61), 499 ff.

[460] The Problem of Social Costs, Journal of Law and Economics, Bd. 3 (1960), 1 ff., übersetzt bei Assmann/Kirchner/Schanze (Hrsg.), Ökonomische Analyse des Rechts, S 129 ff. Allgemein zur ökonomischen Analyse des Rechts: *Posner*, Economic Analysis of Law; *Schäfer/Ott*, Lehrbuch der ökonomischen Analyse; Ott/Schäfer (Hrsg.), Allokationseffizienz in der Rechtsordnung; Ott/Schäfer (Hrsg.), Ökonomische Probleme des Zivilrechts; *Behrens*, Die ökonomischen Grundlagen des Rechts.

[461] *Koch*, in: FS Zweigert, S. 851, 854; *Schäfer*, in: Allokationseffizienz in der Rechtsordnung, S. 2.

[462] Vgl. *Koch*, Die Ökonomie der Gestaltungsrechte, in: FS Zweigert, S. 851, 854; *Schäfer/Ott*, Lehrbuch der ökonomischen Analyse, S. 25 ff.

[463] *Sen*, Collective Choice and Social Welfare, S. 30 f.; *Schäfer*, in: Allokationseffizienz in der Rechtsordnung; S. 3. Allerdings kann bei zwei Zuständen X und Y sowohl der Übergang von X nach Y als auch der von Y nach X das Kaldor-Hicks-Kriterium erfüllen, so dass z. T. die Einschränkung gemacht wird, dass der Übergang von X nach Y nur dann eine Verbesserung darstellen kann, wenn der Übergang von Y nach X nicht dem Kaldor-Hicks-Kriterium genügt, vgl. vertiefend *Schäfer/Ott*, Lehrbuch der ökonomischen Analyse, S. 32 ff., insb. Fn. 11.

Das Coase-Theorem besagt nun, dass in einer Rechtsordnung, in der die Handlungsrechte[464] (Property-Rights) eindeutig spezifiziert und frei übertragbar sind und zudem die Transaktionskosten (Marktkosten), d. h. die Kosten für Information, Übertragung und Durchsetzung von Rechten gleich Null sind, unabhängig von der ursprünglichen Verteilung dieser Rechte über Verhandlungslösungen Paretoeffizienz eintritt[465]. Orientiert an diesem gedanklichen Modell forderte insbesondere Posner[466] für die Ausgestaltung eines realen Rechtssystems die Minimierung von Transaktionskosten zur Optimierung wirtschaftlicher Effizienz. Dieser Aspekt ist speziell für die Analyse des Vertragsrechts relevant. Allgemein für den Bereich der hier besonders interessieren *Risikovermeidung* postulierte erstmalig Calabresi in Anwendung des Kaldor-Hicks-Kriteriums, dass derjenige, der einen Schaden billiger als alle anderen abwenden kann, also „cheapest cost avoider" ist, mit der Schadensvermeidung belastet werden soll[467]. Die Regel gilt allerdings nur, solange der erwartete Schaden schwerer wiegt, als der erforderliche Aufwand zu seiner Vermeidung[468], denn ansonsten würde der in der Abwendung des Schadens liegende Vorteil nicht zur theoretischen Kompensation des Vermeidungsaufwandes ausreichen. Ungeklärt ist allerdings die Frage, wonach sich bemisst, ob der Vermeidungsaufwand (V) schwerer wiegt, als der erwartete Schaden. Naheliegend ist die Antwort anhand des mathematischen Erwartungswertes in Form der bereits dargestellten Learned Hand-Formel: bei V>Sq. So einleuchtend diese Formel auch ist, kann dennoch bei V>Sq eine Schadensabwendung effizient sein. Dieses scheinbar widersprüchliche Ergebnis spiegelt sich auch in der Haftungszurechnung an den „cheapest insurer", die sich ebenfalls aus dem Kaldor-Hicks-Kriterium ergibt. Denn eine Versicherungsprämie (P) setzt sich zusammen aus dem von der Versicherung ermittelten Erwartungswert des Schadens (Sq), einem Risikozuschlag, den Verwaltungskosten und dem Gewinn der Versicherung[469]. Eine Versicherung verursacht folglich immer zusätzliche Kosten: P>Sq. Dennoch verhält sich nahezu jeder in Bezug auf besondere Risiken risikoavers, ist also bereit, für eine Versicherung eine über dem Erwartungswert des Risikos liegende Prämie zu zahlen. Diese Erscheinung versucht man unter anderem mit dem auf den italienischen Mathematiker Bernoulli zurückgehenden Erwartungsnutzen-Konzept zu

[464] Übersetzung von *Hesse*, Zur Erklärung der Änderung von Handlungsrechten mit Hilfe ökonomischer Theorie, in: Property Rights und ökonomische Theorie (Hrsg. Schüller, 1983), S. ff.

[465] Vgl. *Schwintowski*, JZ 1998, 581 f.

[466] The Economic Approach to Law, in: Texas Law Review 53 (1975), S. 757 ff.

[467] Auch "cheapest risk avoider" genannt. Zum Begriff vgl. *Calabresi*, The Costs of Accidents, S. 135 ff.; *Koch*, in: FS Zweigert, S. 851, 868.

[468] Vgl. *Priest*, The Current Insurance Crisis, in: Yale Law Journal Bd. 96 (1987), 1521, 1537 f.

[469] Vgl. dazu *Henssler*, Risiko, S. 246 m. w. N.

erklären, der vermutete, dass der Zuwachs an Nutzen, der der Zunahme eines Gutes entspricht, sich umgekehrt proportional zu der schon vorhandenen Menge dieses Gutes verhält[470, 471].

Das Phänomen eines mit der Zunahme der zur Verfügung stehenden Güter abnehmenden Grenznutzens ähnelt einem System progressiver Besteuerung, in dem das Nettoeinkommen gegenüber dem Bruttoeinkommen unterproportional wächst. Bei Versicherungen sind die regelmäßig wiederkehrenden Versicherungskosten im Verhältnis zu den im entsprechenden Zeitabschnitt zur Verfügung verbleibenden Gütern klein, so dass für diese Kosten ein geringer Nutzenverlust pro Werteinheit anzusetzen ist. Im Vergleich dazu führt ein sich auf einmal realisierender Schaden zum Entzug eines viel höheren Anteils der innerhalb des betroffenen Zeitabschnitts verfügbaren Güter, so dass der durchschnittliche Nutzen pro verlorener Werteinheit deutlich höher ist[472]. Deshalb kann eine Versicherung einen höheren Nutzen bewirken als die Hinnahme des Schadenseintritts, obwohl sie Kosten oberhalb des Erwartungswertes des Schadens verursacht[473]. Nichtsdestotrotz bleibt der mathematische Erwartungswert des Schadens als Anhaltspunkt verwertbar: weder Schadensprävention noch Versicherung sind effizient, wenn damit erheblich über dem Erwartungswert liegende Kosten verbunden sind.

Die Zurechnung an den „superior risk bearer" für Fälle mangelnder Versicherbarkeit schließlich orientiert sich daran, welcher Vertragspartner das Risiko besser, d. h. mit geringeren Informationskosten, erkennen und Vorkehrungen zur Risikostreuung, z.B. Rückstellungen auf der Basis von Risikoprämien, bil-

---

470 Vgl. *Bernoulli*, Specimen theoriae novae de mensura sortis (Versuch einer neuen Theorie der Wertbestimmung von Glücksfällen); *Lee*, Entscheidungstheorie, S. 110 f.; *Posner*, Economic Analysis of Law, § 1.2 S. 11 ff.; *Layard/Walters*, Microeconomic Theory, S. 355 ff.

471 Diese Annahme impliziert eine logarithmische Nutzenfunktion. Zu deren logischen Schwächen und dem sog. "St. Petersburger Paradoxon" vgl. *Henssler*, Risiko, S. 237 ff. m. W. N.; zu weiteren Bemessungsvorschlägen für den individuellen Nutzen insb. *Lee*, Entscheidungstheorie, S 92 ff. Überwiegend ist jedenfalls die Ansicht, dass die Nutzenfunktion konkav verläuft, d. h. dass der Grenznutzen für den Zuwachs eines Gutes um eine Einheit mit zunehmender Menge dieses Gutes immer geringer wird (*Lee*, Entscheidungstheorie, S. 112).

472 Vgl. etwa *Weyers*, Unfallschäden, S. 517 f.

473 Da das Verhältnis Einbuße an Nutzen durch regelmäßige geringe Aufwendungen zum Nutzenverlust durch einen hohen Schaden nicht davon abhängt, ob diese Aufwendungen präventiv für Schadensabwehr oder zur Kompensation durch eine Versicherung getätigt werden, ist es durchaus fragwürdig, dass *Schäfer/Ott*, Lehrbuch der ökonomischen Analyse, S. 213, anders als beim "cheapest risk insurer" den "cheapest cost avoider" nur begrenzt durch die Learned Hand-Formel, also bis zur Höhe des Erwartungswertes des Schadens haften lassen wollen. Eine sehr differenzierte Betrachtung über die normative Bewertung des Risikos im Verhältnis zum mathematischen Erwartungswert findet sich bei *Henssler*, Risiko. S. 252.

den kann[474]. Eine Partei ist insbesondere auch dann der bessere Risikoträger, wenn für sie die Nutzeneinbuße durch den Abschluss einer Versicherung höher ist, als durch Hinnahme des Schadenseintritts, wenn also die "Selbstversicherung" billiger ist. Wickelt ein Unternehmer eine Vielzahl von Geschäften mit gleichbleibend hoher Wahrscheinlichkeit eines begrenzten Schadens ab, z. B. den Verkauf eines Automodells, so entspricht nach dem Gesetz der großen Zahl der tatsächlich eintretende Schaden exakt dem Erwartungswert des Schadens - etwa in Form von Gewährleistungverpflichtungen[475]. Dann ist es effizient, bei jedem Geschäft eine Risikoprämie in Höhe des Erwartungswertes einzukalkulieren und auf eine weitergehende Kosten verursachende Fremdversicherung zu verzichten.

cc) Kritik und Entwicklung der neueren Institutionenökonomik

Inzwischen sieht sich die Transaktionskostenanalyse zweier zentraler ökonomischer Kritikpunkte ausgesetzt. Zum ersten hat sich die Erkenntnis durchgesetzt, dass die Senkung von Transaktionskosten auf Null nicht die Maximierung des Nutzens kategorisch impliziert[476], zumal Transaktionskosten ihrerseits wiederum nutzenstiftende Güter und Dienstleistungen beinhalten können[477]. Beim Drittmissbrauch im Scheckverkehr etwa stellen die an den Dritten ausgezahlten Beträge zwar für Bank und Kunden Transaktionskosten dar; diese Beträge wird der Dritte aber wieder nutzenstiftend verwenden. Unbeachtlich sind solche Gesichtspunkte allerdings bei der Risikozuweisung nach Streuungsmöglichkeiten. Zum zweiten wird die Betonung der Transaktionskosten heute als zu einseitig angesehen. Die neuere Institutionenökonomik[478] widmet daher - ebenfalls ausgehend von der Fragestellung, welche Bedeutung die Zuordnung von Handlungsrechten und Transaktionskosten in Bezug auf Verhaltensanreize und wirtschaftliches Verhalten hat[479] - verstärkt ihre Aufmerksamkeit dem Umstand, dass menschliches Verhalten durch Handlungsfreiräume und Verhaltensanreize bestimmt wird, die von Institutionen vorgegeben sind. Für Institutionen besteht allerdings keine allgemein anerkannte Definition in der Ökonomie[480]. Insbeson-

---

[474] Vgl. *Koller*, Risikozurechnung, S. 93.

[475] Vgl. *Henssler*, Risiko, S. 247.

[476] *Furubotn/Richter*, The New Institutional Economics, S. 13, 26.

[477] *Schwintowski*, JZ 1998, S. 581, 583.

[478] Vertiefend dazu etwa *Furubotn/Richter*, The New Institutional Economics; *Tool* (Hrsg.), Institutional Economics: Theory, Method, Policy.

[479] *Furubotn/Richter*, The New Institutional Economics, S. 1.

[480] *Elsner*, Ökonomische Institutionenanalyse, S. 199.

dere werden darunter Verhaltensregeln, d. h. Normen, subsumiert[481], aber auch durchaus überschneidend Entscheidungssysteme wie der Markt und Organisationsformen wie Wirtschaftsunternehmen[482]. Einstimmigkeit herrscht hingegen über die Funktion von Institutionen, als Instrumente individuellen Handelns bei Verfolgung von Zielen Ordnung zu bieten, Unsicherheit zu vermeiden und die Komplexität von Entscheidungen zu reduzieren[483]. Institutionen, insbesondere also auch Rechtsnormen, müssen daher selbst als Ressourcen begriffen werden, für die sich auch Märkte bilden können[484]. Will jemand bargeldlos zahlen, so kann er z. B. wählen, ob er auf die Ressource Scheck oder auf die Ressource Kreditkarte zurückgreifen will. Für beide Zahlungsformen wiederum bildet die rechtliche Zuweisung des Drittmissbrauchsrisikos ein Rechtsinstitut. Die Problemstellung dieser Arbeit lässt sich daher ökonomisch gesehen als Frage der Sozialwahl zwischen den Instituten Verschuldenshaftung und Zufallshaftung beschreiben.

dd) Grundlagen ökonomischer Betrachtung und ihre Aussagekraft für die Rechtswissenschaft

Bedeutung für den vertraglichen Interessenausgleich gewinnt die ökonomische Analyse für die hier interessierende Risikoverteilung insoweit, als die Wirtschaftlichkeit der Risikoverteilung ein Gerechtigkeitsaspekt ist, der im Rahmen des zu suchenden vertraglichen Interessenausgleichs nicht völlig vernachlässigt werden kann. Denn es besteht die grundsätzliche Vermutung, dass die wirtschaftliche Effizienz über die Preisgestaltung beiden Parteien zugute kommt. Wie bereits bei der Scheckprüfungspflicht der Banken ausgeführt[485], müssen allerdings wirtschaftliche Erwägungen als ein Aspekt unter mehreren zurücktreten, wenn normative Vorgaben[486] und anerkannte Gerechtigkeitsvorstellungen andere Prioritäten setzen. Vorsicht ist auch insoweit geboten, als die Grundidee, dass derjenige, dem ein Risiko zugewiesen wird, seine Präventi-

---

[481] *Elsner*, Ökonomische Institutionenanalyse, S. 199; *Knight*, Institutionen und gesellschaftlicher Konflikt, S. 1; *Schwintowski*, JZ 1998, 581, 584.

[482] *Furubotn/Richter*, The New Institutional Economics, S. 7; *Knight*, Institutionen und gesellschaftlicher Konflikt, S. 1 *Schwintowski*, JZ 1998, 581, 584.

[483] *Elsner*, Ökonomische Institutionenanalyse, S. 200; *Schwintowski*, JZ 581, 583.

[484] *Schwintowski*, JZ 1998, 581, 583.

[485] Siehe oben S. 77 ff.

[486] Selbst die Begrenzung der teleologischen Rechtsfindung mithilfe der ökonomischen Analyse durch gesetzgeberische Wertungen verneint *Grundmann*, AcP 198 (1998), S. 457, 468 für seit 1900 nicht mehr veränderte Rechtsgebiete, zu denen man wohl auch die Haftung des Geschäftsbesorgers für Zufallsschäden zählen darf, für die sich nach hier vertretener Sicht auch aus den Änderungen des Überweisungsrechts keine neuen Erkenntnisse schöpfen lassen, vgl. oben S. 98.

onsmaßnahmen optimiert, auf dem bereits in Bezug auf altruistische Verträge nicht unproblematischen Idealbild des „rational egoistischen Menschen“[487] beruht, der als Individuum einerseits das für ihn nützlichste Niveau der Schadensvermeidungsanstrengungen erkennen kann und andererseits aus Eigennutz nach dieser Erkenntnis handelt. Diesem Ideal wird der gewerblich Tätige eher nahe kommen als der Verbraucher. Auch für ersteren gilt aber die Erkenntnis der Institutionenökonomik, dass menschliche Entscheidungen allgemein nicht aufgrund vollständiger Information, sondern unter Ungewissheit, d. h. nur eingeschränkt rational erfolgen und deshalb unter dem Gesichtspunkt der Allokationseffizienz oft nicht richtig sind[488]. Aus diesem Grund sind solche Entscheidungen nicht objektiv zu bewerten, sondern nur mit Bezug auf die Informationsgrundlage des Handelnden auf subjektive Rationalität überprüfbar. Schon zur objektiven Beschreibung realer Zusammenhänge taugt die ökonomische Betrachtung daher nur bedingt. Dies in Verbindung mit dem Umstand gesehen, dass Fehlallokation immer eine Folge von Marktversagen ist, führt auch im Sinne der neueren Institutionenökonomik zu dem Schluss, dass das Recht nicht durch unmittelbare materielle Vorgaben Effizienzerwägungen verfolgen muss, sondern dass es einerseits den sich wirtschaftlich Betätigenden größtmögliche Handlungsfreiheit einräumen und andererseits auf Transparenz und Zugänglichkeit aller entscheidungserheblichen Informationen[489] hinwirken sowie Missbrauch von Marktmacht verhindern soll, damit der Wettbewerb Effizienz herbeiführt. Eine unmittelbare Berücksichtigung von Transaktionskosten ist im Umkehrschluss dann aus ökonomischer Sicht zulässig, wenn Wettbewerb - vorliegend interessiert besonders derjenige zwischen den Institutionen Verschuldenshaftung und Zufallshaftung - rechtlich ausgeschlossen ist oder an prohibitiven Transaktionskosten scheitert[490]. Die Frage danach, was die Parteien orientiert an Kosten-Nutzen-Erwägungen bei Wettbewerb, ausreichender Information und fehlenden Transaktionskosten vereinbart hätten, stellt sich damit für das gesamte dispositive Recht: Soweit dieses durch AGB nicht abbedungen werden kann, fehlt es wie beim zwingenden Recht am Wettbewerb möglicher Alternativgestaltungen[491]. Auch die Entscheidung, welche Abweichungen durch AGB noch zulässig sind, eröffnet erst einen solchen Wettbewerb und kann nicht aus diesem folgen. Soweit hingegen Wettbewerb möglicher rechtlicher Gestaltungs-

---

[487] Vgl. *Posner*, Economic Analysis of Law, § 1.1, S. 4.

[488] Vertiefend *Simon*, Bounded Rationality.

[489] Das umfasst insbesondere auch den von der Privatrechtsordnung gewährten Schutz bei Täuschung, Irrtum usw. Zum Ganzen auch *Horn*, AcP 176 (1976), 307, 319.

[490] Vgl. *Schwintowski*, JZ 1998, 581, 583.

[491] Insoweit ist die Frage müßig, ob nun infolge des AGBG Wettbewerb ausgeschlossen ist oder ob umgekehrt das AGBG nur eine Reaktion auf das Marktversagen bei der Verwendung von AGB darstellt. Zum diesbezüglichen Streit bereits im Vorfeld der Einführung des AGBG vgl. *Horn*, AcP 176 (1976), 307, 320 f. m. w. N.

formen im Rahmen der individualvertraglichen Privatautonomie zulässig ist, kommt dem dispositiven Recht aus ökonomischem Blickwinkel mit der Funktion, den Parteien neben der Möglichkeit der Entwicklung neuer Vertragsarten bereits durchnormierte Vertragstypen - Rechtsinstitute - zur Wahl zu stellen, auch die Aufgabe zu, durch wirtschaftlich sinnvolle Ausgestaltung dieser gesetzlich typisierten Verträge ansonsten erforderliche Vertragsverhandlungen (Transaktionskosten) vorwegzunehmen und entbehrlich zu machen[492]. Denn die Vertragsparteien werden es gerade in einem funktionierenden Wettbewerb nur dann bei der dispositivrechtlichen Ausgestaltung eines Vertragstyps belassen, wenn sie die Verhandlungskosten für die Abweichung vom dispositiven Recht höher einschätzen, als ihren daraus resultierenden Effizienzgewinn[493].

Für die Fortbildung dispositiven Vertragsrechts bietet die Transaktionskostenanalyse demnach mit der Figur des „vollständigen Vertrags" als Risikoverteilung, die rational egoistische Vertragsparteien bei Fehlen aller Transaktionskosten und bei gleicher Verhandlungsmacht zu beider Nutzen vereinbart hätten[494], einen verwertbaren Anhaltspunkt zur Entscheidung von Einzelproblemen[495]. Nicht zufällig erinnert dies an die Ermittlung des hypothetischen Willens redlicher Parteien als Methode der ergänzenden Vertragsauslegung bzw. - nach der hier vertretenen Sichtweise - als Methode der Fortbildung des dispositiven Rechts in Bezug auf gesetzlich nicht geregelte, verkehrstypische Verträge. Indessen genügt eine Risikoverteilung noch nicht allein aufgrund ihrer wirtschaftlichen Nützlichkeit für beide Parteien den Kriterien von Treu und Glauben unter Berücksichtigung der Verkehrssitte (§§ 157, 242 BGB), in denen auch gesamtgesellschaftliche Interessen nicht nur wirtschaftlicher, sondern auch sozialethischer Natur ihren Niederschlag finden[496].

---

[492] Zu dieser ökonomischen Sicht des Vertragsrechts etwa *Horn*, AcP 176 (1976), 307, 319.

[493] Dazu *Furubotn/Richter*, The New Institutional Economics, S. 16: "New property rights are created and existing ones are changed because certain individuals or groups within an economy believe it to be profitable to restructure the system and are willing to bear the costs of bringing about such change."

[494] Vgl. *Posner*, Economic Analysis of Law, § 4.1, S. 82; *Schäfer/Ott*, Lehrbuch der ökonomischen Analyse, S. 373 ff.

[495] *Horn*, AcP 176 (1976), 307, 311, 322.

[496] Vgl. etwa *Mayer-Maly*, in: MünchKomm, § 157 Rn. 9.

ee) Beherrschbarkeit als Kriterium dispositiven Rechts

(1) Abstrakte Beherrschbarkeit: Sphärentheorie statt Allokationseffizienz?

Zweifelhaft ist indessen, ob man aus an Transaktionskosten orientierten Effizienzerwägungen mit Koller ein in die Rechtsordnung integrierbares Kriterium abstrakter Beherrschbarkeit ableiten kann. Ungeachtet der Praktikabilität eines solchen Kriteriums wäre dafür nämlich Grundvoraussetzung, dass für ein Prinzip abstrakter Beherrschbarkeit die fundierte Vermutung einer gegenüber der Verschuldenshaftung verbesserten Allokationseffizienz spricht.

Meist erfolgt aber bereits durch die Verschuldenshaftung eine Zuweisung des Risikos an denjenigen, der dieses konkret beherrschen, d. h. seine Realisierung mit effizientem Aufwand vermeiden kann. Soweit es also nicht auf besondere Gerechtigkeitserwägungen Rücksicht nimmt, bewirkt das Verschuldensprinzip vielfach eine Risikozuweisung an den „cheapest cost avoider"[497]. Abstrakte Beherrschbarkeit heißt im Gegensatz dazu, dass die Beherrschbarkeit unabhängig davon entscheiden soll, ob die Kosten der Gefahrvermeidung den mathematischen Erwartungswert des Schadens deutlich übersteigen[498]. Als „selbststeuerndes System" soll die abstrakte Beherrschbarkeit den mit dem Risiko belasteten Vertragspartner nämlich dazu motivieren, die kostengünstigste Form der Schadensverhütung erst zu ersinnen[499] und auf der Grundlage einer Rentabilitätsanalyse über das Ob und das Wie der Schadensvermeidung selbst zu entscheiden[500]. Dies entspricht einem althergebrachten Begründungsansatz für die Einführung der Gefährdungshaftung, wie er bereits bei G. Rümelin[501] zu finden ist: "Das Ideal ... ist ... der Mann, der mit sicherem Blick ... die Chancen eines Unfalls und die Kosten einer Sicherung erfasst und in der ruhigen und sachverständigen Abwägung dieser verschiedenen Faktoren eine Garantie für die Richtigkeit seiner Entscheidung findet" - eine frühe Umschreibung des „rational egoistischen Menschen."

Darüber hinausgehend versteht Koller allerdings die das Zurechnungselement der abstrakten Beherrschbarkeit konkretisierenden Umstände sphärenbezogen und unterscheidet zwischen den Organisationsbereichen der Parteien und

---

[497] Insbesondere erlaubt § 254 BGB auch in Fällen von Mitverschulden die Risikozuweisung nur an den Geschädigten, wenn dessen Mitverschulden grundlegend überwiegt.

[498] Vgl. *Koller*, Risikozurechnung, S. 79 f.

[499] *Koller*, NJW 1981, 2433, 2436; *ders.*, BB 1979, 1725, 1726; vgl. dazu bereits *Trimarchi*, ZHR 136 (1972), 118, 133.

[500] *Koller*, Risikozurechnung, S. 80.

[501] AcP 88 (1898), 285, 299.

Gefahrenquellen der neutralen Sphäre[502]. Er erkennt also die Zurechnung des Risikos an diejenige Partei, aus deren Sphäre es stammt bzw. auf deren Sphäre es sich zunächst auswirkt, im Kern an[503], wodurch er sein Kriterium der abstrakten Beherrschbarkeit inhaltlich in die Nähe der von ihm selbst kritisierten Sphärentheorie insbesondere Müller-Erzbachs rückt. Hierzu kann nur wiederholt werden, dass ein Anknüpfen an den Begriff der Sphäre eine Hintanstellung von auf die konkrete Problematik bezogenen Gerechtigkeitserwägungen zugunsten von Rechtsunsicherheit bedeutet[504].

Liegen die Kosten für Abwehrmaßnahmen ferner deutlich über dem Erwartungswert für den drohenden Verlust, so ist die Möglichkeit der Gefahrenabwehr ökonomisch irrelevant. Zum einen bedeutet in diesem Fall die Risikobelastung einer Partei für diese keinen vernünftigen Anreiz, das Risiko abzuwenden. Zum anderen führte die Vermeidung des Schadens im Vergleich zu dessen Hinnahme zu einer Ressourcenverschwendung. Sind also Abwehrmaßnahmen zu teuer, so ist allein eine Zuweisung des Risikos an den „cheapest insurer" geboten. Dieser ist wiederum gegebenenfalls nicht mit demjenigen identisch, der das Risiko beherrschen kann. Die konsequente Handhabung des Prinzips der abstrakten Beherrschbarkeit enthebt also den Rechtsanwender diffiziler Erwägungen über die Rentabilität denkbarer Präventionsmaßnahmen, führt aber im Einzelfall zu ökonomisch ineffizienter Risikoverteilung - also zum Widerspruch mit der Zielsetzung, aus der Koller dieses Kriterium ableitet. Diese Konsequenz sucht Koller dadurch zu vermeiden, dass er dem Aspekt der Absorption von Risiken den Vorrang einräumen will, wenn zu vermuten sei, „dass die Betonung der Absorption eher zu einer optimalen Allokation von Ressourcen führen" werde[505]. Das ist aber immer dann der Fall, wenn 1. die Analyse der konkreten Beherrschbarkeit ergibt, dass Risikovermeidung ineffizient ist und 2. der bessere Versicherer und derjenige, der die Gefahr abstrakt beherrscht, nicht identisch sind. Mit seiner Korrektur stellt Koller also sein Kriterium der abstrakten Beherrschbarkeit sogleich wieder unter den Vorbehalt, dass sich nicht aus der Berücksichtigung der konkreten Beherrschbarkeit, die durch die Effizienz des Aufwandes für die Risikovermeidung begrenzt ist, ein anderes ergibt. Fraglich ist dabei, wie intensiv die Vermutung, dass das Absorptionsprinzip doch sachgerechter sei, sein muss. Wenn der Rechtsanwender auf die abstrakte Beherrschbarkeit abstellen darf, solange er nicht von der Ineffizienz aller möglichen Maßnahmen zur Risikovermeidung ausgeht, wie weitgehend soll er dann doch Rentabilitätserwägungen anstellen müssen und wann darf er diese ergebnislos abbrechen? Der Ansatz Kollers stellt also insofern kein geschlossenes

---

502 *Koller*, Risikozurechnung S. 177.

503 *Koller*, Risikozurechnung S. 78.

504 Vgl. oben S. 113.

505 *Koller*, Risikozurechnung, S. 84.

Gesamtkonzept dar, als nicht klar wird, wie ohne Berücksichtigung der konkreten Beherrschbarkeit, die dem Verschuldensprinzip zugrundeliegt, im jeweiligen Einzelfall ein Vorrang entweder des Beherrschbarkeitskriteriums oder des Absorptionskriteriums festgelegt werden soll.

Zusammenfassend lässt sich somit feststellen, dass das Kriterium der abstrakten Beherrschbarkeit, sofern es eine Risikozuweisung nach Sphärengesichtspunkten bedeuten soll, nicht nur *zu unbestimmt* ist. Es steht vielmehr bereits mit der ökonomischen Zielsetzung Kollers insoweit in Konflikt, als es zur *Fehlallokation* nicht wirtschaftlich vermeidbarer Risiken führt, die der andere Vertragsteil besser versichern kann. Ein für die Rechtsordnung verallgemeinerungsfähiges Prinzip abstrakter Beherrschbarkeit, das auf eine Zufallshaftung für Risiken der eigenen Sphäre hinausläuft, ist jedenfalls abzulehnen.

(2) Beherrschbarkeit und Verschulden

Eine pauschale Risikozuweisung ohne Rücksicht auf die Wirtschaftlichkeit von Vermeidungsmaßnahmen an denjenigen, der ein Risiko beherrscht, allein aus Gründen optimaler Schadensprävention erscheint daher auch aus wirtschaftlicher Perspektive erst dann angemessen, wenn davon auszugehen ist, dass aufgrund der Komplexität der zu überprüfenden Lebenssachverhalte die gerichtliche Entwicklung und Kontrolle von Sorgfaltspflichten im Rahmen der Verschuldenshaftung nicht annähernd das Vorsorgeniveau bewirken kann, das derjenige entwickeln wird, der die Kosten sowohl der Abwehr als auch der Hinnahme des Schadens tragen muss, weil eine unüberschaubare Einzelfallrechtsprechung droht, die eine verlässliche Vorhersehbarkeit des Haftungsrisikos nicht mehr gewährleistet[506]. Dabei muss die Verbesserung der Prävention durch den Übergang zur verschuldensunabhängigen Haftung derart schwer wiegen, dass sie auch den nachteiligen Effekt der Einbeziehung derjenigen Risiken kompensiert, die nicht wirtschaftlich beherrschbar sind und von anderer Seite besser versichert werden könnten. Vorsichtig in diese Richtung wird man wohl auch die neueste Restriktion Kollers interpretieren dürfen, wonach eine rechtsfortbildende Abweichung vom Verschuldensprinzip nur da angemessen ist, wo „starke Anreize für eine innovative Gefahrenbeherrschung unumgänglich sind"[507].

---

[506] Vgl. dazu die amtliche Begründung zur Einführung des Produkthaftungsgesetzes, BT-Drucks. 11/2447, amtl. Begründung A III 1.

[507] *Koller*, JZ 1997, 1068, 1070.

(3) Insuffizienz von Beherrschungsmöglichkeiten jenseits der erforderlichen Sorgfalt

Mit dieser richtigen und notwendigen Einschränkung raubt Koller allerdings seiner eigenen Risikozuweisungskonzeption die Grundlage. Denn geknüpft an die weitere Voraussetzung der Ineffizienz der Verschuldenshaftung ist die Beherrschbarkeit zumindest als allgemeines Kriterium der verschuldensunabhängigen rechtsfortbildenden Risikozuweisung grundsätzlich unbrauchbar: Die Feststellung, wann der Anreiz zur Gefahrenabwehr durch das Verschuldensprinzip nicht mehr ausreicht, bedarf - anders als die Feststellung, wer ein Risiko abstrakt beherrscht - notwendig vager Prognosen und rechtspolitischer Abwägungen, die im Interesse der Rechtssicherheit dem Gesetzgeber vorbehalten bleiben müssen.

Insgesamt lässt sich daher festhalten, dass die Rechtsordnung nur an Prävention orientierte Beherrschbarkeitserwägungen, die nicht durch das Verschuldensprinzip begrenzt sind, in der Regel allein nicht ausreichen lässt. Ausschlaggebend sind vielmehr zusätzliche Gesichtspunkte. So liegt etwa die Funktion der besonders normierten Gefährdungstatbestände in der Gewährleistung des gesamtwirtschaftlichen Nettonutzens einer gefährlichen Tätigkeit, wozu die innervertragliche Risikoverteilung selbst dann nicht in der Lage ist, wenn sie Risiken verschuldensunabhängig einer Vertragspartei zuweist[508]. Ferner berücksichtigt die Vertrauenshaftung zwar den Aspekt der typischerweise bestehenden Beherrschbarkeit. Dies geschieht allerdings nur im Rahmen ihrer Zielsetzung, überflüssige Informationskosten zu vermeiden und die Bereitschaft des anderen Teils zur Verkehrsteilnahme zu stärken, wobei letztlich die besondere Abweichung dieses Instituts gegenüber dem Verschuldensprinzip gerade darin liegt, Risiken ohne Rücksicht auf die Beherrschbarkeit im Einzelfall zuzuweisen[509]. Überdies kommt die Anknüpfung einer Haftung daran, wer ein Risiko zumindest typischerweise beherrscht, ausnahmsweise dann im Betracht, wenn eine Verschuldenshaftung rechtstechnisch nicht eingreifen kann, etwa beim Gläubigerverzug[510], oder wenn Beweisschwierigkeiten in Bezug auf das Verschulden ausgeschlossen werden sollen, etwa bei den §§ 701, 702 BGB[511]. Wirklich

---

[508] Vgl. oben S. 93 ff., 94 und unten S. 281 ff.

[509] Vgl. oben S. 48 ff.

[510] Unter anderem trifft den sich im Annahmeverzug befindlichen Gläubiger nach § 324 Abs. 2 BGB die Gegenleistungsgefahr bei zufälligem Unmöglichwerden der ihm geschuldeten Leistung. Diese Haftung ist verschuldensunabhängig, denn da der Gläubiger in der Regel zur Annahme der Leistung nicht verpflichtet ist, kann die Nichtannahme kein Verschulden begründen, vgl. *Staudinger/Löwisch*, Vor §§ 293-304, Rn. 1.

[511] Vgl. BT Drucks. V/146, S. 11; dazu auch Mot. II, 584, 585; ferner *Hüffer*, in: MünchKomm, § 701 Rn. 1. Dies überschneidet sich natürlich mit dem Gedanken, dass die Verschuldenshaftung mitunter von geringerer Präventionswirkung sein kann, da derjenige, dem sein Verschulden selten nachgewiesen werden kann, weniger Anreiz hat,

überzeugend vermögen Beweisschwierigkeiten allein allerdings nur eine Beweislastumkehr zu Ungunsten desjenigen zu begründen, der allein das Risiko typischerweise beherrscht[512].

Die Realisierung des Risikos des Missbrauchs von Scheckvordrucken ist jedenfalls jenseits des Verschuldensprinzips, welches grundsätzlich die wirtschaftlichen Vermeidungsanstrengungen erfasst, nicht rechtsfortbildend allein unter Berufung auf die verbesserte Prävention zuweisbar. Eine solche Fortbildung scheitert entgegen Koller nicht erst am fehlenden Bedürfnis, sondern bereits daran, dass die Prognose verbesserter Ressourcenallokation notwendig von solcher Vagheit ist, dass sie Vorrecht des Gesetzgebers bleiben muss.

ff) Die Möglichkeit der Streuung von Risiken

Damit stellt sich die Frage nach der Möglichkeit einer rechtsfortbildenden Risikozuweisung an die Kunden unter den Aspekten der Vorhersehbarkeit und Versicherbarkeit des Risikos im Sinne einer Transaktionskostenreduzierung.

Das BGB trägt der Vorhersehbarkeit von Risiken, welche vom Verhalten des Vertragspartners abhängen, etwa mit § 645 Abs. 1 BGB durchaus Rechnung, wenn auch der historische Gesetzgeber den Aspekt der Versicherbarkeit des Risikos als für die Risikozuweisung irrelevant ansah und umgekehrt gerade in Bezug auf § 645 BGB feststellte, dass eben derjenige sich versichern werde, dem die gesetzlichen Bestimmungen die Gefahrtragung auferlegen[513]. Auch die Zuweisungen von vertragsspezifischen Zufallsrisiken an den Erbringer einer Vielzahl gleichartiger Leistungen etwa durch §§ 701, 702 BGB hat im Wege der Risikostreuung über Entgelte durchaus auch eine Versicherungswirkung. Die Anknüpfung an die bessere Versicherbarkeit scheint daher zumindest unter dem Blickwinkel von § 242 BGB nicht grundsätzlich ausgeschlossen[514].

Die Versicherbarkeit ist aber nur ein Argument *gegen* eine Risikozuweisung an die Kunden. Im Rahmen des bargeldlosen Zahlungsverkehrs verfügen nämlich die Kreditinstitute nicht nur über die besseren Risikostreuungsmöglichkeiten, vielmehr stehen den Kunden solche Möglichkeiten weithin gar nicht offen.

---

sich sorgfältig zu verhalten. Überzeugender ist allerdings auch die Deutung der Gastwirtshaftung im Sinne einer Vertrauenshaftung, die die Bereitschaft der Gäste zur Einkehr letztlich auch im Interesse des Gastwirts fördert, der das Risiko zwar nicht vollständig mit wirtschaftlichen Mitteln beherrschen, dafür aber problemlos versichern und die Kosten dafür über seine Entgelte auf die Gäste abwälzen kann.

512 So bereits *v. Schenck*, Der Begriff der "Sphäre", S. 222.

513 Vgl. Prot. II, S. 335.

514 Für eine Berücksichtigung der Versicherbarkeit nach dispositivem Recht vgl. *Koller*, WM 1981, 2433, 2436 f.; dagegen *Joost*, ZHR 153 (1989), 237, 251.

Da die Kreditinstitute eine Vielzahl gleichartiger Zahlungsvorgänge abwickeln, können sie die damit verbundenen Risiken statistisch zumindest nach Durchschnittswerten erfassen. Jedenfalls große Institute können daher nach dem Gesetz der großen Zahl diese Risiken auffangen, indem sie in ihre Vergütung Risikoprämien entsprechend dem Schadenserwartungswert einkalkulieren[515]. Durch diese "Selbstversicherung" fallen die bereits dargestellten[516] Kosten einer Fremdversicherung weg. Weder Privatkunden noch Geschäftskunden, sofern bei letzteren der Umfang bargeldloser Zahlungsvorgänge nicht an die Größenordnung des Umsatzes eines Kreditinstituts heranreicht, verfügen über diese als optimal anzusehende Möglichkeit der internen Risikostreuung[517]. Große Kreditinstitute sind daher sogar „superior risk bearer" i. S. der ökonomischen Analyse des Rechts[518]. Kleineren Kreditinstituten steht ferner zumindest die Möglichkeit der Versicherung offen. Für die große Mehrzahl der Kunden hingegen wird sich eine solche Option kaum entwickeln. Denn das Erfordernis, mit jedem einzelnen Kunden Versicherungsverträge zu schließen und diese auch zu verwalten, wäre ohne Zugriff auf die bei den Banken ohnehin anfallenden Erkenntnisse über Kundenverhalten und Risikostruktur sowie ohne Integration der Verwaltung in die ebenfalls ohnehin stattfindende Betreuung der einzelnen Kunden mit zusätzlichen Kosten verbunden, die auch bereinigt durch das Prinzip des abnehmenden Grenznutzens[519] nicht mehr effizient wären[520]. Eine Ausnahme mag hier wiederum für einzelne Kunden mit besonders großem Umsatz gelten.

Im Bereich des bargeldlosen Zahlungsverkehrs spricht folglich die Möglichkeit der Versicherung ausschließlich für eine Zuweisung des Risikos an die Kreditinstitute[521].

---

[515] Vgl. *Priest*, The Current Insurance Crisis, in: Yale Law Journal, Bd. 96 (1987), S. 1540.

[516] Vgl. oben S. 120 f.

[517] Die Möglichkeit der Selbstversicherung betont auch *Koller*, NJW 1981, 2433, 2436.

[518] Vgl. zum Begriff oben S. 121; zu einer vergleichbaren Bewertung kommt auch *Geva*, LQR 114 (1998), S. 250, 288.

[519] Vgl. oben S. 120.

[520] *Koller*; NJW 1981, 2433, 2436, verweist auf die ohne Mithilfe der Banken fehlende Versicherungsmöglichkeit von Privatkunden im Rahmen des Scheckkartenverfahrens. Die ec-Bedingungen von 1995 weisen allerdings das Risiko unverschuldeten Missbrauchs inzwischen den Kreditinstitut zu. Zu dem Phänomen, dass eine effiziente Versicherung nur über die Mithilfe des vielfachen Anbieters gleichartiger Leistungen zu erlangen ist, vgl. auch *Kötz*, Haftungsausschluss der Chemischreiniger, in: Sozialwissenschaften im Zivilrecht, S. 86.

[521] In diesem Sinne auch *Nobbe*, in: Schimansky/Bunte/Lwowski, Bankrechts-Handbuch, § 60, Rn. 134.

gg) Die Externalisierung/Sozialisierung von Risiken

Grundsätzliche Kritik an der Belastung der Kreditinstitute mit dem Risiko des Vordruckmissbrauchs äußert dagegen insbesondere H. Becker[522]. Dieser geht davon aus, dass eine Anknüpfung an die Versicherbarkeit eine „für das Zivilrecht bedenkliche Sozialisierung individueller Risiken" bedeutet, während er das Zivilrecht von dem „Grundprinzip" geprägt sieht, „dass jeder für seinen eigenen Risikobereich einzustehen hat." In bemerkenswertem Umfang dem Gedanken der „Sozialisierungsgefahr" vergleichbar ist die ursprüngliche Argumentation Kollers zur Differenzierung zwischen privater und gewerblicher Kundschaft, obwohl er für beide eine bessere Versicherungsmöglichkeit der Kreditinstitute annimmt: Das BGB (insbesondere § 645 BGB[523]) sei darauf angelegt, stark durch die individuellen Verhältnisse der Parteien geprägte Risiken grundsätzlich bei denjenigen Vertragsteilen anzusiedeln, die den besten Einblick in die für die Quantifizierung des Risikos maßgeblichen Faktoren besäßen[524]. Anders als bei der privaten Kundschaft sei bei der sonstigen Kundschaft das Risiko des Verlusts bzw. des Missbrauchs von Scheckformularen sowie die Schadenshöhe relativ heterogen strukturiert, so dass das Risiko entscheidend durch die unterschiedlichen Ausformungen des Geschäftsbetriebes beeinflusst werde. Jede Absorption des Fälschungsrisikos durch die Kreditinstitute würde daher zu einer *Externalisierung*[525] führen. Die Kreditinstitute müssten also mangels Einblicks in die Interna der Kunden, insbesondere in die Effizienz der Sicherungssysteme, auf eine Risikoabwälzung durch Versicherungsprämien nach Durchschnittssätzen ausweichen[526]. Koller[527] befürwortet also, auch wenn er nunmehr das Erfordernis der Rechtsfortbildung bei Vordruckmissbrauch verneint[528], grundsätzlich eine vom Gedanken der Versicherbarkeit abweichende Risikoverteilung, wenn nicht jeder Versicherte genau mit den Versicherungskosten belastet werden kann, die seiner individuellen Schadenswahrscheinlichkeit entsprechen. Dabei sieht er wohl nach wie vor § 645 Abs. 1 BGB als Ausdruck des auch von H. Becker[529] angesprochenen Grundgedankens der Zivilrechtsordnung, dass in Vertragsbeziehungen niemand sein individuelles Risiko im Wege

---

522 ZHR 147 (1983), 245, 255; dem folgend *Höhlscheid*, Die Haftung der Banken im Zahlungsverkehr, S. 195 f.; ähnlich Reiser, WM 1986, 1401, 1402 f.

523 Anmerkung des Verfassers.

524 *Koller*, NJW 1981, 2433, 2437; *ders.* Risikozurechnung, S. 179 ff.

525 Hervorhebung des Verfassers.

526 *Koller*, NJW 1981, 2433, 2437.

527 Risikozurechnung, S. 181 ff.; *ders*., JZ 1997, 1068, 1070.

528 JZ 1997, 1068, 1069 f.

529 ZHR 147 (1983), 244, 255.

der Risikostreuung auf nicht an der Vertragsbeziehung beteiligte Dritte abwälzen soll[530].

Damit ist die Frage aufgeworfen, ob die Zivilrechtsordnung ein Risikozuweisungskriterium des „besseren Einblicks in die eigenen Verhältnisse", kennt, das darauf gerichtet ist, eine „Sozialisierung" bzw. „Externalisierung" von Risiken zu verhindern, und das grundsätzlich rechtsfortbildend herangezogen werden kann.

(1) Die Externalisierung von Risiken aus ökonomischer Sicht

Von einer Externalisierung kann man dann sprechen, wenn an einem Vertragsverhältnis unbeteiligte Personen aus diesem Vertragsverhältnis resultierende Kosten tragen müssen[531]. Muss nämlich derjenige, der eine Leistung oder eine Ressource nachfragt, nicht die vollen Kosten übernehmen, so bilden sich falsche Marktpreise. Dies kann im Extremfall dazu führen, dass Güter oder Leistungen in Anspruch genommen werden, obwohl der Nutzen, den der Nachfragende daraus zieht, geringer ist, als die aus der Nachfrage resultierenden Kosten, weil der Nutznießer diese Kosten nicht vollständig tragen muss. Das bedeutet Wohlfahrtsverluste. Wenn aber auch die Pigou'sche Wohlfahrtsökonomik[532], die Coase durch sein Theorem zu widerlegen suchte, noch das Grundziel postulierte, ein Abweichen des privaten vom sozialen Optimum durch Internalisierung aller externen Effekte zu erreichen, also durch Allokation aller durch ein Handeln verursachten Kosten beim Handelnden, kann die Vermeidung externer Effekte unter Zugrundelegung des Kaldor-Hicks-Kriteriums keineswegs ein absolutes Gebot der Wohlfahrtsökonomie sein. Zwar erfüllt allein die Belastung des Nutznießers mit den aus der Nachfrage resultierenden Kosten das Pareto-Kriterium[533]. Ist aber ein vermehrter Nutzen nur durch eine Form der Ressourcennachfrage zu erreichen, bei der Dritte mit Kosten belastet werden, ist dennoch das Kaldor-Hicks-Kriterium erfüllt, solange nur der Nutzen des Nachfragers größer ist als die gesamten anfallenden Kosten[534].

---

[530] So versteht *Koller*, Risikozurechnung, S. 164, § 645 Abs. 1 BGB auch dahingehend, dass der Besteller, der für qualitativ hochwertiges Material sorge, nicht andere Besteller über den Preis subventionieren müssen solle, die geringerwertige Stoffe lieferten.

[531] Zum Gedanken der Externalisierung von Risiken allgemein vgl. *Bonus*, RabelsZ 40 (1976), 409, 416 ff; *Calabresi*, The Costs of Accidents, S. 144 ff.; *Schäfer/Ott*, Lehrbuch der ökonomischen Analyse, S. 366.

[532] Grundlegend *Pigou*, The Economics of Welfare.

[533] Vgl. dazu oben S. 118 f.

[534] Siehe zu diesem Kriterium oben S. 118 f. Dabei ist eine Entschädigung des mit den Kosten Belasteten durch den Nutznießer gerade nicht gefordert.

Externalisierung besagt also nur, dass bestimmte Kosten nicht unmittelbar in die Entscheidung über die Nachfrage einer Ressource einfließen, womit aber noch keine Aussage darüber verbunden ist, ob diese Nachfrage gesamtwirtschaftlich ineffiziente Kosten verursacht[535].

(2) Die Berücksichtigung externer Effekte in der Rechtsordnung

Vor allem aber sind Koller und H. Becker mit ihrer Annahme, dass die Zivilrechtsordnung der Quersubventionierung durch die gleichmäßige Belastung von Vertragspartnern mit individuell verschiedenen Risikostrukturen *über die Preisgestaltung* entgegenwirken will, einer Fehleinschätzung erlegen.

(a) Produkthaftung nach dem ProdhaftG

Ein „klassisches" Beispiel für Externalisierung durch gesetzliche Haftungsverteilung ist die verschuldensunabhängige Produkthaftung[536]. Die pauschale Haftung der Hersteller für Produkte, die nicht die berechtigterweise zu erwartende Sicherheit bieten (§ 3 ProdHaftG), führt dazu, dass der durchschnittliche Schaden pro Produkt in die Preise einkalkuliert wird, so dass alle Endverbraucher über den Kaufpreis die gleiche Versicherungsprämie zahlen müssen, ohne dass nach deren individuellem Schadensrisiko differenziert wird. Allgemein lässt sich aber feststellen, dass die individuellen Risiken der Käufer vom Wert derjenigen Güter abhängt, die diese besitzen und die sie dem Schädigungspotenzial des fehlerhaften Produkts aussetzen. Die von Koller als nicht hinnehmbare Externalisierung gebrandmarkte Quersubventionierung findet also bei der Produkthaftung sogar zugunsten der Käufer mit hohen Einkommen[537] und damit nach den Prämissen einer ökonomischen Betrachtungsweise tendenziell wohlfahrtsmindernd[538] statt. Zwar mag die Hinnahme dieses Effekts auch zum Teil

---

[535] Vgl. *Posner*, Economic Analysis of Law, § 3.8, S. 62.

[536] Vgl. dazu *Calabresi*, The Costs of Accidents, S. 165: "It is a specific example of externalization due to insufficient subcategorization."

[537] Eingehend *Priest*, The Current Insurance Crisis, in: Yale Law Journal, Bd. 96 (1987), S. 1521 ff., insb. 1545 ff.

[538] Nach dem Prinzip des abnehmenden Grenznutzens (vgl. oben S. 120) sinkt der Nutzen eines Gutes mit der Zahl der beim Nutznießer bereits vorhandenen gleichartigen Güter, so dass eine Kostenumverteilung "von unten nach oben" tendenziell Nutzenverluste bewirkt. Natürlich lässt sich gegen diese Modellbetrachtung einwenden, dass der Nutzen eines Gutes auch eine Frage von dessen kreativen Gebrauch ist und dass es entgegen dem Grenznutzenprinzip auch nicht wohlfahrtsfördernd wäre, alle Wohlhabenden zugunsten der Ärmeren zu enteignen, weil dann der Eigennutz als Triebfeder der Wert-

durch den Verhaltensanreiz zur Herstellung sicherer Produkte begründet sein. Jedenfalls bei nicht wirtschaftlich vermeidbaren Produktfehlern stellt die Risikostreuung über die Preisgestaltung aber eine Art Versicherung dar, die eine Quersubventionierung erzwingt, obwohl anders als beim bargeldlosen Zahlungsverkehr die Möglichkeit zur Versicherung der Käufer durch Hausrat- bzw. Krankenversicherungen bestünde, bei denen die Versicherungsprämien nach individuellen Verhältnissen bemessen werden. Da schließlich die Produkthaftung ein „selbststeuerndes System" bedeutet, das strukturell einer Haftung nach abstrakter Beherrschbarkeit im Sinne Kollers vergleichbar ist, lässt sich diesem entgegenhalten, dass gerade die Risikozuweisung nach abstrakter Beherrschbarkeit in gewissem Umfang zur Externalisierung von Risiken führt, eben weil auch die nicht wirtschaftlich vermeidbaren Risiken erfasst werden.

(b) §§ 701, 702 BGB

Auch beinhaltet der von Koller[539] angeführte Gedanke, dass das BGB darauf angelegt sei, Risiken, die stark durch die individuellen Verhältnisse geprägt seien, grundsätzlich bei den Vertragsteilen anzusiedeln, die den besten Einblick in die für die Quantifizierung des Risikos maßgeblichen Faktoren besäßen, gar keine Aussage über die Relevanz von Externalisierungseffekten. Dies lässt sich anhand der §§ 701, 702 BGB nachweisen, die zudem die Unzulänglichkeit einer einseitigen Betonung von Transaktionskosten aufzeigen. Nach § 701 BGB haftet ein Gastwirt, der gewerbsmäßig Fremde zur Beherbergung aufnimmt, verschuldensunabhängig für den Verlust, die Zerstörung oder die Beschädigung von eingebrachten Sachen eines aufgenommenen Gasts, sofern nicht § 701 Abs. 3 BGB eingreift. Diese Haftung ist zwar grundsätzlich summenmäßig beschränkt, jedoch haftet der Gastwirt unbeschränkt für Sachen, die er zur Aufbewahrung angenommen hat oder deren Aufbewahrung er entgegen § 702 Abs. 3 BGB abgelehnt hat. Nach dieser Vorschrift darf der Gastwirt die Aufbewahrung der dort aufgezählten Wertgegenstände nur ablehnen, wenn sie in Hinblick auf Größe und Rang der Gastwirtschaft von übermäßigem Wert oder Umfang oder wenn sie gefährlich sind. Dieser Haftung des Gastwirts liegt die Erwägung zugrunde, dass der Gast bei Verlust oder Beschädigung der von ihm eingebrachten Sache den Verschuldensbeweis für vertragliche und deliktische Haftung tragen müsste und in Beweisnot geraten würde[540]. Es wird allerdings auch vertre-

---

schöpfung entfiele. Daraus folgt aber nicht, dass jegliche ökonomische Betrachtung der Produkthaftung hinter der Grundentscheidung unserer Freiheitsordnung zurückstehen muss, dass jeder wertvolle Gegenstände haben darf. Denn diese Grundentscheidung würde durch die Alternative der Verschuldenshaftung auch nicht in Frage gestellt.

[539] NJW 1981, 2433, 2437.

[540] Mot. II, 584, 585; BT Drucks. V/146, S. 11; *Staudinger/Werner*, Vor § 701 Rn. 4.

ten, dass die Risiken für die Sachen des Gastes aus dem Geschäfts- oder Organisationskreis bzw. aus der „Sphäre" des Gastwirts stammen[541]. Jedenfalls lässt sich feststellen, dass der Wirt durch Auswahl seiner Gäste und des Personals das Risiko für die Sachen des Gastes ausgestaltet. Nicht nur die Schadenswahrscheinlichkeit, auch das Ausmaß des drohenden Schadens kann er abschätzen, da er für nicht verwahrte Sachen beschränkt haftet, für seine Verhältnisse zu kostbare Gegenstände nicht in Verwahrung nehmen muss und den Wert der verwahrten Sachen erkennen kann. Lässt sich demnach die Haftung des Gastwirts auch damit begründen, dass der Gastwirt den besseren Einblick in die für die Quantifizierung des Risikos maßgeblichen Umstände hat, so führt dennoch gerade seine Haftung zu Externalisierungseffekten. Von Hotels, die aufgrund ihrer Größe und ihres Rangs gem. § 702 Abs. 3 BGB besonders kostbare Gegenstände aufbewahren müssen, werden Tresore eingerichtet und Versicherungen für den Verlust der Wertgegenstände abgeschlossen. Die Kosten dafür werden über die Zimmerpreise auf alle Gäste verteilt. Damit subventionieren die Gäste, die keine Wertsachen einbringen, diejenigen, die dies tun. Indessen sagt dieser Befund nichts über die ökonomische Effizienz der Gastwirthaftung aus, denn diese fördert im Sinne einer Vertrauenshaftung die Bereitschaft zahlungskräftigen Publikums zur Einkehr, wodurch erst die Voraussetzung für den wirtschaftlichen Betrieb einer Gastwirtschaft geschaffen werden mag. Für die Hinnahme externer Effekte gibt es also durchaus ökonomische Rechtfertigungsgründe wie den langfristigen Nutzen aus gesteigertem Konsumentenvertrauen.

(3) Ergebnis

Man kann also feststellen, dass die Zivilrechtsordnung externe Effekte, selbst wenn sie Risiken demjenigen zuweist, der den besseren Einblick in die für die Risikobewertung relevanten Umstände hat, durchaus in der Form in Kauf nimmt, dass am Kosten verursachenden Vertrag nicht beteiligte weitere Vertragspartner des Anbieters einer Vielzahl gleichartiger Leistungen *über die Preisgestaltung* belastet werden. Darin liegt allerdings grundsätzlich eine Übereinstimmung von ökonomischer Analyse und Zivilrechtsordnung. Denn während bei schädlichen Aktivitäten außerhalb von Marktbeziehungen, z. B. bei umweltzerstörenden Emissionen, die Externalisierung der darin liegenden Kosten mit theoretisch unbegrenzten Wohlfahrtsverlusten gleichbedeutend sein kann, ist die Grenze der denkbaren Externalisierung von Kosten über die ver-

---

[541] Insbesondere *Oertmann, DR 1922*, Sp. 5, 8; vgl. auch *Granzer*, Freizeichnung, S. 151.

tragliche Preisgestaltung bereits erreicht, wenn die Preise dem Nutzen entsprechen, den ein potentieller Kunde aus dem Abschluss eines Vertrags zieht. Nur soweit die Quersubventionierung eine Entgelthöhe erzwingt, durch welche die Nachfrage erlahmt, kann man daher pauschal ein suboptimales Niveau wirtschaftlicher Aktivität annehmen. Im Übrigen überlässt die Rechtsordnung die weitergehende Reduzierung von Externalisierungseffekten dem Zusammenspiel von Angebot und Nachfrage in einem funktionierenden Wettbewerb; Fehlentwicklungen wird mit dem Instrumentarium des Wettbewerbsrechts begegnet.

Auch unter dem Gesichtspunkt der Externalisierung von Kosten über die Preisgestaltung ist jedenfalls eine Rechtsfortbildung nicht aufgrund fehlenden Erfordernisses, sondern aufgrund des Fehlens eines entsprechenden Grundgedankens der Rechtsordnung abzulehnen.

F. Ergebnis

Ein Ersatzanspruch des Kreditinstituts gegen den Kunden für den vollen Schaden aus der Einlösung gefälschter Schecks scheitert nicht am Fehlen eines Bedürfnisses für die Rechtsfortbildung. Da der Gedanke einer Risikohaftung des Geschäftsherrn jedenfalls die vollständige Belastung des Kunden nicht mehr trägt, widerspräche ein solcher Anspruch vielmehr den Grundgedanken der Rechtsordnung, wonach Präventionsmöglichkeiten jenseits der verkehrserforderlichen Sorgfalt für sich allein irrelevant sind und die im Rahmen eines funktionierenden Wettbewerbs verbleibende Externalisierung von Risiken über die Preisgestaltung eines Anbieters einer Vielzahl gleichartiger Leistungen hinzunehmen ist.

Das Risiko des vom Kunden nicht verschuldeten Missbrauchs von nicht unterschriebenen Vordrucken trägt nach dispositivem Recht die Bank. Der Kunde haftet für sein Verschulden aus pFV; bei beiderseitigem Verschulden erfolgt eine Schadensteilung nach § 254 BGB.

G. Beweislast

I. Vorliegen einer Weisung

Als einen Aufwendungsersatzanspruch aus § 670 BGB begründende Tatsache muss das bezogene Kreditinstitut das Vorliegen einer Weisung, d. h. insbesondere die Echtheit des Schecks, beweisen.

II. Verschulden eines Drittmissbrauchs

1. Zu Lasten des Scheckkunden

a) § 282 BGB als Ausgangspunkt

Denkbar ist schließlich in Bezug auf die Haftung des Kunden als berechtigtem Vordruckinhaber gegenüber der bezogenen Bank aus pFV - z. B. bei aus unsorgfältiger Aufbewahrung von Vordrucken resultierendem Drittmissbrauch - eine Beweislastverteilung, die von dem Grundsatz abweicht, dass der Anspruchsteller die Voraussetzungen des von ihm geltend gemachten Anspruchs beweisen muss[542]. Vom dogmatischen Ansatzpunkt des § 282 BGB aus kommt eine Beweislastumkehr nicht nur für das in der Norm genannte Verschulden, sondern bereits für das Vorliegen einer objektiven Pflichtverletzung oder deren Kausalität für den Schaden in Betracht. Nach heute wohl einhelliger Ansicht ist § 282 BGB auch auf die pFV bei der Verletzung von Schutzpflichten analog[543] anwendbar, weil die Norm den verallgemeinerungsfähigen Grundsatz enthält, dass der Schuldner die Beweislast für Umstände tragen soll, deren Aufklärung ihm eher als dem Gläubiger zugemutet werden kann[544]. Im Ursprung der Entwicklung zur Beweislastumkehr bei der pFV stand der Vorschlag Raapes[545], dass der Gläubiger die Kausalität einer objektiven Pflichtverletzung des Schuldners für den Schaden nachweisen müsse, um in den Genuss der Beweislastumkehr zu kommen. Gelingt aber ein solcher Nachweis, dürfte auch der Nachweis eines Verschuldens nach dem objektiven Fahrlässigkeitsbegriff des Zivilrechts[546] keine Schwierigkeit mehr darstellen[547], so dass bei entsprechender Sichtweise dem § 282 BGB für die pFV kaum jemals praktische Bedeutung zukäme.

---

542 *Heinemann*, NJW 1990, 2345, 2346; *Larenz*, in: FS Hauß, S. 225, 226.

543 Sie ist direkt anwendbar auf Fälle der Schlechterfüllung, wenn man diese in Übereinstimmung mit den Vorstellungen der Gesetzesverfasser als Teilunmöglichkeit wertet, vertiefend *Emmerich*, in: MünchKomm, Vor § 275 Rn. 343.

544 *Emmerich*, in: MünchKomm, § 282 Rn. 2; *Staudinger/Löwisch*, § 282 Rn. 17; jeweils m. w. N.

545 AcP 147 (1941), 217, 218.

546 Vgl. dazu oben S. 70.

547 So bereits *Heinemann*, NJW 1990, 2345, 2347; *Emmerich*, in: MünchKomm, Vor § 275 Rn. 346.

b) Der Sphärenansatz der Rechtsprechung

Insbesondere die Rechtsprechung hat deshalb inzwischen den Gedanken einer Risikoverteilung nach Gefahren- und Verantwortungsbereichen dergestalt fruchtbar zu machen versucht, dass der Schuldner die Beweislast für das Fehlen der Kausalität eines nachgewiesenen objektiv pflichtwidrigen Verhaltens für Schäden trägt, wenn sich ein Risiko aus dem von ihm beherrschten Gefahrenkreis realisiert[548]. Doch erweist sich die sphärenbezogene Terminologie auch in diesem Zusammenhang als zu unbestimmt[549], weshalb sich auch eher Fallgruppen der Beweislastumkehr wie etwa bezüglich der Schadensursächlichkeit ärztlicher Pflichtverstöße[550] oder bezüglich der Verletzung von Aufklärungspflichten[551] entwickelt haben, als allgemein geltende Prinzipien der Sphärenhaftung. Zudem wäre der Schadensersatz begehrenden Bank mit einer Beweislastumkehr allein bezüglich der Kausalität der objektiven Pflichtverletzung des Scheckkunden für den ihr entstandenen Schaden ohnehin wenig geholfen, da ihre wesentliche Beweisnot darin bestehen dürfte, bei komplexer Kundenorganisation eine konkrete objektive Pflichtverletzung nachzuweisen[552]. Hier wäre also zudem eine Beweislastumkehr bezüglich des Vorliegens einer objektiven Pflichtverletzung erforderlich. Eine solche Beweislastumkehr nimmt die Rechtsprechung allerdings ausnahmsweise auch außerhalb der Produzentenhaftung unter der Voraussetzung an, dass "der Gläubiger im Herrschafts- und Organisationsbereich des Schuldners zu Schaden gekommen ist und die den Schuldner treffenden Vertragspflichten (auch) dahin gingen, den Gläubiger vor einem solchen Schaden zu bewahren"[553].

c) Erfordernis einer konkretisierenden Beschränkung

Ungeachtet dessen, dass man beim Missbrauch eines Scheckvordrucks kaum behaupten kann, dass die einlösende Bank allein im Herrschafts- bzw. Organisationsbereich des Scheckkunden zu Schaden gekommen sei, erscheint diese

---

[548] BGH, LM § 328 Nr. 84 = WM 1987, 1520, 1523 f.

[549] Kritisch zur Brauchbarkeit des Begriffs "Gefahrenkreis" bei der Beweislastverteilung *Larenz*, in: FS Hauß, S. 225, 226; die "Unschärfe" des Sphärenbegriffs rügt *Heinemann*, NJW 1990, 2345, 2351; skeptisch auch *Emmerich*, in: MünchKomm Vor § 275 Rn. 370.

[550] Dazu etwa BGH NJW 1989, 2318; OLG Hamm, VersR 1994, 729.

[551] Z. B. bei unzureichender Information über Börsentermingeschäfte, vgl. dazu etwa LG Hildesheim, WM 1996, 1576.

[552] Sogar skeptisch in Bezug auf das Hinreichen einer solchen Beweislastumkehr *Koller*, JZ 1997, 1068, 1070.

[553] BGH, NJW 1991, 1540, 1541 m. w. N.

Formulierung bereits zu weitgehend. So ist zu bedenken, dass sich die Beweislastumkehr nach Sphären allein daraus rechtfertigt, dass dem Entlasteten ein Beweis wegen fehlender Einsichtsmöglichkeiten nicht zuzumuten ist[554]. Doch kann auch dem dann Belasteten trotz Einblicks in eine "eigene Sphäre" der Beweis ebenfalls kaum möglich und daher jedenfalls aus reinen Sphärenerwägungen nicht eher zumutbar sein. So ist etwa das sorgfältige Aufbewahren von Scheckvordrucken durch deren berechtigten Inhaber kaum beweisbar. Je größer aber die *Beweisnot beider Parteien* insbesondere in Bezug auf eine Sorgfaltspflichtverletzung ist, desto ähnlicher wird zudem die Beweislastumkehr einer materiellrechtlichen Sphärenhaftung des berechtigten Karteninhabers, die gerade nicht dem dispositiven Recht entspricht.

Wenig hilfreich ist insoweit auch die weitere Forderung, dass die Pflicht, in Bezug auf deren Verletzung die Beweislastumkehr greifen soll, auch zur Vermeidung des konkret eingetretenen Schadens bestehen muss. Darin liegt keinerlei Einschränkung, da anderenfalls mangels Schutzzweckzusammenhangs eine Haftung aus pFV auch dann ausscheidet, wenn die Pflichtverletzung als nachgewiesen angesehen wird. Um eine ausufernde Zufallshaftung im Gewand der Beweislastverteilung für den Missbrauch von Medien des bargeldlosen Zahlungsverkehrs zu vermeiden, bedarf es also auch im Rahmen der Beweislastverteilung jenseits des Begriffs der Sphäre liegender Gesichtspunkte.

d) Zur Differenzierung nach Pflichtinhalt in der Literatur

Weiterführend erscheint hier die verbreitete Literaturansicht, die an den unmittelbar von § 282 BGB erfassten Fall der Unmöglichkeit[555] anknüpft und danach differenziert, ob eine Verhaltenspflicht auf den eingetretenen Erfolg bezogen oder rein verhaltensbezogen sei. Sei eine Leistungspflicht erfolgsbezogen, so müsse der Schuldner sich bei Ausbleiben des Erfolgs nach § 282 BGB dafür entlasten. Dabei ist allerdings streitig, ob mit dem Eintritt des Schadens eine hierfür kausale objektive Pflichtverletzung notwendig gleichzusetzen ist[556], oder ob ein kausales objektiv pflichtwidriges Handeln nach § 282 BGB nur widerleglich vermutet wird[557]. Indessen erscheint die Abgrenzung von erfolgsbezogenen und verhaltensbezogenen Pflichten geradezu als Achillesferse auch dieses

---

[554] Das erkannte bereits *Raape*, AcP 147 (1947), S. 317, 222.

[555] Ob und wieweit die pFV der gesetzgeberischen Vorstellung der Teilunmöglichkeit entspricht, kann hier nicht vertieft werden. Dazu etwa Emmerich, in: MünchKomm, Vor § 275 Rn. 343 m. w. N.

[556] So etwa *Staudinger/Löwisch*, § 282 Rn. 21.

[557] So *Larenz*, SchuldR I, § 24 I b), S. 373; *ders.*, in: FS Hauß, S. 225, 235; *Heinemann*, NJW 1990, 2345, 2347.

Ansatzes. Während teilweise die ihrer Natur nach deliktischen Schutzpflichten, zu denen man auch die Sorgfaltspflichten des Scheckkunden bei der Aufbewahrung von Schecks und Vordrucken zählen muss, grundsätzlich als verhaltensbezogen angesehen werden[558], neigt etwa Stoll[559] zum Gegenteil. Aber selbst nach Stoll[560] soll beispielsweise mit dem Diebstahl eines Gutes aus einem Lagerraum zwar die (erfolgsbezogene) objektive Pflichtverletzung des Bewachungsvertrags einer Wach- und Schließgesellschaft feststehen, der daher ihre Entlastung nach § 282 BGB obliege, doch könnten von dem Vermieter des Raums nur die üblichen Sicherungsvorkehrungen verlangt werden, weshalb ihm das (verhaltensbezogene) Unterlassen dieser Vorkehrungen nachgewiesen werden müsse. Letztlich wird man auch danach die Sorgfaltspflichten bei der Aufbewahrung von Schecks und Vordrucken als verhaltensbezogen einzuordnen haben, weil beispielsweise bezüglich eines Diebstahls von Vordrucken dessen Vermeidung nicht zentraler Inhalt des Scheckvertrags ist und der Kunde nur übliche Sicherungsvorkehrungen schuldet. Auch der Ansatz der Differenzierung nach dem Inhalt der verletzten Pflicht vermag daher keine Beweisbelastung des Kunden für das Fehlen einer objektiven Sorgfaltspflichtverletzung bzw. für das Fehlen von deren Kausalität für den Schaden zu begründen.

e) Fazit

Bei Geltendmachung eines Anspruchs aus pFV gegen den Scheckkunden muss die geschädigte Bank auch die objektive Pflichtwidrigkeit des Kundenverhaltens und deren Kausalität für den durch Drittmissbrauch entstandenen Schaden beweisen.

2. Zu Lasten des Kreditinstituts

a) Im Rahmen des BSE-Verfahrens

Prägend für die Beweislastsituation ist das BSE-Verfahren der Kreditinstitute, die bei Schecks bis 5000,- DM ihrer Scheckprüfungspflicht nicht nachkommen[561]. Da insoweit ein Verschulden feststeht, beschränkt sich die Frage der Beweislast darauf, ob eine Scheckfälschung bei Einhaltung der erforderlichen Sorgfalt als solche erkennbar gewesen wäre. Auch insoweit ist das BSE-

---

[558] *Larenz*, in: FS Hauß, S. 225, 235 f.; *Emmerich*, in MünchKomm, Vor § 275 Rn. 373.

[559] AcP 176 (1976), 145, 150, Fn. 21.

[560] AcP 176 (1976), 145, 152 f.; dem folgend *Staudinger/Löwisch*, § 282 Rn. 19.

[561] Vgl. oben S. 72.

Verfahren problematisch, bei dem nach Ablauf von zwei Monaten die Scheckoriginale vernichtet werden (vgl. Abschnitt II Nr. 3 BSE-Abkommen), während davon angefertigte Mikrokopien aufbewahrt werden. Denn, wie bereits festgestellt, kann mit der Reproduktion die Wahrnehmbarkeit von Fälschungsmerkmalen verloren gehen, weshalb die gerichtliche Entscheidung, ob die Fälschung für die Bank erkennbar war, ausnahmslos anhand des Augenscheins der Originale sowohl der Schriftprobe als auch der gefälschten Schecks erfolgen muss[562]. Zwar will Reiser[563] diesbezüglich nach Ablauf der zwei Monate auch den Vergleich anhand der Mikrokopien ausreichen lassen. Das vermag aber angesichts des denkbaren Verlusts von Beweischancen jedenfalls dann nicht zu überzeugen, wenn der Kunde nicht ausreichend Möglichkeit hatte, die Fälschung vor Ablauf der Frist zu erkennen[564]. Durch die Vernichtung der Originale vereiteln die Kreditinstitute daher die Möglichkeit des Nachweises über die Nichterkennbarkeit der Fälschung trotz Einhaltung der erforderlichen Sorgfalt, für die sie nach h. M. die Beweislast tragen[565]. Dies wird mit dem Grundsatz erklärt, dass ein Schädiger, der sich darauf beruft, dass der Erfolg auch bei rechtmäßigem Alternativverhalten eingetreten wäre, dies auch beweisen muss[566]. Aus Sicht Kollers ist hingegen die Nichterkennbarkeit einer Fälschung nicht mit der Figur des rechtmäßigen Alternativverhaltens zu erfassen, weil er die Scheckprüfungspflicht der Kreditinstitute verneint und nur die Verletzung einer Aufklärungspflicht annimmt [567]. Für ihn stellt sich daher die Frage nach der Erkennbarkeit einer Fälschung als Frage nach dem Schutzbereich dieser Aufklärungspflicht[568]. Abweichend begründet Koller[569] daher die Beweislast der Banken besonders bei Verrechnungsschecks damit, dass die Vernichtung der Originale als bedingt vorsätzliche - und damit schuldhafte - Beweisabschneidung durch die Banken zu deren Nachteil wirke[570]. Dieser Ansatz ist auch unter der hier geteilten Prä-

---

[562] Vgl. oben S. 73 f.

[563] WM 1986, 409, 415.

[564] So auch *Koller*, WM 1981, 821, 824.

[565] BGH WM 1984, 1173 f.; WM 1993, 12; *Canaris*, Bankvertragsrecht, Rn. 712; *Reifner* NJW 1987, 630, 631; *Nobbe*, in: Schimansky/Bunte/Lwowski, Bankrechts-Handbuch, § 60 Rn. 116.

[566] So *Canaris*, Bankvertragsrecht, Rn. 712; *Nobbe*, in: Schimansky/Bunte/Lwowski, Bankrechts-Handbuch, § 60 Rn. 116. Als allgemeiner Beweislastgrundsatz entspricht das der h. M., vgl. BGH NJW 1993, 520, 521; *Baumgärtel*, Handbuch der Beweislast im Zivilrecht, Bd. 1, § 249 Rn. 10; Staudinger/*Schiemann*, Vor § 249 Rn. 93.

[567] Wenn jemand durch Aufklärung von der Teilnahme am Scheckverkehr abgehalten worden wäre, so hätte dieses rechtmäßige Alternativverhalten auch den Schaden durch erkennbare Fälschungen vermieden.

[568] Ausdrücklich *Koller*, WM 1985, 821, 824.

[569] WM 1985, 821, 825.

[570] Vgl. auch § 444 ZPO, in dessen Rahmen unter Umständen sogar Fahrlässigkeit reicht, vgl. *Zöller/Geimer/Greger*, § 444 Rn. 1.

misse des Bestehens einer Scheckprüfungspflicht tragfähig, so dass auf die grundsätzlichen Bedenken Grunskys[571] gegen eine Beweisbelastung des Schädigers für die hypothetische Schadensursächlichkeit rechtmäßigen Alternativverhaltens nicht mehr eingegangen werden muss. Allerdings ist die im Ergebnis beifallswürdige Annahme einer schuldhaften Beweisabschneidung durch die Bank aus der Sicht Kollers wenig konsequent, wenn man berücksichtigt, dass einerseits die langfristige Aufbewahrung von eingelösten Schecks offensichtlich unwirtschaftlich ist[572] und andererseits nach Koller gesamtwirtschaftlich effizientes Verhalten gerade nicht schuldhaft sein soll.

b) Außerhalb des BSE-Verfahrens

Außerhalb des BSE-Verfahrens kommen die Kreditinstitute ihrer Prüfungspflicht grundsätzlich nach, so dass ein Bankenverschulden, das als Mitverschulden im Rahmen eines Anspruchs der Bank gegen den Kunden als pFV relevant werden kann, eine Frage des Einzelfalls ist. Auch erfolgt hier keine planmäßige Vernichtung der Scheckoriginale. Für eine Beweislastumkehr kommt daher nur § 282 BGB in Betracht. Indessen wäre bezüglich der Echtheitsprüfung bei Scheckeinlösung nicht einmal eine Beweislastumkehr bezüglich des Vorliegens einer objektiven Pflichtwidrigkeit seitens des einlösenden Instituts relevant: Das entscheidende Gericht wird Scheck und Schriftprobe vergleichen. Hält es die Fälschung für bei Anwendung der erforderlichen Sorgfalt erkennbar, steht damit die objektive Pflichtverletzung seitens der Bank ohnehin fest. Anderenfalls muss die gegenteilige Einschätzung selbst bei nicht erfolgter Scheckprüfung zumindest als Nachweis der hypothetischen Schadensursächlichkeit rechtmäßigen Alternativverhaltens der Bank (Einlösung trotz sorgfältiger Prüfung) genügen. Für eine über das Verschulden hinausgehende Beweislastumkehr ist also kein Bedarf denkbar, der eine rechtsfortbildende Anwendung des § 282 BGB rechtfertigen könnte. Die Beweislast für eine schadensursächliche objektive Pflichtverletzung durch die Bank liegt daher beim ein Mitverschulden der Bank geltend machenden Kunden.

---

[571] In: MünchKomm, Vor § 249 Rn. 91.

[572] Mikrofilme brauchen nur etwa 2 % des Raumes, den die Originale einnähmen, vgl. *Heuer*, NJW 1982, 1505 f.

2. *Abschnitt*

Zahlungen mittels Kredit- bzw. Debetkarte

A. Einführung der verschiedenen Zahlungsformen

Bei Vorlage einer Kredit- bzw. Debetkarte erhält deren Inhaber von einem am jeweiligen Kartensystem teilnehmenden Unternehmen ohne sofortige Barzahlung Waren oder Dienstleistungen. Hierbei unterscheidet man zwischen Systemen mit zwei und solchen mit mehr Parteien[573].

I. Zweiparteiensystem

Beim Zweiparteiensystem, das der Kundenkreditkarte zugrundeliegt, ist der Kartenherausgeber mit dem Anbieter der Ware bzw. Dienstleistung identisch[574]. Dieser räumt seinem Kunden die Möglichkeit ein, gegen Vorlage der Kreditkarte und Unterschrift eines Belegs für den Zahlungsvorgang bzw. Einsatz seiner Karte in einem elektronischen Terminal, gegebenenfalls beleglos unter PIN-Eingabe, bargeldlos Leistungen in Anspruch zu nehmen, ohne dass eine weitere Prüfung der Kreditwürdigkeit erfolgt. Dafür wird ein Kundenkonto eingerichtet, das entweder aufgrund periodischer Sammelabrechnungen oder innerhalb bestimmter Fristen nach Leistungserbringung vom Karteninhaber auszugleichen ist[575]. Die traditionelle Funktion der Kundenkreditkarte, die erstmalig 1894 von der US-amerikanischen Hotel Credit Letter Company herausgegeben wurde und als Urform der Kreditkarte gilt[576], liegt darin, den Kunden zu kreditiertem Konsum zu ermuntern und gleichzeitig an den Kartenherausgeber zu binden, um so dessen Absatz zu erhöhen[577]. Da aber inzwischen Kartenzahlung jeglicher Art

---

[573] *Canaris*, Bankvertragsrecht, Rn. 1623; *Christians*, Neue Zahlungsverkehrsinstrumente, S. 59; *Custodis*, Das Kreditkartenverfahren, S. 3 ff.; *Eckert*, WM 1987, 161; *Pfeiffer*, in: Graf v. Westphalen, ec-Bedingungen, Rn. 1; *Pütthoff*, Die Kreditkarte, S. 3 ff., *Stauder*, in: Stauder/Weisensee, Das Kreditkartengeschäft, S. 14; *Streit*, Kartenzahlung, S. 30 ff.; *Taupitz*, Kreditkartenmißbrauch, § 1 A I, S. 1; *Weller*, Das Kreditkartenverfahren, S. 45 ff.; *Weisensee*, Das Bankkreditkartengeschäft, S. 8 f.

[574] Vgl. *Dorner*, Kreditkartengeschäft, 3.1., S. 29.

[575] Vgl. *Taupitz*, Kreditkartenmißbrauch, § 1 B, S. 3 f.

[576] Vgl. *Rünz*, Nr. 29 der Gelben Reihe (1979), S. 4; *Custodis*, Kreditkartenverfahren, S. 5; *Pütthoff*, Die Kreditkarte, S. 3 ff.; *Hammann*, Die Universalkreditkarte, S. 23.

[577] BGH, JZ 1991, 1141, 1142; *Christians*, Neue Zahlungsverkehrsinstrumente, S. 60; *Dorner*, Kreditkartengeschäft, 2.4., S. 24; 5.1., S. 59; *Hammann*, Die Universal-

als Normalfall bei Geschäften des täglichen Lebens anzusehen ist, spart der Anbieter einer Kundenkarte beim Einsatz derselben auch häufig die Provision, die er beim Einsatz einer Fremdkarte deren Emittenten zahlen müsste. Zudem besteht die Möglichkeit der Gewinnerzielung durch Zinserhebung[578].

Neben der reinen Kundenkreditkarte werden zunehmend sog. Co-Branding-Universalkreditkarten angeboten. Von Co-Branding spricht man, wenn die mit Erkennungszeichen eines Anbieters (z. B. des ADAC) versehene Karte nicht nur zur bargeldlosen Inanspruchnahme von dessen Leistungen sondern in Kooperation mit einem Universalkreditkartenherausgeber als dessen Universalkreditkarte einsetzbar ist[579]. Häufig lässt aber auch ein großer Anbieter von Waren oder Dienstleistungen die Ausgabe von Karten unter seinem Namen von einem auch die Kundenkredite gewährenden Kreditinstitut besorgen[580], was zu einer Drei-Parteien-Struktur wie bei den Universalkreditkarten führt.

Streng genommen liegt die Betrachtung der Kundenkreditkarte als „verwaltungstechnisch vereinfachter Form des Konsumentenkredits"[581] außerhalb des Themas „Bargeldloser Zahlungsverkehr": da der Karteneinsatz nicht der Tilgung einer Geldschuld im Verhältnis des Karteninhabers zum Verkäufer/Dienstleister dient, ist die Kundenkreditkarte kein Zahlungsmittel[582]. In einem weiten rechtssoziologischen Sinne, kann man aber durchaus von bargeldloser Zahlung sprechen, zumal es aus der Sicht des Karteninhabers kaum einen Unterschied macht, ob er mit einer Kundenkarte oder einer Universalkreditkarte zahlt.

II. Mehrparteiensystem

Beim Mehrparteiensystem tritt zwischen den Verkäufer bzw. Dienstleister (Vertragsunternehmen) und seinen entgeltpflichtigen Kunden (Karteninhaber) das Kartenunternehmen (Kartenherausgeber) bzw. ein Unternehmensverbund

---

kreditkarte, S. 22; *Martinek*, in: Schimansky/Bunte/Lwowski, Bankrechts-Handbuch, § 67 Rn. 2; *Pfeiffer*, in: Graf v. Westphalen, Kreditkartenvertrag, Rn. 6; *Taupitz*, Kreditkartenmißbrauch, § 1 C, S. 4; *Weller*, Kreditkartenverfahren, S. 50.

[578] Vgl. *Streit*, Kartenzahlung, S. 30, Fn. 29.

[579] Vgl. dazu *Dorner*, Das Kreditkartengeschäft, S. 57; *Pfeiffer*, in: Graf v. Westphalen, Kreditkartenvertrag, Rn. 5; *v. Usslar/v. Morgen*, Kreditkarten-Praxis, S. 120).

Über bloßes Co-Branding hinaus geht etwa die nach Der Spiegel, 3/1999, S. 85, von der Lufthansa intendierte "Miles and More"-Karte, bei der für Kartenzahlung bei beliebigen Vertragsunternehmen Nachlässe auf Flugpreise gewährt werden sollen ("Meilensammeln"). Zur noch bestehenden zugaberechtlichen Unzulässigkeit des Meilensammelns per American-Express-Kreditkarte allerdings BGH, WM 1999, 420 ff.

[580] So etwa bei der BAHR-Card durch die WestLB oder bei der real,-card durch die Citibank Privatkunden AG.

[581] *Junker*, DStR 1994, 1461.

[582] Vertiefend *Böttger*, Nr. 30 der Gelben Reihe (1979), S. 6 f.

als spezialisierter Anbieter bargeldloser Zahlung[583]. Mehrparteienkarten sind Mittel zur Erfüllung von Geldschulden und damit Medien des bargeldlosen Zahlungsverkehrs[584]. Im Mehrparteiensystem bestehen zumindest drei Rechtsverhältnisse, nämlich das zwischen Karteninhaber und Vertragsunternehmen, in dem die Zahlung erfolgen soll (Valutaverhältnis), das zwischen Karteninhaber und Kartenherausgeber (Deckungsverhältnis) und das zwischen Kartenherausgeber und Vertragsunternehmen (Vollzugsverhältnis). Anders als bei der Scheckzahlung bestehen im Vollzugsverhältnis rahmenvertragliche Dauerschuldverhältnisse, weshalb dieses näherer Betrachtung bedarf.

Unterscheiden lassen sich zunächst Debetkarten und hier sog. Universalkreditkarten[585].

1. Debetkarten

a) Eigenschaften und Durchführung der Zahlung

Debetkarten werden von einem kontoführenden Institut zur bequemen bargeldlosen Verfügung[586] über ein vorhandenes Konto herausgegeben[587]. Eine besondere Kreditierungsfunktion kommt dieser Kartenform nicht zu. Vielmehr werden die getätigten Umsätze umgehend vom Konto abgebucht[588]. Die Be-

---

[583] Vgl. nur *Hadding*, in: FS Pleyer, S. 17; *Martinek*, Kreditkartenverträge, § 23 I, S. 62, *Merkel*, Kreditkarte, S. 26; *Pfeiffer*, in: Graf v. Westphalen, Kreditkartenvertrag, Rn. 1; *Weisensee*, Das Bankkreditkartengeschäft, S. 6; *Zahrnt*, NJW 1972, 1077, 1078.

[584] *Böttger*, Nr. 30 der Gelben Reihe (1979), S. 3; *Canaris*, Bankvertragsrecht, Rn. 1623; *Hadding*, in: FS Pleyer, S. 17; *Hammann*, Die Universalkreditkarte, S. 27; *Pfeiffer*, in: Graf v. Westphalen, ec-Bedingungen, Rn. 1; *Schönle*, Bank- und Börsenrecht, § 29 I 1 a), S. 342; *Rünz*, Nr. 30 der Gelben Reihe, 1979, S. 6.

[585] Nach Anh. 1 zu: "Neue Kartenzahlungssysteme für Europa" Mitteilung der Kommission der Europäischen Gemeinschaften an den Rat (Kom [86]754 endg.), unterscheidet die Kommission zwischen Debetkarten und Kreditkarten als Dreiparteienkreditkarten (Nr. 4.2 Anh.), während Zweiparteienkreditkarten als Kundenkreditkarten bezeichnet werden (Nr. 4.4 Anh.). Allerdings sind aus dem Anwendungsbereich der Mitteilung Karten ausgenommen, die im Belegverfahren einsetzbar sind (Nr. 3 Anh.). Die Empfehlung der Kommission vom 17. November 1988 zu Zahlungssystemen, insbesondere zu den Beziehungen zwischen Karteninhabern und Kartenausstellern (88/590/EWG) unterscheidet hingegen nur noch zwischen "Kundenkreditkarte" und "Zahlungsinstrument", worunter alle Dreiparteienkarten fallen, die Zahlungen im Belegverfahren oder im elektronischen POS-Verfahren erlauben (Nr. 2 Anh. der Empfehlung).

[586] Vgl. insb. zum POS mittels ec-Karte *Christians*, Neue Instrumente des Zahlungsverkehrs, S. 97 f.

[587] Vgl. *Ikas*, EFTPOS, S. 1; *Weisensee*, Das Bankkreditkartengeschäft, S. 179; *Weller*, Kreditkartenverfahren, S. 27 f.

[588] *Gößmann*, in: Schimansky/Bunte/Lwowski, Bankrechts-Handbuch, § 68 Rn. 1; *Streit*, Kartenzahlung, S. 33. Allerdings ist beim sog. deferred debit, bei dem die Konto-

rechtigung zur Kreditschöpfung richtet sich daher nach dem für das Konto eingerichteten Dispositionskredit. Die wichtigste Debetkarte ist die ec-Karte[589], bei der die Debetkartenfunktion inzwischen die Möglichkeit der Ausstellung von eurocheques als prägendes Merkmal verdrängt hat[590]. Zahlungen im Inland[591] erfolgen dabei innerhalb des electronic cash-Systems, das auf der „Vereinbarung über ein institutsübergreifendes System zur Zahlung an bargeldlosen Kassen (electronic-cash-System)" der Spitzenverbände der deutschen Kreditwirtschaft und der Deutschen Bundespost/Postbank von 1990 (im weiteren: POS-Vereinbarung) [592] beruht. Das diesem zugrundeliegende Zahlungsverfahren ist das sogenannte „electronic fund transfer at the point of sale" (EFT-POS/POS)[593, 594]. Dabei wird die Zahlung dergestalt durchgeführt, dass der Karteninhaber, sobald der zu zahlende Betrag feststeht, sich an einem POS-Terminal, das sich beim Verkäufer/Dienstleister befindet, durch Einschieben seiner Karte, von deren Magnetstreifen codiert gespeicherte Daten ausgelesen werden, und Eingabe seiner PIN legitimiert[595]. Der dadurch ausgelöste Zahlungsvorgang zerfällt in die Autorisierung, d. h. das „Gutheißen der Zahlung",

belastung erst einige Tage nach Karteneinsatz erfolgt, auch mit dem Einsatz der Debetkarte eine marginale Kreditierung verbunden.

589 Außerdem zu erwähnen sind POS-taugliche Kundenkarten wie etwa die S-Card der Sparkassen, die ebenfalls am electronic-cash teilnehmen, vgl. *Harbeke*, WM 1994 Sonderbeil. 1, S. 6. Ein jüngeres Konkurrenzprodukt ist die VISA-Electron-Card.

590 Bei der Eröffnung von Girokonten erhält der Kunde allgemein unaufgefordert eine ec-Karte samt Zuteilung einer PIN, sofern er keinen gegenteiligen Willen äußert, während er eurocheques erst bei Äußerung eines entsprechenden Wunsches bekommt.

591 Ferner erlauben die am electronic-cash-System teilnehmenden Karten bargeldlose Zahlung innerhalb Europas über den european debit card-Verbund (edc) und außerhalb Europas über Maestro, vgl. *Pfeiffer*, in: Graf v. Westphalen, ec-Bedingungen, Rn. 1. Maestro soll sukzessive die Marke edc ersetzen.

592 Abgedruckt bei Schimansky/Bunte/Lwowski, Bankrechts-Handbuch, Anh. 2 zu §§ 67, 68.

593 Vertiefend *Brockmeier*, Das POS-System; *Ikas*, EFTPOS; *Klingner-Schmidt*, ec-Service, S. 115 ff; *Petring*, POS-Zahlungen; *Schneider*, POS mit der ec-Karte; *Strohdeicher*, Risiken des automatisierten Zahlungsverkehrs.

594 Neben dem POS-Verfahren erlaubt die ec-Karte seit 1990 zudem Zahlungen im Wege des sogenannten POZ (point of sale ohne Zahlungsgarantie), das jedoch nicht gesondert betrachtet werden soll Beim POZ legitimiert sich der Kunde durch Vorlage der Karte und - statt Eingabe der PIN - durch seine Unterschrift unter eine Einzugsermächtigung. Zudem erfolgt die Abfrage der Sperrdatei zur Sicherung vor Missbrauch, auf die allerdings bei Beträgen unter 60 DM verzichtet werden kann. Bei POZ handelt es sich also um eine besondere Form des Lastschriftverfahrens, das für die teilnehmenden Anbieter von Waren bzw. Dienstleistungen mangels garantierter Zahlung zwar weniger sicher, dafür aber auch weniger kostenträchtig ist, als das POS-Verfahren (vgl. auch *Häde*, ZBB 1994, 33, 41).

595 *Blaurock*, CR 1989, 561, 562; *Fervers*, WM 1988, 1037, 1039; *Gößmann*, in: Schimansky/Bunte/Lwowski, Bankrechts-Handbuch, § 68 Rn. 2; *Petring*, POS-Zahlungen, S. 11; *Klingner-Schmidt*, ec-Service, S. 116.

und das Clearing, den eigentlichen Zahlungsvorgang. Die Autorisierung umfasst die Prüfung der Identität des Zahlenden mit dem Verfügungsberechtigten anhand der eingegebenen PIN, der Echtheit der Karte und der Bonität des Zahlenden. Insbesondere die PIN ist in Form eines Datensatzes auf der Karte gespeichert, aus dem sich mithilfe eines externen Schlüsselcodes die PIN errechnen lässt[596]. Bei der heute standardmäßigen online-Autorisierung[597] werden die eingelesenen Daten verschlüsselt über Datenfernübertragung an den Autorisierungsrechner, der anhand der auf dem Magnetstreifen gespeicherten Bankleitzahl ermittelt wird, weitergeleitet[598] Den umgekehrten Weg nimmt dann die Zustimmung zum Zahlungsvorgang[599]. Das Clearing richtet sich nach den Fähigkeiten des eingesetzten Terminals, die eine Sofortbuchung auf dem Kartenkonto über Datenfernübertragung (Online/Real-time-POS) umfassen können[600]. Dabei hat das Vertragsunternehmen für die Nutzung des Systems ein prozentual am Umsatz bemessenes Entgelt an das kartenherausgebende Institut zu entrichten[601].

b) Systembeteiligte

Zu den für die bargeldlose Zahlung notwendig beteiligten drei Parteien, dem Vertragsunternehmer, dem Karteninhaber und dem in die POS-Vereinbarung eingebundenen Kartenherausgeber, treten beim electronic-cash-Verfahren durch Vertrag[602] mit den Unterzeichnern der POS-Vereinbarung zugelassene Netzbetreiber (GZS, Gesellschaft für Zahlungssysteme mbH, Rechenzentren, etc.), die den dem POS-System immanenten elektronischen Datenaustausch gewährleis-ten. Diese sind insbesondere für die Aufstellung der POS-Terminals und deren Anschluss an den Betreiberrechner verantwortlich[603]. Die Akquisition der Vertragsunternehmer erfolgt durch Vereinbarung der Bedingungen für die Teilnahme am electronic-cash-System der deutschen Kreditwirtschaft, wobei der Netzbetreiber als Bote der Teilnehmer der POS-Vereinbarung gegenüber dem

---

[596] Vgl. *Bucher*, Risikoverteilung, S. 236; *Ikas*, EFTPOS, S. 19; *Paul*, NJW-CoR 1994, 284, 285; *Pausch*, VuR 1997, 121, 124.

[597] Vertiefend *Ikas*, EFTPOS, S. 16 ff.

[598] *Gößmann*, in: Schimansky/Bunte/Lwowski, Bankrechts-Handbuch, § 68 Rn. 2; *Ikas*, EFTPOS, S. 17; *Klingner-Schmidt*, ec-Service, S. 118.

[599] *Oechsler*, Kreditkartengeschäft, S. 136.

[600] *Christians*, Neue Zahlungsverkehrsinstrumente S. 73; *Gößmann*, in: Schimansky/Bunte/Lwowski, Bankrechts-Handbuch, § 68 Rn. 2; *Ikas*, EFTPOS, S. 20 ff.; *Schneider*, POS mit der ec-Karte, S. 8.

[601] *Klingner-Schmidt*, ec-Service, S. 131.

[602] Vertragsmuster abgedruckt bei *Ikas*, EFTPOS, Anh. III, S. 263.

[603] *Klingner-Schmidt*, ec-Service, S. 116.

Unternehmer fungiert[604]. Näher betrachtet werden sollen im Folgenden allerdings nur die Beziehungen zwischen Karteninhaber, -herausgeber und Vertragsunternehmer, von deren wechselbezüglicher Ausgestaltung die Verteilung des Missbrauchsrisikos abhängt.

2. *Universalkreditkarten*

a) Durchführung der Zahlung

Das für Durchführung der Zahlung bei Universalkreditkarten prägende unterschriftsgestützte Belegverfahren erfolgt dergestalt, dass beim Vertragsunternehmen insbesondere die Kreditkartendaten (Name des Karteninhabers, Kartennummer, Gültigkeitszeitraum) und die zu begleichende Forderung auf einen Belastungsbeleg (Slip) mit einer (online-Verfahren) bzw. zwei Durchschriften (offline-Verfahren) übertragen werden[605], den der Karteninhaber unterzeichnet. Das Original verbleibt beim Vertragsunternehmen; eine Durchschrift erhält der Karteninhaber. Bei der traditionellen offline-Transaktion wird die zweite Durchschrift dem Kartenherausgeber zugesendet. Nur bei Überschreitung eines bestimmten Limits des Vertragsunternehmers für den Rechnungsendbetrag muss dieser vorab telefonisch beim Kartenemittenten eine Genehmigung einholen. Bei Vorhandensein eines modernen online-Terminals außer bei dessen Störung zwingend vorgesehen[606] ist heute hingegen der Einsatz der Karte im Terminal, welches die Rechnungsdaten an den Kartenherausgeber im Rahmen einer online-Verbindung übermittelt, bei der jede Zahlung vom Kartenherausgeber autorisiert werden muss (sog. „0-Limit"[607]). Schließlich ist auch beleg- und unterschriftslose Zahlung vorgesehen, bei der sich der Karteninhaber an automatisierten Kassen durch Eingabe seiner PIN legitimiert.

Nach Erhalt der Rechnungsdaten transferiert der Kartenherausgeber den entsprechenden Betrag abzüglich eines prozentual festgelegten Disagios auf das Girokonto des Vertragsunternehmens. Seinerseits macht er die aufsummierten Zahlungsposten gegenüber dem Karteninhaber geltend. Hierbei kann man ent-

---

[604] *Ikas*, EFTPOS, S. 38; *Klingner-Schmidt*, ec-Service, S. 129.

[605] Bei Einsatz eines online-Terminals werden die Kartendaten vom Magnetstreifen ausgelesen, mit denen dann Belegdrucker angesteuert werden. Die dreifache Belegerstellung im offline-Verfahren erfolgt aber auch noch traditionell mit Prägeapparat.

[606] Vgl. etwa Nr. 3.1 Abs. 1, Nr. 2 Teilnahmebedingungen für den EUROCARD-/-VISA-Akzeptanzservice der EURO Kartensysteme.

[607] Vgl. nur Nr. 3 Teilnahmebedingungen für den EUROCARD-/VISA-Akzeptanzservice der EURO Kartensysteme.

sprechend US-amerikanischer Kodifikation[608] weiter differenzieren zwischen charge-cards[609], bei denen die mit der Karte getätigten Umsätze vom Karteninhaber gegenüber dem Kartenherausgeber zu periodischen Fälligkeitsterminen vollständig zu begleichen sind, und credit-cards, bei denen mit der Kartenzahlungsmöglichkeit gleichzeitig ein revolvierender Kredit eingeräumt wird, der in bestimmten Raten zu tilgen ist. In der Regel bucht der Kartenherausgeber den Monatsumsatz (charge-card) bzw. die vereinbarte Rate (credit-card) im Wege des Lastschriftverfahrens vom Girokonto des Karteninhabers ab, ohne dabei das Disagio weiterzugeben[610]. Vorgesehen, aber bislang ohne praktische Bedeutung ist die Möglichkeit, dass der Karteninhaber an automatisierten Kassen statt einen Beleg zu unterschreiben seine PIN einsetzt. Praktiziert wird auch beleglose Zahlung ohne Vorlage der Kreditkarte (Teleshopping, Mailorder). Diese erfolgt einerseits in der Form, dass dem Vertragsunternehmen lediglich die Kartennummer fernmündlich oder via Internet genannt wird[611]. Andererseits wird im Rahmen schriftlicher Bestellungen die Angabe der Kartennummer durch eine Unterschrift ergänzt.

b) Zu den Möglichkeiten weiterer Differenzierung

aa) Teilzahlungsoption

Treffend wird die Unterscheidung zwischen charge- und credit-card im Deutschen durch die Bezeichnung als Kreditkarten ohne bzw. mit Teilzahlungsmöglichkeit erfasst[612]. Wenig hilfreich ist hingegen der Vorschlag, Karten ohne Kredit als Universalkreditkarten und solche mit der Möglichkeit eines Kredits als Bankkreditkarten zu bezeichnen[613], da die Kreditoption sich nicht danach richtet, ob der Herausgeber eine Bank ist. So sind die meisten Karten des bank-

---

[608] Vgl. *Merkel*, Kreditkarte S. 56 ff.; *ders.*, WM 1990, 253 ff.; *Metz*, NJW 1991, 2804, 2811; zur Differenzierung zwischen charge- und credit-cards auch *Streit*, Kartenzahlung, S. 35 f.

[609] Der Begriff meint eigentlich "Karte zum Anschreiben", vgl. *Dorner*, Kreditkartengeschäft, 2.2. S. 21, und war auf die Ursprungsform der Kreditkarte, die Kundenkarte, gemünzt.

[610] Vgl. *Custodis*, Das Kreditkartenverfahren, S. 15; *Hammann*, Die Universalkreditkarte, S. 27; *Junker*, DStR 1994, 1461; *Hadding*, in: FS Pleyer, S. 17; *Meder*, JuS 1996, 89, 94; *Pfeiffer*, in: Graf v. Westphalen, ec-Bedingungen, Rn. 1; *Streit*, Kartenzahlung, S. 32; *Taupitz*, Kreditkartenmißbrauch, § 1 B S. 6; *Weller*, Kreditkartenverfahren, S. 10.

[611] Vgl. *Martinek*, in: Schimansky/Bunte/Lwowski, Bankrechts-Handbuch, § 67 Rn. 4.

[612] So *Seibert*, DB 1991, 429 f.; *Streit*, Kartenzahlung, S. 35.

[613] *Weller* , Kreditkartenverfahren, S. 50 ff.

gestützten Systems EUROCARD Chargekarten[614], während der Kreditkartenspezialist American Express neuerdings auch eine Ratenzahlungsmöglichkeit einräumt[615]. Immerhin ist die am längsten auf dem Markt befindliche Diners Club-Karte[616] nach wie vor eine reine Chargekarte.

Der Hauptnutzen der Chargekarte für den Karteninhaber liegt daher wie bei der Debetkarte in der komfortablen Zahlungsmöglichkeit[617], denn auch die Phase zinsfreier Kreditierung bei der Chargekarte ist nur kurz. Soweit Kreditkartenverträge darüber hinaus dem Kunden eine Teilzahlungsmöglichkeit einräumen und somit im Interesse des Handels den kreditierten Absatz fördern, knüpfen sich daran zwar erhebliche Folgen wie etwa die Anwendbarkeit des VerbrKrG auf den Kreditkartenvertrag[618]. Besonderheiten für das Drittmissbrauchsrisiko ergeben sich aber nicht. Im Folgenden sind Kreditkarten mit und ohne Teilzahlungsmöglichkeit gemeint, wenn von Universalkreditkarten die Rede sein wird[619].

bb) „Echte" Drei-Parteien- und Interchange-Systeme

In Bezug auf Universalkreditkarten wird schließlich zum Teil zwischen „echten" Drei-Parteien-Systemen (Diners Club, American Express) und Interchange-Systemen (EUROCARD, VISA) differenziert[620]. Bei letzteren wird die Leistung des Kartenherausgebers von mehreren Unternehmen erbracht. Dabei akquiriert eine zentrale Kartengesellschaft oder eine dieser vertraglich verbundene weitere Gesellschaft die Vertragsunternehmen und schließt mit diesen Verträge über die Akzeptanz der Kartenzahlung. Die zentrale Gesellschaft vergibt ferner an weitere Unternehmen, bei denen es sich regelmäßig um Banken handelt, Lizenzen zum Schluss von Kreditkartenverträgen und zur Emission von solchen Kredit-

---

614 Vgl. *Pfeiffer*, in: Graf v. Westphalen, Kreditkartenvertrag, Rn. 2; *Streit*, Kartenzahlung, S. 33.

615 Auch VISA-Karten sind wahlweise mit und ohne Ratenzahlungsmöglichkeit erhältlich.

616 Gegründet wurde Diners Club 1950, vgl. *Hammann*, Die Universalkreditkarte, S. 24; *Taupitz*, Kreditkartenmißbrauch, § 1 C, S. 5. Heute werden die Karten von der Citicorp herausgegeben.

617 *Streit*, Kartenzahlung, S. 33, 35.

618 Vgl. BT Drucks. 11/5462, S. 18; *Martinek*, Kreditkartenverträge, § 23 VI 4 a S. 89 ff.; *Metz*, NJW 1991, 2804, 2811; *Seibert*, DB 1991, 429, 430.

619 Ebenso ohne weitere Differenzierung verwenden den Begriff auch *Eckert*, WM 1987, 161; *Häde*, ZBB 1994, 33 ff.; *Hammann*, S. 22 f.; *Martinek*, S. 63 ff.; *Meder*, JuS 1996, 89, 94.

620 So etwa *Merkel*, Kreditkarte, S. 27; *Streit*, Kartenzahlung, S. 33; *Taupitz*, Kreditkartenmißbrauch, § 1 C und D.

karten an die Karteninhaber[621], die ein einheitliches Erkennungszeichen tragen und so die Vermarktung als ein weitverbreitetes Kartenprodukt erlauben[622]. Das Interchange-System lässt sich also durchaus als Franchise-Geschäft begreifen[623].

In rechtlicher Hinsicht kein Interchange-System ist das von der Euro Kartensysteme alternativ zur Lizensierung der Kartenemission angebotene Kooperationsmodell, bei dem die Euro Kartensysteme zusammen mit einem Kreditinstitut Karten dergestalt herausgibt, dass die Euro Kartensysteme rechtlich als Emittent fungiert und nur die wirtschaftliche Verantwortung - insbesondere das Haftungsrisiko - im Innenverhältnis beim Kreditinstitut liegt. Von den Anfang 1999 in Deutschland ausgegebenen rund 8, 4 Mio. EUROCARDs wurden immerhin etwa 4,3 Mio. im Rahmen dieses Kooperationsmodells emittiert[624].

Im Folgenden wird auf die Besonderheiten des Interchange-Verfahrens nur eingegangen, soweit dies für die hier besonders interessierende Risikoverteilung im Deckungsverhältnis zwischen Karteninhaber und Kartenherausgeber relevant ist.

---

[621] Die für die Akquisition von Vertragsunternehmern zunächst nur für die EUROCARD zuständige Hauptlizenznehmerin der belgischen Europay International S. A. in Deutschland ist nicht mehr die Gesellschaft für Zahlungssysteme mbH (GZS), sondern die EURO Kartensysteme EUROCARD und eurocheque GmbH. Diese lizensiert nunmehr auch das Emissionsgeschäft durch weitere Banken. Die amerikanische VISA International akquirierte hierzulande zunächst in erster Linie über die B+S Card Service GmbH bei zentraler Lizensierung des Emissionsgeschäfts, vgl. vertiefend *Reinfeld*, WM 1994, 1505, 1507 ff. Inzwischen betreibt auch die EURO-Kartensysteme Akquisition für VISA-Karten (in Vertretung der EURO Kartensysteme VISA Acquiring GmbH) und umgekehrt die B+S Card Service Akquisition für EUROCARDS.

Auch die Abrechnung der einzelnen Zahlungsposten der Vertragsunternehmen (Processing) erfolgt zur Entlastung der Kartenherausgeber zentral; für die EURO-Kartensysteme immer noch durch die GZS.

[622] Vgl. *Etzkorn*, WM 1991, 1902; *Junker*, DStR 1994, 1461, 1462; *Pfeiffer*, in: Graf von Westphalen, Kreditkartenvertrag, Rn. 4. Bei der EUROCARD übernimmt auch diese Aufgabe die Euro Kartensysteme.

[623] So spricht denn auch die Präambel des von der Euro Kartensysteme verwandten Vertragsmusters für Lizenzen zur Emission von Karten vom "EUROCARD/MasterCard-Franchisesystem".

[624] Information aus den Internetseiten der EURO-Kartensysteme.

B. Die in Betracht kommenden Formen von Fälschung und Missbrauch

I. Belegverfahren

1. Missbrauch echter Karten

Zentrale Form des Drittmissbrauchs beim Belegverfahren ist die Verwendung einer echten Kreditkarte, die der berechtigte Inhaber entweder freiwillig weggegeben hat, oder die ihm durch Raub, Diebstahl oder schlichtes Verlieren abhandengekommen ist. Hiergegen bietet insbesondere das Erfordernis der Unterzeichnung des Belegs keinen sicheren Schutz, da demjenigen, der die Karte missbrauchen will, mit der Unterschriftsprobe des Berechtigten auf der Karte in jedem Fall eine Vorlage zum Üben in die Hände fällt[625]. Besonders leicht ist insoweit der Missbrauch mithilfe von auf dem Versand an den Kunden abgefangenen Kreditkarten, die der Dieb selbst mit einer Unterschrift versehen kann. Effektiveren Schutz gegen diese Missbrauchsformen bietet hingegen die verbreitete Ausstattung der Kreditkarte mit dem Photo des Berechtigten.

2. Kartenfälschung

Möglich ist ferner der Missbrauch durch Erstellung von Kopien echter Karten sowie sogar die Anfertigung vollständig gefälschter Karten[626]. Soweit hierfür auf die echte Karte (zur Kopie der Magnetstreifendaten) zugegriffen wird oder die Kreditkartendaten von Belastungsbelegen abgeschrieben werden, kommen typischerweise die Angestellten der Vertragsunternehmen als Täter in Frage, denen der Karteninhaber zur Zahlung die Karte aushändigt[627].

3. Belegfälschung

Gleiches gilt insoweit für die nachträgliche Manipulation der Summe echter Belege oder die Totalfälschung von Belegen.

---

[625] *Martinek*, Kreditkartenverträge, § 23 II 3, S. 85; *Taupitz*, Kreditkartenmißbrauch, § 2 C. II, S. 23.

[626] Jüngst berichtete Focus, 52/1998, S. 12, über die massenhafte Duplizierung von Kreditkartenmagnetstreifen in einer offiziellen Wechselstube an einem ungarischen Touristenort.

[627] Vertiefend *Taupitz*, Kreditkartenmißbrauch, § 2 C. II., S. 25.

II. Belegloses Verfahren

Beim beleglosen Zahlen „legitimiert" sich ein Nichtberechtigter durch Angabe der Kartennummer, die er auf beliebige Weise ausgespäht hat, bei schriftlicher Bestellung gegebenenfalls zusätzlich durch Unterschriftsfälschung, als berechtigter Karteninhaber.

III. POS unter PIN-Einsatz

1. Missbrauch der echten Karte

a) Erspähung/Erfragung der PIN

Die wohl wichtigsten Fälle des Missbrauchs sind solche, bei denen sich ein Dritter - sei es einvernehmlich mit dem berechtigten Inhaber, sei es durch Raub oder Diebstahl - die echte Karte verschafft und die PIN von einer Aufzeichnung des Karteninhabers abliest oder bei Eingabe in ein Terminal gezielt ausspäht. Die vielfältigen Möglichkeiten schlichter Beobachtung[628] lassen dabei das jüngst befürchtete Empfangen und Auswerten der elektromagnetischen Strahlung bei der Bedienung einer Geldautomatentastatur ("Bloßstellende Abstrahlung")[629] als prohibitiven Aufwand erscheinen. Relevant ist auch die - gegebenenfalls durch Täuschung [630] - oder Zwang veranlasste Mitteilung der PIN durch den Berechtigten. Besonders dreiste Täter haben sogar schon Vorsätze vor Geldautomaten montiert, in die Kunden erst die Karte und dann ihre PIN eingaben. Den Kunden wurde dann die Einziehung der Karte vorgespiegelt[631]. Möglich ist schließlich ein Abfangen von Karte und gesonderter PIN-Mitteilung jeweils beim Versand an den Kunden, auf den jedenfalls die Direktbanken nicht verzichten können.

---

[628] Näher dazu *Pausch*, CR 1997, 174, 178 ff.

[629] Etwa *Strube*, WM 1998, 1210, 1216; eine Sicherheit der Geldautomaten in dieser Hinsicht annehmend *Aepfelbach/Cimiotti*, WM 1998, 1218, 1221.

[630] Beispielsweise wird dem Karteninhaber vorgegaukelt, ein Mitarbeiter des Systemträgers wolle zu Überprüfungs- oder Wartungszwecken die PIN erfragen.

[631] *Bieber*, WM 1987, Sonderbeilage Nr. 6, S. 5; *Strohdeicher*, Risiken des automatisierten Zahlungsverkehrs, S. 69 f. Dies zu verhindern geben Geldautomaten inzwischen vielfach die eingeführte Karte kurz wieder aus, um sie dann für Zahlungsvorgänge ganz einzuziehen. Die beschriebene Missbrauchsform dürfte dadurch allerdings nur erschwert, nicht aber ausgeschlossen werden. *Pausch*, CR 1997, 174, 177 berichtet gar von der Aufstellung zunächst geraubter und mit neuem Innenleben ausgestatteter Automaten.

b) Entschlüsselung/Ausprobieren der PIN

aa) Altes und neues Verfahren

Die PIN ist bei allen auf PIN-Einsatz basierenden Karten mit einem sog. DES-Schlüssel (DES=Data Encryption Standard des US-amerikanischen Federal Bureau of Standards) verschlüsselt auf der Magnetkarte gespeichert.

Nach dem 1996 neu eingeführten Verfahren für das POS-System insbesondere der ec-Karte, für die sich im Gegensatz zu Kreditkarten einheitliche Aussagen treffen lassen, befindet sich dieser Schlüssel nur in den Rechenzentren der jeweiligen Kartenemittenten, die verschiedene eigene Schlüssel benutzen, welche lediglich in Bezug auf bestimmte Voraussetzungen übereinstimmen. Die PIN der vorher ausgegebenen Karten ließ sich nicht nur mit dem Institutsschlüssel, sondern auch mithilfe eines systemeinheitlichen Poolschlüssels ermitteln, der für die offline-Prüfung durch Geldautomaten vorgesehen war und in diesen gespeichert wurde. Seit 1997 werden jedoch die Magnetstreifendaten, die eine PIN-Ermittlung mithilfe des Pool-Schlüssels ermöglichen ("Offset"), systematisch bei Geldabhebungen gelöscht[632].

Ein gravierender Unterschied beider Verfahren ergibt sich zudem daraus, dass ältere Karten mit einem 56-Bit-DES-Code verschlüsselt wurden, während heutige Karten nach dem sog. Triple-DES mit mindestens 112 Bit verschlüsselt werden[633].

bb) Dechiffrieren des Schlüssels

Die missbräuchliche Ermittelbarkeit dieses Schlüssels, mit dessen Hilfe die PIN einer beliebigen POS-tauglichen Karte aus den auf der Karte gespeicherten Informationen in kurzer Zeit ermittelt werden kann, haben bislang OLG Hamm[634], AG Oschatz[635], AG Wildeshausen[636] sowie jüngst AG Frankfurt[637] und LG Berlin[638] allesamt in Bezug auf das „alte" PIN-Verfahren als realistisch

---

[632] *Aepfelbach/Cimiotti*, WM 1998, 1218, 1219; *Schindler*, NJW-CoR 1998, 223.

[633] Dazu *Stenger*, Anm. zu LG Hannover, NJW-CoR 1998, S. 304, 308; instruktiv ist auch die Datenaufstellung in NJW-CoR 1998, 225.

[634] NJW 1997, 1711 = WM 1997, 1203 = WuB I D 5 c. - 3.97 m abl. Anm. *Aepfelbach/Cimiotti*.

[635] NJW 1996, 2385 (Strafkammer) = WM 1997, 65 = WuB I D 5 c. 2.97.

[636] WM 1998, 1128, 1130 f.

[637] CR 1998, 723.

[638] ZBB 1999, 85.

angenommen. Die übrigen mit der rein tatsächlichen Frage befassten Gerichte haben die Möglichkeit in den Bereich der Theorie verwiesen[639].

Während sich allerdings die vollmundige Ankündigung des Hamburger Chaos Computer Clubs, einen besonderen Entschlüsselungscomputer zu bauen[640], offenbar erledigt hat, ist es der amerikanischen Electronic Frontier Foundation (EFF) gelungen, einen solchen „DES-Cracker" zu bauen, welcher DES-Schlüssel - allerdings unter Zuhilfenahme tausender vernetzter Heimcomputer - bereits in weniger als 23 Stunden dechiffriert hat[641]. Offenbar mit dessen Hilfe plant Clubsprecher Müller-Maguhn nunmehr, einen Beispieldatensatz zu dechiffrieren[642]. Freilich betrifft dies nur 56-Bit-Schlüssel. Die heute gebräuchliche Triple-DES-Codierung gilt auch nach Einschätzung des Bundesamtes für Sicherheit und Informationstechnik als gegenwärtig sicher[643].

Nur für „Altfälle" ist also eine PIN-Errechnung nach Dechiffrierung des durch Geldautomatendiebstahl erlangten Poolschlüssels denkbar[644]. Dazu müssten spätestens 1996 kriminelle Kreise Zugriff auf Entschlüsselungscomputer bekommen haben und der Poolschlüssel derart bekannt gewesen sein, dass Computer-Experten auch ohne größere Ausrüstung die auf der Karte gespeicherte PIN hätten entschlüsseln können. Gerade davon gehen die genannten Urteile des OLG Hamm und der Amtsgerichte Frankfurt, Wildeshausen und Oschatz aus. Dass jedoch die EFF die Herstellungskosten ihres deutlich später gebauten Rechners mit knapp 250000,- U.S. $ beziffert, deutet angesichts zwischenzeitlich gestiegener Chipleistung und verfallener Chippreise aber in die gegenteilige Richtung. Auch hätte sich die systematische Entschlüsselbarkeit der PIN durch kriminelle Kreise in einem überproportionalen Anstieg der Missbrauchszahlen in der Kriminalstatistik des BKA niederschlagen müssen, was entgegen OLG Hamm und AG Wildeshausen nicht ersichtlich ist[645]. Diesbezüg-

---

[639] Nur aus jüngerer Zeit LG Darmstadt, WM 2000, 911; AG Hannover, NJW CoR 1999, 304; AG Dinslaken, WM 1998, 1126; AG Charlottenburg, WM 1997, 2082; AG Frankfurt a. M., NJW 1998, 867 für eine Kreditkarte; AG Osnabrück, NJW 1998, 688, WM 1998, 1127; LG Hannover, WM 1998, 1123; AG Wuppertal, WM 1997, 1209; weitere Nachweise auf die ältere Rechtsprechung bei *Werner*, WM 1997, 1516, 1519, Fn. 21.

[640] Der Spiegel, 27/1997, S. 154.

[641] Darüber berichtete jüngst die Arte-Sendung "Angriff auf den Supercode" vom 9. 03. 1999; siehe auch im Internet unter http://www.eff.org/descracker.html; *Hoppe*, ZBB 1999, 88, 91.

[642] Computerbild 2/99, 18.1.1999, S. 58.

[643] Vgl. die Einschätzung von *Schindler*, NJW-CoR 1998, 223, 224.

[644] Näher dazu *Pausch*, VuR 1997, 121, 124; *ders.*, CR 1997, 174, 177.

[645] OLG Hamm, WM 1997, 1203, 1207 und AG Wildeshausen, WM 1998, 1128, 1131, verweisen darauf, dass in der Kriminalstatistik des BKA 1993 noch 10754 Betrugsfälle mittels Karten für Geldausgabeautomaten und in 1995 bereits 23315 Fälle dokumentiert sind. Indessen ist die Steigerung mit *Aepfelbach/Cimiotti*, WM 1998, 1218,

liche Spekulationen, dass die zum Missbrauch Fähigen nur „Die Kuh nicht schlachten" wollten, um sie dauerhaft „melken" zu können[646], implizieren gänzlich unrealistisch, dass die einzelnen Kriminellen die vage und beständig durch ohnehin zu erwartende Änderungen des Sicherungssystems in Frage gestellte Möglichkeit eines langfristig gesteigerten Nutzens der „Verbrechersolidargemeinschaft" über den eigenen kurzfristig realisierbaren Profit stellten und auch noch über die Infrastruktur verfügten, ihre Aktionen mit Blick auf Missbrauchsstatistiken zu koordinieren. Überzeugend ist daher die Einschätzung etwa des Bayerischen Landeskriminalamts[647], dass der Pool-Schlüssel im sensiblen Zeitraum nicht in kriminelle Hände gelangt ist. Insgesamt ist daher nicht von Missbrauch durch PIN-Entschlüsselung auszugehen.

cc) Ausprobieren der PIN

Eine weitere denkbare Missbrauchsform ist das schlichte Ausprobieren der PIN. Hier ergab sich eine Schwäche der alten PIN daraus, dass von den zulässigen Zahlenkombinationen zwischen 1000 und 9999 nicht alle gleich wahrscheinlich sind. Nach verbreiteter Einschätzung beträgt aufgrund des verwandten Berechnungsverfahrens für etwa 10,5 % der Karten, deren PIN mit 1 beginnt und mit Ziffern zwischen 0 und 5 fortfährt, die Wahrscheinlichkeit, die PIN in den drei zulässigen Versuchen zu ermitteln, 1:72[648]. Danach liegt die durchschnittliche Zahl der erfolgreichen Ermittlungen in der Größenordnung von einer ermittelten PIN bei 700 entwendeten Karten, da ein Dieb jedenfalls ohne Kenntnis der Offset-Daten nicht erkennen kann, ob eine Karte zu den 10,5 % anfälligen gehört[649]. Hingegen ist umstritten, ob sich diese Quote bei Kenntnis der Offset-Daten - die wie gesagt seit einiger Zeit systematisch gelöscht werden - auf 1:150 reduzieren lässt[650]. Hinzu kommt, dass ältere Karten für offline-Transaktionen den Fehlbedienungszähler, der für die Einziehung der

---

1229; *Schindler*, NJW-CoR 1998, 223 f., vor dem Hintergrund zu sehen, dass bis 1994 mehrfacher Missbrauch derselben Karte in einem weiten Fortsetzungszusammenhang als ein Fall gezählt wurde, während danach nur noch mehrfacher Missbrauch in unmittelbarer räumlicher Nähe als ein Fall im Fortsetzungszusammenhang gezählt wurde. Die Statistik verzichtet daher ausdrücklich auf die Berechnung einer Steigerungsrate. Die Steigerung auf 26802 Fälle in 1996 nimmt sich denn auch wieder bescheiden aus.

[646] *Pausch*, CR 1997, 174, 179 f.; *Strube*, WM 1998, 1210, 1226.

[647] *Stenger*, NJW CoR 1998, S. 304, 308; ebenso *Aepfelbach/Cimiotti*, WM 1998, 1218, 1220 f.; *Schindler*, NJW-CoR 1998, 223 f.

[648] *Aepfelbach/Cimiotti*, WM 1998, 1218 f.; *Schindler*, NJW-CoR 1998, 223, 224; *Strube*, WM 1998, 1210.

[649] *Aepfelbach/Cimiotti*, WM 1998, 1218.

[650] Dagegen *Aepfelbach/Cimiotti*, WM 1998, 1218, 1219; dies annehmend etwa *Pausch*, CR 1997, 174, 179.

Karte nach dreimaliger Eingabe einer falschen PIN auch an offline operierenden Terminals sorgt, auf dem Magnetstreifen tragen. Dieser kann mit einem Heimcomputerprogramm wie "Cards" und einem handelsüblichen Kartenlesegerät an POS-tauglichen Karten manipuliert werden[651]. Der dadurch eröffneten Möglichkeit, nach Ausprobieren von jeweils zwei Nummern an offline operierenden Geldautomaten den Fehlbedienungszähler zurückzusetzen und somit beliebig viele Nummern bis zur Ermittlung der richtigen einzugeben, steht allerdings entgegen, dass heutige Geldautomaten online operieren und auch die Zahl der Fehlversuche von den Rechenzentralen gespeichert wird[652]. Auch sind bei neueren Karten alle Zahlenkombinationen gleich wahrscheinlich, wobei die Chance zur Ermittlung der PIN durch dreimaliges Ausprobieren bei 1:3333 liegt[653].

2. Nachgemachte Karten

Wie bereits gesagt, können Kartenmagnetstreifen ausgelesen und deren Daten auf neue Karten kopiert werden. Insbesondere die ec-Karte als wichtigste Debetkarte verfügt allerdings - im Gegensatz zu POS-tauglichen Kreditkarten - über ein nicht magnetisches "moduliertes Merkmal" (MM-Merkmal), das nach bisherigen Erkenntnissen allenfalls unter großem Aufwand duplizierbar ist[654]. Der daraus resultierende Schutz vor Einsatz von Dubletten ist aber deshalb begrenzt, weil die Überprüfung dieses Merkmals bislang nicht Standard der im Einsatz befindlichen POS-Terminals ist[655]. Wird also z. B. als Duplikat eine gestohlene ec-Karte verwandt, kann dem Kassenpersonal gegebenenfalls nur die mangelnde Übereinstimmung von Karte und ausgelesenen Daten auffallen. Abgesehen von den dargestellten Möglichkeiten Entschlüsselung oder Ausprobieren der PIN ist also auch für alle POS-tauglichen Karten das Szenario realistisch, dass dem Kunden von einem echten oder vermeintlichen Vertragsunternehmer ein falsches „POS-Terminal" angeboten wird, das die Kartendaten und die vom Kunden eingegebene PIN registriert[656]. Dann erhielte der berechtigte

---

[651] Vgl. dazu etwa Rheinische Post, 14/1998 (17.01.1998); LG Frankfurt, CR 1998, 269.

[652] Dazu etwa *Aepfelbach/Cimiotti*, WM 1998, 1218, 1219; *Werner*, WM 1997, 1516, 1519; AG Osnabrück, NJW 1998, 688 f.

[653] *Schindler*, NJW-COR 1998, 223, 224; *Stenger*, NJW CoR 1998, S. 304, 308.

[654] Vgl. dazu Grauel, CR 1987, 452 f.; *Schneider*, POS-Zahlungen, S. 122; *Strohdeicher,* Risiken des automatisierten Zahlungsverkehrs, S. 67 f.; von einer Duplizierbarkeit ausgehend *Pausch*, VuR 1997, 121, 123 f.

[655] Dazu auch *Schindler*, NJW-CoR 1998, 223, 224. Im Übrigen wird auch über Geldautomaten, die standardmäßig zur Überprüfung des MM-Merkmals ausgerüstet sind, berichtet, dass die entsprechende Überprüfungsprozedur aufgrund technischer Schwierigkeiten häufig deaktiviert wird; vgl. *Pausch*, VuR 1997, 121, 124.

[656] *Strohdeicher,* Risiken des automatisierten Zahlungsverkehrs, S. 71.

Inhaber seine Karte zurück und könnte später die Umstände der Duplizierung kaum mehr nachvollziehen. Wenig Aussicht auf Erfolg hat hingegen das „Anzapfen" der Datenleitung zwischen POS-Terminal und Netzrechner da die Datenübertragung kryptographisch verschlüsselt erfolgt[657]. Insgesamt sind Manipulationen in dieser Richtung leicht nachvollziehbar, da in aller Regel eine Vielzahl Kunden desselben Händlers Schäden erleiden[658]. Sogar mehrfach dokumentiert ist auch die Vorgehensweise, das Lesegerät für die Einlasskontrolle in einen Bankvorraum zur Auslesung der Kartendaten anzuzapfen und die Kunden bei der Eingabe der PIN in den Geldautomaten entweder mit einer heimlich angebrachten Überwachungskamera auszuspähen oder mit einer über die Tastatur des Automaten gespannten Folie sensorisch zu erfassen[659].

C. Zu den einzelnen Vertragsbeziehungen

I. Zweiparteiensystem

Für ein Zweiparteiensystem sind nur Rechtsbeziehungen zwischen Karteninhaber und -herausgeber erforderlich[660]. Innerhalb dieses Verhältnisses entstehen zum einen die Austauschverträge, deren Entgeltverpflichtung der Karteninhaber durch Kartenzahlung nachkommt. Zum anderen besteht hier auch das rahmenvertragliche Dauerschuldverhältnis, das die Bedingungen der Kartenzahlung bestimmt. Nach allgemeiner Ansicht handelt es sich bei diesem Rahmenvertrag, der einerseits die Verwaltung des Kundenkontos umfasst und andererseits besonders durch die antezipierte Stundung zu begleichender Entgeltforderungen Züge eines Darlehens bzw. Krediteröffnungsvertrags aufweist, um einen Vertrag sui generis (§ 305 BGB)[661]. Insbesondere gegen eine Einordnung als entgeltliche Geschäftsbesorgung spricht, dass der Kartenherausgeber nicht die Vermögensinteressen des Karteninhabers im Rechtsverkehr mit Dritten wahrnimmt[662].

---

[657] *Rossa*, CR 1997, 138.

[658] So auch die Einschätzung von *Schindler*, NJW-CoR 1998, 223, 224.

[659] Das berichtet schon *Strohdeicher*, Risiken des automatisierten Zahlungsverkehrs, S. 70; in jüngerer Zeit wurde nach diesem Strickmuster auf über 200 Konten der Noris-Bank zugegriffen, vgl. Der Spiegel, 5/1998 (26.01.1998), S. 84 f.

[660] Zur Einbeziehung von Kundenbanken etwa *Streit*, Kartenzahlung, S. 57.

[661] BGHZ 114, 238, 241 f. = NJW 1991, 1886; JZ 1991, 1141 m. Anm. *Bälz* = JR 1992, 371 m. Anm. *Salje*; *Pfeiffer*, in: Graf v. Westphalen, Kreditkartenvertrag, Rn. 6; *Taupitz*, Kreditkartenmißbrauch, § 4 A, S. 53; a. A. Martinek, in Schimansky/Bunte/Lwowski, Bankrechts-Handbuch, § 67 Rn. 1; gleichermaßen zum Schweizer Recht *Keller* Kreditkarten, S. 123 ff.

[662] *Taupitz*, Kreditkartenmißbrauch, § 4 A S. 53.

II. Mehrparteiensystem

1. Der Gedanke des Netzvertrags

Wie ausgeführt, bestehen bei Mehrparteienkarten im Deckungsverhältnis und im Vollzugsverhältnis Dauerschuldverhältnisse, die von vornherein mit Bezug aufeinander ausgestaltet sind und deren rechtliche Bewertung nicht isoliert voneinander möglich ist. Dies betrifft nicht nur die Frage der Zuweisung des Missbrauchsrisikos, für welche es im Deckungsverhältnis darauf ankommt, wie die Risikoverteilung im Vollzugsverhältnis ausgestaltet ist. Nach herkömmlichem dogmatischem Instrumentarium kommen zudem Auswirkungen für die an der Kartenzahlung aber jeweils nicht am einzelnen Vertragsverhältnis Beteiligten vor allem unter den Gesichtspunkten des Vertrags zugunsten Dritter und des Vertrags mit Schutzwirkung zugunsten Dritter in Betracht. Weitergehend stellt sich die vertragliche Ausgestaltung der Kartenzahlung im Mehrparteiensystem nach der von Möschel[663] angeregten und von Rohe[664] aufgegriffenen Lehre als sog. „Netzvertrag" dar. Insoweit kann allerdings auf die bereits gefasste Einschätzung[665] verwiesen werden, dass dieser Figur keine eigenständige rechtsdogmatische Berechtigung zukommt, da sie letztlich nicht zur Berücksichtigung von Wertungen führt, die mit dem bisherigen Instrumentarium noch nicht abgedeckt wären. Soweit beispielsweise Rohe insbesondere beim Problem der Widerruflichkeit von Weisungen des berechtigten Karteninhabers mit der Bargeldersatzfunktion der Kartenzahlung argumentiert[666] oder auf § 790 BGB verweist[667] handelt es sich um von Gesichtspunkte, die längst die Diskussion im Lichte des herkömmlichen Vertragsverständnisses geprägt haben. Sie werden sich im Folgenden als problemlos in eine differenzierte Betrachtung der einzelnen Vertragsbeziehungen integrierbar erweisen. Nichts anderes gilt für die bereits im Rahmen der Darstellung zum Scheck erörterten Beherrschbarkeits- und Sphärengesichtspunkte[668].

---

[663] AcP 186 (1986), 187, 211 ff.

[664] Netzverträge, passim, insbesondere zu Kreditkartensystemen S. 305 ff.

[665] Vgl. oben S. 27f.

[666] *Rohe*, Netzverträge, S. 312.

[667] *Rohe*, Netzverträge, S. 313.

[668] Vgl. dazu etwa *Rohe*, Netzverträge, S. 219 ff.

2. Das Rechtsverhältnis zwischen dem Kunden und dem Kartenherausgeber

a) Rahmenvertrag

Die Herausgabe einer Debetkarte ist an eine neben den Girovertrag tretende Vereinbarung zwischen Kartenherausgeber und Karteninhaber geknüpft, nach der letzterer berechtigt ist, im Rahmen seiner Kreditlinie an automatisierten Kassen bargeldlose Zahlungen zu tätigen. Dieses auch POS-Abrede genannte Dauerschuldverhältnis[669] wird einhellig als entgeltlicher Geschäftsbesorgungsvertrag (§ 675 BGB) eingeordnet, dem zum Teil allein dienstvertraglicher Charakter zugewiesen wird[670], der allerdings nach überwiegender Ansicht auch Werkvertragselemente aufweist[671].

Gleichermaßen wird der Emissionsvertrag zwischen Kartenherausgeber und Karteninhaber bei der Universalkreditkarte zum Teil als Geschäftsbesorgungsvertrag nur mit Dienstvertragscharakter[672], überwiegend aber als Geschäftsbesorgungsvertrag auch mit werkvertraglicher Prägung angesehen[673]. Für beide Formen der Kartenzahlung ist die Zuweisung auch werkvertraglichen Charakters vorzugswürdig, da der Kartenherausgeber auch dem Karteninhaber gegenüber zur Bezahlung von dessen Verbindlichkeit gegenüber dem Vertragsunternehmer verpflichtet ist (Erfüllungsübernahme, § 329 BGB)[674]. Der Kartenherausgeber schuldet also einen Erfolg.

Die einzelne Verfügung des Inhabers einer Debet- oder Universalkreditkarte durch Eingabe am Terminal bzw. durch Unterschrift des Belastungsbelegs stellt

---

[669] Etwa bei *Brockmeier*, Das POS-System, S. 97; *Ikas*, EFTPOS, S. 34.

[670] *Strohdeicher*, Risiken des automatisierten Zahlungsverkehrs, S. 57. *Petring*, POS-Zahlungen, S. 30, deutet den Girovertrag als Geschäftsbesorgung, die eine Dienstleistung zum Gegenstand hat, ohne auf die eigenständige Bedeutung der Abrede über die Kartenzahlung einzugehen.

[671] *Brockmeier*, Das POS-System, S. 101; *Ikas*, EFTPOS, S. 35; *Klingner-Schmidt*, ec-Service, S. 145 ff.; *Pfeiffer*, in: Graf v. Westphalen, ec-Bedingungen, Rn. 21.

[672] OLG Frankfurt, ZIP 1993, 665, 666; *Weller*, Kreditkartenverfahren, S. 113; *Wolf*, in: Wolf/Horn/Lindacher, AGB-Gesetz, § 9 Anm. K 51.

[673] *Canaris*, Bankvertragsrecht, Rn. 1628; *Custodis*, Das Kreditkartenverfahren, S. 44 f.; Hadding, WM 1987, 1570, 1571; *ders.*, in: FS Pleyer, S. 17, 34; *Hammann*, die Universalkreditkarte, S. 33, *Martinek*, Kreditkartenverträge, § 23 II 1 a), S. 66; *ders.*, in: Schimansky/Bunte/Lwowski, Bankrechts-Handbuch, § 67 Rn. 7; *Nuissl*, Bankgeschäftsrecht, Rn. 142; *Pfeiffer*, in: Graf v. Westphalen, Kreditkartenvertrag, Rn. 23; *Reinfeld*, WM 1994, 1505, 1506; *Stauder*, in: Stauder/Weisensee, Das Kreditkartengeschäft, S. 95; *Streit*, Kartenzahlung, S. 61; *Taupitz*, Kreditkartenmißbrauch, § 4 D I, S. 63 f.

[674] Vgl. für die Debetkarte jedenfalls nach Autorisierung *Brockmeier*, Das POS-System, S. 101; *Ikas*, EFTPOS, S. 35; *Klingner-Schmidt*, ec-Service, S. 146. Für die Universalkreditkarte vgl. die in Fn. 673 Zitierten, dezidiert a. A. *Weller*, Kreditkartenverfahren, S. 98.

im Rahmen der Geschäftsbesorgung zunächst eine Weisung an den Kartenherausgeber zur Zahlung an den Vertragsunternehmer im Sinne der §§ 675, 665 BGB dar[675], deren Befolgung einen Aufwendungsersatzanspruch des Kartenherausgebers gegen den Karteninhaber nach § 670 BGB auslöst. In Bezug auf die Höhe des gesetzlichen Aufwendungsersatzanspruchs des Universalkreditkartenherausgebers aus § 670 BGB für die Begleichung der Verbindlichkeit des Karteninhabers wird zum Teil erwogen, das vom Kartenherausgeber bei dessen Zahlung an das Vertragsunternehmen einbehaltene Disagio mindernd zu berücksichtigen[676]. Richtigerweise ist der Gedanke jedoch zu verwerfen. Unter keinem Gesichtspunkt ist zunächst die Anrechnung desjenigen Teils des Disagios zu rechtfertigen, der dem mit dem konkreten Zahlungsvorgang verbundenen Durchführungsaufwand entspricht, da der Kartenherausgeber für diesen Aufwand ansonsten von keiner Seite Ersatz erhielte. Soweit das Disagio darüber hinausgeht, stellt es ein Entgelt des Kartenherausgebers für erbrachte Leistungen dar, welches dem Vertragsunternehmen gegenüber im Wege der Aufrechnung[677] und nur deshalb nicht gegenüber dem Karteninhaber geltend gemacht wird. Würde man dies als aufwendungsmindernd bewerten, so würde der Karteninhaber letztlich das Entgelt für Leistungen abschöpfen, die er nicht erbracht aber von denen er bereits profitiert hat. Ohnehin besteht jedenfalls deshalb ein vertraglicher Anspruch auf Ersatz des vollen Rechnungsbetrags, weil die Parteien diesen als ersatzfähige Aufwendung vertraglich vereinbart haben[678]. Nichts anderes kann im Übrigen für electronic-cash-Verfahren gelten, bei dem das kartenherausgebende Institut auch ein prozentual bemessenes Entgelt für jeden Zahlungsvorgang vom Vertragsunternehmen erhält[679].

---

[675] Für die Debetkarte *Brockmeier*, Das POS-System, S. 104; *Ikas*, EFTPOS, S. 97; *Klingner-Schmidt*, ec-Service, S. 147; *Petring*, POS-Zahlungen, S. 39 ff. Für die Universalkreditkarte BGHZ 91, 221, 224 = NJW 1984, 2460; WM 1984, 1213; *Hadding*, in: FS Pleyer, S. 17, 34; *Nuissl*, Bankgeschäftsrecht, Rn. 144; *Pfeiffer*, in: Graf v. Westphalen, Kreditkartenvertrag, Rn. 29; *Schön*, AcP 198 (1998), 401, 421; *Schwintowski/Schäfer*, Bankrecht, § 6 Rn. 22; *Weller*, Kreditkartenverfahren, S. 114.

[676] Vgl. *Beck*, Einwendungen bei eurocheque und Kreditkarte, S. 82; dagegen *Hadding*, in: FS Pleyer, S. 17, 36; *Böttger*, Nr. 30 der Gelben Reihe (1979), S. 32, *Hammann*, Die Universalkreditkarte, S. 35. Zum Schicksal des Disagios bei Rückabwicklung *Freitag*, WM 20002185, 2189.

[677] Diese Konstruktion vertreten *Böttger*, Nr. 30 der Gelben Reihe (1979), S. 32, *Hammann*, Die Universalkreditkarte, S. 35; *Schön*, AcP 198 (1998), S. 417 f.

[678] *Pfeiffer*, in: Graf v. Westphalen, Kreditkartenvertrag, Rn. 47.

[679] *Klingner-Schmidt*, ec-Service, S. 131.

b) Zum Anweisungscharakter des einzelnen Zahlungsvorgangs

aa) Der Meinungsstand zum herkömmlichen Kreditkartenverfahren

Für die Kreditkarte wird ferner teilweise vertreten, dass die Urkunde des unterzeichneten Belastungsbelegs eine bürgerlich rechtliche Anweisung im Sinne des § 783 BGB beinhalte, aufgrund derer der Vertragsunternehmer zur Erhebung des Rechnungsbetrags im eigenen Namen beim Kartenherausgeber ermächtigt und letzterer ermächtigt sei, für Rechnung des Karteninhabers an das Vertragsunternehmen zu leisten (sog. Doppelermächtigung)[680]. Nicht in Betracht kommt eine unmittelbare Anwendung der §§ 783 ff. BGB hingegen jedenfalls bei belegloser Zahlung, bei der es bereits an der nach § 783 BGB erforderlichen Aushändigung einer Anweisungsurkunde fehlt. Allerdings sind nicht den Anforderungen des § 783 BGB genügende Anweisungen - sog. extravagante Anweisungen bzw. Anweisungen im weiteren Sinne[681] - unstreitig zulässig[682]. Auf diese ist eine analoge Anwendung einzelner Vorschriften der §§ 783 ff. BGB möglich[683]. Da es aber bereits fraglich ist, ob von bloßer Abwicklungsmodalitäten der Kartenzahlung die Einordnung als Anweisung oder extravagante Anweisung abhängen kann[684], wird auch eine von der Verwendung eines Belastungsbelegs unabhängige Einordnung der Kreditkartenzahlung als extravagante Anweisung vertreten[685]. Überwiegend wird jedoch jegliche Anweisungskonstruktion mit dem Einwand abgelehnt, dass kein besonderes Interesse an der zusätzlichen Einräumung anweisungsrechtlicher Rechtsmacht bestehe und daher kein entsprechender Wille der Parteien ersichtlich sei[686].

---

680 LG Berlin, WM 1986, 1469, 1471; *Ahrens*, Wertpapiere, S. 25 f.; *Canaris*, Bankvertragsrecht, Rn. 1624; *Deider*, Mißbrauch von Scheck- und Kreditkarte, S. 17f.; *Erman/Heckelmann*, Vor § 783 Rn. 6; *Junker*, DStR 1994, 1461, 1464; *Staudinger/Marburger*, § 783 Rn. 48 m. w. N.

681 Dieser Begriff geht zurück auf *E. Ulmer*, AcP 126 (1926), S. 129, 130 ff.

682 Vgl. Mot. II, S. 555 ff., 558; RGRK/*Steffen*, Vor § 783 Rn. 9; *Staudinger/Marburger*, § 783, Rn. 1, 37 ff.

683 Etwa RGRK/*Steffen*, Vor § 783 Rn. 9.

684 Verneinend *Pfeiffer*, in: Graf v. Westphalen, Kreditkartenvertrag, Rn. 28.

685 *Meder*, AcP 198 (1998), S. 72, 90 ff.; *ders.* JuS 1996, 89, 94, Fn 82; *ders.*, NJW 1994, 2597, 2598; vgl. auch *ders.*, ZBB 2000, 89, 95 ff.

686 Vgl. BGHZ 91, 221, 224 = NJW 1984, 2460 = WM 1984, 1213; *Custodis*, Das Kreditkartenverfahren, S. 48 f.; *Hadding*, in: FS Pleyer, S. 17, 35; *Hammann*, Die Universalkreditkarte, S. 34; *Martinek*, Kreditkartenverträge, § 23 II 2 b, S. 77 f.; *Pfeiffer*, in: Graf v. Westphalen, Kreditkartenvertrag, Rn. 28; *Pütthoff*, Die Kreditkarte, S. 127 f.; *Weller*, Kreditkartenverfahren, S. 114 f.

bb) Der Meinungsstand zur Debetkarte

Da Zahlungen mit Debetkarten im POS-Verfahren erfolgen, scheidet zwar eine Einordnung als Anweisung unmittelbar nach § 783 ff. BGB aus, weil es aufgrund des beleglosen Zahlungsvorgangs an einer Anweisungsurkunde fehlt[687]. Vielfach wird jedoch auch hier von einer Anweisung im weiteren Sinne (extravagante Anweisung) des Karteninhabers an den Kartenherausgeber ausgegangen, durch die der Vertragsunternehmer zur Erhebung des Rechnungsbetrags beim Herausgeber ermächtigt wird[688].

cc) Stellungnahme

Dass dem Beleg im Kreditkartenverfahren, der einzig als Anweisungsurkunde unmittelbar nach § 783 BGB denkbar wäre, nach dem Willen der Parteien nur die Funktion eines Abrechnungs- und Beweismittels und nicht diejenige einer Anweisungsurkunde zukommt[689], ist durch die zunehmende Standardisierung der elektronischen Übermittlung der Rechnungsdaten vom Vertragsunternehmer an den Kartenemittenten hinreichend belegt. Das spricht jedoch noch nicht dagegen, die Kreditkartenzahlung unabhängig vom Einsatz eines Belastungsbelegs wie auch die POS-Zahlung bei der Debetkarte als Fälle der formlosen extravaganten Anweisung anzusehen. Ungeachtet der Einhaltung der Form des § 783 BGB liegt das Wesen der Anweisung in der oben beschriebenen abstrakten Doppelermächtigung, der dadurch ermöglichten Simultanleis-tung (vgl. § 787 f. BGB) und der Abstraktheit der vom Angewiesenen durchgeführten Leistung von den Grundverhältnissen[690]. Sowohl das herkömmliche Kreditkartenverfahren als auch des POS-Verfahren sind grundsätzlich als Simultanleistungsgeschäft konzipiert[691], bei dem die Zahlung des Kartenemittenten an den Vertragsunternehmer gleichzeitig im Verhältnis von Karteninhaber und Vertragsunternehmer sowie im Verhältnis Karteninhaber und Kartenemittent gebucht wird. Zudem führt die Ausgestaltung der Verträge des Kartenherausge-

---

[687] So *Ikas*, EFTPOS, S. 43; *Petring*, POS-Zahlungen, S. 41 ff.; a. A. allerdings *Brockmeier*, Das POS-System, S. 103, der die POS-Karte als Anweisung ansieht.

[688] *Ahrens*, Wertpapiere, S. 120; *Ikas*, EFTPOS, S. 43; *Rossa*, CR 1997, 138, 141; *Schneider*, POS, S. 25.

[689] In diesem Sinne bereits *Ahrens*, Wertpapiere, S. 24, mit Verweisen auf die AGB gegenüber den Vertragsunternehmern; im Ergebnis auch *Meder*, AcP 198 (1998), S. 72, 90 ff.; *Palandt/Sprau*, Vor § 783 Rn. 5.

[690] Grundlegend *Stampe*, AcP 107 (1911), 274, 283 ff.; vgl. auch *E. Ulmer*, AcP 126 (1926), 129, 143 ff; *Meder*, AcP 198 (1998), S. 72, 91 ff.

[691] So für das POS-Verfahren *Petring*, POS-Zahlungen, S. 42; für die Kreditkarte *Freitag*, WM 2000, 2185; vertiefend Meder, AcP 198 (1998), S. 72, 91 ff.

bers mit Vertragsunternehmen und Karteninhabern im Ergebnis zu einer Doppelermächtigung, wie sie die Anweisung auslöst[692]. Das bedeutet aber gleichzeitig, dass für eine neben diese Vertragsbeziehungen tretende und von diesen abstrakte anweisungsrechtliche Rechtsmacht kein Bedarf ist, der die Begründung einer solchen in Analogie zu § 783 BGB rechtfertigen könnte. Es entspräche auch in der Tat nicht dem Willen des Karteninhabers, dem Kartenherausgeber und dem Vertragsunternehmen das Risiko von Störungen der vertraglichen Rahmenvereinbarungen gänzlich abzunehmen[693]. Demnach ist eine *neben* die vertraglichen Rechtsbeziehungen tretende Anweisung abzulehnen. Hingegen wäre es *ebenfalls verfehlt, deshalb das Anweisungsrecht vollständig unbeachtet zu lassen.* Schließlich tragen die Vertragsbeziehungen in einem solchen Ausmaß Anweisungscharakter, dass es sinnvoll ist, Vorschriften für die Anweisung vorsichtig rechtsfortbildend auf diese Vertragsbeziehungen anzuwenden. So lässt sich etwa ein Ausschluss der Widerruflichkeit der Einzelweisung (§ 665 BGB) des Karteninhabers an den Emittenten zur Zahlung an den Vertragsunternehmer, soweit der Emittent deshalb dem Vertragsunternehmer gegenüber irreversibel vertraglich zur Zahlung verpflichtet ist[694] (dazu sogleich), durchaus mit einer Parallelwertung zu § 790 S. 1, 1. Alt. BGB (Fall der Annahme) stützen[695].

---

[692] *Ahrens*, Wertpapiere, S. 24.

[693] *Martinek*, Kreditkartenverträge, § 23 II 2b), S. 77.

[694] So ohne Rückgriff auf das Anweisungsrecht *Hadding*, in: FS Pleyer, S. 17, 37; *Martinek*, Kreditkartenverträge, § 23 II 2 b), S. 78; *ders.*, in: Schimansky/Bunte/Lwowski, Bankrechts-Handbuch, § 67 Rn. 20. Für die elektronische Zahlung entspricht das auch Abs. 3 Nr. 4a der Empfehlung der Kommission vom 8. Dezember 1987 für einen Verhaltenskodex im Bereich des elektronischen Zahlungsverkehrs (87/598/EWG). *Schön* hält einen Widerruf zwar für zulässig, spricht diesem aber wegen des insoweit "vorprogrammierten Vermögensopfers" (*Schön*, AcP 198 [1998], 401, 440) für § 670 BGB die wirtschaftliche Auswirkung ab; a. A. *Taupitz*, Kreditkartenmißbrauch, § 4 D IV 2, S. 88 ff. Zumindest die Wirksamkeit eines Widerrufsausschlusses durch AGB annehmend schließlich AG Frankfurt a. M., WM 1998, 2145.

[695] Selbst bei Zugrundelegung einer Anweisungskonstruktion verfehlt sind hingegen die Vorschläge, dem Akquisitionsvertrag zwischen Kreditkartenherausgeber und Vertragsunternehmen eine formlose antizipierte Annahme analog § 784 Abs. 1 BGB zu entnehmen (in diesem Sinne wohl *Meder*, NJW 1993, 3245, 3246) oder in der Autorisierung der Zahlung beim electronic-cash-Verfahren eine formlose Annahme analog § 784 Abs. 1 BGB zu sehen (*Ikas*, EFTPOS, S. 57). Angesichts der bewusst vorgesehenen Restriktion des Anwendungsbereichs der Norm durch das Formerfordernis in § 784 Abs. 2 BGB fehlt es bereits an einer Regelungslücke, d. h. an einer planwidrigen Nichtregelung des Falls der Nichteinhaltung der Form. Vielmehr greift nach dem Plan des Gesetzes § 125 S. 1 BGB. Denkbar wäre daher nur eine teleologische Reduktion des § 784 Abs. 2 BGB. Diese folgt im Gegensatz zur Analogie aber aus dem Gebot, wesentlich Ungleiches ungleich zu behandeln (*Larenz*, Methodenlehre, S. 392) und ist daher nur dann gefordert, wenn sich in einem besonderen Fall die Interessenlage in Bezug auf den Eintritt der Rechtsfolge vom von der Norm umfassten Normalfall unterscheidet (*Canaris*, die Feststellung von Lücken im Gesetz, S. 82). Auch wenn das Dokumentationserfordernis des Annahmevermerks allein dem Ziel der Schaffung eines zirkulationsfähigen Papiers

3. Die Rechtsbeziehung zwischen Kartenherausgeber und Vertragsunternehmer

a) Rahmenvertrag

Sowohl bei der Universalkredit- als auch bei der Debetkarte ist das durch Akquisitionsvertrag zwischen Kartenherausgeber und Vertragsunternehmen begründete Dauerschuldverhältnis insbesondere geprägt von der Verpflichtung des Vertragsunternehmens, die Kartenzahlung zu Barzahlungspreisen zu akzeptieren[696] - insoweit handelt es sich um einen Vertrag zugunsten eines Dritten (§ 328 BGB), nämlich des Karteninhabers[697] - und von der Verpflichtung des Kartenherausgebers, die mit der Karte getätigten Umsätze - bei der Kreditkarte abzüglich des Disagios - zu begleichen[698].

Das Zahlungsversprechen des Kartenherausgebers ist bei Verwendung eines elektronischen Terminals an die Voraussetzung der online-Autorisierung des Zahlungsvorgangs durch den Kartenemittenten, bzw., beim Einsatz einer Kreditkarte im Belegverfahren bei einem Transaktionsbetrag unter dem nachfragefreien Limit, an die formell ordnungsgemäße Erstellung eines Belastungsbelegs geknüpft.

---

dient, ließe sich eine teleologische Reduktion nicht damit begründen, dass es im Rahmen des Kreditkarten- bzw. des POS-Verfahrens nicht auf die Zirkulationsfähigkeit ankommt. Denn da die Annahme nach h. M. einen Vertrag zwischen Anweisungsempfänger und Angewiesenem darstellt, der eine abstrakte Verpflichtung enthält, wie sie auch durch ein abstraktes Schuldversprechen begründet werden könnte (*Erman/Heckelmann*, § 783 Rn. 4), liegt der über eine Verpflichtung nach § 780 BGB hinausgehende Sinn der Annahme nach § 784 BGB gerade in der Zirkulationsfähigkeit der Anweisung, die in § 792 BGB zum Ausdruck kommt. Zudem hat der Gesetzgeber mit der in den §§ 780 f. BGB, 350 f. HGB vorgesehenen - für den kaufmännischen Verkehr eingeschränkten - Schriftform ein Mindesterfordernis für alle Arten abstrakter Verpflichtung zum Ausdruck gebracht, das auch eine Grenze denkbarer Reduktion des § 784 Abs. 2 BGB markiert so dass mit der vorgeschlagenen "Analogie" zu § 784 Abs. 1 BGB zumindest ein Formerfordernis analog §§ 780 f., 350 f. HGB zwingend einhergehen müsste (*E. Ulmer*, AcP 126 [1926], S. 129, 150 f.; *M. Rümelin*, AcP 97 [1905], S. 211, 265 f.). Für eine neben § 780 BGB tretende Figur der Annahme mit gleichem Formerfordernis ohne Zirkulationsbedeutung ist aber kein die Rechtsfortbildung tragender Bedarf erkennbar.

[696] Vgl. für das POS insbesondere der ec-Karte Nr. 2 Bedingungen für die Teilnahme am electronic-cash-System der deutschen Kreditwirtschaft (Händlerbedingungen), für die Kreditkarte etwa Nr. 1 Vertragsunternehmer-AGB der Citibank Privatkunden AG.

[697] Für die Universalkreditkarte *Hadding*, in: FS: Pleyer, S. 17, 22; Für die Debetkarte *Harbeke*, WM 1994 Sonderbeil. 1, S. 7; *Rossa*, CR 1997, 138, 140, jeweils m. w. N.

[698] Für die Universalkreditkarte *Hadding*, in: FS Pleyer, S. 17, 27; *Hammann*, Die Universalkreditkarte, S. 36; *Böttger*, Nr. 30 der Gelben Reihe (1979), S. 9 ff.; *Junker*, DStR 1994, 1461, 1462 f.; *Pütthoff*, Die Kreditkarte, S. 12 f.; *Taupitz*, § 4 C, S. 59; für die Debetkarte *Brockmeier*, Das POS-System, S. 51 ff.; *Klingner-Schmidt*, ec-Service, S. 129 f.; *Rossa*, CR 1997, 138, 140.

b) Entstehungstatbestand des Zahlungsversprechens

Dabei ist umstritten, ob beim Debetkarteneinsatz das eigentliche Zahlungsversprechen erst mit der positiven Autorisierungsantwort erfolgt[699] oder ob in der online-Autorisierung der Eintritt einer aufschiebenden Bedingung (§ 158 Abs. 1 BGB) eines Zahlungsversprechens liegt, dessen rechtsgeschäftlicher Entstehungstatbestand bereits im Teilnahmevertrag zu sehen ist[700]. Erstere Ansicht folgt zwar dem Wortlaut von Nr. 4 Händlerbedingungen für das electronic-cash-Verfahren: "Das kartenherausgebende Institut gibt mit der Nachricht die Erklärung ab, dass es die Forderung in Höhe des am electronic cash-Terminal autorisierten Betrags begleicht", doch ist die maßgebliche *Willenseinigung* über eine entsprechende Verpflichtung bereits mit der Vereinbarung dieser Bedingungen erfolgt. Rechtsgeschäftlicher Entstehungstatbestand des Zahlungsversprechens ist daher auch im electronic-cash Verfahren der Akquisitionsvertrag. Gleiches gilt bezüglich des Einsatzes von Universalkreditkarten in elektronischen Terminals, für welche die AGB gegenüber den Vertragsunternehmen ebenfalls eine Autorisierung als Voraussetzung jeglicher Zahlungsverpflichtung unabhängig vom Transaktionsbetrag („0-Limit") vorsehen[701]. Wer dies anders sieht, steht vor dem Problem, im Rahmen der Kreditkartenzahlung nach bloßer Zahlungsmodalität differenzieren zu müssen, da beim Belegverfahren mangels online-Autorisierung nur der Akquisitionsvertrag Entstehungstatbestand für ein unter der aufschiebenden Bedingung der ordnungsgemäßen Erstellung eines Belegs abgegebenen Zahlungsversprechen sein kann, welches dem Vertragsunternehmer die erforderliche Sicherheit *bereits bei Verzicht auf Barzahlung* bietet[702]. Abzulehnen ist insoweit insbesondere das jüngst von Oechsler vorgeschlagene Modell, in der Unterzeichnung des Belastungsbelegs die Abgabe eines abstrakten Schuldversprechens durch den Karteninhaber als Vertreter des Kartenemittenten zu sehen. Bei Drittmissbrauch soll dann eine Rechtsscheinsvollmacht entsprechend dem Gedanken des § 172 Abs. 2 BGB bestehen[703]. Zum einen lässt das äußere Verhalten „Kartenzahlung" des Karteninhabers nicht auf einen auf Abgabe eines Zahlungsversprechens gerichteten Geschäftswillen schließen, da sich ein durchschnittlicher Karteninhaber erkennbar keine Gedanken über das Innenverhältnis von Emittent und Vertragsunternehmer macht. Zum anderen steht der bürgerlich-rechtlichen Rechtsscheinshaftung

---

[699] So etwa *Brockmeier*, Das POS-System S. 49 ff.; *Kümpel*, WM 1997, 1037, 1040.

[700] In diesem Sinne *Ikas*, EFTPOS, S. 63; *Harbeke*, WM 1994, Sonderbeilage 1, S. 9.

[701] Vgl. etwa Nr. 3.1 Abs. 2 Teilnahmebedingungen für den EUROCARD-/VISA-Akzeptanzservice der EURO Kartensysteme.

[702] Vgl. für die Universalkreditkarte *Hadding*, in: FS Pleyer, S. 17, 37; *Taupitz*, Kreditkartenmißbrauch, § 4 C, S. 59 f.; *Weller*, Kreditkartenverfahren, S. 153.

[703] *Oechsler*, WM 2000, 1613, 1618.

nach § 172 BGB das in der Regel vorliegende Abhandenkommen der Kreditkarte entgegen[704].

Wiederum eine andere Konstruktion vertritt Meder für Mail- und Phoneorderverfahren, also für Zahlungen ohne Unterschrift, bei denen weder an einen vom Karteninhaber unterzeichneten Belastungsbeleg noch an eine online-Autorisierung angeknüpft werden kann. Hier soll in der Übersendung des nur vom Vertragsunternehmer ausgefertigten Belegs ein Angebot auf Abschluss eines Vertrags nach § 780 BGB liegen, welcher der Kartenemittent konkludent annehme, wenn er nicht aus triftigem Grund protestiere[705]. Dagegen spricht allerdings bereits, dass den einschlägigen Akquisitionsverträgen gerade der Wille der Emittenten zu entnehmen ist, ihr Zahlungsversprechen nicht auf solche Transaktionen zu erstrecken (dazu eingehend sogleich S. 176 f.). Vor diesem Hintergrund bemerkenswerterweise hat Meder[706] aber jüngst einer Entscheidung des OLG Frankfurt beigepflichtet, die das Risiko im beleglosen Verkehr dem Vertragshändler zuweist.

c) Rechtliche Einordnung und Umfang des Zahlungsversprechens

Die rechtliche Einordnung des Zahlungsversprechens und die daraus resultierenden Folgen determinieren die Verteilung des Drittmissbrauchsrisikos im Verhältnis zwischen Kartenherausgeber und -inhaber insoweit, als eine Aufwendungsersatzforderung des Herausgebers gegen den Inhaber nur dann in Betracht kommt, wenn der Herausgeber seinerseits dem Vertragsunternehmer zur Zahlung verpflichtet ist bzw. keine Rückerstattung bereits geleisteter Zahlungen erlangen kann. Von zentralem Interesse ist daher die Frage, ob der Kartenemittent dem Vertragsunternehmer auch für den Fall Zahlung verspricht, dass ein formal ordnungsgemäßer Zahlungsvorgang missbräuchlich durch einen Dritten ausgelöst wird. Ein diese Frage beantwortendes ausdrückliches gesetzliches Leitbild für den Akquisitionsvertrag besteht nicht.

---

[704] Besonders im Hinblick auf die Scheckkarte *Knoche*, Der Mißbrauch der Scheckkarte, S. 99, der allerdings abweichend von diesem Grundsatz eine Zurechnung bei Abhandenkommen der Scheckkarte aufgrund der besonderen Interessenlage bei Verschulden des Karteninhabers annehmen will (S. 107 ff., 111); *näher zum Grundsatz oben* S. 40, insbesondere Fn. 69.

[705] ZBB 2000, 89, 98.

[706] NJW 2000, 2076 ff.

aa) Der Meinungsstand

(1) Die Diskussion zur Kreditkarte

Nach Erörterung einer Vielzahl denkbarer rechtlicher Konstruktionen[707] beschränkt sich die heutige Diskussion auf die Figuren Forderungskauf nach § 433 Abs. 1 S. 2 BGB, Garantie (auf erstes Anfordern[708]) gemäß § 305 BGB und abstraktes Schuldversprechen im Sinne des § 780 BGB[709].

(a) Modell des Forderungskaufs

Während die von der Citibank Privatkunden AG gegenüber ihren Vertragsunternehmen verwandten AGB (VISA und Eurocard/Mastercard, bislang auch noch Diners Club[710]) noch die „Garantie der Erfüllung aller sofort fälligen Zahlungsforderung" enthalten[711], sehen die entsprechenden Klauselwerke der übrigen Kartenherausgeber inzwischen in variierender Formulierung einen Kauf der Forderung gegen den Karteninhaber im Valutaverhältnis vor[712]. Orientiert an diesem Wortlaut klassifizieren ein Teil der Literatur[713] und der BGH[714] das Zahlungsversprechen der entsprechenden Kartenherausgeber an ihre Vertragsunternehmer als Kaufpreisverbindlichkeit aus Forderungskauf. Geht man davon aus,

---

[707] Für Bürgschaft, Schuldübernahme bzw. Schuldbeitritt vgl. *Avancini*, ZfRV 1969, 121, 128 ff.; *Pütthoff*, Die Kreditkarte, S. 157; zu weiteren, allerdings nie vertretenen Figuren vgl. *Hammann*, Die Universalkreditkarte, S. 45 f.; *Ahrens*, Wertpapiere, S. 48 ff.

[708] Auf erstes Anfordern deshalb, weil es jedenfalls nicht der Kreditkartenzahlung entspräche, wenn der Vertragsunternehmer bei jedem Einreichen eines Belastungsbelegs die Umstände eines Garantiefalls beweisen müsste, vgl. *Böttger*, Nr. 30 der Gelben Reihe (1979), S. 25; *Hadding*, in: FS Pleyer, S. 17, 31; *Zahrnt*, NJW 1972, 1077, 1079.

[709] So etwa jüngst *Oechsler*, WM 2000, 1613, 15 m. w. N.

[710] Da die Citibank Privatkunden AG kürzlich ihre Anteile an der Diners Club Deutschland GmbH an die PA Investment S. A. in Luxemburg verkauft hat, ist nicht absehbar, ob auch in näherer Zukunft noch gleichlautende AGB verwandt werden.

[711] Vgl. Nr. 3 Vertragsunternehmer-AGB der Citibank Privatkunden AG.

[712] Vgl. etwa Nr. 4 Teilnahmebedingungen für den EUROCARD-/VISA-Akzeptanzservice der EURO Kartensysteme, Nr. 2 American Express Vertragspartnerbedingungen. Vgl. vertiefend *Hammann*, Die Universalkreditkarte, S. 41; zu den Zeitpunkten der Umstellung auf den Begriff "Forderungskauf" vgl. die Dokumentation bei *v. Usslar/v. Morgen*, Kreditkartenpraxis, S. 56; ein Überblick geläufiger AGB findet sich bei *Taupitz*, Kreditkartenmißbrauch, § 5 A II 3, S. 115; siehe näher auch unten S. 176 ff.

[713] *Eckert*, WM 1987, 161 f.; *Hönn*, ZBB 1991, 6, 12; nach Formulierung der AGB differenzierend *Beck*, Einwendungen bei eurocheque und Kreditkarten, S. 5 ff.; *Taupitz*, Kreditkartenmißbrauch, § 5 A II 3, S. 114 ff.

[714] BGH WM 1990, 1059, 1060 = NJW 1990, 2880.

dass die entsprechenden AGB nur die Forderung gegen den *berechtigten* Inhaber, nicht aber die Forderung gegen einen die Karte missbrauchenden Inhaber erfassen[715], wäre danach der Kreditkartenherausgeber bei Drittmissbrauch einer abhandengekommenen Kreditkarte mangels Entstehens einer Forderung gegen den berechtigten Karteninhaber nicht zur Zahlung an den Vertragsunternehmer verpflichtet und könnte grundsätzlich Schadensersatz für den Verkauf einer mit Rechtsmängeln behafteten Forderung aus §§ 440 Abs. 1, 437 Abs. 1, 325 Abs. 1 BGB (Veritätshaftung) verlangen[716]. Dieses überwiegend als nicht der Interessenlage entsprechend angesehene Ergebnis vermeiden Vertreter des Forderungskaufs teilweise mit der Annahme eines - den einschlägigen AGB nicht ausdrücklich zu entnehmenden - Ausschlusses der Veritätshaftung in verschiedener Nuancierung[717], z. T. sogar aus Rechtsscheinserwägungen[718]. Der BGH hat hingegen in seiner Entscheidung vom 02.05.1990 unter Verweis auf eine Rückforderungsklausel in den dem Vertragsunternehmen gestellten EUROCARD-Bedingungen, durch die sich der Kartenherausgeber bei Widerspruch des Karteninhabers gegen seine Abrechnung die Rückforderung bereits gezahlte Verträge vom Vertragsunternehmer vorbehalten hatte, einen Haftungsausschluss als nicht dem Parteiwillen entsprechend angesehen und deshalb eine unbeschränkte Veritätshaftung des Vertragsunternehmens bejaht[719]. Bemerkenswerterweise scheint der BGH allerdings von einem vom Forderungskauf verschie-

---

[715] In diesem Sinne BGH, WM 1990, 1059, 1060; *Martinek*, Kreditkartenverträge, § 23 III 1, S. 96 f.; *Taupitz*, Kreditkartenmißbrauch, § 5 A II 3, S. 115; a. A. allerdings *Beck*, Einwendungen bei eurocheque und Kreditkarte, S. 28 ff., zwar zu älteren Klauselwerken; diese enthalten aber die noch heute übliche Wendung "Forderungen gegen Karteninhaber". Eingehend dazu unten S. 176 ff.

[716] *Martinek*, Kreditkartenverträge, § 23 III 1, S. 97; *Pfeiffer*, in: Graf v. Westphalen, Kreditkartenvertrag, Rn. 18.

[717] Vgl. *Eckert*, WM 1987, 161, 163, der von einem konkludenten Haftungsausschluss ausgeht; *Schwintowski/Schäfer*, Bankrecht, § 6 Rn. 29; *Taupitz*, Kreditkartenmißbrauch, § 5 A II 3 S. 115 ff., der einen Haftungsausschluss für die Verität insoweit annimmt, als sich ein besonderes Systemrisiko des Kreditkartenverfahrens realisiert hat, das bei Einsatz von Bargeld so nicht bestanden hätte. Diese Ausführungen stellen also nicht auf eine ausdrückliche vertragliche Vereinbarung, sondern auf eine Inhaltskontrolle der AGB anhand des AGBG ab.

[718] *Beck*, Einwendungen bei eurocheque und Kreditkarte, S. 77.

[719] BGH, WM 1990, 1060; so vorher schon *Beck*, Einwendungen bei eurocheque und Kreditkarte, S. 8; zur Bedeutung der Rückforderungsklausel in diesem Zusammenhang auch *Böttger*, Nr. 30 der Gelben Reihe (1979), S. 13 f.; dem BGH zustimmend *Ahrens*, Wertpapiere, S. 34; *Schwintowski/Schäfer*, Bankrecht, § 6 Rn. 29. Problematisch ist deshalb allerdings, dass *Schwintowski/Schäfer*, a. a. O. Rn. 74, ohne darauf einzugehen, dass damit Drittmißbrauchsschäden beim Vertragsunternehmen angesiedelt werden, die in den AGB gegenüber den Karteninhabern vorgesehene Haftung bis 100 DM für wirksam halten. Diese müsste jedoch leer laufen, sofern man nicht eine Pflicht zur Übertragung des Anspruchs des Emittenten an den Vertragsunternehmer im Rahmen einer Drittschadensliquidation annähme, oder direkt im Sinne eines Vertrags zugunsten Dritter das Vertragsunternehmen als anspruchsberechtigt ansähe.

denen Leitbild des Akquisitionsvertrags auszugehen, weil die von ihm vorgenommene Inhaltskontrolle der Vereinbarung eines Forderungskaufs und einer § 437 BGB entsprechenden Veritätshaftung[720] sonst ausgeschlossen wäre (§ 8 AGBG)[721].

(b) Nichtakzessorische Verpflichtung als Grundlage der Bargeldersatzfunktion

Die weitaus zahlreichere Literatur steht hingegen auf dem Standpunkt, dass die Funktion des Zahlungsversprechens, die Zahlung des Emittenten an den Vertragsunternehmer für formal ordnungsgemäße Zahlungsvorgänge gerade unabhängig von einer Forderung gegen den Karteninhaber sicherzustellen, mit dem Wesen des Forderungskaufs unvereinbar sei. Ohne Rücksicht auf die Formulierung der einschlägigen AGB wurde daher zunächst überwiegend von einem im Rahmen der entgeltlichen Geschäftsbesorgung abgeschlossenen Garantievertrag ausgegangen[722]. In neuerer Zeit überwiegen hingegen die Stimmen, die eine Einordnung des Zahlungsversprechens als abstraktes Schuldversprechen befürworten[723]. In konstruktiver Hinsicht wird eine nichtakzessorische Zahlungspflicht zum Teil auf die Auslegung der einen Forderungskauf vorsehenden AGB gestützt, für die es gemäß § 133 BGB in erster Linie auf den wirklichen Willen des Erklärenden und nicht auf den buchstäblichen Sinn des Ausdrucks ankomme[724]. Dies gelte um so mehr, als der Wortlaut der problematischen AGB weniger auf die Vereinbarung eines Forderungskaufs abziele, sondern auf die Vermeidung einer Einordnung des Akquisitionsvertrags als Bankgeschäft i. S. d. § 1 Abs. 1 S. 2 Nr. 8 KWG gemünzt sei, der Garantiegeschäfte erfasst[725] (Dieses naheliegende Motiv ist auch mit § 1 Abs. 3 Nr. 4 KWG n. F.

---

[720] BGH, WM 1990, 1059, 1061 = NJW 1990, 2880.

[721] *Pfeiffer*, in: Graf v. Westphalen, Kreditkartenvertrag, Rn. 17.

[722] *Schönle*, Bank- und Börsenrecht, § 29 I 2 a, S. 344; *Stauder*, in: Stauder/Weisensee, Das Kreditkartengeschäft, S. 82 ff.; *Zahrnt*, NJW 1972, 1077, 1079.

[723] *Böttger*, Nr. 30 der Gelben Reihe (1979), S. 31; *Hammann*, Die Universalkreditkarte, S. 59 ff.; Einsele, WM 1999, 1801, 1802 ff.; *Hadding*, in: FS Pleyer, S. 17, 31 ff.; *Martinek*, Kreditkartenverträge, § 23 III 1, S. 98; *Pfeiffer*, in: Graf v. Westphalen, Kreditkartenvertrag, Rn. 20; ohne endgültige Festlegung geht *Custodis*, Das Kreditkartenverfahren, S. 110 von einem "selbständig verpflichtenden Schuldversprechen" aus.

[724] *Böttger*, Nr. 30 der Gelben Reihe (1979), S. 31; *Hadding*, in: FS Pleyer, S. 17, 28 ff.; *Hammann*, Die Universalkreditkarte, S. 49 ff., der sogar von einer Auslegung "gegen den Wortlaut" spricht; *Oechsler*, Kreditkartengeschäft, S. 263; *Martinek*, Kreditkartenverträge, § 23 III 1, S. 125; so auch der Ansatz von *Pütthoff*, Die Kreditkarte, S. 124 ff., der allerdings einen Schuldbeitritt annimmt.

[725] *Hammann*, Die Universalkreditkarte, S. 53; *Oechsler*, Kreditkartengeschäft, S. 263; *Martinek*, Kreditkartenverträge, § 23 III 1, S. 125; vgl. zu dieser Motivation

nicht hinfällig geworden, der die Ausgabe von Kreditkarten erfasst. Denn Kartenemission und Akquisition werden, wie ausgeführt, vielfach von verschiedenen juristischen Personen besorgt). Letztlich sei daher allein die vertragliche Interessenlage maßgeblich[726], zumal trotz unterschiedlich formulierter Vertragsbedingungen das Kreditkartenverfahren bei allen Kartenherausgebern im wesentlichen gleich ablaufe[727].

Dem gegenüber steht der methodische Ansatz, ein Leitbild des Akquisitionsvertrags ohne Rücksicht auf die konkreten AGB zu formulieren und die AGB zwar wörtlich zu nehmen, aber einer Inhaltskontrolle nach dem AGBG zu unterwerfen[728].

(2) Die Ansichten zur Debetkarte: nichtakzessorische Verpflichtung

In Bezug auf das Zahlungsversprechens des die Debetkarte herausgebenden Instituts an den Vertragsunternehmer geknüpft an die im Rahmen des electronic cash-Verfahrens erfolgende Autorisierung werden nur die Einordnung als Garantie[729] und die Einordnung als abstraktes Schuldversprechen[730] vertreten.

bb) Stellungnahme

(1) Nichtakzessorische Verpflichtung auch bei der Kreditkarte

Ausgangspunkt der Betrachtung zur Kreditkarte muss die auch durch den Vergleich mit dem POS-System bei der Debetkarte erhärtete Erkenntnis sein, dass allein eine nichtakzessorische Zahlungsverpflichtung des Kartenemitten-

---

auch *Hönn*, ZBB 1991, 6, 10 ff.; *Hadding*, in: FS Pleyer, S. 17, 29; von einer "falsa demonstratio des Forderungskaufs" spricht daher *Schön*, AcP 198 (1998), 401, 410.

726 *Pütthoff*, Die Kreditkarte, S. 126.

727 *Hammann*, Die Universalkreditkarte, S. 49 ff.

728 *Pfeiffer*, in: Graf v. Westphalen, Kreditkartenverträge, Rn. 16 ff.; *Taupitz*, Kreditkartenmißbrauch, § 5 A II 3, S. 114 ff.; *v. Usslar/v. Morgen*, Kreditkartenpraxis, S. 49 ff.; nicht ganz eindeutig insoweit *Einsele*, WM 1999, 1801, 1802.

729 *Kümpel*, WM 1998, 365, 359; *Schneider*, POS- Zahlungen, S. 27 ff.; 34; *Strohdeicher*, Risiken des automatisierten Zahlungsverkehrs, S. 51 ff.

730 *Brockmeier*, Das POS-System, S. 73; *Gößmann*, in: Schimansky/Bunte/Lwowski, Bankrechts-Handbuch, § 68 Rn. 6 ff.; *Harbeke*, WM 1994, Sonderbeil. 1, S. 9; *Ikas*, EFTPOS, S. 68.

ten/Akquisiteurs gegenüber dem Vertragsunternehmer interessengerecht ist[731]. Es würde die Kreditkartenzahlung in Frage stellen, wenn jegliche Einwendung aus dem Valutageschäft die Zahlungspflicht des Emittenten aufhöbe. Der Vertragsunternehmer muss vielmehr grundsätzlich von den systemspezifischen Risiken freigestellt werden, die ihn nicht getroffen hätten, wenn der Karteninhaber bar gezahlt hätte[732]. Nicht zu überzeugen vermag es indessen, bei pauschaler Behauptung einer falsa demonstratio im Wege der Auslegung gegen den Wortlaut anstatt des Forderungskaufs eine nichtakzessorische Zahlungsverpflichtung als vereinbart anzusehen. Auch wenn z. B. American Express es nicht einmal für geboten erachtet, in seinen Vertragspartnerbedingungen auch die Abtretung der gekauften Forderung zu regeln, so ist dem BGH[733] dennoch zuzugeben, dass Kautelarjuristen, die in Kenntnis der schon bejahrten Literaturkontroverse[734] „Kauf" sagen, auch „Kauf" meinen. Der Hinweis auf die Absicht der Vermeidung kreditaufsichtsrechtlicher Folgen betrifft zudem weniger die Frage, was gewollt ist (Auslegung), als die Frage, was als interessengerecht zulässig sein soll (Inhaltskontrolle), für die es gemäß der bereits oben[735] begründeten Betrachtung der Inhaltskontrolle verkehrstypischer Verträge als Anknüpfung an ein ungeschriebenes gesetzliches Leitbild allein auf Ermittlung des ungeschriebenen gesetzlichen Leitbilds des Akquisitionsvertrags ankommt. Insoweit ist entscheidend, dass man, wenn man interessengerechte Ergebnisse über die Konstruktion eines Forderungskaufs unter Ausschluss der Veritätshaftung einerseits und unter Ausschluss des § 404 BGB für die Einwendungen des Karteninhabers andererseits[736] zu gewinnen sucht, allenfalls das Zerrbild eines Forderungskaufs schafft[737]. Als Leitbild des Akquisitionsvertrags jedenfalls scheidet der Forde-

---

[731] Darin herrscht weitgehend Konsens, vgl. *Beck*, Einwendungen bei eurocheque und Kreditkarte, S. 6 f.; *Böttger*, Nr. 30 der Gelben Reihe (1979), S. 15 ff., 19; *Hammann*, Die Universalkreditkarte, S. 40 ff.; *Oechsler*, Kreditkartengeschäft, S. 262 f.; *Pütthoff*, Die Kreditkarte, S. 126; *Schön*, AcP 198 (1998), 401, 410; *Stauder*, in: Stauder/Weisensee, Das Kreditkartengeschäft, S. 77.

[732] *Beck*, Einwendungen bei eurocheque und Kreditkarte, S. 77; *Martinek*, Kreditkartenverträge, § 23 III 1, S. 100; *Meder*, JuS 1996, 89, 95; *Taupitz*, Kreditkartenmißbrauch, § 5 A II 3, S. 116 f.; zur Möglichkeit des "Durchschlagens" evidenter bzw. liquide beweisbarer Mängel des Valutageschäfts auch unter Annahme eines abstrakten Schuldversprechens vgl. *Pfeiffer*, in: Graf v. Westphalen, Kreditkartenvertrag, Rn. 20 unter Verweis auf die Parallelproblematik beim Dokumentenakkreditiv.

[733] BGH NJW 1990, 280 f.

[734] Eine Auslegung gegen den Wortlaut "Forderungskauf" postulierte *Pütthoff*, Die Kreditkarte, S. 126, bereits 1974; ein Ausdruck bewusster Entscheidung ist die Formulierung hingegen etwa für *Beck*, Einwendungen bei eurocheque und Kreditkarte, S. 7 (1986); *Eckert*, WM 1987, 161, 162.

[735] Dazu oben S. 86.

[736] Vertiefend dazu *Beck*, Einwendungen bei eurocheque und Kreditkarte, 7 ff., passim.

[737] *Hadding*, in: FS Pleyer, S. 17, 29; *Oechsler*, Kreditkartengeschäft, S. 263; *Schön*, AcP 198 (1998), 401, 410. Unverständlich ist hier der Hinweis bei *Eckert*, WM 1987,

rungskauf bereits deshalb aus, weil angesichts des Aufwendungsersatzanspruchs des Kartenherausgebers gegenüber dem Karteninhaber[738] der zusätzliche Erwerb der Forderung gegen den Karteninhaber nicht zu den essentialia des Akquisitionsvertrags gehört[739]. Hingegen kommt man zu einer nichtakzessorischen Zahlungsverpflichtung sowohl bei Betonung der Bargeldersatzfunktion der Kreditkartenzahlung, für die eine barzahlungsähnliche Sicherung des Vertragsunternehmers Voraussetzung ist[740], als auch bei Betonung des anweisungsgleichen Simultanleistungscharakters der Kartenzahlung[741], da die wirtschaftliche Bedeutung der bürgerlich-rechtlichen Anweisung in der Möglichkeit der abstrakten Verpflichtung des Angewiesenen (übertragen: des Kartenemittenten) gegenüber dem Anweisungsempfänger (übertragen: dem Vertragsunternehmen) durch Annahme (§ 784 BGB) liegt.

Soweit daher die gegenüber den Vertragsunternehmen verwandten AGB einen Forderungskauf vorsehen, ist dieser auch als gewollt anzunehmen, tritt aber nur neben die abstrakte Zahlungsverpflichtung. Wollte man entgegen der soeben dargestellten Sichtweise die AGB als Vereinbarung eines Forderungskaufs *anstelle* einer abstrakten Zahlungsverpflichtung verstehen, so wäre dieser Ausschluss der abstrakten Verpflichtung nach § 9 AGBG unwirksam[742], und zwar bereits nach Abs. 2 Nr. 1. Die Vereinbarung eines Forderungskaufs *neben* der abstrakten Zahlungsverpflichtung, welche die überwiegenden AGB vorsehen, ist hingegen zulässig. Soweit allerdings abweichend vom Zug um Zug-Grundsatz die Vertragsunternehmer-AGB die Forderungsabtretung bereits an die Mitteilung der Daten einer Kartenzahlung durch den Vertragsunternehmer

---

161, 163, dass die Abdingbarkeit des § 404 BGB seinem Leitbildcharakter entgegenstehe: *gerade* bei dispositivem (abdingbaren Recht) stellt sich die Frage nach dessen Leitbildcharakter, denn Abweichungen von zwingendem Recht sind auch ohne Rückgriff auf die Wertung des § 9 AGBG unwirksam; zum Leitbildcharakter des § 404 BGB für den Forderungskauf schon Mot. II, S. 128 f. Ferner nicht nachvollziehbar ist, dass *v. Usslar/v. Morgen*, Kreditkartengeschäft, S. 51, die Unabdingbarkeit des § 404 BGB zu Lasten des Kreditnehmers (§ 10 Abs. 1 VerbrKrG) gegen die Einordnung als Forderungskauf mobilisieren, denn der Vertragsunternehmer als denkbarer Zedent ist nicht entgeltlicher Kreditgeber.

[738] Aus Geschäftsbesorgung, dazu oben S. 161 ff.

[739] *Pfeiffer*, in: Graf v. Westphalen, Kreditkartenvertrag, Rn. 18; *v. Usslar/v. Morgen*, Kreditkarten-Praxis, S. 46.

[740] *Martinek*, in: Schimansky/Bunte/Lwowski/Bankrechts-Handbuch, § 67 Rn. 42; *Pfeiffer*, in: Graf v. Westphalen, Kreditkartenvertrag, Rn. 18 ff., insb. Rn. 20; *Weller* Kreditkartenverfahren, S. 103.

[741] Hierzu vertiefend *Meder*, AcP 198 (1998), S. 72, 90 ff.

[742] *Pfeiffer*, in: Graf v. Westphalen, Kreditkartenvertrag, Rn. 20; im Ergebnis auch *Taupitz*, Kreditkartenmißbrauch, § 5 A II 3, S. 115 ff., der bei Vereinbarung eines Forderungskaufs nur ein Berufen auf die Veritätshaftung als unwirksam erachtet.

an den Kartenemittenten knüpfen[743], sind sie nach § 9 AGBG unwirksam[744], weil sie dem Vertragsunternehmer die Möglichkeit des Rückgriffs gegen den Karteninhaber bei Störungen im Verhältnis zum Kartenemittenten nehmen und insbesondere das Risiko der Insolvenz der Emittenten aufbürden. Der Insolvenzverwalter könnte danach den Vertragsunternehmer auf einen Insolvenzanspruch verweisen und seinerseits die volle abgetretene Forderung beim Karteninhaber erheben[745], ohne jemals Aufwendungen erbracht zu haben, obwohl für diese Konsequenz angesichts des Aufwendungsersatzanspruchs des Emittenten gegen den Karteninhaber kein rechtfertigendes Bedürfnis erkennbar ist. Insoweit ergibt sich aber die Unwirksamkeit aus § 9 Abs. 2 Nr. 2 AGBG, da das Leitbild der abstrakten Verpflichtung unangetastet bleibt.

(2) Garantie oder abstraktes Schuldversprechen

Für die Fragestellung dieser Arbeit nicht von Interesse ist hingegen, ob die abstrakte Zahlungsverpflichtung des Kreditkartenherausgebers bzw. des Debetkartenherausgebers als abstraktes Schuldversprechen oder als Garantievertrag einzuordnen ist[746]. Für ein gesetzliches Leitbild des abstrakten Schuldversprechens lässt sich immerhin anführen, dass der Emittent eine primäre Leistungspflicht gegenüber dem Vertragsunternehmer übernimmt, also gerade im Regelfall zahlen will, während ein Garant nur für den Erfolgseintritt einstehen will, der im Regelfall von einem Dritten herbeigeführt werden soll[747]. Dafür spricht auch, dass die Annahme bei der bürgerlich-rechtlichen Anweisung als gesetzlichem Modell des Simultanleistungsgeschäfts nach der im Vordringen befindlichen Vertragstheorie[748] den Charakter eines vertraglich begründeten abstrakten Schuldversprechens trägt[749]. Schließlich steht entgegen Weller[750] die Natur des

---

[743] So etwa Nr. 4 Abs. 2, 3 Teilnahmebedingungen für den EUROCARD-/VISA-Akzeptanzservice der EURO Kartensysteme; keine entsprechende Regelung enthalten etwa die American Express Vertragspartnerbedingungen.

[744] Ohne Differenzierung nach verwandten AGB auch *Einsele*, WM 1999, 1801, 1802.

[745] Bei "bloßer" Vereinbarung eines Forderungskaufs wie bei American Express wird dem Vertragsunternehmer hingegen der Schutz des § 103 InsO bleiben.

[746] Diese Frage daher grundsätzlich offenlassend etwa *Oechsler*, Kreditkartengeschäft, S. 265; *Schön*, AcP 198 (1998), S. 401, 410.

[747] In diesem Sinne bezüglich der Kreditkarte *Hadding*, in: FS Pleyer, S. 17, 31 ff; *Martinek*, Kreditkartenverträge, § 23 III 1, S. 98; *Pfeiffer*, in: Graf v. Westphalen, Kreditkartenvertrag, Rn. 20; ebenso für die Debetkarte *Ikas*, EFTPOS, S. 67.

[748] Dazu oben S. 41.

[749] *Hüffer*, in: MünchKomm, § 784 Rn. 6; *Canaris*, Bankvertragsrecht, Rn. 397a; *ders.*, in: *Larenz/Canaris*, SchuldR II/2, § 62 II, S. 39; *Larenz*, SchuldR II (12. Auflage), § 67 III, S. 517 f.; *Meder*, AcP 198 (1998), S. 72, 99; *Zöllner*, Wertpapierrecht,

abstrakten Schuldversprechens als einseitiges Leistungsversprechen nicht dessen Integrierbarkeit in einen synallagmatischen Rahmenvertrag entgegen[751].

cc) Erfasste Missbrauchsfälle

(1) Universalkreditkarte

Ausdrücklich sehen die gegenüber dem Vertragsunternehmern verwandten AGB kein Zahlungsversprechen für den Fall des Drittmissbrauchs vor. Denn der Wortlaut der am Forderungskauf orientierten AGB bringt den Kauf der Forderungen nur gegen den berechtigten Karteninhaber zum Ausdruck. So verlangt Nr. 2 American Express-Vertragspartnerbedingungen dem Wortlaut nach die Unterzeichnung des Belastungsbelegs durch das "Mitglied". Eindeutig ist auch Nr. 1 der Teilnahmebedingung für den EUROCARD-/ VISA-Akzeptanzservice der EURO Kartensysteme. Nach Nr. 1 Abs. 2 werden vom „Karteninhaber" durch Unterschrift anerkannte Forderungen angekauft, wobei Abs. 1 vorsieht, dass der „Inhaber" einer Karte bargeldlos Leistungen in Anspruch nehmen darf. „Karteninhaber" ist also nicht jeder unberechtigte "Besitzer" der Karte. Ferner verlangen die eine „Zahlungsgarantie" enthaltende AGB der Citibank Privatkunden AG (VISA, Eurocard/Mastercard und noch Diners Club[752]) für diese die Anerkennung der Transaktion „vom Karteninhaber" durch Unterschrift auf ordnungsgemäßen Belegen[753], welcher vom „Kartenvorleger"[754] unterschieden wird. Für die Zahlung unter PIN-Einsatz sehen die einschlägigen AGB nichts abweichendes vor, während für den Drittmissbrauch bei belegloser Zahlung sogar ausdrücklich die Rückforderung von an den Vertragsunternehmer gezahlten Beträgen vorgesehen wird[755].

---

§ 13 I, S. 78; von einer Verpflichtung durch einseitige Willenserklärung ausgehend aber *Palandt/Sprau*, § 784 Rn. 3; RGRK/*Steffen*, § 784 Rn. 3 m. w. N.

[750] Kreditkartenverfahren, S. 92 ff.

[751] Bezogen auf die Kreditkarte *Pfeiffer*, in: Graf. v. Westphalen, Kreditkartenvertrag, Rn. 20; *v. Usslar/v. Morgen*, Kreditkarten-Praxis, S. 54 f.; für POS mittels ec-Karte *Schneider*, POS, S. 28; Zur behaupteten Problematik der Kondizierbarkeit des abstrakten Schuldversprechens vgl. nur *Hadding*, in: FS Pleyer, S. 33 f.; *v. Usslar/v. Morgen*, Kreditkartenpraxis, S. 53 ff.; jeweils m. w. N.

[752] Da die Citibank Privatkunden AG kürzlich ihre Anteile an der Diners Club Deutschland GmbH an die PA Investment S. A. in Luxemburg verkauft hat, ist nicht absehbar, ob auch in näherer Zukunft noch gleichlautende AGB verwandt werden.

[753] Vgl. Nr. 3 Vertragsunternehmer AGB der Citibank Privatkunden AG.

[754] Vgl. Nr. 2 Vertragsunternehmer AGB der Citibank Privatkunden AG.

[755] Vgl. Nr. 5 der Amercan Express Vertragspartnerbedingungen; ferner Branchenzusätze a) Mailorder der Teilnahmebedingungen für den EUROCARD-/VISA-Akzeptanzservice der EURO Kartensysteme. Dort ist eine Rückforderung gezahlter Be-

In bemerkenswertem Widerspruch zu den Formulierungen ihrer AGB steht allerdings, dass nach telefonischer Auskunft der Euro-Kartensysteme gegenüber dem Verfasser diese zumindest beim Belegverfahren vom Vertragsunternehmer nicht verschuldete Schäden durch Drittmissbrauch übernimmt. Es liegt daher durchaus nahe, ungeachtet der Formulierungen der AGB zumindest ein *konkludentes* Zahlungsversprechen für den Fall formal ordnungsgemäßer missbräuchlicher Kartenvorlage durch Dritte anzunehmen[756]. Ausgehend von der Bargeldersatzfunktion des Kreditkartenverfahrens gehört es aber ohnehin bereits zum zwingend vereinbarten gesetzlichen Leitbild des Akquisitionsvertrags, dass der Akquisiteur dem Vertragsunternehmer die bei Barzahlung nicht auftretenden zahlungsverkehrstechnischen Risiken abnehmen muss[757]. Darunter fällt auch, dass ein Nichtberechtigter eine echte Karte einsetzt. Denn beim „Missbrauch fremden Bargelds" würde der Vertragsunternehmer dieses gutgläubig erwerben (auch das Abhandenkommen wäre nach § 935 Abs. 2 BGB unschädlich). Stützen lässt sich dieses Ergebnis zudem mit einer eine Parallelwertung zu § 784 Abs. 1 BGB, wonach die Annahme grundsätzlich auch dann verpflichtend wirkt, wenn die Anweisung gefälscht ist[758]. Das ungeschriebene gesetzliche Leitbild eines nichtakzessorischen Zahlungsversprechens des Kartenherausgebers umfasst daher den formal ordnungsgemäßen, missbräuchlichen Einsatz echter Kreditkarten durch Dritte; abweichende Klauselgestaltungen benachteiligten den Vertragsunternehmer unangemessen und wären nach § 9 Abs. 2 Nr. 1 AGBG insoweit unwirksam[759].

Das Risiko des Einsatzes einer Totalfälschung aber muss der Emittent seinem Vertragsunternehmer entgegen den Stimmen[760] nicht abnehmen, die zutreffend darauf hinweisen, dass das Risiko des Einsatzes von für den Vertragsunternehmer unerkennbar gefälschten Karten ein vom Emittenten geschaffenes,

---

träge vorgesehen, wenn der Karteninhaber die Bestellung oder die Echtheit der Unterschrift bestreitet oder von der Bestellung zurückgetreten ist oder wenn der Ware/Leistung schriftlich zugesicherte Eigenschaften fehlen. Vgl. dazu ferner *Etzkorn*, WM 1991, 1901, 1904, *Pfeiffer*, in: Graf v. Westphalen, Kreditkartenvertrag, Rn. 21.

[756] So im Ergebnis etwa die Auslegung der noch an Transaktionen des "Mitglieds" anknüpfende alten Diners Club AGB für Vertragsunternehmer durch *Stauder*, in: Stauder/Weisensee, Das Kreditkartengeschäft, S. 88; a. A. *Taupitz*, § 5 A II 4, S. 120.

[757] *Pfeiffer*, in: Graf v. Westphalen, Kreditkartenvertrag, Rn. 18, 118; instruktiv zu diesem Gedanken auch *Oechsler*, WM 2000, 1613, 1615.

[758] Vgl. nur *Erman/Heckelmann*, § 784 Rn. 5.

[759] Zum Ergebnis der Unwirksamkeit solcher Klauseln nach § 9 AGBG kommt auch *Taupitz*, Kreditkartenmißbrauch, sowohl für vom Forderungskauf ausgehende AGB (§ 5 A II 3, S. 117) als auch für eine Garantie aussprechende AGB (§ 5 A II 4, S. 120), freilich ohne daraus den Schluss auf ein einheitliches Leitbild des Akquisitionsvertrags ohne Rücksicht auf die verwandten AGB zu ziehen.

[760] Etwa *Stauder*, in: Stauder/Weisensee, Das Kreditkartengeschäft, S. 88 f.; *Taupitz*, Kreditkartenmißbrauch, § 5 A II 4, S. 120; diese Position *Taupitz'* referiert jüngst *Ahlers*, WM 1998, 1561, 1562.

spezifisches Systemrisiko darstellt. Denn dieses Systemrisiko ist aufgrund der Sicherung der eingesetzten Karten vor Nachahmung (durch Hologramm, hochgeprägte Kartennummer, Fluoreszenzmarkierung[761], online-Datenprüfung und dergleichen) dem ansonsten für den Vertragsunternehmer bestehende Risiko des Hereinfallens auf Falschgeld vergleichbar[762]. Ebenfalls unproblematisch ist schließlich, dass die AGB kein abstraktes Zahlungsversprechen für den Fall belegloser Zahlung ohne Vorlage der Kreditkarte (Teleshopping, Mailorder usw.) zum Ausdruck bringen: Umstände, die die Vorlage der Kreditkarte unmöglich oder zu aufwendig machen, hindern in der Regel gleichermaßen auch sofortige Barzahlung, so dass man nicht zugunsten des Vertragsunternehmers argumentieren kann, dieser habe durch die Akzeptanz der beleglosen Zahlung auf die *Sicherheit sofortiger Barzahlung* verzichtet. Darin liegt der zwischenzeitlich von Meder[763] verneinte Anlass, beleglose Zahlungsformen ohne Kartenvorlage hinsichtlich des abstrakten Zahlungsversprechens rechtssystematisch anders zu behandeln, als auf Kartenvorlage gestützte Zahlungsformen. Entgegen OLG Frankfurt[764] ist die diesbezügliche Nichtübernahme des den Vertragsunternehmer treffenden Risikos des Drittmissbrauchs durch die ihnen gegenüber verwandten AGB nicht nur nicht nach § 9 AGBG unangemessen, sondern sogar nach § 8 AGBG der Inhaltskontrolle entzogen.

Es lässt sich daher festhalten, dass der Kartenherausgeber im Verhältnis zum Vertragsunternehmer das Risiko der missbräuchlichen Vorlage echter Karten durch Dritte trägt, die sich nicht mehr ermitteln lassen bzw. die sich als insolvent erweisen. Außer in diesen Fällen kommt ein Rückgriffsanspruch des Emittenten gegen den Karteninhaber allenfalls dann in Betracht, wenn bereits an den Vertragsunternehmer geleistete Zahlungen aus tatsächlichen Gründen wie z. B. Zahlungsunfähigkeit nicht mehr zurück zu verlangen sind.

(2) Debetkarte

Abweichendes gilt in Bezug auf den Einsatz von gefälschten Karten für das Zahlungsversprechen beim insbesondere der ec-Karte zugrundeliegenden electronic-cash-System. Nach dessen Vertragswerk erfolgt mit der Autorisierung als

---

[761] Eine Dokumentation für die EUROCARD findet sich im Internet unter http://www.eurocard.de/jo/hint/merkmal.html.

[762] Das ist auch kein Widerspruch zu der gerade angeführten Wertung des § 784 Abs. 1 BGB, da die Annahme auch unter Bedingungen (Kartenvorlage) erklärt werden kann, vgl. *Erman/Heckelmann*, § 784 Rn. 3.

[763] ZBB 2000, 89, 97; bemerkenswert demgegenüber die Zustimmung zu OLG Frankfurt, NJW 2000, 2114 f., durch Meder, NJW 2000, 2076 ff.

[764] OLG Frankfurt, NJW 2000, 2114 f.

Gutheißen der Zahlung seitens des Kartenherausgebers auch das Zahlungsversprechen an den Vertragsunternehmer lediglich unter der Bedingung, dass das Terminal in vereinbarter Weise verwandt worden ist (Nr. 4 der Händlerbedingungen)[765]. Das ausdrücklich vereinbarte Zahlungsversprechen greift daher bei erfolgter Autorisierung auch dann ein, wenn ein Dritter eine echte Karte oder sogar eine Fälschung eingesetzt hat[766].

D. Das Drittmissbrauchsrisiko nach bisherigem Recht

Wie bereits ausgeführt, ist in das BGB ein neuer § 676h zur Umsetzung von Art. 8 der Richtlinie 97/7/EG („Fernabsatzrichtlinie“)[767] eingeführt worden. Die Norm ist auf Sachverhalte anwendbar, nach dem 29. Juni 2000 entstanden sind[768]. Nach der Neuregelung kann „ein Kreditinstitut“ Aufwendungsersatz für die Verwendung von Zahlungskarten oder von deren Daten nur verlangen, wenn diese nicht von einem Dritten missbräuchlich verwendet wurden, ungeachtet ob der Zahlungskarte ein Girovertrag oder ein anderer Geschäftsbesorgungsvertrag zugrunde liegt. Da dies einerseits zu einer zeitlich gespaltenen Bewertung des Missbrauchsrisikos nach dispositivem Recht führen mag und andererseits § 676h BGB in seiner Wirkweise auf den Geschäftsbesorgungsvertrag am besten aus einer Darstellung der bisherigen geschäftsbersorgungsrechtlichen Rechtslage zu verstehen ist, wird im Folgenden zunächst die bisherige Rechtslage erläutert.

I. Der Streitstand zur Verteilung des Drittmissbrauchsrisikos zwischen Emittent und Karteninhaber

1. Zweiparteiensystem

Eine Zuweisung des Risikos des Drittmissbrauchs an den Karteninhaber wird ausdrücklich für die Kundenkreditkarte, soweit ersichtlich, nicht vertreten. Vor-

[765] Die Bedingungen für die Teilnahme am electronic-cash-System der deutschen Kreditwirtschaft (Händlerbedingungen), sind abgedruckt bei *Schimansky/-Bunte/Lwowski*, Bankrechts-Handbuch, Anh. 4 zu §§ 67, 68.

[766] *Brockmeier*, Das POS-System, S. 78 ff. ; *Harbeke*, WM 1994, Sonderbeil. 1, S. 10; . Von den Vertragswerken des electronic-cash-Systems sieht ausdrücklich allein Nr. 12 der Vereinbarung über ein institutsübergreifendes System zur bargeldlosen Zahlung an automatisierten Kassen (electronic-cash-System) bei Einsatz von gefälschten Karten eine Bezahlung der "Forderung des Unternehmens" durch das "im Datensatz der Lastschrift benannte Kreditinstitut" vor.

[767] Vom 20.5.1997, ABl. Nr. L 144/19.

[768] Vgl. Art. 229 § 2 Abs. 1 EGBGB.

gefundene Ausführungen zur Universalkreditkarte lassen sich auf die Kundenkreditkarte nicht übertragen. Insbesondere ein Aufwendungsersatzanspruch des Kartenherausgebers aus § 670 BGB scheidet bereits deshalb aus, weil keine Geschäftsbesorgung vorliegt[769].

2. Mehrparteiensystem

a) Der „enge Aufwendungsbegriff" der herrschenden Meinung

Nach h. M. erwächst dem Kartenherausgeber bei Debet-[770] und Universalkreditkarte[771] dann ein Aufwendungsersatzanspruch aus § 670 BGB, wenn der Karteninhaber selbst den Zahlungsvorgang durch Hingabe der Karte und Unterschrift eines Belastungsbelegs (Belegverfahren) bzw. durch Eingabe der PIN (POS-Verfahren) oder, im Rahmen der beleglosen Kreditkartenzahlung, durch Angabe seiner Kreditkartendaten ohne Vorlage der Karte den Zahlungsvorgang autorisiert hat. Drittmissbrauch auch der echten Karte selbst unter Eingabe der richtigen PIN bzw. Leistung einer täuschend echten Unterschrift löst danach keine Haftung aus. Maßgeblich ist demzufolge das Fehlen einer Weisung des Karteninhabers nach § 665 BGB, weshalb der gesamte Zahlungsvorgang als nicht mehr auftragsgemäß eingeordnet wird und sich die Frage nach der subjektiven Erforderlichkeit i. S. d. § 670 BGB nicht mehr stellt.

b) „Extensiver Aufwendungsbegriff"

Auch für das Belegverfahren bei der Universalkreditkarte hat sich eine Gegenansicht gebildet, die von einem extensiven Aufwendungsbegriff ausgeht[772]. Danach kommt es nicht auf das Vorliegen einer konkreten Weisung des Karteninhabers nach § 665 BGB an, sondern nur darauf, ob der Kartenherausgeber seine Zahlung gemessen am Emissionsvertrag mit dem Kunden für erforderlich halten durfte. Dies sei insbesondere dann der Fall, wenn die Kartenorganisation

---

[769] Vgl. dazu oben S. 159.

[770] Für die Debetkarte *Brockmeier*, Das POS-System, S. 120; *Rossa*, CR 1997, 138, 144; *Streit*, Kartenzahlung, S. 92.

[771] Für die Universalkreditkarte *Hadding*, in: FS Pleyer, S. 17, 38; *Hammann*, Die Universalkreditkarte, S. 164; ohne Differenzierung zwischen Kunden- und Universalkreditkarte *Martinek*, Kreditkartenverträge, § 23 II 3, S. 87; *Nuissl*, Bankgeschäftsrecht, Rn. 148; *Streit*, Kartenzahlung, S. 92; *Schwintowski/Schäfer*, Bankrecht, § 6 Rn. 66; *Taupitz*, Kreditkartenmißbrauch, § 5 A III 1, S. 121.

[772] *Stauder/Weisensee;* Das Kreditkartengeschäft, S. 99; *Weller,* Kreditkartenverfahren, S. 147 ff.; *Schönle*, Bank und Börsenrecht, § 29 I 2 b, S. 345.

auf einen formal ordnungsgemäßen Beleg auszahle[773]. Namentlich Stauder geht daher auch dann von einem Aufwendungsersatzanspruch aus, wenn der Beleg unter Verwendung einer für das Vertragsunternehmen nicht offensichtlich erkennbar nachgemachten Karte erstellt worden ist[774]. Dies beruht auf der These, dass das eingreifende Zahlungsversprechen des Kartenherausgebers an den Vertragsunternehmer diese Fälle erfasse, dadurch das Kreditkartengeschäft erst interessant mache und dessen Betrieb erst ermögliche, so dass die Erfüllung dieses Versprechens des Kartenherausgebers gegenüber dem Vertragsunternehmer dem objektiven Interesse des Karteninhabers entspreche[775]. Zwar ist nach der hier vertretenen Ansicht Drittmissbrauch nachgemachter Universalkreditkarten gar nicht vom Zahlungsversprechen des Emittenten umfasst[776], doch steht dies nicht dem Kern der Argumentation entgegen, dass ein Anspruch des Herausgebers gegen den berechtigten Kreditkarteninhaber insoweit bestehe, als ersterer seinerseits einem vertraglichen Zahlungsanspruch des Vertragsunternehmers ausgesetzt ist[777]. Angesichts des vergleichbaren Zahlungsversprechens des Kartenherausgebers an das ein POS-Terminal betreibende Vertragsunternehmen[778] müsste dieses Argument auch für Zahlungen mittels Debetkarten im electronic-cash-Verfahren ab der Autorisierung gelten.

c) Aufwendungsersatz nach Sphärenzuordnung der Risikoquelle

Für das POS-Verfahren und damit nach dessen bisheriger Verbreitung in erster Linie für Debetkarten wie die ec-Karte vertritt Strohdeicher[779] einen Rückgriff auf die Ulmer'sche Sphärentheorie zum Scheck dergestalt, dass der Kunde analog §§ 675, 670 BGB Aufwendungsersatz schuldet, wenn beim Zahlungsvorgang die dem Kunden abhandengekommene echte Karte verwendet und die richtige PIN eingegeben wird. Dies soll - mangels Beherrschbarkeit des Verlustrisikos seitens der Bank - sogar dann gelten, wenn die Kenntnis der PIN aus

[773] *Weller*, Kreditkartenverfahren, S. 147 f.

[774] *Stauder*, in: Stauder/Weisensee, Das Kreditkartengeschäft, S. 98, Fn. 66, S. 88. *Schönle*, Bank und Börsenrecht, § 29 I 2 b, S. 345 f., geht nur auf den Missbrauch echter Karten ein, verweist aber pauschal auf Stauder/Weisensee. Nicht eindeutig sind auch die Erwägungen *Wellers*, Kreditkartenverfahren, S. 147 ff., da diese sich auf die AGB der Kartenherausgeber beziehen, welche nur den Missbrauch echter Karten behandeln.

[775] *Stauder*, in: Stauder/Weisensee, Das Kreditkartengeschäft, S. 98 f.

[776] Siehe oben S. 177.

[777] Für diesen Fall nimmt *Beck*, Einwendungen bei eurocheque und Kreditkarte, S. 98 ff., 102 f., einen Vergütungsanspruch aus §§ 675, 631 BGB an.

[778] Vgl. oben S. 172, 178.

[779] *Strohdeicher*, Risiken des automatisierten Zahlungsverkehrs, S. 65 f. Zum gleichen Ergebnis müssen diejenigen kommen, die der Sphärentheorie für den Missbrauch der Geldautomatenkarte folgen, etwa AG Saarbrücken, WM 1987, 810, 811.

der Entschlüsselung des Datensatzes auf der Karte stammt[780]. Die Bank hingegen trage das Risiko der Verwendung duplizierter Karten, das durch lückenlose Prüfung des MM-Merkmals ausgeschlossen werden könne[781].

Zur Erinnerung sei an dieser Stelle noch einmal darauf hingewiesen, dass E. Ulmer selbst dogmatisch mit dem Sphärengedanken nicht den Anwendungsbereich des §670 BGB rechtsfortbildend erweitern wollte, sondern umgekehrt von einer grundsätzlichen Auftragsgemäßheit auch der Aufwendungen bei total gefälschter Weisung ausgehend mit dem Sphärengedanken ein Einschränkung der Ersatzfähigkeit nach § 670 BGB begründete[782].

d) Geschäftsführung ohne Auftrag

Mitunter wird in Bezug auf den Drittmissbrauch der Universalkreditkarte ausgehend vom Fehlen einer wirksamen Kundenweisung der Vorschlag Haddings erörtert (und verworfen)[783], bei Vorliegen einer zwar auf den Kunden rückführbaren aber unwirksamen Weisung dem Universalkreditkartenherausgeber einen Aufwendungsersatzanspruch aus §§ 683 S. 1, 670 BGB zu gewähren, weil die Voraussetzungen einer Geschäftsführung ohne Auftrag in der Regel vorlägen[784]. Dabei wird allerdings verkannt, dass auch Hadding bei einer gefälschten Unterschrift, also bei gänzlichem Fehlen einer auf den Kunden zurückzuführenden Weisung, einen gesetzlichen Aufwendungsersatzanspruch des Kartenherausgebers verneint[785].

II. Stellungnahme zum Aufwendungsersatzanspruch bei Mehrparteiensystemen

Wird bei missbräuchlicher Universalkredit- oder Debetkartenzahlung durch einen Dritten dem Kartenherausgeber ein ordnungsgemäßer Karteneinsatz gemeldet und nimmt der Kartenherausgeber deshalb an den Vertragsunternehmer eine Zahlung vor, die er nicht mehr zurückerlangen kann[786], so ist damit eine Aufwendung des Kartenherausgebers verbunden, die er im Verhältnis zum Karteninhaber für erforderlich halten durfte. Für die Gewährung von Aufwen-

---

780 *Strohdeicher*, Risiken des automatisierten Zahlungsverkehrs, S. 67.
781 *Strohdeicher*, Risiken des automatisierten Zahlungsverkehrs, S. 74.
782 Vgl. oben S. 32 f.
783 Etwa bei *Taupitz*, Kreditkartenmißbrauch, § 5 A III 2, S. 122.
784 *Hadding*, in: FS Pleyer, S. 17, 36.
785 *Hadding*, in: FS Pleyer, S. 17, 38.
786 Zum Umfang des Zahlungsversprechens des Emittenten siehe oben S. 176 ff.

dungsersatz nach § 670 BGB stellt sich nur die Frage, ob trotz des Fehlens einer zurechenbaren Einzelweisung nach § 665 BGB der Kartenherausgeber als Geschäftsbesorger zum Handeln berechtigt, seine Zahlung also noch auftragsgemäß ist. Deshalb geht etwa die in der Literatur vorzufindende Diskussion zur Universalkreditkarte, ob nun die Freistellung des Vertragsunternehmers vom Risiko des Drittmissbrauchs besonders im Interesse des Karteninhabers[787] oder besonders im Interesse des Kartenherausgebers als Systemträger[788] liegt, an der eigentlichen Problematik vorbei. Ausgangspunkt der Betrachtung muss vielmehr der im Rahmen der Betrachtungen zum Scheck[789] gefundene und auf die Kartenzahlung uneingeschränkt übertragbare Grundsatz strikter Weisungsgebundenheit sein, wonach der Kartenherausgeber im Verhältnis zum Karteninhaber ausschließlich auf dessen Weisung hin tätig werden darf, so dass jegliche Reaktion auf nicht zurechenbaren Drittmissbrauch als Handeln ohne Weisung zunächst nicht auftragsgemäß ist. Etwas anderes kann sich nur daraus ergeben, dass der Kartenherausgeber sowohl bei der Universalkredit- als auch bei der Debetkarte dem Vertragsunternehmer aufgrund seines nichtakzessorischen Zahlungsversprechens auch bei Fehlen einer zurechenbaren Weisung des Karteninhabers zur Zahlung verpflichtet ist[790]. Insoweit kann man schwerlich behaupten, die Abgabe solcher Zahlungsversprechen, die nach der hier vertretenen Ansicht zum Leitbild des Akquisitionsvertrags gehören[791], sei im Hinblick auf den Emissionsvertrag nicht berechtigt und daher nicht auftragsgemäß. Argumentiert man aber mit der Vorherbestimmung der Zahlung durch das Zahlungsversprechen, so ist zu berücksichtigen, dass dieses Versprechen bereits im Rahmen des Akquisitionsvertrags vorgesehen wird, welcher nicht mit Blick auf den konkreten Emissionsvertrag mit dem Karteninhaber unterzeichnet wird, dessen Karte missbraucht wird - und der zu diesem Zeitpunkt noch nicht einmal geschlossen sein muss - sondern dass der Abschluss des Akquisitionsvertrags einer noch unbestimmten Vielzahl von Emissionsverträgen dienen soll. Die aus der Abgabe von Zahlungsversprechen resultierenden Kosten kann man daher sogar als objektiv erforderliche, auftragsgemäße und grundsätzlich ersatzfähige Aufwendung ansehen, doch kommt als Schuldner für deren Ersatz nicht ein konkreter Karteninhaber, sondern nur die Gesamtheit der von der Bereitschaft des Vertragsunternehmers zum Abschluss des Akquisitionsvertrags profitierenden Karteninhaber jeweils anteilig in Betracht. Diesbezüglich ist der Wille der Vertragspartner der Emissionsverträge jedoch dahingehend auszulegen, dass Kosten, die von allen Karteninhabern anteilig zu tragen sind, bereits durch die ver-

---

[787] So *Stauder*, in: Stauder/Weisensee, Das Kreditkartengeschäft, S. 98 f.; *Weller*, Kreditkartenverfahren, S. 148.

[788] Vgl. die Replik auf *Stauder* bei *Zahrnt*, NJW 1972, 1077, 1080.

[789] Siehe oben S. 36 ff.

[790] Vgl. zum Umfang des Zahlungsversprechens oben S. 176 ff.

[791] Siehe oben S. 177.

einbarten Entgelte erfasst sein sollen, so dass auch insoweit kein weiterer Aufwendungsersatz gefordert werden kann.

Von der Möglichkeit der Rechtsscheinshaftung abgesehen besteht daher selbst bei Missbrauch einer echten Karte gegebenenfalls sogar unter Eingabe der richtigen PIN kein Aufwendungsersatzanspruch nach § 670 BGB gegen deren berechtigten Inhaber. Die vom Kartenherausgeber konkret geleistete Zahlung ist ohne zurechenbare Weisung des Berechtigten nicht auftragsgemäß. Soweit den Kartenherausgeber eine nichtakzessorische Zahlungsverpflichtung gegenüber dem Vertragsunternehmer trifft, ist der Anknüpfungspunkt für die Auftragsgemäßheit bereits der die Zahlungspflicht determinierende Akquisitionsvertrag, dessen Abschluss auftragsgemäß in Bezug auf alle von ihm profitierenden Emissionsverträge gleichermaßen ist, weshalb daraus kein Ersatzanspruch in der Größenordnung der an den Vertragsunternehmer aufgrund Drittmissbrauchs geleisteten Zahlung gegen einen einzelnen Karteninhaber folgen kann.

III. Rechtsscheinshaftung

Denkbar ist allerdings die Zurechnung der Zahlungstransaktion bei Drittmissbrauch, wobei sich zunächst die Frage stellt, ob die Rechtsnatur der hier betrachteten Karten einen Rückgriff auf wertpapierrechtliche Rechtsscheinsgrundsätze eröffnet.

1. Wertpapierrechtliche Gesichtspunkte

a) Der Meinungsstand zur Rechtsnatur der Kreditkarte

Pütthoff[792] ordnet die Kreditkarte aufgrund der Vergleichbarkeit mit dem Sparbuch als qualifiziertes Legitimationspapier (§ 808 BGB) ein, bei dem der Vertragsunternehmer an den im Rahmen der ordnungsgemäßen Kontrolle formell Legitimierten mit gegenüber dem berechtigten Inhaber befreienden Wirkung leisten darf. Für Ahrens[793] ist die Kreditkarte ein Wertpapier in Form eines Namenspapiers, bei dem allein an den Namensinhaber geleistet werden darf. Verbrieft sei der Anspruch auf bargeldlose Zahlung aus dem Akquisitionsvertrag als Vertrag zugunsten Dritter (§ 328 BGB). Nach weitaus h. M. hingegen handelt es bei der Kreditkarte sowohl im Zwei- als auch im Dreiparteiensystem nicht um ein Wertpapier, sondern um eine Privaturkunde, die den in der Karte Bezeichneten als Vertragspartner des Herausgebers und damit als zur bargeldlo-

---

[792] *Pütthoff*, Die Kreditkarte, S. 193.

[793] Wertpapiere in bargeldlosen Zahlungssystemen, passim, S. 105.

sen Zahlung Berechtigten ausweist[794]. Allgemein wird dabei mit dem Fehlen der klassischen Wertpapierfunktionen[795] argumentiert. Insbesondere wird auf die jegliche Verkehrsschutzbedeutung hindernde Unübertragbarkeit der Kreditkarte verwiesen[796], die sich bereits daraus ergibt, dass die Forderung auf Gewährung bargeldloser Zahlung ihrer Natur nach nicht übertragbar ist (vgl. § 399 BGB)[797] und nicht von der Frage abhängt, ob die Kreditkarte aufgrund der verwandten AGB für den Emissionsvertrag im Eigentum des Kartenherausgebers verbleibt[798]. Wiederholt ist auch darauf hingewiesen worden, dass der bloßen Karteninhaberschaft keine Legitimationswirkung zukomme[799].

b) Der Meinungsstand zur Rechtsnatur der Debetkarte

Die Wertpapiereigenschaft von POS-Debetkarten wie der ec-Karte wird überwiegend gar nicht erörtert und ansonsten - zum Teil unter Verweis auf die fehlende Übertragbarkeit[800] - verneint[801], während sowohl Ahrens[802] als auch Klingner-Schmidt[803] ein Wertpapier annehmen, in dem das Recht des in der Karte Benannten auf bargeldlose Zahlung aus dem Vertragsverhältnis zwischen

---

[794] Avancini, ZfRV 1969, 121, 137 f.; *Eckert*, WM 1987, 161, 168; *Böttger*, S. 47; *Custodis*, Das Kreditkartenverfahren S. 70 f.; *Junker*, DStR 1994, 1461, 1466; *Pfeiffer*, in: Graf v. Westphalen, Kreditkartenvertrag, Rn. 11; *ders.* NJW 1997, 1036, 1037; *Stauder*, in: Stauder/Weisensee, Das Kreditkartengeschäft, S. 117; *Weller*, S. 122 f.

[795] Dieses einräumend auch *Ahrens*, Wertpapiere in bargeldlosen Zahlungssystemen, S. 128, der, a. a. O. S. 16 ff. den gegen die Wertpapiereigenschaft vorgebrachten "Mängelkatalog" vertiefend darstellt.

[796] *Avancini*, ZfRV 1969, 121, 137; *Böttger*, Nr. 30 der Gelben Reihe, S. 47; *Eckert*, WM 1987, 161, 168.

[797] Vertiefend *Ahrens*, Wertpapiere in bargeldlosen Zahlungssystemen, S. 84; *Ebel*, JR 1981, 485, 486. *Avancini*, ZfRV 1969, 121, 137 f. scheint hingegen nur von einer vertraglich vereinbarten Unübertragbarkeit auszugehen.

[798] Kritisch zu deren Wirksamkeit *Pfeiffer*, in: Graf v. Westphalen, Kreditkartenvertrag, Rn. 11. Soweit diese wirksam sind, kann man eine Wertpapiereigenschaft im Übrigen nur bejahen, wenn man § 952 Abs. 2 BGB mit der wohl überwiegenden Ansicht für abdingbar hält, so daher insbesondere *Ahrens*, Wertpapiere in bargeldlosen Zahlungssystemen, S. 89 ff. m. w. N.; a. A. *Zöllner*, in: FS Raiser, S. 276.

[799] Avancini, ZfRV 1969, 121, 137; *Böttger*, Nr. 30 der Gelben Reihe, S. 47; *Custodis*, Das Kreditkartenverfahren, S. 71; *Stauder*, in: Stauder/Weisensee, Das Kreditkartengeschäft, S. 117

[800] So *Petring*, POS-Zahlungen, S. 138.

[801] BGH, MDR 1988, 422, 423; *Baumbach/Hefermehl*, WG/SchG, WPR Rn. 47; *Brockmeier*, Das POS-System, S. 102; *Petring*, POS-Zahlungen, S. 138.

[802] Wertpapiere in bargeldlosen Zahlungssystemen, S. 125 f.

[803] ec-Service, S. 145.

Kartenherausgeber und Vertragsunternehmer/Kassenbetreiber als Vertrag zugunsten Dritter (§ 328 BGB) verbrieft sei.

c) Stellungnahme

aa) Wertpapierbegriffe

Soweit insbesondere die fehlende Übertragbarkeit und damit die fehlende Verkehrsschutzbedeutung der Kredit- bzw. Debetkarten gegen deren Wertpapiereigenschaft geltend gemacht wird, folgen die entsprechenden Literaturstimmen offensichtlich dem engen Wertpapierbegriff[804], der eine Rechtsverbriefung dergestalt fordert, dass das Recht aus dem Papier dem Recht an dem Papier folgt, dass also das Recht nach den Grundsätzen des Mobiliarsachenrechts übertragbar ist[805]. Die Kategorie der Namenspapiere, in die die Karten fallen könnten, umfasst danach nicht zu den Wertpapieren gehörige "Vorlegungspapiere"[806]. Nach dem heute herrschenden weiten Wertpapierbegriff hingegen ist ein Wertpapier eine Urkunde, in der ein Recht dergestalt verbrieft ist, dass zur Ausübung des Rechts die Innehabung der Urkunde erforderlich ist[807]. Konstituierend für eine Wertpapierurkunde ist eine verkörperte menschliche Gedankenerklärung, die ein privates Vermögensrecht zum Ausdruck bringt[808]. Wie diejenigen Inhaberpapiere belegen, die unter § 807 BGB fallen[809], muss die verkörperte Erklärung zwar ihren Aussteller erkennen lassen. Doch ist eine Unterschrift für eine Einordnung als Wertpapierurkunde anders als für eine Subsumtion unter die beweiskräftigen Privaturkunden im Sinne des § 416 ZPO entbehrlich.

Jedenfalls dem weiten Wertpapierbegriff genügten die hier behandelten Karten, wenn sie das Recht auf Gewährung bargeldloser Zahlung gegenüber dem Kundenkartenherausgeber bzw. dem Vertragsunternehmer dergestalt verbrieften, dass zur Geltendmachung die Innehabung der Karte durch den in der Karte als berechtigt Benannten erforderlich ist.

---

[804] Ausdrücklich etwa *Petring*, POS-Zahlungen, S. 138, Fn. 2.

[805] Vertreten etwa von *Raiser*, ZHR 101 (1935), S. 13, 63 f.; *E. Ulmer*, Das Recht der Wertpapiere, S. 20 ff.; vertiefend *Ahrens*, Wertpapiere in bargeldlosen Zahlungssystemen, S. 64.

[806] *E. Ulmer*, Das Recht der Wertpapiere, S. 97.

[807] *Baumbach/Hefermehl*, WG/SchG, WPR Rn. 11; *Hueck/Canaris*, Recht der Wertpapiere, § 1 I, S. 1; *Zöllner*, in: FS Raiser, S. 249, 268; *Koller*, Gutachten, S. 1431.

[808] *Baumbach/Hefermehl*, WG/SchG, WPR Rn. 3.

[809] Vgl. nur *Hüffer*, in: MünchKomm, § 807 Rn. 14, 15.

Indessen ist für das Dreiparteiensystem sowohl der Universalkredit- als auch der Debetkarte unabhängig vom Wertpapierbegriff die Verbriefung des Rechts des Karteninhabers auf Gewähr bargeldloser Zahlung zu verneinen. Nach der bereits dargestellten Vertragstheorie[810] bedarf es zwar zur Begründung einer wertpapierrechtlichen Verpflichtung eines Begebungsvertrags, den Ahrens[811] im Akquisitionsvertrag als Begebungsvertrag zugunsten Dritter sieht, aus dem der Anspruch des Karteninhabers gegen den Vertragsunternehmer auf Gewähr bargeldloser Zahlung resultiert[812]. Doch tritt der Begebungsvertrag nur neben den Skripturakt und macht diesen nicht entbehrlich. Insoweit ist der Begebungsvertrag ein „auf die Skriptur verweisendes Rechtsgeschäft[813]"; wertpapierrechtliche "Verbriefung" bedeutet auch zurechenbare Skriptur.

Wenn auch keine Unterschrift erforderlich ist, so müsste dennoch der Vertragsunternehmer als Schuldner des mit der Karte einforderbaren Rechts auf bargeldlose Zahlung für den Rechtsverkehr erkennbar Aussteller der Karte sein. Die Herstellung und Ausgabe der Karte besorgt aber der Kartenemittent[814]. Auf den ersten Blick denkbar wäre zwar, dies den zur Zeit des Abschlusses des Emissionsvertrags bereits teilnehmenden Vertragsunternehmen im Sinne eine geistigen Herrührens auch als Ausstellung zuzurechnen. Jedenfalls aber scheidet eine Zurechnung an diejenigen Vertragsunternehmer aus, deren Akquisitionsvertrag erst *nach Ausgabe* der Karte unterzeichnet worden ist. Deren Verpflichtung zur Gewährung bargeldloser Zahlung kann daher mangels zurechenbarer Ausstellung der Universalkredit- bzw. Debetkarte nicht wertpapierrechtlich sein, auch wenn sie nur gegen Vorlage der Karte geltend gemacht werden kann. Einheitlich lässt sich also bezüglich des Anspruchs auf Gewähr bargeldloser Zahlung das Vorlageerfordernis nicht wertpapierrechtlich im Sinne der Begebung eines Papiers, sondern nur vertraglich konstruieren. Dies wiederum kann nicht ohne Auswirkung auf die Zurechnung der Ausstellung von Mehrparteienkarten an zu diesem Zeitpunkt bereits akquirierte Vertragsunternehmer bleiben, da die Zurechnung einer nicht eigenhändig erstellten Urkunde immer auch Wertung bedeutet. Liegt die Funktion der Karte im Mehrparteiensystem gegenüber nachträglich akquirierten Vertragsunternehmern darin, den in der Karte Benannten als berechtigt auszuweisen, ohne dessen Rechte zu verbriefen, so gibt es keinen tragfähigen Grund für eine diametrale Deutung dahingehend, die Karte im Verhältnis zu den übrigen Vertragsunternehmern nunmehr als deren wertpapierrechtliche Skriptur zu begreifen und somit im Wege der Rechtszersplitte-

---

[810] Vgl. oben S. 41.

[811] Wertpapiere in bargeldlosen Zahlungssystemen, passim, S. 105.

[812] *Ahrens*, Wertpapiere in bargeldlosen Zahlungssystemen, S. 87.

[813] Wiederum *Zöllner*, Wertpapierrecht, § 6 V 4, S. 37.

[814] Deshalb wird Emittent von der Kommission auch "Aussteller" genannt, vgl. Nr. 2 Anh. zur Empfehlung der Kommission vom 17. November 1988 (88/590/EWG).

rung der Institute Universalkredit- und Debetkarte jeweils gegenüber nur einem Teil der Vertragsunternehmer ein Wertpapier ohne Wertpapierfunktionen anzunehmen. M. E. ist daher die Zurechnung der Ausstellung der Mehrparteienkarten im Sinne eines wertpapierrechtlichen Skripturakts gegenüber allen Vertragsunternehmern einheitlich zu verneinen. Der Anspruch des Karteninhabers gegen den Vertragsunternehmer auf bargeldlose Zahlung ist daher in der Universalkredit- bzw. Debetkarte auch unter Zugrundelegung des weiten Wertpapierbegriffs *nicht wertpapierrechtlich verbrieft*.

bb) Ergebnisse und Folgerungen für die Rechtsscheinshaftung

Mit der Möglichkeit bargeldloser Zahlung sind keine in der Universalkredit- oder Debetkarte *verbrieften* Rechte verbunden, die eine Wertpapiereigenschaft begründen. Weil ferner nicht an jeden Inhaber, sondern nur an den in der Karte namentlich bezeichneten Berechtigten und erst nach Identitätskontrolle geleistet werden darf, fallen Universalkreditkarten[815] und Debetkarten[816] nicht unter § 807 BGB; abwegig ist die Einordnung als Wertpapier nach § 808 BGB. Lediglich Kreditkarten im Zweiparteiensystem, bei denen sich der Kartenherausgeber selbst zur Gewähr bargeldloser Zahlung ausschließlich gegen Vorlage der Karte verpflichtet, mag man als Wertpapiere im weiteren Sinne freilich ohne Wertpapierfunktion auffassen: Deren Inhaberschaft entfaltet angesichts der zwingend vorgesehen Identitätsprüfung jedenfalls keine Legitimationswirkung; auch ein Gutglaubenserwerb des nicht übertragbaren Rechts auf Gewähr bargeldloser Zahlung scheidet aus. Ebenso wenig tragfähig ist schließlich eine wertpapierrechtliche Sphärenhaftung wie sie Canaris für den Drittmissbrauch von Scheckvordrucken vertritt[817]. Ungeachtet dessen, dass sich beim Kartenmissbrauch anders als beim Vordruckmissbrauch der Karteninhaber nicht in der Ausstellerrolle befinden kann, ist ein wertpapierrechtlicher Risikoausgleich im Verhältnis von berechtigtem Karteninhaber und Emittent deshalb unangemessen, weil das Aufbewahren einer Kundenkreditkarte durch den Kunden ein vom Kartenherausgeber und vom Karteninhaber gleichermaßen gesetztes Systemrisiko darstellt, das aus den zum Scheck dargestellten Gründen mit der einseitigen, nicht schutzwürdigen Gefahrerhöhung durch Ausstellung und Bevorratung eines umlauffähigen Wertpapiers seitens des Kunden nicht vergleichbar ist[818].

---

[815] So auch *Baumbach/Hefermehl*, WG/SchG, WPR Rn. 47; für die ec-Karte *Klingner-Schmidt*, ec-Service, S. 144.

[816] Ebenso *Baumbach/Hefermehl*, WG/SchG, WPR Rn. 47; *Petring*, POS-Zahlung, S. 140 f.

[817] Vgl. oben S. 33.

[818] Vgl. schon oben S. 52 ff., 65.

Letztlich ist die rein formale Wertpapiereigenschaft nach dem weiten Wertpapierbegriff kein sachliches Differenzierungskriterium, das eine schärfere Rechtsscheinshaftung des Kunden für Drittmissbrauch der Kundenkreditkarte als für Drittmissbrauch von Mehrparteienkarten rechtfertigen könnte. Eine besondere wertpapierrechtliche Rechtsscheinshaftung ist daher für alle hier betrachteten Karten ausgeschlossen.

2. Allgemeine Rechtsscheinsgesichtspunkte

Im Dreiparteiensystem führt die Rechtsscheinshaftung, soweit sich eine solche begründen lässt, zur Zurechnung der bei Karteneinsatz vermeintlich vorliegenden Weisung des berechtigten Karteninhabers mit der Folge, dass der Kartenherausgeber aufgrund seiner Zahlung an den Vertragsunternehmer so Aufwendungsersatz (§ 670 BGB[819]) verlangen kann, als hätte der berechtigte Inhaber seine Karte eingesetzt. Ein entsprechender Ansatzpunkt fehlt aber von vornherein im Zweiparteiensystem, so dass es bei diesem auf die Zurechnung der vom Dritten abgegebenen Willenserklärung auf Abschluss des Austauschvertrags mit dem Kartenherausgeber ankommt, aus dem dann der Herausgeber gegen den rechtmäßigen Karteninhaber sein zunächst kreditiertes Entgelt verlangt. Mitunter wird aber dieser Vertrag vor Präsentation der Karte und damit nicht einmal unter dem Namen des berechtigten Karteninhabers geschlossen sein. Ganz allgemein kann man festhalten, dass es jedenfalls an einem noch zu erörternden Rechtsschein des Karteneinsatzes fehlt, auf dessen Kenntnis die entscheidende Vertrauensinvestition des Kartenherausgebers durch den Vertragsschluss basierte[820]. Insoweit scheidet daher eine Rechtsscheinshaftung aus. Am Fehlen einer Forderung gegen den Berechtigten aber kann auch die gutgläubige Vermögensdisposition erst durch den nachfolgenden Verzicht auf Barzahlung aufgrund des Karteneinsatzes nichts mehr ändern.

a) Rechtsscheinstatbestand

aa) POS mittels PIN

Als objektiv schützenswerter Rechtsscheinstatbestand kommt jeder Sachverhalt in Frage, der geeignet ist, ein Vertrauen des Kartenemittenten in das Vor-

---

[819] Zum geschäftsbesorgungsrechtlichen Rahmenvertrag oben S. 161 ff.

[820] Im Sinne der Rechtsscheinshaftung schutzwürdige Vertrauensinvestition bzw. Disposition ist bereits der Abschluss des Rechtsgeschäfts, während die Erbringung der eigenen Leistung erst eine Frage des Vertrauensschadens ist, vgl. *Canaris*, Vertrauenshaftung, S. 511.

liegen einer Weisung des berechtigten Karteninhabers auszulösen[821]. Ein starkes Indiz für das Vorliegen einer solchen Weisung und damit tauglicher Rechtsscheinstatbestand ist bei POS-Zahlung die Verwendung einer echten Karte unter Eingabe der zugehörigen PIN[822]. Dem steht auch nicht entgegen, dass die Autorisierung gänzlich automatisiert durch einen Rechner erfolgt. Denn dabei werden vom Programmierer vorher festgelegte Prüfungen durchgeführt, für deren positives Ergebnis der Kartenherausgeber bereits antezipiert sein Vertrauen durch Vorherbestimmung des Gutheißens der Zahlung investiert hat[823]. Anders verhält es sich jedoch, wenn dem Kunden ohne dessen Willen eine PIN zugeteilt worden ist, obwohl er seine Kreditkarte nur im Belegverfahren oder seine ec-Karte nur zur Ausstellung von Schecks verwenden wollte. In diesem Fall besteht bei PIN-Einsatz grundsätzlich der Verdacht eines Drittmissbrauchs, der den Rechtsschein einer Weisung des berechtigten Karteninhabers erschüttert, sofern der Kunde nicht bereits Buchungen von PIN-Einsätzen gegenüber dem Kartenherausgeber unbeanstandet gelassen hat.

bb) Belegverfahren

Dem Einsatz von echter Karte und PIN als Rechtsscheinstatbestand kommt der Einsatz einer echten Karte in Verbindung mit einer echten Unterschrift auf dem Belastungsbeleg am nächsten. Da aber nur der berechtigte Karteninhaber eine echte Unterschrift zu leisten vermag, ist eine entsprechende Rechtsscheinshaftung praktisch nur im Falle der bewussten Hingabe eines Blankobelegs an den Vertragsunternehmer und der nachträglichen abredewidrigen Vervollständigung denkbar, da sich der berechtigte Karteninhaber die abredegemäße Vervollständigung durch den Vertragsunternehmer bereits nach allgemeinen rechtsgeschäftlichen Grundsätzen zurechnen lassen muss[824].

---

[821] Vertiefend zum Erfordernis des Vertrauenstatbestands *Canaris*, Vertrauenshaftung, S. 491 ff. Unverständlich ist es daher, wenn *Reifner*, BB 1989, 1912, 1914, für den Einsatz als Bankautomatenkarte den Rechtsschein des Handelns des Karteninhabers deshalb ablehnt, weil keine über die Eingabe von Karte und PIN hinausgehende Identitätsprüfung stattfindet. Nach der soeben dargestellten Definition ist mit *Pfeiffer*, in: Graf v. Westphalen, ec-Bedingungen, Rn. 53, Fn. 128, das prinzipielle Erfordernis einer solchen Prüfung für einen Rechtsscheinstatbestand zu verwerfen.

[822] *Petring*, POS-Zahlungen, S. 112 ff., 116; *Ikas*, EFTPOS, 152 ff.

[823] Vgl. *Ikas*, EFTPOS, S. 152; Petring, POS-Zahlungen, S. 135.

[824] Dazu *Pfeiffer*, in: Graf von Westphalen, Kreditkartenvertrag, Rn. 34. Insoweit mag dahingestellt bleiben, ob es sich bei der Ausfüllungsermächtigung um eine Vollmacht i. S. d. § 164 ff. BGB oder nur um eine dieser verwandte Rechtsmacht darstellt, vgl. dazu *Canaris*, Vertrauenshaftung, S. 55 f. m. w. N.

Entgegen Taupitz[825], der das Risiko der missbräuchlichen Vervollständigung im Wege der Blanketthaftung im Verhältnis zum Kartenherausgeber dem Karteninhaber zuweisen will, fehlt es aber bei missbräuchlicher Ausfüllung bereits an einem hinreichenden Rechtsschein einer Weisung mit dem Inhalt des ausgefüllten Belegs. Auch wenn es um eine Rechtsscheinshaftung gegenüber dem Emittenten geht, ist Adressat des Rechtsscheins im Belegverfahren der Vertragsunternehmer, weil im Belegverfahren der Emittent die Identitätsprüfung weitgehend an den Vertragsunternehmer delegiert hat: Bei traditioneller Belegerstellung ohne online-Verbindung ist der Einsatz einer echten Karte als Rechtsscheinsträger nur für den Vertragsunternehmer wahrnehmbar. Bei elektronischer Übermittlung der Rechnungsdaten kommt es zur Zahlungen des Emittenten an den Vertragsunternehmer, ohne dass ersterer den mit der echten Unterschrift versehenen Beleg(durchschlag) erhalten hat. Letztlich vertraut also der Emittent darauf, dass ihm der Vertragsunternehmer einen ordnungsgemäßen Zahlungsvorgang meldet, nicht aber unmittelbar auf den Rechtsschein der Erstellung eines Belegs unter Vorlage der echten Karte. Deshalb ist er auch nur so weit schutzwürdig, wie der Rechtsschein gegenüber dem Vertragsunternehmer reicht. Die Maßgeblichkeit des Wissenshorizonts des missbräuchlich handelnden Vertragsunternehmers wird schließlich auch durch § 166 Abs. 1 BGB bestätigt. Die Norm ist zwar nicht unmittelbar anwendbar, da der Vertragsunternehmer bezüglich der im Belastungsbeleg liegenden Weisung an den Emittenten als dessen Empfangsbote fungiert, doch ist anerkannt, dass man sich nach § 166 Abs. 1 BGB analog die Kenntnisse der Personen zurechnen lassen muss, die man mit der Erledigung bestimmter Angelegenheiten in eigener Verantwortung und der Weiterleitung dabei anfallender Informationen betraut hat[826]. Diese Wertung des § 166 Abs. 1 BGB zu Lasten des Kartenemittenten muss im Übrigen auch Verdachtsmomente umfassen, die Vertragsunternehmern im Rahmen einer Zahlung mittels PIN auffallen.

Demnach scheidet eine Rechtsscheinshaftung für missbräuchlich durch den Vertragsunternehmer vervollständigte Belegblankette also aus, weil die Hingabe eines solchen Blanketts mit einer bestimmten Ausfüllungsermächtigung an den Vertragsunternehmer diesem gegenüber keinen weitergehenden Rechtsschein begründet[827].

---

[825] Kreditkartenmißbrauch, § 5 A III 4 c bb (1), S. 146; dazu auch LG Aachen, WM 1994, 2158.

[826] Vgl. *Schramm*, in: MünchKomm, § 166 Rn. 23a m. w. N.

[827] Zur Möglichkeit der Sittenwidrigkeit des Begehrens eines Belegblanketts durch den Vertragsunternehmer vgl. ferner *Pfeiffer*, in: Graf v. Westphalen, Kreditkartenvertrag, Rn. 34.

Erörterungswürdig ist daher allein die Zurechnung des Missbrauchs einer echten Karte durch Dritte in Verbindung mit einer nicht erkennbar gefälschten Unterschrift im Belegverfahren.

b) Zurechnungsgesichtspunkte

Als zentraler Gedanke der Rechtsscheinszurechnung ist der Aspekt des nicht schutzwürdigen Setzens der im Rechtsscheinstatbestand liegenden erhöhten Gefahr[828] anzusehen, der eine Abwägung erfordert, wann die Förderung des rechtlichen Verkehrs durch Vertrauensschutz stärker ins Gewicht fällt, als die Härte, die es für den Haftenden bedeutet, an einen von ihm gegebenenfalls sogar unverschuldet gesetzten Rechtsschein gebunden zu sein. Dies ist, wie gezeigt werden konnte, insbesondere der Fall, wenn einerseits die Setzung des Scheintatbestands als typischerweise schuldhaft eingeordnet werden kann, die Haftung für eine nicht mit zumutbaren Mitteln beherrschbare Fehlentwicklung also nur die Ausnahme bildet, und andererseits auch der mit der Haftung Belastete dadurch profitiert, dass der im Vertrauen Geschützte in seiner Bereitschaft bestärkt wird, am Rechtsverkehr teilzunehmen[829].

aa) Verschulden

Als weitestgehende Haftung kommt zunächst eine Zurechnung der vielfältig denkbaren Fälle verschuldeten Drittmissbrauchs in Betracht, bei der die Schutzwürdigkeit des Karteninhabers nur marginal ist. Bereits im Rahmen der Erörterungen des Schecks[830] wurden aber die Schwierigkeiten der Heranziehung des Verschuldensprinzips für die Rechtsscheinszurechnung insbesondere aufgrund der nur eingeschränkten Verkehrsschutzwirkung dargestellt. Nach den dort angestellten Erwägungen ist selbst bei grundsätzlicher Anerkennung der Figur der Anscheinsvollmacht, die man bei der Betrachtung des Drittmissbrauchs als Handeln unter fremdem Namen im Sinne einer Identitätstäuschung heranziehen kann[831], jedenfalls eine Mindestverkehrsschutzfunktion dergestalt

---

[828] So auch der Kerngedanke des Risikoprinzips nach *Canaris*, Vertrauenshaftung, passim, z. B. S. 236.

[829] Dazu oben S. 48 ff.

[830] Vgl. oben S. 60 f.

[831] Besonders für die Debetkarte ebenso *Ikas*, EFTPOS, S. 152; *Petring*, POS-Zahlungen, S. 103; bejahend für den vergleichbaren Einsatz als Geldautomatenkarte *Bucher*, Risikoverteilung, S. 186; a. A. *Schneider*, POS-Zahlungen, S. 118 ff., für die ec-Karte.

zu fordern, dass aus der Sicht des Geschäftsgegners bereits der Rechtsscheinstatbestand zumindest Verschulden indiziert[832].

(1) Belegverfahren

Für den Rechtsscheinstatbestand der Verwendung einer echten Karte im Belegverfahren durch einen Dritten kann aber entsprechend der Einschätzung zum Scheckvordruck[833] festgehalten werden, dass das Abhandenkommen einer solchen Karte nicht nach gesicherter Erwartung auf Verschulden beruht. Bereits deshalb muss eine Verschuldenszurechnung ausscheiden, die ohnehin gegen den auch in § 172 BGB zum Ausdruck kommenden Grundgedanken verstieße, dass das Abhandenkommen einer Urkunde, bei der es sich nicht um ein Wertpapier handelt, keine Rechtsscheinshaftung auslöst[834].

(2) POS mittels PIN

Anders könnte es sich bei POS-Zahlungen mittels PIN-Eingabe unter der Prämisse verhalten, dass jegliche Ermittlung der PIN angesichts der grundsätzlichen Pflicht des Karteninhabers, diese geheim zu halten, auf dessen Verschulden oder dem seiner Erfüllungsgehilfen (§ 278 BGB) beruhen müsse[835]. Denn was bei der Anscheinsvollmacht der aufgrund des Auftretens als Vertreter ohne Vertretungsmacht mit gewisser Häufigkeit und Dauer gesicherte Schluss darauf ist, dass der Vertretene das Vertreterhandeln entweder bewusst geduldet hat oder es hätte erkennen müssen und es deshalb schuldhaft nicht verhindert/ermöglicht hat[836], wäre dann bei Einsatz der richtigen PIN der gesicherte Schluss, dass der berechtigte Karteninhaber entweder selbst den Zahlungsvorgang ausgelöst oder dass dieser einem Dritten willentlich oder fahrlässig, also zumindest schuldhaft, den Einsatz von Karte und PIN ermöglicht hat[837]. Indes-

---

[832] Siehe oben S. 61 f.

[833] Vgl. oben S. 63 f.

[834] Näher dazu oben S. 40, insbesondere Fn. 69.

[835] Gerade eine solche Haftung erachtet *Schneider*, POS-Zahlungen, S. 121, angesichts der dann ohnehin eingreifenden Verschuldenshaftung als sinnlos. Indessen bedeutet Rechtsscheinshaftung Erfüllungshaftung, während die pFV nur einen Schadensersatzanspruch auslöst. Zumindest bei der Kreditkarte muss im Rahmen des Schadensersatzanspruchs aber eine Berücksichtigung des aus dem Kartenmißbrauch erlangten *Disagios* im Wege der Vorteilsausgleichung ins Auge gefasst werden.

[836] Dazu bereits oben S. 61 f.

[837] In diese Richtung gehen denn auch Erwägungen bereits zum damals noch so genannten Btx-System, vgl. skeptisch *Borsum/Hoffmeister*, NJW 1985, 1205, 1206; beja-

sen ist bereits die Prämisse auch dann nicht haltbar, wenn man die PIN für nicht dechiffrierbar hält[838]: Insbesondere die Preisgabe der PIN bei einer Nötigung ist nicht immer schuldhaft. Auch hat der Karteninhaber unzureichende Vorkehrungen an POS-Terminals und Geldautomaten gegen Ausspähung der PIN im Verhältnis zum Kartenherausgeber ebenso wenig zu vertreten[839] wie die Kenntniserlangung Dritter aufgrund von Zugangsmöglichkeiten als Arbeitnehmer eines Systemträgers. Für die POS-Zahlung mittels PIN scheidet daher eine Rechtsscheinszurechnung nach Verschulden aus. Entgegen Ikas[840] gilt dies auch dann, wenn ein Dritter die Karte wiederholt missbraucht und der berechtigte Inhaber dies hätte erkennen und vermeiden können. Denn beim PIN-Missbrauch als Handeln unter fremden Namen wird das Dritthandeln außer dem Berechtigten niemandem erkennbar. Deshalb fehlt es auch bei wiederholtem Missbrauch an dem gesicherten Schluss auf zumindest ein Verschulden des berechtigten Inhabers und damit an einem Rechtsscheinstatbestand von einer für die Verschuldenszurechnung hinreichenden Intensität[841].

bb) *Missbrauch infolge bewusster Weitergabe*

Denkbar ist aber die Zurechnung aufgrund der bewussten Weitergabe nur der Karte bzw. auch der PIN an den diese missbrauchenden Dritten als nicht schutzwürdiger Gefahrerhöhung für den Rechtsverkehr. Wie beim Scheckvordruckmissbrauch bietet sich insoweit eine analoge Heranziehung des § 172 BGB an. Während allerdings nach dieser Norm unmittelbar das Vertrauen in die Vertretungsmacht des in einer Vollmachtsurkunde Benannten geschützt wird, geht es vorliegend um den Schutz des Vertrauens darin, dass derjenige, der Karte und gegebenenfalls PIN einsetzt, mit dem Berechtigten identisch ist[842]. Das entspricht der Struktur der Haftung für Blankettmissbrauch, die - wie bereits ausgeführt[843] - auf einem "Erst-Recht-Schluß" zu § 172 BGB beruht: Wenn bereits die Hingabe einer Vollmachtsurkunde eine Rechtsscheinshaftung

---

hend *Redeker*, NJW 1984, 2390, 2393 f.; nur auf das Verschulden abstellen will scheinbar *Rutge*, Rechtsfragen des Electronic Banking, in: Telekommunikation und Wirtschaftsrecht, S. 139, 147 ff.

838 Ebenso *Schneider*, POS-Zahlungen, S. 121 ff.

839 Zu Recht weist *Reifner*, BB 1989, 1912, 1918, darauf hin, dass bei Eingabe der PIN in Terminals an belebten Plätzen der Karteninhaber das Ausspähen der PIN nicht mit zumutbaren Mitteln absolut ausschließen kann. In diesem Sinne auch *Ikas*, EFTPOS, S. 162.

840 *Ikas*, EFTPOS, S. 152, 160.

841 So im Ergebnis auch *Schneider*, POS-Zahlungen, S. 118.

842 So für die Debetkarte etwa *Petring*, POS-Zahlungen, S. 113.

843 Vgl. oben S. 64.

auslöst, muss der Verkehrsschutzgedanke erst recht die Schutzwürdigkeit dessen überwiegen, der bewusst eine unvollständige Erklärung aus der Hand gegeben hat, deren nachträgliche Vervollständigung für Dritte nicht erkennbar ist.

(1) Belegverfahren

Zur Erstellung des Belastungsbelegs, in welcher die Weisung an den Kartenemittent zum Ausdruck kommt, ist die Karte erforderlich. Deshalb kann man die Vorlage der echten Karte durchaus wertungsmäßig als Teil der Weisung und deren Innehabung damit als „Blankett" ansehen.

Da aber der besondere Zurechnungsgedanke in der Unerkennbarkeit der Vervollständigung durch Dritte liegt, muss derjenige, der einer Blanketthaftung unterworfen werden soll, alle Legitimationsmittel aus der Hand gegeben haben, anhand derer eine Überprüfung in Betracht kommt, ob die vervollständigte Erklärung von demjenigen stammt, auf den die Legitimationsmittel hinweisen. Das Belegverfahren weist die Legitimationsfunktion aber der Unterschrift auf dem Belastungsbeleg jedenfalls nicht weniger als der echten Karte zu. Anhand der gefälschten Unterschrift ist der spätere Missbrauch ist auch prinzipiell erkennbar.

Eine Anwendung des § 172 BGB „erst recht" auf den Drittmissbrauch der Kreditkarten im Belegverfahren entsprechend dem Vorgehen beim Blankettmissbrauch scheidet daher aus.

(2) POS mittels PIN

Anders verhält es sich beim missbräuchlichen Einsatz der richtigen PIN im POS-Verfahren. Die Eingabe der PIN übernimmt die Funktion, die beim Scheck oder bei der Kreditkarte im Belegverfahren der Unterschrift zukommt. Die Weitergabe jedenfalls von Karte und PIN gemeinsam entspricht daher wertungsmäßig der Weitergabe etwa eines unterschriebenen Scheckformulars; ein Drittmissbrauch ist im Rahmen der vorgesehenen Prüfungsschritte nicht mehr zu erkennen. Schließlich ist auch eine absolute Schutzwürdigkeit der Weitergabe von Karte und PIN unter keinen Umständen denkbar. Zwar will Reifner[844] beim Einsatz als Bankautomatenkarte für die Weitergabe der PIN an Lebensgefährten, Ehegatten und oder sogar zufällige Helfer bei eigener Hilfsbedürftigkeit scheinbar jegliche Haftung für Hilfspersonen aufgrund der diesbezüglich kon-

[844] BB 1989, 1912, 1918 f.

statierten „zivilrechtlichen Tendenz zu Asozialität" ausschließen[845]. Doch handelt es sich dabei um eine einseitige, einen angemessenen Ausgleich aller berechtigten Interessen der Parteien nicht gewährleistende *rechtspolitische Wertung*[846], deren Irrelevanz allein durch einen Verweis auf die *gesetzliche Wertung* des § 278 BGB bereits hinreichend belegt sein dürfte. Dem berechtigten Karteninhaber ist daher jeglicher Einsatz von Karte und PIN durch einen Dritten, dem ersterer Karte und PIN bewusst willentlich verschafft hat, als nicht schutzwürdige Risikoerhöhung nach den Grundsätzen der Blankettthaftung im „Erst-Recht-Schluß" zu § 172 BGB als eigene Weisung zurechenbar[847].

Fraglich ist hingegen die Lösung derjenigen Fälle, in denen der Berechtigte nur die Karte oder nur die PIN willentlich weitergegeben hat und der Dritte das jeweilige andere Legitimationselement auf sonstige Weise erlangen konnte. Insoweit wird man sagen können, dass für eine Rechtsscheinszurechnung jedenfalls grundsätzlich die funktional einer Unterschrift entsprechende PIN willentlich weitergeben worden sein muss[848].

Da von deren Kenntnis einerseits ohne Einsatz der zugehörigen Karte keine hinreichende Rechtsscheinswirkung ausgehen kann und andererseits nach allgemeinen Rechtsscheinsgrundsätzen das Abhandenkommen von Urkunden grundsätzlich der Zurechnung entgegensteht[849], wird man kumulativ auch die willentliche Weitergabe der Karte verlangen müssen[850]. Eine Ausnahme erscheint allerdings m. E. für den Fall angebracht, dass der Berechtigte nur eines der Legitimationselemente an jemanden in dem Bewusstsein weitergibt, dass ihm das andere bereits frei verfügbar ist. Denn dann spricht entscheidend gegen die Schutzwürdigkeit des Berechtigten, dass er bewusst den Zugriff des Dritten auf alle rechtsscheinstragende Legitimationsmedien erweitert hat, so dass insoweit bereits in der Weitergabe nur eines Legitimationselements eine nicht schutzwürdige Gefahrerhöhung von ausreichender Intensität gesehen werden kann. Dies ist insofern relevant, als die willentliche Weitergabe zwar nicht bei

---

[845] *Reifners* Ausführungen beziehen sich unmittelbar nur auf die Verschuldenshaftung, richten sich aber gegen den Anknüpfungspunkt für die Haftung und sind insoweit auf die Rechtsscheinshaftung übertragbar. Diese erörtert er wohl nur deshalb nicht mehr, weil er vorher (BB 1989, 1912, 1914) das Vorliegen eines Rechtsscheinstatbestands verneint hat.

[846] Gegen *Reifner* ausführlich *Pfeiffer*, in: Graf v. Westphalen, ec-Bedingungen, Rn. 52 f.

[847] Für die Debetkarte *Ikas*, EFTPOS, S. 156 ff.; Petring, POS-Zahlungen, S. 124; *Pfeiffer*, in: Graf. v. Westphalen, ec-Bedingungen, Rn. 53; *Rossa*, CR 1997, 138, 143.

[848] Für den Einsatz als Geldautomatenkarte ebenso *Bucher*, Risikoverteilung, S. 194; allgemein zur ec-Karte *Pfeiffer*, in: Graf v. Westphalen, ec-Bedingungen, Rn. 53.

[849] Näher dazu oben S. 40, insbesondere Fn. 69.

[850] So ohne die sogleich dargestellte Ausnahme *Petring*, POS-Zahlungen, S. 133; für Einsatz im Geldautomatensystem *Bucher*, Risikoverteilung, S. 190.

vis compulsiva, wohl aber bei vis absoluta zu verneinen ist[851]. So muss beispielsweise die Rechtsscheinszurechnung nicht nur dann eingreifen, wenn der Karteninhaber unter vis compulsiva Karte und PIN preisgibt, sondern auch dann, wenn ihm die Karte mit vis absoluta entrissen wird und er daraufhin in Kenntnis dieses Umstands unter Einwirkung von vis compulsiva die PIN verrät. Zur Begründung einer Haftung in diesem Fall bedarf es also nicht des von Canaris[852] und von Strohdeicher[853] vorgeschlagenen Rückgriffs auf die Sphärentheorie.

c) Vertrauensinvestition aufgrund der Kenntnis des Scheintatbestands

Die nicht auf die Publizität besonderer Register bezogene Rechtsscheinshaftung erfordert schließlich eine Vermögensdisposition des "Erklärungs-"gegners aufgrund in Kenntnis des Scheintatbestands[854] bestehender Gutgläubigkeit (vgl. den insbesondere für § 172 BGB geltenden § 173 BGB) als subjektiv schützenswerte Vertrauensinvestition.

Im Rahmen der Autorisierung beim POS-Verfahren mittels PIN-Einsatzes erfolgt die Prüfung der Legitimationsvoraussetzungen und damit die Kenntnisnahme des Scheintatbestands, die kausal für das - wenn auch vorherbestimmte - Gutheißen der Zahlung und damit für das Zahlungsversprechen an den Vertragsunternehmer[855] als Vermögensdisposition des Kartenherausgebers ist.

Auch die subjektive Schutzwürdigkeit des Vertrauens des Kartenherausgebers in das Vorliegen einer Weisung seines Karteninhabers ist also erfüllt, sofern nicht besondere Auffälligkeiten wie z. B. eine Verlustmeldung durch den Karteninhaber vorliegen[856]. In Bezug auf solche Auffälligkeiten muss sich der Kartenemittent im Übrigen aus dem Rechtsgedanken des § 166 BGB auch den Wissenshorizont des Vertragsunternehmers zurechnen lassen.

---

[851] Allgemein zu dieser Zurechnungsgrenze *Canaris*, Vertrauenshaftung, S. 468 f.

[852] Bankvertragsrecht, Rn. 527 o (für den Einsatz am Geldautomaten).

[853] Risiken des automatisierten Zahlungsverkehrs, S. 65 f.

[854] Zu diesem Erfordernis *Canaris*, Vertrauenshaftung, S. 507.

[855] Dazu siehe oben S. 167 ff.

[856] für die Debetkarte *Ikas*, EFTPOS, S. 159 f. *Petring*, POS-Zahlungen, S. 144 f.

3. Ergebnis

Sowohl bei der Universalkredit- als auch bei der Debetkarte erwächst dem Kartenherausgeber ein Aufwendungsersatzanspruch für Zahlungen an den Vertragsunternehmer aus Rechtsschein nur im Rahmen der POS-Zahlung mittels PIN-Eingabe, wenn entweder Karte und PIN dem diese missbrauchenden Dritten vom berechtigten Karteninhaber bewusst verschafft worden sind oder dem Dritten vom berechtigten Karteninhaber nur eines von beiden in dem Bewusstsein verschafft worden ist, dass der Dritte über das andere bereits verfügt. Im Zweiparteiensystem kommt eine Rechtsscheinshaftung aufgrund des Karteneinsatzes auch unter diesen Voraussetzungen regelmäßig nicht in Betracht.

IV. Exkurs: Analogie zu § 122 BGB

Aufgrund des Charakters der Norm als Vertrauenshaftung bereits in diesem Zusammenhang erwähnungsbedürftig ist schließlich eine verschuldensunabhängige Haftung des Kunden gegenüber dem Kartenemittenten auf den Schaden aus dem Vertrauen auf die unter Verwendung einer ihrem berechtigten Inhaber abhandengekommenen Karte gegebenenfalls unter Einsatz der zugehörigen PIN gefälschte Weisung in Analogie zu § 122 BGB. Der teilweise vertretene Begründungsansatz für die Haftung des Ausstellers einer abhandengekommenen Urkunde, nämlich die wissentliche, nicht schutzwürdige Schaffung einer erhöhten Gefahr für den Rechtsverkehr durch Herstellung einer Urkunde "auf Vorrat", lässt sich aber, wie bereits zum Scheck dargelegt[857], im Verhältnis des Kunden zum Kartenemittenten als Aussteller der Urkunde prinzipiell nicht auf die von beiden gleichermaßen gesetzte, systemspezifische Gefahr der Aufbewahrung von Legitimationsmedien übertragen[858]. Eine die Rechtsscheinshaftung ergänzende Analogie zu § 122 BGB scheidet daher aus.

V. Schadensersatzanspruch

1. Rahmensetzung durch das Verschuldensprinzip

Kartenherausgeber und Karteninhaber treffen gegenseitige Schutzpflichten. Verletzt der Karteninhaber seine Pflichten schuldhaft, so folgt daraus nach herkömmlicher Dogmatik[859] jedenfalls ein Schadensersatzanspruch des Kartenher-

[857] *Canaris*, Vertrauenshaftung, S. 548.

[858] Für die Debetkarte im Ergebnis ebenso *Ikas*, EFTPOS, S. 164.

[859] Zur Theorie eines an die Stelle der Institute "culpa in contrahendo" und "positive Forderungsverletzung" tretenden "einheitlichen gesetzlichen Schuldverhältnisses" nach *Canaris*, JZ 1965, 475 ff., vgl. *Kramer*, in: MünchKomm Vor § 241 Rn. 72 ff., insbes.

ausgebers gegen den Karteninhaber aus pFV[860]. Umgekehrt ist jegliche verschuldensunabhängige Risikozuweisung an den Kunden bei schuldhafter Pflichtverletzung seitens des Kartenherausgebers ausgeschlossen, denn dann liegen die Voraussetzungen eines Anspruchs des Karteninhabers aus pFV gegen den Emittenten vor. Bei beiderseitigem Verschulden erfolgt eine Haftungsverteilung nach § 254 BGB. Die festzustellenden gegenseitigen Sorgfaltspflichten markieren also die Grenze denkbarer verschuldensunabhängiger Risikozuweisung.

a) Verschulden auf Seiten des Karteninhabers

aa) Aufbewahrung der Karte

(1) Im Belegverfahren einsetzbare Kreditkarten

In erster Linie trifft den Kunden die Pflicht, die Kreditkarte sorgfältig aufzubewahren, da sie unter Einsatz einer gefälschten Unterschrift von Dritten im Belegverfahren missbraucht werden kann. Die dabei gebotene Sorgfalt ist situationsabhängig[861] und ungefähr derjenigen für den Umgang mit Bargeld entsprechend, so dass die bereits zum Scheck gemachten Ausführungen[862] auch für den Umgang mit Kreditkarten verwertbar sind. So ist bei der Aufbewahrung der Karten gegenüber denjenigen Personen, denen der Inhaber Zutritt zu seinen Räumlichkeiten gewährt, die Verwahrung in einem verschlossenen Behältnis zumindest dann erforderlich, wenn zu diesen Personen kein besonders enges Vertrauensverhältnis besteht[863]. Gegenüber Einbrechern muss aber das sorgfältige Sichern aller Eingänge genügen. Außerhalb der eigenen Büro- oder Wohnräume genügt bereits die Verwahrung in einer Brieftasche[864], während das Belassen von Karten in einem abgestellten Kfz jedenfalls schuldhaft ist[865].

Rn. 75; kritisch *Medicus*, JuS 1986, 665, 668 ff. Für das Ergebnis dieser Untersuchung ist der Streit jedoch nicht von Belang.

860 Für die Kreditkarte vgl. nur *Taupitz*, Kreditkartenmißbrauch, § 5 A III 3 b, S. 126; für die Debetkarte *Ikas*, EFTPOS, S. 165. Ferner in Betracht kommende Ersatzansprüche aus § 823 Abs. 2 BGB i. V. m. einem Schutzgesetz, z. B. §§ 263, 267 StGB, oder aus § 826 BGB werden hier nicht weiter vertieft, da sie neben der Haftung aus pFV nicht relevant sind.

861 Eingehend *Taupitz*, Kreditkartenmißbrauch, § 5 A I 3, S. 110 f.

862 So bereits oben zum Scheck S. 67 f.

863 So *Taupitz*, Kreditkartenmißbrauch, § 5 A I 3, S. 110 f.

864 *Keller*, Kreditkarten, S. 138.

865 zur ec-Karte LG Saarbrücken, WuB I D 5. - 2.88 m. Anm. Reiser; zur Kreditkarte *Taupitz*, Kreditkartenmißbrauch, § 5 A I 3, S. 110 f.

(2) Debetkarten

Diese Aufbewahrungspflicht lässt sich nicht ohne weiteres auf Debetkarten, die, vom POZ-Verfahren bei der ec-Karte einmal abgesehen[866], nur unter zusätzlichem Einsatz der PIN missbraucht werden können, übertragen. Solange Kartenemittenten die Unmöglichkeit der Dechiffrierung der PIN geltend machen, spricht dies gegen die Vorwerfbarkeit, wenn Kunden im Vertrauen auf die Sicherheit durch die PIN nur die Karte weitergeben. Ebenfalls fraglich ist die Verschuldenszurechnung, wenn der Karteninhaber die PIN zugänglich macht, die Karte aber sorgfältig verwahrt. Jedoch erscheint der Schluss bei Ikas[867] und Strube[868] überzogen, dass deshalb ein Verschuldensvorwurf nur dann erhoben werden könne, wenn der Kunde Karte *und* PIN vorwerfbar zugänglich macht. Das unsorgfältige Aufbewahren nur der Karte ist eine vorwerfbare Gefahrerhöhung auch deshalb, weil ein Dritter selbst bei sorgfaltsgemäßer Handhabung der PIN durch den Kunden diese beispielsweise bereits bei vorherigen Karteneinsätzen erspäht haben kann oder erst die Erlangung der Karte einen Dritten zur Abnötigung der PIN-Preisgabe motivieren könnte. Umgekehrt erhöht die Preisgabe der PIN auch die Gefahr des Abhandenkommens einer sorgfältig verwahrten Karte. Daher besteht eine Sorgfaltspflicht des Kunden bezüglich der Zugänglichmachung sowohl nur der Karte als auch nur der PIN[869] (dazu sogleich). Es fällt aber - auch bezüglich missbrauchter Kreditkarten - nicht in den Schutzbereich dieser Pflichten, Missbräuche zu verhindern, von deren Möglichkeit der berechtigte Karteninhaber - gegenwärtig - nicht auszugehen braucht. In dem theoretisch denkbaren Fall also, dass ein Drittmissbrauch einer abhandengekommenen weil unsorgfältig verwahrten Karte auf der Ermittlung der PIN durch Auslesen/Manipulieren der Karte beruht, erfolgt daher keine Verschuldenszurechnung an den Kunden, der auf die Zusage seines Emittenten vertraut hat, die PIN sei nicht dechiffrierbar.

---

[866] Dazu oben S. 147 Fn. 594.

[867] EFTPOS, S. 167.

[868] WM 1998, 1210, 1216 f.

[869] So auch *Schneider*, POS-Zahlungen, S. 144. Zu Recht sehen daher Nr. 5.2, 5.3 ec-Bedingungen Banken, bzw. Nr. 6.2, 6.4 ec-Bedingungen Sparkassen jeweils die sorgfältige Aufbewahrung der Karte und die Geheimhaltung der PIN einzeln als besondere Kundenpflichten vor.

bb) Umgang mit der PIN

Es gibt keine Sorgfaltspflicht, die Geheimzahl nur im Gedächtnis zu behalten[870]. Während ein großer Teil der Bevölkerung schon mit dem dauerhaften Merken einer PIN Schwierigkeiten zu haben scheint[871], müssen auch Gedächtnisstärkere vor der Flut an Geheimzahlen, die zunehmend in allen Lebensbereichen vorkommen, kapitulieren. Da die Kartenzahlungssysteme aber auf den Massenverkehr gerichtet sind, können auch nach dem objektiven Fahrlässigkeitsbegriff des Zivilrechts[872] nur solche Anforderungen gestellt werden, unter deren Einhaltung einem Durchschnittsmenschen die Teilnahme am jeweiligen Zahlungssystem noch möglich ist.

Zwar ließe sich das Problem mindern, wenn man den Kunden die Wahl einer Nummer überließe, was bereits gegenwärtig leicht möglich wäre[873], doch würde die Neigung zur Wahl persönlicher Daten wie etwa eines Geburtstags die Sicherheit eher reduzieren. Hilfreich wäre möglicherweise die Zuteilung nicht frei wählbarer, sinnhafter Passwörter[874]. Die optimale Lösung scheint hingegen in der Einführung biometrischer Identitätsprüfungsverfahren zu liegen, bei denen der Karteninhaber sich nichts merken muss.

Darf aber der Kunde zur Gedächtnisstütze die PIN grundsätzlich schriftlich festhalten, so kann dennoch verlangt werden, dass die auffällige PIN-Mitteilung vernichtet und durch eine nicht bereits auf den ersten Blick erkennbare Aufzeichnung ersetzt wird[875]. Eine solche Aufzeichnung der PIN ist mit gleichem Aufwand aufzubewahren, wie die zugehörige Karte. D. h., dass sie nicht im Kfz liegengelassen werden darf und dass sie etwa in der eigenen Wohnung unter Verschluss zu halten ist, wenn außer Familienangehörigen auch Dritten Zugang zur Wohnung gewährt wird[876]. Soweit allerdings auch für die *aktive* Mitteilung der PIN an enge Familienangehörige ein Verschulden zutreffend verneint

---

[870] *Brockmeier*, Das POS-System, S. 116; *Ikas*, EFTPOS, S. 167; *Reifner*, BB 1989, 1912, 1918. *Taupitz*, Kreditkartenmißbrauch, § 5 F, S. 218. *Bucher*, Risikoverteilung, S. 257 hält hingegen jede Aufzeichnung der PIN für sorgfaltswidrig.

[871] Dazu OLG Koblenz, WM 1990, 1108, 1112; *Bieber*, WM 1987, Sonderbeilage Nr. 6, S. 5; *Derleder*, JZ 1990, 84, 85; *Ikas*, EFTPOS, S. 167; *Reifner*, BB 1989, 1912, 1918; *Schneider*, POS-Zahlungen, S. 123; *Taupitz*, Kreditkartenmißbrauch, S. 217.

[872] Dazu näher oben S. 70.

[873] Nach Angaben von debis-Systemhaus, Welt am Sonntag v. 30.08.1998, Nr. 35/1998, S. 62.

[874] In diesem Sinne etwa *Taupitz*, Kreditkartenmißbrauch, § 5 F II, S. 217.

[875] Die Aufbewahrung der Originalmitteilung als zumindest leicht fahrlässig ansehend auch BGH, ZIP 2000, 2196, 2197.

[876] So zutreffend KG, NJW 1992, 1051 f.

wird[877], sei nochmals darauf hingewiesen, dass eine Rechtsscheinshaftung für Missbräuche durch den Angehörigen eingreift, wenn die Weitergabe in dem Bewusstsein erfolgt, dass der Angehörige freien Zugriff auf die Karte hat[878]. Die PIN darf auch Mitarbeitern des emittierenden Instituts nicht genannt werden. Bereits deshalb ist es sorgfaltswidrig, wenn ein Kunde, der von einer ihm übersandten Karte keinen Gebrauch machen will, diese zusammen mit seiner ungeöffneten PIN-Mitteilung in den Hausbriefkasten des Emissionsinstituts wirft[879].

Generell dürfen zudem Aufzeichnung der PIN und die Karte nicht gemeinsam verwahrt werden, damit sie nicht auf einmal einem Dritten in die Hände fallen können[880]. Wer dies für den Fall einschränken will, dass die PIN in einem Notizbuch als Geburtsdatum oder Telefonnummer getarnt notiert wird[881], dem ist entgegenzuhalten, dass ein derart naheliegendes Vorgehen gegenüber der offenen Notiz keine erhöhte Sicherheit bietet: insbesondere eine nicht gerade geläufige vierstellige Telefonnummer kann mit einem Anruf überprüft werden[882].

Schließlich muss der Karteninhaber Sorge tragen, dass beim Eintippen der PIN diese nicht ausgespäht werden kann[883]. Indessen heißt das nicht, dass er Geldautomaten und POS-Terminals an belebten Orten, wo er einer Ausspähung nicht völlig sicher begegnen kann, nicht benutzen dürfte.

cc) Sonstige Verhaltenspflichten

Des weiteren besteht entsprechend der Einschätzung beim Scheckvertrag eine Sorgfaltspflicht des Kredit- bzw. Debetkarteninhabers, alle Buchungsmitteilungen des Kartenherausgebers bzw. Auszüge des Kartenkontos zu überwachen, wobei allerdings ein längeres Prüfungsintervall aufgrund eines Auslandsaufent-

---

[877] Allgemein zur ec-Karte *Pfeiffer*, in: Graf v. Westphalen, ec-Bedingungen, Rn. 52; besonders für den Einsatz als Geldautomatenkarte *Canaris*, Bankvertragsrecht, Rn. 527 o; *Reifner*, BB 1989, 1912, 1918; a. A. *Bieber*, WM 1987, Sonderbeilage Nr. 6, S. 5.

[878] Vgl. oben S. 120. Zur Verschuldenszurechnung nach § 278 BGB unten S. 203.

[879] Vgl. OLG Hamm, NJW-RR 1998, 561.

[880] Kontrollfrei wirksam daher Nr. II 7.4 S. 2 ec-Bedingungen Banken und Nr. A II 6.4 S. 2 ec-Bedingungen Sparkassen, vgl. Pfeiffer, in: Graf v. Westphalen, ec-Bedingungen, Rn. 54; vgl. ferner Brockmeier, Das POS-System, S. 116.

[881] So wohl LG Karlsruhe, WM 1990, 63, m. Anm. Reiser; *Ikas*, EFTPOS, S. 167; *Rossa*, CR 1997, 138, 145 Fn. 142; *Strube*, WM 1998, 1210, 1211.

[882] Von einem Sorgfaltsverstoß ausgehend daher AG Kassel, WM 1994, 2110 = WuB I D 5 b.-1.95 m. zust. Anm. *Pfeiffer; ders*, in: Graf v. Westphalen, ec-Bedingungen, Rn. 54; *Ahlers*, WM 1995, 601, 607; *Gößmann*, WM 1998, 1264, 1269; *Taupitz*, Kreditkartenmißbrauch, § 5 F II, S. 218.

[883] *Taupitz*, Kreditkartenmißbrauch, § 5 F II, S. 219.

halts nicht bereits zum Vorwurf gereicht[884]. Der Verlust von Karte bzw. PIN-Aufzeichnung und alle sonstigen Auffälligkeiten, die einen Missbrauch nahe legen, sind dem Emittenten unverzüglich mitzuteilen[885]. Eine Verschuldenshaftung des Kunden aufgrund unterlassener Mitteilung erfordert dabei, dass die unverzügliche Mitteilung nicht hinzu gedacht werden kann, ohne dass der Missbrauchserfolg mit an Sicherheit grenzender Wahrscheinlichkeit entfiele[886].

Besonders für im Belegverfahren einsetzbare Kreditkarten relevant ist die Pflicht des Kunden, per Post übersandte Karten sofort beim Erhalt zu unterschreiben, um zu vermeiden, dass ein Dritter seine Unterschrift auf die Karte setzen kann. Zwar kann ferner vom berechtigten Kreditkarteninhaber bei Belegzahlung eine genaue Prüfung von Richtigkeit und Vollständigkeit der Angaben auf einem Belastungsbeleg verlangt werden[887]. Eine lückenlose Überwachung der Angestellten von Vertragsunternehmen, die die ihnen ausgehändigte Karte zur Erstellung zusätzlicher Belege oder zur Anfertigung eines Kartenduplikats missbrauchen, ist ihm hingegen nicht mit zumutbaren Mitteln möglich[888].

dd) Einstehenmüssen für Verhalten Dritter

Schließlich besteht aufgrund der "Sphärenverantwortlichkeit[889]" nach Maßgabe des § 278 BGB eine Haftung des Karteninhabers auch für das schuldhafte Verhalten derjenigen Personen, denen er die Verwahrung der Karte und gegebenenfalls einer Aufzeichnung der PIN anvertraut hat[890]. Angesichts der weitreichenden Rechtsscheinshaftung bei POS-Zahlung mittels PIN ist dies eher für den Missbrauch durch Vertrauenspersonen im Belegverfahren bei der Kreditkarte relevant. Zwar haftet der berechtigte Karteninhaber nach § 278 BGB nur für die Verletzung von ihn selbst treffenden Pflichten, zu denen es nicht zählen kann, mit der eigenen Karte keine missbräuchlichen Transaktionen unter fremdem Namen vorzunehmen, weil das unmöglich ist. Jedoch erfordert der vorsätzliche Missbrauch gleichzeitig zumindest einen Verstoß gegen die Pflicht

---

[884] BGHZ 91, 221, 227 = NJW 1984, 2460 = WM 1984, 1213; Zur Kreditkarte *Pfeiffer*, in: Graf. v. Westphalen, Kreditkartenvertrag, Rn. 61; *Taupitz*, Kreditkartenmißbrauch, § 5 A I 3, S. 111 f.; zur Debetkarte *Ikas*, EFTPOS, S. 168.

[885] Zur Unverzüglichkeit bei der Kreditkarte OLG Bamberg, NJW 1993, 2813, 2815.

[886] Für die Kreditkarte OLG Bamberg, NJW 1993, 2813, 2814; *Pfeiffer*, in: Graf v. Westphalen, Kreditkartenvertrag, Rn. 62; für die Debetkarte *Ikas*, EFTPOS, S. 168 f.; *Pfeiffer*, in: Graf v. Westphalen, ec-Bedingungen, Rn. 56.

[887] *Hammann*, Die Universalkreditkarte, S. 165; *Taupitz*, Kreditkartenmißbrauch, § 5 A I 3, S. 110.

[888] *Taupitz*, Kreditkartenmißbrauch, § 5 A I 3, S. 110.

[889] Zum Charakter dieser Norm als Sphärenhaftung siehe oben S. 69 ff.

[890] Zur ec-Karte *Pfeiffer*, in: Graf v. Westphalen, ec-Bedingungen, Rn. 52.

zur sorgfältigen Aufbewahrung der Karte, die grundsätzlich den berechtigten Karteninhaber trifft.

b) Verschulden seitens des Kartenherausgebers

Sowohl die im Belegverfahren vorgesehene Unterschrift bei Vorlage der Karte als auch die POS-Zahlung unter Eingabe von Karte und PIN sind Sicherungskonzeptionen, in die der Kartenkunde durch seine Systemteilnahme besonderes Vertrauen investiert hat. Daher schuldet der Kartenemittent bei der Kredit- wie bei der Debetkarte die Gewähr einer Sicherheit, die über den möglichen Selbstschutz des Kunden durch sorgfältiges Aufbewahren seiner Legitimationsmedien hinausgeht.

aa) Besonderheiten bei POS mittels PIN-Eingabe

Eine Besonderheit des POS-Verfahrens mittels PIN-Eingabe liegt darin, dass bei Eingabe der richtigen PIN im Rahmen der vorgesehenen Verfahrensschritte keine Möglichkeit mehr besteht, Drittmissbrauch zu erkennen. Dieser Umstand kann jedoch noch nicht allein zu einer prinzipiellen einseitigen Risikoverteilung herangezogen werden. Wer hier seine Betrachtung nur darauf fixiert, dass die systembetreibenden Kartenherausgeber den Kartenverlust beim Kunden nicht beherrschen können[891], der verschließt seine Augen davor, dass etwa der Verschlüsselungscode für die PIN in den Händen der Systembetreiber liegt, die diesen jederzeit für neu ausgegebene Karten optimieren können, und die andere Sicherungssysteme einführen können. Wer hingegen aus dem Verzicht auf eine der Echtheitsprüfung beim Scheck vergleichbaren Identitätskontrolle einen pauschales Verschuldensvorwurf gegen den Kartenherausgebers in Bezug auf alle Zahlungsvorgänge ableitet[892] der vernachlässigt nicht nur, dass der Karteninhaber freiwillig am Zahlungssystem teilnimmt, sondern auch die Frage, ob angesichts des geforderten Standards der Scheckprüfung[893] diese mehr Sicherheit bietet, als der Zugangsschlüssel PIN. Nur wenn dieser vom Gesetzgeber als ausreichend erachtete Standard unterschritten wird, kommt ein Verschulden bereits ohne Rücksicht auf die wirtschaftliche Realisierbarkeit von Präventionsmaßnahmen in Betracht.

---

[891] So *Strohdeicher*, Risiken des automatisierten Zahlungsverkehrs, S. 66.

[892] So *Schneider*, POS-Zahlungen, S. 130 ff., 133.

[893] Dazu eingehend oben S. 71 ff.

Zentraler Gesichtspunkt eines denkbaren Verschuldens des Kartenemittenten durch Nichtgewähr der verkehrserforderlichen Systemsicherheit ist daher die Frage der Dechiffrierbarkeit der PIN. Solange die PIN nicht entschlüsselbar ist, bietet bei sorgfältiger getrennter Aufbewahrung von Karte und PIN-Aufzeichnung durch den Karteninhaber das Sicherheitskonzept der PIN-Eingabe angesichts einer Erfolgsaussicht, die PIN auszuprobieren, von 1:3333 einen hohen Sicherheitsstandard. Selbst die äußerstenfalls angenommene Erfolgsaussicht von 1:150 bei alten Karten lässt nicht mehr Drittmissbrauchsfälle erwarten, als in einem Verfahren mit Unterschriftsprüfung bei Einhaltung etwa der im Rahmen des Scheckverkehrs aufgestellten Anforderungen an die Prüfungsintensität. Angesichts der offensichtlichen wirtschaftlichen Realisierbarkeit der Umstellung auf die neue PIN kann man zwar dennoch eine Sorgfaltspflicht der Kartenherausgeber annehmen, von den noch im Verkehr befindlichen alten Karten zumindest diejenigen mit erhöhter Anfälligkeit gegen Ausprobieren der PIN auszutauschen. Doch werden ohnehin die letzten Karten mit alter Verschlüsselung im Jahr 2000 ausgemustert.

Lässt sich ferner die PIN von Computer-Experten ohne größere Ausrüstung in kurzer Zeit aus der auf dem Magnetstreifen gespeicherten Information entschlüsseln - was allerdings für die gegenwärtig gebräuchliche Triple-DES-Codierung derzeit ausgeschlossen scheint - so könnten diese sich Kartendieben als Entschlüsselungsdienstleister gegen Entgelt zur Verfügung stellen. Dann böte die PIN keinen nennenswerten Schutz mehr. Da die Systembetreiber nun aber dem Karteninhaber ein gesichertes System anbieten, ist es verkehrserforderlich, dass sie einen derartigen Ausfall der Sicherung verhindern, sei es durch beständige Optimierung der PIN, sei es durch Einführung biometrischer Prüfverfahren. Deshalb wären ihnen Missbrauchsfälle infolge einer PIN-Entschlüsselung als verschuldet zuzurechnen.

Im Übrigen ist eine bisweilen diskutierte Pflicht zur Einführung gegen Auslesen besser geschützter Chipkarten bislang zu Recht verneint worden[894]. Zwar wird man angesichts der Einführung der Chip-gestützten Geldkarte inzwischen davon ausgehen dürfen, dass zumindest eine Umstellung auf Chipkarten hätte realisiert werden können. Doch ist auch ein Auslesen von Chips - wenngleich mit höherem Aufwand als beim Magnetstreifen - möglich und sicherlich für niemanden ein unüberwindliches Problem, der sich in Besitz des Institutsschlüssels bringen und diesen dechiffrieren könnte. Zudem ist zu berücksichtigen, dass bereits verfügbare biometrische Autorisierungsverfahren (Überprüfung von Gesichtszügen[895], Iris[896], Fingerabdrücken[897], ja sogar Ohrform, Geruch etc.[898])

---

[894] *Ikas*, EFTPOS, S. 171, allerdings nur aufgrund der noch bezweifelten wirtschaftlichen Realisierbarkeit, ferner *Fervers*, WM 1988,1037, 1041.

[895] So arbeitet etwa das an der Universität Bochum entwickelte "ZN-Face", dazu http://www.zn-gmbh.com.

in nicht allzu ferner Zukunft die PIN ersetzen werden, wenn sie so ausgereift sind, dass sie den hohen Kundenanforderungen an die störungsfreie Einsatzbereitschaft des Zahlungssystems genügen. So wird beispielsweise über den von der Dresdner Bank aufgenommenen Testbetrieb von Geldautomaten, die eine Identifikation über die Abtastung der Iris vornehmen[899], berichtet, die Kunden fürchteten den ins Auge gerichteten Laserstrahl[900]. Bei Einführung eines Fingerabdrucksensors hingegen könnte eine simple Schnittwunde den Karteneinsatz unmöglich machen. Es wäre sicher nicht wirtschaftlich, mit immensem organisatorischen Aufwand POS-Terminals und Geldautomaten international auf PIN-gestützte Chipkarten umzustellen, nur um bald darauf neue Karten mit biometrischen Prüfverfahren einzuführen. Auch deshalb kann es den Emittenten nicht zum Vorwurf gereichen, dass sie gleich auf die Realisierung biometrischer Prüfverfahren setzen und vorübergehend die Schwächen der Magnetkarte in Kauf nehmen. Sobald allerdings solche Verfahren wirtschaftlich realisierbar sind, kommt auch eine Sorgfaltspflicht zu deren Einführung in Betracht. Dies ergibt sich zum einen daraus, dass die Ausspähbarkeit der PIN bei Karteneinsätzen eine gravierende Systemschwäche darstellt, deren Ausmerzung mit wirtschaftlichen Mitteln von den Kartenanbietern verlangt werden kann. Zum anderen darf man ganz allgemein erwarten, dass wenn innerhalb eines Zahlungssystems ohnehin aufwendige online-Terminals zur Abwicklung der Zahlung installiert werden, diese auch dem wirtschaftlich realisierbaren Stand der Technik entsprechen[901].

bb) Besonderheiten beim Belegverfahren

Auch das Belegverfahren mittels Unterschriftsprüfung bei der Kreditkartenzahlung kann unter Verschuldensgesichtspunkten nicht grundsätzlich in Frage gestellt werden, denn es bietet dem berechtigten Karteninhaber insoweit Schutz, als ihm eine Weisung in der Regel nur mittels des von ihm unterschriebenen Be-

[896] Das Programm "Iris-Ident" ist speziell für Geldautomaten entwickelt worden. Dokumentation unter http://www.sensar.com.

[897] Einen sogar in eine Chipkarte integrierbaren Fingerabdruckssensor hat Siemens entwickelt, vgl. Focus 1/1998 (29.12.1997), S. 102.

[898] Dazu etwa FAZ vom 06.04.1999, Nr. 79, S. T 1.

[899] Dazu FAZ vom 30.11.1999, Nr. 279 S. 1.

[900] Reisser, FAZ vom 22.02.2000, Nr. 44 S. B 15.

[901] Ebenso *Ikas*, EFTPOS, S. 171; überzogen erscheint hingegen die Ansicht *Strubes*, WM 1998, 1210, 1216, dass ein "guter" Sicherheitsstandard nicht reiche, sondern der "bestmögliche technische Schutz" bei Kartenzahlung zu verlangen sei.

lastungsbelegs nachgewiesen werden kann[902]. Selbst wenn die erwähnten, auf Chipkarten basierenden biometrischen Prüfverfahren, die höhere Sicherheit versprechen, einmal zur Verfügung stehen, kommt zwar eine Sorgfaltspflicht dahingehend in Betracht, dass, wenn ohnehin aufwendige Terminals mit online-Verbindung eingesetzt werden, diese auch biometrische Prüfverfahren ermöglichen müssen. Dann wird aber die Daseinsberechtigung des Belegverfahrens darin liegen, Kartenzahlung auch dort zu ermöglichen, wo die Einrichtung eines elektronischen Terminals technisch oder wirtschaftlich nicht möglich ist oder wo ein solches gerade gestört ist.

Schon jetzt denkbar ist eine Sorgfaltspflicht zur Ausstattung der Karten mit dem Photo des Berechtigten[903]. Während dies bei nur POS-tauglichen Karten wie der ec-Karte sinnlos wäre, weil derjenige, der die PIN kennt, solche Karten dann immer noch an Geldautomaten missbrauchen könnte, bedeutet ein Photo erheblichen Schutz gegen Missbrauch im Belegverfahren. Indessen kann hier jedenfalls nicht mehr verlangt werden, als dass die Kartenherausgeber dem Kunden anbieten, gegen Übernahme der tatsächlichen Mehrkosten seine Karte mit seinem Photo auszustatten. Eine entsprechende Wahl bieten die meisten Anbieter aber ohnehin, was den potentiellen Kartenkunden auch bewusst ist. Deshalb wird selbst die Auswahl eines Kartenherausgebers, der Karten nur ohne Photo anbietet, als eine jeglicher Verschuldenshaftung des Emittenten entgegenstehende bewusste Entscheidung des Kunden gegen eine Photokarte anzusehen sein.

cc) Verschulden der Vertragsunternehmer

Im Übrigen trifft den Kartenemittenten die Pflicht, die Ordnungsgemäßheit einer jeden Zahlungstransaktion zu überwachen. Die Vertragsunternehmer sind in Bezug auf diese Überwachung Erfüllungsgehilfen des Kartenemittenten, für deren - auch vorsätzlichen Missbrauch umfassendes - Verschulden er nach § 278 BGB einzustehen hat[904]. Während allerdings die Prüfung der Belastungsbelege beim Belegverfahren maßgeblich an die Vertragsunternehmer delegiert ist, werden sich den Vertragsunternehmern beim POS mittels PIN-Eingabe angesichts der Autorisierung allein anhand von Karte und PIN-Eingabe nur ausnahmsweise besondere Verdachtsmomente bieten.

---

[902] Zu weitgehend aber wohl KG NJW 1993, 2879, wonach ein anderer Beweis für eine Kundenweisung ausgeschlossen sein soll.

[903] In diesem Sinne etwa *Taupitz*, referiert durch *Ahlers*, WM 1998, 1561, 1562.

[904] Für die Kreditkarte *Custodis*, Das Kreditkartenverfahren, S. 67 f.; *Eckert*, WM 1987, 161, 166; *Taupitz*, Kreditkartenmißbrauch, S. 129; *Zahrnt*, NJW 1972, 1077, 1079.

2. *Verschuldensunabhängiger Schadensersatz*

Während sich aus den bereits genannten Gründen die Figur der ergänzenden Vertragsauslegung zur Gewinnung eines ungeschriebenen angemessenen Interessenausgleichs eines verkehrstypischen Vertrags nicht eignet[905], bieten sich für einen im Wege der ergänzenden Rechtsfortbildung zu findenden, verschuldensunabhängigen Schadensersatzanspruch die gleichen Ansatzpunkte wie beim Missbrauch von Scheckvordrucken.

a) Möglichkeit einer teleologischen Extension des § 670 BGB im Mehrparteiensystem

Für Mehrparteienkarten, nicht aber für die Kundenkreditkarte, bei der es keine geschäftsbesorgungsrechtliche Beziehung zwischen Karteninhaber- und Emittent gibt[906], kommt ein verschuldensunabhängiger Schadensersatzanspruch in teleologischer Extension des § 670 BGB in Betracht. Im Rahmen der Betrachtung des Schecks wurde bereits der Grundgedanke einer Risikohaftung des Geschäftsherrn dargestellt, nach dem der Geschäftsherr diejenigen Risiken tragen soll, die der Durchführung des Geschäfts entgegenstehen, weil diese Risiken den Geschäftsherrn getroffen hätten, wenn er selbst zur Verfolgung seiner Interessen tätig geworden wäre[907]. Dieser Gedanke ist zwar in seiner Anwendung nicht vom Vorliegen einer Weisung des Geschäftsherrn abhängig, doch wurde er für das Missbrauchsrisiko beim Scheck deshalb verworfen, weil es an einer hinreichenden Vergleichbarkeit des vom geschäftsbesorgenden Institut übernommenen Drittmissbrauchsrisikos mit dem Bargeldverlustrisiko fehlt, welches dem Kunden als Geschäftsherrn abgenommen worden ist[908]. Die gleichen Erwägungen gelten auch für die Mehrparteienkarten: Die Höhe des Bargeldvorrats orientiert sich am vom Kunden prognostizierten kurzfristigen Bedarf. Erwartet er größeren Umsatz, hält er mehr Geld vor, erwartet er geringeren Umsatz, geht er auch nur das Risiko des Abhandenkommens eines kleineren Geldvorrats ein. Der Verlust einer Kredit- oder Debetkarte hingegen kann gänzlich unabhängig vom prognostizierten kurzfristigen Umsatz einem Schaden in der Höhe des Guthabens bzw. der Kreditlinie des Kunden, ja sogar noch darüber hinaus auslösen. Trotz aller Sorgfaltspflichten der Kartenemittenten, bei deren Verletzung der Kunde das Missbrauchsrisiko nicht tragen muss, drohen ihm Schäden, die das ausgeschaltete Bargeldrisiko in Bezug auf die

---

[905] Vgl. oben S. 86.

[906] Zur Qualifizierung des Emissionsvertrags einer Kundenkarte siehe oben S. 159.

[907] Vgl. oben S. 103.

[908] Vgl. oben S. 105.

Schadenssumme erheblich übersteigen. Letztlich müsste man für einemit dem Aspekt der Risikoverlagerung begründete Haftung im Einzelfall ermitteln, wie viel Bargeld dem Kunden anstelle seiner Karte abhandengekommen wäre, wofür es keinen gesetzlichen Maßstab gibt. Auch aus der Idee einer Risikohaftung des Geschäftsherrn ist eine Zufallshaftung des Karteninhabers daher nicht begründbar.

b) Sphärenerwägungen, § 645 Abs. 1 BGB

Ein nicht geschäftsbesorgungsspezifischer Ansatz für eine Zufallshaftung des Karteninhabers sowohl bei Mehrparteienkarten als auch bei der Kundenkreditkarte liegt ferner im Gedanken der Sphärenhaftung. Wie oben[909] ausführlich entwickelt, ist jedoch eine allgemeine Sphärentheorie als Kriterium des dispositiven Rechts nicht anzuerkennen. Soweit Strohdeicher allerdings mit Sphärenerwägungen in Bezug auf das POS-System argumentiert, beschränkt er sich auf den besonderen Aspekt der Beherrschbarkeit des Missbrauchsrisikos für den Karteninhaber[910]. Bereits abgesehen davon, dass die Kartenherausgeber das Systemrisiko beispielsweise dadurch beherrschen, dass es ihrer Entscheidung obliegt, ob sie nun Magnetstreifen oder Chip, Unterschrift, PIN oder ein biometrisches Verfahren zur Identitätsprüfung einsetzen[911], lautet aber eine bereits gefundene Erkenntnis dieser Arbeit[912], dass die Rechtsordnung für die dispositivrechtliche Risikozuweisung nur an Prävention orientierte Beherrschbarkeitserwägungen, welche nicht durch Zumutbarkeit im Sinne des Verschuldens begrenzt sind, allein prinzipiell nicht ausreichen lässt. Nichts anderes lässt sich ferner mit der Wertung des § 645 Abs. 1 BGB begründen. So ist bereits auf den diese Norm prägenden Gedanken hingewiesen worden[913], wonach der Unternehmer nur davor geschützt werden soll, dass der Besteller das vertragsspezifische Risiko in für den Unternehmer bei Vertragsschluss unvorhersehbarer Weise nachträglich ausgestalten kann. Denn die Unvorhersehbarkeit des nachträglichen Bestellerverhaltens führt dazu, dass der Unternehmer bei Vertragsschluss kein der Risikoübernahme entsprechendes Entgelt kalkulieren kann. Wie ferner festgestellt, will § 645 Abs. 1 BGB den Unternehmer aber auch nur insoweit schützen, als ihm eine besondere Härte droht[914].

---

[909] Vgl. oben S. 106 ff.

[910] Vgl. oben S. 181.

[911] Daher die Zwiespältigkeit des Sphärenarguments bezüglich der Kreditkarte konstatierend *Taupitz*, § 5 A III 4 c aa (2), S. 136 f.

[912] Vgl. oben S. 129 f.

[913] Vgl. oben S. 114 ff.

[914] Vgl. oben S. 114 ff.

Das Maß an Prognoseunsicherheit der Kartenemittenten in Bezug auf die unterschiedlichen Risikostrukturen der Karteninhaber, seien es Privat- oder Geschäftskunden, ist jedoch für die Kartenemittenten betriebswirtschaftlich kalkulierbar[915], so dass deren Haftung für Drittmissbrauch keinesfalls zu einer besonderen Härte, sondern im Wege der Risikostreuung lediglich zu entsprechend höheren Entgelten für die Kartennutzung führt. Insoweit ließe sich allenfalls eine ökonomisch bedenkliche Externalisierung von Kosten monieren. Auch dieser Gesichtspunkt ist allerdings als für die Rechtsfortbildung allein ausreichender Gerechtigkeitsgedanke des dispositiven Rechts bereits verworfen worden[916]. Die eigentlich relevante Quersubventionierung - durch Barzahler - bei der Kartenzahlung liegt im Übrigen ohnehin darin, dass die Kartenzahlung zu Barzahlungspreisen akzeptiert wird[917].

c) Die Wertung des § 447

Schließlich bleibt noch auf die einer Sphärenverantwortlichkeit gerade zuwiderlaufende These Strohdeichers[918] einzugehen, dass bei missbräuchlicher Verwendung einer ec-Karte, die bei Versendung an den Kunden auf dessen ausdrücklichen Wunsch hin abhandengekommen ist, dieser aus dem Rechtsgedanken des § 447 BGB haften solle. Strohdeicher verkennt, dass einer Norm, die mit der Preisgefahr beim Kaufvertrag ein auf den Kaufpreis beschränktes und am Wert einer Sache orientiertes Risiko zuweisen soll, keine Wertung darüber entnommen werden kann, wie ein im Abhandenkommen eines Legitimationsmediums liegendes, nicht begrenztes und nicht kalkulierbares Schadenspotenzial der Möglichkeit von Weisungen unter fremdem Namen zugewiesen werden sollte. Selbst wer sich darüber hinwegsetzen und sozusagen die Möglichkeit einer Vielzahl schuldrechtlicher Weisungen zur Zahlung an Vertragsunternehmer als ihren Wert begründende Eigenschaft einer Mehrparteienkarte im Sinne eines Zahlungsmittels annehmen will, der müsste doch zumindest eine Vergleichbarkeit einer solchen Karte mit Bargeld anerkennen. Dann aber wäre § 270 Abs. 1

---

[915] Zu dieser Einschätzung gelangt auch *Taupitz*, Kreditkartenmißbrauch, § 5 A III 4 c aa (2), S. 135.

[916] Vgl. oben S. 136.

[917] Verschärft werden dürfte dieses Phänomen bei einer Zulassung des "Meilensammelns" auch beim Verbrauchsgüterkauf oder beim Friseurbesuch z. B. mit der geplanten Lufthansa "Miles and More"-Karte, dazu Der Spiegel, 3/1999, S. 85. Zur bisherigen zugaberechtlichen Unzulässigkeit des Meilensammelns per American-Express-Kreditkarte allerdings BGH, WM 1999, 420 ff.

[918] Risiken des automatisierten Zahlungsverkehrs, S. 63.

BGB[919] und nicht § 447 BGB die verwertbare Norm. Die Zuweisung des Drittmissbrauchsrisikos bei auf dem Versandwege abhandengekommenen Karten an den Kunden ist daher mit Gefahrtragungsregeln für den Versand von Sachen nicht zu begründen.

d) Ergebnis

Weder aus dem missbräuchlichen Einsatz einer Debetkarte, noch aus dem einer Kunden- oder Universalkreditkarte erwächst dem Kartenemittenten ein verschuldensunabhängiger Schadensersatzanspruch gegen den berechtigten Inhaber.

VI. Ergebnis

Das Risiko des vom Karteninhaber nicht verschuldeten Missbrauchs seiner Debet- oder Kreditkarte trägt nach dispositivem Recht der Kartenemittent, soweit nicht ein zurechenbarer Rechtsschein des Karteneinsatzes durch den berechtigten Karteninhaber vorlag. Der Karteninhaber haftet für sein Verschulden aus pFV; bei beiderseitigem Verschulden erfolgt eine Schadensteilung nach § 254 BGB.

VII. Beweislastfragen

1. Grundsatz

Die einen Aufwendungsersatzanspruch aus § 670 BGB begründende Weisung des Karteninhabers durch Karteneinsatz muss der Kartenemittent beweisen[920]. Für einen Anspruch aus pFV gegen den berechtigten Karteninhaber wegen Drittmissbrauchs muss der Kartenemittent das Verschulden des berechtigten Karteninhabers; letzterer muss im Rahmen des § 254 BGB das Verschulden des Emittenten beweisen.

---

919 Dazu für die Kreditkarte *Pfeiffer*, in: Graf v. Westphalen, Kreditkartenvertrag, Rn. 56.

920 Für die Kreditkarte *Taupitz*, NJW 1996, 217, 223 f.; für die ec-Karte *Schneider*, POS-Zahlungen mit der ec-Karte, S. 153.

2. Abweichung beim Einsatz von echter Karte und richtiger PIN

a) Meinungsstand

Für den Sonderfall, dass der Kartenemittent den Einsatz der echten Karte und die Eingabe der richtigen PIN nachweist, ist zum Teil eine Beweislastumkehr nach Sphären dahingehend vertreten worden, dass der berechtigte Karteninhaber nachweisen müsse, die Kartentransaktion nicht selbst durchgeführt zu haben[921]. Zumindest soll im Rahmen der Zurechnung des in der Kartentransaktion liegenden Rechtsscheins der Weisung der Beweis mangelnder Zurechenbarkeit beim berechtigten Karteninhaber liegen[922].

Die weitaus überwiegende Ansicht[923] nimmt jedoch nur die Möglichkeit eines Beweises des ersten Anscheins dafür an, dass der berechtigte Karteninhaber selbst die Transaktion durchgeführt, mithin eine Weisung selbst abgeben habe, bzw. dass der berechtigte Karteninhaber zumindest die PIN weitergeben oder nicht sorgfältig geheimgehalten haben müsse. Dies genügt für die Annahme einer Weisung, des zurechenbaren Rechtsscheins einer Weisung oder zumindest einer pFV des Kartenkunden aufgrund verschuldeten, objektiven Sorgfaltsverstoßes.

b) Stellungnahme zur Beweislastumkehr für eine Weisung durch den Karteninhaber

Wie bereits zum Vordruckmissbrauch beim Scheck festgestellt[924], ist der Sphärengedanke auch als Prinzip der Beweislastverteilung wenig greifbar. Bereits eine Beweislastumkehr in Bezug auf das objektiv sorgfältige Aufbewahren von Legitimationsmedien durch deren berechtigten Inhaber käme angesichts der *Beweisnot beider Parteien* insbesondere in Bezug auf das Abhandenkommen einer Karte einer materiellrechtlichen Sphärenhaftung des berechtigten Karteninhabers nahe, die gerade nicht dem dispositiven Recht entspricht. Noch darüber hinausgehend soll die vorgeschlagene Beweislastumkehr nicht nur ein bei Einsatz von echter Karte und richtiger PIN durchaus wahrscheinliches, objektiv

---

[921] Blaurock, CR 1989, 561, 565 f.; dem folgend *Ikas*, EFTPOS, S. 173.

[922] *Ikas* EFTPOS, S. 175.

[923] Für die Kreditkarte *Taupitz*, NJW 1996, 217, 224; für die ec-Karte Harbeke, WM 1994, Sonderbeilage 1, S. 11; *Pfeiffer*, in: Graf v. Westphalen, ec-Bedingungen, Rn. 148; *Schneider*, POS-Zahlungen mit der ec-Karte, S. 153; *gegen* einen solchen Anscheinsbeweis *Rossa*, CR 1997, 138, 145.

[924] Vgl. oben S. 139 ff.

sorgfaltswidrig ermöglichtes Fremdhandeln, sondern ein Eigenhandeln durch den berechtigten Karteninhaber betreffen. Indessen ist gerade aufgrund der Möglichkeit etwa verschuldeten Abhandenkommens von Karte und PIN-Aufzeichnung der Schluss besonders auf einen Karteneinsatz durch den Berechtigten zumindest dann, wenn dieser ein Abhandenkommen der Karte geltend macht, so wenig zwingend, dass insoweit keinesfalls eine Beweislastumkehr für rechtsgeschäftliches Handeln gerechtfertigt ist.

Nichts anderes ergibt sich im Übrigen für die Zurechnung des Rechtsscheins einer eigenen Weisung des Karteninhabers im Rahmen der Rechtsscheinshaftung. Als anspruchsbegründend ist grundsätzlich auch die zurechenbare Setzung eines Rechtsscheins vom Anspruchssteller zu beweisen[925]. Die von Ikas[926] gezogenen Parallelen zur überwiegend angenommenen Beweislastumkehr für die zurechenbare Setzung des Rechtsscheins bei Anscheins- und Duldungsvollmacht[927] sowie bei Einsatz einer Vollmachtsurkunde[928] vermögen nicht zu überzeugen. Denn bei Anscheins- und Duldungsvollmacht ist Zurechnungskriterium nur schuldhaftes Nichteingreifen, welches durch den vom Anspruchssteller zu beweisenden Rechtsscheinstatbestand bereits indiziert ist[929], während für die Zurechnung des Rechtsscheins des Einsatzes von echter Karte und richtiger PIN Verschulden, mag man es auch zumindest vermuten, nicht ausreicht[930]. Vielmehr ist hier das bewusste Aus-der-Hand-Geben der Legitimationsmedien erforderlich[931]. Letzteres gilt zwar, wie aus § 172 Abs. 1 BGB ersichtlich, auch für die Rechtsscheinshaftung aus einer Vollmachtsurkunde, doch ist hier zu berücksichtigen, dass der rational Handelnde eine Vollmachtsurkunde nur dann herstellt, wenn er unmittelbar einen Vertreter bevollmächtigen will. Ein Abhandenkommen wird also vor allem dann relevant, wenn der Aussteller eine Urkunde auf Vorrat angefertigt und aufbewahrt hat. Dass ein solches Verhalten sowohl von geringer Wahrscheinlichkeit als auch gänzlich schutzunwürdig ist, bedeutet eine Rechtfertigung für eine Beweislastumkehr, die sich nicht auf die systemspezifisch notwendige und auch vom Emittenten mitzuverantwortende Aufbewahrung von Legitimationsmedien durch den Karteninhaber übertragen lässt.

---

[925] So zutreffend auch für die Weisung beim POS *Petring*, POS-Zahlungen, S. 149.
[926] EFTPOS, S. 175.
[927] Dazu etwa *Peters*, AcP 179 (1979), S. 214, 225 f.
[928] Vgl. nur *Erman/Palm*, § 172 Rn. 17.
[929] Vgl. oben S. 61 ff.
[930] A. A. freilich *Ikas*, dazu oben S. 194.
[931] Vgl. oben S. 192.

Der Beweis für eine Weisung des berechtigten Karteninhabers oder eine diesem zurechenbare Setzung des Rechtsscheins einer solchen obliegt demnach auch bei Einsatz von echter Karte und richtiger PIN dem Emittenten.

c) Möglichkeiten eines Anscheinsbeweises

Als weiterführend erscheint demgegenüber der Gedanke eines Anscheinsbeweises. Überwiegend wird die Möglichkeit eines prima-facie-Beweises angenommen, wenn sich ein Erfahrungssatz formulieren lässt, nach dem bestimmte Folgen auf typischen Ursachen beruhen, wenn also ein bestimmter Tatbestand feststeht, der nach der Lebenserfahrung auf eine bestimmte Ursache als maßgeblich für den Eintritt eines bestimmten Erfolges hinweist[932]. Insoweit ist denkbar, aus dem Tatbestand des formal ordnungsgemäßen Karteneinsatz typischerweise auf ein Eigenhandeln des berechtigten Karteninhabers oder auf einen von diesem verschuldeten Drittmissbrauch zu schließen.

aa) Festzustellender Tatbestand

(1) Einsatz einer echten Karte

Das emittierende Institut muss daher zunächst anhand der Transaktionsprotokolle des verwandten Terminals nachweisen, dass die echte Karte eingesetzt worden ist. Da die Duplizierung von Magnetstreifen möglich ist und besonders bei Kreditkarten eine relevante Missbrauchsform darstellt[933], kann insoweit allerdings nur die Prüfung und Identifizierung eines nicht oder nur höchst aufwendig duplizierbaren Merkmals, also des bereits beschriebenen MM-Merkmals insbesondere bei ec-Karten ausreichen[934]. Soweit die Betreiber die dadurch mögliche Sicherheit nicht selbst gewährleisten, weil sie - bei Kreditkarten - auf eine Ausstattung der Karte mit einem nicht duplizierbaren Merkmal verzichten oder ein solches durch das Kartenterminal nicht anhand von Transaktionsaufzeichnungen nachweisbar überprüft worden ist, ist kein Sachverhalt nachweisbar, der als typische Folge von vom Karteninhaber zu vertretenden Ursachen gewertet werden könnte.

---

[932] Vgl. *Baumgärtel*, Beweislastpraxis im Privatrecht, Rn. 230 m. w. N.

[933] Vgl. oben S. 153.

[934] So auch *Hoppe*, ZBB 1999, 88, 92.

(2) Sicherheit der PIN

Die Möglichkeit eines Anscheinsbeweises steht und fällt ferner mit der Sicherheit der PIN vor Ausprobieren oder Ermitteln aus dem Kartenmagnetstreifen. Folgerichtig haben Gerichte, welche die Dechiffrierbarkeit oder Erratbarkeit der PIN annehmen[935], insoweit jeglichen Anscheinsbeweis verneint[936]. Indessen ist nach den obigen Ausführungen[937] derzeit nicht von einer Dechiffrierbarkeit auszugehen. Auch die für auslaufende Karten mit alter PIN streitige Erratungswahrscheinlichkeit zwischen 1:150 und 1:700 begründet hinreichenden Anschein, dass die Kenntnis desjenigen, der die Zahlungstransaktion durchgeführt hat, nicht auf Erraten der PIN beruht[938].

bb) Umfang der Vermutung

(1) Anschein des Eigenhandelns oder des verschuldeten Fremdhandelns?

Auch wenn man vorrangig von einem Anschein des Eigenhandelns des berechtigten Karteninhabers ausgeht[939], ist zu berücksichtigen, dass in aller Regel der berechtigte Karteninhaber auf ein Abhandenkommen der Karte verweisen wird. Da der Anscheinsbeweis bereits durch die Darlegung einer ernsthaften Möglichkeit eines anderen Geschehensablaufs erschüttert werden kann und insbesondere an die Erschütterung des Anscheins des Eigenhandelns keine hohen Anforderungen gestellt werden können[940], wird anknüpfend an die Behauptung eines Drittmissbrauchs in der Regel der Anschein relevant werden, dass der berechtigte Karteninhaber zumindest die PIN notiert und nicht sorgfältig von der Karte getrennt aufbewahrt hat.

---

935 Vgl. oben S. 155 ff.

936 Vgl. OLG Hamm, WM 1997, 1203 ff.; AG Frankfurt a. M, CR 1998, 723; AG, WM 1998, 1128 ff.

937 Vgl. oben S. 155 ff.

938 So auch *Grundmann*, referiert durch *Ahlers*, WM 1998, 1561, 1563; LG Darmstadt, WM 2000, 911, 913 f.

939 So bereits etwa *Pfeiffer*, in: Graf v. Westphalen, ec-Bedingungen, Rn. 148; Schneider, POS-Zahlungen, S. 156.

940 AG Dinslaken, WM 1998, 1126; OLG Hamm, WM 1997, 1203, 1205; vgl. auch BGH NJW 1995, 2169 (zum Diebstahl eines Kfz).

(2) Ausspähung

Jüngst hat das LG Berlin[941] aus der Möglichkeit des Ausspähens der PIN bei Karteneinsätzen geschlossen, dass dann, wenn der Karteninhaber Umstände darlegt, die ein Ausspähen der PIN nahe legen, der Anscheinsbeweis erschüttert ist. Dem ist im Prinzip zuzustimmen. Indessen wird man die Anforderungen an die Darlegung hoch ansetzen müssen, um nicht dem Missbrauch durch berechtigte Karteninhaber Vorschub zu leisten. Zweifelhaft ist daher, ob man es mit dem LG Berlin bereits als ausreichend erachten kann, dass der Karteninhaber vor dem Abhandenkommen regelmäßig den gleichen Weg, das gleiche Verkehrsmittel und die gleiche Bankfiliale bzw. deren Geldautomaten genutzt hat[942]. Denn dies wird bei einem Großteil aller Drittmissbrauchsfälle so sein, ohne dass sich sagen ließe, dass diese in der Regel auf nicht verschuldetem Ausspähen beruhten. Der Anschein zumindest verschuldeten Drittmissbrauchs ist aber z. B. dann als erschüttert anzusehen, wenn eine Vielzahl von Kartennutzern, die in einem engen Zeitraum den gleichen Geldautomaten oder das gleiche POS-Terminal benutzt haben und kurz darauf ihrer Karte verlustig gegangen sind, zeitlich nahe beieinander liegend Missbräuche geltend machen. Denn dies deutet durchaus auf eine systematische Ausspähung hin.

cc) Ergebnis

Der nur anhand protokollierter Überprüfung des MM-Merkmals - das nicht Standard bei Kreditkarten ist- oder eines ebenso wenig duplizierbaren Merkmales nachweisbare Einsatz einer echten Karte erweckt auch bei behauptetem Drittmissbrauch einen Anschein zumindest der Verletzung einer Sorgfaltspflicht und rechtfertigt eine Haftung des berechtigten Karteninhabers auf Schadensersatz. Dieser Anschein ist nicht durch pauschalen Hinweis auf die Möglichkeit der Ausspähung der PIN zu erschüttern, sondern nur durch die fundierte Darlegung von besonderen Umständen, die eine Ausspähung nahe legen. Die wiederholte Nutzung des gleichen Geldautomaten reicht dafür nicht.

---

[941] ZBB 1999, 85; zustimmend *Hoppe*, ZBB 1999, 88; weitergehend lehnt *Rossa*, CR 1997, 138, 145, aufgrund der Ausspähungsmöglichkeit grundsätzlich den Anschein der schuldhaften Ermöglichung eines Drittmissbrauchs ab.

[942] LG Berlin, ZBB 1999, 85, 87.

3. Generelle Beweislastumkehr im Rahmen der pFV

Somit stellt sich im Rahmen der pFV die Frage einer Beweislastumkehr bei Drittmissbrauch zu Lasten des Karteninhabers analog § 282 BGB beim Missbrauch von Kreditkarten im Belegverfahren und bei Kartenmissbrauch mittels PIN-Eingabe, soweit die Voraussetzungen eines Anscheinsbeweises nicht vorliegen. Eine solche Beweislastumkehr ist indessen abzulehnen.

Eine im Sinne Raapes[943] streng auf das Verschulden bezogene, an eine vom Emittenten zu beweisende objektive Sorgfaltspflichtverletzung geknüpfte Beweislastumkehr würde den Emittenten nicht genügen. Beim Belegverfahren der Kreditkarte ist in aller Regel gerade der Nachweis einer objektiven Sorgfaltspflichtverletzung schwierig, welche mit dem "Ob" des Abhandenkommens der Kreditkarte nicht belegt ist. Beim POS-Verfahren mittels PIN-Eingabe hingegen hilft den Emittenten der soeben dargestellte Anscheinsbeweis auch in Bezug auf die objektive Sorgfaltspflichtverletzung. Ist er erschüttert, wird der Nachweis eines objektiven Sorgfaltsverstoßes kaum gelingen.

Eine generelle Beweislastumkehr im Rahmen der pFV dahingehend, dass der berechtigte Karteninhaber beweisen müsste, einen drittmissbräuchlichen Karteneinsatz nicht durch objektive Sorgfaltspflichtverletzung herbeigeführt zu haben, scheidet demgegenüber nach dem bereits erörterten Literaturansatz[944] aus, der zwischen erfolgsbezogenen und verhaltensbezogenen Pflichten differenziert und nur für erstere den Anspruchsteller vom Nachweis einer objektiven Sorgfaltspflichtverletzung entlastet. In Übertragung der Einschätzung zum Drittmissbrauch von Scheckvordrucken lässt sich festhalten, dass die Vermeidung des Missbrauchs von Legitimationsmedien nicht zentraler Inhalt des zugrundeliegenden Geschäftsbesorgungvertrags des Nutzers eines bargeldlosen Zahlungssystems mit dessen Anbieter ist und ersterer nur - verhaltensbezogen - übliche Sicherungsvorkehrungen schuldet. Der „reine" Sphärengedanke schließlich führt auch hier nicht weiter. Ein pauschaler Rückgriff auf die Beweislastverteilung nach Sphären jenseits der von der Rechtsprechung entwickelten Fallgruppen[945] lässt sich auch im Rahmen der pFV entgegen Ikas[946] nicht

---

[943] Näher dazu oben S. 138.

[944] Vgl. oben S. 140.

[945] Wie oben (S. 139) ausgeführt, nimmt die Rechtsprechung in erster Linie fallgruppenbezogen eine Beweislastumkehr für die Kausalität einer objektiven Sorgfaltspflichtverletzung an. Eine Erstreckung der Beweislastumkehr auf das Vorliegen einer objektiven Sorgfaltspflichtverletzung soll aber möglich sein, wenn "der Gläubiger im Herrschafts- und Organisationsbereich des Schuldners zu Schaden gekommen ist und die den Schuldner treffenden Vertragspflichten (auch) dahin gingen, den Gläubiger vor einem solchen Schaden zu bewahren"(BGH, NJW 1991, 1540, 1541 m. w. N.). Indessen kann man kaum sagen, der Kartenemittent komme bei Drittmissbrauch der Karte allein im Herrschaftsbereich des berechtigten Karteninhabers zu schaden.

[946] EFTPOS, S. 176, für das POS-Verfahren mittels PIN-Eingabe.

mit der großen Beweisnot der Kartenemittenten begründen. Denn - wie oben ausgeführt - je größer die *Beweisnot beider Vertragsparteien* ist, desto näher kommt eine solche Beweislastverteilung einer materiellen Zufallshaftung des berechtigten Karteninhabers, die nicht dem dispositiven Recht entspricht. Dafür bedarf es einer Rechtfertigung, die im besseren Einblick in die eigene Sphäre allein nicht liegen kann und die sich aus der Natur der zu betroffenen Sorgfaltspflicht nach dem oben gesagten gerade nicht ergibt.

E. Neue Rechtslage gemäß § 676h BGB

I. Anwendungsbereich

Wie bereits ausgeführt, ist in das BGB ein neuer § 676h BGB eingefügt worden, der auf Fälle nach dem 29. Juni 2000 anwendbar ist[947]. Nach § 676h BGB kann, wie ausgeführt, der Emittent einer „Zahlungskarte" vom berechtigten Karteninhaber im Rahmen ihres Geschäftsbesorgungsvertrags Aufwendungsersatz für die Verwendung der Karte oder deren Daten nur verlangen, wenn diese nicht von einem Dritten missbräuchlich verwendet wurden. Diese Neuregelung betrifft zunächst nicht die Kundenkreditkarten, bei denen ungeachtet der Definition einer „Zahlungskarte" zwischen Kartenemittent und Karteninhaber bereits kein Geschäftsbesorgungsvertrag besteht[948]. Demgegenüber werden Universalkredit- und Debetkarten durch die Neuregelung erfasst. Dies entspricht zum einen der konkreten Vorstellung des Gesetzgebers[949] und der Verwendung des Begriffs der Zahlungskarte in anderen Normenkomplexen, etwa 152 a Abs. 4 StGB. Zum anderen muss ein am Ziel unfassenden Verbraucherschutzes orientiertes weites Verständnis der Zahlungskarte zunächst jede *Urkunde* erfassen, *mit deren Emission ihrem berechtigten Inhaber die Rechtsmacht eingeräumt wird, anstelle von Barzahlung ihren Aussteller zu einer Geldzahlung an einen Dritten zu verpflichten*[950]. Das Bedürfnis einer *weiteren teleologischen Einschränkung dieser Definition* wird bei der Frage der Anwendbarkeit des § 676h BGB auf die Geldkarte noch näher zu erörtern sein[951].

---

[947] Vgl. Art. 229 § 2 Abs. 1 EGBGB.

[948] Vgl. oben S. 159 f.

[949] Einschätzung im Entwurf der Bundesregierung, BT-Drucks. 14/2658, S. 19.

[950] Vgl. auch die Definition bei Palandt/*Sprau*, § 676h Rn. 1.

[951] Zur abschließenden Definition vgl. unten S. 274.

§ 676h BGB lässt ferner die Haftung des Karteninhabers aus pFV für verschuldeten Drittmissbrauch unberührt, bei der es nicht um Aufwendungs-, sondern um nicht auftragsspezifischen Schadensersatz geht[952].

II. Vergleich mit der bisherigen Rechtslage

Die Neuregelung deckt sich mit der bisherigen Rechtslage, als auch bislang der Emittent einer Universalkredit- oder Debetkarte nur dann Aufwendungsersatz für Kartenzahlungsvorgänge verlangen kann, wenn er eine dem berechtigten Karteninhaber zurechenbare Weisung im Sinne des § 665 BGB nachweisen kann[953]. Zu berücksichtigen ist allerdings, dass diese Anforderung nach bisheriger Rechtslage nicht nur dann erfüllt ist, wenn der berechtigte Karteninhaber seine Karte selbst benutzt hat, sondern auch dann, wenn er sich den in einer formal ordnungsgemäßen aber missbräuchlichen Benutzung der Karte durch Dritte zum Ausdruck kommenden Rechtsschein einer Weisung nach Rechtsscheinsgesichtspunkten zurechnen lassen muss[954]. Bei Drittmissbrauch soll aber nun nach § 676h BGB pauschal jeglicher Aufwendungsersatz entfallen.

III. Einschränkung bezüglich der Rechtsscheinshaftung

Indessen ist nicht ersichtlich, dass der Gesetzgeber die Haftung des Karteninhabers für die Setzung zurechenbaren Rechtsscheins aufheben wollte. So war seitens der Bundesregierung eine gesetzgeberische Leitentscheidung im Sinne einer Klarstellung der bisherigen Rechtslage und eben keine gravierende Änderung der Rechtslage gewollt[955]. Auch hat der Rechtsausschuss zur endgültigen Fassung lapidar festgestellt, dass eine rechtsmissbräuchliche Verwendung vorliege, wenn der Kunde keine wirksame Weisung i. S. d. § 665 BGB erteilt habe[956]. Darunter fällt aber nach bisheriger Dogmatik auch die Weisung kraft Rechtsscheins. Auch Art. 8 der Fernabsatzrichtlinie (Richtlinie 97/7/EG)[957] gebietet keinen Ausschluss der Rechtsscheinshaftung für Karteneinsätze bei Vertragsschlüssen im Fernabsatz, auf die sich die Richtlinie im Gegensatz zu ihrer Umsetzungsnorm § 676h BGB beschränkt. Danach sollen die Mitgliedsstaaten nur dafür Sorge tragen, dass der Verbraucher im Falle einer „betrügerischen

---

[952] So nun auch Palandt/*Sprau*, § 676h Rn. 16.

[953] Vgl. oben S. 182 ff.

[954] Vgl. für Universalkredit- und Debetkarten eingehend oben S. 184.

[955] Vgl. die Begründung zum Entwurf der Bundesregierung, BT-Drucks. 14/2658, S. 20 f.

[956] BT-Drucks. 14/3195, S. 34.

[957] Vom 20.5.1997, ABl. Nr. L 144/19.

Verwendung“ seiner Zahlungskarte Zahlungen stornieren kann und dass ihm Zahlungen gutgeschrieben oder erstattet werden. Da ein europaweiter strafrechtlicher Betrugsbegriff als Anknüpfungspunkt gerade ausscheidet, besteht ein sehr weiter Interpretationsspielraum unter Berücksichtigung nationaler Begebenheiten. Diesen hat gerade die Bundesregierung in ihrer Begründung zum Entwurf des Fernabsatzgesetzes überzeugend dahingehend ausgeschöpft, dass „betrügerische Verwendung“ teleologisch gesehen dann vorliegt, wenn der Verbraucher sich die im Karteneinsatz zum Ausdruck kommende Weisung nicht zurechnen lassen muss[958].

Demnach entspricht ein Ausschluss der Rechtsscheinshaftung nicht dem Telos des § 676h BGB. Die Norm ist daher so zu verstehen, dass ein Aufwendungsersatzanspruch nur dann ausgeschlossen ist, wenn der Karteninhaber weder durch eigenen Karteneinsatz eine Weisung im Sinne des § 665 BGB abgegeben hat, noch ihm der im formal ordnungsgemäßen Einsatz der Karte durch einen Dritten zum Ausdruck kommende Rechtsschein einer Weisung nach § 665 BGB zurechenbar ist.

Nur von dogmatischem Interesse ist demgegenüber, ob man die erforderliche Einschränkung der Anwendung des § 676h BGB auf „nicht im Wege der Rechtsscheinshaftung zurechenbaren“ Drittmissbrauch noch im Wege einer einschränkenden Wortlautinterpretation erreichen kann. „Drittmissbrauch“ ist regelmäßig dadurch gekennzeichnet, dass ein unberechtigter Dritter eine Zahlungstransaktion durchführt, wobei er den aus der Verfügung über die Karte oder zumindest deren Daten resultierenden Anschein ausnutzt, mit dem berechtigten Inhaber identisch zu sein. Da indessen die Zurechenbarkeit dieses Anscheins sich nach außerhalb dieser Umschreibung liegenden Umständen bemisst, ist eine Differenzierung nach Zurechenbarkeit nicht im Begriff des Drittmissbrauchs angelegt. Daher dürfte die gebotene Einschränkung noch hinter der engst möglichen Wortlautauslegung des Gesetzestexts zurückbleiben. Demnach ergibt sich aus dem hinter dem Gesetzeswortlaut zurückbleibenden Telos der Norm eine „verdeckte Lücke“[959], deren Schließung teleologische Reduktion bedeutet[960].

IV. Ergebnis: Keine Änderung der Rechtslage

Unter Berücksichtigung der teleologischen Reduktion des § 676h BGB erwächst auch nach neuer Rechtslage dem Emittenten einer Debet- oder Universalkreditkarte ein Aufwendungsersatzanspruch gegen den berechtigten Karten-

---

[958] Vgl. BT-Drucks 14/2658, S. 20.

[959] Näher zum Begriff *Canaris*, Die Feststellung von Lücken im Gesetz, S. 82 f.

[960] Vertiefend dazu *Larenz*, Methodenlehre, S. 391.

inhaber dann, wenn dieser durch Einsatz der Karte zu Zahlungszwecken selbst eine Weisung i. S. d. § 665 BGB abgegeben hat oder wenn ihm der im formal ordnungsgemäßen, drittmissbräuchlichen Zahlungseinsatz der Karte zum Ausdruck kommende Rechtsschein einer solchen Weisung zurechenbar ist. Demnach ergibt sich aus § 676h BGB für das dispositive Recht keine Änderung gegenüber der bisherigen Rechtslage bezüglich der hier behandelten Karten.

3. Abschnitt

Zahlungen mittels Geldkarte

A. Eigenschaften und Durchführung der Zahlung

Das Instrument Geldkarte basiert auf der zwischen den Spitzenverbänden der deutschen Kreditwirtschaft geschlossenen „Vereinbarung über das institutsübergreifende System >GeldKarte<", die am 01.10.1996 in Kraft getreten ist[961]. Die Geldkarte dient der Erfüllung von Geldschulden im Rahmen von Geschäften des täglichen Lebens über begrenzte Beträge[962] und gehört damit zu den Medien des bargeldlosen Zahlungsverkehrs. Ihre Konzeption weist in erheblichem Umfang Parallelen zu den gerade behandelten Karten im Mehrparteiensystem, also zu Universalkredit- und Debetkarten auf. Auch bei der Geldkarte tritt zwischen den Verkäufer bzw. Dienstleister (Vertragsunternehmen) und seinen entgeltpflichtigen Kunden (Karteninhaber) das die Geldkarte emittierende Kreditinstitut (Kartenherausgeber) als spezialisierter Anbieter bargeldloser Zahlung. Zu betrachten sind daher auch hier drei Rechtsverhältnisse, nämlich das zwischen Karteninhaber und Vertragsunternehmen, in dem die Zahlung erfolgen soll (Valutaverhältnis), das zwischen Karteninhaber und Kartenherausgeber (Deckungsverhältnis), in dem etwa die für die Geldkartenfunktion erweiterten ec-Bedingungen vereinbart werden, und das zwischen Kartenherausgeber und Vertragsunternehmen (Vollzugsverhältnis), das durch die „Bedingungen für die Teilnahme am System >GeldKarte<" geprägt wird. Wie bei den übrigen Mehrparteienkarten lassen sich die vertraglichen Beziehung bei der Geldkarte daher nach der von Möschel[963] angeregten und von Rohe[964] aufgegriffenen Lehre als sog. „Netzvertrag" qualifizieren. Insoweit kann allerdings auf die obigen Ergebnisse verwiesen werden, nach denen dieser Lehre nicht zu folgen ist[965].

Die erste Besonderheit der Geldkarte gegenüber anderen Karten im Mehrparteiensystem liegt darin, dass sie nicht nur die Berechtigung ihres Inhabers zur

---

[961] Abgedruckt in WM 1996, 2353.

[962] Vgl. *Kümpel*, WM 1997, 1037; *Pfeiffer*, in: Das Recht vor den Herausforderungen der modernen Technik, S. 186, 190; *ders.* NJW 1997, 1036, *ders.*, in: Graf v. Westphalen, ec-Bedingungen, Rn. 159; vertiefend zu technischem Ablauf und ähnlichen Projekten *Lukas*, Cyber Money, S. 37 ff.

[963] AcP 186 (1986), 187, 211 ff.

[964] Netzverträge, passim.

[965] Vgl. oben S. 27ff., S. 160 ff.

Einforderung bargeldloser Zahlung gegenüber dem Vertragsunternehmer beweist, sondern dass in einem auf der Karte befindlichen elektronischen Chip Wertbeträge bzw. -einheiten[966] bis derzeit 400,- DM im voraus („pre-paid"[967]) gespeichert werden. Der Karteninhaber gibt bei bargeldloser Zahlung seine Karte in ein ausschließlich offline operierendes Terminal beim Vertragsunternehmer (Händlerterminal[968]) ein. Nach dem Drücken einer Bestätigungstaste durch den Karteninhaber wird mittels einer Kommunikation zwischen der im Terminal befindlichen als „Händlerkarte[969]" bezeichneten Chipkarte und dem Geldkartenchip der im Geldkartenchip gespeicherte Wert um den angezeigten Rechnungsbetrag gemindert[970]. Nach Maßgabe des dabei auf der Händlerkarte gespeicherten Datensatzes erhält später der Vertragsunternehmer eine Zahlung in gleicher Höhe vom kartenherausgebenden Institut[971]. Die zweite Besonderheit liegt darin, dass neben der Prüfung der Echtheit der Karte durch Kommunikation des Terminals mit dem Kartenchip keine Prüfung der Berechtigung des Vorlegers der Karte etwa durch PIN-Abfrage erfolgt. Das System sieht also prinzipiell keine Schutzmaßnahme gegen den Drittmissbrauch von aufgeladenen Geldkarten vor.

Die Möglichkeiten der (Wieder-)Aufladung hängen von der Art der Geldkarte ab[972]. Unterscheiden lassen sich kontogebundene Karten - insbesondere zusätzlich mit Geldkartenchip ausgestattete ec-Karten, aber auch Kundenkarten ohne ec-Funktion - von kontoungebundenen „White Cards"[973]. Aufgrund ihrer integrierten POS-Tauglichkeit erlauben erstere ohne Einsatz von Bargeld oder einer weiteren POS-tauglichen Karte nach PIN-Eingabe an entsprechenden Ladeterminals die Aufladung des Chips unter sofortiger Belastung des Kontos, für das sie ausgegeben worden sind. Dabei sollen auch die Ladeterminals eines anderen als des kartenemittierenden Instituts benutzt werden können[974].

---

[966] *Klanten*, NJW 1998, 3152, 3154.

[967] *Gramlich*, CR 1997, 11, 13.

[968] Einen Überblick über zugelassene Terminals und deren Software bietet Bank und Markt 1997, Heft 4, S. 13 ff.

[969] Vgl. Nr. 11 Vereinbarung über das institutsübergreifende System "GeldKarte"; ferner *Groß*, in: FS Schimansky, S. 165, 167.

[970] *Escher*, WM 1997, 1173, 1180; *Pfeiffer*, Das Recht vor den Herausforderungen der modernen Technik, S. 186, 190; *Wand*, Bankentag, S. 25.

[971] *Kümpel*, WM 1997, 1037; *Pfeiffer*, NJW 1997, 1036. Vorgesehen ist ein Lastschriftverfahren, vgl. Nr. 6 der Teilnahmebedingungen für Vertragshändler, abgedruckt in WM 1996, 2359.

[972] Eingehend dazu Wand, Bankentag, S. 28 ff.

[973] *Groß*, in: FS Schimansky, S. 165, 166 f.; *Escher*, WM 1997, 1173, 1180; *Kümpel*, WM 1997, 1037; *Pfeiffer*, NJW 1997, 1036.

[974] Bei Aufladung gegen Bargeld oder gegen eine andere Karte zieht das emittierende Institut den gespeicherten Wert per Lastschrift beim ladeterminalbetreibenden Institut ein, vgl. Nr. 4 der Vereinbarung über das institutsübergreifende System "Geldkarte".

Für aufgeladene Beträge wird bei sog. Kartenevidenzzentralen für jede Karte ein Schattensaldo geführt[975]. Zu dessen Lasten werden auch die späteren Kartenumsätze gebucht, wobei allerdings auf die Speicherung der jeweiligen Einzeltransaktionen verzichtet wird[976].

Insgesamt betrachtet liegt die gegenüber den anderen Mehrparteienkarten abweichende Zielsetzung der Geldkarte also darin, unter Preisgabe der bei den anderen Kartenformen gewährleisteten Sicherheit vor Drittmissbrauch die Durchführung der bargeldlosen Zahlung geringerer Beträge kostengünstig, anonym und mindestens so schnell und einfach zu gestalten, wie eine Barzahlung. Erreicht wird dies zum einen durch Verzicht auf jegliche Identitätsprüfung und zum anderen durch die Vorausbezahlung eines Kartenguthabens, die es ermöglicht, auf eine zeitraubende, störungsanfällige und kostenträchtige online-Abfrage des Girokontostandes zu verzichten und die Bonitätsprüfung auf das Auslesen des „Chipguthabens" zu beschränken[977]. In Bezug auf die nach hier vertretener Ansicht für eine Geschäftsherrnhaftung relevante Frage nach der Vergleichbarkeit mit der Barzahlung bleibt als charakteristischer Unterschied nur, dass dem Vertragsunternehmer nicht sofort mit der Abbuchung der Karte, sondern erst mit der nachfolgenden Zahlung des kartenemittierenden Instituts der im Valutaverhältnis geschuldete Wert zufließt. Bei diesem bringt wie vom electronic-cash insbesondere der ec-Karte bekannt das emittierende Institut ein prozentual am Kartenumsatz bemessenes Entgelt in Anrechnung.

B. Das Rechtsverhältnis zwischen dem Emittenten und dem Kunden

Die Vertragsbeziehung im Deckungsverhältnis zwischen dem kartenemittierenden Institut und seinem Chipkartenkunden ist unabhängig davon als entgeltliche Geschäftsbesorgung (§ 675 BGB) zu qualifizieren, ob sie - bei kontoungebundenen Karten - selbständig besteht oder - bei kontogebundenen Karten - eine Nebenabrede zum Girovertrag darstellt. Neben dienstvertraglichen Pflichten besteht auch die werkvertragliche Pflicht des emittierenden Instituts, die Verbindlichkeit des Karteninhabers gegenüber dem Vertragsunternehmer aus dem Valutaverhältnis bei Karteneinsatz zu begleichen (§ 329 BGB)[978].

---

975 *Escher*, WM 1997, 1173, 1180.

976 Dazu *Kümpel*, WM 1997, 1037, 1038; *Pfeiffer*, in: Graf v. Westphalen, ec-Bedingungen, Rn. 169.

977 Dazu auch *Pfeiffer*, NJW 1997, 1036, 1037; *ders.*, in: Graf v. Westphalen, ec-Bedingungen, Rn. 163.

978 Von einer dienst- und werkvertraglichen Natur der Abrede ausgehend auch *Pfeiffer*, in: Graf v. Westphalen, ec-Bedingungen, Rn. 165.

I. Grundprinzip der geschäftsbesorgungsrechtlichen Weisung

Wie bei den anderen hier behandelten bargeldlosen Zahlungsmedien basiert die Zahlung mittels Geldkarte auf einer geschäftsbesorgungsrechtlichen Weisung (§ 665 BGB) des Karteninhabers gegenüber dem Kartenherausgeber, an den Vertragsunternehmer eine Zahlung in Höhe des Rechnungsbetrags vorzunehmen. Diese kommt im Einsatz der Chipkarte im Terminal beim Vertragsunternehmer zum Ausdruck[979] und wird vom Vertragsunternehmer als Bote durch Einreichung der vorgesehenen Lastschrift dem Emittenten übermittelt.

II. Die Besonderheiten der „vorausbezahlten" Karte

Eine Abweichung gegenüber den bisher behandelten Medien des bargeldlosen Zahlungsverkehrs ergibt sich hingegen daraus, dass dem Kartenherausgeber mit der Aufladung der Karte eine Vorauszahlung zufließt, da etwa bei Aufladung mittels einer kontogebundenen Karte das Girokonto des Karteninhabers sofort belastet wird. Ob die auf den Geldkarten-Schattensaldo umgebuchten Beträge einen geschäftsbesorgungsrechtlichen Vorschuss im Sinne des § 669 BGB bedeuten, ist streitig[980]. Dagegen spricht, dass das kartenemittierende Institut die Aufladung gerade nicht verlangen kann. Ungeachtet der dogmatischen Frage ist die Aufladung jedenfalls eine Leistung mit der Bestimmung zur Tilgung einer zukünftige Forderung aus § 670 BGB[981]. Diese Norm stellt daher den Rechtsgrund für das endgültige Behaltendürfen der Vorauszahlung in der Höhe

---

[979] *Kümpel*, WM 1998, 365, 367, *ders.*, WM 1997, 1037, 1039 (§ 666 BGB ist wohl ein Tippfehler); *Pfeiffer*, NJW 1997, 1036, 1037; *ders.*, in: Graf v. Westphalen, ec-Bedingungen, Rn. 165.

[980] Bejahend *Gößmann*, RWS Forum 12, S.67, 102; *Kümpel*, WM 1998, 365, 368; *ders.* WM 1997, 1037, 1038; verneinend *Groß*, in: FS Schimansky, S. 165, 169; *Koller*, in: FS Schimansky, S. 209, 220; dazu auch *Pfeiffer*, NJW 1997, 1036, 1039; *ders.*, in: Das Recht vor den Herausforderungen moderner Technik, S. 186, 190.

[981] *Koller*, in: FS Schimansky, S. 209, 217; so auch für den Vorschuss nach § 669 BGB allgemein *Seiler*, in: MünchKomm, § 669 Rn. 8; hiergegen wiederum *Koller*, in: FS Schimansky, S. 209, 212, für den beim Vorschuss „die Lösung dem Wortlaut des § 669 BGB zu entnehmen" ist, zumal bei Verwendung des Vorschusses die Aufwendungen „wirtschaftlich betrachtet keine Vermögensopfer des Auftraggebers" (gemeint ist wohl des Auftragsnehmers) darstellten. Das funktioniert jedoch ganz augenscheinlich bereits nicht für den von *Koller*, a. a. O, selbst gebildeten Fall, dass jemand zur Durchführung eines Auftrags 100,- DM als Vorschuss nach § 669 BGB übereignet erhält und zur Durchführung *einen anderen* Geldschein einsetzt. Den als Vorschuss gegebenen Geldschein muss der Auftragnehmer nach § 667 BGB herausgeben, sofern er dem nicht einen Aufwendungsersatzanspruch aus § 670 BGB entgegenhalten kann. Wiederum anders *Groß*, in: FS Schimansky, S. 165, 169 f., der von einem Forderungskauf ausgeht. Der zu Begründung herangezogene „Erklärungsnotstand" der Weisungslösung für den Fall des illegalen Erwerbs des Besitzes an der Karte bleibt freilich im Dunklen.

dar, in der bei Karteneinsatz der Kartenemittent in nach Maßgabe der §§ 665, 670 BGB ersatzfähiger Weise an den Vertragsunternehmer zahlt. Will der Karteninhaber nicht mehr mit der Geldkarte zahlen, kann er die Vorauszahlung gemäß § 667 BGB – der insoweit den Rückgriff auf § 812 BGB sperrt[982] - jederzeit zurückfordern. Dementsprechend sehen die gegenüber den Karteninhabern verwandten AGB die Möglichkeit der Entladung der Karte allerdings nur in Höhe des gesamten gespeicherten Betrags vor[983].

III. Zum Anweisungscharakter des Karteneinsatzes

Aufgrund der Vergleichbarkeit mit den anderen Mehrparteienkarten zeichnet sich zudem eine Diskussion darüber ab, ob die Weisung des Karteninhabers gleichzeitig den Charakter einer mangels Anweisungsurkunde extravaganten Anweisung analog § 783 BGB trägt[984]. Insoweit lassen sich zunächst die Ausführungen zu Universalkredit- und Debetkarten übertragen[985]. D. h., dass zwar auch die Vertragsbeziehungen bei der Geldkarte auf die Durchführung eines Simultanleistungsgeschäfts gerichtet sind, dessen gesetzliches Grundmodell die bürgerlich-rechtliche Anweisung ist. Während allerdings auch hier für die Einräumung einer von den jeweiligen Vertragsbeziehungen abstrakten zusätzlichen anweisungsrechtlichen Rechtsmacht, die kaum dem Parteiwillen entspräche, kein eine Rechtsfortbildung tragender Bedarf erkennbar ist, ist zudem bei der grundsätzlich denkbaren rechtsfortbildende Anwendung von Vorschriften des Anweisungsrechts auf die einzelnen Vertragsbeziehungen noch mehr Vorsicht geboten. Denn anders als bei den übrigen Mehrparteienkarten ist die Anweisungsstruktur aufgrund der Vorausbezahlung nur ein Aspekt der Geldkarte. Die Übermittlung der auf dem Kartenchip gespeicherten Daten in Repräsentation des zu übertragenden Werts macht die Geldkarte darüber hinaus zu einer Art Inhaber-„Finanzinstrument"[986], weshalb anders als bei Universalkredit- und Debetkarten bei der Feststellung der Risikoverteilung zwischen Karteninhaber und Emittent die gesetzlichen Wertungen für Inhaberpapiere näherer Betrachtung bedürfen werden[987].

---

[982] A. A. *Koller*, in: FS Schimansky, S. 209, 218.

[983] Vgl. Nr. III.3.2 Abs. 2 S. 2 ec-Bedingungen Banken und A.III.3.2 Abs. 2 S. 2 ec-Bedingungen Sparkassen. Das ist unproblematisch, weil der Kunde die Karte ganz entladen und sofort wieder mit einem beliebigen Betrag aufladen kann, vgl. dazu *Pfeiffer*, NJW 1997, 1036, 1039; *ders*, in: Graf v. Westphalen, ec-Bedingungen, Rn. 169.

[984] In diesem Sinne bereits *Kümpel*, WM 1997, 1037, 1038.

[985] Vertiefend dazu oben S. 163 ff.

[986] Siehe dazu Regierungsentwurf zur 6. KWG-Novelle, § 1 Abs. 1 Nr. 10 u. 12 KWG, ZBB 1997, 81, 86; *Escher*, WM 1997, 1173, 1180 ff.

[987] Vgl. unten S. 232 ff., 239 ff.

C. Das Rechtsverhältnis zwischen dem Kartenherausgeber und dem Vertragsunternehmer

Wie bei den übrigen Dreiparteienkarten auch ist das durch Akquisitionsvertrag zwischen Kartenherausgeber und Vertragsunternehmen begründete Dauerschuldverhältnis insbesondere geprägt von der Verpflichtung des Vertragsunternehmens, die Kartenzahlung zu Barzahlungspreisen zu akzeptieren[988] - insoweit handelt es sich um einen Vertrag zugunsten eines Dritten (§ 328 BGB), nämlich des Karteninhabers - und von der Verpflichtung des Kartenherausgebers, die mit der Karte getätigten Umsätze zu begleichen[989].

I. Zahlungsversprechen

Für die Fragestellung dieser Arbeit hinsichtlich des Vollzugsverhältnisses allein von Interesse ist das Zahlungsversprechen des Kartenherausgebers an den Vertragsunternehmer. Nach Nr. 4 der Bedingungen für die Teilnahme am System „Geldkarte" (Händlerbedingungen), erwirbt „mit dem Abschluss eines ordnungsgemäßen Zahlungsvorgangs" „das Unternehmen eine Garantie gegen das kartenherausgebende Kreditinstitut in Höhe des getätigten Umsatzes". Damit ist die Struktur von Nr. 4 der Bedingungen für die Teilnahme am electroniccash Verfahren (Händlerbedingungen) übernommen worden, die freilich neutral formuliert sind und nicht den Begriff „Garantie" enthalten.

Entscheidend ist insoweit, dass das hier vorgesehene Zahlungsversprechen auch den missbräuchlichen Einsatz durch Dritte erfasst.

II. Zustandekommen des Zahlungsversprechens

Bezüglich des Zustandekommens des Zahlungsversprechens richtet Kümpel[990] besonderes Augenmerk darauf, dass die beim POS-Verfahren vorgesehene online-Autorisierung des jeweiligen Zahlungsvorgangs als Anknüpfungspunkt für die Abgabe eines abstrakten Zahlungsversprechen[991] bei der Geldkarte

---

[988] Vgl. Nr. 3 der Bedingungen für die Teilnahme am System "Geldkarte" (Händlerbedingungen).

[989] Nr. 4 der Bedingungen für die Teilnahme am System "Geldkarte".

[990] WM 1997, 1037, 140.

[991] Unzutreffend und ohne Quellenangabe geht *Kümpel*, WM 1997, 1037 allerdings davon aus, dass *nach allgemeiner Ansicht* in der online-Autorisierung ein Angebot auf Abschluss eines Garantievertrags läge, das der Vertragsunternehmer stillschweigend bei Zugangsverzicht der Bank (§ 151 BGB) annähme. Z. B. *Ikas*, EFTPOS, S. 63 sieht auch in der online-Autorisierung nur den Eintritt einer aufschiebenden Bedingung (§ 158 Abs. 1 BGB) eines Zahlungsversprechens, dessen rechtsgeschäftlicher Entstehungstat-

entfällt. Daher soll in der beim Karteneinsatz erfolgenden Übermittlung der Transaktionsdaten und eines Echtheitszertifikats vom Kartenchip an die im Terminal befindliche Händlerkarte ein konkludentes Angebot der kartenausgebenden Bank liegen, die vom Vertragsunternehmer durch Addition des Transaktionsbetrags zu dem auf der Händlerkarte gespeicherten Betrag konkludent angenommen werde, wobei auf Zugang dieser Annahme verzichtet werde (§ 151 BGB)[992]. Zwar sei aufgrund des Vertragsschlusses durch diese offline-Autorisierung eine Vertretungsmacht des Karteninhabers für die Bank nicht erforderlich, als „vorsorgliche Hilfskonstruktion" sei aber entsprechend der Zahlungsverpflichtung beim Euroscheck von einer an § 172 BGB angelehnten Rechtsscheinshaftung der Bank auszugehen, wenn ein Dritter unter Einsatz der Geldkarte als Rechtsscheinsträger zahle[993]. Dass allerdings bei Drittmissbrauch die Geldkarte in der Regel abhandengekommen sein wird und dass das Abhandenkommen einer Urkunde grundsätzlich der bürgerlich-rechtlichen Rechtsscheinshaftung aus dieser entgegensteht[994], problematisiert er freilich nicht. Indessen ist der Rückgriff auf die Rechtsscheinshaftung als Bindung an eine vermeintliche Willenseinigung immer dann unzulässig, wenn eine tatsächliche Willenseinigung vorliegt. Bereits bei der Vereinbarung von Nr. 4 der Bedingungen für die Teilnahme am System GeldKarte im Akquisitionsvertrag wird ausdrücklich ein Zahlungsversprechen für alle zukünftigen Kartentransaktionen abgegeben und auch angenommen, das nur unter der aufschiebenden und konkretisierenden Bedingung (§ 158 Abs. 1 BGB) einer ordnungsgemäßen offline-Autorisierung steht[995]. In letzterer liegt also entgegen Kümpel nicht der rechtsgeschäftliche Entstehungstatbestand, weshalb ihm darin zuzustimmen ist, dass es auf eine Vertretungsmacht des Karteninhabers nicht ankommt.

---

bestand bereits im Teilnahmevertrag zu sehen sei. So im Übrigen auch der Verfasser, vgl. oben S. 167.

[992] *Kümpel*, WM 1997, 1037, 1040.

[993] *Kümpel*, WM 1997, 1037, 1041.

[994] Besonders im Hinblick auf die Scheckkarte *Knoche*, Der Mißbrauch der Scheckkarte, S. 99, der allerdings abweichend von diesem Grundsatz eine Zurechnung bei Abhandenkommen der Scheckkarte aufgrund der besonderen Interessenlage bei Verschulden des Karteninhabers annehmen will (S. 107 ff., 111); *näher zum Grundsatz oben* S. 40, insbesondere Fn. 69.

[995] In diesem Sinne auch *Groß*, in: FS Schimansky, S. 165, 176 ff. der allerdings von einem deklaratorischen Schuldversprechen ausgeht. Dazu sogleich.

III. Rechtsnatur des Zahlungsversprechens

Im Ergebnis ohne Bedeutung ist der von Universalkredit- und Debetkarte bekannte Streit nun auch für die Geldkarte, ob dieses Zahlungsversprechen in rechtlicher Hinsicht tatsächlich als Garantie[996] (auf erstes Anfordern, § 305 BGB) oder als abstraktes Schuldversprechen (§ 780 BGB)[997] einzuordnen ist, wofür jedenfalls die Bezeichnung als „Garantie" in Nr. 4 der Bedingungen für die Teilnahme am System „GeldKarte" irrelevant ist[998]. Zwar geht Groß demgegenüber davon aus, dass beim Zahlungsvorgang der Auszahlungsanspruch des Karteninhabers auf den Vertragshändler „übergeleitet" werde[999] und dass das Zahlungversprechen diesbezüglich nur ein deklaratorisches Schuldanerkenntnis sei, da nur die Gefahr des Nichtbestehens des Auszahlungsanspruchs und des Bestehens von Einwendungen bzw. Einreden ausgeschlossen werden müsse[1000]. Doch ist dies von den Systembeteiligten nicht gewollt. Insbesondere bringt der Karteninhaber bei der Zahlungstransaktion nicht den Willen zum Ausdruck, seine Guthabensforderung dem Vertragsunternehmer abzutreten, denn darüber wird sich ein Laie nicht einmal Gedanken machen. Allenfalls die Übertragung von „Wertdaten" macht er sich bewusst. Eine schuldrechtliche „Forderungsüberleitung" findet also nicht statt. Zum letzlich nicht weiterführenden Gedanken eines wertpapierrechtlichen Forderungsüberganges in rechtsfortbildender Gleichsetzung von „Wertdaten" mit wertpapierrechtlicher Verbriefung vgl. eingehend unten S. 246 ff.

Gegenüber der Parallelproblematik bei Universalkredit- und Debetkarte greifen daher keine abweichenden Gesichtspunkte erkennbar. Konsequenterweise muss daher die in Bezug auf diese Mehrparteienkarten dargelegte Präferenz für die Einordnung als abstraktes Schuldversprechen nach § 780 BGB aufgrund der entgegen Kümpel[1001] *primären* Zahlungsverpflichtung des Kartenherausgebers

---

[996] So *Kümpel*, WM 1997, 1037, 1040; *Escher*, WM 1997, 1173, 1180, die den Wortlaut von Nr. 4 der Bedingungen für die Teilnahme am System "Geldkarte" (Händlerbedingungen), abgedruckt in WM 1996, 2359, unkritisch übernehmen.

[997] So *Pfeiffer*, NJW 1997, 1036, 1038; wohl auch *Einsele*, WM 1999, 1801, 1803, 1809 f.

[998] *Pfeiffer*, NJW 1997, 1036, 1038; *a. A.* offenbar *Kümpel*, WM 1997, 1037, 1040.

[999] Groß, in: FS Schimansky, S. 165, 173.

[1000] Groß, in: FS Schimansky, S. 165, 174.

[1001] Entgegen *Kümpel*, WM 1997, 1037, 1040 und WM 1998, 365, 369, kann man das Zahlungsversprechen nicht deshalb als subsidiär einschätzen, weil es nur dann relevant wird, wenn die Bank nicht bereits eine Weisung des Karteninhabers befolgen muss. Ein entsprechendes Nebeneinander von im Innenverhältnis zum Anweisenden verpflichtender Weisung und davon abstrakter Verpflichtung im Außenverhältnis zum Anweisungsempfänger ist eine geradezu typische Situation des Angewiesenen nach Annahme bei der von *Kümpel* ,WM 1997, 1037, 1039, selbst als Grundmodell der Geldkarte angesehenen bürgerlich-rechtlichen Anweisung, ohne dass deshalb die Annahme bei Verpflichtung im Verhältnis von Anweisendem und Angewiesenem als Garantie qualifiziert

sowie der Rechtsähnlichkeit des Zahlungsversprechens mit der Annahme einer bürgerlich-rechtlichen Anweisung auch für die Geldkarte beibehalten werden[1002].

D. Denkbare Missbrauchsformen

Die relevanteste Form des Drittmissbrauchs dürfte darin liegen, dass ein unberechtigter Dritter sich in den Besitz einer aufgeladenen Karte bringt und diese zu einer Zahlungstransaktion benutzt. Denkbar ist auch ein Missbrauch durch Entladen des Kartenguthabens, soweit eine Barentladung angeboten wird, was insbesondere für kontoungebundene Karten in Betracht kommt. Diese lassen sich auch in der Form missbrauchen, dass ein nicht berechtigter Inhaber die Karte gegen Entgelt an einen Gutgläubigen oder Bösgläubigen veräußert, der gegebenenfalls seinerseits eine Zahlungstransaktion oder eine Entladung veranlasst.

E. Meinungsstand zur Verteilung des Drittmissbrauchsrisikos nach bisherigem Recht

Präjudiziell für die Risikotragung ist die wertpapierrechtliche Einordnung der Geldkarte. Nach Pfeiffer ist die Geldkarte zwar kein Wertpapier, aber in ihren Funktionen einem solchen ähnlich, weshalb er die Rechtsgedanken einzelner wertpapierrechtlicher Vorschriften für auf die Geldkarte anwendbar hält[1003]. Insbesondere sieht er eine wertungsmäßige Gleichsetzung der kontoungebundenen Karte mit einem kleinen Inhaberpapier nach § 807 BGB als geboten an[1004]. Sowohl aus dem Systemzweck der Geldkarten-Abrede als auch aus dieser Wertungsparallelität zum Wertpapierrecht folgert er, dass der Karteninhaber nach dispositivem Recht bei Verlust seiner Karte das Risiko des Verlusts seines Kartenguthabens trage[1005]. Gößmann[1006] sieht die Geldkarte als „hinkendes Inha-

---

würde. Für den maßgeblichen Empfängerhorizont des die Annahme erhaltenden Anweisungsempfängers genauso wie für den Empfängerhorizont des das Zahlungsversprechen erhaltenden Vertragsunternehmers ist nämlich das Innenverhältnis von Weisendem und Gewiesenem prinzipiell irrelevant.

[1002] Vertiefend vgl. die Darstellung hinsichtlich Universalkredit- und Debetkarte oben S. 168 ff, 175.

[1003] *Pfeiffer*, NJW 1997, 1036, 1037; *ders.*, in: Graf v. Westphalen, ec-Bedingungen, Rn. 161.

[1004] *Pfeiffer*, in: Das Recht vor den Herausforderungen der modernen Technik, S. 186, 198.

[1005] *Pfeiffer*, NJW 1997, 1036, 1039; *ders.*, in: Graf v. Westphalen, ec-Bedingungen, Rn. 173.

[1006] In: RWS –Forum 12, S. 67, S. 69.

berpapier im Sinne des § 808 BGB an, während Groß trotz fehlender Unterzeichnung der Geldkarte eine Nähe der auf dem Chip gespeicherten Werteinheiten zur Schuldverschreibung auf den Inhaber (§ 793 BGB) konstatiert[1007].

Ohne Berücksichtigung wertpapierrechtlicher Fragen weist ferner Wand[1008] dem Karteninhaber das Drittmissbrauchsrisiko zu. Dies stützt er auf die Wertung des § 935 BGB und den von den Sphärentheorien zu den übrigen Zahlungsverkehrsinstrumenten bekannten Beherrschbarkeitsgedanken, den er an die nur bei der Geldkarte bestehende und dem Bargeldeinsatz vergleichbare Möglichkeit des Karteninhabers anknüpft, auch die Höhe des möglichen Verlusts zu steuern. Bereits überwiegend wird jedoch wie bei den anderen Dreiparteienkarten vertreten, dass das Risiko einer missbräuchlichen Zahlungstransaktion durch einen Dritten beim kartenemittierenden Institut liege, dem mangels zurechenbarer Kundenweisung kein Aufwendungsersatzanspruch für die Zahlung an den Vertragsunternehmer erwachse[1009].

F. Untersuchung des Drittmissbrauchsrisikos nach bisheriger Rechtslage

Auch an dieser Stelle wird die Einfügung des neuen § 676h BGB, welcher Art. 8 der Richtlinie 97/7/EG („Fernabsatzrichtlinie“)[1010] umsetzt, relevant. Wie ausgeführt, ist die Norm auf Fälle nach dem 29. Juni 2000 anwendbar[1011]. Nach ihr kann „ein Kreditinstitut“ Aufwendungsersatz für die Verwendung von Zahlungskarten oder von deren Daten nur verlangen, wenn diese nicht von einem Dritten missbräuchlich verwendet wurden, ungeachtet ob der Zahlungskarte ein Girovertrag oder ein anderer Geschäftsbesorgungsvertrag zugrunde liegt. Wie bereits zu den anderen Kartenformen ausgeführt[1012], kann dies zu einer zeitlich gespaltenen Bewertung des Missbrauchsrisikos nach dispositivem Recht führen. Zudem lässt sich eine denkbare Reichweite des §676h BGB am besten nach einer Darstellung der bisherigen geschäftsbesorgungsrechtlichen und wertpapier-

---

[1007] *Groß*, in: FS Schimansky, S. 165, 181.

[1008] Referiert durch *Ahlers*, WM 1998, 1561, 1565.

[1009] *Kümpel*, WM 1997, 1037, 1042; *ders.* WM 1998, 365, 371 ff.; *Schön*, AcP 198 (1998), S. 401, 428; wohl auch *Heinrichs*, NJW 1998, 1447, 1455, der die Zuweisung des Drittmißbrauchsrisikos an den Karteninhaber in den ec-Bedingungen unter Verweis auf die BGH-Urteile zu Scheck und Kreditkarte für kaum zu rechtfertigen hält. Unklar ist schließlich die Position von *Nuissl*, Bankgeschäftsrecht, Rn. 141 b, die die Schadensregelung der ec-Bedingungen nur wiedergibt, ohne zu ihrer Wirksamkeit Stellung zu nehmen.

[1010] vom 20.5.1997, ABl. Nr. L 144/19.

[1011] Vgl. Art. 229 § 2 Abs. 1 EGBGB.

[1012] Vgl. oben S. 179 f.

rechtlichen Rechtslage abschätzen. Daher wird im Folgenden zunächst die bisherige Rechtslage erläutert.

I. Sachenrechtlicher Gutglaubenserwerb bei Veräußerung der Karte

Anders als bei den bislang untersuchten Dreiparteienkarten beschränkt sich das Risiko des Drittmissbrauchs aufgrund der Vorausbezahlung der Karte nicht auf den Einsatz der Karte bei Zahlungstransaktionen. Auch ohne Zahlungstransaktion kommt der Verlust der Guthabensforderung durch sachenrechtlichen Gutglaubenserwerb nach §§ 929 ff., 932 ff., 935 Abs. 2 BGB in Betracht. Voraussetzung dafür ist die sachenrechtliche Übertragbarkeit der Forderung durch Übereignung der Karte. Diese Möglichkeit wird von Pfeiffer[1013] für kontoungebundene Karten bejaht. Entscheidend ist zunächst, ob es sich bei der Geldkarte um ein durch Geschäftsbesorgungsvertrags zwischen emittierendem Institut und Karteninhaber begebenes Wertpapier im Sinne der Normen handelt. Kontoungebundene und kontogebundene Karten bedürfen dabei differenzierter Betrachtung.

1. Die kontoungebundene Geldkarte als Inhaberkarte nach § 807 BGB

Die Möglichkeit des Gutglaubenserwerbs ist jedenfalls dann zu bejahen, wenn es sich bei der Geldkarte um ein Inhaberpapier handelt, also um eine Urkunde, bei der der Anspruch auf Rückzahlung des Guthabens aus § 667 BGB sogar dem engen Wertpapierbegriff genügend[1014] dergestalt verbrieft ist, dass der Anspruch, zu dessen Geltendmachung die Innehabung der Karte erforderlich ist, durch Übereignung der Karte übertragen werden kann, wobei der Inhaber der Urkunde als Anspruchsinhaber förmlich legitimiert sein muss. Wie bereits festgestellt, erfordert eine Wertpapierurkunde eine verkörperte menschliche Gedankenäußerung, die ein privates Vermögensrecht zum Ausdruck bringt und die ihren Aussteller erkennen lässt, ohne dass es - bei Inhaberkarten nach § 807 BGB - einer Unterschrift bedürfte.

[1013] NJW 1997, 1036.

[1014] Zu den Wertpapierbegriffen siehe oben S. 186.

a) Eigentum des Karteninhabers

Der Einordnung als verkehrsfähiges Papier würde allerdings von vornherein entgegenstehen, wenn das Eigentum an der Geldkarte nicht auf den Karteninhaber überginge, sondern prinzipiell beim emittierenden Institut verbliebe. AGB für Karteninhaber, die eine ausdrückliche diesbezügliche Regelung vorsehen, sind indes nicht greifbar[1015]. Die Frage, ob mit der Aushändigung der Karte auch die Übereignung angeboten und diese gemäß § 151 BGB durch Ingebrauchnahme angenommen wird, ist allerdings bezüglich der ec-Karte bekannt und umstritten[1016].

Es besteht eine allgemeine Verkehrsanschauung, dass mit der dauerhaften Verschaffung eines Zahlungsmediums auch dessen Übereignung gewollt ist[1017], zumal für die Hingabe einer kontoungebundenen Karte mitunter eine „Gebühr" verlangt wird. Diese Anschauung ist Ausdruck allgemeinen Rechtsempfindens, wie es seinen Niederschlag z. B. in der gesetzlichen Wertung gefunden hat, den Besitz mit Vermutungswirkung für das Eigentum auch gegenüber dem früheren Eigentümer auszustatten, dem die Sache nicht abhandengekommen ist (§ 1006 Abs. 1 BGB). Nach dem objektiven Empfängerhorizont eines durchschnittlichen Kartenkunden ist daher mit der Übergabe einer Geldkarte zur Nutzung ein konkludentes Angebot auf Übereigung verbunden, wenn der Emittent nicht ausdrücklich darauf hinweist, dass er Eigentümer bleiben will. Mit Ausgabe der Karte wird daher der Karteninhaber Eigentümer.

b) Verkörperter Gedankeninhalt, Aussteller

Schon die Plastikkarte, welche den Chip trägt, verkörpert dauerhaft den Gedankeninhalt, dass nach Maßgabe einer Vorschussleistung an das kartenemittierende Institut ein Anspruch auf Rückzahlung dieses Vorschusses besteht. Der Speicherwert des Chips, der sich aus einem physikalischen Zustand ergibt und insoweit hinreichend verkörpert ist, als er ohne weiteren Eingriff dauerhaft bestehen bleibt, repräsentiert sogar die genaue Höhe des Guthabens beim emittie-

---

[1015] So gibt etwa die Stadtsparkasse Dortmund nach Angaben gegenüber dem Verfasser für ungebundene Karten gar keine AGB aus. Auch soweit der entsprechende Teil der ec-Bedingungen für ungebundene Karten ausgegeben wird, lässt sich dem keine Aussage über die Eigentumsfrage entnehmen.

[1016] Dafür *Canaris*, Bankvertragsrecht, Rn. 527 c; *Pfeiffer*, in: Graf v. Westphalen, ec-Bedingungen, Rn. 38; dagegen *Ahrens*, Wertpapiere in bargeldlosen Zahlungssystemen, S. 114 f.; *Bieber*, WM 1987, Sonderbeilage Nr. 6, S. 7; *Stecher*, WM 1977, 186, 187.

[1017] Von *Pfeiffer*, in: Graf v. Westphalen, Kreditkartenvertrag, Rn. 11, auch für die Kreditkarte konstatiert.

renden Institut. Als Aussteller der sinnlich wahrnehmbaren und unveränderlichen Komponenten Karte und Chip ist unproblematisch das diese herausgebende Institut anzusehen. Von diesem rührt aber auch der Speicherwert nach Aufladung selbst dann geistig her, wenn die Aufladung durch ein anderes, das Ladeterminal betreibende Institut nach Maßgabe der „Vereinbarung über das institutsübergreifende System >Geldkarte<"erfolgt[1018].

Auch stehen der Zurechnung des noch gespeicherten Betrags die ordnungsgemäßen Abbuchungen bei der Kommunikation mit der Händlerkarte im Händlerterminal unproblematisch nicht entgegen, weil diese vom Willen des emittierenden Instituts getragen sind und durch Entladung der Geldkarte die Höhe des noch zu erstattenden Kartenguthabens nur vermindert wird.

c) Äußerung des Gedankeninhalts eines privaten Rechts

Problematisch ist jedoch das Merkmal der Gedankenäußerung, welches die Wahrnehmbarkeit des Gedankeninhalts für den beteiligten Rechtsverkehr umfasst[1019]. Hier wird für Wertpapiere im allgemeinen zum Teil Schriftlichkeit der Gedankenäußerung gefordert[1020]. Während allerdings das emittierende Institut als Schuldner aus Schriftzeichen auf der Karte ermittelbar sein wird, und aus dieser Wahrnehmung geschlossen werden kann, dass nach Maßgabe einer Vorschussleistung ein Rückzahlungsanpruch des berechtigten Inhabers besteht, ergibt sich der genaue Umfang der Guthabensforderung nur aus dem Speicher des Chips. Dass die Wertpapiereigenschaft allerdings danach nicht mit mangelnder Schriftform verneint werden kann, ergibt sich bereits daraus, dass Inhaberzeichen - man denke an Biermarken oder Theaterkarten - anerkanntermaßen selbst dann Wertpapiere sein können, wenn Berechtigter, Schuldner und Gegenstand

---

[1018] Die Aufladung einer kombinierten ec-/Geldkarte zu Lasten des Kartenkontos heißt das kartenemittierende Institut online gut. Bei der ebenfalls vorgesehenen Aufladung gegen Bargeld oder gegen eine andere Karte zieht das emittierende Institut den gespeicherten Wert per Lastschrift beim ladeterminalbetreibenden Institut ein, vgl. Nr. 4 der Vereinbarung über das institutsübergreifende System "GeldKarte". Das emittierende Institut akzeptiert dann die Zahlung an das terminalbetreibenden Institut als Vorschuss an sich und will sich auch die Aufladung der Geldkarte zurechnen lassen.

[1019] Dazu etwa *Hoeren*, WM 1996, 2006.

[1020] So etwa *Baumbach/Hefermehl*, WG/SchG, WPR Rn. 3; *Meyer-Cording/Drygala*, A I 2, S. 1. Gegen das Erfordernis der Schriftlichkeit auch für nicht unter § 807 BGB fallende Papiere *Canaris*, Bankvertragsrecht, Rn. 527 b, der dem auf dem Magnetstreifen der ec-Karte codierten Gedankeninhalt für den Geldautomateneinsatz bei nicht kontoführenden Instituten Wertpapiercharakter zumisst; ebenso *Ahrens*, Wertpapiere in bargeldlosen Zahlungssystemen, S. 114 ff.; *Stecher*, WM 1977, 186, 187; a. A. allerdings *Bieber*, WM 1987, Sonderbeilage Nr. 6, S. 7; *Kleine*, ec-Geldautomaten-System, S. 69.

der Leistung nicht aus dem Inhaberzeichen selbst, sondern nur aus einem eingeweihten Kreis bekannten Umständen ermittelbar sind[1021]. Wenn es einem nach § 807 BGB verminderten Erfordernis der Gedankenäußerung im allgemeinen genügt, dass die sich nicht aus dem Text des Papiers ergebende Berechtigung erst noch aus der Verkehrsauffassung ergänzt wird[1022], so erscheint es hinreichend, dass der Umfang des Guthabens mithilfe von allen am Geldkartenverkehr Beteiligten leicht zugänglichen Lesegeräten[1023] aus der Geldkarte selbst erfasst werden kann.

d) Anspruchsverkörperung oder Geldsurrogat?

aa) Die Position Pfeiffers

Ferner ist fraglich, ob denn mit dem verkörperten Guthabenswert gerade der Anspruch auf Rückzahlung des Guthabens aus § 667 BGB als verbrieftes Vermögensrecht zum Ausdruck gebracht werden soll. Hiergegen wendet sich Pfeiffer[1024], der die ausnahmsweise Rückgabemöglichkeit als schuldrechtliche Nebenabrede für *nicht prägend* hält. Da er auch eine wertpapierrechtliche Einordnung des in der Karte verkörperten Anspruchs des Inhabers auf Gewähr bargeldloser Zahlung gegen den Vertragsunternehmer aus dem im Vollzugsverhältnis geschlossenen Vertrag (§ 328 BGB)[1025] in Übereinstimmung mit den im Rahmen dieser Arbeit bereits zur Parallelproblematik bei den Dreiparteienkarten angestellten Erwägungen[1026] verneint, ordnet er die Geldkarte den Geldsurrogaten zu[1027]. Dem ist insbesondere Gößmann uneingeschränkt beigetreten[1028].

[1021] Vgl. *Hueck/Canaris*, Recht der Wertpapiere, § 28 I 3., S. 233; *Zöllner*, Wertpapierrecht, § 27 III, S. 268 ff.

[1022] *Meyer-Cording/Drygala*, Wertpapierrecht, A III 5, S. 9.

[1023] Ein Überblick über im Handel befindliche Taschenkartenleser bietet Bank und Markt 1997, Heft 4, S. 16 f. Vgl. auch *Rodewald*, WM 1997, 1520.

[1024] NJW 1997, 1036, 1037.

[1025] Vgl. oben S. 227.

[1026] Diese gelten für die Geldkarte entsprechend, vgl. dazu oben S. 186 ff., 188.

[1027] *Pfeiffer*, NJW 1997, 1036, 1037; dem folgend *Staudinger/Marburger*, § 807 Rn. 6.

[1028] *Gößmann*, RWS-Forum 12, S. 67, 96 f.

bb) Stellungnahme

Geldsurrogate werden zwar ebenfalls unter § 935 Abs. 2 BGB gefasst[1029], sind aber keine Wertpapiere. Als Prototyp eines Geldsurrogats, welches durch das Fehlen eines im Papier verkörperten konkreten Leistungsversprechens des Ausstellers charakterisiert wird, wird seit einem Aufsatz von I. Kohler[1030] allgemein die Briefmarke genannt[1031]. Dessen Ausgangspunkt lag in der Erwägung, dass einerseits *kein Anspruch* gegen die Post *auf Rückerstattung des Markenwerts* gegen Rückgabe der Briefmarke bestehe und dass andererseits der Marke nicht zu entnehmen sei, in welcher Weise die Post gemäß ihren einseitig änderbaren Konditionen und Preisen die Beförderung frankierter Briefe schulde[1032]. Daher sei sie nur Wertträger im Sinne eines relativen Zahlungsmittels. Nur die inhaltliche Unbestimmtheit eines verkörperten Rechts soll also bei Bargeldsurrogaten der Wertpapierqualität entgegenstehen, nicht aber das Fehlen prägender Bedeutung eines konkret verkörperten Anspruchs. So nahm I. Kohler *ausnahmsweise* doch eine *Wertpapiereigenschaft für Briefmarken* an, sobald diese infolge einer Außerwertstellung ein Recht auf eine äquivalente gültige Marke verkörpern[1033]. Dieses höchst ausnahmsweise Recht auf Umtausch einer Briefmarke ist für diese noch weniger prägend als das jederzeitige Recht des Inhabers einer Geldkarte auf Rückzahlung des Kartenguthabens. Es erscheint letztlich auch übermäßig kompliziert, mangels prägender Bedeutung des verkörperten Anspruchs der Geldkarte diese nicht als Wertpapier einzuordnen, sie aber in Bezug auf diesen Anspruch dennoch sachenrechtlichen Regeln zu unterwerfen. Allein entscheidend ist demnach, ob die Geltendmachung eines Anspruchs mit der Innehabung eines Papiers verknüpft ist, und nicht, ob der Anspruch als prägend erscheint.

e) Erforderlichkeit der Innehabung

Hinreichend verkörpert ist der Anspruch aus § 667 BGB allerdings nur dann, wenn zu seiner Geltendmachung die Innehabung der Karte erforderlich ist. Dem mit der Unanwendbarkeit des § 407 BGB auf Wertpapiere korrespondierenden

---

[1029] Vgl. für die Briefmarke *I. Kohler*, ArchBürgR 6 (1892), S. 316, 333; *Hüffer*, in: MünchKomm, § 807 Rn. 13.

[1030] *I. Kohler*, Die Briefmarke im Recht, ArchBürgR 6 (1892), S. 316 ff.

[1031] Staudinger/Marburger, § 807 Rn. 6.

[1032] *I. Kohler*, ArchBürgR 6 (1892), S. 316, 317 ff.

[1033] *I. Kohler*, ArchBürgR 6 (1892), S. 316, 335.

Erfordernis der Innehabung genügt ein Papier, wenn die Leistung ohne Vorlage des Papiers nicht verlangt werden kann[1034].

Dies deckt sich mit der Konzeption der Geldkarte, bei der nach der Beschreibung der am System teilnehmenden Institute Leistung gegenüber Kartenkunden der Karteninhaber mit der Karte das Guthaben "wie Bargeld" verlieren soll, also ohne Kartenvorlage seinen Anspruch nicht geltend machen können soll. Ebenso wird man von einer Unanwendbarkeit des § 407 BGB bezüglich der jedenfalls übertragbaren Guthabensforderung bei einer kontoungebundenen Karte dergestalt auszugehen haben, dass der Kartenemittent nicht durch Rückzahlung an den ersten Karteninhaber als bisherigen Gläubiger der Guthabensforderung frei wird, wenn dieser dazu nicht die Karte vorlegt. Dies ergibt sich aus dem Vertragszweck: Weil eine Verpflichtung zur Rückzahlung ohne Kartenvorlage grundsätzlich nicht bestehen soll, ist die Eingehung des in der Rückzahlung ohne Kartenvorlage liegenden erhöhten Risikos der Zahlung an einen nicht mehr Berechtigten nicht im Sinne des § 407 BGB schutzwürdig[1035].

Insgesamt ist daher die Geltendmachung des Anspruchs auf Rückzahlung des auftragsrechtlichen Vorschusses in wertpapierrechtlichen Anforderungen genügender Weise mit der Innehabung der Karte verknüpft.

f) Inhaberlegitimation

Schließlich liegt ein den §§ 807, 935 Abs. 2 BGB genügendes Inhaberpapier nur dann vor, wenn der Inhaber der kontoungebundenen Karte formell legitimiert ist[1036], also vom emittierenden Institut die Auszahlung des Kartenguthabens verlangen kann, sofern dieses nicht den Mangel der materiellen Berechtigung nachweist. Sofern eine Ausgabe anonym erfolgt, kommt bereits keine andere Legitimation als durch Inhaberschaft in Betracht. Aber auch bei Ausgabe an einen namentlich Bekannten entspricht die formelle Legitimation des Inhabers einem dem System angemessenen Interessenausgleich. Der berechtigte Karteninhaber hat ein schützenswertes Interesse an der Übertragbarkeit der Forderung, welche praktisch weitgehend ausgeschlossen wäre, wenn das emittierende Institut vor Auszahlung einen Beweis der Berechtigung des Kartenvorlegers anhand außerhalb der Karte liegender Umstände verlangen könnte. Demnach ist auch von einer formellen Legitimation des Karteninhabers auszugehen.

[1034] *Hueck/Canaris*, Recht der Wertpapiere, § 1 I 5, S. 5.

[1035] Dazu *Hueck/Canaris*, Recht der Wertpapiere, § 1 I 2 b bb, S. 10.

[1036] Näher *Hueck/Canaris*, Recht der Wertpapiere, § 28 II, S. 234; *Zöllner*, Wertpapierrecht, § 2 II 1a, S. 9.

g) Ergebnis

Die kontoungebundene Geldkarte ist eine Inhaberkarte nach § 807 BGB, in welcher der *Anspruch auf Rückzahlung des Kartenguthabens wertpapierrechtlich verbrieft* ist. Daher führt die Übereignung selbst einer abhandengekommenen Karte an einen Gutgläubigen gemäß §§ 929 ff., 932 ff., 935 Abs. 2, 807 BGB zum Verlust der Guthabensforderung beim bis dahin berechtigten Inhaber.

2. Die kontogebundene Karte als Namenspapier

Auch die kontogebundene Geldkarte verkörpert als Gedankeninhalt den Anspruch auf Rückzahlung des Kartenguthabens.

a) Übertragbarkeit und Inhaberlegitimation

Abweichungen zur kontoungebundenen Karte ergeben sich aber in Bezug auf die Übertragbarkeit der Guthabensforderung und die Inhaberlegitimation. Denn nach den bisherigen Ergebnissen dieser Arbeit ist die Weitergabe insbesondere der ec-Karte aufgrund der kontobezogenen Einsatzmöglichkeiten eine Vertragsverletzung gegenüber dem ausgebenden Institut[1037]. Eine Übertragung der Guthabensforderung durch Übereignung der Karte scheidet daher schon nach dem Vertragszweck des Geschäftsbesorgungsvertrags des Kontoinhabers mit dem emittierenden Institut unabhängig von Streit über das Eigentum an einer kontogebundenen Karte[1038] aus. Sie kommt deshalb nur nach den §§ 398 ff. BGB in Betracht, die grundsätzlich keinen Gutglaubenserwerb vorsehen. Zudem soll die Geltendmachung des Anspruchs auf Rückzahlung des Kartenguthabens von der Vorlage der Karte abhängig sein, obwohl die kontogebundene Karte beim Kontoinhaber verbleiben muss. Dies ist nur praktikabel, wenn die Guthabensforderung bis zu ihrem Erlöschen beim in der Karte benannten Kontoinhaber verbleibt. Als ungeschriebener Inhalt des Vertrags zwischen emittierendem Institut und Kontoinhaber ist daher ein Abtretungsverbot anzusehen, dem gemäß § 399 BGB Wirkung gegenüber jedermann zukommt[1039]. Nicht nur der gutgläubige Erwerb der Guthabensforderung nach sachenrechtlichen Regeln, sondern jeglicher rechtsgeschäftlicher Erwerb ist also ausgeschlossen.

Demnach kann die kontogebundene Geldkarte in Bezug auf den Anspruch auf Rückzahlung des Kartenguthabens allenfalls ein Namenspapier sein, wel-

---

[1037] Vgl. oben S. 199 ff.

[1038] Vgl. oben S. 233, Fn. 1016.

[1039] Allgemein zu dieser Wirkung des § 399 BGB *Palandt/Heinrichs*, § 399 Rn. 11.

ches die *Guthabensforderung* des auf der Karte namentlich Bezeichneten *unübertragbar* verbrieft.

b) Wahrnehmbarkeit der Gedankenäußerung

Indessen wäre die Wertpapiereigenschaft zu verneinen, wenn man mit der oben dargestellten überwiegenden Ansicht[1040] für die kontogebundene Geldkarte als nicht unter § 807 BGB fallende die unmittelbar sinnliche Wahrnehmbarkeit oder gar schriftliche Fixierung der aufgeladenen Beträge verlangte. Indessen ist nicht ersichtlich, dass dieses Kriterium zur Differenzierung in Bezug auf die Wertpapiereigenschaft der beiden Geldkartentypen sachgerecht wäre. Daher ist mit Canaris[1041], der etwa dem auf dem Magnetstreifen der ec-Karte codierten Gedankeninhalt für den Geldautomateneinsatz bei nicht kontoführenden Instituten Wertpapiercharakter zumisst, das Erfordernis sinnlicher Wahrnehmbarkeit dem technischen Fortschritt entsprechend zu interpretieren. Es ist nicht einzusehen, dass das Zivilrecht, welches durch Rechtsfortbildung auf veränderte Lebensverhältnisse reagieren kann und muss, hinter dem durch Bestimmtheitsgebot und Analogieverbot restringierten Strafrecht zurückbleiben dürfte, welches im Rahmen der Urkundsdelikte neben herkömmlichen Urkunden längst auch nicht unmittelbar sinnlich wahrnehmbare „technische Aufzeichnungen" (§ 268 StGB) ja sogar „Daten" (§§ 269, 202a StGB) erfasst. Auch für die kontogebundene Geldkarte reicht daher die Wahrnehmbarkeit der gespeicherten Guthabensforderung mithilfe von handelsüblichen Taschenlesegeräten aus[1042]. Sie ist demnach ein Namenspapier. Die Besonderheit, dass der verbriefte Anspruch im Unterschied etwa zu Namensschuldverschreibungen infolge des Karteneinsatzes bei Vertragsunternehmern auch durch Aufwendung und nicht nur durch Zahlung erlischt, macht die kontogebundene Geldkarte zu einem gesetzlich nicht geregelten *Namenspapier sui generis*.

II. Freiwerden bei missbräuchlicher Entladung durch Dritten

Eine weitere besonders aus der Vorausbezahlung der Karten resultierende Möglichkeit des Drittmissbrauchs liegt darin, dass ein Dritter die Geldkarte ent-

---

[1040] Dazu oben Fn. 1020.

[1041] *Canaris*, Bankvertragsrecht, Rn. 527 b; im Ergebnis ebenso *Ahrens*, Wertpapiere in bargeldlosen Zahlungssystemen, S. 114 ff.; a. A. allerdings *Bieber*, WM 1987, Sonderbeilage Nr. 6, S. 7; *Kleine*, ec-Geldautomaten-System, S. 69.

[1042] Vgl. auch *Stecher*, WM 1977, 186, 187, der die Lesbarkeit einer Bankautomatenkarte durch den Bankautomaten für ausreichend hält.

lädt, sich also den vom berechtigten Karteninhaber an das emittierende Institut geleisteten Vorschuss auszahlen lässt.

1. Kontoungebundene Karte

Aus der Einordnung der kontoungebundenen Karte als Inhaberpapier ergibt sich ohne weiteres, dass das emittierende Institut bei Entladung der Karte durch einen materiell nicht Berechtigten nach § 807 BGB, § 793 Abs. 1 S. 2 BGB entsprechend grundsätzlich von der Guthabensverbindlichkeit frei wird. Diese Wirkung entfällt nur ausnahmsweise bei dem emittierenden Institut bekanntem oder aus grober Fahrlässigkeit unbekanntem, leicht beweisbarem Fehlen der materiellen Berechtigung[1043].

2. Kontogebundene Karte

Dies wirft die Frage auf, ob nicht in Gesetzesanalogie zu diesen Regeln das emittierende Institut auch bei drittmissbräuchlicher Entladung einer kontogebundenen Karte frei wird. Diese Frage ist allerdings nicht für die Vielzahl der Emittenten relevant, die ausschließlich kontogebundene Karten anbieten, welche nur beim ausgebenden Institut per Gutschrift auf das Kartenkonto oder ausnahmsweise bar gegen Identitätskontrolle entladen werden können. Aber auch in Bezug auf eine automatisierte Barentladung ohne Identitätskontrolle fehlte es an einer für eine Gesetzesanalogie zu § 793 Abs. 1 S. 2 BGB erforderlichen Vergleichbarkeit der Interessenlagen. Ein als anerkennenswert denkbares Rationalisierungsinteresse ist nicht Schutzgut dieser Norm, die mit der Liberationswirkung allein die Beweisnot des Ausstellers eines Inhaberpapiers berücksichtigt, welchem bei Leistungsverweigerung der Beweis der fehlenden materiellen Berechtigung des Inhabers obliegt. Dies zeigt sich daran, dass bei dem Aussteller bekanntem, leicht beweisbarem Fehlen der materiellen Berechtigung die Wirkung des § 793 Abs. 1 S. 2 BGB entfällt[1044]. Die demnach erforderliche Beweisnot kommt bei kontogebundenen Karten, die oben als unübertragbare Namenspapiere qualifiziert worden sind[1045], prinzipiell nicht in Betracht.

Auch aus der in dieser Arbeit vertretenen Sicht der Risikohaftung des Geschäftsherrns für geschäftsbesorgungsspezifische Zufallsschäden lässt sich nichts anderes ableiten. Die Entladung ist ein besonderes Systemrisiko, mit welchem kein dem Kunden abgenommenes hypothetisches Risiko des Bargeldein-

---

[1043] Vgl. allgemein für Inhaberpapiere *Erman/Heckelmann*, § 793 Rn. 9; *Hüffer*, in: MünchKomm, § 793 Rn. 23.

[1044] Vgl. *Erman/Heckelmann*, § 793 Rn. 9.

[1045] Vgl. oben S. 238 ff.

satzes - ein Einlösungsrecht bei der Notenbank gibt es für Bargeld nicht - korrespondiert.

III. Missbräuchliche Zahlungstransaktion durch Dritten

Der wichtigste Fall des Drittmissbrauchs ist jedoch ohnehin der Einsatz der Karte zu einer Zahlungstransaktion bei einem Vertragsunternehmer.

1. Aufwendungsersatz nach § 670 BGB als Rechtsgrund für das Einbehalten des Guthabens

a) Grundsatz strikter Weisungsgebundenheit

Wie ausgeführt[1046], kann der Karteninhaber sein vorausbezahltes Kartenguthaben dann nicht mehr zurückverlangen, wenn dieses in nach Maßgabe der §§ 665, 670 BGB auftragsgemäßer Weise aufgewandt worden ist. Da für die Voraussetzungen des Aufwendungsersatzanspruchs der Umstand der Vorausbezahlung bei der Geldkarte irrelevant ist, gilt auch für diese der in Bezug auf Scheck[1047] und Universalkredit- bzw. Debetkarten[1048] ausgeführte Grundsatz strikter Weisungsgebundenheit, wonach der Kartenherausgeber im Verhältnis zum Karteninhaber ausschließlich auf dessen Weisung hin tätig werden darf, so dass - außer in den Fällen zurechenbaren Rechtsscheins - jegliche Reaktion auf nicht zurechenbaren Drittmissbrauch als Handeln ohne Weisung zunächst nicht auftragsgemäß ist. Auch dass das kartenemittierende Institut für den formal ordnungsgemäßen Karteneinsatz durch missbräuchlich handelnde Dritte an den Vertragsunternehmer ein abstraktes Zahlungsversprechen abgibt, vermag aus den zum gleichartigen Zahlungsversprechen bei Universalkredit- und Debetkarte genannten Gründen[1049] keinen auftragsrechtlichen Aufwendungsersatz in voller Höhe des getätigten Umsatzes nur gegen den berechtigten Inhaber der missbrauchten Karte zu rechtfertigen.

[1046] Vgl. oben S. 225 f.

[1047] Vgl. oben S. 36 ff.

[1048] Vgl. oben S. 182 ff.

[1049] Vgl. oben S. 182 ff.

b) Zurechnung der Weisung im Wege der Rechtsscheinshaftung

Wie bei den anderen Kartenformen auch ist allerdings eine Weisungszurechnung aus Rechtsscheinsgesichtspunkten möglich.

aa) Wertpapierrechtliche Gesichtspunkte

In Bezug auf die Zurechnung des im missbräuchlichen Karteneinsatz durch Dritte liegenden Rechtsscheins einer Weisung nach § 665 BGB kommt es auf die Wertpapiereigenschaft der Geldkarte aufgrund der verkörperten Guthabensforderung nicht an, da die Wertpapiereigenschaft nur unmittelbar den Verlust eben dieser Guthabensforderung bewirken könnte.

bb) Allgemeine Rechtsscheinsgesichtspunkte

(1) Rechtsscheinstatbestand

Der Rechtsschein einer Weisung, also ein Sachverhalt, der geeignet ist, das Vertrauen in das Vorliegen einer Weisung des berechtigten Karteninhabers im Sinne des § 665 BGB zu wecken, liegt im Einsatz der echten Geldkarte zur Zahlungstransaktion. Der Annahme eines Rechtsscheinstatbestandes steht ferner nicht entgegen, dass die Prüfung der Echtheit der Karte und des Vorhandenseins eines Kartenguthabens gänzlich automatisiert durch ein Terminal erfolgt. Denn dabei werden vom Programmierer vorher festgelegte Prüfungen durchgeführt, für deren positives Ergebnis der Kartenherausgeber bereits antezipiert sein Vertrauen durch Vorherbestimmung des Gutheißens der Zahlung investiert hat.

(2) Zurechnung

(a) Bewusste Weitergabe der Geldkarte

Für die mehrfach als zentrales Zurechnungskriterium beschriebene[1050] nicht schutzwürdige Gefahrerhöhung kommt angesichts fehlender Legitimationsprüfung bereits die bewusste Weitergabe der Karte in Betracht. Wie bei den anderen Mehrparteienkarten auch bedeutete eine entsprechende Rechtsscheinszurechnung den Schutz des Vertrauens darin, dass derjenige, der die Karte ein-

---

[1050] Dazu bereits oben Fn. 122, S. 192 f.

setzt, mit dem Berechtigten identisch ist. Wie ausgeführt[1051], entspricht dies der Struktur der Haftung für Blankettmissbrauch, die auf einem „Erst-Recht-Schluß" zu § 172 BGB beruht: wenn bereits die Hingabe einer Vollmachtsurkunde eine Rechtsscheinshaftung auslöst, muss der Verkehrsschutzgedanke erst recht die Schutzwürdigkeit dessen überwiegen, der bewusst eine unvollständige Erklärung aus der Hand gegeben hat, deren nachträgliche Vervollständigung für Dritte nicht erkennbar ist.

Für Durchführung der Zahlungstransaktion am Geldkartenterminal, in der die zuzurechnende Weisung an den Kartenemittenten zum Ausdruck kommt, ist der Einsatz der Geldkarte erforderlich. Wertungsmäßig ist daher die Vorlage der echten Karte als Teil der Weisung und deren Innehabung damit als "Blankett" anzusehen. Ferner ist auch der besondere Zurechnungsgedanke, die Unerkennbarkeit der Vervollständigung einer Erklärung durch Dritte mangels vorgesehener Legitimationsprüfung beim Geldkarteneinsatz wertungsmäßig einschlägig. Dieser Gedanke ist bereits dahingehend gedeutet worden[1052], dass derjenige, der einer „Blankett"-haftung unterworfen werden soll, alle Legitimationsmittel aus der Hand gegeben haben muss, anhand derer nach zu erwartendem Lauf der Dinge eine Überprüfung stattfinden wird, ob eine vervollständigt zugegangene Erklärung von demjenigen stammt, auf den die Legitimationsmittel hinweisen. Anders als bei den übrigen Kartensystemen ist allein die Vorlegung der Karte vorgesehenes Legitimationsmittel. Wer diese einem Dritten überlässt, liefert die übrigen Systemteilnehmer der Missbrauchsmöglichkeit durch diesen aus. Für diese enorme Gefahrerhöhung, an der ein unter Rechtsscheinsgesichtspunkten schutzwürdiges Interesse nicht ersichtlich ist, muss er im Erst-Recht-Schluß zu § 172 BGB haftbar sein.

Nach allgemeinen Grundsätzen der Rechtsscheinshaftung ist ferner eine Zurechnung weder zu verneinen, wenn die Weitergabe an Familienangehörige oder sonstige Vertrauenspersonen erfolgte[1053], noch wenn sie durch vis compulsiva, etwa durch Drohung mit Gefahr für Leib und Leben, herbeigeführt wurde[1054].

[1051] Vgl. oben S. 64 f.,194.

[1052] Vgl. oben S. 64 f.,194.

[1053] Vgl. bereits für die übrigen Dreiparteienkarten oben S. 195 f.

[1054] So schon für die übrigen Dreiparteienkarten oben S. 197; allgemein dazu *Canaris*, Vertrauenshaftung, S. 468 f.

(b) Abhandenkommen

Ein Abhandenkommen der Karte beim berechtigten Inhaber reicht für eine Rechtsscheinszurechnung hingegen nach bürgerlich-rechtlichen Rechtsscheinsgrundsätzen selbst bei Verschulden nicht aus, da nach dem Gedanken des § 172 Abs. 1 BGB die Haftung für den auf einer Urkunde basierenden Rechtsschein deren Aushändigung, also die willentliche Weitergabe erforderlich ist[1055].

(c) Verschulden bei sonstigen Konstellationen

Neben bewusster Weitergabe und gegebenenfalls verschuldetem Abhandenkommen sind keine relevanten Fallkonstellationen ersichtlich, in denen es auf die Frage der Rechtsscheinszurechnung nach Verschulden ankommt. Insbesondere die für POS-taugliche Karten erörterte Heranziehung der Grundsätze der Anscheinsvollmacht bei Nichtverhindern des wiederholten Kartenmissbrauchs trotz Möglichkeit[1056] dürften angesichts des beschränkten Aufladebetrags und der fehlenden Möglichkeit des berechtigten Karteninhabers, den Einsatz einer einmal verlorenen Karte noch zu verhindern, keine Rolle spielen. Selbst für den gänzlich unwahrscheinlichen Fall aber, dass jemand eine Karte wiederholt entwendet und nach Gebrauch zurücklegt, wobei der Berechtigte ohne dies zu merken die Karte jedes Mal wieder auflädt, kann auf die Ausführungen zu den übrigen Mehrparteienkarten verwiesen werden[1057], wonach es jedenfalls an einem Rechtsscheinstatbestand von einer für die Verschuldenszurechnung hinreichenden Intensität fehlt, wenn ein Handeln unter fremdem Namen nicht als solches erkannt wird und deshalb auch in die mehrfache Wiederholung dieses Handelns kein erhöhtes Vertrauen weckt. Auch beim missbräuchlichen Geldkarteneinsatz als Handeln unter fremdem Namen wird das Handeln eines Dritten mangels vorgesehener Legitimationsprüfung grundsätzlich nicht als Vertrauenstatbestand wahrgenommen. Eine Zurechnung nach Verschulden scheidet daher insgesamt aus.

(3) Schutzwürdige Vertrauensinvestition in Kenntnis des Scheintatbestandes

Die nicht auf die Publizität besonderer Register bezogene Rechtsscheinshaftung erfordert schließlich eine Vermögensdisposition des „Erklärungs-"gegners

---

1055 Näher dazu oben S. 40, insbesondere Fn. 69.

1056 Vgl. oben S. 193 f.

1057 Vgl. oben S. 194.

aufgrund in Kenntnis des Scheintatbestands[1058] bestehender Gutgläubigkeit (vgl. den insbesondere für § 172 BGB geltenden § 173 BGB) als subjektiv schützenswerte Vertrauensinvestition.

Im Rahmen der offline Transaktion der Geldkartenzahlung erfolgt zwar die Kenntnisnahme vom Scheintatbestand zunächst nur durch den Vertragsunternehmer. Entscheidend sind aber die Prüfschritte des offline-Terminals, die nach dem Willen des kartenemittierenden Instituts erfolgen und an deren positives Ergebnis das Gutheißen der Transaktion und das Zahlungsversprechen des emittierenden Instituts an den Vertragsunternehmer als Vermögensverfügung antezipiert geknüpft ist. Bei ordnungsgemäßer Transaktion liegt daher eine Vermögensdisposition des Kartenemittenten aufgrund des Scheintatbestands des Karteneinsatzes vor. Wie beim Belegverfahren der Kreditkarte ausgeführt[1059], muss sich der Kartenemittent allerdings in Bezug auf Verdachtsmomente, die seine Schutzwürdigkeit aufheben können, den Kenntnishorizont des Vertragsunternehmers nach dem Rechtsgedanken des § 166 Abs. 1 BGB zurechnen lassen. Dessen ungeachtet wird allerdings eine Schutzwürdigkeit der Regelfall sein, da eine Identitätskontrolle gerade nicht vorgesehen ist.

Bezüglich einer *Verlustmeldung* durch den berechtigten Karteninhaber ist nach Kartenform zu differenzieren. Bei der kontogebundenen Karte entfällt eine im Sinne der Rechtsscheinshaftung schutzwürdige Vertrauensinvestition mit Meldung des Kartenverlusts durch den berechtigten Inhaber an den Kartenemittenten. Zwar haben sich die Emittenten durch die bewusste Systemkonzeption bereits im Voraus jeglicher Sperrungsmöglichkeit für die Geldkartenfunktion begeben. Doch auch in einem solchen Falle der antezipiert an die Bedingung des Eintritts des Rechtsscheinstatbestandes geknüpften Vertrauensinvestition muss der Eintritt des Rechtsscheinstatbestandes frühester maßgeblicher Zeitpunkt für die Frage bleiben, ob ein Vertrauen in den Rechtsschein gerechtfertigt ist, da sich ansonsten durch rechtstechnische Ausgestaltung der Vertrauensinvestition in einen Rechtsscheinstatbestand das Erfordernis ihrer Schutzwürdigkeit aushebeln ließe. Wie bei Universalkredit- oder ec-Karte auch entfällt aber mit der Verlustmeldung für spätere Kartentransaktionen das Vertrauen in ein Eigenhandeln des berechtigten Inhabers. Anders liegen die Dinge wiederum bei der übertragbaren kontoungebundenen Karte, bei der nach der gesetzgeberischen Wertung für Inhaberpapiere in § 793 Abs. 1 S. 2 BGB allein die Inhaberschaft das Vertrauen in die materielle Berechtigung rechtfertigt und außerhalb der Karte selbst liegende Umstände grundsätzlich nicht beachtet werden müssen.

[1058] Zu diesem Erfordernis *Canaris*, Vertrauenshaftung, S. 507.

[1059] Vgl. oben S. 191.

c) Ergebnis

Nur bei drittmissbräuchlicher Zahlungstransaktion infolge bewusster Weitergabe der Geldkarte erlangt das kartenemittierende Institut in aller Regel einen Aufwendungsersatzanspruch aus dem Rechtsschein einer Weisung, wodurch der berechtigte Karteninhaber seiner Guthabensforderung verlustig geht. Eine Verlustmeldung durch den materiell Berechtigten vor Zahlungseinsatz der Karte steht der Rechtsscheinshaftung nur bei kontogebundenen Geldkarten entgegen.

2. Verlust der Guthabensforderung aus wertpapierrechtlichen Gesichtspunkten

a) Freiwerden aufgrund Zahlungsgewährung an den nicht berechtigten Karteninhaber

Bei der Gewähr bargeldloser Zahlung erfolgt anders als bei der Entladung keine Leistung auf die Guthabensverbindlichkeit des Emittenten an den Karteninhaber. Der Vertragsunternehmer kann insoweit bereits deshalb nicht etwa als Gehilfe bei der Erfüllung der Guthabensverbindlichkeit des Emittenten angesehen werden, weil bei der Gewähr bargeldloser Zahlung nur unter Stundung der Forderung aus dem Valutaverhältnis eine neue Forderung des Vertragsunternehmers gegen den Emittenten erfüllungshalber (Gedanke des § 364 Abs. 2 BGB) begründet wird[1060]. Das bezüglich des Entladens erörterte Freiwerden nach § 793 BGB[1061] kommt daher für die Zahlungstransaktion auch mittels kontoungebundener Karte nicht in Betracht.

b) Gleichsetzung der codierten Wertinformation mit wertpapierrechtlicher Verbriefung?

Auch eine unmittelbar wertpapierrechtliche Übertragung bereits der durch die Karte repräsentierten Guthabensforderung scheidet aus, weil bei der Zahlungstransaktion die Geldkarte nicht übereignet wird. Als gegenüber den anderen Mehrparteienkarten besonderer Anknüpfungspunkt bleibt somit der Umstand, dass bei der Zahlungstransaktion eine codierte Wertinformation übertragen wird, die die Minderung des Kartenguthabens repräsentiert. Diesbezüglich wird für das der Geldkarte ähnliche „ecash"-System, bei dem ebenfalls zu Zahlungszwecken gespeicherte Wertdaten übertragen werden, die die Funktion „di-

---

[1060] Insoweit ergibt sich kein Unterschied zu Debet- oder Universalkreditkarten, dazu etwa *Meder*, NJW 1993, 3245, 3246.

[1061] Vgl. oben S. 240 ff.

gitaler Münzen" haben, eine Gleichsetzung von gespeicherter codierter Information als „Wertdatum" und wertpapierrechtlicher Verbriefung vertreten[1062]. Der Gedanke ist auf die Geldkarte übertragbar. Denn bei der Zahlungstransaktion soll in Höhe des Rechnungsbetrags die Guthabensforderung des Kunden gegenüber dem emittierenden Institut im Wege der Übertragung codiert gespeicherter Wertinformation durch eine entsprechende Forderung des Vertragsunternehmers ersetzt werden. Die Übermittlung codierter Wertinformation und der dadurch angestrebte Wechsel im Forderungsbestand weisen also Ähnlichkeit mit der Übereignung eines Wertpapiers auf, bei der die wertpapierrechtlich verbriefte Forderung übertragen wird. Die Gleichsetzung der einverständlichen Übermittlung zertifizierter Wertdaten mit der Übereignung eines Wertpapiers würde es erlauben, gänzlich losgelöst von der Konstruktion des geschäftsbesorgungsrechtlichen Aufwendungsersatzanspruchs einen *Übergang bereits der Guthabensforderung* in Höhe des Rechnungsbetrags auf den Vertragsunternehmer *nach wertpapierrechtlichen Grundsätzen* anzunehmen, so dass der Vertragsunternehmer die erworbene Guthabensforderung geltend machen könnte, wodurch das besondere abstrakte Zahlungsversprechen des Emittenten obsolet würde. Im Wege einer Rechts- bzw. Gesamtanalogie[1063] zu § 935 BGB und den Grundsätzen wertpapierrechtlichen Gutglaubensschutzes würde dann der Vertragsunternehmer auch bei missbräuchlicher Zahlung durch Dritte allein aufgrund der Übermittlung der Wertdaten die Guthabensforderung erwerben und das Drittmissbrauchsrisiko zunächst den Karteninhaber treffen, der seine Guthabensforderung verlöre.

Indessen ist eine unmittelbare Guthabensübertragung bereits von den Systembeteiligten nicht gewollt. Darüber hinaus ist die Unterwerfung von „Wertdaten" unter wertpapierrechtliche Regeln als Aufgabe des zentralen Erfordernisses der gegenständlichen Verkörperung des Rechts in einer Urkunde eine derart freie Rechtsfortbildung, dass für sie ein unabweisbares Bedürfnis vorliegen muss, wenn man sie nicht gar als dem Gesetzgeber vorbehalten ansehen muss[1064]. Da das Wertpapierrecht vom Verkehrsschutz geprägt ist[1065], müsste dafür jedenfalls eine Umlaufpapieren vergleichbare echte Verkehrsfähigkeit der Wertinformation im Sinne etwa eines Inhaberpapiers und ein deshalb vergleichbares *Verkehrsschutzerfordernis* vorliegen[1066]. Das wiederum wäre m. E. nur zu bejahen, wenn die Wertinformation auch dergestalt an jemanden übertragen werden könnte, dass dieser mit Erhalt eine Forderung gegen den Emittenten der

---

[1062] Vgl. *Escher*, WM 1997, 1173, 1181.

[1063] Zur Terminologie oben S. 42 f.

[1064] In diesem Sinne bereits *Pfeiffer*, in: Das Recht vor den Herausforderungen moderner Technik, S. 186, 198.

[1065] Vgl. zum Verkehrsschutzgedanken als allgemeines Prinzip jeglicher Vertrauenshaftung oben S. 49 ff.

[1066] In diesem Sinne bereits *Kümpel*, WM 1998, 365, 372.

Wertdaten erwerben könnte, *ohne bereits mit diesem in ständiger Vertragsbeziehung zu stehen.* Denn da der Vertragsunternehmer des Emittenten ohnehin nicht mit dem Risiko von Mängeln im Bestand des nicht verbrieften sondern durch Wertdaten repräsentierten Rechts und von Mängeln der Berechtigung des Inhabers des Speichermediums belastet wird, würde ein neben das abstrakte Zahlungsversprechen tretender Erwerb des Kartenguthabens seine Bereitschaft zur Gewähr bargeldloser Zahlung nicht erhöhen. Solange eine Zahlung nur bei Vertragsunternehmern möglich ist, also ausnahmslos ein Akquisitionsvertrag als Entstehungstatbestand einer Forderung des Empfängers der Wertdaten gegen den Emittenten zur Verfügung steht, ist die rechtsfortbildende Begründung einer weiteren Forderung daher jedenfalls nicht geboten.

Für die Geldkartenzahlung ist die rechtsfortbildende Annahme eines rein wertpapierrechtlichen Schutzes des Empfängers der Wertdaten mit der Folge des Guthabensverlusts beim berechtigten Karteninhaber im Falle einer missbräuchlichen Zahlungstransaktion durch einen Dritten also abzulehnen. Indessen ist zu berücksichtigen, dass die Geldkarte ihrer Funktion nach einem vor allem deshalb rein vertragsrechtlich konstruierten Surrogat für ein Wertpapier gleichkommt, weil wertpapierähnliche Regelungen für die Übertragung von Wertdaten und die damit verbundenen Sonderprobleme wie etwa Duplizierbarkeit der Daten noch auf sich warten lassen.

3. Schadensersatzanspruch aus teleologischer Extension des § 670 BGB

a) Der Grundsatz der Geschäftsherrnhaftung

Bereits im Rahmen der Ausführungen zum Scheck[1067] ist die hier vertretene Position zur Geschäftsherrnhaftung entwickelt worden, die an dieser Stelle nur noch in Bezug auf ihr für die Geldkarte relevantes Ergebnis aufgegriffen wird:

Der Grundgedanke des § 670 BGB liegt darin, den Geschäftsbesorger von den Risiken aus der Geschäftsbesorgung zu entlasten, um damit seine *Handlungsbereitschaft im Interesse des Geschäftsherrn* zu stärken. Die darin zum Ausdruck kommende Orientierung der Zivilrechtsordnung am innervertraglichen Interessenausgleich wird man zwar als jedenfalls historisch nicht wohlfahrtsökonomisch motiviert ansehen können, doch lässt sie sich durchaus als effizient insoweit beschreiben, als sie - externe Effekte einmal ausgeblendet - dazu beiträgt, die Intensität der Aktivität des Geschäftsbesorgers auf das gesamtwirtschaftlich effiziente Ausmaß zu erhöhen. Das Fehlen einer konkreten Weisung des Kunden im Rahmen seines Geschäftsbesorgungsvertrags steht zwar ei-

---

[1067] Vgl. oben S. 89 ff.

nem Aufwendungsersatzanspruch aus § 670 BGB, nicht aber einem Schadensersatzanspruch in teleologischer Extension des § 670 BGB entgegen, wenn man sich den Kerngedanken einer Risikohaftung des Geschäftsherrn, den Aspekt der Risikoverlagerung, vergegenwärtigt:

Der Geschäftsherr soll diejenigen Risiken tragen, die der Durchführung des Geschäfts entgegenstehen, weil diese Risiken den Geschäftsherrn getroffen hätten, wenn er selbst zur Verfolgung seiner Interessen tätig geworden wäre[1068].

Auch wenn das Risiko des Tätigwerdens des emittierenden Instituts aufgrund einer dem berechtigten Karteninhaber nicht zurechenbaren Weisung zunächst nicht Ausdruck einer Risikoverlagerung ist, sondern als besonderes Systemrisiko erst durch die Einschaltung der Bank entsteht, ist eine Risikoverlagerung insoweit unzweifelhaft, als der Karteninhaber, der diese aufgeladen mit sich führt, auf den Einsatz von Bargeld verzichtet. Das Fehlen einer zurechenbaren Weisung des Karteninhabers steht daher der Annahme einer Risikohaftung des Geschäftsherrn insoweit nicht entgegen, als die besondere Schaffung des Systemrisikos des Geldkartenzahlung nur das ausgeschaltete Bargeldrisiko widerspiegelt.

b) Die Gleichsetzbarkeit des Systemrisikos mit dem Bargeldrisiko

aa) Vergleich

Eine im Sinne der Geschäftsherrnhaftung ausreichende Gleichsetzbarkeit des Systemrisikos der drittmissbräuchlichen Zahlung mit einem dem Karteninhaber abgenommenen Bargeldverlustrisiko ist jedenfalls dann zu bejahen, wenn sich sagen lässt, dass der aufgeladene Betrag einer mitgeführten Geldkarte einen ansonsten mitgeführten Bargeldvorrat gleichen Betrags repräsentiert. Dies könnte man bislang allerdings mit dem Hinweis darauf verneinen, dass angesichts der bisherigen Verbreitung von Geldkartenterminals die Möglichkeit, beispielsweise im Rahmen einer spontanen Kaufentscheidung mit der Karte zu zahlen, so unsicher ist, dass allein aufgrund des Mitführens einer Geldkarte nicht auf das Mitführen von Bargeld verzichtet werden kann. Indessen kann nicht die Anfangssituation eines im Aufbau befindlichen Systems für die angemessene Risikoverteilung maßgeblich sein, sondern nur die zu erwartende Situation nach er-

---

[1068] Diesen Grundgedanken benennen ausnahmslos alle Vertreter einer Risikozurechnung bei Tätigkeit in fremdem Interesse/ auf fremde Veranlassung, vgl. nur *Canaris*, RdA 1966, 41, 43; *Erman/ Ehmann*, § 670 Rn. 17; *Huber*, Die Haftung des Geschäftsherrn, S. 55; *Fitz*, Risikozurechnung bei Tätigkeit im fremden Interesse, S: 76; *Koller*, Risikozuweisung, S. 96 f.; *Larenz*, JuS 1965, 373, 375 f.

folgreicher Etablierung eines Systems. Geht man davon aus, dass die Akzeptanz der Geldkarte diejenige von ec- oder Kreditkarten erreichen wird, so wird auch der Gedanke, dass ein auf der Karte aufgeladener Betrag einen ansonsten bevorrateten Bargeldbetrag repräsentiert, plausibel. Damit ist eine hinreichende Vergleichbarkeit von Systemrisiko und Bargeldverlustrisiko anzunehmen.

bb) Schöns Einwand der Kumulation von Risiken des Bar- und des Buchgelds

Schön[1069]wendet allerdings gegen die Heranziehung der Vergleichbarkeit des Kartenverlusts mit dem des Verlusts von Bargeld ein, dass der Kunde das Risiko des Verlusts von Geldzeichen gegen die bloße Rechtsposition eines schuldrechtlichen Gläubigers eintauscht, weshalb die Überwälzung des Verlustrisikos zu einer Kumulation der Risiken des Bar- und des Buchgeldverkehrs führt. Dies sei unangemessen, da die Geldkarte nur ein Weisungsrecht und kein Geld verkörpere.

Obwohl der Diagnose der Risikokumulation beizupflichten ist, wird die pauschale Schlussfolgerung weder dem Phänomen Geldkarte im allgemeinen noch dem an dieser Stelle maßgeblichen Grundprinzip der Geschäftsherrnhaftung im besonderen gerecht. Der Geldkarte im allgemeinen wird der Einwand nicht gerecht, weil diese nicht nur ein Weisungsrecht verkörpert, sondern die Guthabensforderung wertpapierrechtlich verbrieft[1070] und es gerade zum Charakter des Wertpapiers gehört, dass sich für den Berechtigten die Schwäche einer schuldrechtlichen Position - Anspruch auf Rückzahlung des Guthabens - mit dem Risiko der Undurchsetzbarkeit dieser Position aufgrund des physischen Verlusts des Papiers kumuliert. Dem Grundprinzip der Geschäftsherrnhaftung wird Schön nicht gerecht, weil bei allen dogmatischen Differenzen zur Haftung des Geschäftsherrn für spezifische Zufallsschäden[1071] der übernommenen Besorgung eines unstreitiges Allgemeingut ist: Der Geschäftsherr haftet für Zufallsschäden des Geschäftsbesorgers immer kumulativ zum Risiko sonstiger Vertragsstörungen.

Entgegen Schön bleibt daher festzuhalten, dass die Geschäftsherrnhaftung eine Risikobelastung des Geschäftsherrn nicht nur bis zur Grenze des diesem abgenommenen Risikos, sondern *in Höhe des abgenommenen Risikos zusätzlich zum Risiko sonstiger Störungen des Geschäftsbesorgungsvertrags* rechtfertigt. Im Ergebnis ist damit das Risiko des Verlusts der Geldkarte dem hypotheti-

[1069] AcP 1998, 401, 428.
[1070] Vgl. oben S. 232 ff.
[1071] Vgl. dazu oben S. 91 ff.

schen Risiko eines ansonsten vorgehaltenen Bargeldvorrats hinreichend vergleichbar.

c) Das Problem der Entgeltlichkeit

aa) Grundsatz

Bereits oben[1072] ist der von Canaris[1073] prägend für die einschlägige Literatur[1074] zum Drittmissbrauch im bargeldlosen Zahlungsverkehr aufgestellte Satz, dass eine Haftung des Geschäftsherrn für Zufallsschäden des Geschäftsbesorgers nur bei unentgeltlichen Verträgen und solchen mit Unselbständigen in Betracht komme, verworfen worden. Der Normzweck des § 670 BGB, die Handlungsbereitschaft des Geschäftsbesorgers durch Entlastung von geschäftsbesorgungsspezifischen Zufallsschäden im Interesse des Geschäftsherrn zu fördern, ist in Bezug auf einen selbständigen entgeltlichen Geschäftsbesorger, der in unvorhersehbare Situationen geraten kann und dann unter nicht bei Vertragsschluss in sein Entgelt kalkulierbare Risiken die Belange des Geschäftsherrn nach eigenem Ermessen wahren soll, allemal eher einschlägig, als in Bezug auf einen unselbständigen Fließbandarbeiter ohne jeglichen Entscheidungsspielraum.

Allerdings steht nach den bisherigen Ergebnissen[1075] in Bezug auf bei Vertragsschluss kalkulierbare Risiken, zu denen der Drittmissbrauch einer Geldkarte zählt, die Entgeltlichkeit der Geschäftsbesorgung einer Risikozurechnung an den Geschäftsherrn als Nutznießer der Risikoeingehung prima facie entgegen. Nur ausnahmsweise kann insoweit eine besondere Zuordnung des Risikos im Wege einer Risikohaftung des Geschäftsherrns erfolgen, weil der entgeltlich handelnde Geschäftsbesorger die geschäftsbesorgungsspezifischen Risiken immer auch im eigenen Interesse eingeht und eine Betrachtung der Äquivalenz von Entgelt und übernommenem Risiko grundsätzlich ausscheidet.

[1072] S. 97 ff.

[1073] RdA 1966, 41, 48 f.

[1074] Für den Einsatz von Debetkarten wie er ec-Karte im POS-Verfahren etwa *Petring*, POS-Zahlungen, S. 186; für den Karteneinsatz am Geldautomaten *Bucher*, Risikoverteilung, S. 182.

[1075] Siehe oben S. 96 ff.

bb) Besondere Risikostruktur bei Legitimationsmedien des Zahlungsverkehrs

Eine solche Ausnahmebewertung ist jedoch oben schon für das Abhandenkommen von Scheckvordrucken aufgrund der besonderen Risikostruktur des Abhandenkommens von Legitimationsmedien des bargeldlosen Zahlungsverkehrs vorgenommen worden[1076]:

Grundstruktur der Risikohaftung des Geschäftsherrn ist die vollständige Verlagerung der riskanten Tätigkeit vom Geschäftsherrn auf den Geschäftsbesorger. Riskant ist demnach im Normalfall allein das Verhalten des Geschäftsführers, während sich der Kausalnexus zwischen dem Risiko und dem Verhalten des Geschäftsherrn darauf beschränkt, dass der Geschäftsherr den Geschäftsführer zur Übernahme der Geschäftsbesorgung veranlasst hat. Fremdes riskantes Verhalten wird also dem Interesse des Geschäftsherrn zugerechnet, wenn dem nicht die Entgeltlichkeit entgegensteht. Anders liegen die Dinge bei den Legitimationsmedien bargeldloser Zahlung wie der Geldkarte. Hier übernimmt zwar der Kartenemittent das Risiko einer Zahlungsverpflichtung gegenüber dem Vertragsunternehmer bei formal ordnungsgemäßem Karteneinsatz durch einen Nichtberechtigten. Keineswegs erschöpft sich aber die Kausalbeziehung des Berechtigten Karteninhabers zu diesem Risiko im Abschluss des Kartenvertrags. Vielmehr liegt in der Art und Weise der Aufbewahrung der Karte durch den berechtigten Inhaber eine zusätzliche systemspezifische Mitwirkung, durch die das Risiko beeinflusst wird. Während also im Normalfall der entgeltlichen Geschäftsbesorgung die Haftung des Geschäftsführers mangels Eingreifens einer Risikohaftung des Geschäftsherrn nur auf die übernommene gefährliche Tätigkeit bezogen ist, bedeutet eine Haftung der emittierenden Bank beim Geldkartenmissbrauch gleichzeitig eine Haftung für ein gefahrbeeinflussendes Verhalten des Kunden. Wie festgestellt, mag die Entgeltlichkeit grundsätzlich gegen die Zurechnung des riskanten Verhaltens des Geschäftsbesorgers an den Geschäftsherrn sprechen, doch folgt daraus noch nicht, dass der Geschäftsbesorger umgekehrt auch das weitere gefahrbehaftete Verhalten des Geschäftsherrn versichern muss. Eine zu diesem Gedanken parallele Wertung ist dabei in den §§ 676b Abs. 3 S. 6, 676c Abs. 1 S. 3 a. E. BGB gesehen worden, gegen deren Übertragbarkeit auf den „allgemeinen" Geschäftsbesorgungsvertrag freilich dogmatische Bedenken bestehen[1077]. Deshalb steht auch die Entgeltlichkeit des Geschäftsbesorgungsvertrags zwischen berechtigtem Karteninhaber und Kartenemittent der Annahme einer Risikohaftung des Geschäftsherrn nicht entgegen, weil eine Risikotragung des Emittenten nicht allein mit der übernommenen riskanten Tätigkeit korrespondierte, sondern zudem auf eine Versicherung

---

[1076] Vgl. dazu oben S. 103 ff.

[1077] Dazu siehe oben S. 100.

der systemspezifischen Mitwirkung des berechtigten Karteninhabers hinausliefe.

d) Erforderlichkeit einer teleologischen Extension

Durchgreifende Bedenken gegen eine Geschäftsherrnhaftung des berechtigten Karteninhabers für Schäden des kartenemittierenden Instituts aus Drittmissbrauch bestehen nach alledem nicht. Die Rechtfertigung der Geschäftsherrnhaftung für spezifische Risiken des Geschäftsbesorgers, dass diese Risiken bei Eigenhandeln den Geschäftsherrn getroffen hätten, ist einschlägig, weil das Systemrisiko des Drittmissbrauchs nicht über das abgenommene Bargeldrisiko hinausgeht und die von *Schön* gerügte Risikokumulation gerade das Wesen der Geschäftsherrnhaftung ausmacht. Auch die Entgeltlichkeit steht aufgrund der Risikostruktur des Drittmissbrauchs von Legitimationsmedien des bargeldlosen Zahlungsverkehrs der Geschäftsherrnhaftung nicht entgegen. Zusätzlich muss aber die teleologische Extension auch positiv geboten sein. Hierfür lässt sich entscheidend die von Pfeiffer[1078] als maßgeblich angesehene Wertungsparallelität zum Wertpapierrecht anbringen: Der Rechtsordnung fehlte in der Tat die innere Konsequenz, wenn der berechtigte Inhaber einer kontoungebundenen Geldkarte seine Guthabenforderung zwar durch drittmissbräuchliche Entladung nach § 807 BGB, § 793 Abs. 1 S. 2 BGB entsprechend[1079], nicht aber bei drittmissbräuchlichem Zahlungseinsatz verlöre, obwohl die Geldkarte ein Wertpapier ist und in Bezug auf die Zahlungstransaktion eine Art schuldrechtliches Surrogat für ein Wertpapier darstellt. Zudem muss vorbehaltlich einer noch erfolgenden Erörterung zu Fragen der Geltendmachung der Guthabensforderung ohne Karte[1080] berücksichtigt werden, dass bei Drittmissbrauch fast immer die Karte abhanden gekommen sein wird und der berechtigte Karteninhaber seine Guthabensforderung ohne Vorlage der Karte grundsätzlich nicht geltend machen kann. Soweit aber der aus der fehlenden Durchsetzbarkeit resultierende faktische Verlust der Forderung aus wertpapierechtlichen Wertungen reicht, bedeutete eine auftragsrechtliche Risikozuweisung an das emittierende Institut allenfalls eine dogmatische Disharmonie zum Wertpapierrecht ohne Nutzen für den berechtigten Karteninhaber.

Aber auch wenn man diese wertpapierrechtlichen Implikationen einmal gänzlich ausblendet, ist eine Haftung des Karteninhabers zur Missbrauchsprävention erforderlich. Es ist dem berechtigten Karteninhaber praktisch nicht nachzuweisen, wenn er ein Abhandenkommen der Karte nur behauptet und diese dann

---

[1078] Vgl. oben S. 230.

[1079] Siehe oben S. 239 ff.

[1080] Vgl. unten S. 259 ff.

selbst zur Zahlung einsetzt. Darin liegt ein fataler Handlungsanreiz zum Missbrauch. Die Haftung der Emittenten für massenhaften Missbrauch durch berechtigte Karteninhaber aber würde das Geldkartensystem insgesamt in Frage stellen, weil die quersubventionierende Einstellung der Kosten in die allgemeinen Kartenentgelte gegenüber den Vertragsunternehmern deren Nutzen aus dem beschleunigten Zahlungsvorgang zu übersteigen drohte. Abzulehnen ist insoweit insbesondere der Vorschlag Schöns[1081], dieses Problem über Beweislastregeln in den Griff zu bekommen. Störungen werden sich in aller Regel dergestalt äußern, dass der Karteninhaber ein Abhandenkommen seiner Geldkarte geltend macht. Eine Beweisbelastung des Karteninhabers, die Karte nicht selbst zu einer Zahlungstransaktion eingesetzt, also nicht rechtsgeschäftlich gehandelt zu haben, ließe sich entsprechend den Ausführungen[1082] zum POS mittels PIN-Eingabe - einem weit stärkeren Indiz für ein Eigenhandeln - nicht einmal mit den von der Rechtsprechung verfolgten Sphärenerwägungen begründen, zumal ein solches Eigenhandeln allein aufgrund des Karteneinsatzes nicht wahrscheinlicher ist, als ein Drittmissbrauch. Was die Möglichkeit verschuldeten Drittmissbrauchs angeht, so würde eine Beweislastumkehr analog § 282 BGB den Kartenemittenten im Rahmen der pFV nur dann nützen, wenn der Karteninhaber bereits beweisen müsste, dass der Drittmissbrauch der Karte nicht auf einer objektiven Sorgfaltspflichtverletzung seinerseits beruht. Indessen kommt dies nach dem bereits dargestellten Ansatz in der Literatur[1083], welcher zwischen erfolgsbezogenen und verhaltensbezogenen Pflichten differenziert und nur für erstere den Anspruchsteller vom Nachweis einer objektiven Sorgfaltspflichtverletzung entlastet, nicht in Betracht: Wie bereits festgehalten[1084], ist die Vermeidung des Missbrauchs von Legitimationsmedien nicht zentraler Inhalt des zugrundeliegenden Geschäftsbesorgungvertrags des Nutzers eines bargeldlosen Zahlungssystems mit dessen Anbieter, weshalb ersterer nur - verhaltensbezogen - übliche Sicherungsvorkehrungen schuldet. Ohne eine Differenzierung nach Pflichtinhalt kann eine Beweislastumkehr im Sinne eines Sphärenansatzes, der selbst den Boden der von der Rechtsprechung entwickelten Fallgruppen verließe[1085], allein

[1081] AcP 198 (1998), S. 401, 428.

[1082] Vgl. oben S. 212 ff.

[1083] Vgl. oben S. 140 f.

[1084] Siehe dazu S. 141; 217.

[1085] Wie oben (S. 139) ausgeführt, nimmt die Rechtsprechung in erster Linie fallgruppenbezogen eine Beweislastumkehr für die Kausalität einer objektiven Sorgfaltspflichtverletzung an. Eine Erstreckung der Beweislastumkehr auf das Vorliegen einer objektiven Sorgfaltspflichtverletzung soll aber möglich sein, wenn "der Gläubiger im Herrschafts- und Organisationsbereich des Schuldners zu Schaden gekommen ist und die den Schuldner treffenden Vertragspflichten (auch) dahin gingen, den Gläubiger vor einem solchen Schaden zu bewahren"(BGH, NJW 1991, 1540, 1541 m. w. N.). Indessen kann man kaum sagen, der Kartenemittent komme bei Drittmissbrauch der Karte allein im Herrschaftsbereich des berechtigten Karteninhabers zu schaden.

auf die Beweisnot der Kartenemittenten gestützt werden. Wie jedoch bei den anderen Medien des bargeldlosen Zahlungsverkehrs auch wäre der berechtigte Karteninhaber dann in nicht geringerer Not, die Pflichtgemäßheit seines Handelns zu beweisen. Angesichts dessen käme eine Beweislastumkehr faktisch einer materiellrechtlichen Zufallshaftung nahe, was kaum überzeugen könnte, wenn diese faktische Haftung nicht der Wertung des dispositiven Rechts entspräche.

Es lässt sich also auch keine Beweislastumkehr überzeugend begründen, die das Problem des Missbrauchs durch den berechtigten Karteninhaber auch ohne Annahme einer materiellrechtlichen Zufallshaftung des berechtigten Karteninhabers für formal ordnungsgemäße, drittmissbräuchliche Zahlungstransaktionen lösen könnte.

Daher lässt sich formulieren, dass entsprechend dem Telos des § 670 BGB die Haftung des Karteninhabers als Geschäftsherrn für geschäftsbesorgungsspezifische Zufallsschäden des emittierenden Instituts als Geschäftsbesorger aus drittmissbräuchlichen Zahlungstransaktionen bereits zur Erhaltung des Wertungseinklangs mit dem Wertpapierrecht geboten ist. Zudem muss das Gebot der Förderung der Handlungsbereitschaft des Geschäftsbesorgers, das System Geldkarte im Interesse des Karteninhabers anzubieten, auch geschäftsbesorgungsrechtlich unabhängig davon Berücksichtigung finden, ob sich daraus aufgrund der wertpapierrechtlichen Verbriefung überhaupt faktische Konsequenzen für die Haftungsverteilung ergeben. Bei formell ordnungsgemäßer drittmissbräuchlicher Zahlungstransaktion erwächst daher dem kartenemittierenden Institut ein Anspruch auf Schadensersatz gegen den berechtigten Karteninhaber in teleologischer Extension zu § 670 BGB. Dies gilt insbesondere auch bei einer Zahlungstransaktion nach Meldung des Kartenverlusts durch deren berechtigten Inhaber, da diese zu berücksichtigen eine Legitimationsprüfung erforderte, die bei der Zahlungstransaktion mittels Geldkarte gerade nicht geschuldet ist.

e) Rechtsgrund der Einbehaltung des Guthabens, Umfang

Schließlich ist ein Schadensersatzanspruch aus teleologischer Extension des § 670 BGB genauso Rechtsgrund für eine Einbehaltung des Kartenguthabens wie es ein Aufwendungsersatzanspruch aus § 670 BGB wäre. Denkbar ist allerdings, die Entgelte des Kartenemittenten, die er vom Vertragsunternehmer auch bei missbräuchlichen Zahlungen erhebt, insoweit als schadensmindernden Vorteil anzurechnen, als sie über den konkreten Transaktionsaufwand hinausgehenden Gewinn bedeuten. Insoweit ist freilich problematisch, dass dann der berechtigte Karteninhaber von tatsächlich durch das kartenemittierende Institut an den

Vertragsunternehmer erbrachten Leistungen profitieren würde. Ohnehin hat aber eine schadensrechtliche Vorteilsausgleichung nur insoweit zu erfolgen, als sie der Billigkeit entspricht[1086]. Angesichts der in Betracht kommenden Beträge kann bereits dahingestellt bleiben, inwieweit der Karteninhaber grundsätzlich das Entgelt für von ihm nicht erbrachte Leistungen abschöpfen darf: 0,3 % vom Transaktionsbetrag als Entgelt[1087] entsprächen bei einmaligem erschöpfenden Missbrauch einer mit 400 DM voll aufgeladenen Karte 1,20 DM, wovon angefallene Transaktionskosten noch abzuziehen wären. Beobachtung und Feststellung missbräuchlicher Transaktionen sowie dadurch anfallender Entgeltgewinnanteile durch das emittierende Institut ergäben vielfach höhere Kosten, die als Schadensermittlungskosten wiederum im Wege des Schadensersatzanspruchs beim Kartenkunden erhoben werden könnten. Verstünde man diese Kosten gleichzeitig als auftragsgemäße Aufwendungen, so könnte das emittierende Institut ferner einem Herausgabebegehren des Karteninhabers nach § 667 BGB insoweit den Vorschussanspruch aus § 669 BGB entgegenhalten. Um also einen Betrag X heraus zu verlangen, müsste der Karteninhaber dem emittierenden Betrag zunächst einen Betrag>X gewähren, was ohne weiteres die Unbilligkeit eines entsprechenden Vorteilsausgleichungskonzeptes offenbart.

Bei formell ordnungsgemäßer, missbräuchlicher Kartenzahlung durch Dritte verliert daher der berechtigte Karteninhaber, dem die Karte abhandengekommen ist, seinen Anspruch auf Rückzahlung des Kartenguthabens aus § 667 BGB in Höhe des Transaktionsbetrags.

G. Schadensersatz aus Verschulden

Angesichts der weitgehenden Haftung des berechtigten Karteninhabers für nicht verschuldeten Drittmissbrauch stellt sich die Frage nach einer Haftung des Kartenemittenten gegenüber berechtigten Karteninhaber aus pFV für die Verletzung von Sorgfaltspflichten, gegebenenfalls unter Berücksichtigung eines Mitverschuldens des berechtigten Karteninhabers nach § 254 BGB.

[1086] Dass bei Schadensersatzansprüchen nicht alle wirtschaftlichen Vorteile aus dem schädigenden Ereignis anzurechnen sind, ist wohl unbestritten. Für *Grunsky*, in: MünchKomm, Vor § 249 Rn. 96 ist dies gar Anlas, die These vom schadensrechtlichen Bereicherungsverbot zu verwerfen.

[1087] Vgl. die Entgeltregelung in Nr. 5 der Bedingungen für die Teilnahme am System "Geldkarte".

I. Sorgfaltspflichten des emittierenden Instituts

Die gesamte bisher dargestellte Verteilung des Drittmissbrauchsrisikos würde auf den Kopf gestellt, wenn man bereits den Verzicht auf jegliche Legitimation beim Karteneinsatz zur Zahlung, also die Ausgestaltung des Systems Geldkarte als verschuldet ansähe. Indessen ist zu berücksichtigen, dass der besondere, gegenüber den übrigen Mehrparteienkarten abweichende Zweck der Geldkarte, eine besonders kostengünstige und selbst im Vergleich zum Bargeldeinsatz schnelle Zahlungstransaktion zu ermöglichen, ohne Verzicht auf aufwendige Legitimationsverfahren nicht erreichbar wäre. Hinzu kommt, dass die Geldkarte nach den Ergebnissen dieser Arbeit[1088] ihrer Funktion beim Zahlungseinsatz nach einem vor allem deshalb rein vertragsrechtlich konstruierten Surrogat für ein Inhaberpapier gleichkommt, weil wertpapierähnliche Regelungen für die Übertragung von Wertdaten noch auf sich warten lassen. Danach muss in erneuter Parallelwertung zum Wertpapierrecht auch bezüglich der Zahlungsfunktion der Geldkarte der Verzicht auf eine über die Inhaberschaft an der Karte hinausgehende Legitimation zulässig, d. h. nicht schuldhaft sein.

Ferner ist der Kartenemittent wie bei den übrigen Mehrparteienkarten auch[1089] zur Überwachung der formalen Ordnungsgemäßheit der Zahlungstransaktion verpflichtet. Diesbezüglich fungiert der Vertragsunternehmer als Erfüllungsgehilfe, dessen höchst ausnahmsweise in Betracht kommendes Verschulden in Bezug auf eine formal nicht ordnungsgemäße Zahlungstransaktion[1090] gemäß § 278 BGB dem Kartenemittenten zurechenbar ist. Auch muss das emittierende Institut bei Barauszahlung des Guthabens einer kontogebundenen Karte die Identität des Kartenvorlegers mit dem Namensinhaber mit der erforderlichen Sorgfalt, d. h. anhand eines Lichtbildausweises kontrollieren. Jedoch ist für die Haftung aus pFV der ersatzfähige Schaden des berechtigten Karteninhabers zu beachten. Denn bei formal nicht ordnungsgemäßer Zahlungstransaktion oder Entladung bleibt die Guthabensforderung ohnehin erhalten; nur die Karte, die dem Berechtigten gerade entzogen ist, verliert ihre Einsatzfähigkeit. Allenfalls die Wiederaufladung der Karte könnte insoweit aus pFV verlangt werden, wenn der Berechtigte seine Karte zufällig zurück erlangt. Ein Schadensersatzanspruch auf Zahlung eines Betrags in Höhe des Kartenguthabens kommt daher nur soweit in Betracht, als das emittierende Institut die Sorgfaltspflicht verletzt, eine erkennbar abhandengekommene, aufgeladene Karte einzuziehen. Bereits die Voraussetzung eines erkennbaren Abhandenkommens wird bei kontoungebundenen Karten kaum je erfüllt sein. Jedenfalls ist aufgrund der Orientierung

---

[1088] Siehe oben S. 246 ff.

[1089] Vgl. oben S. 207.

[1090] Erörtert wird hier der Fall des Karteneinsatzes durch einen erkennbar nicht befugten Minderjährigen, vgl. *Pfeiffer*, in: Graf v. Westphalen, ec-Bedingungen, Rn. 176.

dieser Karten an der formellen Inhaberlegitimation bei diesen eine Pflicht zur Einziehung generell zu verneinen. Bei kontogebundenen Karten hingegen sind sowohl die fehlende Identität des Karteninhabers mit dem Namensinhaber bei einer Identitätskontrolle vor Barauszahlung des Guthabens als auch das Vorliegen einer Verlustmeldung, die zwar nicht bei einer Geldkartenzahlung, aber beispielsweise beim Einsatz einer kontogebundenen Karte an POS-Terminals oder Geldautomaten geprüft werden muss, klare Indizien für Missbrauch. Diese begründen eine Pflicht zur Einziehung, in deren Schutzbereich auch die Erhaltung des Chipguthabens für den berechtigten Karteninhaber fällt[1091].

II. Sorgfaltspflichten des Karteninhabers

Die wichtigste Pflicht des berechtigten Karteninhabers im Rahmen der pFV ist es, die aufgeladene Geldkarte sorgfältig aufzubewahren, da sie von jedem Dritten zu Zahlungszwecken missbraucht werden kann. In Bezug auf die dabei gebotene Sorgfalt ist wie bei den übrigen Legitimationsmedien auch derjenige Maßstab angemessen, der für den Umgang mit Bargeld gilt. Was daher für die kontogebundenen Karten schon in Bezug auf ihre POS-Tauglichkeit ausgeführt worden ist[1092], gilt generell auch für die Geldkartenfunktion. So ist bei der Aufbewahrung der Karten gegenüber denjenigen Personen, denen der Inhaber Zutritt zu seinen Wohn- oder Büroräumen gewährt, die Verwahrung in einem verschlossenen Behältnis erforderlich, es sei denn zu diesen Personen besteht ein besonders enges Vertrauensverhältnis insbesondere aufgrund nächster Verwandtschaft. Gegenüber Einbrechern muss demgegenüber das sorgfältige Sichern aller Eingänge genügen. Außerhalb der eigenen Räumlichkeiten genügt bereits die Verwahrung in einem Portemonnaie bzw. einer Brieftasche. Die Aufbewahrung in einem nicht beaufsichtigten Kfz ist demgegenüber schuldhaft.

Schließlich hat der berechtigte Karteninhaber gemäß § 278 BGB für unsorgfältige Aufbewahrung durch Personen einzustehen, denen er seine Geldkarte anvertraut hat, wobei er für vorsätzlichen Missbrauch durch diese bereits nach Rechtsscheinsgesichtspunkten einzustehen hat[1093].

[1091] Zur Einziehungspflicht auch *Pfeiffer*, in: Graf v. Westphalen, ec-Bedingungen, Rn. 173.

[1092] Vgl. oben S. 199 ff.

[1093] Vgl. oben S. 242 f.

H. Geltendmachung der Guthabensforderung ohne Karte nach bisherigem Recht

I. Problemfälle

Anders als für die übrigen behandelten Medien des bargeldlosen Zahlungsverkehrs stellt sich schließlich entscheidend die Frage nach dem Schicksal der Guthabensforderung jenseits des eine Haftung des Karteninhabers auslösenden Drittmissbrauchs, wenn der Karteninhaber die Karte nicht mehr vorlegen kann. Das ist etwa der Fall, wenn eine Karte ohne zu ihrer Identifikation hinreichende Rückstände zerstört wird, oder wenn eine Karte irgendwo verloren und nicht wieder aufgefunden wird. Dazu würde aber auch der bislang theoretische Fall zählen, dass eine kontogebundene Karte vom Nichtberechtigten bar entladen wird, ohne dass das emittierende Institut frei wird. Schließlich gehört auch der denkbare Ausnahmefall hierher, dass aufgrund besonderer Verdachtsmomente für den Vertragsunternehmer die Zahlungstransaktion durch einen Dritten nicht formal ordnungsgemäß ist[1094] und deshalb der Kartenemittent mangels Verpflichtung zur Zahlung an den Vertragsunternehmer weder Aufwendungs- noch Schadensersatz aus teleologischer Extension des § 670 BGB[1095] geltend machen kann. In allen diesen Fällen stellt sich die Frage, ob das emittierende Institut die Rückzahlung des Guthabens ohne Kartenvorlage aufgrund der Wertpapiereigenschaft sowohl der kontogebundenen als auch der kontoungebundenen Geldkarte verweigern darf.

II. Förmliches Aufgebotsverfahren

Der Grundsatz der Verknüpfung der Geltendmachung eines wertpapierrechtlich verbrieften Rechts mit der Innehabung des Papiers wird durch die vom Gesetz für bestimmte Wertpapiere vorgesehene Möglichkeit eines förmlichen Aufgebotsverfahrens durchbrochen. Beim Aufgebotsverfahren tritt das Ausschlussurteil (§ 1017 ZPO) anstelle der Wertpapierurkunde (§ 1018 ZPO). Indessen gilt § 799 BGB, welcher das Aufgebotsverfahren für abhandengekommene oder vernichtete Inhaberschuldverschreibungen vorsieht, gerade nicht für kleine Inhaberpapiere, zu denen die kontoungebundene Geldkarte zählt[1096], da § 807 BGB ausdrücklich nur die §§ 793 Abs. 1, 794, 796, 797 BGB für entsprechend

[1094] Nur an eine ordnungsgemäße Transaktion knüpft das Zahlungsversprechen nach Nr. 4, Bedingungen für die Teilnahme am System "Geldkarte" (Händlerbedingungen), abgedruckt in WM 1996, 2359, an.

[1095] Dazu oben S. 248 ff.

[1096] Siehe oben S. 232 ff.

anwendbar erklärt. Ein Aufgebotsverfahren kommt daher für die kontoungebundene Karte nicht in Betracht[1097].

Auch für die kontogebundene Karte als gesetzlich nicht geregeltes Namenspapier ist ein Aufgebotsverfahren nicht gesetzlich vorgesehen. Jedoch erachten zahlreiche Stimmen der wertpapierrechtlichen Literatur[1098] ein Aufgebotsverfahren für alle gesetzlich nicht geregelten Wertpapiere als zulässig. Dies ist motiviert von dem Bedürfnis, nach Verlust oder Vernichtung eines Papiers die Forderung von der Verbriefung zu lösen und der dann bestehenden Gefahr, dass der Schuldner wegen möglicher Abtretungen nicht mehr durch das Vorlageerfordernis davor geschützt ist, an einen Nichtberechtigten zu leisten. So sieht offenbar Canaris zum Aufgebotsverfahren allein die Alternativen, auf Wertpapiere, deren Berechtigter den Verlust des Papiers geltend macht, § 407 BGB anzuwenden oder den faktischen Verlust des verbrieften Rechts hinzunehmen[1099]. Das überzeugt jedoch bereits nicht im Hinblick auf ein unübertragbares Namenspapier wie die kontogebundene Geldkarte, für das es des Schutzes des § 407 BGB gar nicht bedarf. Zudem ist bezüglich der Möglichkeit des Aufgebotsverfahrens für nicht geregelte Wertpapiere der Wortlaut des § 946 ZPO zu beachten, nach dem ein Aufgebotsverfahren nur in „den durch Gesetz bestimmten Fällen" stattfindet. Damit ist eindeutig eine Beschränkung gewollt, weshalb die Einschätzung durch Canaris[1100] durchaus problematisch erscheint, dass die Norm nicht im Sinne eines "generellen Analogieverbots" einer Ausdehnung des Aufgebotsverfahrens - wohlgemerkt auf alle durch geschriebenes Recht nicht erfassten Wertpapiere - entgegenstehe. Zwar ist Gesetz im Sinne des § 946 ZPO jede Rechtsnorm (§ 12 EGZPO), also auch eine durch Rechtsfortbildung gefundene. Indessen ist bereits darauf hingewiesen worden, dass die Norm nach Canaris´ Lesart keinen Sinn mehr hätte[1101].

Entscheidend muss aber sein, dass ein Aufgebotsverfahren für abhandengekommene kontogebundene Karten bereits deshalb nicht wertpierrechtlich geboten sein kann, weil das Aufgebotsverfahren den Besonderheiten der Geldkarte nicht gerecht wird. Denn selbst wenn die Guthabensforderung nur mit dem Aufgebotsurteil geltend gemacht werden könnte und die Geldkarte insoweit für kraftlos erklärt wäre, hinderte das nicht daran, die Geldkarte noch zu Zahlungstransaktionen einzusetzen.

[1097] Für Inhaberkarten nach § 807 BGB *Hueck/Canaris*, Recht der Wertpapiere, § 28 II, S. 234.

[1098] *Baumbach/Hefermehl*, WG/SchG, WPR Rn. 12; *Hueck/Canaris*, Recht der Wertpapiere, § 1 I 5 a), S. 6; *Zöllner*, Wertpapierrecht, § 7 II 1, S. 40.

[1099] *Hueck/Canaris*, Recht der Wertpapiere, § 1 I 5 a, S. 6.

[1100] *Hueck/Canaris*, Recht der Wertpapiere, § 1 I 5 a, S. 6.

[1101] *Ahrens*, Wertpapiere, S. 129.

Ein förmliches Aufgebotsverfahren ist nach alledem sowohl für die kontoungebundene als auch für die kontogebundene Geldkarte ausgeschlossen.

III. „Entkörperung" der Guthabensforderung nach Vertragszweck

Indessen ist zu berücksichtigen, dass die Verbriefung der Guthabensforderung auf Rechtsgeschäft, dem Begebungsvertrag, beruht. Deshalb kann auch ihre Aufhebung durch Rechtsgeschäft vorgesehen sein[1102]. Insoweit kommt es darauf an, ob sich aus dem Vertragszweck unter Berücksichtigung des Maßstabs aus §§ 157, 242 BGB nicht ein ungeschriebener Inhalt des verkehrstypischen Begebungsvertrags[1103] ergibt, dass unter bestimmten Konstellationen die Verbriefung aufgehoben sein soll. Dabei muss wiederum zwischen kontoungebundenen und kontogebundenen Karten differenziert werden, da erstere gesetzlich fixierten wertpapierrechtlichen Wertungsvorgaben unterliegen, während letztere gesetzlich nicht geregelt sind.

1. Kontoungebundene Karten

Maßgeblich für die kontoungebundene Karte ist, dass sie zu den kleinen Inhaberpapieren nach § 807 BGB zählt, für welche der Gesetzgeber mit der Verweisungstechnik des § 807 BGB zum Ausdruck gebracht hat, dass das Aufgebotsverfahren, das § 799 BGB vorsieht, gerade nicht gelten soll. Daraus folgt, dass der Gesetzgeber für diese anonym verkehrsfähigen Instrumente, bei denen der Schuldner davor geschützt sein soll, sich mit nicht formell legitimierten vermeintlichen Gläubigern auseinandersetzen zu müssen, die Konsequenz einer faktischen Undurchsetzbarkeit der verbrieften Rechts bei Verlust oder Zerstörung des Papiers offenbar ausnahmslos gewollt und nicht nur wie bei den unter § 799 Abs. 1 BGB fallenden Inhaberschuldverschreibungen als rechtsgeschäftlich vereinbar angesehen hat. Angesichts dieser gesetzgeberischen Wertungsvorgabe darf das emittierende Institut gegenüber dem Gläubiger einer Guthabensforderung für eine kontoungebundene Karte auch bei Verlust oder Zerstörung der Karte das Vorlageerfordernis geltend machen. Selbst in dem Spezialfall, dass bei einer missbräuchlichen Zahlungstransaktion durch eine Reduzierung des Speicherwerts der Karte das Kartenguthaben nicht vermindert wird, ist daran festzuhalten. Für diesen Fall kann man zwar eine die Eignung zur Umlauffähigkeit beeinträchtigende Beschädigung des Papiers im Sinne des § 798 BGB annehmen, der dem Inhaber einen Anspruch auf Erteilung einer neuen Inhaberschuldverschreibung nur gegen Aushändigung der beschädigten gewährt.

[1102] Dazu etwa *Ahrens*, Wertpapiere, S. 130 ff.

[1103] Zu dessen dogmatischer Einordnung in das dispositive Recht siehe oben S. 86.

Diese Norm, die auf kleine Inhaberpapiere nach § 807 BGB bereits nicht anwendbar ist[1104], zeigt aber, dass nach dem Willen des Gesetzgebers Ansprüche wegen Beschädigung eines Papiers gegen den Aussteller schon bei Inhaberpapieren im allgemeinen ebenfalls von der Vorlage des Papiers abhängig bleiben.

Diese Wertungen relativierende besondere Interessen beim Geldkartenverfahren, bei dem in allen Konstellationen die Legitimation durch Inhaberschaft maßgeblich ist, sind nicht ersichtlich.

Mit dem Abhandenkommen oder der Zerstörung der kontoungebundenen Geldkarte verliert daher deren berechtigter Inhaber jedenfalls die Durchsetzbarkeit seiner Guthabensforderung. Diese Sicht ist im Übrigen durchaus insoweit wertungsparallel zu der in der Literatur vertretenen Einordnung der Geldkarte als Bargeldsurrogat[1105], als auch der Verlust oder die Zerstörung beispielsweise einer Briefmarke zu Lasten deren berechtigten Inhabers geht[1106].

2. Kontogebundene Karten

Anders verhält es sich bei kontogebundenen Karten, bei denen es sich um nicht durch geschriebenes Recht geregelte, unübertragbare Namenspapiere handelt[1107]. Da die Frage der Legitimation des Gläubigers angesichts der unveränderbaren Berechtigung des Namensinhabers unproblematisch ist, liegt das einzig schützenswerte Interesse des emittierenden Instituts am Erfordernis der Kartenvorlage zur Geltendmachung der Guthabensforderung nicht unmittelbar darin, die Durchsetzbarkeit der Rückforderung des Guthabens von der Kartenvorlage abhängig zu machen, sondern darin, durch Entladung der Karte deren weiteren Einsatz zu Zahlungstransaktionen ausschließen zu können. Entsprechendes deuten auch die ec-Bedingungen an, in denen[1108] die Nichterstattung des aufgeladenen Betrags damit begründet wird, dass jeder Besitzer der ec-Karte den in der Geldkarte gespeicherten Betrag ohne Einsatz der PIN verbrauchen könne. Diese Rechtfertigung für die Nichterstattung entfällt aber, wenn der berechtigte Inhaber nachweist, dass ein Karteneinsatz zu Zahlungszwecken ausgeschlossen ist. Die Verbriefung der Forderung erlischt daher nach dem Vertragszweck, wenn der Kartenchip durch Beschädigung oder auch technische Umstellungen des Kartensystems funktionsunfähig wird, was auch die ec-Bedingungen

---

1104 *Staudinger/Marburger*, § 798 Rn. 5.

1105 Vgl. oben S. 235 f.

1106 Vgl. bereits *I. Kohler*, ArchBürgR 6 (1892), S. 316, 340.

1107 Siehe oben S. 238 ff.

1108 Vgl. Nr. A. III. 3.5 ec-Bedingungen Sparkassen, bzw. Nr. III. 3. 5. ec-Bedingungen Banken.

vorsehen[1109], sowie in dem ebenfalls von den ec-Bedingungen[1110] als erstattungspflichtig angesehen Fall der Einziehung einer Karte durch das emittierende Institut. Die Verbriefung erlischt aber auch in dem bislang theoretischen Fall, dass das emittierende Institut im Rahmen einer nicht befreienden „Rückzahlung" des Guthabens an einen Nichtberechtigten die Karte entlädt. Schließlich entfällt die Verbriefung, wenn der auf der Karte gespeicherte Betrag im Rahmen einer formal nicht ordnungsgemäßen Zahlungstransaktion gemindert wird, in Höhe des abgezogenen Betrags. Letzteres ergibt sich bereits daraus, dass das emittierende Institut nach Nr. 4 der Händlerbedingungen in einem solchen Fall selbst dem Händler nicht verpflichtet ist. Daher bedeutete das Berufen auf eine Verbriefung der Forderung eine Bereicherung, für die es anders als bei anonymen kontoungebundenen Karten keine Rechtfertigung gäbe, die also treuwidrig wäre.

In allen diesen Konstellationen kann der Namensinhaber daher die Rückerstattung seines Kartenguthabens in entsprechender Höhe auch ohne Kartenvorlage verlangen.

I. Beweislastfragen nach bisherigem Recht

I. Die Guthabensforderung

Für die Geldkarte ist der bei den anderen in dieser Arbeit erörterten Medien des Zahlungsverkehrs angenommene Grundsatz, dass der Anbieter der bargeldlosen Zahlung das Vorliegen einer Weisung des berechtigten Karteninhabers beweisen muss, irrelevant. Denn zum einen erwächst dem Emittenten einer Geldkarte auch aus dem formal ordnungsgemäßen Karteneinsatz durch einen missbräuchlich handelnden Dritten ein Anspruch aus teleologischer Extension des § 670 BGB[1111]. Zum anderen kann er die Guthabensrückzahlung auch jenseits relevanten Missbrauchs grundsätzlich von der Kartenvorlage abhängig machen. Entscheidend ist also bei der problematischen Geltendmachung der Guthabensforderung ohne Kartenvorlage vor allem die Frage nach der Beweislast für den Wegfall der wertpapierrechtlichen Verbriefung. Soweit für die kontogebundene Geldkarte ein Wegfall der Verbriefung bei einer nicht formal ordnungsgemäßen Zahlungstransaktion oder bei der Vernichtung der Geldkarte angenommen worden ist[1112], handelt es sich um atypische Ausnahmefälle, die der

[1109] Vgl. Nr. A. III. 3.2 Abs. 3 ec-Bedingungen Sparkassen bzw. Nr. III. 3.2 Abs. 3 ec-Bedingungen Banken.

[1110] Siehe Nr. A. II. 5. S. 3 ec-Bedingungen Sparkassen bzw. II. 5. S. 3 ec-Bedingungen Banken.

[1111] Vgl. oben S. 248 ff.

[1112] Dazu oben S. 262 f.

berechtigte Inhaber der Guthabensforderung beweisen muss. Anders liegen die Dinge bei einer missbräuchlichen Entladung. Bei der kontogebundenen Karte erlischt entweder die Guthabensforderung mit Auszahlung an den Berechtigten, oder ihre wertpapierrechtliche Verbriefung entfällt[1113]. Wertpapierrechtliche Vorgaben können daher bei ihrer Entladung außer Acht gelassen werden. Daher muss bei einer kontogebundenen Karte das emittierende Institut nachweisen, an den Berechtigten, also den Inhaber des Kontos, für das die Karte ausgeben worden ist, erfüllt zu haben. Dies ist bei einer Kontogutschrift unproblematisch. Für den Ausnahmefall einer Barentladung ist es dem emittierenden Institut durchaus zuzumuten, die Identität des Kartenvorlegers zu prüfen und sich die Auszahlung quittieren zu lassen. Bei der Rückerstattung des Kartenguthabens einer kontoungebundenen Geldkarte hingegen wird das emittierende Institut nur dann nicht nach § 807 BGB, § 793 Abs. 1 S. 2 BGB entsprechend frei, wenn ihm die fehlende materielle Berechtigung des Kartenvorlegers zumindest grob fahrlässig unbekannt und leicht beweisbar ist[1114]. Diesen Ausnahmefall des Fortbestehens der Guthabensforderung muss der Anspruchssteller beweisen.

II. pFV

Wie ausgeführt, kommt bei der kontogebundenen Karte eine Haftung des emittierenden Instituts aus pFV für die Verletzung der Sorgfaltspflicht in Betracht, eine erkennbar abhandengekommene, aufgeladene Geldkarte einzuziehen[1115]. Diese Sorgfaltspflicht besteht wiederum nur in besonderen Ausnahmesituationen, deren Vorliegen der berechtigte Karteninhaber beweisen muss. Die Ausnahmesitution selbst begründet dann den ersten Anschein einer objektiven Sorgfaltspflichtverletzung. Eine Beweislastumkehr für das Vorliegen auch einer objektiven Sorgfaltspflichtverletzung analog § 282 BGB nach dem Literaturansatz[1116], der zwischen erfolgsbezogenen und verhaltensbezogenen Pflichten differenziert und nur bei ersteren den Anspruchsteller vom Nachweis einer objektiven Sorgfaltspflichtverletzung entlastet, scheidet demgegenüber aus. Die Pflicht, ausnahmsweise eine Geldkarte einzuziehen, ist angesichts des grundsätzlichen Verzichts auf Missbrauchsprüfungen beim Geldkartensystem verhaltensbezogen.

1113 Vgl. oben S. 262 f.

1114 Siehe oben S. 240.

1115 Vgl. oben S. 257 f.

1116 Siehe oben S. 141, 120 254.

Der pauschale Sphärenaspekt hat sich demgegenüber auch beim bargeldlosen Zahlungsverkehr als für eine Beweislastumkehr ohne Rücksicht auf die Natur der betroffenen Sorgfaltspflicht unzureichend erwiesen[1117].

Soweit es schließlich auf ein Mitverschulden des berechtigten Karteninhabers ankommt, lassen sich die Erwägungen zu den Sorgfaltspflichten des Inhabers eines Mediums des bargeldlosen Zahlungsverkehrs bei den bereits behandelten Zahlungsinstrumenten übertragen[1118]. Danach muss das kartenemittierende Institut dem berechtigten Karteninhaber eine objektive Sorgfaltspflichtverletzung nachweisen.

J. Ergebnis für das bisherige Recht

Der berechtigte Inhaber einer Geldkarte geht nach bisherigem Recht mit der Aufladung der Karte ein dem Bargeldverlustrisiko nahekommendes Risiko ein. Bei einer formal ordnungsgemäßen drittmissbräuchlichen Zahlungstransaktion erlischt die Guthabensforderung ebenso wie bei Entladung einer kontoungebundenen Karte durch einen Nichtberechtigten. Aufgrund der wertpapierrechtlichen Verbriefung der Guthabensforderung kann die Rückerstattung des Guthabens auch jenseits relevanten Missbrauchs grundsätzlich nur unter Vorlage der Geldkarte geltend gemacht werden. Doch bestehen davon Ausnahmen, derentwegen die These, dass der berechtigte Karteninhaber mit dem Abhandenkommen seiner Karte seine Guthabensforderung „wie Bargeld" verliere, zu pauschal ist. So kann etwa der Namensinhaber einer kontogebundenen Karte die Forderung ausnahmsweise auch ohne Kartenvorlage geltend machen, wenn er nachweist, dass der Chip zerstört oder nicht formal ordnungsgemäß entladen worden ist. Zudem kommt eine Haftung des kartenemittierenden Instituts aus pFV in Betracht, wenn dieses die ausnahmsweise bestehende Pflicht, eine Geldkarte einzuziehen, verletzt.

K. Rechtslage bei Geltung des § 676h BGB

Demgegenüber könnten sich mit der Geltung des neuen § 676h BGB[1119] Änderungen ergeben, da nach dieser Norm Aufwendungsersatz für die Verwendung von Zahlungskarten oder von deren Daten nur verlangt werden kann, wenn diese nicht von einem Dritten missbräuchlich verwendet wurden, unge-

---

[1117] Ausführlich dazu oben S. 139 ff.; besonders zur Geldkarte bereits S. 254.

[1118] Vgl. dazu oben S. 217 ff.

[1119] Die Norm ist auf Fälle nach dem 29. Juni 2000 anwendbar, vgl. Art. 229 § 2 Abs. 1 EGBGB.

achtet, ob der Zahlungskarte ein Girovertrag oder ein anderer Geschäftsbesorgungsvertrag zugrunde liegt.

I. Anwendbarkeit der Norm auf die Geldkarte

Fraglich ist zunächst, ob § 676h BGB mit dem Tatbestandsmerkmal „Zahlungskarte“ die Geldkarte überhaupt erfassen soll. Ansatzpunkt hierfür ist die Einschätzung der Bundesregierung zu Art. 8 der Richtlinie 97/7/EG („Fernabsatzrichtlinie“)[1120] in der Begründung ihres Gesetzesentwurfs: „Art. 8 FARL will verhindern, dass bei einer Zahlung mittels Kredit-, EC-, *Geld*- oder anderer Karten im Fernabsatz ein Kartenbetrug zu Lasten des Verbrauchers geht.“[1121] Gerade dies wird zwar noch zu prüfen sein. Jedenfalls aber sollte der Gesetzentwurf, der ohnehin nicht auf Fernabsatzgeschäfte beschränkt war, Geldkarten einbeziehen. Da bis zur endgültigen Fassung der Norm im Rechtsausschuss das Merkmal „Zahlungskarte“ nicht mehr erörtert wurde, sollen also auch Geldkarten von § 676h BGB erfasst sein. Zum gleichen Ergebnis kommt man mit der bereits angesprochenen, dem abstrakten Willen des Gesetzgebers wohl am nächsten kommenden Definition einer Zahlungskarte als Urkunde, mit deren Emission ihrem berechtigten Inhaber die Rechtsmacht eingeräumt wird, anstelle von Barzahlung bei Geschäften des täglichen Lebens ihren Aussteller zu einer Geldzahlung an einen Dritten zu verpflichten[1122].

II. Konsequenzen für den Geschäftsbesorgungsvertrag zwischen emittierendem Institut und Karteninhaber

Die Neuregelung enthält zunächst den der bisherigen Rechtslage entsprechenden Grundsatz, dass das emittierende Institut nur dann Aufwendungsersatz unmittelbar aus § 670 BGB für Kartenzahlungsvorgänge vom berechtigten Karteninhaber verlangen kann, wenn eine dem berechtigten Karteninhaber zurechenbare Weisung im Sinne des § 665 BGB vorliegt. Indessen ist diese Anforderung nach bisheriger Rechtslage nicht nur dann erfüllt, wenn der berechtigte Karteninhaber seine Karte selbst benutzt hat, sondern auch dann, wenn er sich den in einer formal ordnungsgemäßen aber missbräuchlichen Benutzung der Karte durch Dritte zum Ausdruck kommenden Rechtsschein einer Weisung nach Rechtsscheinsgesichtspunkten zurechnen lassen muss[1123].

[1120] Vom 20.5.1997, ABl. Nr. L 144/19.

[1121] BT-Drucks. 14/2658, S. 19.

[1122] Vgl. auch die Definition bei Palandt/*Sprau*, § 676h Rn. 1, der die Geldkarte als von § 676h BGB erfasst ansieht (Rn. 10).

[1123] Vgl. eingehend oben S. 189 ff.

1. Teleologische Reduktion bei zurechenbarem Rechtsschein einer Weisung

Diesbezüglich kann allerdings auf die bereits zu den anderen Dreiparteienkarten angestellten Erwägungen zurückgegriffen werden. Danach entspricht eine pauschale Aufhebung der Rechtsscheinshaftung weder dem gesetzgeberischen Willen noch ist sie, was die im Fernabsatz verwendbaren anderen „Zahlungskarten" angeht, zur Verwirklichung von Art. 8 der Fernabsatzrichtlinie erforderlich[1124].

Die daher gebotene Einschränkung auf „nicht im Wege der Rechtsscheinshaftung zurechenbare" Drittmissbräuche ist allerdings nicht mehr im Wege einer einschränkenden Wortlautinterpretation zu erreichen. Denn „Drittmissbrauch" ist regelmäßig dadurch gekennzeichnet, dass ein unberechtigter Dritter eine Zahlungstransaktion durchführt, wobei er den aus der Verfügung über die Karte oder zumindest deren Daten resultierenden Anschein ausnutzt, mit dem berechtigten Inhaber identisch zu sein. Da indessen die Zurechenbarkeit dieses Anscheins sich nach außerhalb dieser Umschreibung liegenden Umständen bemisst, ist eine Differenzierung nach Zurechenbarkeit nicht im Begriff des Drittmissbrauchs angelegt. Demnach bleibt die gebotene Einschränkung noch hinter der engst möglichen Wortlautauslegung des Gesetzestexts zurück. Also ergibt sich aus dem hinter dem Gesetzeswortlaut zurückbleibenden Telos der Norm eine „verdeckte Lücke"[1125], deren Schließung teleologische Reduktion bedeutet[1126].

2. Schadensersatz in teleologischer Extension zu § 670 BGB bei Drittmissbrauch

Nach bisheriger Rechtslage erwächst auch aus formell ordnungsgemäßer drittmissbräuchlicher Zahlungstransaktion dem kartenemittierenden Institut ein Anspruch auf Schadensersatz gegen den berechtigten Karteninhaber in teleologischer Extension zu § 670 BGB[1127].

[1124] Vgl. oben S. 219 ff.

[1125] Näher zum Begriff *Canaris*, Die Feststellung von Lücken im Gesetz, S. 82 f.

[1126] Vertiefend dazu *Larenz*, Methodenlehre, S. 391.

[1127] Vgl. eingehend oben S. 248 ff.

a) Entgegenstehende Wertung des § 676h BGB

Dem könnte nunmehr § 676h BGB entgegenstehen. Zwar betrifft dessen Wortlaut nur Aufwendungsersatzansprüche, steht also einem Schadensersatzanspruch nicht entgegen. Indessen geht die Begründung des Regierungsentwurfs, der als Leitlinie der Risikoverteilung intendiert ist, von Schadensersatzansprüchen des Emittenten gegen den berechtigten Karteninhaber für Drittmissbrauch allein aus Verschulden aus[1128]. Bereits ungeachtet der Detailfragen, was beispielsweise Verwendung von „Kartendaten" bedeutet, ist mit dieser Wertung eine Sonderbehandlung der Geldkarte in Rechtsfortbildung des allgemeinen Geschäftsbesorgungsrechts nicht mehr konform.

b) Teleologische Reduktion aufgrund gesetzgeberischer Kognitionsmängel

Freilich muss diese Wertung durch § 676h BGB ihrerseits wieder eingeschränkt werden, wenn gerade die Besonderheiten der Geldkarte als einziger von § 676h BGB erfasster vorausbezahlter Karte vom Gesetzgeber nicht richtig gewürdigt worden sind. In dem Maße nämlich, in dem die Geldkarte eigenständigen Wertungen unterliegt, kann die pauschale Gleichsetzung mit den übrigen erfassten Zahlungskarten gegen das Gleichheitspostulat, wesentlich Ungleichartiges ungleich zu behandeln, verstoßen und somit eine „verdeckte Lücke" aufweisen, die eine teleologische Reduktion gebietet[1129]. Vorgreiflich ist insoweit die Frage, welche Vorgaben die Fernabsatzrichtlinie für die Geldkarte enthält.

aa) Keine Erfassung der „Wertdaten"-Übermittlung durch die Fernabsatzrichtlinie

Abzulehnen ist die Einschätzung der Bundesregierung, die Richtlinie 97/7/EG solle auch Geldkarten erfassen. Zwar ist es grundsätzlich technisch möglich, mithilfe von speziellen Chipkartenlesegeräten Geldkartendaten etwa via Internet zu übermitteln, so dass auch ein Einsatz der Geldkarte im Rahmen von Fernabsatzgeschäften im Sinne des Art. 2 der Richtlinie zumindest denkbar ist. Der Begriff „Zahlungskarte" in Art. 8 der Richtlinie ist aber eine unreflektierte Fortschreibung früherer Entwürfe. So ist eine vergleichbare Regelung schon für „Bezahlkarten" in Art. 12 des Vorschlags für eine Richtlinie des Rates

[1128] Vgl. BT-Drucks 14/2658, S. 21.

[1129] Vertiefend zu diesem Ansatz teleologischer Reduktion *Bydlinski*, Methodenlehre, S. 480; *Canaris*, Die Feststellung von Lücken im Gesetz, S. 82.

über den Verbraucherschutz bei Vertragsabschlüssen im Fernabsatz der Kommission vom 21. Mai 1992 vorgesehen[1130]. Damals gab es weder Geldkarten noch vergleichbare europäische Chipkarten. Der Begriff der „Zahlungskarte" muss daher im Sinne der einzig greifbaren Definition des „Zahlungsinstruments" im Sinne von Anhang 1 der Empfehlung der Kommission vom 17. November 1988 zu Zahlungssystemen, insbesondere zu den Beziehungen zwischen Karteninhabern und Kartenausstellern (88/590/EWG)[1131], verstanden werden, der Geldkarten noch nicht erfasst. Die Unanwendbarkeit der Richtlinie ergibt sich aber auch daraus, dass es bei einer elektronischen Transaktion nicht um die Übertragung von „Kartendaten" im Sinne der Richtlinie, sondern von Wertdaten ginge. „Kartendaten" sind solche, die die Identität des Übermittlers mit dem berechtigten Karteninhaber beweisen und gegebenenfalls die Kontoverbindung des letzteren offenlegen sollen, auf deren Schutz Art. 8 der Richtlinie abzielt. Das betrifft also zuvörderst die Kreditkartennummern vom Universalkreditkarten. Bei einer Geldkartentransaktion im Fernabsatz ginge es demgegenüber wie etwa bei einer „ecash"-Zahlung um die bereits eingehend dargestellte[1132] *Übermittlung von Wertdaten*, also von Daten, deren codierter Informationsgehalt einen bestimmten Geld- bzw. Forderungswert repräsentiert. Das unterscheidet den denkbaren Einsatz einer Geldkarte im Fernabsatz einerseits fundamental von allen übrigen „Zahlungskarten" und macht sie allen anderen Zahlungskonzepten mittels „digitaler Münzen" so vergleichbar, dass keine Rechtfertigung für eine gegenüber diesen besondere Regelung besteht. Andere auf „Wertdatenübermittlung" beruhende Systeme sind aber schon deshalb nicht erfasst, weil sie nicht kartengestützt sind. *Eine prinzipielle Differenzierung nach Art der Speicherung der Wertdaten* - auf einer Karte statt z. B. auf einer Festplatte – ist aber gerade bei denkbaren Zahlungen *im Fernabsatz willkürlich.*

bb) Verkennung der Bargeldersatzfunktion

Ein weiterer geschäftsbesorgungsrechtlicher Ansatzpunkt für eine „verdeckte Lücke" als Rechtfertigung einer teleologische Reduktion ist der Umstand, dass der Gesetzgeber sich mit § 676h BGB ohne jegliche Beschränkung auf die von der Fernabsatzrichtlinie erfassten Fernabsatzgeschäfte zum geschäftsbesorgungsrechtlichen *Grundsatz der strikten Weisungsgebundenheit*[1133] bekannt hat, wie er in § 665 BGB zum Ausdruck kommt. Damit berücksichtigt er die zentrale gemeinsame Eigenschaft aller Dreiparteienkarten: Sie repräsentieren das

---

[1130] Vgl. ABl. Nr. C 156/14, S. 23 ff.

[1131] ABl. Nr. L 317 vom 24.11.1988, S. 55 ff.

[1132] Vgl. eingehend oben S. 246 ff.

[1133] Vgl. vertiefend oben S. 36ff., S. 182 ff.

Weisungsrecht des berechtigten Karteninhabers gegenüber dem Kartenemittenten, eine Zahlung an einen angeschlossenen Vertragsunternehmer vorzunehmen. Anders als die übrigen in dieser Arbeit behandelten Karten ist die Geldkarte damit aber noch nicht erschöpfend charakterisiert. Die Geldkarte ist darüber hinaus ein Wertpapier, in dem der Anspruch auf Rückerstattung des vorausbezahlten Kartenguthabens wertpapierrechtlich verbrieft ist[1134]. Ihr kommt zudem mit der *Beschränkung des Weisungsrechts* (und damit des Missbrauchsrisikos) *auf den aufgeladenen Betrag*, der einem ansonsten mitgeführten Bargeldbetrag vergleichbar ist, in gegenüber den anderen Zahlungskarten prinzipiell eigenständiger Weise eine Bargeldersatzfunktion zu. Die für das bisherige Recht angenommene Zuweisung des Risikos nicht verschuldeten Drittmissbrauchs an den berechtigten Karteninhaber in teleologischer Extension zu § 670 BGB fußt gerade auf der soeben beschriebenen Bargeldersatzfunktion. Insoweit ist ein Kognitionsmangel des Gesetzgebers gerade dadurch indiziert, dass man im Gesetzgebungsverfahren - in Bezug auf die Geldkarte irrig- den Umsetzungsbedarf hinsichtlich des Art. 8 der Fernabsatzrichtlinie als Begründung für die letzte Fassung des Wortlautes von § 676h BGB angeführt hat[1135].

Da die zentrale Bedeutung der Geldkarte einerseits in der Substitution von Bargeld bei Geschäften des täglichen Lebens zu liegt, während andererseits Phoneorder, Mailorder oder vergleichbare Verwendungen von Karten im Fernabsatz gerade dadurch geprägt sind, dass der herkömmlichen Zahlung durch Kartenvorlage Hindernisse entgegenstehen, welche auch einem sofortigen Bargeldeinsatz entgegenstünden, weshalb gerade die Verwendung von „Kartendaten" in die Richtlinie aufgenommen wurde, kann der Gesetzgeber schwerlich die für die Richtlinienumsetzung nachrangige *Bargeldsubstitution* gewürdigt haben.

cc) Wertungswiderspruch zum Wertpapierrecht

Besonders greifbar werden kognitive Unzulänglichkeiten des Gesetzgebungsverfahrens aber hinsichtlich der Wertpapiereigenschaft der Geldkarte: Diese hat der Gesetzgeber offenbar nicht erkannt, da sie in den verfügbaren Materialien nicht angesprochen wird.

Würde man mit der Wertung des § 676h BGB einen Ersatzanspruch des kartenemittierenden Instituts für formal ordnungsgemäße, drittmissbräuchliche Zahlungstransaktionen nunmehr verweigern, so würde zwar eine solche Transaktion nicht mehr zur Verminderung des Anspruchs des berechtigten Kartenin-

---

1134 Eingehend dazu oben S. 232 ff.

1135 So besonders deutlich der Rechtsausschuss, vgl. BT-Drucks. 14/3195, S. 34.

habers auf Rückzahlung des geleisteten Vorschusses aus § 667 BGB führen. Dem berechtigten Karteninhaber wird jedoch in diesen Fällen nahezu immer die Karte abhandengekommen sein. Die formal ordnungsgemäße missbräuchliche Zahlungstransaktion führt nun aber weder bei der kontogebundenen noch bei der kontoungebundenen Karte zu einer „Entbriefung" dieser Guthabensforderung[1136]. D. h., der Karteninhaber könnte die Guthabensforderung jenseits atypischer Ausnahmefälle ohnehin nicht durchsetzen, da er die Karte nicht vorlegen kann. De facto hätte er damit in der Regel dennoch seinen Anspruch verloren. So angewandt führte § 676h BGB also nur zu einer Diskrepanz zwischen Wertpapierrecht und Geschäftsbesorgungsrecht, ohne dass dies dem berechtigten Karteninhaber ernsthaft nützen würde. Der Gesetzgeber hätte ein Wertungsproblem nicht gelöst, sondern vielmehr geschaffen.

dd) Kein „Durchschlagen" des § 676h BGB auf das Wertpapierrecht

Freilich wäre ein Wertungswiderspruch zu vermeiden, wenn man ein „Durchschlagen" der Wertung des § 676h BGB auf das Wertpapierrecht in der Form annähme, dass mit jeder Zahlungstransaktion die Verbriefung der Guthabensforderung zumindest in Höhe des Transaktionsbetrags entfiele. Dies kommt jedoch für die kontoungebundene Karte nicht ernsthaft in Betracht. Bei diesem kleinen Inhaberpapier im Sinne des § 807 BGB gibt es keine andere Legitimation für die Inhaberschaft der nach sachenrechtlichen Regeln verkehrsfähigen Guthabensforderung als die Inhaberschaft der Geldkarte[1137]. Auch die Berechtigung an einer durch missbräuchliche Zahlung als „entbrieft" unterstellten Guthabensforderung wäre daher ohne Inhaberschaft der Karte ohnehin kaum zu beweisen. Zudem kann man einer rein geschäftsbesorgungsrechtlichen gesetzgeberischen Leitlinie zur Kartenzahlung, wie sie der Gesetzgeber gerade unter Verkennung wertpapierrechtlicher Implikationen intendierte, kaum den Willen entnehmen, den Kernbereich des Rechts der Inhaberpapiere, zu dem § 807 BGB gehört, zu modifizieren.

Denkbar wäre daher allein, für die kontogebundene Karte eine „Entbriefung" der Guthabensforderung auch bei formal ordnungsgemäßer drittmissbräuchlicher Zahlungstransaktion anzunehmen, um dem berechtigten Karteninhaber auch die Durchsetzung seiner Guthabensforderung in Höhe des abgebuchten Betrags zu ermöglichen. Diesbezüglich ist die wertpapierrechtliche Hürde geringer, da es sich bei der kontogebundenen Karte um ein nicht gesetzlich gere-

---

[1136] Vgl. oben S. 261 ff.

[1137] Siehe dazu oben S. 237 f.

geltes Namenspapier sui generis handelt[1138]. Dies wäre auch deshalb weniger problematisch als bei der kontoungebundenen Geldkarte, weil die Guthabensforderung bei der kontogebundenen Karte nicht übertragbar ist und deshalb unzweifelhaft dem Kontoinhaber zusteht.

Indessen führte dieser Ansatz in Bezug auf Wertungswidersprüche „vom Regen in die Traufe“. Denn obwohl die Frage, ob ein Geldkartenchip auf einer kontogebundenen Karte oder auf einer „White Card“ steckt, für den Einsatz im Geldkartensystem nur die grundsätzlich homogene Betrachtung beider Geldkartenformen nicht in Frage stellende abweichende Wertungen erlaubt, könnte der berechtigte Inhaber einer kontogebundenen Karte nach Drittmissbrauch sein Kartenguthaben zurückverlangen, während es für den Berechtigten einer kontoungebundenen Karte faktisch verloren wäre. Hierin läge eine fundamentale Ungleichbehandlung von wesentlich Gleichem, für die auch der Telos des § 676h BGB keine sachliche Rechtfertigung bieten kann. Im Gegenteil wäre die Differenzierung für den mit der Norm angestrebten Verbraucherschutz kontraproduktiv: Für die Kartenemittenten bestünde ein überwältigender Verhaltensanreiz, auf die Ausgabe von kontogebundenen Karten zugunsten der kontoungebundenen gänzlich zu verzichten. Dabei ist die kontogebundene Karte schon nach bisherigem Recht für ihren Inhaber spürbar risikoärmer, da anders als bei der ungebundenen Karte das emittierende Institut nicht durch Rückerstattung des Kartenguthabens an einen Nichtberechtigten frei werden kann[1139], ein gutgläubiger Erwerb der Guthabensforderung aussscheidet[1140] und in Ausnahmefällen sogar die Verbriefung der Guthabensforderung entfällt[1141]. Letztlich würde der Verbraucher daher sogar schlechter gestellt.

Ein „Durchschlagen“ der Wertung des § 676h BGB auf das Wertpapierrecht scheidet somit aus.

c) Zusammenfassung und Schlussfolgerung

Der Gesetzgeber hat irrig angenommen, er müsse zur Umsetzung von Art. 8 der Fernabsatzrichtlinie auch die Geldkarte regeln. Gerade im Rahmen denkbarer Geldkartenzahlungen mittels elektronischer Medien wie insbesondere dem Internet steht die Geldkarte anderen Systemen der Wertdatenübermittlung gleich, die von der Richtlinie nicht erfasst werden und für deren abweichende Behandlung gegenüber der Geldkarte keine sachliche Rechtfertigung ersichtlich

---

[1138] Vgl. oben S. 238 ff.

[1139] Siehe oben S. 240 f.

[1140] Dazu oben S. 238 f.

[1141] Vgl. oben S. 262 f.

ist. Die zu übermittelnden Wertdaten auch bei der Geldkarte sind zudem keine „Kartendaten“ im Sinne der Richtlinie. Eine Anwendung der Wertung des § 676h BGB auf die Geldkarte dergestalt, dass ein Schadensersatzanspruch des emittierenden Instituts gegen den berechtigten Inhaber einer Geldkarte für formell ordnungsgemäße missbräuchliche Zahlungstransaktionen in teleologischer Extension zu § 670 BGB ausgeschlossen wäre, führte zu unauflösbaren Wertungswidersprüchen zwischen Wertpapierrecht und Geschäftsbesorgungsrecht, ohne dass sich angesichts der Verbriefung der Guthabensforderung an der faktischen Risikoverteilung gegenüber der bisherigen Rechtslage spürbare Änderungen ergäben. Zudem hat der Gesetzgeber die auch geschäftsbesorgungsrechtlich relevante Bargeldersatzfunktion verkannt, welche in gegenüber den anderen Zahlungskarten prinzipiell verschiedener Weise der Geldkarte eigentümlich ist.

Nach alledem hat der Gesetzgeber durch § 676h BGB aus der Verkennung der Besonderheiten einer vorausbezahlten Karte, die sich eben nicht auf die Manifestation eines Weisungsrechts beschränkt, sondern auch das Kartenguthaben wertpapierrechtlich verbrieft, eine allein am Grundsatz der Weisungsgebundenheit des § 665 BGB orientierte Wertung getroffen, die mit der Geldkarte einerseits und den übrigen erfassten Zahlungskarten andererseits unbewusst wesentlich Ungleiches gleich behandelt. Die durch § 676h BGB getroffene allgemeine Wertung für alle Zahlungskarten kann keine abschließende normative Geltung für den Ausgleich der besonderen Interessenlage bei der Geldkarte beanspruchen, weil der Gesetzgeber diese nicht erfasst hat.

Daraus folgt für die Anwendbarkeit des § 676h BGB auf die Geldkarte eine „verdeckte Lücke“, die durch teleologische Reduktion zu schließen ist.

Die in § 676h BGB als Ausdruck der strikten Weisungsgebundenheit des Kartenemittenten im Rahmen des Aufwendungsersatzes getroffene gesetzgeberische Wertung steht einem Schadensersatzanspruch des Kartenemittenten gegen den Karteninhaber für nicht verschuldeten Drittmissbrauch in teleologischer Extension zu § 670 BGB nicht entgegen.

3. Ergebnis

Aufgrund der teleologischen Reduktion des § 676h BGB ergeben sich aus diesem für die geschäftsbesorgungsrechtliche Risikoverteilung bei der Geldkarte keine Abweichungen gegenüber dem bisherigen Recht.

Für die Definition der „Zahlungskarte“ nach §676h BGB lässt sich daher die Einschränkung formulieren:

Zahlungskarte ist jede Urkunde, mit deren Emission ihrem berechtigten Inhaber die Rechtsmacht eingeräumt wird, anstelle von Barzahlung ihren Aus-

steller zu einer Geldzahlung an einen Dritten zu verpflichten, sofern diese Rechtsmacht nicht an die die Übertragung von in dieser Urkunde gespeicherten, den Zahlungsbetrag repräsentierenden Wertdaten geknüpft ist.

III. Endergebnis

Da sich für das von § 676h BGB allein unmittelbar erfasste Geschäftsbesorgungsrecht keine Abweichungen ergeben, führt die Norm zu keiner Änderung der bisherigen Rechtslage.

2. Kapitel

Verschuldensunabhängige Haftung in AGB

1. Abschnitt

Der Scheck

A. Das Risiko des Vordruckmissbrauchs

I. Die Regelung der Scheckbedingungen

Lange entsprach es der Praxis der Kreditinstitute, jegliches Missbrauchsrisiko auf die Kunden abzuwälzen[1142]. So sah Nr. 11 der seit dem 1. April 1977 verwandten Scheckbedingungen vor, dass der Kunde alle Nachteile des Abhandenkommens, der missbräuchlichen Verwendung, der Fälschung und Verfälschung von Schecks und Scheckvordrucken zu tragen habe. Auf die Kritik der Literatur[1143] und die sich abzeichnenden Verwerfung dieser selbst über die Sphärentheorie hinausgehenden Klausel[1144] durch den BGH[1145] wurde mit der am 1. Januar 1995 eingeführten Regelung der Nr. 3 Sonderbedingungen für den Scheckverkehr 1995 Banken bzw. Sparkassen (SchB 95) reagiert. Darin wird vom Grundsatz einer Verschuldenshaftung des Kunden ausgegangen. Eine Ausnahme davon findet sich im dritten Absatz:

[1142] Mit einer entsprechenden Klausel befasst sich z. B. RGZ 92, 50 ff., eine Entscheidung von 1918.

[1143] *Baumbach/Hefermehl*, WG/SchG, Art. 3 SchG Rn. 30 d; *Joost*, ZHR 153 (1989), 237, 268 f.; *Koller*, WM 1981, 2433, 2440; *Nobbe*, in: Schimansky/Bunte/Lwowski, § 60 Rn. 130 f.; *Wolf*, in: Wolf/Horn/Lindacher, § 23 Rn. 786.

[1144] So fällt es nach keiner Ansicht in die "Sphäre" des Kunden, wenn für ihn am Bankschalter bereitgehaltene Vordrucke entwendet werden, was aber vom Wortlaut der Nr. 11 der Scheckbedingungen umfasst ist. Eine restriktive Auslegung im Sinne der Sphärentheorie vertritt allerdings *Canaris*, Bankvertragsrecht, Rn. 711. Noch weiter gehend verstand *Reifner*, NJW 1987, 630, 632, Nr. 11 der Scheckbedingungen als reine Beweislastumkehr für Umstände aus dem Verantwortungsbereich des Kunden.

[1145] Nach BGH, WM 1997, 910 verstößt Nr. 11 Scheckbedingungen 1989 gegen § 9 II Nr. 1 AGBG.

Nr. 3 Abs. 3 Sonderbedingungen für den Scheckverkehr 95 Banken (Sparkassen[1146]) lautet:

> „Handelt es sich bei dem Kunden um einen eingetragenen Kaufmann, um eine juristische Person des öffentlichen Rechts oder um ein öffentlich-rechtliches Sondervermögen, so hat der Kunde darüber hinaus den Schaden zu tragen, der dadurch entsteht, dass ihm Vordrucke ohne sein Verschulden aus dem von ihm beherrschten Verantwortungsbereich (z. B. Entwendung aus den Geschäftsräumen) abhanden kommen und die Bank (Sparkasse/Landesbank) einen auf den abhandengekommenen Scheckvordrucken gefälschten Scheck einlöst. Die Haftung greift nur ein, wenn der gefälschte Scheck dem äußeren Anschein nach den Eindruck der Echtheit erweckt und keine Schecksperre sowie keine sonstigen für die Bank (Sparkasse/Landesbank) erkennbaren Anhaltspunkte für Unregelmäßigkeiten vorliegen."

1. Erfasste Missbrauchsfälle

Mit der Beschränkung auf das Abhandenkommen aus dem beherrschten Verantwortungsbereich wurde die Kundenhaftung im Sinne der Sphärentheorie begrenzt. Fraglich ist allerdings die Einschätzung Bülows[1147], mit dieser Klausel sei die Reichweite der Haftung exakt nach der Sphärentheorie bemessen. Denn nach der Sphärentheorie etwa im Sinne E. Ulmers[1148] ist jedes Abhandenkommen von Vordrucken aus dem Besitz des Kunden erfasst. Wenn aber dem Wortlaut nach nicht ein Abhandenkommen beim Kunden ausreicht, sondern zudem ein Abhandenkommen aus einem besonders *beherrschten Verantwortungsbereich* gefordert wird, für den Geschäftsräume beispielhaft stehen, so liegt darin im Zweifel bereits nach allgemeinen Auslegungsgrundsätzen ohne Rückgriff auf § 5 AGBG eine weitergehende Restriktion des Anwendungsbereichs. Ausreichend ist daher nur ein Abhandenkommen aus Räumlichkeiten, zu denen der Kunde Dritten den Zugang gestatten oder verbieten kann. Ein Diebstahl von Vordrucken etwa zusammen mit einer Brieftasche auf offener Straße ist nicht erfasst, weil die Straße nicht zum Verantwortungsbereich des Kunden gehört und allein der Umstand des Abhandenkommens nicht ausreicht.

[1146] Von den Sparkassen eigentlich inzwischen gestrichen aber durchaus noch vielfach auf Vordruckmaterial verwandt.

[1147] WM 1996, 8, 9.

[1148] Das Recht der Wertpapiere, S. 315 ff.

2. *Adressatenkreis und Verschulden der Bank*

Ferner wurde Kollers[1149] Vorschlag der Differenzierung nach Kundenschichten aufgegriffen. Dabei wurde der Adressatenkreis auf eingetragene Kaufleute, juristische Personen des öffentlichen Rechts und öffentlich-rechtliche Sondervermögen weiter eingegrenzt. Schließlich stellt Nr. 3 Abs. 3 S. 2 SchB 95 klar, dass die Sphärenhaftung bei Verschulden der Bank ausgeschlossen ist.

II. Die Literatur

Die Neuregelung des Missbrauchsrisikos durch die Scheckbedingungen wird aufgrund ihrer Hinwendung zum Verschuldensprinzip begrüßt[1150]. Zwar werden die von Joost[1151] geäußerten Bedenken gegen den Befund der erhöhten Risikointensität des in Nr. 3 Abs. 3 SchB 95 angesprochenen Adressatenkreises allgemein geteilt. Doch wird die Neuregelung ganz überwiegend mit der Auslegung als wirksam erachtet, dass Privatkonten der angesprochenen Kunden nicht erfasst sind[1152]. Hingegen hält Nobbe[1153] Nr. 3 Abs. 3 SchB 95 für nicht mit § 9 Abs. 2 Nr. 1 AGBG vereinbar und nichtig, da die Klausel eine Abweichung vom gesetzlichen Grundgedanken des Verschuldensprinzips darstelle, die die betroffenen Kunden unangemessen benachteilige, da höhere Interessen der Kreditwirtschaft nicht ersichtlich seien und die Haftung der kaufmännischen Kunden nicht durch Vorteilsgewährung kompensiert werde. Dagegen sieht Koller das höherrangige Interesse der Kreditwirtschaft in der Motivation des Kunden zur Optimierung von Sicherungsmaßnahmen in seiner Sphäre, in der erhöhten Rechtsklarheit und in der Vermeidung der Externalisierung von Risiken[1154].

III. Folgerungen aus BGH, Urteil v. 18.3.97[1155]

Mit Nr. 11 SchB 89 hat der BGH eine Regelung verworfen, die über die aktuelle Fassung von Nr. 3 Abs. 3 SchB 95 insoweit hinausgeht, als sie ihrem

---

[1149] Vgl. oben S. 35.

[1150] So etwa *Bülow*, WM 1996, 8, 10.

[1151] ZHR 153 (1989), 237, 251 ff.

[1152] *Bittner*, VersR 1996, 805, 808; *Bülow*, WM 1996, 8, 10; *Pfeiffer*, in: Graf v. Westphalen, ec-Bedingungen, Rn. 116; *Schwintowski/Schäfer*, Bankrecht, § 4 Rn. 308; nicht ganz eindeutig *Wand*, ZIP 1996, 214, 218.

[1153] In: Schimansky/Bunte/Lwowski, Bankrechts-Handbuch, § 60 Rn. 134; ähnlich *Lange*, Die Klauselwerke der Kreditwirtschaft, S. 196.

[1154] *Koller*, JZ 1997, 1068, 1070.

[1155] WM 1997, 910 ff. = WuB I D 3. - 3.97 (*Köndgen*) = NJW 1997, 1700 ff.

Wortlaut nach sowohl das Risiko des Vordruckmissbrauchs als auch der Fälschung bereits der Vordrucke ohne eingrenzende Sphärenerwägungen oder Differenzierung nach Kundenschichten auf die Kunden abwälzt. Diese Differenzierung dürfte allerdings ungeeignet sein, ein Nichtigkeitsverdikt der Rechtsprechung in Bezug auf Nr. 3 Abs. 3 SchB 95 zu verhindern: Wohl mit Bedacht[1156] hat der BGH die Unwirksamkeit der Nr. 11 Scheckbedingungen 89 gerade im Verhältnis zu kaufmännischen Kunden in den amtlichen Leitsätzen betont. Ob die Begründung von Nr. 3 Abs. 3 SchB 95 aus dem Sphärengedanken vor dem BGH Bestand haben wird, bleibt zwar offen, weil der XI. Senat eine Beschränkung von Nr. 11 SchB 89 auf von der Sphärentheorie erfasste Fälle abgelehnt hat[1157], doch beinhaltet das Urteil ein prinzipielles Bekenntnis zum gesetzlichen Leitbild des Verschuldensprinzips[1158]. Zudem wird den Banken sowohl die Beherrschbarkeit als auch die bessere Versicherbarkeit des Missbrauchsrisikos attestiert und auf das Fehlen einer Haftungsbegrenzung für den Kunden verwiesen[1159]. Da diese Argumentation nicht weniger auf die Neuregelung passt, legen die Urteilsgründe nahe, dass der Senat dem Sphärengedanken auch als Maßstab der Abänderung dispositiven Rechts keine Geltungskraft zubilligen will[1160].

IV. Wirksamkeit von Nr. 3 Abs. 3 SchB 95 gemessen an § 9 Abs. 2 Nr. 1 AGBG

Die verschuldensunabhängige Haftung des kaufmännischen Kunden dafür, dass mithilfe aus seinem Einflussbereich abhandengekommener Vordrucke gefälschte Schecks eingelöst werden, unterliegt als Abweichung vom dispositiven Recht der Inhaltskontrolle (§ 8 AGBG). Gemäß § 9 Abs. 1 AGBG sind Bestimmungen in AGB unwirksam, wenn sie den Vertragspartner des Verwenders entgegen den Geboten von Treu und Glauben unangemessen benachteiligen. Das ist gemäß § 9 Abs. 2 Nr. 1 AGBG im Zweifel anzunehmen, wenn eine Bestimmung mit den wesentlichen Grundgedanken der gesetzlichen Regelung, von der abgewichen wird, nicht zu vereinbaren sind. Die Vorschrift beruht damit auf der Lehre von der Ordnungs- und Leitbildfunktion des dispositiven Rechts[1161].

[1156] So auch die Einschätzung bei *Köndgen*, WuB I. D 3. - 3.97, S. 715; *Müller-Christmann*, WM 1998, 577, 578 f.

[1157] BGH, WM 1997, 910, 912.

[1158] Vgl. *Pfeiffer*, in: Graf v. Westphalen, ec-Bedingungen, neue Entwicklungen der Rechtsprechung, zu Rn. 88 f.

[1159] BGH WM 1997, 911, 912.

[1160] *Köndgen*, WuB I D 3. - 3.97, S. 715, 716; ähnlich *Koller*, JZ 1997, 1068, 1070; *Müller-Christmann*, WM 1998, 577, 579.

[1161] Vgl. dazu und zu der streitigen Differenzierung zwischen Vorschriften mit Gerechtigkeitsgehalt und solchen mit Zweckmäßigkeitsgehalt *Brandner*, in: Ulmer/Brandner/Hensen, AGB-Gesetz, § 9 Rn. 132.

1. Abweichung vom gesetzlichen Leitbild

a) Der Meinungsstand zu Verschuldensprinzip und Sphärengesichtspunkten

Ein Teil der Rechtsprechung, insbesondere der für Streitigkeiten aus Bankgeschäften zuständige XI. Senat des BGH, sieht es als Grundgedanken der gesetzlichen Regelung im Sinne von § 9 Abs. 2 Nr. 1 AGBG an, dass eine Verpflichtung zum Schadensersatz regelmäßig nur bei schuldhaftem Verhalten bestehe. Dieser allgemeine Grundsatz des Haftungsrechts gelte als Ausdruck des Gerechtigkeitsgebots gleichermaßen für vertragliche wie für gesetzliche Ansprüche[1162]. Eine Abweichung davon soll jedoch bei Vorliegen höherer Interessen des Verwenders oder bei Gewährung rechtlicher Vorteile in Betracht kommen[1163]. Als Indiz für ein höheres Interesse des Verwenders will insbesondere der genannte Senat die Beherrschbarkeit, die er mit der Sphärentheorie gleichsetzt, zwar durchaus berücksichtigen, doch betont er in jüngsten Urteilen zunehmend sozusagen als Gegengrund den Aspekt der Versicherbarkeit[1164], der meist für eine Belastung des Verwenders spricht. Denn verallgemeinernd lässt sich feststellen, dass meist dann, wenn der Schuldner als spezialisierter Anbieter eine Vielzahl gleichartiger Leistungen erbringt, dieser aufgrund statistisch gewonnener Erfahrungswerte typischerweise auftretende Risiken durch die Einbeziehung von Risikoprämien in seine Entgeltforderung besser streuen kann[1165]. Eine fundamental abweichende Tendenz findet sich hingegen beispielsweise im Urteil des X. Senats des BGH vom 27. 10.1998[1166]: Der Senat legt sogar Vertragsklauseln, die eine Haftung ausdrücklich an das "Vertretenmüssen" anknüpfen, als im Sinne wirtschaftlicher Zusammenhänge zu verstehende Haftung für Risikosphären aus[1167]. Bemerkenswert erscheint insoweit vor allem die Einschätzung des Senats, *dass es vertragsspezifische Risiken gibt, für deren Zuordnung das Verschuldensprinzip ungeeignet ist*[1168]. In der Literatur wird ganz

---

[1162] Vgl. BGHZ 114, 238, 240 f. = NJW 1991, 1886; JZ 1991, 1141 m. Anm. *Bälz* = JR 1992, 371 m. Anm. *Salje*; NJW 1991, 2414, 2415; WM 1997, 910, 912; dem folgend *v. Westphalen*, Vertragsrecht und AGB-Klauselwerke, Haftungserweiterungsklauseln, Rn. 3; *Wolf*, in: Wolf/Horn/Lindacher, AGB-Gesetz, § 9 Anm. H 2; *Brandner*, in: Ulmer/Brandner/Hensen, AGB-Gesetz, § 9 Rn. 138.

[1163] BGH WM 1991, 1110; WM 1997, 910, 912.

[1164] Beispielhaft BGH WM 1997, 910, 912; in diesem Sinne instruktiv *v. Westphalen*, Vertragsrecht und AGB-Klauselwerke, Haftungserweiterungsklauseln, Rn. 4 ff., m. w. N. auf die BGH-Rechtsprechung.

[1165] Eingehend *Priest*, The Current Insurance Crisis, in: Yale Law Journal, Bd. 96 (1987), S. 1521 ff., insb. 1535.

[1166] BGH, X ZR 116/97, NJW 1999, 418 = LM H. 3/1999, § 649 BGB Nr. 32 mit Anm. *Pfeiffer*.

[1167] BGH, NJW 1999, 418, 420.

[1168] BGH, NJW 1999, 418, 420.

allgemein als gesetzlich anerkannter Grund für eine Risikozuweisung eine Haftung für Gefahren aus dem eigenem Herrschafts- und Gefahrenbereich bzw. Beherrschbarkeit des Risikos für möglich gehalten[1169]. Besonders für den Scheckvertrag wird zum Teil trotz Verneinung dispositivrechtlicher Ansprüche der Bank vom Leitbild des Sphärengedankens ausgegangen[1170].

Mit Blick auf die unterschiedlichen Betonungen von Beherrschbarkeit, Sphäre und Versicherbarkeit kann man dabei von einer mit ökonomischen Argumenten aufgeladenen, aber überwiegend nicht systematisch ökonomischen Handhabung des § 9 AGBG sprechen. Für eine konsequent ökonomische Sichtweise spricht sich hingegen z. B. Kötz[1171] aus: Aufgabe des AGBG sei es, das Marktversagen aufgrund prohibitiver Transaktionskosten des Kunden in Bezug auf seine Einflussnahme auf die AGB des Verwenders zu kompensieren[1172], indem man zum Maßstab der Inhaltskontrolle erhebe, was rational ökonomische Menschen in einer Welt ohne Transaktionskosten vereinbart hätten - eine an den Kriterien des „cheapest cost avoider" und „cheapest risk insurer" orientierte, effiziente Risikoverteilung[1173]. Abweichungen davon zum Nachteil des Kunden in AGB seien unwirksam. So bestechend eine Gleichsetzung von Angemessenheit im Sinne von § 9 AGBG mit wirtschaftlicher Effizienz allerdings auch ist, vernachlässigt sie doch unzulässigerweise alle nicht ökonomischen, normativen Vorgaben der Rechtsordnung. Dass sie nicht dem AGBG entspricht, zeigt sich auch daran, dass ansonsten die Zweifelsregelung des § 9 Abs. 2 Nr. 1 AGBG überflüssig wäre. Denn eine effiziente Klausel wäre selbst bei Abweichung vom gesetzlichen Grundgedanken zweifellos angemessen, während eine

---

[1169] Vgl. *Wolf*, in: Wolf/Horn/Lindacher, AGB-Gesetz, § 9 Anm. H 2; *Soergel/Stein*, § 9 AGB-Gesetz Rn. 26; *Höhlscheid*, Die Haftung der Banken im Zahlungsverkehr, S. 195 f.; *Kötz*, in: MünchKomm, § 9 AGB-Gesetz, Rn. 10; *Koller*, NJW 1981, 2434, 2439; nach *Bülow*, WM 1991, 443, hält der Sphärengedanke ganz allgemein § 9 AGBG stand.

[1170] Sehr klar *Jäger*, Fälschungsrisiko, S. 186; ferner *Beck*, Einwendungen bei eurocheque und Kreditkarte, S. 95.

[1171] MünchKomm, § 9 AGB-Gesetz Rn. 6; *ders*., Haftungsausschlußklausen, in: 25 Jahre Karlsruher Forum, Beiheft zu VersR 1983, 145 ff.; ähnlich *Fickenscher*, Die Kontrolle der AGB von Skipässen, S. 1 ff.; *Koller*, NJW 1981, 2433, 2437 ff.

[1172] Gegen eine gerichtliche Kontrolle von AGB wendet sich hingegen insbesondere *Posner*, Economic Analysis of Law, § 4. 7, S. 101 ff.; mit der These, dass innerhalb eines funktionierenden Wettbewerbs die Verwender von sich aus ihren Kunden effiziente Bedingungen anbieten. Diese These fußt allerdings auf der wenig realistischen Prämisse, dass die Kunden auch die AGB aller Konkurrenten genauestens studieren, und ein Urteil über die Vor- und Nachteile der einzelnen Klauseln in die Auswahlentscheidung über den günstigsten Anbieter mit einfließen lassen - ein Marktversagen aufgrund prohibitiver Transaktionskosten ist deshalb in Bezug auf AGB naheliegender, vgl. auch *Braun*, BB 1979, 689 ff.; *Henssler*, Risikoverteilung, S. 264.

[1173] Vgl. dazu oben S. 118 ff.

ineffiziente Klausel jedenfalls unter § 9 Abs. 1 AGBG fiele[1174]. § 9 Abs. 2 Nr. 1 AGBG soll daher gerade über das Ziel ökonomisch effizienter Gestaltung von Austauschbeziehungen hinausgehend ethische Prinzipien der Rechtsordnung[1175], insbesondere die Orientierung am Persönlichkeitsrecht des Vertragspartners des Verwenders, vor Zugriff schützen.

Richtig ist daher das Vorgehen des BGH, ökonomische Gesichtspunkte nur unter anderem als Rechtfertigungsmöglichkeit für Abweichungen vom gesetzlichen Grundgedanken anzuerkennen. Wenn man allerdings mit ökonomisch fundierten Gesichtspunkten wie z. B. Versicherbarkeit argumentiert, darf man dabei das Kaldor-Hicks-Kriterium nicht aus den Augen verlieren, nach dem nicht jede Versicherung auch effizient ist.

b) Stellungnahme zum Verschuldenserfordernis

In Bezug auf das Leitbild „Schadensersatz nur bei Verschulden" stellt sich zunächst die Frage, Grundgedanke welcher gesetzlichen Regelung dieser Satz ist. Dabei ist der Verweis auf § 276 BGB gleich aus zwei Gründen unhaltbar. Zum einen enthält diese Norm keine eigene Aussage über die Gewährung von Schadensersatz. Sie legt nur eine Auslegung von in anderen Rechtsnormen verwandten Begriffen fest[1176]. Zum anderen sieht § 276 BGB vor, dass das Verschuldensprinzip nur dann Maßstab des Vertretenmüssens ist, wenn nicht ein anderes bestimmt ist. Die Norm geht also anders als etwa § 823 Abs. 1 BGB gerade von der *Möglichkeit des Vertretenmüssens ohne Verschulden* aus. Den am Verschuldensprinzip orientierten Teilen der Rechtsprechung ist freilich zuzugeben, dass Grundgedanken eines Rechtsbereichs nicht in Einzelbestimmungen formuliert sein müssen, sondern dass es ausreicht, wenn sie in allgemeinen, am Gerechtigkeitsgedanken ausgerichteten und auf das betreffende Rechtsgebiet anwendbaren Grundsätzen ihren Niederschlag gefunden haben[1177]. Indessen ist auch dann allenfalls der Kerngehalt des Verschuldensprinzip gesichert, dass derjenige, den ein Verschulden trifft, dafür haften soll. Vorliegend geht es aber

---

[1174] Mit § 11 Nr. 7 AGBG wird zudem ausdrücklich eine ineffiziente Risikoverteilung zugelassen, vgl. *Henssler*, Risiko, S. 267.

[1175] Zur Verwirklichung ethischer Grundsätze jenseits effizienter Organisation als Aufgabe des gesamten Privatrechts etwa *Larenz/Wolf*, AT, S. V f.

[1176] *Hanau*, in: MünchKomm, § 276 Rn. 1, *Larenz*, SchuldR I, § 24 I a), S. 366.

[1177] BGH WM 1991, 1110; WM 1997, 910, 912; NJW 1998, 383; ebenso *Brandner*, in: Ulmer/Brandner/Hensen, AGB-Gesetz, § 9 Rn. 137; *Lange*, Die Klauselwerke der Kreditwirtschaft, S. 108; *Wolf*, in: Wolf/Horn/Lindacher, AGB-Gesetz, § 9 Rn. 66; a. A. allerdings *T. Becker*, Die Auslegung des § 9 Abs. 2 AGBG, S. 79 ff, 89; enger auch *v. Hoyningen-Huene*, Die Inhaltskontrolle nach § 9 AGBG, Rn. 245 ff. , der eine Orientierung an Art. 2 EGBGB befürwortet.

um die Verteilung vertragsspezifischer Zufallsrisiken. Wenn der XI. Senat auch deren Abwälzung das Verschuldensprinzip entgegenhalten will, so scheint dies einen weitergehenden Gerechtigkeitsgedanken des Verschuldensprinzips zu implizieren, dass auch vertragsspezifische Zufallsrisiken von demjenigen Vertragspartner getragen werden müssen, dessen Vermögen zunächst betroffen wird. Die entscheidende Frage, die der Senat sich eigentümlicherweise nicht klar gestellt hat, lautet daher:

Welche Grenzen setzt das Verschuldensprinzip für die innervertragliche Zuweisung von vertragsspezifischen Zufallsrisiken?

Geradezu neben der Sache liegt es daher, dass der XI. Senat den Befund, dass die gesetzlichen Schadensersatzansprüche allgemein Verschulden verlangen, auch damit stützt, dass er den zahlreicher werdenden Tatbeständen der Gefährdungshaftung Ausnahmecharakter zuspricht[1178]. Denn ebenso wie in den gesetzlichen Aufopferungsansprüchen (z. B. §§ 904 S. 2, 906 Abs. 2 S. 2 BGB) kommt zwar in der Gefährdungshaftung zum Ausdruck, dass die Rechtsordnung demjenigen das Risiko zuweist, der Träger des überwiegenden Interesses an der Eingehung einer besonderen Gefahr ist, welches gegenüber dem weniger ins Gewicht fallenden Interesse des Geschädigten an der Gefahrvermeidung der Risikoeingehung den Verschuldenscharakter nimmt[1179]. Berücksichtigt man die Gefährdungshaftung, so ist sogar die These M. Rümelins unwiderlegbar, dass niemals positives Recht einem Grundsatz „kein Schadensersatz ohne Schuld" gehuldigt habe[1180]. Allerdings liegt die besondere Bedeutung der Gefährdungshaftung darin, gerade außerhalb von Marktbeziehungen sicherzustellen, dass das Betreiben von besonderen Gefahrenquellen auf ein gesamtwirtschaftlich nützliches Niveau beschränkt bleibt[1181]. Deshalb ist dieses Institut für die vertragliche Haftung ohnehin wenig[1182] und für die hier zu entscheidende Frage gar nicht aussagekräftig.

Dass also der Senat[1183] in Bezug auf den Geltungsanspruch des Verschuldensprinzips ausdrücklich nicht zwischen vertraglichen und außervertraglichen Ansprüchen differenziert, verschleiert die eigentliche Problematik. Vielmehr ist die Reichweite des Verschuldens im vertraglichen Bereich eine andere, als im

---

1178 BGH WM 1991, 1110; WM 1997, 910, 911.

1179 So klar bereits *Müller-Erzbach*, AcP 106 (1910), 309, 323; ebenso *Pfeiffer*, Die Bedeutung des privatrechtlichen Immissionsschutzes, S. 80 f.; vgl. auch *Bälz*, JZ 1991, 1143, 1144.

1180 *M. Rümelin*, Schadensersatz ohne Verschulden, S. 8.

1181 Vgl. oben S. 94.

1182 Vgl. auch *Salje*, JR 1992, 374, 375, der die Gefährdungshaftung grundsätzlich als zur Bewertung vertragsbezogenen Verhaltens ungeeignet ansieht.

1183 *XI Senat* des BGH, NJW 1991, 1886, 1887; NJW 1991, 2414, 2415; WM 1997, 910, 912.

außervertraglichen Bereich. Denn die entscheidende Funktion des Verschuldenserfordernisses besteht darin, *negativ* das Verhalten abzugrenzen, das keine Ersatzansprüche auslöst. Mit dem Verschuldensprinzip berücksichtigt die Rechtsordnung die Risikoscheu potentieller Haftungsadressaten, die viele - auch wirtschaftlich sinnvolle - gefahrbehaftete Tätigkeiten unterlassen würden, wenn diese mit verschuldensunabhängiger Haftung verbunden wären[1184]. Der hinter dem Verschuldensprinzip aufscheinende liberale Grundgedanke der Rechtsordnung heißt demnach *Handlungsfreiheit*[1185]. Daraus folgt aber, dass die Verschuldenshaftung dann keine ausschließliche Geltung mehr beanspruchen kann, wenn sie in Bezug auf die Risikoscheu potentieller Haftungsadressaten kontraproduktiv wäre. So ist z. B. bereits im Bereich des Vertragsschlusses in Bezug auf das Risiko einer fehlerhaften und damit vernichtbaren Willenserklärung die Risikoaversion des Erklärenden geringer als die des Erklärungsempfängers. Deshalb fördert die Rechtsordnung die Bereitschaft des Erklärungsempfängers zur Verkehrsteilnahme gerade durch eine verschuldensunabhängige Vertrauenshaftung des Erklärenden (§ 122 BGB).

Erschöpfend ist daher die Funktion des Verschuldensprinzips, „die Rechtskreise der Einzelnen, innerhalb deren diese ihre ... Interessen verfolgen dürfen, von einander abzugrenzen"[1186], d. h., festzulegen, inwieweit jemand *seine Interessen* kompensationslos auf Kosten eines anderen verfolgen darf, nur für das Deliktsrecht. Im Vertragsrecht stellt sich hingegen die zusätzliche Frage, wer von beiden Vertragspartnern Risiken tragen soll, die sich spezifisch aus der Verfolgung des *beiderseitigen Vertragsinteresses* ergeben.

Deshalb ist es auch bedenklich, dass der BGH sich offensichtlich allein an der Figur der pFV orientiert[1187], die besonders das Integritätsinteresse des Vertragspartners schützt. Zwar liegt eine Abweichung von der Verschuldenshaftung bei einer solchen Sichtweise in der Tat vor, weil man dann die Haftung des Kunden als Ausdruck einer Art Nebenpflicht verstehen muss, das Abhandenkommen von Vordrucken aus dem eigenen Herrschaftsbereich über die Grenze der verkehrserforderlichen Sorgfalt hinaus zu vermeiden. Doch kann ein Programm von ihrer Natur nach deliktischen Verhaltenspflichten, auf dem die pFV beruht[1188] allenfalls diejenigen Risiken abschließend erfassen, die zwar aus dem vertraglichen Kontakt mit den Rechtsgütern des Vertragspartners resultieren,

---

[1184] *Kötz*, AcP 170 (1970) 1; *Koller*, in: RWS-Forum 1, S. 21, 30 f.; *ders.*, JZ 1997, 1068 f.

[1185] Vgl. vertiefend *Canaris*, in: FS-Larenz 1983, S. 27, 35 ff.; *Picker*, AcP 183 (1983), 369, 470 ff.

[1186] Vgl. Prot. II., S. 567, zum Telos der unerlaubten Handlung.

[1187] Vgl. BGH WM 1997, 910, 912. Für den Missbrauch der Kreditkarte nimmt auch *Salje*, JR 1992, 374, 375, das Verschuldenserfordernis der pFV zum Maßstab der Inhaltskontrolle.

[1188] Vgl. *Bälz*, JZ 1991, 1143, 1144; vertiefend *Picker*, AcP 183 (1983), 369, 385 ff.

die aber nicht mit der Verfolgung des Vertragszwecks spezifisch eingegangen werden müssen. Risiken, die in besonderer Weise mit der Vertragserfüllung verbunden sind, bedürfen hingegen im Rahmen des vertraglichen Interessenausgleichs gerade auch insoweit der Zuweisung, als sie nicht verschuldet sind und ihre Vermeidung von keinem Vertragspartner erwartet wird. Das erweist sich insbesondere durch den allgemein anerkannten Schadensersatzanspruch des Auftragnehmers für geschäftsbesorgungsspezifische Zufallsschäden gegen den Auftraggeber[1189]. Keinesfalls lässt sich dieser mit einer Pflicht des Auftraggebers erklären, Schäden des Beauftragten mit über die verkehrserforderliche Sorgfalt hinausgehenden Anstrengungen zu vermeiden. Vielmehr bedarf es der Zuweisung gerade auch der unvorhersehbaren und damit unbeherrschbaren, vertragsspezifischen Risiken - die Interessenlage beim Auftrag gebietet „Schadensersatz ohne Verschulden". Auch hier wäre ein Verschuldenserfordernis gerade im Lichte der Handlungsfreiheit kontraproduktiv, denn erst die Haftung des Auftraggebers nimmt dem Auftragnehmer die Risikoscheu, indem sie ihm die Freiheit von Haftung für die Durchführung des Auftrags gibt, und bedeutet damit letztlich auch insofern erhöhte Handlungsfreiheit für den Geschäftsherrn, als dieser leichter Auftragnehmer findet.

Der XI. Senat des BGH gerät daher in Gefahr, mit dem Grundsatz „kein Schadensersatz ohne Verschulden", dessen Grundgedanke die Handlungsfreiheit ist, in Wahrheit einen anderen, besonders für Vertragsbeziehungen längst diskreditierten Grundsatz wiederauferstehen zu lassen: den Satz „casum sentit dominus"[1190].

Nachdrücklich sei aber nochmals darauf hingewiesen, dass es kein Gebot der Gerechtigkeit gibt, wonach ein vertragsspezifisches Zufallsrisiko kompensationslos von dem Vertragspartner getragen werden muss, dessen Vermögen betroffen ist[1191]. Da sich nichts anderes daraus ergeben kann, dass der Betroffene Verwender von AGB ist, irrt der XI. Zivilsenat des BGH, wenn er glaubt, mit der Verneinung eines Aufwendungsersatzanspruchs und der - an sich zutreffenden - dogmatischen Einordnung eines Ersatzanspruchs für die Einlösung gefälschter Schecks als Schadensersatzanspruch die Wertung des § 670 BGB vollständig außer Acht lassen zu können[1192]. Zwar können die Kreditinstitute einerseits nicht per AGB die Auftragsgemäßheit der Einlösung von Fälschungen mit der Folge eines Aufwendungsersatzanspruchs nach § 670 BGB fingieren. Doch trifft denjenigen, der mit dem Verweis auf die Qualifizierung als Schadensersatzanspruch ignoriert, dass es sich nichtsdestotrotz um den Ersatz für gemessen

---

1189 Vgl. eingehend oben S. 89 ff.

1190 Vgl. oben S. 88.

1191 Vgl. bereits *Wächter*, AcP 15 (1832), 97, 119.

1192 So im Ergebnis auch *Köndgen*, WuB I D 3. - 3.97, 715.

am geschlossenen Scheckvertrag sorgfältige Aufwendungen handelt, der Vorwurf einer „methodologischen Begriffsjurisprudenz."

Vorrangig ist daher die Reichweite der Wertung zu ermitteln, die die §§ 675, 670 BGB für den vertraglichen Interessenausgleich in Bezug auf das nicht verschuldete Risiko des Missbrauchs vorgeben. Im Rahmen dieser Wertung sind Erwägungen über die Beherrschbarkeit des Risikos im Sinne von Präventionsmöglichkeiten nicht entscheidend[1193]. Erst nachrangig stellt sich die Frage, ob es für eine an der Figur der pFV orientierte Haftung beim Grundsatz „Schadensersatz nur bei Verschulden" als Ausdruck der Handlungsfreiheit bleibt, oder ob aufgrund der Besonderheiten des Scheckverkehrs das gesetzliche Leitbild in Richtung auf ein Einstehenmüssen des Kunden für Risikoquellen „aus dem von ihm beherrschten Verantwortungsbereich" modifiziert ist.

c) Leitbildfunktion des Geschäftsbesorgungsvertrags

Über § 675 BGB findet auf den Scheckvertrag auch § 670 BGB Anwendung. Ungeachtet aller dogmatischen Differenzen besteht Einigkeit darüber, dass diese Norm teleologisch die Überwälzung von geschäftsbesorgungsspezifischen Zufallsschäden rechtfertigt[1194]. Zu diesen zählen auch die Kosten aus der Einlösung von gefälschten Schecks, die nicht auftragsgemäß ist und daher keinen Aufwendungsersatzanspruch im engeren Sinne auslöst. Im Rahmen des § 675 BGB schließt auch die Entgeltlichkeit eine Risikozuweisung an den Geschäftsherrn nicht kategorisch aus[1195]. Zudem lässt sich in Bezug auf die Einlösung unter Vordruckmissbrauch gefälschter Schecks der Gedanke der Haftung für Risiken, die den Geschäftsherrn getroffen hätten, wäre er selbst tätig geworden, in dem Ausmaß anwenden, in dem das Missbrauchsrisiko das ausgeschaltete Bargeldrisiko auf Seiten des Kunden widerspiegelt[1196]. Innerhalb dieses teleologischen Kernbereichs der Risikoverlagerung ist es sogar unschädlich, dass die von der Bank getätigten Aufwendungen mangels Weisung nicht unmittelbar auftragsgemäß sind. Die Haftung für den vollen, aus dem Vordruckmissbrauch entstehenden Schaden geht aber insbesondere in Bezug auf die drohenden Schadenssummen auch dann noch deutlich über das dem Kunden abgenommene Bargeldrisiko hinaus[1197], wenn nur das Abhandenkommen aus dem besonders

---

[1193] Vgl. oben S. 92.

[1194] Siehe oben S. 89.

[1195] Dazu oben S. 97; *Staudinger/Martinek*, § 675 Anm. A 77; *Seiler*, in: MünchKomm, § 670 Rn. 17.

[1196] Vgl. oben S. 102.

[1197] Vgl. dazu oben S. 105.

beherrschten Verantwortungsbereich erfasst wird[1198]. Das überschießende Systemrisiko entspricht also nicht mehr einer Risikoverlagerung durch die Übernahme der Geschäftsbesorgung und ist daher auch vom gesetzlichen Grundgedanken des § 670 BGB nicht mehr gedeckt. Da insoweit eine Risikoverlagerung nicht aus der allgemeinen auftragsspezifischen Interessenlage begründet werden kann, steht diese der Orientierung des BGH an der nicht vertragsspezifischen, eher deliktisch geprägten Figur der pFV nicht entgegen. Insoweit kann daher der Grundsatz „kein Schadensersatz ohne Verschulden" Raum greifen, so dass in der summenmäßig unbegrenzten Kundenhaftung eine Abweichung vom gesetzlichen Grundgedanken vorliegt, wenn man nicht einen Sphärengedanken als im besonderen dem Scheckvertrag zugrundeliegend ansieht.

d) Sphärengedanke / Beherrschbarkeit

Allerdings ist bereits festgestellt worden, dass eine Anknüpfung an die Ursprungssphäre eines Risikos ganz abgesehen von den Schwierigkeiten, eine solche zu definieren, keiner gesetzlichen Vorschrift entnommen werden kann und zudem nicht über einen homogenen Gerechtigkeitsgehalt verfügt, der als Grundgedanke der gesetzlichen Regelung isoliert werden könnte[1199].

Auch ist nichts damit gewonnen, wenn man Sphäre allein mit Beherrschbarkeit gleichsetzt, wie dies im Schrifttum vielfach[1200] und auch durch Nr. 3 Abs. 3 SchB 95 allerdings entgegen der Sichtweise E. Ulmers[1201] getan wird.

aa) Beiderseitige Beherrschbarkeit

Denn in Bezug auf die Beherrschbarkeit ist der Analyse Kollers, dass sowohl das Kreditinstitut als auch der Kunde das Risiko der Unterschriftsfälschung auf abhanden gekommenen Vordrucken beherrschen[1202], in vollem Umfang zuzustimmen: Einerseits ist die Ansicht unrichtig, dass den Kunden etwa gegenüber Diebstählen von Vordrucken die Möglichkeit der Gefahrbeherrschung gänzlich fehlte[1203], denn die Kunden haben es vornehmlich in der Hand, Vordrucke gar

---

[1198] Vgl. dazu S. 276.

[1199] Vgl. oben S. 113.

[1200] Vgl. nur *Canaris*, Bankvertragsrecht, Rn. 710; *Jäger*, Fälschungsrisiko, S. 146 f. 186 ff.; BGH WM 1997, 910, 911 f.

[1201] Vgl. oben S. 32.

[1202] *Koller*, NJW 1981, 2433, 2435; ebenso *Jäger*, Fälschungsrisiko, S. 150 f.

[1203] So aber bei sorgfältigen Vorkehrungen gegen das Abhandenkommen *Bülow*, WM 1996, 8, 9; ebenso allgemein für den Diebstahl von Beweiszeichen *v. Craushaar*,

nicht erst in die Hände Dritter fallen zu lassen[1204]. Sie könnten die Vordrucke in Tresoren verwahren und gegebenenfalls rund um die Uhr bewachen lassen. Hier muss differenziert werden zwischen der Möglichkeit von wirksamen Maßnahmen zur Gefahrvermeidung als Ausdruck der Gefahrbeherrschung und der Frage, ob diese Maßnahmen als absurd oder als sinnvoll bzw. zumutbar bewertet werden können[1205].

Andererseits könnten die Kreditinstitute bei jedem vorgelegten Scheck durch graphologischen Vergleich mit den hinterlegten Unterschriftsproben Fälschungen zuverlässig aufdecken[1206]. Grundsätzlich sind es ferner die Kreditinstitute, die innerhalb des vom Scheckgesetz eröffneten Spielraums das Systemrisiko ausgestalten. Dem oftmals aufgegriffenen Hinweis von Caemmerers[1207], dass es nur die Kreditinstitute in der Hand haben, von der zwingenden Vorgabe der Überbringerklausel abzugehen und auf ein weniger fälschungsanfälliges Orderscheck-Verfahren mit Identitätsprüfung anhand eines Lichtbildausweises überzugehen, tritt allerdings Koller[1208] entgegen. Dieser weist darauf hin, dass jegliche Identitätsprüfungspflicht bei Blankoindossament entfalle, dass nach Art. 35 SchG die bezogene Bank nicht zur Prüfung der Echtheit der Unterschriften der Indossanten verpflichtet sei und dass eine allgemeine Pflicht zur Legitimation durch Lichtbildausweis nicht mit Art. 19 ScheckG vereinbar sei[1209]. Dies vermag jedoch nicht zu überzeugen: da das Scheckgesetz den Banken nicht nur freistellt, ob sie einen Scheck einlösen, sondern ihnen sogar die Annahme untersagt (Art. 4 ScheckG), erlaubt es a maiore ad minus auch, dass die Banken ihre Bereitschaft zur Einlösung an Bedingungen knüpfen. Das Scheckgesetz steht daher einer scheckvertraglichen Vereinbarung von Ausweiskontrollen selbst gegenüber dem Inhaber blankoindossierter Orderschecks nicht entgegen. Allerdings wäre eine entsprechende Praxis grundsätzlich auch bei den üblichen Inhaberschecks möglich. Zudem ergeben sich für den Missbrauch von *Vordrucken* zwischen Order- und Inhaberscheck keinerlei Unterschiede in Bezug auf die Fälschungsanfälligkeit. Zwar erfordert der Missbrauch eines abhandengekom-

---

AcP 174 (1974), 2, 22. Dadurch wird allerdings die Möglichkeit von Gefahrvermeidungsmaßnahmen mit dem Gesichtspunkt verwechselt, ob deren Nichtvornahme schuldhaft war.

1204 *Canaris*, Bankvertragsrecht, Rn. 710; *Jäger*, Fälschungsrisiko, S. 150; *Koller*, NJW 1981, 2433, 2435; ähnlich für das Abhandenkommen einer ec-Karte *Pfeiffer*, in: Graf v. Westphalen, ec-Bedingungen, Rn. 88.

1205 So ausdrücklich *Koller*, Gutachten, 1427, 1471; ebenso *Jäger*, Fälschungsrisiko, S. 151.

1206 Vgl. *Jäger*, Fälschungsrisiko, S. 151.

1207 BB 1964, 520; dem folgend vgl. nur BGH, WM 1997, 910, 912; *Joost*, ZHR (153) 1989, 237, 249.

1208 JZ 1997, 1068, 1070.

1209 Dazu auch AG Charlottenburg, WM 1999, 223.

menen *ausgefüllten* Orderschecks gegenüber dem Missbrauch eines abhandengekommenen Inhaberschecks immerhin zusätzlich die Fälschung eines Indossaments des Schecknehmers. Noch sicherer wäre insoweit aber die Ausstellung eines Rektaschecks durch den in Art. 5 Abs. 1 Halbs. 2 ScheckG vorgesehenen Vermerk: „nicht an Order". Zusammenfassend beherrschen die Kreditinstitute also mit ihrer Zulassungspolitik in Bezug auf die verschiedenen Scheckformen die Möglichkeiten des Drittmissbrauchs; besonders beim Vordruckmissbrauch sind die Risikounterschiede zwischen diesen Formen aber gering.

Schließlich lässt sich in Bezug auf die Beherrschbarkeit auch kein zeitlicher Vorrang etwa dergestalt konstruieren, dass es erst bei Nichtabwenden des Risikos des Abhandenkommens durch den Kunden auf das Verhalten der Bank ankäme. Zwar eröffnet nur das Abhandenkommen der Vordrucke die Möglichkeit der Einlösung gefälschter Schecks. Umgekehrt bildet aber die fälscherfreundliche Praxis des beleglosen Scheckeinzugs seitens der Kreditinstitute durchaus einen Anreiz, Vordrucke zu entwenden[1210]. Eine rigorose Unterschriftskontrolle durch die Banken würde also bereits die Zahl der abhandenkommenden Vordrucke reduzieren.

Zusammengefasst besteht daher nicht nur beiderseitige Beherrschbarkeit des Fälschungsrisikos, sondern darüber hinaus eine unauflösbare Interdependenz der beiderseitig unternommenen Anstrengungen zur Risikovermeidung. Diesen Zusammenhang unterschlägt, wer behauptet, das Risiko des Abhandenkommens stamme aus der „Sphäre" des Kunden. Angesichts dieses Befundes erlaubt nun das Kriterium der Beherrschbarkeit allein eine Risikozuweisung weder an die Kunden noch an die Kreditinstitute. Erforderlich ist daher ein zusätzliches einschränkendes Kriterium.

bb) Eingrenzbarkeit nur über eine Verhaltensanforderung

Insbesondere das Erfordernis einer weiteren Konkretisierung des Beherrschbarkeitsaspekts bei beiderseitiger Beherrschbarkeit offenbart erneut, dass jeder Lösungsansatz, der allein in pauschalierender Weise an die Beherrschbarkeit anknüpft, unbrauchbar ist. Übersetzt man etwa wie Canaris „Sphäre" mit Beherrschbarkeit, so kann man das Abhandenkommen von Schecks nicht überzeugender dem „Organisationsbereich" des Bankkunden zuweisen, als die Einlösung der mithilfe dieser Vordrucke gefälschten Schecks der „Sphäre" der Bank[1211]. Wer das Risiko der Zahlung auf gefälschte Schecks dennoch einer Partei zuweist, muss dies mit einem neuen, über die pauschalierende

---

[1210] In diesem Sinne wohl auch *Koller*, WM 1985, 821, 822.

[1211] Vgl. *Joost*, ZHR 153 (1989), 237, 250; BGH, WM 1997, 910, 912.

Betrachtung hinausgehenden Kriterium begründen, das nur auf eine Partei zutrifft. Wenn man aber, um den von Wilburg[1212] übernommenen Ausdruck bei Canaris[1213] aufzugreifen, das nicht verschuldete Abhandenkommen eines Scheckhefts als „Mangel aus der Sphäre des Kunden" wertet, bleibt man mit der Definition des „Mangels" auch die Begründung schuldig, warum die Einlösung eines gefälschten Schecks kein äquivalenter „Mangel aus der Sphäre der Bank"[1214] ist. Denn während bei der Gefahrsetzung als Zurechnungskriterium z. B. die Bewertung derselben als nicht schutzwürdig einen Vorwurf begründet, der problemlos die Zurechnung der Gefahrrealisierung als „Mangel" an den Gefahrsetzer erlaubt, lässt sich ein „Mangel" unter dem Gesichtspunkt der Gefahrbeherrschung bei beiderseitiger Beherrschbarkeit nur mit dem Verstoß gegen eine Verhaltensanforderung begründen. Der Zurechnung nach abstrakter Beherrschbarkeit beruht aber nicht auf einer Verhaltensanforderung, da hier bereits die Vermeidbarkeit durch eine Art „äußerste Sorgfalt" ausreicht, deren Einhaltung gerade nicht sinnvoller Weise erwartet werden kann. Eine Verhaltensanforderung bietet nur die Verschuldenshaftung, bei der die Zurechnung von der Einhaltung der verkehrserforderlichen Sorgfalt abhängt. Sowohl Bank als auch Kunde haben aber dieser Anforderung genügt. Obwohl der Begriff „Mangel" also ein besonderes „Versagen" des Kunden indiziert, bleibt offen, wie dessen nicht erfüllte Verhaltensanforderung ausgestaltet sein soll, die einerseits zwischen „äußerster" und verkehrserforderlicher Sorgfalt liegen muss und andererseits nicht in gleicher Weise vom Kreditinstitut verfehlt wird. Es kann daher nicht verwunden, dass Reifner[1215] mit dem gleichen methodischen Ansatz, einer pauschalierend an die Beherrschbarkeit anknüpfenden Sphärentheorie, zum diametralen Ergebnis der Risikozuweisung an die Bank kommt und somit die Ambivalenz eines Sphärenarguments unter Beweis stellt, das für sein Hinausgehen über eine pauschalierende Anknüpfung an das bloße „Ob" der Beherrschbarkeit kein Kriterium zu definieren vermag. Bei beiderseitiger Beherrschbarkeit hängt demnach bereits die Denkbarkeit einer einseitigen Zurechnung nach Beherrschbarkeit davon ab, ob sich für nur eine Partei eine sinnvollere Verhaltensanforderung zur Schadensabwendung feststellen lässt. Die einzige Verhaltensanforderung mit Leitbildcharakter für das dispositive Recht ist aber die Einhaltung der verkehrserforderlichen Sorgfalt - das Verschuldensprinzip.

[1212] Elemente, S. 43 ff., insb. 49 ff.

[1213] Bankvertragsrecht, Rn. 710.

[1214] So bezeichnet denn auch *Koller*, Gutachten, S. 1471, ausdrücklich die Scheckeinlösung als "Mangel aus der Sphäre der Bank".

[1215] NJW 1987, 630, 632.

cc) § 645 Abs. 1 BGB

Ebenso wenig greift schließlich ein aus § 645 Abs. 1 BGB abzuleitender und auch mit neueren Normen wie §§ 676b Abs. 3 S. 6, 676c Abs. 1 S. 3 a. E. BGB konformer Gedanke, dass der Schuldner nicht die Risiken tragen muss, die auf besonderen, vertragsspezifischen Mitwirkungshandlungen des Gläubigers beruhen. § 645 Abs. 1 BGB soll dem Unternehmer nur einen Teil der Härte abnehmen, die aus der bei Vertragsschluss vorliegenden Unkalkulierbarkeit der Risikoausgestaltung durch den Besteller resultiert. Prognoseunsicherheiten in Bezug auf marginale Risikogestaltungsmöglichkeiten des Gläubigers, wie der Kunde sie innerhalb des Rahmens der sorgfältigen Aufbewahrung von Vordrucken hat, sind davon nicht erfasst[1216].

dd) Ergebnis

Auf ein gesetzliches Leitbild der Haftung für alle aus der eigenen Sphäre stammenden Risiken beim Scheckverkehr lässt sich Nr. 3 Abs. 3 SchB 95 daher nicht stützen. Vielmehr weicht die Überwälzung des Missbrauchsrisikos im Sinne des § 9 Abs. 2 Nr. 1 AGBG vom gesetzlichen Leitbild der Handlungsfreiheit ab, nach dem insbesondere summenmäßig unbegrenzter Schadensersatz nur bei Verschulden gewährt wird.

2. Unangemessenheit

a) Der Sphärengedanke

Die festgestellte Abweichung vom gesetzlichen Grundgedanken der Handlungsfreiheit determiniert zwar noch nicht die Unangemessenheit von Nr. 3 Abs. 3 SchB, da eine solche nur im Zweifel anzunehmen ist. Jedoch trifft die Kreditinstitute als Verwender aufgrund der Abweichung vom gesetzlichen Leitbild im Sinne des § 9 Abs. 2 Nr. 1 AGBG die Darlegungslast, warum die Klausel nicht unangemessen ist und daher nicht gegen Treu und Glauben verstößt[1217]. Deshalb kann eine Risikoverlagerung auf den Kunden nicht mit dem Hinweis gerechtfertigt werden, dass aus rechtsethischer Sicht gegen die Sphärentheorie nichts einzuwenden sei[1218], oder mit der pauschalen Behauptung,

---

[1216] Vgl. oben S. 114 ff.

[1217] Vgl. *Brandner*, in: Ulmer/Brandner/Hensen, AGB-Gesetz, § 9 Rn. 129; *Wolf*, in: Wolf/Horn/Lindacher, § 9 Rn. 61.

[1218] So etwa *Ikas*, EFTPOS, S. 185.

dass sie interessengerecht sei[1219]. Die vollständige Verlagerung von solchen Zufallsrisiken auf den Kunden, die seinem wie auch immer definierten Herrschafts- oder Gefahrenbereich entspringen, ist nach den bisherigen Untersuchungsergebnissen kein rechtfertigender Selbstzweck. Vielmehr wäre darzulegen, welches höherrangige Interesse mit dieser Risikoverlagerung angemessen verfolgt wird. In Betracht kommt dafür in erster Linie die Verminderung wirtschaftlicher Schäden durch Vordruckmissbrauch, da dies im Zweifel über die Tarifgestaltung mittelbar auch dem Kunden zu Gute kommt. Dann muss aber zumindest aber auch die Eignung einer verschuldensunabhängigen Kundenhaftung zur Förderung dieses Interesses plausibel gemacht werden. Gerade das ist aber in Bezug auf eine pauschale Sphärenhaftung nicht möglich. Fraglich ist daher, ob das Kaldor-Hicks-Kriterium hier mehr leisten kann. Der zentrale Einwand dagegen ist zwar, dass die Operabilität dieses Kriteriums kaum die des Sphärenkriteriums übersteigt[1220]. Zumindest als Hilfsmittel der juristischen Wertung hat es sich aber bereits als tauglich und dem pauschalen Sphärenaspekt überlegen erwiesen. So ist etwa der in § 645 Abs. 1 BGB anklingende Gedanke, den Schuldner von solchen Risiken zu entlasten, die in für ihn unkalkulierbarer Weise durch Mitwirkung des Gläubigers ausgestaltet werden, auch ökonomisch zu begreifen: Vorhersehbarkeit und Kalkulierbarkeit von Risiken durch die Vertragsparteien entscheiden grundlegend bei der Ermittlung des „cheapest cost avoider" bzw. „cheapest risk insurer"[1221]. Zudem ist im Gegensatz zu einem pauschalen Sphärenkonzept für eine ökonomisch orientierte Betrachtung der Befund unproblematisch, dass eine verschuldensunabhängige Kundenhaftung bei Abhandenkommen von Vordrucken gar keine Haftung im Sinne einer mit Beherrschbarkeit gleichgesetzten eigenen Sphäre darstellt, da ein Schadenseintritt von den Kreditinstituten über die Möglichkeit der Scheckprüfung ebenfalls beherrscht wird. Als Zwischenergebnis kann somit festgehalten werden, dass sich eine Bewertung der Risikoverlagerung als angemessen mit Sphärenargumenten allein nicht begründen lässt. Näheres Betrachtung verdient daher das Kaldor-Hicks-Kriterium.

b) Das Kaldor-Hicks-Kriterium

Soweit keine abweichenden normativen Vorgaben eingreifen, gegenüber denen jede wirtschaftliche Betrachtung ohnehin subsidiär sein muss[1222], ergibt sich die Frage, inwieweit eine vollständige Überwälzung des nicht verschuldeten

---

[1219] So *Bülow*, WM 1991, 443, 445; ähnlich *Brockmeier*, Das POS-System, S. 124 f.

[1220] Kritisch insoweit etwa *Horn*, AcP 176 (1976), 307, 331.

[1221] So auch *Fickenscher*, Die Kontrolle der AGB von Skipässen, S. 13.

[1222] Vgl. oben S. 123 ff.

Missbrauchs von Vordrucken mit der ökonomischen Effizienz einer solchen Haftungsregelung begründet werden kann. Ungeachtet des Rangs ökonomischer Argumente bei der AGB-Inhaltskontrolle muss die Frage bereits verneint werden, wenn keine deutlichen Anhaltspunkte für die Effizienz der Haftungsregel sprechen. Fraglich ist daher zunächst, ob der Gedanke der Risikozuweisung an den „cheapest cost avoider" Anhaltspunkte für die Effizienz einer vom Verschuldensprinzip abweichenden Haftung gibt.

aa) Risikozuweisung an den „cheapest cost avoider" und Verschuldenshaftung

Unter idealen Bedingungen wird allein derjenige, der die Risikorealisierung mit Kosten vermeiden kann, die nicht über dem Erwartungswert des drohenden Schadens liegen, durch eine Belastung mit der Haftung zur Prävention motiviert; ansonsten ist die Risikovermeidung ohnehin ineffizient. Gemäß dem Kaldor-Hicks-Kriterium[1223] ist eine Risikozuweisung nach Beherrschbarkeit an einen Vertragspartner nur dann geboten, wenn dieser die Gefahrverwirklichung zum einen mit im Vergleich zum drohenden Schaden geringeren Kosten und zum anderen kostengünstiger vermeiden kann, als der Vertragspartner. Die mit dieser eingeschränkten Risikozuweisung nach Beherrschbarkeit an den „cheapest cost avoider" korrespondierende Verhaltensanforderung ist also die Einhaltung nicht der "äußersten", sondern der wirtschaftlichen Sorgfalt. Wie bereits festgestellt[1224], stimmen aber Verschuldenshaftung und Risikozuweisung an den „cheapest cost avoider" begrenzt durch den mathematischen Erwartungswert des Schadens nach der Learned Hand-Formel weitgehend überein. Soweit die Verschuldenshaftung darüber hinausgehend besondere Gerechtigkeitsaspekte verfolgt, ist sie sogar noch strenger, wie sich an der Echtheitsprüfungspflicht der Banken gezeigt hat[1225]. Eine konkrete Verhaltensanforderung wirtschaftlicher Sorgfalt, die über die verkehrserforderliche Sorgfalt der Verschuldenshaftung hinausgeht, lässt sich also aus ökonomischen Gesichtspunkten nicht ableiten. Demnach ist eine Zuweisung des nicht verschuldeten Vordruckmissbrauchs nach Beherrschbarkeitskriterien grundsätzlich kein Gebot wirtschaftlicher Effizienz.

[1223] Dazu oben S. 118 ff.

[1224] Vgl. oben S. 126 ff.

[1225] Siehe oben S. 79 f.

(1) Die Idee eines Beherrschbarkeitsvorsprungs

Als weiterführender Gedanke kommt jedoch der Gedanke des Beherrschbarkeitsvorsprungs in Betracht. Die Frage, wer von beiden Vertragsparteien, die eine Gefahr beherrschen, zur Optimierung der Präventionsanstrengungen mit einer Gefährdungshaftung belastet werden soll, suchte bereits der Pionier der abstrakten Beherrschbarkeit, Müller-Erzbach[1226], dahingehend zu beantworten, dass derjenige die Gefahr tragen solle, der „ein entschiedenes Übergewicht" an Einflussmöglichkeiten besitze. Heute vertreten Koller[1227] allgemein und Jäger[1228] besonders für den Scheckvertrag eine Risikozuweisung an die Partei, die einen abstrakten Beherrschbarkeitsvorsprung hat. Dies stellt aber gerade eine Abweichung vom Gedanken der abstrakten Beherrschbarkeit dar. Denn abstrakte Beherrschbarkeit ist absolut: entweder besteht Risikovermeidungsfähigkeit bei beiden Parteien, oder nicht; Vorsprünge sind durch dieses Kriterium allein nicht definiert. Wenn beide Seiten jeweils unterschiedliche Kausalfaktoren beherrschen, so bedarf es daher der Heranziehung außerhalb der abstrakten Beherrschbarkeit liegender zusätzlicher Wertungskriterien, warum diese Kausalfaktoren nach Art oder Zahl nicht gleichwertig sind. Um nämlich das Risiko nur einer Partei zuzuweisen, muss der Rechtsanwender nun doch selbst eine Prognose abgeben, wer von den beiden Vertragspartnern, die die Risikorealisierung vermeiden können, die kostengünstigeren oder sonst eher zumutbaren Methoden der Schadensabwehr entwickeln kann, anstatt die Kostenerwägung "selbststeuernd" demjenigen zu überlassen, der mit dem Risiko belastet wird.

In der Tat berücksichtigt Koller beim Risiko des Scheckmissbrauchs, dass Risikobeherrschungsmaßnahmen der Banken gegenüber ihren Geschäftskunden aufgrund des mangelnden Einblicks in deren unterschiedliche individuelle Risikostruktur notwendigerweise einheitlich hoch und daher zu teuer seien[1229]. Diese Behauptung ist zunächst inhaltlich fragwürdig, denn während sich die Schutzmaßnahmen der Kunden immer einheitlich an der Möglichkeit der Ausfüllung mit hohen Beträgen orientieren müssen, kennen die Banken in jedem Einzelfall die Höhe der Schecksumme und können daran ihren Sicherheitsaufwand individuell ausrichten - was sie durch das BSE-Verfahren für Schecks über geringere Summen auch tun. Bemerkenswert ist in diesem Zusammenhang, dass Koller im Hinblick auf die Erkennbarkeit der Schecksumme die wertpapierrechtliche Rechtsscheinshaftung für abhandengekommene Vordrucke gerade mit der Begründung verneint hat, dass „der Erwerber eines ausgefüllten Schecks (...) im Einzelfall bedeutend angemessener reagieren (kann), da er ex-

---

[1226] AcP 106, 309, 414 ff.

[1227] Risikozurechnung, S. 87, passim.

[1228] Fälschungsrisiko, S. 145 ff.

[1229] *Koller*, NJW 1981, 2433, 2436.

akter zu beurteilen vermag, *wann es sich lohnt*, die Vertrauenswürdigkeit des Veräußerers zu prüfen oder *beim Namensträger zurückzufragen*"[1230]. Wohl gerade aus diesem Grunde konstatiert Jäger[1231] umgekehrt einen Beherrschbarkeitsvorsprung der Kreditinstitute bei Schecks über hohe Summen.

Ausschlaggebend ist aber bereits, dass die mit suboptimalen Kosten begründete Außerachtlassung der Beherrschungsmöglichkeit der Bank, also die Berücksichtigung der Kosten der Schadensvermeidung, letztlich nichts anderes als die Begrenzung der Risikozuweisung durch Gesichtspunkte einer sinnvollen konkreten Verhaltensanforderung, also der Verschuldenshaftung, bedeutet.

(a) Rückgriff auf die Struktur der Verschuldenshaftung

Eine Risikozuweisung nach der Prognose, wer kostengünstigere Verfahren zur Schadensabwehr entwickeln kann, gleicht strukturell der Verschuldenshaftung. Hier entscheidet allerdings nicht die Anknüpfung an die Verhaltensanforderung, wirtschaftliche Schadensabwehrmaßnahmen vorzunehmen, über die Haftung, sondern die Anknüpfung an die Verhaltensanforderung, wirtschaftliche Schadensabwehrmaßnahmen erst zu entwickeln. Der zentrale Unterschied zur Verschuldenshaftung besteht allein darin, dass nach Koller denjenigen, der über das bessere Entwicklungspotenzial verfügt, die Haftung bereits treffen soll, bevor er die neuen Methoden entwickeln kann, um ihn zur Entwicklung erst zu motivieren. Damit macht er aber die Risikozuweisung von Spekulationen abhängig.

(b) Unbestimmtheit von Prognosen zukünftiger Wirtschaftlichkeit

Spekulativ ist insbesondere Kollers ursprüngliche These, dass effiziente Sicherungsmaßnahmen der Kreditinstitute gegenüber ihren gewerblichen Kunden nicht entwickelt werden könnten, diese aber zu effizienter Prävention in der Lage seien[1232]. Zu Recht gibt er neuerdings zu, dass „innovative Effekte bei der Aufbewahrung von Scheckvordrucken ... nur beschränkt zu erwarten (sind)"[1233]. Einen "Beherrschbarkeitsvorsprung" seitens der Banken folgert er daraus aber nicht, denn die Rechtfertigung von Nr. 3 Abs. 3 SchB 95 sieht er nach wie vor

---

[1230] *Koller*, WM 1981, 210, 213; Hervorhebung des Verfassers.
[1231] Fälschungsrisiko, S. 148.
[1232] *Koller*, NJW 1981, 2433, 2436.
[1233] *Koller*, JZ 1997, 1068 f.

auch in der Risikozuweisung nach Beherrschbarkeit[1234]. Nichtsdestotrotz erlaubt diese Argumentationsfigur mit Leichtigkeit auch die Gewinnung gegenteiliger Ergebnisse. Geva etwa hält umgekehrt eine Risikobelastung der Banken für wünschenswert, um für diese einen Anreiz zu technologischem Fortschritt bei der Schadensvermeidung zu setzen[1235]. In der Tat sind die technologischen Entwicklungsmöglichkeiten seitens der Bank kaum begrenzt: elektronische Lesegeräte für Unterschriftsprüfungen von der Qualität graphologischer Gutachten sind bereits entwickelt[1236]. So ist durchaus eine Zukunft denkbar, in der eingereichte Schecks bei der Inkassostelle „gescannt" werden und mittels Datenfernübertragung ein nahezu sicherer, automatischer Vergleich mit einer „elektronisch hinterlegten Schriftprobe" des Kontoinhabers erfolgt. Anstatt auf die Echtheitsprüfung zu verzichten, könnte man sie also verbessern und sogar mit dem BSE-Verfahren wieder harmonisieren.

Dennoch kann die bloße Prognose *zukünftiger* wirtschaftlicher Realisierbarkeit solcher Maßnahmen keine *gegenwärtige* Risikozuweisung rechtfertigen. "Beherrschbarkeitsvorsprung" ist ein Kriterium von untragbarer Beliebigkeit.

(c) Resümee

Soweit der Stand der Technik die Einführung neuer, wirtschaftlicher Verfahren der Gefahrenabwehr mit der für eine an Rechtssicherheit orientierte Risikozuweisung erforderlichen Sicherheit erlaubt, kann deren Unterlassen hinreichend durch die Verschuldenshaftung erfasst werden. Darüber hinausgehende Prognosen hängen von der Vorstellungskraft des Rechtsanwenders in Bezug auf das technisch Machbare und von seinem Optimismus in Bezug auf die wirtschaftliche Realisierbarkeit neuer Verfahren ab. Zugunsten des Kriteriums eines „abstrakten Beherrschbarkeitsvorsprungs" von der Verschuldenshaftung abzuweichen, bedeutet daher die Preisgabe jeglicher Rechtssicherheit zugunsten einer im höchsten Maße zweifelhaften Förderung der Allokationseffizienz. Dieses Kriterium ist daher abzulehnen. Ohne Berücksichtigung eines Verhaltensmaßstabs, wie ihn das Verschuldensprinzip vorgibt, ist eine „bessere Beherrschbarkeit" nicht definiert.

[1234] *Koller*, JZ 1997, 1068, 1070.

[1235] *Geva*, LQR 114 (1998), S. 250, 285, 288.

[1236] Vgl. dazu Focus 1997, Heft Nr. 23, S. 150: "Fälschungssichere Unterschrift".

(2) Einseitige Risikozuweisung aufgrund der Ineffizienz der Verschuldenshaftung

Es bleibt daher grundsätzlich dabei, dass in dem Verzicht auf Wahrnehmung wirtschaftlicher Methoden zur Schadensvermeidung regelmäßig ein Verschulden liegt und daher Zufallsrisiken aus ökonomischer Sicht allein entsprechend ihrer Streubarkeit zu verteilen sind. Eine ökonomisch begründete, summenmäßig unbegrenzte Risikozuweisung nach Beherrschbarkeit kommt daher nur nach Maßgabe der Prognose in Betracht, dass der belasteten Partei einerseits Möglichkeiten zur wirtschaftlichen Risikovermeidung zu Gebote stehen und dass diese Möglichkeiten andererseits derart intransparent sind, dass die Nichtwahrnehmung dieser Vermeidungsmöglichkeiten mangels gerichtlich ausdifferenzierter Sorgfaltspflichten in erheblichem Ausmaß nicht bereits als Verschulden geahndet wird. Nur dann ist eine Verbesserung der Prävention durch pauschale Risikozuweisung nach Beherrschbarkeit in einem Umfang denkbar, der die mit einer summenmäßig unbegrenzten Risikozuweisung verbundene, erhebliche Fehlallokation von nicht wirtschaftlich vermeidbaren und durch den anderen Vertragspartner besser versicherbaren Risiken kompensieren kann. Während allerdings eine solche Prognose aufgrund ihrer notwendigen Unsicherheit für die ergänzende Rechtsfortbildung unbrauchbar ist, ist sie m. E. grundsätzlich *geeignet*, die Vermutung der Unangemessenheit einer risikozuweisenden Klausel aufzuheben, wenn der Verwender hinreichend fundiert darlegt, dass das erforderliche Risikomanagement der belasteten Partei außerordentlich komplex und gerichtlich schwer nachzuvollziehen ist.

Letzteres kann allerdings in Bezug auf das Risiko des Vordruckmissbrauchs nicht behauptet werden: Die Risikosteuerungsmöglichkeiten der Kunden erschöpfen sich darin, Vordrucke wie Bargeld unter Verschluss zu halten und nur vertrauenswürdigen Personen Zugang zu diesen zu ermöglichen. Für diesen Sachverhalt gibt es eine ausdifferenzierte Rechtsprechung über den Umfang der vertraglichen Sorgfaltspflichten des Kunden[1237]. Damit ist bereits die bloße Vermutung, dass eine verschuldensunabhängige, *summenmäßig unbegrenzte* Risikozuweisung an die Kunden für ein Abhandenkommen der Vordrucke aus dem von ihnen „beherrschten Einflussbereich" die unternommenen Präventionsanstrengungen ganz erheblich steigert, abzulehnen, weil es für das Bestehen von wirtschaftlichen, nicht von der Verschuldenshaftung erfassten Risikovermeidungsmöglichkeiten der Kunden in erheblichem Umfang keine schlüssigen Hinweise gibt. Behauptungen über eine weit verbesserte Prävention durch die Kundenhaftung sind insoweit ebenso Spekulation wie eine entsprechende Behauptung in Bezug auf eine Haftung der Bank[1238]. Denkbar ist zwar, von einer

---

[1237] Vgl. oben S. 67 ff.

[1238] Siehe oben S. 294.

verminderten Präventionswirkung der Verschuldenshaftung deshalb auszugehen, weil bereits ein objektiver Sorgfaltsverstoß dem Kunden angesichts dessen möglicherweise komplexer Organisation mitunter schwer nachweisbar ist. Dieser Einwand kann aber keine unbegrenzte verschuldensunabhängige Haftung *statt* der Verschuldenshaftung begründen. Nur eine die Verschuldenshaftung unterstützende, summenmäßig eng begrenzte Zufallshaftung kommt insoweit in Betracht. Bezüglich einer summenmäßig unbegrenzten Haftung können Beweisschwierigkeiten auch unter Präventionsgesichtspunkten allenfalls für eine Beweislastumkehr zu Ungunsten des Kunden herangezogen werden[1239]. Eine Beweisbelastung des Kunden, dass etwa ein Abhandenkommen von Vordrucken nicht auf einer objektiven Sorgfaltspflichtverletzung beruht, liefe aber im Ergebnis auf eine nahezu verschuldensunabhängige Haftung hinaus, was wiederum aus den genannten Gründen die Präventionsanstrengungen der Bank in Frage stellen würde. Es kann zudem ohnehin aus den bereits dargestellten grundsätzlichen Erwägungen zum als Leitbild dienenden § 282 BGB[1240] für eine Beweislastumkehr nicht allein ausreichen, dass die Aufklärungsmöglichkeiten des Verwenders deutlich schlechter sind, als diejenigen der anderen Partei[1241]. Deshalb wären AGB, die eine Entlastungspflicht des Kunden allein an das Abhandenkommen von Vordrucken aus seinem Besitz knüpften, sowohl gegenüber Verbrauchern (§ 11 Nr. 15 AGBG) als auch gegenüber Unternehmern (§ 9 Abs. 2 Nr. 1 AGBG) unwirksam.

bb) Risikozuweisung nach Streuungsmöglichkeiten

Jenseits aller Risikovermeidungsmöglichkeiten könnte sich die besondere Effizienz der verschuldensunabhängigen Verlagerung des Missbrauchsrisikos aus Gesichtspunkten der Riskostreuung ergeben. Eindeutig sind aber die Risikostreuungsmöglichkeiten der Kreditinstitute überlegen: große Kreditinstitute verfügen als „superior risk bearer" sogar über die als optimal anzusehende Möglichkeit der internen Risikostreuung[1242].

[1239] A. A. offenbar *Koller*, JZ 1997, 1068, 1070.

[1240] Vgl. zur Beweislastverteilung nach dispositivem Recht oben S. 138 ff.

[1241] So auch in Bezug auf das Problem des Missbrauchs von Kreditkarten *Salje*, JR 1992, 374, 376, *Taupitz*, § 5 A III 4 d, S. 150.

[1242] Vgl. oben S. 130 ff.; sowie zum Begriff oben S. 121.

cc) Der Gesichtspunkt der Externalisierung von Risiken

Für eine Risikozuweisung an die Kunden kann daher allenfalls dann ihre Effizienz angeführt werden, wenn die Risikobelastung der Kreditinstitute durch Externalisierung von Risiken sichtbar zu Wohlfahrtsverlusten führt, die schwerer wiegen, als der Nutzen, den der Versicherungscharakter der Bankenhaftung für die Kunden bringt. Die dies bejahende Diagnose Kollers[1243] ist jedoch nicht nachvollziehbar.

Bei einer Versicherung müssen von allen in eine Versicherungsklasse eingeordneten Versicherten diejenigen mit tatsächlich geringeren Risiken über die einheitliche Versicherungsprämie diejenigen mit höheren Risiken subventionieren. Dies wird immer dann in Kauf genommen, wenn sich die individuellen Risiken durch den Versicherer nicht oder nicht mit wirtschaftlichem Aufwand differenziert erfassen lassen. Letzterer Aspekt greift - wenn auch in unterschiedlichem Ausmaß - bei jeder Versicherung. Er gehört durchaus zum Wesen der Versicherung und steht daher aus ökonomischer Perspektive einer Versicherung nicht grundsätzlich entgegen[1244].

Wie bereits festgestellt, bestehen im Wesentlichen die Alternativen einer Risikostreuung durch die Kreditinstitute und eines Verzichts auf Versicherung[1245]. Überdies wurde dargestellt, dass Versicherungen aufgrund des Prinzips des abnehmenden Grenznutzens effizient sein können, obwohl sie zumindest langfristig höhere Kosten verursachen, als die Hinnahme des Schadens[1246]. Dies gilt unabhängig davon, wie diese Kosten zustande kommen. Solange nun alle Kunden, denen das Kreditinstitut einen gleichen Tarif bei Übernahme des Missbrauchsrisikos anbietet, diesen demjenigen geringeren Tarif vorziehen, bei dem sie das Missbrauchsrisiko selbst tragen müssten, stellt die Zuweisung des Missbrauchsrisikos an das Kreditinstitut trotz der Quersubventionierung fremder Risiken das Pareto-Optimum[1247] dar. Selbst wenn ein Teil der Kundschaft sein individuelles Risiko gering achtet und es unter den genannten Bedingungen bevorzugte, das Risiko selbst zu tragen, ist mangels anderweitiger Versicherungsmöglichkeit die Risikozuweisung an die Kreditinstitute nach dem Kaldor-Hicks-Kriterium solange vorzuziehen, wie die Kunden, die eine Versicherung wünschen, aus der Übernahme des Risikos durch die Bank einen Nutzen ziehen, der insgesamt höher ist, als die Einbuße derjenigen, die aus der Versicherung keinen ihren Kosten entsprechenden Nutzen ziehen. Diese Erwägung greift selbst dann, wenn die Kreditinstitute die Kosten des Scheckverkehrs in ihre sonstigen

---

1243 *Koller*, WM 1981, 2433, 2437; *ders*, JZ 1997, 1068, 1070.

1244 Vgl. *Calabresi*, The Costs of Accidents, S. 146 f.

1245 Vgl. oben S. 130 ff.

1246 Vgl. oben S. 120 ff.

1247 Näher zum Begriff oben S. 118 f.

Entgelte etwa für die Kontoführung einkalkulieren und somit Kunden belastet werden, die *nicht* am Scheckverkehr teilnehmen. Ein im Sinne der ökonomischen Analyse des Rechts bedenklicher externer Effekt läge aber jedenfalls dann vor, wenn erst die Risikoübernahme durch das Kreditinstitut in solchen Fällen zur Nachfrage der Leistung führte, in denen die Kosten der Inanspruchnahme der Leistung deren Nutzen übersteigen. Denn wenn im Einzelfall das Risiko so hoch wäre, dass ein rational handelnder Kunde eine seinem individuellen Risiko entsprechende Prämie nicht mehr zahlen würde, weil er keinen dementsprechenden Nutzen aus der Verwendung von Schecks zöge, entstünden durch die Leistungserbringung Wohlfahrtsverluste. Letzteres kann jedoch nicht unterstellt werden, wenn man bedenkt, dass es hier einerseits nur um die Verteilung des Restrisikos geht, das trotz Einhaltung der umfangreichen vertraglichen Sorgfaltspflichten seitens des Kunden besteht und dass dieser andererseits auch nicht durch die ihn ohnehin treffende Verschuldenshaftung von der Teilnahme am Scheckverkehr abgehalten wird.

Die Zuweisung des Risikos unverschuldeten Missbrauchs an die Kreditinstitute kann insbesondere nicht bereits deshalb pauschal als ökonomisch ineffizient bezeichnet werden, weil diese durch eine Kategorisierung der Kunden z. B. nach Guthaben und Kreditlinie, nach Umsatz, nach Branchen, in denen die Kunden tätig sind, oder nach in der Vergangenheit aufgetretenen Fälschungsfällen nur unvollständig die individuelle Risikostruktur der Kunden berücksichtigen können. Da - wie bereits ausgeführt[1248] - die vertraglichen Sorgfaltspflichten einerseits eine Homogenisierung von Risiko und Umsatz bewirken und andererseits auch die Entgelte der Bank aus der Geschäftsbeziehung im Zweifel proportional zum Umsatz steigen, ist aus der Feststellung unterschiedlicher Risikostrukturen nicht der Schluss zu ziehen, dass die Entgelte der Bank gegenüber den unterschiedlichen Risikostrukturen völlig indifferent seien. Zudem darf man nicht aus den Augen verlieren, dass die Risikoallokation bei der Bank dazu führt, dass deren Kunden von Ungewissheit in Bezug auf das Drittmissbrauchsrisiko entlastet werden, was ihre Bereitschaft zur Teilnahme am bargeldlosen Zahlungsverkehr erhöht und daher externe Effekte zumindest in begrenztem Umfang auch ökonomisch rechtfertigen kann.

Insgesamt bestehen daher keine konkreten Anhaltspunkte dafür, dass die aus der Quersubventionierung resultierenden Nutzeneinbußen erheblich schwerer wiegen, als der Nutzen, den die anders nicht zu erlangende Risikostreuung für die Mehrheit der Kunden bedeutet. Dies gilt sowohl für die private als auch für die sonstige Kundschaft.

Von ökonomischer Warte aus scheint daher eher eine Zuweisung des Risikos des unverschuldeten Missbrauchs an die Bank als „superior risk bearer" bzw.

[1248] Vgl. oben S. 114 ff.

„cheapest risk insurer" angebracht. Nur für eine summenmäßig begrenzte Kostenbeteiligung des Kunden bei Abhandenkommen von Vordrucken spricht eine Vermutung besserer Allokationseffizienz. Dafür kann man anführen, dass die Aufmerksamkeit der Kunden auch im Bereich der verkehrserforderlichen Sorgfalt geschärft wird, wenn der Verlust von Vordrucken auf jeden Fall Kosten für sie bedeutet[1249] und dass einerseits der Externalisierungseffekt weiter marginalisiert wird, während andererseits das Risiko empfindlich hoher Kosten gestreut wird, was schließlich die Bereitschaft potentieller Kunden zum Einsatz des Zahlungsmediums Schecks fördert.

Keinesfalls kann aber behauptet werden, dass bei einer Sozialwahl nach dem Kaldor-Hicks-Kriterium der Zustand der vollen Belastung der Geschäftskunden mit dem Risiko des Missbrauchs von aus ihren Räumlichkeiten abhandengekommenen Vordrucken dem Zustand der Risikotragung durch die Bank vorzuziehen wäre. Demnach lässt sich die Angemessenheit von Nr. 3 Abs. 3 SchB 95 auch nicht mit der Verbesserung der Allokationseffizienz begründen.

c) Besonderheiten des kaufmännischen oder Unternehmerverkehrs?

Ferner sind auch keine Besonderheiten des kaufmännischen Verkehrs ersichtlich, die für eine Angemessenheit der Risikoverlagerung ins Feld geführt werden könnten. Zwar stellt die Rechtsordnung an Kaufleute grundsätzlich höhere Anforderungen als an Privatleute. Dies äußert sich aber besonders in erhöhten Sorgfaltsanforderungen (vgl. § 347 HGB), die an den speziellen Fähigkeiten eines Kaufmanns zu effizienten Maßnahmen der Schadensbegrenzung orientiert sind. Die Zuweisung von Zufallsschäden, die auch bei Berücksichtigung besonderer kaufmännischer Fähigkeiten sinnvoller Weise hinzunehmen sind, kann damit nicht gerechtfertigt werden[1250]. Schließlich ist auch für den nunmehr durch § 24 AGBG besonders behandelten nichtkaufmännischen Unternehmerverkehr eine härtere Behandlung als für den kaufmännischen abwegig.

[1249] Vgl. zur "erzieherischen Wirkung" der Risikozuweisung bereits *Müller-Erzbach*, AcP 106 (1910), 309, 349 f. Von der Verbesserung der Einhaltung der verkehrserforderlichen Sorgfalt durch eine begleitende, beschränkte Zufallshaftung ausgehend auch *Bucher*, Risikoverteilung, S. 263; *Brockmeier*, Das POS System, S. 125; *Geva*, LQR 114 (1998), S. 250, 290.

[1250] Unverständlich ist es daher, dass *Gößmann*, Recht des Zahlungsverkehrs, Rn. 254, eine Rechtfertigung für eine *verschuldensunabhängige* Haftungszuweisung durch AGB gegenüber Kaufleuten aus deren *erhöhten Sorgfaltspflichten* ableiten will.

d) Ergebnis

Insgesamt ist daher kein Interesse der Bank an der summenmäßig unbegrenzten Verlagerung des Missbrauchsrisikos bei Abhandenkommen von Vordrucken aus dem Verantwortungsbereich der Geschäftskunden ersichtlich, das die Vermutung der Unangemessenheit von Nr. 3 Abs. 3 SchB 95 entkräften kann. Auch werden dem Kunden als Kompensation für die Risikobelastung keine Vorteile gegenüber dispositivem Recht gewährt. Die Klausel ist deswegen als unangemessen und treuwidrig i. S. d. § 9 Abs. 1 AGBG einzuordnen. Sie ist nichtig.

B. Einlösung nach Ausstellung abhandengekommener Schecks

I. Wortlaut von Nr. 3 Abs. 2 SchB 95 Sparkassen (Banken)

Löst die Sparkasse/Landesbank (Bank) Schecks ein, die dem Kunden nach der Ausstellung abhanden gekommen sind, so kann es das Konto des Kunden nur belasten, wenn es bei der Einlösung nicht grob fahrlässig gehandelt hat.

II. Regelungsbereich

Nr. 3 Abs. 2 SchB 95 Banken/Sparkassen betrifft die Frage, inwieweit bei der Einreichung von durch den Namensträger ausgestellten aber nicht begebenen, sondern abhandengekommenen Schecks die Prüfung der Berechtigung des Einreichers durch das Kreditinstitut Voraussetzung für die Belastung des Kontos ist. Der Einreicher ist beim Scheck mit Überbringerklausel zwar bereits durch den Besitz förmlich legitimiert. Dem Dieb des Schecks oder sonstigen Bösgläubigen fehlt jedoch die sachliche Berechtigung. Nicht betroffen ist insoweit der Fall, dass ein gutgläubiger dritter Erwerber den Scheck einlöst, denn dieser wird durch den gutgläubigen Erwerb auch sachlich Berechtigter, wobei der Mangel des Begebungsvertrags nach Rechtsscheinsgrundsätzen unbeachtlich ist.

III. Keine Abweichung von dispositivem Recht

Zwar trifft die bezogene Bank aus dem Scheckvertrag (nicht aus dem ScheckG, das keine dem Art. 40 Abs. 3 S. 1 WG entsprechende Regelung kennt[1251]) eine Pflicht zur Prüfung auch der sachlichen Berechtigung des Inhabers[1252]. Die Haftung hierfür ist allerdings nach h. M. bereits dispositivrechtlich auf Vorsatz und grobe Fahrlässigkeit beschränkt[1253]. Im Übrigen darf die Bank das Konto des Ausstellers immer dann belasten, wenn ihr aufgrund zurechenbarer Weisung für die Einlösung ein Aufwendungsersatzanspruch zusteht[1254]. Nach hier vertretener Ansicht erwächst der gutgläubig einlösenden Bank ein Aufwendungsersatzanspruch gemäß § 670 BGB aufgrund der Zurechnung des Rechtsscheins einer im eingelösten Scheck liegenden geschäftsbesorgungsrechtlichen Weisung nach wertpapierrechtlicher Rechtsscheinshaftung, wenn der vorgelegte Scheck zumindest eine echte Unterschrift trägt[1255].

Nach Haertlein soll allerdings Nr. 3 Abs. 2 SchB 95 Banken/Sparkassen aufgrund seiner Anwendbarkeit auch auf das BSE-Verfahren nach § 9 Abs. 2 S. 1 AGBG unwirksam sein[1256]. Da der Scheck der bezogenen Bank nicht vorgelegt werde, fehle es an der für die Rechtsscheinshaftung erforderlichen Kenntnis des Begünstigten vom Rechtsscheinstatbestand[1257]. Mangels dispositivrechtlichen Belastungsanspruchs werde daher unter Verstoß gegen das gesetzliche Leitbild der Verschuldenshaftung ein Zufallsrisiko auf den Scheckkunden abgewälzt.

Dieser Argumentation ist entgegenzuhalten, dass Nr. 3 Abs. 2 SchB 95 Banken/Sparkassen für Drittmissbräuche im BSE-Verfahren gar kein Belastungsrecht vorsieht. Wie bereits ausgeführt[1258], bedeutet der Verzicht auf die Scheckprüfung bei Einlösung im BSE-Verfahren eine vorsätzliche Pflichtverletzung seitens der bezogenen Bank, die als Mehr gegenüber der groben Fahrlässigkeit letztere ebenfalls ausfüllt. Zwar mag bei formal ordnungsgemäßen Schecks der Pflichtwidrigkeitszusammenhang zwischen Einlösung und Pflichtverletzung entfallen. Doch formuliert Nr. 3 Abs. 2 SchB 95 als Ausschlussgrund nicht, dass die Einlösung auf grober Fahrlässigkeit beruht, sondern fordert allein, dass das Kreditinstitut „bei Einlösung grob fahrlässig gehandelt hat". Ein Pflichtwid-

---

[1251] Vgl. *Nobbe*, in: Schimansky/Bunte/Lwowski, Bankrechts-Handbuch, § 60 Rn. 169.

[1252] *Nobbe*, in: Schimansky/Bunte/Lwowski, Bankrechts-Handbuch, § 60 Rn. 169; *Canaris*, Bankvertragsrecht, Rn. 722.

[1253] *Baumbach/Hefermehl*, WG/SchG, Art. 35 SchG Rn. 2; *Canaris*, Bankvertragsrecht, Rn. 722.

[1254] *Canaris*, Bankvertragsrecht, Rn. 696, 707.

[1255] Vgl. oben S. 39ff., insbesondere 54 ff.

[1256] *Haertlein*, Der abhandengekommene Inhaberscheck, S. 251 ff., 257.

[1257] *Haertlein*, Der abhandengekommene Inhaberscheck, S. 251.

[1258] Vgl. dazu oben S. 39 ff., insbesondere S. 54 ff.

rigkeitszusammenhang ist also nicht Ausschlussvoraussetzung. Demnach weicht die Klausel nicht vom dispositiven Recht ab und unterliegt daher nicht der Inhaltskontrolle (§ 8 AGBG).

Nr. 3 Abs. 2 SchB 95 ist wirksam[1259].

[1259] Davon ausgehend auch *Bittner*, VersR 1996, 805, 807; *Bülow*, WG/SchG/AGB, Nr. 3 SchB Spk. Rn. 21; *Nobbe*, in: Schimansky/Bunte/Lwowski, Bankrechts-Handbuch, § 60 Rn. 169; *Schwintowski/Schäfer*, Bankrecht, Rn. 295 ff.

2. Abschnitt

Kredit- und Debetkarte

A. Die bisherige Rechtslage

Auch bei der Frage der AGB-Inhaltskontrolle müssen die Wertungen des neuen § 676h BGB berücksichtigt werden, der zur Umsetzung von Art. 8 der Richtlinie 97/7/EG („Fernabsatzrichtlinie“)[1260] eingefügt worden ist. Zunächst soll die bisherige Rechtslage beleuchtet werden.

I. Verwandte Haftungsklauseln für das Missbrauchsrisiko

Für Debetkarten, insbesondere also für ec-Karten, sind fast keine Klauselwerke mehr im Gebrauch, die im Sinne einer Risikoüberwälzung auf den Karteninhaber bei missbräuchlichen POS-Transaktionen verstanden werden könnten. Die einzig vorgefundene Ausnahme bildet hier die VISA-Electron-Debit-Karte der CC-Bank. Deren AGB entsprechen dem unten aufgeführten Abs. 1 S. 3-5 der Kundenbedingungen für VISA/EUROCARD der Berliner Bank sowie für ADAC-Cobranding-Karten. Die Ausführungen zu Auslegung und Wirksamkeit letzterer Bedingungen werden auch für die VISA-Electron-Karte gelten, da ein Grund für eine Differenzierung bei der Angemessenheit verschuldensunabhängiger Haftung zwischen Debet- und Universalkreditkarten im Rahmen dieser Untersuchung nicht gefunden wurde.

Da der BGH in seiner Entscheidung vom 23.4.1991[1261] eine summenmäßig unbegrenzte Haftung des berechtigten Karteninhaber für unverschuldeten Drittmissbrauch von Kreditkarten als Verstoß gegen § 9 AGBG verworfen hat, kann eine solche Haftungszuweisung für Kreditkartenmissbrauch durch AGB als Rechtsgeschichte angesehen werden. Verbreitet ist gegenwärtig eine auf 100,- DM / 51,13 EUR begrenzte Haftung des Karteninhabers für Drittmissbrauch vor Verlustanzeige. Aus den vorgefundenen Formulierungen sollen im Folgenden drei Varianten jeweils unterschiedlicher Beschreibung der Haftung

---

[1260] Vom 20.5.1997, ABl. Nr. L 144/19.

[1261] BGHZ 114, 238, 243 ff. = NJW 1991, 1886; JZ 1991, 1141 m. Anm. *Bälz* = JR 1992, 371 m. Anm. *Salje* =WM 1991, 1110 =WuB I D 5 - 7.91 (*Fervers*).

bis 100,- DM exemplarisch dargestellt werden, bei denen eine *verschuldensunabhängige* Haftung in Betracht kommt[1262].

1. Nr. 9 der EUROCARD-Kundenbedingungen

„Sobald der Verlust der EUROCARD gegenüber der Euro Kartensysteme oder dem Kreditinstitut oder einer Repräsentanz des EUROCARD/Mastercard Verbundes angezeigt worden ist, hat der Karteninhaber für weitere missbräuchliche Verfügungen, die mit der EUROCARD nach diesem Zeitpunkt getätigt werden, nicht mehr einzustehen. Für Schäden, die durch missbräuchliche Verfügung vor Eingang der Verlustanzeige entstehen, *beschränkt sich die Haftung des Karteninhabers* auf einen Höchstbetrag von 100,- DM je EUROCARD[1263]."

2. Nr. 9 S. 2, 3 Kundenbedingungen für American Express Charge/Credit Card

„Bei mißbräuchlicher Benutzung entfällt Ihre Haftung für Schäden, die nach der Benachrichtigung entstehen; die *Haftung* bei missbräuchlicher Benutzung bis zu einer Benachrichtigung *ist* auf DM 100,- *begrenzt*. Die Geltendmachung eines *etwaigen Mitverschuldens*, insbesondere wegen Verletzung der Sorgfaltspflichten gemäß Ziff. 1[1264], wird dadurch nicht ausgeschlossen."

3. Abs. 1 S. 3-4 der Kundenbedingungen für VISA/EUROCARD der Berliner Bank sowie für ADAC-Cobranding-Karten

„(...) Verlust und Mißbrauch der Karte(n) sowie Änderung der Anschrift und der Kontoverbindung sind der Bank unverzüglich anzuzeigen. Bis zum Eingang

[1262] Eindeutig nur als Haftungsbeschränkung zu vestehen ist etwa Nr. 9 der Vertragsbedingungen für die Santander Visa Classic Karte: „Für mißbräuchliche Verwendung haftet der Karteninhaber nicht, es sei denn, daß vorsätzliches oder grob fahrlässiges Verhalten des Karteninhabers für den Mißbrauch ursächlich war." Schon seit längerem sieht Nr. 6 Mitgliedsbedingungen Diners Club einen besonders weitgehenden Haftungsausschluss vor: „Sobald das Mitglied dem Diners Club den Verlust der DC-Karte mitgeteilt hat, hat das Mitglied für weitere Verfügungen die mit der Karte nach diesem Zeitpunkt getätigt werden, nicht einzustehen. Für Schäden, die durch mißbräuchliche Verfügungen vor Eingang der unverzüglichen Verlustanzeige entstehen, hat das Mitglied ebenfalls nicht einzustehen."

[1263] In wesentlichen gleich formuliert auch Nr. 9 Kundenbedingungen für die Barclaycard.

[1264] Beschreibt wesentliche Sorgfaltspflichten des Karteninhabers.

der Verlustmeldung haftet der Karteninhaber (Inhaber) gegenüber der Bank bis zum Höchstbetrag von 100,- DM / 51,13 EUR[1265]."

4. Auslegung der Klauseln

a) Anordnung verschuldensunabhängiger Haftung

aa) Die Literatur

Die unterschiedlichen AGB, die einmal von Beschränkung bzw. Begrenzung der Haftung und einmal von Haftung sprechen, erfordern eine differenzierte Auslegung. Mit Ausnahme von Taupitz ist dem Schrifttum eine Auslegung je nach Klauselformulierung aber nicht zu entnehmen. Im Gegenteil findet sich in aktueller bankrechtlicher Kommentarliteratur die Behauptung einer *einheitlichen* Gestaltung der Haftung durch die Kreditkartenunternehmen[1266] womit offenbar eine verschuldensunabhängige Kundenhaftung bis 100,- DM gemeint ist. Ein Verständnis im Sinne von verschuldensunabhängiger Haftung findet sich aber auch konkret in Bezug auf die für EUROCARDs gebräuchliche Formulierung der Haftungs*beschränkung* auf 100,- DM[1267]. Demgegenüber vertritt Taupitz, dass dem Wortlaut „beschränkt sich die Haftung" nur zu entnehmen sei, dass eine bereits aus anderem Grund bestehende Haftung beschränkt werden solle, weshalb durch eine entsprechende Klausel keine verschuldensunabhängige Haftung begründet werde[1268]. Anders sei dies nur bei der Formulierung „haftet der Karteninhaber"[1269], nicht aber für den Vorläufer der hier dargestellt American Express-Klausel[1270], die in missverständlicher Weise eine Haftungsbegrenzung für verschuldensunabhängige Haftung vorsehe, welche mangels angeordneter Zufallshaftung niemals relevant werden könne[1271].

[1265] Im hier interessierenden Rahmen ähnlich Nr. 5 Abs. 2 Kundenbedingungen für die BAHR-Card, Nr. 9 S. 4.

[1266] *Martinek*, in: Schimansky/Bunte/Lwowski, Bankrechts-Handbuch, § 67 Rn. 26.

[1267] Etwa bei *Bälz*, JZ 1991, 1141, 1145; *Eckert*, WM 1987, 161, 166; *Gößmann*, Recht des Zahlungsverkehrs, Rn. 350; *Schwintowski/Schäfer*, § 6 Rn. 73.

[1268] Kreditkartenmißbrauch, § 5 A III 4 c aa (1), S. 132.

[1269] *Taupitz*, Kreditkartenmißbrauch, § 5 A III 4 c aa (1), S. 131.

[1270] Deren Wortlaut zitiert nach Taupitz, § 5 A III 4 c aa (1), S. 132, Fn. 477: "die Haftung (...) ist auf maximal DM 100.— begrenzt, es sei denn, sie haben durch Verletzung ihrer Verpflichtung zur sorgfältigen Aufbewahrung der Karte (...) zum Mißbrauch beigetragen."

[1271] *Taupitz*, Kreditkartenmißbrauch, § 5 A III 4 c aa (1), S. 132, Fn. 477.

bb) Stellungnahme

Alle verwandten AGB für das Missbrauchsrisiko stehen in einer Tradition, nach der dem Karteninhaber das Drittmissbrauchsrisiko aufgebürdet wurde. Sieht man die aktuellen Klauseln zudem als Reaktion auf die Verwerfung einer summenmäßig unbegrenzten Haftung durch die Entscheidung des BGH vom 23.4.1991[1272], so erlaubt dies den Schluss, dass unabhängig von der Formulierung eine verschuldensunabhängige Haftung tatsächlich gewollt ist. Indessen ist unter dem Primat der für AGB gebotenen objektiven Auslegung allein der *objektive Empfängerhorizont eines Neukunden* maßgeblich. Wer heute einen Kreditkartenvertrag abschließt, der wird in der Regel die Entwicklung bis zu den heutigen AGB nicht kennen und muss dies auch nicht. Für den objektiven Empfängerhorizont ist daher nur deren isolierter Wortlaut maßgeblich. Unter Ausblendung aller Entwicklung aber kann der Formulierung „die Haftung ist beschränkt" nicht die Anordnung einer neuen Haftung, sondern nur die Beschränkung einer ansonsten bestehenden Haftung entnommen werden. Demnach sind mit Taupitz die gebräuchlichen EUROCARD-Bedingungen nicht im Sinne der Anordnung einer verschuldensunabhängigen Haftung zu verstehen. Geradezu befremdlich ist es im Übrigen angesichts einer Literaturkontroverse über die richtige Auslegung, dass die Vertreter der gegenteiligen Auslegung der EUROCARD-Bedingungen § 5 AGBG nicht in Erwägung ziehen.

Anders liegen die Dinge aber bei der Formulierung der American Express-Bedingungen, in denen zwar zunächst auch nur die „Begrenzung" der Haftung ausgesprochen wird, die aber in unmittelbaren Anschluss daran ergänzen, dass ein Haftung wegen Verschuldens unberührt bleibe. Zwingend ist insoweit die Auslegung, dass die Haftungsbegrenzung für nicht verschuldeten Drittmissbrauch gelten soll. Deshalb wird der bereits festgestellte Wille der Kartenemittenten zur Begründung einer verschuldensunabhängigen Haftung entgegen Taupitz auch aus dem für den Empfängerhorizont maßgeblichen isolierten Wortlaut erkennbar, so dass die Klausel im Ergebnis als Anordnung einer beschränkten Haftung für unverschuldeten Drittmissbrauch auszulegen ist. Zuzustimmen ist schließlich der einhelligen Literaturauffassung, dass die Formulierung „haftet der Karteninhaber" als Begründung einer verschuldensunabhängigen Haftung auszulegen ist.

[1272] BGHZ 114, 238, 243 ff. = NJW 1991, 1886; JZ 1991, 1141 m. Anm. *Bälz* = JR 1992, 371 m. Anm. *Salje*.

b) Verlustrisiko/Sphärenverantwortung

Allen verwandten AGB-Formulierungen ist ferner gemein, dass sie unter der Annahme einer Verantwortung des Karteninhabers für seine Sphäre nur das Kartenverlustrisiko erfassen. Dies ergibt sich jeweils zumindest aus der allen Bedingungen gemeinsamen Differenzierung zwischen Missbrauch vor und nach Verlustanzeige, welche impliziert, das es sich beim umschriebenen Missbrauchsrisiko um dasjenige infolge des Verlusts der Karte beim Karteninhaber handelt. Nicht erfasst sind deshalb insbesondere das Risiko des Einsatzes gefälschter Karten und das Transportrisiko, also das Risiko des Missbrauchs einer bereits bei Versendung an den Karteninhaber abhandengekommenen Karte. Schließlich stellt auch der Missbrauch durch Bedienstete von Vertragsunternehmen, denen eine Karte für eine Zahlungstransaktion bestimmungsgemäß ausgehändigt wurde, kein Verlustrisiko dar und wird daher von den AGB nicht erfasst.

II. Meinungsstand zur Haftung für unverschuldeten Missbrauch

Die Wirksamkeit von Klauseln, welche eine auf 100,- DM begrenzte Haftung des Karteninhabers für nicht verschuldeten Drittmissbrauch vorsehen, wird in der Literatur kontrovers beurteilt. Insoweit erübrigt sich zunächst die Auseinandersetzung mit denjenigen Stimmen[1273], nach denen entgegen der hier vertretenen Ansicht der Karteninhaber das Risiko des zufälligen Drittmissbrauchs schon gemäß dispositivem Recht tragen muss, da unter dieser Prämisse solche Klauseln nur den Charakter einer Haftungsbeschränkung zugunsten Karteninhaber aufweisen, worin eine Benachteiligung nicht liegen kann.

1. Sphärengedanke

Vor allem ältere Literaturstimmen erachten zumindest eine summenmäßig beschränkte Haftung des Karteninhabers für unverschuldeten Drittmissbrauch aus dem Sphärengedanken für angemessen[1274]. Scheinbar wird insoweit überwiegend unausgesprochen ein Leitbildcharakter des Sphärengedankens für die Inhaltskontrolle nach § 9 Abs. 2 Nr. 1 AGBG angenommen.

[1273] *Stauder/Weisensee*, Das Kreditkartengeschäft, S. 99; *Weller*, Kreditkartenverfahren, S. 147 ff.; *Schönle*, Bank und Börsenrecht, § 29 I 2 b, S. 345.

[1274] *Canaris*, Bankvertragsrecht, Rn. 1636; *Eckert*, WM 1987, 161, 166; *Hadding*, in: FS Pleyer, S. 17, 39; *Hammann*, Die Universalkreditkarte, S. 167 f.

2. Orientierung am Verschuldensprinzip

In der neueren Literatur vorherrschend[1275] ist die Annahme einer für § 9 Abs. 2 Nr. 1 AGBG relevanten Abweichung vom gesetzlichen Leitbild des Verschuldensprinzips. Auf dieser Grundlage wird überwiegend wegen der kalkulierbaren Beschränkung der Haftung die Unangemessenheit im Sinne der Norm verneint[1276], zum Teil unter ausdrücklichem Rückgriff auf die Idee einer Risikoverteilung nach Herrschafts- und Gefahrenbereichen[1277]. Die extreme Gegenposition nimmt Martinek[1278] ein, der gegen die beschränkte Haftung gar das Argument einer besseren Versicherbarkeit des Risikos durch den Kartenemittenten vorbringt[1279]. In gewisser Weise vermittelnd geht Taupitz[1280] zwar grundsätzlich von der Unangemessenheit der Benachteiligung des Karteninhabers durch begrenzte Zufallshaftung aus. Diese sei jedoch aufgehoben, wenn als Kompensation auch die Verschuldenshaftung zumindest für leichte Fahrlässigkeit - wie überwiegend vorgesehen - auf einen Betrag von 100,- DM begrenzt wird. Im Ergebnis ähnelt dies der unverbindlichen „Empfehlung der Kommission zu Zahlungssystemen, insbesondere zu den Beziehungen zwischen Karteninhabern und Kartenausstellern" vom 17. November 1988 (88/590/EWG)[1281], die in Anhang 8.2, 8.3 ebenfalls die Kombination einer Haftungsbeschränkung für leichte Fahrlässigkeit mit einer begrenzten verschuldensunabhängigen Haftung, allerdings bis 150,- ECU (nach amtlichem Euro-Kurs ca. 293 DM), vorschlägt.

3. Pfeiffers Orientierung an der Bargeldersatzfunktion

Auf einer fundamental abweichenden Dogmatik basiert hingegen der von Pfeiffer[1282] ausgeführte Gedanke der Bargeldersatzfunktion der Universalkreditkarte. Danach ist bereits nicht das Verschuldensprinzip, sondern die Bar-

---

[1275] *Gößmann*, Recht des Zahlungsverkehrs, Rn. 350; *Nuissl*, Bankgeschäftsrecht, Rn. 148; *Salje*, JR 1992, 371, 375; *Schwintowski/Schäfer*, Bankrecht, § 6 Rn. 74; *Taupitz*, Kreditkartenmißbrauch, § 5 A III 4 c aa (1), S. 130 ff.

[1276] *Beck*, Einwendungen bei eurocheque und Kreditkarte, S. 99; *Gößmann*, Recht des Zahlungsverkehrs, Rn. 350; *Salje*, JR 1992, 371, 376; *Schwintowski/Schäfer*, Bankrecht, § 6 Rn. 74.

[1277] Etwa *Wolf*, in: Wolf/Horn/Lindacher, § 9, Anm. K 56.

[1278] In: Schimansky/Bunte/Lwowski, § 67 Rn. 26.

[1279] Möglicherweise ebenso *Nuissl*, Bankgeschäftsrecht, Rn 148 die eine verschuldensunabhängige Haftung mit dem BGH verwerfen will, allerdings die Möglichkeit einer summenmäßigen Beschränkung gar nicht erörtert.

[1280] Kreditkartenmißbrauch, § 5 A III 4 c aa (3), S. 138 ff.; dem folgend Streit, Kartenzahlung, S. 92 ff.

[1281] ABl. Nr. L 317/55 vom 24. November 1988; dazu auch *Fischer*, WM 1989, 397 ff.

[1282] In: Graf v. Westphalen, Kreditkartenvertrag, Rn. 54 ff.

geldersatzfunktion Leitbild der Kartenzahlung, weshalb grundsätzlich nur die Zuweisung solcher Risiken unangemessen sein kann, die den Karteninhaber bei Barzahlung nicht getroffen hätten. Risiken, die dem hypothetisch anstelle der Kreditkarte mitgeführten Bargeldbetrag entsprechen, können danach dem Karteninhaber aufgebürdet werden[1283]. Letzteres ist bei einer Begrenzung auf 100,- DM naheliegend.

4. Leitbild des Vergleichs nach Bälz

Bälz[1284] schließlich sieht in der verschuldensunabhängigen Haftung begrenzt auf 100,- DM einen vorweggenommenen Vergleich zur Beilegung künftiger Haftungsstreitigkeiten, die eine Inhaltskontrolle am Leitbild des § 779 BGB unter Berücksichtigung der Kriterien des „cheapest cost avoider" und der Versicherbarkeit und Streubarkeit eröffne. Eine Konsequenz für die Wirksamkeit einer solchen Klausel zeigt er freilich nicht auf.

III. BGH, Urt. v. 23. 4. 1991[1285]

Da der BGH sich zur Wirksamkeit aktueller Klauseln noch nicht geäußert hat, bleibt als jüngster Ansatz in der höchstrichterlichen Rechtsprechung nur das Urt. v. 23. 4. 1991. In dieser Entscheidung hat der BGH eine summenmäßig unbegrenzte Haftung des berechtigten Inhabers einer Kundenkreditkarte für Drittmissbrauch verworfen. In Abkehr von der Rechtsprechung des II. Senats, der noch Sphärengesichtspunkte berücksichtigte[1286], hat der XI. Senat hier erstmals den Grundsatz "kein Schadensersatz ohne Verschulden" als gesetzliches Leitbild im Sinne des § 9 Abs. 2 Nr. 1 AGBG verfochten. Als Abweichung hiervon müsste der Senat folgerichtig auch die auf 100,- DM begrenzte Zufallshaftung einordnen. Indizien dafür, dass er letztere Haftung dennoch nicht als unangemessen und damit unwirksam einordnen würde, liegen darin, dass an der verworfenen Haftungsklausel besonders die Unkalkulierbarkeit des Haftungsrisikos für den berechtigten Karteninhaber und die bessere Versicherbarkeit durch den Kartenemittenten gerügt worden sind[1287]. Beide Kritikpunkte treffen auf die begrenzte Haftung nicht mehr in annähernd vergleichbarer Intensität zu. Ein Risiko von 100,- DM ist für den Karteninhaber kalkulierbar; darüber hi-

---

[1283] *Pfeiffer*, in: Graf v. Westphalen, Kreditkartenvertrag, Rn. 60.

[1284] JZ 1991, 1141, 1145.

[1285] BGHZ 114, 238 ff. = NJW 1991, 1886; JZ 1991, 1141 m. Anm. *Bälz* = JR 1992, 371 m. Anm. *Salje*.

[1286] BGHZ 91, 221, 225 = NJW 1984, 2460 = WM 1984, 1213.

[1287] BGHZ 114, 238, 245 f.

nausgehende Schäden streut der Kartenemittent. Auch wird in der Entscheidung die Kompensation der Benachteiligung durch Gewähr anderweitiger Vorteile erörtert[1288]. Als solche Kompensation ließe sich mit Taupitz[1289] die übliche Erstreckung der Haftungsbegrenzung auch auf leichte Fahrlässigkeit des Karteninhabers anführen.

IV. Wirksamkeit einer auf 100,- DM begrenzten Zufallshaftung

Bei der Erörterung der AGB-rechtlichen Zulässigkeit einer begrenzten Zufallshaftung ist zwischen Kundenkreditkarten in Zwei-Parteien-System einerseits und Universalkredit- und Debetkarten zu differenzieren, da die Emissionsverträge von unterschiedlicher Rechtsnatur sind, was insbesondere für die Bestimmung des jeweiligen gesetzlichen Leitbilds berücksichtigt werden muss.

1. Mehrparteienkarten

a) Wirksamkeit gemessen an § 9 Abs. 2 Nr. 1 AGBG

Soweit Klauseln eine verschuldensunabhängige Haftung des berechtigten Karteninhabers bei Missbrauch seiner echten Karte begrenzt auf 100,- DM vorsehen, statuieren sie damit in dogmatischer Hinsicht einen verschuldensunabhängigen Schadensersatzanspruch[1290]. Dieser unterliegt aufgrund der Abweichung vom dispositiven Recht nach § 8 AGBG der Inhaltskontrolle. Gemäß § 9 Abs. 1 AGBG sind Bestimmungen in Allgemeinen Geschäftsbedingungen unwirksam, wenn sie den Vertragspartner des Verwenders entgegen den Geboten von Treu und Glauben unangemessen benachteiligen. Das ist gemäß § 9 Abs. 2 Nr. 1 AGBG im Zweifel anzunehmen, wenn eine Bestimmung mit den wesentli-

---

1288 BGHZ 114, 238, 246.

1289 Dazu eingehend oben S. 309.

1290 Gegen die teilweise (*Weller*, Kreditkartenverfahren, S. 147), erörterte Charakterisierung als Vertragsstrafeversprechen ist gerade die Verschuldensunabhängigkeit der vorgesehene Haftung anzuführen (*Taupitz*, Kreditkartenmißbrauch, § 5 A III 4 c aa [1], S. 133) aus der folgt, dass es nicht um die Ahndung vertragswidrigen Verhaltens geht. Zudem greifen die Klauseln nur in Höhe eines tatsächlich entstandenen Schadens. Auch die Einschätzung als akzessorische Sicherung etwa im Sinne einer Ausfallbürgschaft des berechtigten Karteninhabers für die Schuld des unrechtmäßigen Kartenbenutzers (in diesem Sinne etwa *Avancini*, ZfRV 1969, 121, 134) erscheint abwegig. Wäre diese gewollt, würden die Kartenherausgeber ihre Karteninhaber ein Schriftstück unterzeichnen lassen, in dem - wie nach § 766 Abs. 1 BGB erforderlich - eine Hauptverbindlichkeit bezeichnet wäre, für die der Karteninhaber einstehen sollte.

chen Grundgedanken der gesetzlichen Regelung, von der abgewichen wird, nicht zu vereinbaren ist.

aa) Gesetzliches Leitbild

(1) Leitbild des Verschuldenserfordernisses für vertragliche Haftung?

In Bezug auf das Leitbild „Schadensersatz nur bei Verschulden" kann vollumfänglich auf den Gedankengang im Rahmen der Prüfung der Scheckbedingungen zurückgegriffen werden, der hier noch einmal kurz skizziert werden soll. Danach liegt der Gerechtigkeitsgehalt des Verschuldensprinzips in der Sicherung der Handlungsfreiheit. Erschöpfend ist daher die Funktion des Verschuldensprinzips, „die Rechtskreise der Einzelnen, innerhalb deren diese ihre ... Interessen verfolgen dürfen, von einander abzugrenzen"[1291], d. h., festzulegen, inwieweit jemand *seine Interessen* kompensationslos auf Kosten eines anderen verfolgen darf, nur für das Deliktsrecht. Im Vertragsrecht stellt sich hingegen die vorrangige Frage, wer von beiden Vertragspartnern Risiken tragen soll, die sich spezifisch aus der Verfolgung des *beiderseitigen Vertragsinteresses* ergeben. Risiken, die in besonderer Weise mit der Vertragserfüllung verbunden sind, bedürfen im Rahmen des vertraglichen Interessenausgleichs gerade auch insoweit der Zuweisung, als sie nicht verschuldet sind und ihre Vermeidung von keinem Vertragspartner erwartet wird. Das erweist sich insbesondere durch den allgemein anerkannten Schadensersatzanspruch des Auftragnehmers für geschäftsbesorgungsspezifische Zufallsschäden gegen den Auftraggeber[1292]. Hier bedarf es der Zuweisung gerade auch der unvorhersehbaren und damit unbeherrschbaren, vertragsspezifischen Risiken - die Interessenlage beim Auftrag gebietet „Schadensersatz ohne Verschulden". Ein Verschuldenserfordernis wäre gerade im Lichte der Handlungsfreiheit kontraproduktiv, denn erst die Haftung des Auftraggebers nimmt dem Auftragnehmer die Risikoscheu, indem sie ihm die Freiheit von Haftung für die Durchführung des Auftrags gibt, und bedeutet damit letztlich auch insofern erhöhte Handlungsfreiheit für den Geschäftsherrn, als dieser leichter Auftragnehmer findet.

Deshalb ist der vom XI. Senat des BGH mit Absolutheitsanspruch auch für den vertraglichen Risikoausgleich postulierte Grundsatz „kein Schadensersatz ohne Verschulden", der in dieser Form auf den zu recht längst diskreditierten Grundsatz "casum sentit dominus"[1293] hinausläuft, als nicht unserer Rechtsord-

---

[1291] Vgl. Prot. II., S. 567, zum Telos der unerlaubten Handlung.

[1292] Siehe dazu oben S. 89 ff.

[1293] Dazu oben S. 88.

nung entsprechend abzulehnen. Vielmehr sind vorrangig jeweils die gesetzlichen Wertungsvorgaben für den Interessenausgleich im Rahmen des betroffenen Vertragstypus zu beachten. Nur für Risiken, die nach dieser Wertung dem Karteninhaber nicht zugewiesen werden können, kommt als Leitbild der Inhaltskontrolle ein an der Figur der pFV orientierter Grundsatz "Schadensersatz nur bei Verschulden" in Betracht, weil er nur insoweit uneingeschränkt Ausdruck des gesetzlichen Leitbilds der Handlungsfreiheit sein kann.

(2) Leitbild der §§ 675, 670 BGB

Sowohl bei Universalkredit- als auch bei Debetkarten besteht zwischen Kartenemittent und Karteninhaber ein Geschäftsbesorgungsvertrag[1294]. Über § 675 BGB findet auf diesen auch § 670 BGB Anwendung. Ungeachtet aller dogmatischen Differenzen besteht Einigkeit darüber, dass diese Norm teleologisch die Überwälzung von geschäftsbesorgungspezifischen Zufallsschäden rechtfertigt[1295]. Zu diesen zählen auch die Vermögenseinbußen von Kartenemittenten, die aufgrund ihres Zahlungsversprechens bei Drittmissbrauch an die Vertragsunternehmer zahlen müssen, wenn der missbräuchlich zahlende Dritte nicht in Anspruch genommen werden kann. Zudem lässt sich in Bezug auf den missbräuchlichen Einsatz einer echten Mehrparteienkarte der Gedanke der Haftung für Risiken, die den Geschäftsherrn getroffen hätten, wäre er selbst tätig geworden, in dem Ausmaß anwenden, in dem das Missbrauchsrisiko das ausgeschaltete Bargeldrisiko auf Seiten des berechtigten Karteninhabers widerspiegelt. Wie bereits dargestellt[1296], ist es innerhalb dieses teleologischen Kernbereichs der Risikoverlagerung sogar unschädlich, dass die von der Bank getätigten Aufwendungen mangels Weisung nicht unmittelbar auftragsgemäß sind. Auch hat sich in dieser Arbeit gezeigt, dass im Rahmen des § 675 BGB die Entgeltlichkeit des Emissionsvertrags aufgrund der besonderen Interessenlage beim Missbrauch von Medien des bargeldlosen Zahlungsverkehrs nicht wie sonst prima facie gegen eine Zufallshaftung spricht. Als entscheidend ist dabei angesehen worden[1297], dass im Normalfall der entgeltlichen Geschäftsbesorgung die Haftung des Geschäftsführers mangels Eingreifens einer Risikohaftung des Geschäftsherrn nur auf die übernommene gefährliche Tätigkeit bezogen ist, während eine Haftung der Bank beim Kartenmissbrauch gleichzeitig in besonderer Weise eine Haftung für ein spezifisch gefahrbeeinflussendes Verhalten des Kunden bedeutet. Mag die Entgeltlichkeit grundsätzlich gegen die Zurechnung

---

[1294] Vgl. oben S. 161 ff.

[1295] Vgl. oben S. 89 ff.

[1296] Siehe dazu S. 102 ff.; 248 ff.

[1297] Näher dazu oben S. 103 ff.

des riskanten Verhaltens des Geschäftsbesorgers an den Geschäftsherrn sprechen, so folgt daraus nicht, dass der Geschäftsbesorger umgekehrt auch das weitere gefahrbehaftete Verhalten des Geschäftsherrn vollständig versichern muss. Demnach entspricht es dem für Emissionsverträge im Drei-Parteien-System maßgeblichen gesetzlichen Leitbild der §§ 675, 670 BGB, wenn die Kartenemittenten das Systemrisiko der Kartenzahlung in dem Maße auf den Karteninhaber abwälzen, in dem sie ihm das hypothetische Risiko des Verlusts eines statt der Mehrparteienkarte mitgeführten Geldbetrags abnehmen. Das von Pfeiffer[1298] speziell aus der besonderen Interessenlage der Kreditkartenzahlung entwickelte Leitbild der Bargeldersatzfunktion erweist sich demnach als deckungsgleich mit einem ganz allgemeinen Gedanken des Geschäftsbesorgungsrechts. Dieser vorrangige Gedanke des vertraglichen Interessenausgleichs sperrt jeden Rückgriff auf einen Grundsatz „Kein Schadensersatz ohne Verschulden" als Ausdruck der allgemeinen Handlungsfreiheit.

bb) Vereinbarkeit mit dem gesetzlichen Leitbild

Für die ganz überwiegende Zahl der Inhaber einer Mehrparteienkarte erscheint die Annahme realistisch, dass sie zusätzlich einen Bargeldvorrat von mindestens 100,- DM mit sich führen würden, wenn sie auf ihre Karten verzichten müssten. Dass es durchaus auch vereinzelt Kartenkunden geben wird, für die ein hypothetisches Bargeldverlustrisiko in entsprechender Höhe nicht besteht, muss meines Erachtens für die Leitbildkontrolle von Massenverträgen, die in rechtlich billigenswerter Weise an einer Rationalisierung durch Gleichbehandlung orientiert sind, außer Acht bleiben. Demnach bleibt die heute vorzufindende, auf 100,- DM begrenzte verschuldensunabhängige Haftung des Karteninhabers trotz Abweichung vom dispositiven Recht mit dessen Grundprinzipien vereinbar.

b) Wirksamkeit gemessen an § 9 Abs. 2 Nr. 2 AGBG

Auch bedeutet eine auf 100,- DM begrenzte Zufallshaftung des Karteninhabers keinesfalls eine Einschränkung von wesentlichen Rechten und Pflichten bzw. eine Gefährdung des Vertragszwecks im Sinne des § 9 Abs. 2 Nr. 2 AGBG. Insbesondere die Sorgfaltspflichten der Emittenten werden nicht in Frage gestellt. Im Übrigen bleibt für eine gegenüber § 9 Abs. 2 Nr. 1 AGBG abweichende Wertung durch Nr. 2 in Bezug auf die typische Interessenlage

---

[1298] Siehe oben S. 309.

beim Emissionsvertrag ohnehin wenig Raum, da nach der hier vertretenen Ansicht der typisierte Interessenausgleich ohne Rücksicht auf individuelle Besonderheiten auch nach den in den §§ 157, 242 BGB genannten Kriterien vornehmlich in den Bereich des dispositiven Rechts gehört[1299]. Er ist jedenfalls bereits Maßstab der Inhaltskontrolle nach § 9 Abs. 2 Nr. 1 AGBG[1300]. So entspricht die Haftung des Geschäftsherrn für auf den Geschäftsbesorger verlagerte Zufallsrisiken nicht weniger dem Zweck des Emissionsvertrags als dem gesetzlichen Grundgedanken.

c) Wirksamkeit gemessen an § 9 Abs. 1 AGBG

Auch sonstige, im Rahmen des § 9 Abs. 1 AGBG in Betracht kommende Erwägungen über die Unangemessenheit einer beschränkten Zufallshaftung greifen nicht durch.

aa) Sphärenaspekte/Beherrschbarkeit

Als Sphärenargument gegen die Angemessenheit einer Zufallshaftung der Kreditkarteninhaber ließe sich vor allem anbringen, dass die Kartenherausgeber die Systeme der Kartenzahlung einseitig ausgestalten und daher Art und Umfang des systemspezifischen Risikos beherrschen[1301]. Indessen beherrscht zweifellos auch der Karteninhaber durch die Art und Weise der Kartenaufbewahrung das Risiko des Drittmissbrauchs seiner Karte[1302], wenn man einmal die Frage der Zumutbarkeit von Präventionsmaßnahmen ausblendet. Wie beim Scheckvordruckmissbrauch[1303] steckt daher jede Argumentation mit Beherrschbarkeitsgesichtspunkten von vornherein im Dilemma beiderseitiger Beherrschbarkeit. Es ist willkürlich, entweder die Beherrschbarkeit seitens des Emittenten oder die Beherrschbarkeit seitens des Karteninhabers für die Risikozuweisung als maßgeblich anzusehen, solange man nicht ein über das „Ob" der Beherrschbarkeit hinausgehendes Differenzierungskriterium hinzufügt. Insoweit ist bereits festgestellt worden, dass ohne Formulierung einer sinnvollen Verhaltensanforderung vor allem keine „bessere Beherrschbarkeit" beschreibbar ist[1304] und dass aber die Berücksichtigung der Beherrschbarkeit begrenzt durch das

---

1299 Vgl. die Ausführungen zur ergänzenden Vertragsauslegung, insbesondere S. 86.
1300 Vgl. dazu auch *Wolf*, in: Wolf/Horn/Lindacher, AGB-Gesetz, § 9 Rn. 82.
1301 In dieser Richtung etwa BGHZ 114, 238, 245.
1302 Ebenso *Taupitz*, Kreditkartenmißbrauch § 5 A III 4c aa (2), S. 136.
1303 Siehe oben S. 286 ff.
1304 Vgl. oben S. 293 ff.

Maß sinnvoller - zumutbarer - Präventionsanstrengungen bereits durch das Verschuldensprinzip erfolgt.

bb) Ökonomische Effizienz, insbesondere Versicherbarkeit

Auch Gesichtspunkte der ökonomischen Effizienz nach dem Kaldor-Hicks-Kriterium können eine Unangemessenheit der auf 100,- DM begrenzten Haftung bereits deshalb nicht begründen, weil diese Haftung ökonomisch effizient ist.

Hierzu kann zunächst die für die vergleichbare Situation des Scheckvordruckmissbrauchs[1305] gewonnene Erkenntnis übertragen werden, dass der Gedanke der Risikozuweisung an den „cheapest cost avoider" weitgehend im Einklang mit der Risikozuweisung nach dem Verschuldensprinzip steht und daher für die Zufallshaftung in der Regel zu vernachlässigen ist. Abweichungen wurden allerdings bei einer ausnahmsweisen Ineffizienz der Verschuldenshaftung nach Maßgabe der Prognose festgestellt[1306], dass einer Partei einerseits Möglichkeiten zur wirtschaftlichen Risikovermeidung zu Gebote stehen und dass diese Möglichkeiten andererseits derart intransparent sind, dass die Nichtwahrnehmung dieser Vermeidungsmöglichkeiten mangels gerichtlich ausdifferenzierter Sorgfaltspflichten in erheblichem Ausmaß nicht bereits als Verschulden geahndet wird. Dieser Gedanke ist gegen eine begrenzte Schadensbeteiligung der Karteninhaber allerdings bereits deshalb nicht ins Feld zu führen, weil die Kartenemittenten ohnehin pauschal den über 100,- DM pro Karte liegenden, größten Teil der nicht auf nachweisbarem Verschulden beruhenden Missbrauchsschäden tragen und deshalb für sie ein ausreichender Anreiz zur Missbrauchsprävention ungeachtet dessen besteht, ob ihnen ein Verschulden nachweisbar wäre. Präventionsgesichtspunkte lassen sich demnach nur *für* eine summenmäßig begrenzte Kostenbeteiligung des Karteninhabers am Kartenmissbrauch anführen. Haftete dieser nur bei Verschulden, so könnten die Beweisschwierigkeiten der Kartenherausgeber in Bezug auf sein Verschulden seinen Antrieb zur Einhaltung der verkehrserforderlichen Sorgfalt schwächen[1307].

Ganz allgemein ist davon auszugehen, dass die Aufmerksamkeit der Kunden auch im Bereich der verkehrserforderlichen Sorgfalt geschärft wird, wenn der Kartenmissbrauch auf jeden Fall Kosten für sie bedeutet[1308].

[1305] Dazu oben S. 292.

[1306] Vgl. oben S. 296 ff.

[1307] So auch *Taupitz*, Kreditkartenmißbrauch, § 5 A III 4 c aa (2), S. 140.

[1308] Vgl. zur "erzieherischen Wirkung" der Risikozuweisung bereits *Müller-Erzbach*, AcP 106 (1910), 309, 349 f. Von der Verbesserung der Einhaltung der ver-

Im Übrigen maßgeblich ist zwar der Gedanke der Risikostreuung, zu der die Kartenemittenten besser in der Lage sind. Entsprechend den Erwägungen zum Vordruckmissbrauch wird man große Kartenemittenten sogar als „superior risk bearer"[1309] einschätzen dürfen. Dennoch ist es verfehlt, wenn Martinek[1310] den Versicherbarkeitsgedanken gegen die auf 100,- DM begrenzte Selbstbeteiligung der Karteninhaber anführt. Denn effizient ist eine Versicherung nur in dem Maße, in dem der Versicherte auch risikoavers ist[1311]. Die entscheidende Frage ist daher, ob die Karteninhaber bei einer hypothetischen Sozialwahl die vollständige Übernahme des Drittmissbrauchsrisikos durch die Emittenten um den Preis höherer Kreditkartenentgelte[1312] ihrer Selbstbeteiligung in Höhe von 100,- DM vorziehen würden. Bereits die wohl realistische Annahme, dass die Karteninhaber dieser Frage recht gleichgültig gegenüberstehen, entzieht dem Versicherbarkeitskriterium in Bezug auf die begrenzte Haftung das Fundament der Risikoaversion. Die Versicherbarkeit des Drittmissbrauchs durch die Kartenemittenten steht daher der Effizienz der begrenzten Haftung der Karteninhaber nicht entgegen. Auch der besonders von Koller[1313] betonte Gesichtspunkt der Externalisierung von Risiken schließlich spricht allein für die Effizienz einer Schadensbeteiligung des Kunden, da der Externalisierungseffekt durch die Schadensbeteiligung des Karteninhabers gerade reduziert wird.

d) Ergebnis

AGB, die dem Inhaber einer Karte im Drei-Parteien-System eine auf 100,- DM begrenzte Haftung für nicht verschuldeten Drittmissbrauch der ihnen abhandengekommenen Karte aufbürden, sind wirksam. Sie sind trotz Abweichung vom dispositiven Recht mit dessen Grundprinzipien vereinbar und benachteiligen den Karteninhaber auch nicht unangemessen im Sinne des § 9 Abs. 1 AGBG. Die Frage nach der Kompensation einer Benachteiligung durch Beschränkung der Haftung des Karteninhabers für leichte Fahrlässigkeit stellt sich daher nicht.

---

kehrserforderlichen Sorgfalt durch eine begleitende, beschränkte Zufallshaftung ausgehend auch *Bucher*, Risikoverteilung, S. 263; *Brockmeier*, Das POS System, S. 125; *Geva*, LQR 114 (1998), S. 250, 290.

1309 Vgl. oben S. 130 ff. sowie zum Begriff S. 121.

1310 In: Schimansky/Bunte/Lwowski, Bankrechts-Handbuch, § 67 Rn. 27.

1311 Näher zur Grundlage der Risikozuweisung nach Versicherbarkeit oben S. 120.

1312 Der Kunde zahlt letztlich immer alles, was von *Salje*, JR 1992, 371, 377 treffend als "Nullsummenspiel" charakterisiert wird.

1313 Vgl. oben S. 35, näher zur Relevanz bei der AGB-Inhaltskontrolle oben S. 298 ff.

2. Kundenkreditkarten

a) Wirksamkeit gemessen an § 9 Abs. 2 Nr. 1 AGBG

Auch bei der Kundenkreditkarte unterliegt die klauselmäßige Vereinbarung eines verschuldensunabhängigen Schadensersatzanspruchs aufgrund der Abweichung vom dispositiven Recht nach § 8 AGBG der Inhaltskontrolle. Wiederum kommt eine Unwirksamkeit gemäß § 9 Abs. 2 Nr. 1 AGBG unter der Voraussetzung in Betracht, dass die verschuldensunabhängige Haftung mit den wesentlichen Grundgedanken der gesetzlichen Regelung, von der abgewichen wird, nicht zu vereinbaren ist.

aa) Abweichung vom gesetzlichen Leitbild

Der Emissionsvertrag für eine Kundenkreditkarte ist kein Geschäftsbesorgungsvertrag[1314], weshalb auf die Wertung der §§ 675, 670 BGB und die daraus für Mehrparteien abgeleitete Angemessenheit der Zurückverlagerung des Systemrisikos des Geschäftsbesorgers in Höhe des dem Geschäftsherrn abgenommenen Risikos nicht zurückgegriffen werden kann. Bereits abgesehen von diesem rechtlichen Anknüpfungspunkt passt der Gedanke, die Karte einem ansonsten mitgeführten Bargeldbetrag zu vergleichen, ohnehin nicht recht auf Kundenkreditkarten. Denn wie bereits festgestellt[1315] sind sie keine Zahlungsmittel, weil der Karteneinsatz nicht der Tilgung einer Geldschuld im Verhältnis des Karteninhabers zum Verkäufer/Dienstleister dient. Bei Kundenkreditkarten sind vielmehr die Gewähr eines Konsumentenkredits und die Kundenbindung prägend. Aus dieser besonderen vertraglichen Interessenlage lässt sich keine vertragstypische Wertung entnehmen, dass der berechtigte Karteninhaber für den Verzicht auf Barzahlung des Kartenemittenten gegenüber einem nichtberechtigten Missbraucher der Karte verschuldensunabhängig einstehen müsste.

Nichts anderes lässt sich mit dem vornehmlich an Beherrschbarkeit orientierten Sphärengedanken begründen, dem Teile der Literatur scheinbar unausgesprochen Leitbildcharakter für die Kartenzahlung zumessen[1316]. Für diesen ist zwar unmaßgeblich, ob es sich um eine Kundenkreditkarte oder eine Mehrparteienkarte handelt. Wie ausgeführt[1317], bedarf es aber angesichts der Beherrschungsmöglichkeiten bezüglich des Drittmissbrauchs sowohl beim Kartenin-

---

[1314] Vgl. oben S. 159.
[1315] Vgl. oben S. 144 f.
[1316] Vgl. oben S. 308.
[1317] Siehe oben S. 315 f.

haber als auch beim Kartenemittent für die einseitige Risikozuweisung nach Beherrschbarkeit einer Ergänzung des Beherrschbarkeitsgedankens durch eine sinnvolle Verhaltensanforderung. Die einzige Verhaltensanforderung mit Leitbildfunktion für das dispositive Recht liegt aber im Verschuldensprinzip[1318].

Als nicht fruchtbringend erscheint schließlich der Vorschlag von Bälz, § 779 BGB als Leitbild bei der Risikoverlagerung heranzuziehen[1319]. Ungeachtet dessen, dass es bei den Kartenemittenten an der für einen (antezipierten) Vergleich erforderlichen, subjektiven Ungewissheit über die gesetzliche Risikoverteilung fehlen dürfte, bietet der Vergleich außer dem Erfordernis gegenseitigen Nachgebens keinerlei Gerechtigkeitskriterien im Sinne des § 9 Abs. 2 Nr. 1 AGBG für die Inhaltskontrolle. Ein die Äquivalenz eines Vergleichs begründendes Nachgeben der Kartenemittenten könnte aber bereits in der Entgeltgestaltung liegen, die bei der Inhaltskontrolle nicht berücksichtigt werden kann, weil dann der Richter anstelle des Marktes den angemessenen Preis für die Kartendienstleistung festlegen müsste. Insbesondere aber kommt der von Bälz vorgeschlagenen Beachtung der ökonomischen Kriterien des „cheapest cost avoider" und der Versicherbarkeit/Streubarkeit im Rahmen der Leitbildkontrolle[1320] kein über § 9 Abs. 1 AGBG hinausgehender Erkenntnisgewinn zu. Wie ausgeführt[1321], besteht die Aufgabe des § 9 Abs. 2 Nr. 1 AGBG vielmehr darin, über das Ziel ökonomisch effizienter Gestaltung von Austauschbeziehungen hinausgehend ethische Prinzipien der Rechtsordnung, insbesondere die Orientierung am Persönlichkeitsrecht des Vertragspartners des Verwenders, vor Zugriff schützen.

Mangels vertragsspezifischer Wertung muss daher die Orientierung unserer Rechtsordnung an der Handlungsfreiheit berücksichtigt werden, wie diese im Haftungskonzept der pFV zum Ausdruck kommt. Im Ergebnis ist deshalb für die Kundenkreditkarte dem von Rechtsprechung und Literatur überwiegend angenommenen Grundsatz „Kein Schadensersatz ohne Verschulden" im Ergebnis zuzustimmen. Eine verschuldensunabhängige Haftung weicht bei Kundenkreditkarten vom gesetzlichen Leitbild im Sinne des § 9 Abs. 2 Nr. 1 AGBG ab.

bb) Unangemessenheit

Die festgestellte Abweichung vom gesetzlichen Grundgedanken der Handlungsfreiheit determiniert noch nicht die Unangemessenheit einer Schadensbeteiligung von Karteninhabern in Höhe von 100,- DM, die nach dem Wortlaut

---

[1318] Vgl. bereits zum Scheck oben S. 288 ff.

[1319] *Bälz*, JZ 1991, 1141, 1145 f.

[1320] *Bälz*, JZ 1991, 1141, 1145 f.

[1321] Vgl. oben S. 281.

des § 9 Abs. 2 Nr. 1 AGBG nur im Zweifel - also widerleglich - zu vermuten ist. Angesichts der vom Gesetz damit geforderten besonderen *Bewertung aller Umstände einer Abweichung vom gesetzlichen Leitbild* erscheint die apodiktische Feststellung Martineks[1322], dass sich die Unangemessenheit einer Haftung des Karteninhabers bereits ungeachtet der Höhe des überwälzten Risikos aus der Abweichung vom Verschuldensprinzip ergebe, nicht als ausreichende Begründung. Jedoch trifft die Kartenemittenten als Verwender die Last, die Vermutung der Unangemessenheit zu widerlegen[1323].

(1) Sphärengesichtspunkte

Der an Beherrschbarkeit orientierte Sphärengedanke ist nach den beim Scheckvordruck gewonnenen Erkenntnissen kein rechtfertigender Selbstzweck, der die weitere Darlegung eines höherrangige Interesses, welches mit dieser Risikoverlagerung angemessen verfolgt wird, erübrigte. Für ein solches Interesse kommt in erster Linie die Verminderung wirtschaftlicher Schäden durch Drittmissbrauch in Betracht, da dies im Zweifel über die Tarifgestaltung mittelbar auch dem Kunden zu Gute kommt. Diese plausibel zu machen leistet der pauschale Beherrschbarkeitsaspekt gerade nicht.

(2) Verhältnis von gesetzlichem Leitbild und Effizienz

Die ökonomische Effizienz der Vertragsgestaltung nützt hingegen im Zweifel auch dem Karteninhaber und ist daher als gewichtiges Argument gegen die Unangemessenheit einer Risikoverlagerungsklausel anzuerkennen. Eine auf 100,- DM beschränkte Haftung ist auch bei der Kundenkreditkarte aus den zu den Mehrparteienkarten angeführten Gründen[1324] effizient: Sie schärft die Beobachtung der verkehrserforderlichen Sorgfalt durch den Karteninhaber bei der Aufbewahrung seiner Karte, ohne ihn einem über die Verschuldenshaftung hinausgehenden Risiko auszusetzen, in Bezug auf das er entscheidend risikoavers wäre. Gegen die Unangemessenheit einer solchen Klausel lässt sich daher sogar einwenden, dass sie trotz ihrer Abweichung vom Prinzip der Verschuldenshaftung mit der diesem zugrundeliegenden Interessenabwägung in Einklang steht. Denn die Beschränkung der Haftung des Handelnden für eine den Vertragspartner gefährdende Handlung durch das Verschuldensprinzip dient einerseits dazu, die Bereitschaft zur Vornahme dieser Handlung nicht zu lähmen, indem dem

---

[1322] In: Schimansky/Bunte/Lwowski, Bankrechts-Handbuch, § 67 Rn. 27.

[1323] *Wolf*, in: Wolf/Horn/Lindacher, § 9 Rn. 61.

[1324] Vgl. oben S. 316 ff.

Handelnden nicht alle Kosten aufgebürdet werden, die aus seiner Handlung resultieren. Andererseits berücksichtigt die Verschuldenshaftung das Interesse des Vertragspartners, nicht geschädigt zu werden, indem es ihm den Ersatz für Schäden aus der Realisierung von solchen Risiken zubilligt, die mit verkehrserforderlicher Sorgfalt von dem Handelnden hätten abgeschirmt werden können. Soweit nicht besondere normative Vorgaben der Rechtsordnung zu vorrangig zu berücksichtigen sind, kann dabei zumindest wirtschaftliche Prävention verlangt werden, die vorliegt, wenn der Präventionsaufwand nicht über dem Erwartungswert eines Schadens liegt[1325]. Der durch die Verschuldenshaftung bewirkte Interessenausgleich liegt also nicht zuletzt darin, eine Haftung für die Folgen einer riskanten Handlung nur insoweit vorzusehen, als dies zu sinnvoller Prävention anreizt, ohne die Bereitschaft zur Vornahme der Handlung in Frage zu stellen.

Entsprechendes gilt gerade auch für die auf 100,- DM begrenzte Risikobeteiligung des Karteninhabers. Sie weicht daher zwar von der Verschuldenshaftung ab, bedeutet aber eine dem gesetzlich angestrebten Interessenausgleich konforme Ergänzung und Verstärkung der Verschuldenshaftung. Damit ist die Vermutung der Unangemessenheit der Abweichung vom gesetzlichen Leitbild im Sinne des § 9 Abs. 2 Nr. 1 AGBG auch ohne Rückgriff auf den Gedanken einer Kompensation durch Gewähr anderweitiger Vorteile widerlegt.

b) § 9 Abs. 2 Nr. 2 AGBG

Wie bei den Mehrparteienkarten auch ist § 9 Abs. 2 Nr. 2 AGBG nicht einschlägig, da insbesondere die Sorgfaltspflichten des Kartenemittenten unangetastet bleiben.

c) Ergebnis

Auch wenn eine auf 100,- DM begrenzte Haftung bei Kundenkreditkarten vom gesetzlichen Leitbild abweicht, steht diese mit dem gesetzlichen Grundgedanken immer noch in solchem Einklang, dass die Unangemessenheit der auch ökonomisch gebotenen Risikoverlagerung zu verneinen ist. Entsprechende AGB sind daher auch bei Kundenkreditkarten ohne Kompensation durch Gewähr anderweitiger Vorteile wirksam.

[1325] Eingehend dazu oben S. 77 ff.

B. Neue Rechtslage gemäß § 676h BGB

Mit der Geltung des neuen § 676h BGB[1326] kann „ein Kreditinstitut" Aufwendungsersatz für die Verwendung von Zahlungskarten oder von deren Daten nur verlangen, wenn diese nicht von einem Dritten missbräuchlich verwendet wurden, ungeachtet ob der Zahlungskarte ein Girovertrag oder ein anderer Geschäftsbesorgungsvertrag zugrunde liegt. Darin liegt das Bekenntnis des Gesetzgebers zum Grundsatz der strikten Weisungsgebundenheit der Kartenemittenten im Sinne des § 665 BGB. Insoweit stellt § 676h BGB für die von ihm im Gegensatz zu den Kundenkreditkarten erfassten Mehrparteienkarten nur die bisherige Rechtslage klar.

I. Leitbildfunktion des § 676h BGB

Darüber hinaus kommt der Norm auch für die AGB-Inhaltskontrolle eine den Rückgriff auf die Wertung der §§ 675, 670 BGB sperrende Leitbildfunktion im Sinne des § 9 Abs. 2 Nr. 1 AGB zu. So geht die Begründung des Regierungsentwurfs, der als Leitlinie der Risikoverteilung intendiert ist, von Schadensersatzansprüchen des Emittenten gegen den berechtigten Karteninhaber für Drittmissbrauch allein aus Verschulden aus[1327]. Damit hebt der Gesetzgeber zwar unter Verkennung der geschäftsbesorgungsrechtlichen Bedeutung der Bargeldersatzfunktion ohne Not den einheitlichen Bewertungsmaßstab für alle Medien der bargeldlosen Zahlung auf. Eine „verdeckte Lücke" folgt aus dem Bekenntnis zu strikter Weisungsgebundenheit einerseits und Verschuldensprinzip andererseits als abschließenden Kriterien der Risikozuweisung aber für die hier behandelten Mehrparteienkarten nicht. Sie sind als Manifestation des Weisungsrechts des Karteninhabers gegenüber dem Kartenemittenten vom Gesetzgeber auftragsrechtlich zutreffend erfasst worden. Anders als bei der Geldkarte[1328] ergibt sich aus §§ 675, 670, 676h BGB auch die vom Gesetzgeber intendierte faktische Risikoverteilung nach dispositivem Recht.

II. Konsequenz: Gleichbehandlung von Mehrparteienkarten und Zweiparteienkarten

Dass ferner der dem Verschuldensprinzip zugrundeliegende Gedanke der Handlungsfreiheit bei Geltung des § 676h BGB für die Mehrparteienkarten nun

---

[1326] Die Norm ist auf Fälle nach dem 29. Juni 2000 anwendbar, vgl. Art. 229 § 2 Abs. 1 EGBGB.

[1327] Vgl. BT-Drucks 14/2658, S. 21.

[1328] Vgl. BT-Drucks 14/3195, S. 28, Art. 12.

die umfassende Leitbildfunktion gewinnt, die ihm für die Kundenkreditkarte bereits nach bisherigem Recht zukommt, bedeutet nur, dass sich die zur Kundenkreditkarte für das bisherige Recht getroffenen Erwägungen daher für die Zukunft auf die Mehrparteienkarten vollständig übertragen lassen: Obwohl also eine auf 100,- DM begrenzte, verschuldensunabhängige Haftung mit Geltung des § 676h BGB nun auch bei Mehrparteienkarten vom gesetzlichen Leitbild der hinter der Verschuldenshaftung stehenden Handlungsfreiheit abweicht, bleibt sie mit dem gesetzlichen Grundgedanken immer noch in solchem Einklang, dass die Unangemessenheit der auch ökonomisch gebotenen Risikoverlagerung zu verneinen ist[1329]. Hiergegen lässt sich für Kartentransaktionen im Fernabsatz auch Art. 8 der Fernabsatzrichtlinie (97/7/EG) nicht anführen ohne dass es der von Oechsler vorgeschlagenen „großzügigeren Interpretation des Wortlautes von Art. 8 (>geeignete Vorkehrungen<)“[1330] bedürfte.

Art. 8 zielt unmittelbar nur darauf ab, den berechtigten Karteninhaber davor zu schützen, dass er bei drittmissbräuchlichen Transaktionen behandelt wird, als habe er selbst die Karte benutzt. Nach Art. 8 der Richtlinie ist sicherzustellen, dass „der Verbraucher im Fall einer betrügerischen Verwendung seiner Zahlungskarte im Rahmen eines unter diese Richtlinie fallenden Vertragsabschlusses im Fernabsatz die Stornierung einer Zahlung verlangen kann; dem Verbraucher im Fall einer solchen betrügerischen Verwendung die Zahlungen gutgeschrieben oder erstattet werden.“ Damit soll dem berechtigten Karteninhaber unmittelbar nur eine Rückabwicklung der konkreten Transaktion gewährleistet werden, die *als von ihm durchgeführt gebucht* worden ist. Daraus ergibt sich aber unmittelbar noch keine zwingende Aussage für den Fall, dass eine Transaktion als Drittmissbrauch eingeordnet wird und der Karteninhaber an den Kosten nur beteiligt werden soll. Zwar enthält die Richtlinie durchaus eine Wertung für die endgültige materielle Verteilung des Drittmissbrauchsrisikos. Denn die Vorgabe macht nur Sinn, wenn das Drittmissbrauchsrisiko grundsätzlich den Kartenemittenten zugewiesen ist. Diese nur mittelbare Grundsatzwertung spricht aber keineswegs gegen jegliche, auch die Verschuldenshaftung nur unterstützende, summenmäßig beschränkte Beteiligung des Karteninhabers an vertragsspezifischen Zufallsrisiken. Insoweit ist insbesondere der Richtlinie nicht zu entnehmen, dass die Wertungen der „Empfehlung der Kommission zu Zahlungssystemen, insbesondere zu den Beziehungen zwischen Karteninhabern und Kartenausstellern” vom 17. November 1988 (88/590/EWG)[1331], gegenstandslos werden sollen, welche in Anhang 8.2, 8.3 die Kombination einer Haftungsbeschränkung für leichte Fahrlässigkeit mit einer begrenzten verschuldensunab-

[1329] Vgl. eingehend oben 319 ff.

[1330] *Oechsler*, WM 2000, 1613, 1622.

[1331] ABl. Nr. L 317/55 vom 24. November 1988; dazu auch *Fischer*, WM 1989, 397 ff.

hängigen Haftung sogar bis 150,- ECU (nach amtlichem Euro-Kurs ca. 293 DM) vorschlägt.

AGB, die eine auf 100,- DM begrenzte Haftung des berechtigten Karteninhabers für Drittmissbräuche vor Verlustanzeige vorsehen, sind daher für Universalkreditkarten nach der neuen Maßgabe des § 676h BGB immer noch auch ohne Kompensation durch Gewähr anderweitiger Vorteile wirksam.

3. Abschnitt

Die Geldkarte

A. Kontogebundene Karten

I. Der Wortlaut der ec-Bedingungen

Nr. A. II. 5. S. 3 ec-Bedingungen Sparkassen (Nr. II. 5. S. 3 ec-Bedingungen Banken):
„Ein zum Zeitpunkt der Einziehung noch in der Geldkarte gespeicherter Betrag wird dem Karteninhaber erstattet."

Nr. A. III. 3.5 ec-Bedingungen Sparkassen (Nr. III 3.5 ec-Bedingungen Banken):
„Bei Verlust der ec-Karte erstattet die Sparkasse/Landesbank (Bank) den in der GeldKarte vorhandenen Betrag nicht, denn jeder, der im Besitz der ec-Karte ist, kann den in der GeldKarte gespeicherten Betrag ohne Einsatz der PIN verbrauchen."

Nr. A III. 3.2 Abs. 2 S. 2 ec-Bedingungen Sparkassen (Nr. III. 3.2 Abs. 2 S. 2 ec-Bedingungen Banken):
„Bei einer Funktionsunfähigkeit der GeldKarte erstattet die kartenherausgebende Sparkasse/Landesbank (Bank) dem Karteninhaber den nicht verbrauchten Betrag."

II. Abweichung vom dispositiven Recht

Nach der bisherigen und vom neuen § 676h BGB nicht modifizierten[1332] dispositiven Rechtslage verliert der berechtigte Inhaber einer kontogebundenen Karte bereits bei formal ordnungsgemäßem, drittmissbräuchlichem Zahlungseinsatz der Karte seine Guthabensforderung[1333]. Aufgrund möglichen Drittmissbrauchs kann das emittierende Institut bei bloßem Abhandenkommen der Karte die Geltendmachung der wertpapierrechtlich mit der Karte verknüpften Guthabensforderung von der Vorlage der Geldkarte abhängig machen. Die wertpapierrechtliche Verbriefung erlischt jedoch, wenn der Kartenchip zerstört oder

[1332] Vgl. dazu eingehend S. 268 ff.
[1333] Vgl. oben S. 248 ff., 255.

die Karte eingezogen worden [1334] und dadurch der Einsatz der Karte zu Zahlungszwecken ausgeschlossen ist. Eine entsprechende Einschränkung der ansonsten umfassenden Verlusthaftung des Namensinhabers ergibt auch die Auslegung der ec-Bedingungen. Diese sehen insbesondere die Rückerstattung des Guthabens bei Beschädigung des Kartenchips vor, ohne dies ausdrücklich von der Kartenvorlage abhängig zu machen. Problematisch bleibt allein der bvon den ec-Bedingungen nicht angesprochene weil eher theoretische Fall, dass bei einer formal ordnungswidrigen Zahlungstransaktion die Karte entladen wird, weil dies nicht zum Erlöschen, sondern sogar zum Wegfall der Verbriefung der Guthabensforderung führt[1335]. Da die ec-Bedingungen die Nichterstattung des Guthabens allein mit der Missbrauchsmöglichkeit des aufgeladenen Betrags begründen, die in dieser Konstellation nicht mehr besteht, sind sie dahingehend auszulegen, dass dieser Spezialfall von der Haftungsregelung nicht erfasst ist.

Die durch die ec-Bedingungen vorgesehene Haftung des Namensinhabers bei Kartenverlust entspricht demnach dispositivem Recht und ist daher gemäß § 8 AGBG kontrollfrei wirksam.

B. Kontoungebundene Karten

Für kontoungebundene Karten stellt sich die Frage der Vereinbarkeit einer Verlusthaftung mit dem AGB-Gesetz nicht, weil deren berechtigter Inhaber bereits nach dispositivem Recht mit dem Verlust der Karte jegliche Durchsetzbarkeit der Guthabensforderung verliert, so dass eine Abweichung vom dispositiven Recht zu Lasten des berechtigten Karteninhabers ausgeschlossen ist.

[1334] Siehe oben S. 262 f.

[1335] Vgl. oben S. 262 f.

3. Kapitel

Verbleibende Möglichkeiten der Risikoverlagerung

A. Vorüberlegung für ein Klauselmodell anhand des Schecks

Aus den bisherigen Erwägungen ergibt sich, dass eine Zuweisung des Risikos unverschuldeten Missbrauchs weder auf eine Sphärentheorie noch auf an Prävention orientierte Gesichtspunkte von Beherrschbarkeit(svorsprüngen) gestützt werden kann. Ebenso wenig tragfähig ist eine Differenzierung zwischen privater und geschäftlicher Kundschaft: diese führt selbst dann nicht weiter, wenn man sich an Beherrschbarkeitsgesichtspunkten orientiert, da entscheidende Risikofaktoren wie Zuschnitt des Kontos, Art der Aufbewahrung und Zugang von Vertrauenspersonen nicht signifikant davon abhängen, ob es sich um ein Geschäfts- oder Privatkonto handelt[1336]. Dass für einen kaufmännischen Betrieb eine gewisse Vermutung komplexerer Organisation spricht, vermag eine Risikozuweisung allein nicht zu rechtfertigen.

Eine Risikobelastung des Kunden kann jedoch insoweit ihre Berechtigung aus § 670 BGB schöpfen, als sie dem Bargeldrisiko entspricht, das dem Kunden abgenommen wird. Die dafür erforderliche summenmäßige Begrenzung der Kundenhaftung muss nicht über einen festen Betrag erfolgen. Es ist ausreichend, wenn die Haftung sich danach richtet, wie viel Bargeld der Kunde hypothetisch für seinen kurzfristigen Bedarf vorgehalten hätte, um denjenigen Umsatz zu tätigen, für den er nun Schecks einsetzt. Da dieser nicht für die Zukunft ermittelt werden kann, bietet sich eine Orientierung an den bisher getätigten monatlichen Umsätzen des Kunden an.

I. Haftungshöchstbetrag für jeden einzelnen Vordruck

Besonders augenfällig weicht das Systemrisiko des Scheckmissbrauchs vom ausgeschalteten Bargeldrisiko dadurch ab, dass allein durch Missbrauch eines

[1336] Vgl. *Joost*, ZHR 153 (1989), 237, 251 f.; *Jäger*, Fälschungsrisiko, S. 149.

abhandengekommenen Vordrucks ein Schaden in der Größenordnung des Verfügungsrahmens entstehen kann. Dieser Unterschied lässt sich allerdings bereits dadurch nivellieren, dass die Haftung für den Missbrauch eines einzelnen Vordrucks auf einen Höchstbetrag beschränkt wird, der sich an der Höhe der vom jeweiligen Kunden tatsächlich ausgestellten Schecks orientiert.

II. Haftungsbegrenzung nach Monatsumsatz und Mindestbetrag

Weitergehend ist aber eine Haftungsbegrenzung für alle gleichzeitig abhandengekommenen Vordrucke nach Maßgabe des durchschnittlichen Monatsumsatzes des Kunden erforderlich. Dabei ist zu berücksichtigen, dass das Umsatzverhalten der einzelnen Kunden sehr unterschiedlich ist. Wer in einem kurzen Zeitabschnitt, z. B. gegen Monatsende, wenige aber hohe Zahlungen vornimmt, hätte sich in diesem Zeitraum möglicherweise mit Bargeld in Höhe seines Monatsumsatzes bevorratet. Dafür hätte er dann aber von Monatsanfang bis Monatsmitte vielleicht kein Bargeld statt der Scheckvordrucke vorgehalten und wäre in diesem Zeitraum kein Verlustrisiko gelaufen. Wer hingegen eine Vielzahl kleinerer Zahlungen gleichmäßig über den Monat verteilt tätigt, hätte möglicherweise anstelle der Scheckvordrucke nur einen Bargeldvorrat für bis zu einer Woche vorgehalten, so dass sein tägliches Bargeldverlustrisiko summenmäßig vielleicht ein Fünftel des Monatsumsatzes nicht überschritten hätte.

Man kann also feststellen, dass unabhängig vom Umsatzvolumen der verschiedenen Kunden deren ausgeschaltetes Risiko eines Bargeldverlustes erheblich hinter dem Risiko zurückbleiben kann, an jedem Tag durch Abhandenkommen von Vordrucken einen Verlust in Höhe des durchschnittlichen Monatsumsatzes zu erleiden. Als Maßstab, bei dem jedenfalls kein Kunde über das seinem Umsatzverhalten entsprechende Bargeldrisiko hinaus belastet werden soll, bietet sich insoweit eine Beschränkung der Haftung für alle gleichzeitig abhandengekommenen Vordrucke auf ein Fünftel des durchschnittlichen Monatsumsatzes an.

Andererseits darf die Orientierung am durchschnittlichen Monatsumsatz nicht verabsolutiert werden, da Scheckvordrucke wie das durch diese ersetzte Bargeld für erwarteten Umsatz bevorratet werden, ohne dass dieser tatsächlich erfolgen muss. Insbesondere bei Kunden mit geringen und unregelmäßigen Umsätzen kommt daher ein Bargeldverlustrisiko auch weit über ihrem durchschnittlichen Monatsumsatz in Betracht. Insoweit wird man selbst bei vorsichtigster Pauschalierung behaupten dürfen, dass der einzelne Scheckvordruck zumindest eine dauerhaft vorgehaltene durchschnittliche Bargeldmenge von 50,- DM auch dann repräsentiert, wenn der Kunde über längere Zeit gar keine Umsätze tätigt.

III. Ermittlung des durchschnittlichen Monatsumsatzes

Der Vergleichszeitraum für die Ermittlung des Durchschnittsumsatzes schließlich muss einerseits lang genug sein, um größere Schwankungen der Haftungshöhe zugunsten der Vorhersehbarkeit seitens des Kunden zu vermeiden. Andererseits darf er nicht zu weit gefasst werden, weil ansonsten der Bezug zum aktuellen Umsatzverhalten des Kunden verloren geht. Sinnvoll erscheinen daher 6 Monate. Zugunsten der Vereinfachung kann dabei von Kalendermonaten ausgegangen werden.

B. Formulierung einer zulässigen Risikoverlagerungsklausel

Der Kunde haftet für den Schaden, der dadurch entsteht, dass ihm Vordrucke abhanden kommen und das Kreditinstitut auf abhandengekommenen Scheckvordrucken gefälschte Schecks einlöst, mit folgenden Maßgaben:

Der Kunde trägt Schäden bis 50,- DM pro missbrauchtem Vordruck in voller Höhe.

Darüber hinaus haftet der Kunde für jeden einzelnen eingelösten gefälschten Scheck nur bis zum Betrag des höchsten Schecks, den er innerhalb der letzten sechs Kalendermonate vor der Einlösung des gefälschten Schecks ausgestellt hat und für alle zusammen abhanden gekommenen Vordrucke insgesamt nur bis zu einem Betrag von 20 % seines durchschnittlichen monatlichen Scheckumsatzes innerhalb dieses Zeitraums. Bestand der Scheckvertrag zum Zeitpunkt der Einlösung gefälschter Schecks noch keine sechs Monate, entfällt eine Haftung für Beträge, die 50,- DM pro missbrauchtem Vordruck übersteigen.

Die Haftung des Kunden greift nur ein, wenn der gefälschte Scheck zum Zeitpunkt der Einlösung dem äußeren Anschein nach den Eindruck der Echtheit erweckt und keine Schecksperre sowie keine sonstigen für das Kreditinstitut erkennbaren Anhaltspunkte für Unregelmäßigkeiten vorliegen.

C. Vereinbarkeit mit § 9 AGBG

Eine solche Klausel ist vereinbar mit § 9 Abs. 2 Nr. 1 AGBG, da das dem Kunden zugewiesene Risiko das dem Kunden abgenommene Bargeldrisiko - wenn auch zeitverzögert und nach Durchschnittssätzen - nachvollzieht. Insoweit folgt die Klausel dem in § 670 BGB zum Ausdruck kommenden Grundgedanken der Haftung des Geschäftsherrn für auf den Geschäftsbesorger verlagerte Risiken. Der Rückgriff auf einen davon abweichenden Grundsatz "kein Schadensersatz ohne Verschulden" ist unzulässig, weil es hier gerade um die interessengerechte Verteilung vertragsspezifischer Risiken ohne Rücksicht darauf geht, wer deren Realisierung (besser) vermeiden kann.

Auch bedeutet die Klausel keinesfalls eine Einschränkung von wesentlichen Rechten und Pflichten bzw. eine Gefährdung des Vertragszwecks im Sinne des § 9 Abs. 2 Nr. 2 AGBG. Wie bereits ausgeführt, gehört der typisierte Interessenausgleich ohne Rücksicht auf individuelle Besonderheiten auch nach den in den §§ 157, 242 BGB genannten Kriterien vornehmlich in den Bereich des dispositiven Rechts[1337] und ist deshalb bereits Maßstab der Inhaltskontrolle nach § 9 Abs. 2 Nr. 1 AGBG[1338], weshalb für eine abweichende Wertung durch Nr. 2 in Bezug auf die typische Interessenlage beim Scheckvertrag wenig Raum bleibt. So entspricht die Haftung des Geschäftsherrn für auf den Geschäftsbesorger verlagerte Risiken nicht weniger der Zweck und der Natur des Scheckvertrags als dem gesetzlichen Grundgedanken. Auch bleibt die Haftung der Bank für die Verletzung von Sorgfaltspflichten unangetastet; die *begrenzte* und *kalkulierbare* Haftung des Kunden stellt dessen Nutzen aus dem Scheckvertrag nicht in Frage.

Einwenden ließe sich demnach nur der allgemein auch für § 9 Abs. 1 AGBG relevante Umstand einer erheblichen Abweichung vom Kaldor-Hicks-Kriterium, namentlich einer Risikozuweisung abweichend vom Kriterium der besseren Risikostreuungsmöglichkeiten. Der Umstand, dass die Kreditinstitute über die besseren Risikostreuungsmöglichkeiten verfügen, gebietet allerdings keinesfalls, dass diese nun das Risiko vollständig tragen. Dabei ist zu berücksichtigen, dass die vorgeschlagene Klausel eine Art Versicherung durch die Bank mit Selbstbeteiligung des Kunden bedeutet. Das Risiko eines Kunden beschränkt sich auf 20 % seines durchschnittlich Monatsumsatzes. Nur sofern er bezogen auf seinen Umsatz unverhältnismäßig viele Vordrucke "hortet", kann ihn theoretisch die Haftung von 50,- DM pro missbrauchtem Vordruck härter treffen. Der berechtigte Vordruckinhaber kommt also insoweit in den Genuss der Vorteile einer organisierten Risikostreuung, als ihm das Risiko empfindlich hoher Schäden genommen und seine Haftung auf einen für ihn vorhersehbaren Betrag beschränkt wird. Dieser ist mit 20 % des Monatsumsatzes bzw. 50,- DM pro missbrauchtem Vordruck so gering, dass der Kunde ihn treffende Schäden bereits im Wege der internen Risikostreuung ohne Rückgriff auf eine Fremdversicherung auffangen kann. Zudem wird durch das Bewusstsein des Kunden, für Schäden aus Vordruckmissbrauch auf jeden Fall anteilig zu haften, seine Aufmerksamkeit auch im Bereich der verkehrserforderlichen Sorgfalt erhöht. Auch die von Koller gehegten Bedenken in Bezug auf die Externalisierung von Risiken treffen auf die vorgeschlagene Regelung weniger zu, als auf eine vollstän-

---

[1337] Vgl. die Ausführungen zur ergänzenden Vertragsauslegung, oben S. 84 ff, insbesondere S. 86.

[1338] Vgl. dazu auch *Wolf*, in: Wolf/Horn/Lindacher, AGB-Gesetz, § 9 Rn. 82.

dige Risikoallokation bei den Kreditinstituten. Zudem entfallen in Bezug auf Missbrauchsschäden, die einerseits die Selbstbeteiligung des Kunden nicht übersteigen und in Bezug auf deren Entstehung die Frage eines Kundenverschuldens andererseits schwierig ist, die Kosten diesbezüglicher gerichtlicher Entscheidungen. Die statt dessen zu erwartenden gerichtlichen Erörterungen eines Verschuldens der Bank dürften diesen Vorteil nicht zunichte machen, da als deren Hauptinhalt die Fragen nach der Erkennbarkeit der Unterschriftsfälschung einerseits und der Einhaltung von Pflichten zur Nachfrage beim Kunden andererseits zu erwarten ist[1339], was an tatsächlicher Nachforschung kaum mehr als die Inaugenscheinnahme des eingelösten Schecks erforderlich macht.

Der Klauselvorschlag ist daher jedenfalls effizienter als die Risikoverteilung nach dispositivem Recht. Er führt einen angemessenen Interessenausgleich herbei und hält daher insgesamt der Inhaltskontrolle nach § 9 AGBG stand.

[1339] Vgl. dazu oben S. 80 ff.

4. Kapitel

Zusammenfassung einiger Thesen

A. Risikoverteilung im bargeldlosen Zahlungsverkehr

I. Bisherige Rechtslage

Das Risiko des nicht verschuldeten Drittmissbrauchs eines Mediums des bargeldlosen Zahlungsverkehrs trägt bisher bereits in teleologischer Extension des § 670 BGB dessen berechtigter Inhaber, wenn - wie bei der Geldkarte - das systemspezifische Missbrauchsrisiko nicht das Bargeldverlustrisiko übersteigt, welches dem berechtigten Inhaber abgenommen wird. Anderenfalls trägt nach dispositivem Recht der Anbieter der bargeldlosen Zahlung das Risiko. Als einheitliches Prinzip erlaubt die Geschäftsherrnhaftung also bislang eine nach den verschiedenen Systemen der bargeldlosen Zahlung differenzierte Risikoverteilung, die zudem mit den Wertungen des Wertpapierrechts harmoniert, welche für die Guthabensforderung bei der Geldkarte zu berücksichtigen sind.

II. Folgen aus § 676h BGB, Definition der Zahlungskarte

In dieses harmonische System hat der Gesetzgeber nunmehr wenig überzeugend mit § 676h BGB eingegriffen. Dabei hat er den Gedanken der Bargeldersatzfunktion von Zahlungskarten, auf dem die ausgeführte Geschäftsherrnhaftung fußt, verkannt. In dem Bestreben zügiger Richtlinienumsetzung hat er einen in Bezug auf das eigentlich intendierte Bekenntnis zum Grundsatz strikter Weisungsabhängigkeit des Kartenemittenten im Sinne des § 665 BGB viel zu weiten Wortlaut gewählt. Die Norm muss daher zum einen dahingehend teleologisch reduziert werden, dass § 676h BGB einem Aufwendungsersatzanspruch des Kartenemittenten nicht entgegensteht, wenn der berechtigte Karteninhaber sich den im Drittmissbrauch liegenden Rechtsschein einer Weisung im Sinne des § 665 BGB nach zurechnen lassen muss. Zum anderen hat der Gesetzgeber die Besonderheiten der Geldkarte als vorausbezahlter Karte in einem Maße verkannt, das es verbietet, die Wertung des § 676h BGB für die Verteilung des Risikos nicht verschuldeten Drittmissbrauchs als einer Geschäftsherrnhaftung des Karteninhabers auch bei der Geldkarte entgegenstehend anzusehen. Demnach ergibt sich für Zahlungskarten im Sinne des § 676h BGB folgende Definition:

Zahlungskarte ist jede Urkunde, mit deren Emission ihrem berechtigten Inhaber die Rechtsmacht eingeräumt wird, anstelle von Barzahlung ihren Aussteller zu einer Geldzahlung an einen Dritten, sofern diese Rechtsmacht nicht an die die Übertragung von in dieser Urkunde gespeicherten, den Zahlungsbetrag repräsentierenden Wertdaten geknüpft ist.

§ 676h BGB hat die dogmatisch wenig überzeugende Konsequenz, dass nunmehr für Universalkredit- und Debet-Karten ein anderes gesetzliches Leitbild gilt, als für Geldkarte und Scheck. Dies ist vor allem deshalb unbefriedigend, weil es für § 676h BGB kein rechtfertigendes Bedürfnis nach materieller Risikoverteilung gibt. Die Norm hat im Ergebnis nicht einmal Auswirkungen auf die Wirksamkeit der in der Praxis vorzufindenden, eine auf 100,- DM begrenzte Haftung des berechtigten Karteninhabers für nicht verschuldeten Drittmissbrauch vor Verlustanzeige vorsehenden AGB bei Universalkreditkarten.

B. Zufallshaftung des Geschäftsherrn trotz entgeltlicher Geschäftsbesorgung

Die soeben ausgeführte Risikoverteilung insbesondere bei der Geldkarte ist nicht zuletzt Ausdruck der in dieser Arbeit vertretenen Ansicht, dass das Grundprinzip der Geschäftsherrnhaftung für geschäftsbesorgungsspezifische Zufallsschäden des Geschäftsbesorgers, wonach der Geschäftsherr diejenigen Risiken zu tragen hat, die der Durchführung des Geschäfts entgegenstehen, weil diese Risiken den Geschäftsherrn getroffen hätten, wenn er selbst zur Verfolgung seiner Interessen tätig geworden wäre[1340], entgegen Canaris[1341] nicht auf unentgeltliche Verträge und Verträge mit Unselbständigen (Arbeitsverträge) beschränkt ist. Telos des § 670 BGB ist es, die Handlungsbereitschaft des Geschäftsbesorgers durch Entlastung von geschäftsbesorgungsspezifischen Zufallsschäden im Interesse des Geschäftsherrn zu fördern[1342]. Dieser Normzweck ist in Bezug auf einen entgeltlichen Geschäftsbesorger, der in unvorhersehbare Situationen geraten kann und dann unter nicht bei Vertragsschluss in sein Entgelt kalkulierbaren Risiken die Belange des Geschäftsherrn nach eigenem Ermessen wahren soll, allemal eher einschlägig, als in Bezug auf einen Fließbandarbeiter ohne jeglichen Entscheidungsspielraum. Allerdings steht in Bezug auf

---

[1340] Diesen Grundgedanken benennen ausnahmslos alle Vertreter einer Risikozurechnung bei Tätigkeit in fremdem Interesse/auf fremde Veranlassung, vgl. nur *Canaris*, RdA 1966, 41, 43; *Erman/Ehmann*, § 670 Rn. 17; *Huber*, Die Haftung des Geschäftsherrn, S. 55; *Fitz*, Risikozurechnung bei Tätigkeit im fremden Interesse, S: 76; *Koller*, Risikozuweisung, S. 96 f.; *Larenz*, JuS 1965, 373, 375 f.

[1341] RdA 1966, 41, 48 f.

[1342] Näher dazu S. 103.

bei Vertragsschluss kalkulierbare Risiken die Entgeltlichkeit der Geschäftsbesorgung einer Risikozurechnung an den Geschäftsherrn als Nutznießer der Risikoeingehung prima facie entgegen.

C. Wertpapiereigenschaft der Geldkarte

Die Geldkarte ist ein Wertpapier, in dem die Guthabensforderung verbrieft ist. Die kontoungebundene Geldkarte gehört zu den kleinen Inhaberpapieren nach § 807 BGB; die kontogebundene Geldkarte ist ein nicht übertragbares Namenspapier sui generis.

D. AGB-Inhaltskontrolle am Beispiel der Forderungskauf-AGB für den Akquisitionsvertrag bei der Kreditkarte

I. Ergänzende Vertragsauslegung und AGB-Inhaltskontrolle

Jeglicher aus den in §§ 157, 242 BGB genannten Maßstäben - Verkehrssitte und Treu und Glauben - abgeleiteter Inhalt eines nicht ausdrücklich im BGB geregelten, aber aufgrund seines häufigen Vorkommens in Bezug auf die zu regelnde Interessenlage verkehrstypischen Vertrages ist nicht Parteiwille (Individualabrede), sondern dispositives Recht, das primär über § 9 Abs. 2 Nr. 1 AGBG zu berücksichtigen ist.

Eine AGB-Inhaltskontrolle am Maßstab eines mit ergänzender Vertragsauslegung gewonnenen Vertragsinhalts ist demgegenüber dogmatisch nicht haltbar, da die Berücksichtigung des hypothetischen Parteiwillens ihre Grenze auch dann im tatsächlichen Parteiwillen findet, wenn dieser in AGB geäußert wird[1343].

II. Zahlungsversprechen des Kartenemittenten an den Vertragsunternehmer

Zum gesetzlichen Leitbild (§ 9 Abs. 2 Nr. 1 BGB) des Akquisitionsvertrags aller in dieser Arbeit behandelten Kartenformen gehört, dass der Kartenemittent dem Vertragsunternehmer geknüpft an eine ordnungsgemäße Zahlungstransaktion ein abstraktes Schuldversprechen (§ 780 BGB) abgibt, den im Valutaverhältnis angefallenen Kartenzahlungsbetrag zu erstatten. Dieses ergibt sich sowohl bei Betonung der nach §§ 133, 157 BGB zu berücksichtigenden Bargeldersatzfunktion der Kreditkartenzahlung, für die eine barzahlungsähnliche Siche-

---

[1343] Näher dazu oben S. 82 ff., S. 86.

rung des Vertragsunternehmers Voraussetzung ist, als auch bei Betonung des anweisungsgleichen Simultanleistungscharakters der Kartenzahlung, da die wirtschaftliche Bedeutung der bürgerlich-rechtlichen Anweisung in der Möglichkeit der abstrakten Verpflichtung des Angewiesenen (übertragen: des Kartenemittenten) gegenüber dem Anweisungsempfänger (übertragen: dem Vertragsunternehmen) durch Annahme (§ 784 BGB) liegt[1344]. Die einen „Forderungskauf" vorsehenden AGB der Kreditkartenemittenten gegenüber ihren Vertragshändlern verstießen daher bereits gegen § 9 Abs. 2 Nr.1 AGBG, wenn man sie als Ausschluss dieser abstrakten Verpflichtung verstünde.

Indessen sind die entsprechenden AGB in dieser Arbeit als nur neben der abstrakten Verbindlichkeit vereinbarte Forderungsübertragung verstanden worden. Soweit die AGB allerdings abweichend vom Zug um Zug-Grundsatz die Forderungsabtretung bereits an die Mitteilung der Daten einer Kartenzahlung durch den Vertragsunternehmer an den Kartenemittenten knüpfen[1345], sind sie dennoch nach § 9 Abs. 2 Nr. 2 AGBG unwirksam, da sie ohne Notwendigkeit dem Vertragsunternehmer das Risiko der Insolvenz des Kartenemittenten aufbürden.

E. Zum Verschuldensprinzip als gesetzlichem Leitbild

Das vom XI. Senat des BGH verfochtene Verständnis eines gesetzlichen Leitbilds der Verschuldenshaftung[1346], welches auf einen Satz: "keine Haftung ohne Verschulden" hinausläuft, greift zu kurz. Das Leitbild, auf dem die gesetzlich geregelten Verschuldenshaftungen - insbesondere die deliktischen - beruhen, heißt Handlungsfreiheit. Viele sinnvolle aber gefahrbehaftete Tätigkeiten würden unterlassen, wenn diese mit verschuldensunabhängiger Haftung des Handelnden verbunden wären. Vor allem beim Abschluss und bei der Abwicklung vom Verträgen aber ist Verschuldenshaftung mitunter bereits im Lichte der Handlungsfreiheit potentieller Haftungsadressaten kontraproduktiv. Dann kann gerade die Zufallshaftung dem gesetzlichen Leitbild der Handlungsfreiheit, auf dem die Verschuldenshaftung beruht, entsprechen. Dies zeigt sich z. B. an der zumindest für die unentgeltliche Geschäftsbesorgung anerkannten Haftung des Geschäftsherrn für geschäftsbesorgungspezifischen Zufallsschäden des Geschäftsführers, an der Vertrauenshaftung des Erklärenden (§ 122 BGB) oder allgemein an der Rechtsscheinshaftung. Allen diesen Beispielen ist gemein, dass der für Zufall Haftende gerade durch seine Haftung seine eigene Entfaltungsmöglichkeiten insoweit fördert, als der von der Haftung Befreite in seiner Hand-

---

[1344] Eingehend oben S. 172 ff.

[1345] So etwa Nr. 4 Abs. 2, 3 Teilnahmebedingungen für den EUROCARD-/VISA-Akzeptanzservice der EURO Kartensysteme. Keine entsprechende Regelung enthalten die American Express Vertragspartnerbedingungen.

[1346] Vgl. eingehend oben S. 279 ff.

lungsbereitschaft - zur Geschäftsbesorgung bzw. zum Abschluss von Rechtsgeschäften - auch im Interesse des Haftenden bestärkt wird.

Ob eine Zufallshaftung nicht zuletzt der Orientierung der Rechtsordnung an der Handlungsfreiheit gerecht wird, muss daher vorrangig aus der typischen Interessenlage eines jeweiligen Vertrags ermittelt werden. Prinzipiell bedürfen auch vertragsspezifische Zufallsrisiken einer interessengerechten Risikozuweisung, welche nicht gewährt ist, wenn durch Überdehnung des Verschuldensprinzips vertragsspezifische Zufallsrisiken ausnahmslos demjenigen Vertragspartner zugewiesen werden, dessen Vermögen zufällig getroffen wird. Nichts anderes sagt § 276 Abs. 1 BGB aus, wonach das Verschulden nur Maßstab des Vertretenmüssens des Schuldners ist, sofern nicht ein anderes bestimmt ist.

F. Allgemeine Sphärentheorien

Allgemeine Sphärentheorien zur Risikoverteilung entsprechen nicht dem dispositiven Recht. Ihre besondere Schwäche liegt weniger darin, dass der Begriff „Sphäre" kaum bestimmbar ist, als darin, dass die Zuweisung des Risikos an eine Ursprungssphäre nicht bereits Ausdruck einer eigenständigen Gerechtigkeitsidee ist, sondern dass mit dieser Zuweisung ein in seiner Zusammensetzung unklares Bündel von Gerechtigkeitserwägungen allenfalls in pauschalierender Betrachtungsweise berücksichtigt wird, das überdies abstrakt von der Frage eingreift, woher das zuzuweisende Risiko stammt. Die mit dem Sphärengedanken oftmals gleichgesetzten Gesichtspunkte wie Gefahrsetzung, Beherrschbarkeit und Vorhersehbarkeit bzw. Versicherbarkeit des Risikos führen vielmehr bei direkter Anwendung nicht zu einer mit Sphärenerwägungen deckungsgleichen Risikoverteilung, wofür BGHZ 83, 197 ff. ein Beispiel gibt. Das von der Rechtsprechung geprägte Argument des „Näher dran" ist ein Blankettbegriff, der je nach Judiz beliebig mit Kriterien aufgeladen werden kann.

Auch der von der Rechtsprechung favorisierte Gedanke der Beweislastverteilung nach Risikosphären ist nicht nur aufgrund der Unbestimmtheit des Sphärenbegriffs abzulehnen. Der Gesichtspunkt der Beweisnot des vom Beweis in Bezug auf einen Umstand Entlasteten, mit dem sie vornehmlich begründet wird, muss unabhängig davon eingreifen, in wessen Sphäre der Umstand auftritt. Auch der durch eine sphärenbezogene Beweislastumkehr Beschwerte kann sich zudem in Bezug auf Umstände in seinem Machtbereich in Beweisnot befinden. Dann ist ihm eine Beweislast allein aus dem Gesichtspunkt der Beweisnot des zu Entlastenden nicht eher zumutbar, die letztlich einer faktischen materiellen Sphärenhaftung nahe kommt, welche nicht dispositivem Recht entspricht. Die eigentliche Frage nach Sinn und Zumutbarkeit einer Beweisbelastung bemisst sich insbesondere bei streitigen Pflichtverletzungen an jenseits des Sphärengedankens liegenden Schutzzweckerwägungen, wofür im Rahmen des § 282 BGB die von der Literatur zu Recht als maßgeblich angesehene Differenzierung nach

Pflichtinhalten, deren Verletzung bzw. Einhaltung es zu beweisen gilt, ein Beispiel gibt.

G. Zum Gedanken der (besseren) Beherrschbarkeit

Eine innervertragliche Risikozuweisung nach Beherrschbarkeit ohne Rücksicht auf eine konkrete, sinnvolle Verhaltensanforderung, wie sie das Verschuldensprinzip bietet, ist bereits denknotwendig ausgeschlossen, wenn beide Vertragspartner über Möglichkeiten der Risikobeherrschung verfügen, da eine „bessere Beherrschbarkeit" ohne Rücksicht darauf, wessen Präventionsmöglichkeiten sinnvoller sind, nicht definiert ist.

Auch Risikobeherrschungsmöglichkeiten jenseits der verkehrserforderlichen Sorgfalt nur eines Vertragspartners lässt die Rechtsordnung regelmäßig nicht allein zur Risikozuweisung nach dispositivem Recht ausreichen. Maßgeblich sind vielmehr jenseits der Beherrschbarkeit liegende Gesichtspunkte[1347]. Entgegen Canaris verfolgt insbesondere die Risikohaftung des Geschäftsherrn nicht den Gedanken, dass derjenige, der das Risiko durch Ausgestaltung der maßgeblichen Risikofaktoren in seinem Herrschaftsbereich „besser" beherrschen könne, aus Präventionsgesichtspunkten haften müsse[1348]. Vielmehr soll der Geschäftsbesorger auch angesichts seiner Möglichkeit, im Rahmen seines ermessensabhängigen Handelns sein Risikoniveau selbst zu bestimmen, von der Haftung freigestellt werden, damit er bei der Ausgestaltung seiner Tätigkeit Risiken einzugehen bereit ist.

Ferner beruhen die Erklärungshaftung nach § 122 BGB oder die Rechtsscheinshaftung allgemein entgegen Canaris nicht auf dem Gedanken „besserer Beherrschbarkeit". Verkehrsschutz durch Vertrauenshaftung bedeutet in einem ersten Gedankenschritt die vollständige Entlastung eines der beiden Geschäftsanbahnenden von Ungewissheit in Bezug auf einen bestimmten Vertrauenstatbestand zur Förderung seiner Handlungsbereitschaft, die erst in einem zweiten Gedankenschritt als besonders angemessen erscheint, wenn die Zuweisung des Risikos enttäuschten Vertrauens an denjenigen erfolgt, der typischerweise die Fehlleitung des Vertrauens mit zumutbarer Sorgfalt vermeiden kann. In dem Maße, in dem die Vertrauenshaftung über die Verschuldenshaftung hinausgeht, liegt ihre eigenständige Bedeutung in der Zuweisung eines Risikos ohne Rücksicht auf dessen Beherrschbarkeit im Einzelfall, da nicht die Prävention der

[1347] Näher zusammengefasst oben S. 129 f.

[1348] Die Geschäftsherrnhaftung soll für den Arbeitgeber beim Arbeitsvertrag gelten, während die Haftung bei sonstigen Dienst- und Werkverträgen aufgrund der besseren Beherrschbarkeit seitens des Selbständigen ausscheide, vgl. *Canaris*, RdA 1966, 41, 43, 48 f.

Vertrauensenttäuschung (Prinzip der Beherrschbarkeit), sondern die Vermeidung von Informationsaufwand seitens des im Vertrauen Geschützten und die Förderung seiner Bereitschaft zur Verkehrsteilnahme als Voraussetzungen der Privatautonomie (Verkehrsschutzprinzip) im Vordergrund stehen[1349].

H. Insbesondere § 645 Abs. 1 BGB

Schließlich lässt sich auch § 645 BGB nicht mit Beherrschbarkeit erklären. Dieser Norm wohnt zwar durchaus der auch mit Blick auf neuere Vorschriften wie §§ 676b Abs. 3 S. 6, 676c Abs. 1 S. 3 a. E. BGB zur Rechts- bzw. Gesamtanalogie taugliche Gedanke der Haftung für besondere, vertragsspezifische Mitwirkungsakte des Gläubigers inne, deren Gefährlichkeit sich im zuzurechnenden Schaden realisiert hat. Doch trägt § 645 Abs. 1 BGB dem Umstand Rechnung, dass der Besteller zwar das Risiko nicht unbedingt im Sinne von Präventionsmöglichkeiten beherrscht, es aber durch Lieferung eines Stoffes oder durch nachträgliche Anweisungen in besonderer, für den Unternehmer gegebenenfalls bei Vertragsschluss noch nicht absehbarer Weise ausgestaltet, weshalb dieser kein der Risikoübernahme entsprechendes Entgelt kalkulieren kann[1350].

I. Erwägungen zur ökonomischen Analyse des Rechts

Aus der dargestellten grundsätzlichen Irrelevanz von Beherrschungsmöglichkeiten jenseits der verkehrserforderlichen Sorgfalt folgt, dass es für das dispositive Recht über Einzelentscheidungen des Gesetzgebers[1351] hinaus keine neben die Verschuldenshaftung tretende allgemeine Risikozuweisung an den „cheapest cost avoider" geben kann. Indessen ist im Rahmen der Verschuldenshaftung die Zumutbarkeit einer Maßnahme zur Risikoabschirmung auch eine Frage ihrer Wirtschaftlichkeit, soweit deren Berücksichtigung nicht vorrangige ethische Prinzipien entgegenstehen. Ferner findet sich im BGB zwar keine konkrete Manifestation des Gedankens der Versicherbarkeit oder der organisierten Risikostreuung[1352]. Doch lassen sich Wertungen des Zivilrechts wie etwa die Grundsätze der Vertrauenshaftung im Allgemeinen oder § 645 BGB im Beson-

---

[1349] Siehe oben S. 46 ff., insbesondere S. 49.

[1350] Siehe oben S. 114 ff.

[1351] Eine solche könnte man im Produkthaftungsgesetz sehen, siehe dazu oben S. 134 ff.

[1352] Dafür aber mit § 645 BGB eine Manifestation der gegenteiligen Willen des historischen Gesetzgebers, welcher der Ansicht war, dass sich eben derjenige versichern werde, dem die gesetzlichen Bestimmungen die Gefahrtragung auferlegen, vgl. Prot. II, S. 335.

deren auch als Mechanismen zur Gewähr ökonomischer Effizienz beschreiben. Insbesondere die ökonomische Figur des „vollständigen Vertrags"[1353] kann daher als Hilfserwägung für die Rechtsfortbildung fruchtbar gemacht werden, welche jedoch nicht zuletzt über die §§ 157, 242 BGB sozialethischen Prinzipien vorrangig verpflichtet ist.

Größer ist der Spielraum für die Berücksichtigung von Effizienzgesichtspunkten im Rahmen der AGB-Inhaltskontrolle. Hier kann eine verschuldensunabhängige Risikozuweisung ökonomisch durch die Prognose gerechtfertigt werden, dass der belasteten Partei einerseits Möglichkeiten zur wirtschaftlichen Risikovermeidung zu Gebote stehen und dass diese Möglichkeiten andererseits derart intransparent sind, dass die Nichtwahrnehmung dieser Vermeidungsmöglichkeiten mangels gerichtlich ausdifferenzierter Sorgfaltspflichten in erheblichem Ausmaß nicht bereits als Verschulden geahndet wird[1354].

Zu Recht prägt schließlich die Frage nach der Versicherbarkeit von Risiken vielfach die juristische Diskussion zur Angemessenheit von AGB. Wenn man dabei aber aus den Augen verliert, dass die Risikozurechnung nach Streuungsmöglichkeiten ihre Rechtfertigung ausschließlich in der Gewähr effizienter Risikoverteilung findet, so wird die in der Regel „bessere" Versicherbarkeit von Risiken durch den Verwender als spezialisierten Anbieter einer Vielzahl gleichartiger Leistungen zum pseudowissenschaftlichen Universalargument gegen jegliche Form der Risikoabwälzung. Es verdient daher entschiedenen Widerspruch, wenn mitunter selbst bei Ineffizienz der in Frage kommenden Versicherung die Versicherbarkeit gegen die Angemessenheit einer AGB ins Feld geführt wird[1355] und somit die Unabdingbarkeit einer ineffzienten Risikoverteilung mit ihrer Effizienz begründet wird. Wer mit Versicherbarkeit argumentiert, darf vor allem die Gesichtspunkte der Risikoaversion eines zu Versichernden und der Kosten der Versicherung auch durch externe Effekte nicht außer Acht lassen.

[1353] Vgl. oben S. 125.

[1354] Dazu eingehend oben S. 296 ff.

[1355] Vgl. zur Kreditkarte oben S. 317.

Anhang: Überblick über zitierte Klauselwerke

A. Scheck

I. Scheckbedingungen Banken 1995 (Auszug)

1. Scheckvordrucke

Die Bank gibt an den Kunden Scheckvordrucke zur Teilnahme am Scheckverkehr aus. Für den Scheckverkehr dürfen nur die vom bezogenen Institut zugelassenen Scheckvordrucke verwendet werden.

2. Sorgfaltspflichten

Scheckvordrucke und Schecks sind mit besonderer Sorgfalt aufzubewahren. Das Abhandenkommen von Scheckvordrucken und Schecks ist der Bank, möglichst der kontoführenden Stelle, unverzüglich mitzuteilen.

Die Scheckvordrucke sind deutlich lesbar auszufüllen. Der Scheckbetrag ist in Ziffern und in Buchstaben so einzusetzen, daß nichts hinzugeschrieben werden kann. Hat sich der Kunde beim Ausstellen eines Schecks verschrieben oder ist der Scheck auf andere Weise unbrauchbar geworden, so ist er zu vernichten.

Bei Beendigung des Scheckvertrags sind nicht benutzte Vordrucke unverzüglich entweder an die Bank zurückzugeben oder entwertet zurückzusenden.

3. Haftung von Kunde und Bank

Die Bank haftet für die Erfüllung ihrer Verpflichtungen aus dem Scheckvertrag. Hat der Kunde durch ein schuldhaftes Verhalten, insbesondere durch eine Verletzung seiner Sorgfaltspflichten, zur Entstehung eines Schadens beigetragen, bestimmt sich nach den Grundsätzen des Mitverschuldens, in welchem Umfang Bank und Kunde den Schaden zu tragen haben.

Löst die Bank Schecks ein, die dem Kunden nach der Ausstellung abhanden gekommen sind, so kann sie das Konto des Kunden nur belasten, wenn sie bei der Einlösung nicht grob fahrlässig gehandelt hat.

Handelt es sich bei dem Kunden um einen eingetragenen Kaufmann, um eine juristische Person des öffentlichen Rechts oder um ein öffentlich-rechtliches Sondervermögen, so hat der Kunde darüber hinaus den Schaden zu tragen, der dadurch entsteht, daß ihm Scheckvordrucke ohne sein Verschulden aus dem von ihm beherrschten Verantwortungsbereich (z. B. Entwendung aus den Geschäftsräumen) abhanden kommen und die Bank einen auf den abhandengekommenen Scheckvordrucken gefälschten Scheck einlöst. Diese Haftung greift nur ein, wenn der gefälschte Scheck dem äußeren Anschein nach den Eindruck der Echtheit erweckt und keine Schecksperre sowie keine sonstigen für die Bank erkennbaren Anhaltspunkte für Unregelmäßigkeiten vorliegen.

II. Scheckbedingungen Sparkassen 1995 (Auszug)

1. Verwendung zugelassener Scheckvordrucke, Aushändigung gegen Empfangsbescheinigung

Für die Ausstellung von Schecks sind nur die vom bezogenen Institut zugelassenen Scheckvordrucke zu verwenden; anderenfalls besteht keine Einlösungspflicht. Überbringerschecks dürfen nur auf Vordrucken für Überbringerschecks, Orderschecks nur auf Vordrucken für Orderschecks ausgestellt werden.

Verwendet der Kunde eigene Scheckvordrucke, gelten ebenfalls diese Bedingungen, Scheckvordrucke werden gegen Empfangsbescheinigung ausgehändigt. Der Empfänger von Scheckvordrucken hat diese bei Empfang auf Vollständigkeit zu prüfen.

2. Sorgfaltspflichten

Scheckvordrucke und Schecks sind mit besonderer Sorgfalt aufzubewahren. Das Abhandenkommen von Scheckvordrucken und Schecks ist der Sparkasse/Landesbank, möglichst der kontoführenden Stelle, unverzüglich mitzuteilen.

Die Scheckvordrucke sind deutlich lesbar auszufüllen sowie sorgfältig zu behandeln (z. B. nicht knicken, lochen, beschmutzen). Änderungen und Streichungen des vorgedruckten Textes dürfen nicht vorgenommen werden. Der Scheckbetrag ist in Ziffern und in Buchstaben so einzusetzen, daß nichts hinzugeschrieben werden kann. Hat sich der Kunde beim Ausstellen eines Schecks verschrieben oder ist der Scheck auf andere Weise unbrauchbar geworden, so ist er zu vernichten.

3. Haftungsverteilung

Die Sparkasse/Landesbank haftet für die Erfüllung ihrer Verpflichtungen aus dem Scheckvertrag. Hat der Kunde durch ein schuldhaftes Verhalten, insbesondere durch eine Verletzung seiner Sorgfaltspflichten, zur Entstehung eines Schadens beigetragen, bestimmt sich nach den Grundsätzen des Mitverschuldens, in welchem Umfang Sparkasse/Landesbank und Kunde den Schaden zu tragen haben.

Löst die Sparkasse/Landesbank Schecks ein, die dem Kunden nach der Ausstellung abhanden gekommen sind, so kann sie das Konto des Kunden nur belasten, wenn sie bei der Einlösung nicht grob fahrlässig gehandelt hat.

Handelt es sich bei dem Kunden um einen eingetragenen Kaufmann, um eine juristische Person des öffentlichen Rechts oder um ein öffentlich-rechtliches Sondervermögen, so hat der Kunde darüber hinaus den Schaden zu tragen, der dadurch entsteht, daß ihm Scheckvordrucke ohne sein Verschulden aus dem von ihm beherrschten Verantwortungsbereich (z. B. Entwendung aus den Geschäftsräumen) abhanden kommen und die Bank einen auf den abhandengekommenen Scheckvordrucken gefälschten Scheck einlöst. Diese Haftung greift nur ein, wenn der gefälschte Scheck dem äußeren Anschein nach den Eindruck der Echtheit erweckt und keine Schecksperre sowie keine sonstigen für die Bank erkennbaren Anhaltspunkte für Unregelmäßigkeiten vorliegen.

B. POS mittels ec-Karte

I. Vereinbarung über ein institutsübergreifendes System zur bargeldlosen Zahlung an automatisierten Kassen (electronic-cash-System, Auszug)

Der
Bundesverband der Deutschen Volksbanken und Raiffeisenbanken e. V. , Bonn,
Bundesverband deutscher Banken e. V., Köln,
Deutscher Sparkassen- und Giroverband e. V., Bonn
und
die Deutsche Bundespost POSTBANK
- vertreten durch den Bundesminister für Post und Telekommunikation -
- nachstehend "Vertragspartner" genannt -
schließen folgende Vereinbarung:

1. Die Vertragspartner vereinbaren den Aufbau und den Betrieb eines institutsübergreifenden Systems zur bargeldlosen Zahlung an automatisierten Kassen (electronic-cash-System), das den Kund der Kreditinstitute, die diese Vereinbarung anerkannt haben (angeschlossene Kreditinstitute) bargeldlose Zahlung mittels der ec-Karte und der sonstigen in der Anlage 1 aufgelisteten Karten zu Lasten ihres Kontos an automatisierten Kassen – electronic-cash-Terminals – ermöglicht.

9. Die kartenausgebenden Kreditinstitute werden gegenüber Unternehmen, die die "Bedingungen für die Teilnahme der Deutschen Kreditwirtschaft für die Teilnahme am electronic-cash-System anerkannt haben, ein Zahlungsversprechen in Höhe des am electronic-cash-Terminal autorisierten Betrages abgeben. Voraussetzung hierfür ist, daß das electronic-cash-Terminal zugelassen und nach den mit dem Netzbetreiber vereinbarten Verfahren betrieben wurde, die vom Unternehmen zu beachteten Anforderungen erfüllt wurden sowie der electronic-cash-Umsatz dem Inkassoinstitut innerhalb von 8 Tagen eingereicht wurde. Durch eine vom Unternehmen veranlasste Stornierung eines autorisierten Betrages entfällt das Zahlungsversprechen.

12. Wurden Fälschungen oder Verfälschungen von ec-Karten oder anderer in Anlage 1 aufgeführten Karten verwendet, so bezahlt das im Datensatz der Lastschrift benannte Kreditinstitut die Forderung des Unternehmens. Schäden, die im Interesse des electronic-cash-Systems abgedeckt werden müssen, und deren Übernahme dem einzelnen angeschlossenen Kreditinstitut nicht zugemutet werden kann, insbesondere Schäden aus dem Einsatz von gefälschten ec-Karten, werden zwischen den Vertragsparteien ausgeglichen. (...)

II. AGB für Karteninhaber

1. ec-Bedingungen Banken (Auszug)

I. Geltungsbereich

Der Kunde kann die ec-Karte für folgende Dienstleistungen nutzen:

(...)

2. in Verbindung mit der persönlichen Geheimzahl (PIN)

(...)

b b) zur bargeldlosen Zahlung an automatisierten Kassen im Rahmen des

- inländischen electronic cash-Systems
- internationalen edc-Systems (electronic debit card) im Ausland. In einigen Ländern kann anstelle der PIN die Unterschrift gefordert werden.

Auf diese Kassen wird im Inland durch das electronic cash- und im Ausland durch das edc-Logo hingewiesen. (...)

II. Allgemeine Regeln

7 Sorgfalts- und Mitwirkungspflichten des Karteninhabers

7.2 Sorgfältige und getrennte Aufbewahrung der ec-Karte und der eurocheque-Vordrucke

(...) Auch die ec-Karte alleine ist sorgfältig aufzubewahren, da sie (z. B. im Rahmen des edc-Systems) missbräuchlich eingesetzt werden kann. Darüber hinaus kann jeder, der im Besitz der ec-Karte ist, den in der Geldkarte gespeicherten Betrag verbrauchen.

7.4 Geheimhaltung der persönlichen Geheimzahl (PIN)

Der Karteninhaber hat dafür Sorge zu tragen, daß keine andere Person Kenntnis von der persönlichen Geheimzahl erlangt. Die Geheimzahl darf insbesondere nicht auf der Karte vermerkt oder in anderer Weise zusammen mit dieser aufbewahrt werden. Denn jede Person, die die persönliche Geheimzahl kennt und in den Besitz der Karte kommt, hat die Möglichkeit, zulasten des auf der ec-Karte angegebenen Kontos Verfügungen zu tätigen (zum Beispiel Geld am Geldautomaten abzuheben).

7.5 Unterrichtungs- und Anzeigepflichten

Stellt der Karteninhaber den Verlust seiner ec-Karte, von eurocheque-Vordrucken oder ausgestellten eurocheques oder mißbräuchliche Verfügungen mit seiner ec-Karte oder mit eurocheques fest, so ist die Bank, und zwar möglichst die kontoführende Stelle, unverzüglich zu benachrichtigen. Den Verlust der ec-Karte kann der Karteninhaber auch gegenüber dem Zentralen Sperrannahmedienst anzeigen. In diesem Fall ist eine Kartensperre nur möglich, wenn der Name der Bank - möglichst mit Bankleitzahl - und die Kontonummer angegeben werden.

(...)

Wird die ec-Karte oder werden eurocheque-Vordrucke missbräuchlich verwendet, ist unverzüglich Anzeige bei der Polizei zu erstatten.

III. Besondere Regeln für einzelne Nutzungsarten

2. Bargeldabhebungen im Rahmen des ec-Geldautomaten und Maestro-Systems sowie bargeldloses Zahlen an automatisierten Kassen im electronic cash- und Maestro/edc-System

2.1 Verfügungsrahmen

Für Verfügungen an Geldautomaten, automatisierten Kassen und die Aufladung der Geldkarte teilt sich Bank dem Kontoinhaber einen jeweils für einen bestimmten Zeitraum geltenden Verfügungsrahmen mit. Bei jeder Nutzung der ec-Karte an ec-Geldautomaten und automatisierten Kassen wird geprüft, ob der Verfügungsrahmen durch vorangegangene Nutzungen bereits ausgeschöpft ist. Verfügungen, mit denen der Verfügungsrahmen überschritten würde, werden unabhängig vom aktuellen Kontostand und einem vorher zum Konto eingeräumten Kredit von der Bank abgewiesen. Der Karteninhaber darf den Verfügungsrahmen nur im Rahmen des Kontoguthabens oder eines vorher für das Konto eingeräumten Kredits in Anspruch nehmen.

Der Kontoinhaber kann mit der kontoführenden Stelle eine Änderung des Verfügungsrahmens für alle zu seinem Konto ausgegebenen ec-Karten vereinbaren. Ein Bevollmächtigter, der eine ec-Karte erhalten hat, kann nur eine Herabsetzung für diese Karte vereinbaren.

2.2 Fehleingabe der Geheimzahl

Die ec-Karte kann an ec-Geldautomaten sowie an automatisierten Kassen sowie an Selbstbedienungsterminals nicht mehr eingesetzt werden, wenn die persönliche Geheimzahl dreimal hintereinander falsch eingegeben wurde. Der Karteninhaber sollte sich in diesem Fall mit der Bank, möglichst mit der kontoführenden Stelle, in Verbindung setzen.

2.3 Zahlungsverpflichtung der Bank; Reklamationen

Die Bank hat sich gegenüber den Betreibern von ec-Geldautomaten und automatisierten Kassen vertraglich verpflichtet, die Beträge, über die unter Verwendung der an den Karteninhaber ausgegebenen Karte verfügt wurde, an die Betreiber zu vergüten.

Einwendungen und sonstige Beanstandungen des Karteninhabers aus dem Vertragsverhältnis zu dem Unternehmen, bei dem bargeldlos an einer automatisierten Kasse bezahlt worden ist, sind unmittelbar gegenüber diesem Unternehmen geltend zu machen.

2.4. Haftung für Schäden durch mißbräuchliche Verwendung der ec-Karte an ec-Geldautomaten und automatisierten Kassen

Die Bank haftet für die Erfüllung ihrer Verpflichtungen aus dem ec-Kartenvertrag.

Sobald der Bank oder dem Zentralen Sperrannahmedienst der Verlust der ec-Karte angezeigt wurde, übernimmt die Bank die danach durch mißbräuchliche Verfügung an ec-Geldautomaten und automatisierten Kassen entstehenden Schäden. Sie übernimmt auch die bis zum Eingang der Verlustanzeige entstehenden Schäden, wenn der Karteninhaber die ihm nach diesen Bedingungen obliegenden Pflichten erfüllt hat.

Hat der Karteninhaber durch ein schuldhaftes Verhalten zur Entstehung des Schadens beigetragen, so bestimmt sich nach den Grundsätzen des Mitverschuldens, in welchem Umfang Bank und Kontoinhaber den Schaden zu tragen haben.

Hat der Karteninhaber seine Pflichten lediglich leicht fahrlässig verletzt, so stellt die Bank den Kontoinhaber von seiner Verpflichtung, einen Teil des Schadens zu übernehmen, in jedem Fall in Höhe von 90 % des Gesamtschadens frei.

Hat die Bank ihre Verpflichtungen erfüllt und der Karteninhaber seine Pflichten grob fahrlässig verletzt, trägt der Kontoinhaber den entstandenen Schaden in vollem Umfang.

Grobe Fahrlässigkeit des Karteninhabers liegt insbesondere vor, wenn

- er den Kartenverlust der Bank oder dem Zentralen Sperrannahmedienst schuldhaft nicht unverzüglich mitgeteilt hat,

- die persönliche Geheimzahl auf der ec-Karte vermerkt oder zusammen mit der ec-Karte verwahrt war (z. B. im Originalbrief, in dem sie dem Karteninhaber mitgeteilt wurde),
- die persönliche Geheimzahl einer anderen Person mitgeteilt und der Mißbrauch dadurch verursacht wurde.

Die Haftung für Schäden, die innerhalb des Zeitraums, für den der Verfügungsrahmen gilt, verursacht werden, beschränkt sich jeweils auf den mitgeteilten Verfügungsrahmen.

2. ec-Bedingungen Sparkassen (Auszug)

A. ec-Service

(Verfahren mit Zahlungsgarantie: eurocheque, Geldautomaten, electronic cash, edc, GeldKarte)

A I. Geltungsbereich

Der Karteninhaber kann die ec-Karte für folgende Dienstleistungen nutzen:

(...)

2. in Verbindung mit der persönlichen Geheimzahl (=PIN)

(...)

b) zur bargeldlosen Zahlung an automatisierten Kassen im Rahmen des
- inländischen electronic cash-Systems,
- internationalen edc-Systems (electronic debit card) im Ausland. In einigen Ländern kann anstelle der PIN die Unterschrift gefordert werden.

Auf diese Kassen wird im Inland durch das electronic cash- und im Ausland durch das edc-Logo hingewiesen. (...)

A II. Allgemeine Regeln

6. Allgemeine Sorgfalts- und Mitwirkungspflichten des Kunden

6.2 Aufbewahrung der ec-Karte und der eurocheque-Vordrucke

(...) Auch die ec-Karte alleine ist sorgfältig aufzubewahren, um z. B. einen Mißbrauch im Rahmen des edc-Systems zu verhindern. Darüber hinaus kann jeder, der im Besitz der GeldKarte ist, den in der Geldkarte gespeicherten Betrag verbrauchen.

6.4 Geheimhaltung der persönlichen Geheimzahl (PIN)

Der Karteninhaber hat dafür Sorge zu tragen, daß keine andere Person Kenntnis von der persönlichen Geheimzahl erlangt. Die **Geheimzahl** darf insbesondere **nicht auf der Karte vermerkt** oder in anderer Weise zusammen mit dieser aufbewahrt werden. Denn jede Person, die die persönliche Geheimzahl kennt und im Besitz der Karte ist, kann zu Lasten des auf der ec-Karte angegebenen Kontos Verfügungen tätigen (z. B. Geld am Geldautomaten abheben).

6.5 Unterrichtungs- und Anzeigepflichten

Stellt der Karteninhaber den **Verlust seiner ec-Karte** oder mißbräuchliche Verfügungen mit seiner ec-Karte fest, so ist die **Sparkasse/Landesbank**, und zwar möglichst die kontoführende Stelle, **unverzüglich zu benachrichtigen**. Den Verlust der ec-Karte kann der Karteninhaber auch gegenüber dem Zentralen Sperrannahmedienst anzeigen. In diesem Fall ist eine Kartensperre nur möglich, wenn der Name der Sparkasse/Landesbank - möglichst mit Bankleitzahl - und die Kontonummer angegeben werden.

(...)

Wird die ec-Karte gestohlen oder missbräuchlich verwendet, ist unverzüglich Anzeige bei der Polizei zu erstatten.

A. III. Besondere Regeln für einzelne Nutzungsarten
2. ec-Geldautomatenservice und bargeldlose Bezahlung an automatisierten Kassen
2.1 Verfügungsrahmen

Für Verfügungen an ec-Geldautomaten und automatisierten Kassen einschließlich der Aufladung der Geldkarte teilt die Sparkasse/Landesbank dem Kontoinhaber einen jeweils für einen bestimmten Zeitraum geltenden Verfügungsrahmen mit. Bei der Nutzung der ec-Karte an ec-Geldautomaten und automatisierten Kassen des electronic cash- sowie des edc-Systems wird geprüft, ob der Verfügungsrahmen durch vorangegangene Nutzungen bereits ausgeschöpft ist. Verfügungen, mit denen der Verfügungsrahmen überschritten wurde, werden unabhängig vom aktuellen Kontostand und einem vorher zum Konto eingeräumten Kredit von der Sparkasse/Landesbank abgewiesen. Der Karteninhaber darf den Verfügungsrahmen nur im Rahmen des Kontoguthabens oder eines vorher für das Konto eingeräumten Kredits in Anspruch nehmen.

Der Kontoinhaber kann mit der kontoführenden Stelle eine Änderung des Verfügungsrahmens für alle zu seinem Konto ausgegebenen ec-Karten vereinbaren. Ein Bevollmächtigter, der eine ec-Karte erhalten hat, kann nur eine Herabsetzung für diese Karte vereinbaren.

2.2 Fehleingabe der Geheimzahl

Die ec-Karte kann an ec-Geldautomaten sowie an automatisierten Kassen sowie an Selbstbedienungsterminals nicht mehr eingesetzt werden, wenn die persönliche Geheimzahl dreimal hintereinander falsch eingegeben wurde. Der Karteninhaber sollte sich in diesem Fall mit der Sparkasse/Landesbank, möglichst mit der kontoführenden Stelle, in Verbindung setzen.

2.3 Zahlungsverpflichtung der Sparkasse/Landesbank; Reklamationen

Die Sparkasse/Landesbank ist gegenüber den Betreibern von ec-Geldautomaten und automatisierten Kassen vertraglich verpflichtet, die Beträge, über die unter Verwendung der an den Karteninhaber ausgegebenen Karte verfügt wurde, an die Betreiber zu vergüten. Die Zahlungspflicht beschränkt sich auf den jeweils autorisierten Betrag.

Einwendungen und sonstige Beanstandungen des Karteninhabers aus dem Vertragsverhältnis zu dem Unternehmen, bei dem bargeldlos an einer automatisierten Kasse bezahlt worden ist, sind unmittelbar gegenüber diesem Unternehmen geltend zu machen.

2.4. Haftung für Schäden durch mißbräuchliche Verwendung der ec-Karte an ec-Geldautomaten und automatisierten Kassen

Sobald der Sparkasse/Landesbank oder dem Zentralen Sperrannahmedienst der Verlust der ec-Karte angezeigt worden ist, trägt die Sparkasse/Landesbank die **danach** durch mißbräuchliche Verfügung an ec-Geldautomaten und automatisierten Kassen entstandenen Schäden.

Für Schäden, die **vor** der Verlustanzeige entstanden sind, haftet der Kontoinhaber, wenn sie auf einer schuldhaften Verletzung seiner Sorgfalts- und Mitwirkungspflichten beruhen. Hat die Sparkasse/Landesbank zu der Entstehung eines Schadens beigetragen, so bestimmt sich nach den Grundsätzen des Mitverschuldens, in welchem Umfang Sparkasse/Landesbank und Kontoinhaber den schaden zu tragen haben.

Die Sparkasse/Landesbank übernimmt auch die vom Kontoinhaber zu tragenden Schäden, die **vor** der Verlustanzeige entstanden sind, sofern der Karteninhaber seine Sorgfalts- und Mitwirkungspflichten (vgl. Abschnitt II. Nr. 6.2, 6.4, 6.5) nicht grob fahrlässig verletzt hat.

Grobe Fahrlässigkeit des Karteninhabers liegt insbesondere vor, wenn

- die persönliche Geheimzahl auf der ec-Karte vermerkt oder zusammen mit der ec-Karte verwahrt war (z. B. der Originalbrief, in dem die PIN dem Karteninhaber mitgeteilt wurde),
- die persönliche Geheimzahl einer anderen Person mitgeteilt und der Mißbrauch dadurch verursacht wurde,
- der Karteninhaber der Sparkasse/Landesbank oder dem Zentralen Sperrannahmedienst nach Feststellen de Kartenverlusts das Abhandenkommen nicht **umgehend** meldet, obwohl ihm dies ohne weiteres möglich war und der Schaden durch die Verspätung verursacht wurde. Schäden, die nach der Verlustmeldung entstehen, werden von der Sparkasse Landesbank erstattet.

Die Haftung des Karteninhabers beschränkt sich auf 1.000 DM pro Kalendertag.

Eine Übernahme des vom Kontoinhaber zu tragenden Schadens durch die Sparkasse/Landesbank erfolgt nur, wenn der Kontoinhaber die Voraussetzungen der Haftungsentlastung glaubhaft darlegt und Anzeige bei der Polizei erstattet. Wird die ec-Karte missbräuchlich im Rahmend des edc-Verfahrens ohne persönliche Geheimzahl nur mit Unterschrift verwendet, so erstattet die Sparkasse/Landesbank diese Schäden in voller Höhe.

III. Bedingungen für die Teilnahme am electronic-cash-System der deutschen Kreditwirtschaft ("Händlerbedingungen", Auszug)

1. Das Unternehmen ist berechtigt, am electronic-cash-System der deutschen Kreditwirtschaft nach Maßgabe dieser Bedingung teilzunehmen. Das electronic-cash-System ermöglicht die bargeldlose Zahlung an automatisierten Kassen – electronic-cash-Terminals.

2. An den electronic-cash-Terminals des Unternehmens sind die von den deutschen Kreditinstituten und der Deutschen Bundespost POSTBANK (kartenausgebende Kreditinstitute) emittierten ec-Karten sowie sonstige in Anlage 1 aufgelisteten Kundenkarten zu Barzahlungspreisen und -bedingungen zu akzeptieren. Die Verwendung von Karten weiterer Systeme ist hiervon nicht berührt, soweit sie die ordnungsgemäße Verarbeitung der in Satz 1 genannten Karten nicht beeinträchtigen.

3. Die Teilnahme des Unternehmens am electronic-cash-System setzt, sofern das Unternehmen nicht selbst die Aufgaben des Netzbetreibers übernimmt, den Anschluss an ein Betreibernetz auf der Grundlage einer gesonderten Vereinbarung zwischen dem Unternehmen und einem Netzbetreiber voraus. Aufgabe des Betreibernetzes ist es, die electronic-cash-Terminals mit dem Autorisierungssystem der Kreditwirtschaft, in dem die electronic-cash-Umsätze genehmigt werden, zu verbinden. Der Netzbetreiber ist für die Aufstellung der electronic-cash-Terminals, deren Anschluss an den Betreiberrechner sowie deren technische Betreuung verantwortlich. Der Netzbetreiber hat sicherzustellen, daß das electronic-cash-Terminalnetz bestimmte Sicherheitsanforderungen erfüllt.

4. Das kartenausgebende Kreditinstitut gibt mit der Nachricht über die positive Autorisierung die Erklärung ab, daß es die Forderung in Höhe des am electronic-cash-Terminal autorisierten Betrages (electronic-cash-Umsatz) begleicht. Voraussetzung hierfür ist, daß das electronic-cash-Terminal gegenüber dem Netzbetreiber zugelassen und nach den mit dem Netzbetreiber vereinbarten Verfahren betrieben wurde, die in Nr. 6 genannten Anforderungen vom Unternehmen eingehalten wurden und der electronic-cash-Umsatz dem Inkassoinstitut innerhalb von 8 Tagen eingereicht wurde.
Durch eine Stornierung des electronic-cash-Umsatzes entfällt die Zahlungsverpflichtung des kartenausgebenden Instituts.

5. Für den Betrieb des electronic-cash-Systems und die Genehmigung der electronic-cash-Umsätze in den Autorisierungssystemen der Kreditwirtschaft wird dem Unternehmen

- für electronic-cash-Umsätze bis 50,- DM jeweils ein Entgelt in Höhe von 0,15 DM pro Umsatz;
- für electronic-cash-Umsätze über 50,- DM jeweils ein Entgelt in Höhe von 0,3 % des electronic-cash-Umsatzes

berechnet. Für stornierte Umsätze wird kein Entgelt erhoben. Das Entgelt wird für das Unternehmen von dem Netzbetreiber ermittelt und über diesen an die kartenausgebenden Institute abgeführt.

7. Zur Bezahlung an electronic-cash-Terminals ist neben der Karte die persönliche Geheimzahl (PIN) einzugeben. Die PIN darf nur durch den Karteninhaber eingegeben werden.

C. Universalkreditkarten

I. AGB für Karteninhaber

1. EUROCARD-Kundenbedingungen der EURO-Kartensysteme (Auszug)

1. Verwendungsmöglichkeiten der EUROCARD

Mit der von der EURO-Kartensysteme EUROCARD und eurocheque GmbH (Euro Kartensysteme) ausgegebenen EUROCARD kann der Karteninhaber im Inland und als weitere Dienstleistung auch im Ausland im Rahmen des EUROCARD/Mastercard-Verbundes

- bei Vertragsunternehmen Waren und Dienstleistungen bargeldlos bezahlen

(...)

Die Vertragsunternehmen (...) sind an den Akzeptanzsymbolen zu erkennen, auf der EUROCARD zu sehen ist. (...)

2. Persönliche Geheimzahl (PIN)

Für die Nutzung von Geldautomaten und von automatisierten Kassen kann dem Karteninhaber eine persönliche Geheimzahl (PIN) zur Verfügung gestellt werden.

3. Nutzung der EUROCARD

Bei Nutzung der EUROCARD ist entweder

- ein Beleg zu unterschreiben, auf den die Kartendaten überragen werden,

oder

- an Geldautomaten und bestimmten automatisierten Kassen die PIN einzugeben.

Nach vorheriger Abstimmung zwischen Karteninhaber und Vertragsunternehmen kann der Karteninhaber - insbesondere zur Beschleunigung eines Geschäftsvorfalls - ausnahmsweise darauf verzichten, den Beleg zu unterzeichnen und statt dessen lediglich seine EUROCARD-Nummer angeben.

5. Sorgfalts- und Mitwirkungspflichten des Karteninhabers

Der Karteninhaber hat die EUROCARD nach Erhalt unverzüglich auf dem Unterschriftsfeld zu unterschreiben und sie mit besonderer Sorgfalt aufzubewahren. Denn jede Person, die im Besitz der EUROCARD ist, hat die Möglichkeit, mit ihr mißbräuchliche Verfügungen zu tätigen.

Der Karteninhaber hat auch dafür Sorge zu tragen, daß keine andere Person Kenntnis von seiner PIN erlangt. Sie darf insbesondere nicht auf der EUROCARD vermerkt oder in anderer Weise zusammen mit dieser aufbewahrt werden. Denn jede Person, die im Besitz der EUROCARD ist und die PIN kennt, hat die Möglichkeit, auch zusammen mit und EUROCARD Verfügungen zu tätigen (z. B. Geld am Geldautomaten abzuheben).

Stellt der Karteninhaber den Verlust der EUROCARD oder mißbräuchliche Verfügungen mit seiner EUROCARD fest, so sind EURO Kartensysteme EUROCARD und eurocheque GmbH (EURO-Kartensysteme) oder das Kreditinstitut, und zwar möglichst die kontoführende Stelle, oder eine Repräsentanz des EUROCARD/Mastercard-Verbundes unverzüglich zu unterrichten, um die EUROCARD sperren zu lassen. Bei missbräuchlicher Verwendung der EUROCARD ist Anzeige bei der Polizei zu erstatten.

6. Zahlungsverpflichtung des Karteninhabers

Die EURO Kartensysteme wird die bei der Benutzung der EUROCARD entstandenen sofort fälligen Forderungen der Vertragsunternehmen gegen den Karteninhaber erwerben. Der Karteninhaber ist seinerseits verpflichtet, der EURO Kartensysteme den Forderungsbetrag zu erstatten.

Die EUROCARD-Umsätze werden nach vorheriger Rechnungsstellung dem vom Karteninhaber angegebenen Konto belastet.

9. Haftung für Schäden aus missbräuchlicher Verfügung

Sobald der Verlust der EUROCARD gegenüber der EURO Kartensysteme oder dem Kreditinstitut oder einer Repräsentanz des EUROCARD/Mastercard-Verbundes angezeigt worden ist, hat der Karteninhaber für weitere mißbräuchliche Verfügungen, die mit der EUROCARD nach diesem Zeitpunkt getätigt worden sind, nicht mehr einzustehen. Für Schäden, die durch mißbräuchliche Verfügungen vor Eingang der Verlustanzeige entstehen, beschränkt sich die Haftung des Karteninhabers auf einen Höchstbetrag von 100,- DM je EUROCARD.

2. Nr. 9 Kundenbedingungen für die Barclaycard[1356]

Kommt eine der Kreditkarten dem Kreditkarteninhaber durch Diebstahl, Verlust oder in sonstiger Weise abhanden, benachrichtigen Sie uns bitte sofort telefonisch unter der Rufnummer (...) und schriftlich innerhalb von 7 Tagen unter folgender Anschrift (...).
In diesem Fall entfällt für Sie die Haftung für Forderungen, die nach der telefonischen Benachrichtigung entstanden sind. Bei missbräuchlicher Nutzung der abhandengekommenen Kreditkarten durch Dritte vor der Benachrichtigung beschränkt sich ihre Haftung auf insgesamt DM 100,-/EUR 51,13, es sei denn, die grob fahrlässige Verletzung ihrer Verpflichtungen, wie z. B. die Pflicht zur sorgfältigen Aufbewahrung der Karten, der Geheimhaltung Ihrer Geheimzahl (PIN) oder der sofortigen Benachrichtigung haben zum Mißbrauch beigetragen. (...)

3. American Express-Mitgliedschaftsbedingungen[1357] (Auszug)

1. Die Karte ist sofort bei Erhalt von Ihnen zu unterschreiben und äußerst sorgfältig aufzubewahren. Sie ist nicht übertragbar und darf nur von Ihnen persönlich benutzt werden. Sofern Sie eine Persönliche Identifikations-Nummer („PIN") erhalten, ist diese streng vertraulich zu behandeln; sie darf Dritten unter keinen Umständen zugänglich gemacht, insbesondere nicht auf der Karte notiert werden, da jede Person, die im Besitz der Karte ist und die PIN kennt, zu Ihren Lasten Verfügungen vornehmen kann.

2. Die Karte berechtigt Sie, im Inland und als zusätzliche Leistung auch im Ausland bei allen American Express Vertragspartnern ("Vertragspartner") Waren oder Dienstleistungen bargeldlos zu bezahlen (...)

3. Beim bargeldlosen Bezahlen haben Sie entweder einen vom Vertragspartner ausgestellten Beleg ("Belastungsbeleg") zu unterschreiben oder etwa an Geldausgabeautomaten ihre PIN einzugeben. In Abstimmung mit unserem Vertragspartner können Sie dessen Leistung auch ohne Unterzeichnung eines Belastungsbelegs in Anspruch nehmen, indem Sie hierzu Ihre Kartennummer bekanntgeben. (...)

4. Mit Unterzeichnung des Belastungsbelegs (bzw. Bekanntgabe der Kartennummer gemäß Ziff. 3) ermächtigen Sie uns unwiderruflich, die aufgrund der von Ihnen in Anspruch genommenen Leistung unseres Vertragspartners entstandene Forderung zu erwerben. Sie sind verpflichtet, uns die erworbenen Forderungsbeträge zu erstatten. (...)

9. Bei Verlust oder Diebstahl der Karte oder bei Verdacht, daß ein Dritter von der PIN Kenntnis erlangt hat, müssen Sie uns oder ein American Express Servicebüro unverzüglich benachrichtigen.
Bei missbräuchlicher Benutzung entfällt Ihre Haftung für Schäden, die nach der Benachrichtigung entstehen; die Haftung bei missbräuchlicher Benutzung bis zu einer Benachrichtigung ist auf DM 100,- begrenzt. Die Geltendmachung eines etwaigen Mitverschuldens, insbesondere wegen Verletzung der Sorgfaltspflichten gemäß Ziff. 1, wird

[1356] Stand: Mai 2000.
[1357] Stand: Mai 2000.

dadurch nicht ausgeschlossen. Karten, die als verloren oder gestohlen gemeldet wurden, dürfen Sie, falls Sie diese wiederfinden, nicht mehr verwenden.

4. Nr. 9 Santander VISA Classic-Karte (Auszug)[1358]

Für mißbräuchliche Verwendung haftet der Karteninhaber nicht, es sei denn, daß vorsätzliches oder grob fahrlässiges Verhalten des Karteninhabers für den Mißbrauch ursächlich war. Dies ist insbesondere der Fall, wenn der Karteninhaber gegen die Verpflichtung zur sorgfältigen Aufbewahrung der Karte und strikten Geheimhaltung der PIN verstoßen hat.

5. Nr. 6 Diners Club-Mitgliedsbedingungen[1359]

Stellt das Mitglied den Verlust seiner DC-Karte oder mißbräuchliche Verfügungen mit seiner Karte fest, so ist der Diners Club oder im Ausland das nächstgelegene DC-Büro unverzüglich zu unterrichten. Sobald das Mitglied dem Diners Club den Verlust der DC-Karte mitgeteilt hat, hat das Mitglied für weitere Verfügungen die mit der Karte nach diesem Zeitpunkt getätigt werden, nicht einzustehen. Für Schäden, die durch mißbräuchliche Verfügungen vor Eingang der unverzüglichen Verlustanzeige entstehen, hat das Mitglied ebenfalls nicht einzustehen. (...)

6. Abs. 1 S. 3-5 der Kundenbedingungen für VISA/EUROCARD der Berliner Bank sowie für ADAC-Cobranding-Karten[1360]

Verlust und Mißbrauch der Karte(n) sowie Änderung der Anschrift und der Kontoverbindung sind der Bank unverzüglich anzuzeigen. Bis zum Eingang der Verlustmeldung haftet der Karteninhaber (Inhaber) gegenüber der Bank bis zum Höchstbetrag von 100,- DM / 51,13 EUR. Bei Diebstahl hat der Inhaber Strafanzeige zu erstatten.

7. Nr. 9 S. 4-6 der Kundenbedingungen für die VISA-Electron-Debit-Karte der CC-Bank

Bis zum Tage des Eingangs der Verlustmeldung haftet der Kunde bis zu maximal DM 100,-. Die für den Inhaber vorgesehene Schadensbegrenzung von DM 100,- gilt jedoch nicht, wenn der Schaden dadurch ermöglicht wurde, daß die PIN auf der abhanden gekommenen Kreditkarte vermerkt oder in anderer Weise mit ihr verbunden oder vom Karteninhaber Dritten mitgeteilt worden ist. In diesem Fall trägt der Karteninhaber alle Schäden, die aus der missbräuchlichen Verwendung der Kreditkarte entstanden sind.

[1358] Stand: Januar 2000.

[1359] Stand: Oktober 1999.

[1360] Stand:September 2000.

II. AGB für Vertragsunternehmer

1. Teilnahmebedingungen für den EUROCARD-/VISA-Akzeptanzservice der EURO Kartensysteme[1361] (Auszug)

1. Kartenannahme

Der Vertragspartner verpflichtet sich, wie in der Servicevereinbarung angegeben, allen Inhabern einer EUROCARD/Mastercard und/oder VISA-Karte (nachfolgend "Karte") alle angebotenen Waren und Leistungen gegen Vorlage der Karte bargeldlos, zu denselben Preisen und Bedingungen wie für barzahlende Kunden, zu verkaufen.

Die EURO Kartensysteme kauft von dem Vertragspartner alle sofort fälligen Forderungen des Vertragspartners gegen den Karteninhaber, die unter Verwendung einer Karte begründet wurden, auf ordnungsgemäß erstellten Leistungsbelegen ausgewiesen und vom Karteninhaber durch Unterschrift anerkannt wurden. Der Vertragspartner ist verpflichtet, darauf zu achten, daß

- die vorgelegte Karte zum Zeitpunkt der Vorlage gültig (von ... bis ...) und vom Karteninhaber unterschrieben ist,
- ein Leistungsbeleg zweifach von einem von der EURO Kartensysteme zugelassenen POS-Terminal/POS-Karten-Kassensystem oder, soweit zulässig, mit Handdrucker dreifach erstellt wird. Auf dem Leistungsbeleg müssen die Daten der Karte, insbesondere die Kartennummer und Gültigkeitszeitraum vollständig und lesbar übertragen und der Rechnungsendbetrag sowie das Transaktionsdatum, Firma, Anschrift und Vertragspartnernummern sowie das Transaktionswährungskennzeichen aufgeführt werden. Streichungen und Änderungen des Währungskennzeichens sind nicht zulässig,
- der Karteninhaber den Leistungsbeleg in Gegenwart eines Vertreters des Vertragspartners unterzeichnet und die Unterschrift auf dem Leistungsbeleg mit der Unterschrift auf der vorgelegten Karte übereinstimmt,
- dem Karteninhaber eine Kopie des Leistungsbelegs ausgehändigt wird,
- die Karte nicht durch Sperrlisten oder andere Benachrichtigungen an den Vertragspartner für ungültig erklärt worden ist,
- die Karte nicht erkennbar verändert wurde oder unleserlich ist,
- der Kartenvorleger mit einem eventuellen Foto auf der Karte übereinstimmt,
- der Gesamtbetrag eines Umsatzes nicht den genannten genehmigungsfreien Höchstbetrag überschreitet, es sei denn, die EURO Kartensysteme hat eine Genehmigungsnummer gemäß Ziffer 3 erteilt und diese ist auf dem Leistungsbeleg eingetragen.

Bei Nichterfüllung einer dieser Voraussetzungen ist die EURO Kartensysteme nicht zur Erstattung der Forderung an den Vertragspartner verpflichtet. Dennoch an den Vertragspartner geleistete Zahlungen erfolgen unter dem Vorbehalt der Rückbelastung oder Verrechnung des gesamten Rechnungsbetrages innerhalb von 12 Monaten ab dem Auszahlungszeitpunkt, sofern Zahlung vom Karteninhaber nicht ohne Einleitung gerichtlicher Maßnahmen erreicht werden kann.

Wenn bei dem Vertragspartner der Verdacht besteht, eine vorgelegte Karte sei gefälscht oder verfälscht, oder wenn der Namenszug auf der vorgelegten Karte nicht mit der Unterschrift auf dem Leistungsbeleg übereinstimmt oder der Kartenvorleger nicht

---

[1361] Stand: Juni 1999.

mit dem Foto auf der Karte übereinstimmt, hat der Vertragspartner EURO Kartensysteme unverzüglich und möglichst noch vor Rückgabe der Karte an den Kunden telefonisch zu unterrichten. Die EURO Kartensysteme kann die Vorlage eines gültigen Lichtbildausweises des Kartenvorlegers an den Vertragspartner verlangen. Auf Verlangen der EURO Kartensysteme ist der Vertragspartner verpflichtet, die Karte einzubehalten.

2. Abrechnungsgrundsätze

Die Abrechnung der Kartenumsätze mit der EURO Kartensysteme erfolgt entweder elektronisch mit Hilfe eines von EURO Kartensysteme initialisierten und genehmigten POS-Terminals oder POS-Karten-Kassensystems oder durch Einreichung von, unter Verwendung eines Handdruckers (Imprinters) erstellten, Leistungsbelegen in der Originaltransaktionswährung. Während einer Betriebsstörung des POS-Terminals oder POS-Karten-Kassensystems oder wenn der Magnetstreifen auf der Kartenrückseite Nicht oder nur fehlerhaft gelesen wird, sind manuell Leistungsbelege mittels eines Imprinters (Handdruckergerätes) zu erstellen. Nach Beseitigung der Störung sind die Transaktionsdaten elektronisch an die EURO Kartensysteme zu übermitteln, wenn dies technisch möglich ist. Dauert eine Betriebsstörung länger als einen Werktag, sind anstelle der elektronischen Datenübermittlung die manuell erstellten Leistungsbelege an die EURO Kartensysteme einzureichen. Die manuell erstellten Leistungsbelege sind zusammen mit den Terminalbelegen aufzufbewahren und zusammen auf Verlangen der EURO-Kartensysteme und zusammen auf Verlangen der EURO Kartensysteme vorzulegen. Die Einreichungswährung kann vom Vertragspartner gewählt werden, bedarf aber sofern es sich nicht um DM, EURO oder US-Dollar handelt, der Zustimmung der EURO Kartensysteme. Hat der Vertragspartner kein Transaktionswährungskennzeichen auf dem Leistungsbeleg angegeben, wird bis zum 31.12.2001 von einer Einreichung in DM ausgegangen. Nach diesem Zeitpunkt wird von einer Einreichung in EURO ausgegangen. Die Gutschrift erfolgt in der vom Vertragspartner gewählten Abrechnungswährung. Sofern keine Währung gewählt wird, erfolgt die Abrechnung erfolgt die Abrechnung bis zum 31.12.2001 in DM, nach diesem Zeitpunkt erfolgen alle Abrechnungen in EURO. Die Abrechnungswährung kann jederzeit mit einer Frist von 2 Wochen zum gewünschten Umstellungstermin geändert werden.

Der Vertragspartner verpflichtet sich, alle Unterlagen betreffend der an die EURO Kartensysteme eingereichten Belege oder elektronisch übermittelten Umsätze sowie die diesen Belegen zugrundeliegenden Geschäfte für einem Zeitraum von mindestens 12 Monaten, gerechnet vom Ausstellungsdatum des jeweiligen Beleges, aufzubewahren und der EURO Kartensysteme jederzeit auf Verlangen unverzüglich zur Überprüfung zur Verfügung zu stellen. Die Aufbewahrungspflichten des Vertragspartners gem. § 147 AO und § 257 HGB bleiben hiervon unberührt.

Der Vertragspartner überprüft die Zahlungen und Abrechnungen der EURO Kartensysteme auf Richtigkeit und Vollständigkeit. Beanstandungen an Abrechnungen und Zahlungen könne binnen einer Ausschlußfrist von 28 Tagen, ab dem Tage der Absendung von Abrechnungen oder Zahlungen, schriftlich vorgebracht werden, andernfalls gilt die Abrechnung als genehmigt.

3. Autorisierung

1. Der Vertragspartner ist, soweit er an einem Kassenplatz über ein zuvor von der EURO Kartensysteme zugelassenes POS-Terminal/POS-Karten-Kassensystem verfügt, verpflichtet, die Autorisierung und Umsatzabwicklung an diesem Kassenplatz über dieses POS-Terminal/POS-Karten-Kassensystem elektronisch zeitgleich und online vorzunehmen, sofern mit der EURO Kartensysteme kein andere Vereinbarung getroffen wurde.

Der Vertragspartner wird, sobald er an einem Kassenplatz ein POS-Terminal/POS-Karten-Kassensystem aufgestellt hat, dies und die Terminal-ID-Nummer der EURO Kartensysteme bekanntgeben, damit das POS-Terminal/POS-Karten-Kassensystem initialisiert und zur Kartenabwicklung zugelassen werden kann.

Bei Nutzung eines POS-Terminals/POS-Karten-Kassensystems ist der Vertragspartner verpflichtet, jeden über das POS-Terminal/POS-Karten-Kassensystem abgewickelten Geschäftsvorgang, unabhängig von der Höhe, über das Terminal genehmigen zu lassen (Null-Limit).

Sollte aus technischen Gründen das POS-Terminal oder POS-Karten-Kassensystem, die Leitungsverbindung oder das Rechenzentrum der EURO Kartensysteme gestört und dadurch eine elektronische Genehmigungsabfrage bzw. Transaktionsdatenübertragung nicht möglich sein, gelten die folgenden Regelungen in Nummer 2 über die nicht elektronische Abwicklung.

2. Bei manueller Belegerstellung, von der der Vertragspartner nur bei einer Störung gem. Nummer 1 bzw. beim Fehlen eines zugelassenen POS-Terminals oder POS-Karten-Kassensystems Gebrauch machen wird, ist die Verpflichtung der EURO Kartensysteme zur Zahlung pro Karteninhaber und Vorgang beschränkt auf den in der Servicevereinbarung genannten genehmigungsfreien Höchstbetrag. Dieser Betrag ist kein Mindestgarantiebetrag. Er ist variabel und kann durch die ERUO Kartensysteme jederzeit, abhängig von der Mißbrauchsentwicklung beim Vertragspartner, geändert werden. Eine Limitsenkung auf Null ist hierin eingeschlossen.

Überschreitet der Gesamtbetrag den genehmigungsfreien Höchstbetrag, wird der Vertragspartner vor Ausstellung des Leistungsbelegs die Zustimmung der EURO Kartensysteme einholen. Der Genehmigungsdienst der EURO Kartensysteme erteilt bei Zustimmung eine Genehmigungsnummer, die von dem Vertragspartner auf dem Leistungsbeleg einzutragen ist.

Gesamtbetrag ist die Summe aller Transaktionen, die am selben Geschäftstag von derselben Kasse eines Vertragspartners mit derselben Karte vorgenommen wurden. Undatierte Belege werden wie am gleichen Tag erstellte behandelt. Sind unterschiedliche Kassen nicht aus de Leistungsbeleg erkennbar, werden sie wie eine Kasse behandelt.

Übersteigt ein Gesamtbetrag den Höchstbetrag ohne Zustimmung der EURO Kartensysteme, entfällt für die EURO Kartensysteme jegliche Verpflichtung zur Zahlung dieses Gesamtbetrags. Gleiches gilt, wenn der Gesamtbetrag dadurch unter den Höchstbetrag herabgemindert wird, daß über ein Geschäft, welches bei Barzahlung in einer Summe abgerechnet würde, mehrere Leistungsbelege ausgestellt werden. Soweit die EURO Kartensysteme in den vorgenannten Fällen dennoch Zahlungen leistet, ist sie berechtigt, jederzeit innerhalb von 12 Monaten ab Auszahlungszeitpunkt Rückerstattung der gezahlten Beträge zu verlangen oder diese auf andere Zahlungsverpflichtungen gegenüber dem Vertragspartner zu verrechnen.

Bei Karten, die nur elektronisch abgewickelt werden dürfen, ist eine Inzahlungnahme bei einer Betriebsstörung nicht möglich. Die manuelle Abwicklung mittels eines Prägeapparates ist nicht zulässig.

Form und Turnus der Datenübermittlung sind in der Beschreibung des Gerätes enthalten oder werden in Sondervereinbarungen zwischen dem Vertragspartner und der EURO Kartensysteme festgelegt.

4. Kauf und Übertragung von Forderungen

Der Vertragspartner verkauft ausschließlich der EURO Kartensysteme alle Forderungen gegen Karteninhaber, die unter Verwendung einer Karte unter Einhaltung der Annahmerichtlinien gemäß Ziffer 1 begründet wurden. Nach Maßgabe dieser Vereinbarung erstattet die EURO Kartensysteme dem Vertragspartner den Forderungsbetrag abzüglich der vereinbarten Servicegebühr und der Mehrwertsteuer auf die Servicegebühr.

Der Vertragspartner wird der EURO Kartensysteme die mittels eines POS-Terminals/POS-Karten-Kassensystems erfassten Transaktionsdaten elektronisch zeitgleich und online übermitteln oder die manuell erstellten Leistungsbelege spätestens nach Ablauf von sieben Tagen nach Ausstellung zuleiten und die Forderung dadurch an die EURO Kartensysteme abtreten. An die EURO Kartensysteme elektronisch übermittelte Transaktionsdaten, die unvollständig erfasst oder nicht zeitgleich und online übermittelt worden sind bzw. nicht ordnungsgemäß ausgefüllte oder nach Fristablauf zugeleitete Leistungsbelege verpflichten die EURO Kartensysteme nicht zur Zahlung. Zahlungen, die dennoch geleistet werden, können jederzeit innerhalb von 12 Monaten ab Auszahlungszeitpunkt zurückgefordert oder verrechnet werden, sofern Zahlung vom Karteninhaber nicht ohne Einleitung gerichtlicher Maßnahmen erlangt werden kann.

Der Vertragspartner tritt alle Forderungen gegen Karteninhaber aus Lieferungen und Leistungen, die unter Verwendung einer Karte gemäß dieser Vereinbarung begründet wurden, an die EURO Kartensysteme ab. Die EURO Kartensysteme nimmt diese Abtretung an. Die Forderungen gehen jeweils mit Eingang der jeweiligen Leistungsbelege bzw. der entsprechenden Datensätze bei der EURO Kartensysteme über. Die EURO Kartensysteme verpflichtet sich, dem Vertragspartner die aus dem bis Montag, 10 Uhr bei der EURO Kartensysteme eingereichten Karten-Transaktionen sich ergebenden Beträge abzüglich der Servicegebühr (Disagio) und der darauf entfallenden Mehrwertsteuer am Montag der Folgewoche zur Zahlung anzuweisen, sofern nichts anderes vereinbart wurde. Die EURO Kartensysteme ist berechtigt, Forderungen, bei deren Begründung der Vertragspartner die Bestimmungen der Ziffern 1 bis 3 dieser Vereinbarung nicht beachtet hat, an den Vertragspartner innerhalb einer Frist von 12 Monaten zurückabzutreten und die entsprechenden Rechnungsbeträge dem Konto de Vertragspartners zu belasten bzw. gegen dessen Forderungen aufzurechnen; der Vertragspartner nimmt die Rückabtretung hiermit an. Der Vertragspartner steht der EURO Kartensysteme dafür ein, daß Kartenbelastungen nur für Leistungen im Rahmen seines Geschäftsbetriebes erfolgen und keine nicht zum gewöhnlichen Geschäftsbetrieb gehörenden Leistungen, insbesondere keine Kreditgewährung oder andere Geldzahlungen, zugrunde liegen.

6. Servicegebühr

Für den Akzeptanzservice wird die auf der Servicevereinbarung genannte Servicegebühr vereinbart. Zur Berechnung der Servicegebühr ist der auf dem Leistungsbeleg ausgewiesene Endbetrag maßgeblich.

Branchenzusätze

a) Mailorder

Bei schriftlicher, telefonischer oder elektronischer Bestellung von Waren oder Leistungen durch Karteninhaber ohne Vorlage der Karte sind Name und Anschrift des Karteninhaber, Kartennummer und Gültigkeitsdauer der Karte sowie der Rechnungsendbetrag und die Genehmigungsnummer und die Angabe "signature on file" auf dem Leistungsbeleg einzutragen bzw. im Einvernehmen mit der EURO Kartensysteme anderweitig zu erfassen. Bei Mailorder-Umsätzen ist für jeden Umsatz eine Genehmigungsnummer von der EURO Kartensysteme einzuholen. Die EURO Kartensysteme ist zur Rückbelastung des Vertragspartners berechtigt, wenn sich der Karteninhaber weigert, den Rechnungsbetrag zu zahlen, weil er die Bestellung oder die Echtheit seiner Unterschrift bestreitet, er von der Bestellung zurückgetreten ist, der Ware oder Leistung schriftlich zugesicherte Eigenschaften fehlen oder sie einer schriftlichen Produktbestellung nicht entsprechen. Dieses Rückgriffsrecht wird nicht durch eine erteilte Genehmigungsnummer eingeschränkt. Der Hinweis auf die Akzeptanz muss in allen Medien erfolgen, die vom Karteninhaber vor und bei der Bestellung genutzt werden.

2. American Express Vertragspartnerbedingungen[1362] (Auszug)

1. Vertragsgegenstand

American Express International, Inc., Niederlassung Deutschland (...) (im folgenden: "American Express"), bietet dem Vertragspartner durch Anschluss an das weltweite American-Express-Kartensystem die Möglichkeit, American Express Mitglieder (im folgenden: "Mitglieder") als Kunden zu gewinnen. Dafür verpflichtet sich der Vertragspartner, den Mitgliedern gegen Vorlage einer American Express Card, Gold Card, Corporate Card, Platinum Card, Blue Card oder einer anderen von einer American Express-Gesellschaft herausgegebenen Kreditkarte (im folgenden: "Karte") bzw. nach telefonischer, elektronischer oder schriftlicher Mitteilung der Kartennummer alle in seinem Unternehmen angebotenen Waren oder Dienstleistungen (im folgenden: "Leistungen") zu den gleichen Preisen und zu den gleichen Bedingungen zu liefern bzw. zu erbringen wie an barzahlende Kunden. Die Verpflichtung, Karten zu normalen Barzahlungspreisen zu akzeptieren, gilt auch für Sonderangebote oder reduzierte Waren.

2. Ankauf von Forderungen

Der Vertragspartner wird gegenüber keinem Mitglied Forderungen für Leistungen geltend machen, sondern diese Forderungen (im folgenden auch: "Belastungen") American Express zum Kauf anbieten. Das Angebot zum Ankauf der Belastungen erfolgt dadurch, daß der Vertragspartner den vom Mitglied unterzeichneten Belastungsbeleg an American Express übersendet oder die entsprechenden Informationen elektronisch übermittelt. American Express verpflichtet sich, die so angebotenen Forderungen zum Nennwert abzüglich der vereinbarten Servicegebühr anzukaufen, wenn

a) die Karte innerhalb des auf ihr genannten Gültigkeitszeitraumes vorgelegt bzw. die Kartennummer mitgeteilt und der Vertragspartner nicht von einem Widerruf der Karte unterrichtet wurde;
b) die Karte nicht beschädigt oder offensichtlich verändert wurde;
c) die Karte vom Mitglied unterzeichnet ist und die Unterschrift auf der Karte und dem Belastungsbeleg übereinstimmen;
d) bei genehmigungspflichtigen Belastungen eine Genehmigung von American Express eingeholt wurde.

American Express ist nicht verpflichtet, Belastungen anzukaufen, die nicht innerhalb von 10 Tagen nach ihrem Entstehen mit einem Zusammenfassungsbeleg bei American Express eingehen. Erstattungen oder Teilerstattungen von Belastungen müssen durch Erstattungsbeleg bzw. elektronische Gutschriftsbuchung vorgenommen werden. Der Erstattungsbeleg ist innerhalb von 7 Tagen nach Anerkennung der Erstattung vom Vertragspartner zu erstellen und an American Express zu übersenden.

[1362] Von American Express Februar 2001 mitgeteilt.

American Express ist ferner nicht verpflichtet, Belastungen anzukaufen, wenn der Inhaber des Unternehmens die Karte im eigenen Unternehmen einsetzt.

3. Manuelle Abwicklung
Im Fall einer manuellen Abwicklung einer Belastung muß der Vertragspartner einen von American Express genehmigten Belastungsbeleg verwenden, welcher vollständig und leserlich mittels einer Prägemaschine oder durch handschriftlichen Eintrag auszufüllen ist. Ferner müssen folgende Angaben deutlich erkennbar sein: Anschrift und Nummer des Vertragspartners, Abdruck der Karte, Rechnungsbetrag und Datum der Ausstellung sowie gegebenfalls Rechnungsnummer und Genehmigungs-Code bei Überschreitung des vereinbarten Höchstbetrags (siehe hierzu auch Ziffer 6).

4. Elektronische Abwicklung
Sofern der Vertragspartner über ein von American Express zugelassenes Terminal verfügt, ist er verpflichtet, jede Abwicklung einer Belastung elektronisch vorzunehmen. Die vom Mitglied vorgelegte Karte ist durch das Terminal durchzuziehen. Sofern das Terminal den Magnetstreifen der Karte nicht lesen kann, sind die Kartennummer, die Gültigkeitsdaten der Karte und der Rechnungsbetrag manuell in das Terminal einzugeben.
Sollte das Terminal defekt und eine manuelle Eingabe der Daten aus technischen Gründen nicht möglich sein, muß die Abwicklung der Belastung mittels Belastungsbeleg in manueller Form gemäß vorstehender Ziffer 3 erfolgen.

5. Schriftliche oder telefonische Bestellungen
Schriftliche oder telefonische Bestellungen dürfen nur von Mitgliedern aufgegeben werden; bei der Entgegennahme der Bestellung hat der Vertragspartner sich darüber zu vergewissern und auf dem Belastungsbeleg zu vermerken, daß es sich um eine schriftliche oder telefonische Bestellung eines Mitglieds handelt. Unabhängig von vereinbarten Genehmigungshöchstbeträgen gemäß Ziffer 6 hat der Vertragspartner für jede schriftliche oder telefonische Belastung eine Genehmigung von American Express einzuholen. Lieferungen aufgrund schriftlicher oder telefonischer Bestellungen dürfen nur an die Rechnungsanschrift des Mitglieds erfolgen. Während des Genehmigungsanrufs hat der Vertragspartner die Rechnungsanschrift des Mitglieds mit der Lieferanschrift zu vergleichen.
Falls die Bestellung erst nach Ablauf von 30 Tagen nach Erteilung einer Genehmigungsnummer ausgeliefert bzw. eine Leistung erbracht wird, hat der Vertragspartner vor Auslieferung bzw. Erbringung der Leistung eine erneute Genehmigung durch American Express einzuholen.
American Express übernimmt für eingereichte Belastungen, die auf schriftlichen oder telefonischen Bestellungen beruhen, keine Verpflichtung, und zwar auch dann nicht, wenn ein Genehmigungs-Code gemäß Ziffer 6 erteilt wurde und alle Abwicklungsbedingungen eingehalten wurden; sofern American Express Zahlungen an den Vertragspartner leistete, behält sich American Express das volle Rückgriffsrecht (Rückbelastungsrecht siehe Ziffer 7) vor, insbesondere wenn das Mitglied die Richtigkeit einer Belastung bestreitet oder der Besteller kein Mitglied war.
Für elektronische Bestellungen per e-mail über das Internet ist der Abschluß eines gesonderten Vertrages erforderlich.

6. Genehmigung von Belastungen
American Express behält sich vor, pro Mitglied und pro Kalendertag einen Höchstbetrag für eine Belastung (Genehmigungshöchstbetrag) festzulegen.American Express ist

berechtigt, durch schriftliche Mitteilung an den Vertragspartner den Genehmigungshöchstbetrag zu ändern oder mitzuteilen, daß bei allen Belastungen eine Genehmigung von American Express einzuholen ist. Wird der jeweils gültige Genehmigungshöchstbetrag pro Mitglied und pro Kalendertag überschritten, so ist der Vertragspartner verpflichtet, vor Annahme einer Karte bei American Express eine Genehmigung einzuholen. Der Genehmigungsdienst von American Express teilt dem Vertragspartner telefonisch einen Genehmigung-Code mit, der auf dem Belastungsbeleg zu vermerken ist. Sollte der Genehmigungsdienst weitere Anweisungen geben, ist diesen Folge zu leisten.

7. Rückbelastungen

Ist eine der unter Ziffern 2 bis 5 genannten Bedingungen nicht erfüllt oder liegt gemäß Ziffer 6 für eine Belastung über dem Höchstbetrag die erforderliche Genehmigung nicht vor, darf der Vertragspartner die Karte nicht akzeptieren. American Express übernimmt für abgerechnete Belastungen keine Verpflichtung, auch nicht etwa bis zum geltenden Genehmigungshöchstbetrag. Sollte American Express solche Belastungen dennoch ankaufen, erfolgt der Ankauf – auch wenn darauf im Einzelfall nicht besonders hingewiesen wird – unter Vorbehalt des vollen Rückgriffsrechts gegen den Vertragspartner für den angekauften Betrag, d. h. einschließlich des geltenden Genehmigungshöchstbetrages, und zwar unabhängig davon, ob American Express zur Zeit des Ankaufs der Forderung die Ablehnung der Genehmigung kannte oder nicht (Rückbelastungsrecht). Das gleiche gilt, falls der auf dem Belastungsbeleg eingetragene Rechnungsbetrag unter dem tatsächlichen Rechnungsbetrag liegt und dadurch die Genehmigung vermieden wurde oder wenn zur Vermeidung einer Genehmigung für eine Leistung mehrere Belastungsbelege ausgestellt wurden, die einzeln unter dem geltenden Genehmigungshöchstbetrag der Höchstgrenze für Genehmigungen liegen, sowie für den Fall, daß American Express Zahlungen auf Belastungen leistet, die später als 10 Tage nach ihrem Entstehen bei American Express eingehen (siehe Ziffer 2).

8. American Express-Servicegebühr

Für die von Americn Express erbrachten Leistungen zahlt der Vertragspartner eine Servicegebühr (zuzüglich Mehrwertsteuer), die sich aus dem Gesamtbetrag der eingereichten Belastungsbelege (einschließlich Mehrwertsteuer) errechnet. Die Servicegebühr wird von den Zahlungen in Abzug gebracht, die American Express an den Vertragspartner aufgrund des Forderungsankaufs gemäß Ziffer 2 leistet. Die Servicegebühr wird jeweils am 1. April eines jeden Jahres für die folgenden 12 Monate festgelegt. American Express wird alle Zahlungen per Überweisung innerhalb von 7 Tagen nach Eingang der Abrechnung bei American Express leisten, es sei denn die Parteien vereinbaren eine hiervon abweichende Regelung.

3. Bedingungen für die Teilnahme am Diners Club Service der Diners Club Deutschland GmbH sowie VISA bzw. Eurocard Mastercard-Service der Citibank Privatkunden AG (Auszug)[1363]

1. Annahme von Karten

Das Vertragsunternehmen verpflichtet sich, allen in- und ausländischen Inhabern von Kreditkarten (Karteninhaber) alle Leistungen und Waren gegen Vorlage der Kreditkarte, d. h. Eurocard/Mastercard („EC/MC"), VISA/VISA-Electron („Visa"), Diners Club („DC") zu denselben Preisen und Bedingungen wie sie für barzahlende Kunden gelten, anzubieten und zu verkaufen. Das Vertragsunternehmen wir insbesondere dem Karteninhaber keine zusätzlichen Kosten berechnen und keine Sicherheiten verlangen und den Karteninhaber in keiner Hinsicht schlechter stellen als barzahlende Kunden.

2. Abrechnungsgrundsätze

Das Vertragsunternehmen rechnet alle fälligen Zahlungsforderungen gegen Karteninhaber aus Lieferungen und Leistungen, die - soweit jeweils umseitig angekreuzt – unterVerwendung einer

a) VISA und/oder EC/MC-Karte begründet wurden, ausschließlich mit der Citibank Privatkunden AG („Citibank") ab;

b) DC-Karten begründet wurden, ausschließlich mit der Diners Club Deutschland GmbH („Diners Club") ab.

Citibank und Diners Club werden unbeschadet ihrer nach dieser Servicevereinbarung jeweisl separat übernommenen Rechte und Pflichten gemeinsam nachfolgend singularisch als „Bank" bezeichnet.

Die Abrechnung erfolgt durch Verwendung von Belastungsbelegen. Das Vertragsunternehmen kann die Belastungsbelege entweder unter Verwendung eines Handdruckers (Imprinter) oder elektronisch mit Hilfe eines von der Bank initialisierten und genehmigten Terminals erstellen. Die Erstellung von Belastungsbelegen für VISA Electron-Karten hat ausschließlich elektronisch zu erfolgen. Um Belastungsbelege elektronisch zu erstellen, ist die vorgelegte Karte durch die Kartenlesevorrichtung des Terminals zu ziehen. Auf den Beleg müssen alle auf der Kreditkarte enthaltenen Angaben, Name, Anschrift und Vertragsnummer des Vertragsunternehmens, das Transaktionsdatum und der Rechnungsendbetrag sowie die mitgeteilte Genehmigungsnummer deutlich lesbar übertragen werden. Der Belastungsbeleg ist von dem Karteninhaber in Gegenwart eines Vertreters des Vertragsunternehmens zu unterzeichnen. Das Vertragsunternehmen wird darauf achten, daß die Unterschrift auf dem Belastungsbeleg mit der auf der Karte sowie ein eventuelles Foto des Karteninhabers auf der Karte mit dem Kartenvorleger übereinstimmen. Ebenso ist die vom Terminal ausgedruckte Kartennummer mit der geprägten Kreditkarten.-Nummer zu vergleichen.

Bei schriftlicher oder telefonischer oder elektronischer Bestellung von Waren oder Leistungen durch Karteninhaber ohne Vorlage der Kreditkarte (Mailorder) sind Name und Anschrift des Karteninhabers, Kartennummer und Gültigkeitsdauer der Karte sowie der Rechnungsbetrag und die Genehmigungsnummer und die Angabe "Signature on

[1363] Da die Citibank Privatkunden AG kürzlich ihre Anteile an der Diners Club Deutschland GmbH an die PA Investment S. A. in Luxemburg verkauft hat, ist nicht absehbar, ob auch in näherer Zukunft noch gleichlautende AGB verwandt werden.

file" auf den Belastungsbeleg einzutragen bzw. im Einvernehmen mit der Bank anderweitig zu erfassen. Eine vom Vertragsunternehmen autorisierte Person hat den Belastungsbeleg zu unterschreiben.

3. Zahlungsgarantie

Citbank garantiert die Erfüllung aller sofort fälligen Zahlungsforderungen des Vertragsunternehmens gegen Karteninhaber aus Lieferungen oder Leistungen, die unter Verwendung einer VISA oder EC/MC-Karte begründet wurden,

Diners Club garantiert die Erfüllung aller sofort fälligen Zahlungsforderungen des Vertragsunternehmens gegen Karteninhaber aus Lieferungen oder Leistungen, die unter Verwendung einer DC-Karte begründet wurden.

Eine jeweils gesamtschuldnerische Haftung von Citibank bzw. von Diners Club für sämtliche Zahlungsforderungen des Vertragsunternehmens aus VISA und EC/MC bzw DC Kartenumsätzen wird somit nicht begründet.

Voraussetzung für die Zahlungsgarantie ist zunächst, daß die Zahlungsforderungen auf ordnungsgemäß erstellten Belastungsbelegen (Ziff. 2) ausgewiesen und vom Karteninhaber durch Unterschrift anerkannt worden sind. Darüberhinaus gilt die Zahlungsgarantie nur, wenn

a) das Ausstellungsdatum des Belastungsbeleges innerhalb der auf der Karte aufgedruckten Gültigkeitsdauer der Kreditkarte liegt;
b) die Unterschrift des Karteninhabers auf dem Belastungsbeleg mit der auf der Rückseite der Kreditkarte übereinstimmt;
c) die Kreditkarte im Geltungsbereich dieses Vertrages nicht eingeschränkt ist;
d) die Kreditkarte nicht durch Sperrlisten oder andere Benachrichtigungen für ungültig erklärt worden ist (für den Einzug einer von der Bank für ungültig erklärten reditkarte erhält das Vertragsunternehmen eine von der Bank festgelegte Prämie);
e) die Kreditkarte nicht erkennbar verändert oder unleserlich gemacht wurde;
f) zwischen Ausstellungsdatum eines Belastungsbelegs und Eingangsdatum bei der Bank nicht mehr als vierzehn Kalendertage liegen;
g) der Belastungsbeleg vollständig und leserlich ausgefüllt worden ist;
h) der Original-Belastungsbeleg innerhalb der Aufbewahrungsfrist von zwölf Monaten ab Ausstellungsdatum auf Anforderung des der Bank dieser unverzüglich zur Verfügung gestellt wird;
i) der Rechnungsendbetrag nicht das Genehmigungslimit (siehe unten Ziff. 4) überschreitet, es sei denn, die Bank hat eine Genehmigungsnummer erteilt;
j) die Bank den Rechnungsendbetrag eines VISA Electron Umsatzes durch Erteilung einer Genehmigung elektronisch online genehmigt hat;
k) der Karteninhaber mit einem eventuellen Foto des Karteninhabers auf der Karte übereinstimmt.

Bei Nichtvorliegen einer dieser Zahlungsvoraussetzungen ist die Bank von der Zahlungsgarantie befreit. Dennoch an das Vertragsunternehmen geleistete Zahlungen erfolgen unter dem Vorbehalt der Rückbelastung oder Verrechnung des gesamten Rechnungsendbetrags, sofern Zahlung vom Karteninhaber nicht ohne gerichtliche Maßnahmen erlangt werden kann. Bei schriftlicher, telefonische oder elektronischer Bestellung von Waren und Dienstleistungen ohne Vorlage der Kreditkarte (Mailorder) entfällt die Verpflichtung zur Prüfung der Unterschrift und eines eventuellen Fotos.

4. Genehmigung von Kartenumsätzen

a) Überschreitet der mit der Bank abzurechnende Rechnungsendbetrag die auf der Vorderseite im Feld „Papier-Rückfrage-Limit" angegebene Summe pro Tag je Karteninhaber, muss das Vertragsunternehmen vor Annahme der Kreditkartearte das Einverständnis der Bank telefonisch, fernschriftlich oder in sonstiger Weise einholen. Im Falle ihres Einverständnisses erteilt die Bank dem Vertragsunternehmen eine Genehmigungsnummer, die auf dem Belastungsbeleg einzutragen ist. Das Genehmigungslimit ist vertraulich zu behandeln. Es kann von der Bank bei Vorliegen eines wichtigen Grundes gesenkt werden.

b) Soweit das Vertragsunternehmen an einer Kasse über ein zuvor von Bank zugelassenes Terminal verfügt, ist es verpflichtet, die Genehmigung und/oder die Abrechnung von Kartenumsätzen an dieser Kasse über dieses Terminal elektronisch zeitgleich und online bzw. in einem anderen mit der Bank vereinbarten Verfahren durchzuführen. Sobald das Vertragsunternehmen beabsichtigt, an einer Kasse ein zuvor von der Bank zugelassenes Terminal aufzustellen, hat das Vertragsunternehmen dies und die Terminal-ID-Nr. der Bank mitzuteilen, um das Terminal zu initialisieren und damit zur Kartenabwicklung zuzulassen.

Bei Nutzung eines Terminals ist das Vertragsunternehmen verpflichtet, jeden über das Terminal abgerechneten Kartenumsatz unabhängig von der Höhe des Rechnungsbetrags über das Terminal genehmigen zu lassen (0 Limit), sofern kein anderes Verfahren mit der Bank vereinbart ist. Das Vertragsunternehmen hat die Datenübermittlungsprotokolle der Bank unverzüglich nach Erhalt auf ihre Vollständigkeit und Richtigkeit zu überprüfen und der Bank Beanstandungen zusammen mit dem Belastungsbeleg innerhalb von vierzehn Kalendertagen nach Erhalt zu übermitteln.

Sollte aus technischen Gründen das Terminal, die Leitungsverbindung oder das Rechenzentrum der Bank gestört und dadurch eine elektronische Genehmigungsanfrage bzw. Transaktionsdatenübermittlung nicht möglich sein, gelten die Regelungen in Ziffer a) für die manuelle Abwicklung.

c) Für Kartenumsätze, die ohne die gemäß lit. a), b) erforderliche Genehmigung mit der Bank abgewickelt worden sind, entfällt die Zahlungsgarantie der Bank. Gleiches gilt, wenn der abzurechnende Gesamtbetrag dadurch unter das Limit herabgemindert wird, daß über ein Geschäft, welches bei Barzahlung in einer Summe abgerechnet würde, mehrere Belastungsbelege ausgestellt werden. Zahlungen der Bank, die trotz fehlender Genehmigungen erfolgen, können jederzeit zurückgefordert oder verrechnet werden, sofern Zahlung vom Karteninhaber nicht ohne Einleitung gerichtlicher Maßnahmen erlangt werden kann.

6. Disagio

Für die Laufzeit wird ein Disagio(siehe Vorderseite „Servicegebühr") vereinbart.

Die Bank wird dem Vertragsunternehmen die sich aus den übertragenen Kartenumsatzdaten und/oder eingereichten Belastungsbelegen ergebenden Beträge abzüglich des vereinbarten Disagios und der darauf entfallenden gesetzlichen Mehrwertsteuer erstatten. Zur Berechnung des Disagios ist der auf dem Belastungsbeleg ausgewiesene Rechnungsendbetrag maßgeblich.

Die Bank wird die Zahlungen an das Vertragsunternehmen innerhalb der vereinbarten Zahlungsfristen aufgrund der eingereichten ordnungsgemäßen Belastungsbelege bzw. ordnungsgemäß elektronisch übermittelten Transaktionsdaten per Überweisung oder Verrechnungsscheck leisten. (...)

D. Kundenkreditkarten

I. Nr. 5 der Allgemeinen Bedingungen für die BAHR-Card

(...) Nach Anzeige des Verlustes haftet der Karteninhaber nicht für die Folgen der unsachgemäßen oder mißbräuchlichen Verwendung der Karte durch Dritte. Bis zu dieser Mitteilung haftet der Karteninhaber bis zu einem Höchstbetrag von DM 100,- je Karte, es sei denn, Verlust oder Missbrauch der Kare sind Folge einer grob fahrlässigen Verletzung der Verpflichtungen des Karteninhabers (z. B. der Pflicht zur sorgfältigen Aufbewahrung der Karte).

II. Nr. 7 der Vertragsbedingungen der IKEA family Plus Card

Sobald Plus der Verlust der Karte unter der obigen Adresse angezeigt wird, übernimmt Plus alle danach durch Verfügungen entstehenden Schäden. Ihre Hftung für die bis zum Eingang der Verlustanzeige entstehenden Schäden ist auf DM 100,- begrenzt. Die Haftungsbeschränkung gilt nicht, wenn Sie durch grob fahrlässige Verletzung Ihrer Verpflichtungen nach diesem Vertrag zu dem Missbrauch beigetragen haben. (...)

III. Nr. 9 der Bedingungen für die Nutzung der Quelle-Kundenkarte

Der Inhaber eines Quelle-Einkaufskontos hat den Verlust oder Diebstahl seiner Quelle-Kundenkarte unverzüglich unter folgender Adresse anzuzeigen: (...) Telefonische Anzeigen sind am selben Tag vom Inhaber des Quelle-Einkaufskontos schriftlich zu bestätigen. Das gleiche gilt, wenn die Karte eines Bevollmächtigten verlorengeht oder gestohlen wird.

Be Einhaltung dieser Bedingung verzichtet Quelle auf ein ihr gegenüber dem Kontoinhaber evtl. zustehendes Rückgriffsrecht wenn eine verlorengegangene oder gestohlene Karte unrechtmäßig verwendet wird. (...)

E. Geldkarte

I. Vereinbarung über das institutsübergreifende System „GeldKarte" (Auszug)[1364]

Der
Bundesverband der Deutschen Volksbanken und Raiffeisenbanken e. V. , Bonn,
Bundesverband deutscher Banken e. V., Köln,
Deutscher Sparkassen- und Giroverband e. V., Bonn
und der
Verband öffentlicher Banken e. V., Köln
- nachstehend Vertragspartner genannt -
schließen folgende Vereinbarung:

1. Die Vertragspartner vereinbaren den Aufbau eines institutsübergreifenden Systems zur bargeldlosen Bezahlung an hierfür eingerichteten Terminals (GeldKarten-Terminals) bei den angeschlossenen Handels- und Dienstleistungsunternehmen (im folgenden Unternehmen) mittels elektronischer Geldbörse (GeldKarte). Die ec-Karte sowie die sonstigen in Anhang 1 aufgelisteten, von Kreditinstituten aufgelisteten Karten können mit der GeldKarten-Funktion ausgestattet werden. Das System trägt die Bezeichnung "GeldKarte". Die dem GeldKarte-System angeschlossenen Institute sind berechtigt, das GeldKarte-Logo (Anlage 2) zu nutzen.

4. Wurde die Geldkarte für ein Konto ausgestellt, so kann der Karteninhaber seine Geldkarte an den mit dem GeldKarten-Logo gekennzeichneten Ladeterminals innerhalb eines ihm eingeräumten Verfügungsrahmens zu Lasten des auf der Karte angegebenen Kontos aufladen. Vor dem Aufladevorgang muss der Karteninhaber seine persönliche Geheimzahl (PIN) eingeben. Der Karteninhaber kann die GeldKarte darüber hinaus auch gegen Bargeld sowie im Zusammenwirken mit einer anderen Karte zu Lasten des auf dieser Karte angegebenen Kontos aufladen.

Der maximale Betrag, bis zu dem eine GeldKarte aufgeladen werden kann, wird in dem von den Vertragspartner gebildeten Arbeitsstab festgelegt.

(...)

Wird die Geldkarte gegen Bargeld oder gegen eine andere Karte zu Lasten des auf dieser Karte angegebenen Kontos aufgeladen, so ist das ladeterminalbetreibende Institut verpflichtet, das GeldKarten-emittierende Institut über den Aufladevorgang zu unterrichten.

Wird die GeldKarte gegen eine andere Karte zu Lasten des auf der Karte angegebenen Kontos aufgeladen zieht das ladeterminalbetreibende Kreditinstitut den in der GeldKarte aufgeladenen Betrag mittels Lastschrift im Einzugsermächtigungsverfahren von dem Kreditinstitut ein, gegen dessen Karte die GeldKarte aufgeladen wurde. Das Kreditinstitut, das die aufgeladene Karte emittiert hat, zieht den Betrag, der in der GeldKarte gespeichert wurde, mittels Lastschrift im Einzugsermächtigungsverfahren von dem ladeterminal-betreibenden Institut ein. Wird die Geldkarte gegen die Karte eines anderen Kartensystems, dessen Emittent nicht zu den den Vertragspartnern angeschlossenen

[1364] Vollständig abgedruckt in WM 1996, 2353 ff.

Kreditinstituten gehört, aufgeladen, so bestimmt sich die Umsatzabwicklung nach den für dieses Kartensystem geltenden Regelungen.

Wird die GeldKarte bei einem anderen Institut gegen Bargeld aufgeladen, zieht das Institut, das die Geldkarte ausgegeben hat, den aufgeladenen Betrag mittels Lastschrift im Einzugsermächtigungsverfahren vom ladeterminal-betreibenden Institut ein.

7. Aufgeladene Beträge, die nach Ablauf der Gültigkeit der ec-Karte noch in der GeldKarte gespeichert sind, kann der Karteninhaber beim kartenausgebenden Kreditinstitut entladen. Entladungen von Teilbeträgen sind nicht möglich.

11. Für die Teilnahme am System Geldkarte erhält das Unternehmen von seinem Kreditinstitut eine Händlerkarte, die die erforderlichen Authentifkationsschlüssel der Kreditwirtschaft und eine entsprechende Kennung bei seinem Kreditinstitut (in der Regel die Kontonummer) enthält, so daß die GeldKarten-Umsätze dem Unternehmen gutgeschrieben werden können. (...)

12. Mit Abschluss eins ordnungsgemäßen Bezahlvorgangs mittels GeldKarte erwirbt das Unternehmen ein Garantie gegen das kartenausgebende Kreditinstitut in Höhe des getätigten Umsatzes.

17. (...)

Werden gefälschte oder verfälschte Karten verwendet oder werden auf sonstige Weise angebliche GeldKarten-Umsätze missbräuchlich generiert, so bezahlt das im Datensatz der Lastschrift als kartenausgebendes Institut benannte Kreditinstitut die Forderung des Unternehmens. (...)

II. AGB für Inhaber kontogebundener Karten

1. ec-Bedingungen Banken, Neufassung 1996 (Auszug)[1365]

I. Geltungsbereich

Der Kunde kann die ec-Karte für folgende Dienstleistungen nutzen:

(...)

1. ohne Einsatz der persönlichen Geheimzahl (PIN)

(...)

b) als GeldKarte zum bargeldlosen Bezahlen an automatisierten Kassen des Handels- und Dienstleistungsbereichs, die mit dem GeldKarten-Logo gekennzeichnet sind (GeldKarten-Terminals).

II. Allgemeine Regeln

5. Rückgabe der ec-Karte und der eurocheque-Vordrucke

(...) Ein zum Zeitpunkt der Rückgabe noch in der GeldKarte gespeicherter Betrag wird dem Karteninhaber erstattet. (...)

6. Sperre und Einziehung der ec-Karte

[1365] Ganz abgedruckt in WM 1996, 2356 ff.

(...) Ein zum Zeitpunkt der Einziehung noch in der Geldkarte gespeicherter Betrag wird dem Karteninhaber erstattet.

7. Sorgfalts- und Mitwirkungspflichten des Karteninhabers
7.2 Sorgfältige und getrennte Aufbewahrung der ec-Karte und der eurocheque-Vordrucke

Auch die ec-Karte alleine ist sorgfältig aufzubewahren, da sie (z. B. im Rahmen des edc-Systems) missbräuchlich eingesetzt werden. Darüber hinaus kann jeder, der im Besitz der GeldKarte ist, den in der Geldkarte gespeicherten Betrag verbrauchen.

III. Besondere Regen für einzelne Nutzungsarten
3. GeldKarte
3.1 Servicebeschreibung

Die mit einem Chip ausgestattete ec-Karte kann auch als GeldKarte eingesetzt werden. Der Karteninhaber kann an GeldKarten-Terminals des Handels- und Dienstleistungsbereichs bargeldlos bezahlen.

3.2 Aufladen und Entladen der GeldKarte

Der Karteninhaber kann seine GeldKarte an den mit dem GeldKarten-Logo gekennzeichneten Ladeterminals innerhalb des ihm von seiner Bank eingeräumten Verfügungsrahmens zu Lasten des auf der Karte angegebenen Kontos aufladen. Vor dem Aufladevorgang muss er seine persönliche Geheimzahl (PIN) eingeben. Der Karteninhaber kann seine GeldKarte darüber hinaus auch gegen Bargeld sowie im Zusammenwirken mit einer anderen Karte zu Lasten des Kontos, über das die Umsätze mit dieser Karte abgerechnet werden, aufladen. Die Bank unterrichtet den Karteninhaber über die Höhe des Betrages, den die GeldKarte maximal aufnehmen kann.

Aufgeladene Beträge, über die der Karteninhaber nicht mehr verfügen möchte, können bei der kartenausgebenden Bank entladen werden. Die Entladung von Teilbeträgen ist nicht möglich.

Bei einer Funktionsunfähigkeit erstattet die kartenausgebende Bank dem Karteninhaber den nicht verbrauchten Betrag.

Benutzt der Karteninhaber seinen ec-Karte, um seine GeldKarte oder die GeldKarte eines anderen aufzuladen, so ist die persönliche Geheimzahl (PIN) am Ladeterminal einzugeben. Die Auflademöglichkeit besteht nicht mehr, wenn die PIN dreimal hintereinander falsch eingegeben wurde. Der Karteninhaber sollte sich in diesem Fall mit seiner Bank, möglichst mit der kontoführenden Stelle, in Verbindung setzten.

3.3 Sofortige Kontobelastung

Benutzt der Karteninhaber seine ec-Karte, um seine GeldKarte oder die GeldKarte eines anderen aufzuladen, so wird der Ladebetrag sofort nach dem Aufladen der GeldKarte dem Konto, das auf der ec-Karte angegeben ist, belastet.

3.4 Zahlungsvorgang mittels GeldKarte

Beim Bezahlen mit der GeldKarte ist die PIN nicht einzugeben.

Bei jedem Bezahl-Vorgang vermindert sich der in der GeldKarte gespeicherte Betrag um den verfügten Betrag.

3.5 Haftung bei Verlust der aufgeladenen GeldKarte

Bei Verlust der ec-Karte erstatte die Sparkasse/Landesbank den in der Geldkarte vorhandenen Betrag nicht, denn jeder, der in Besitz der ec-Karte ist, kann den in der GeldKarte gespeicherten Betrag ohne Einsatz der PIN verbrauchen.

3.6 Haftung für Schäden durch mißbräuchliche Aufladevorgänge

Die Bank haftet für die Erfüllung ihrer Verpflichtungen aus dem ec-Kartenvertrag.

Sobald der Bank oder dem Zentralen Sperrannahmedienst der Verlust der ec-Karte angezeigt wurde, übernimmt die Bank die danach durch mißbräuchliche Aufladevorgänge entstehenden Schäden. Sie übernimmt auch die bis zum Eingang der Verlustanzeige entstehenden Schäden, wenn der Karteninhaber die ihm nach diesen Bedingungen obliegenden Pflichten erfüllt hat.

Hat der Karteninhaber durch ein schuldhaftes Verhalten zur Entstehung des Schadens beigetragen, so bestimmt sich nach den Grundsätzen des Mitverschuldens, in welchem Umfang Bank und Kontoinhaber den Schaden zu tragen haben.

Hat der Karteninhaber seine Pflichten lediglich leicht fahrlässig verletzt, so stellt die Bank den Kontoinhaber von seiner Verpflichtung, einen Teil des Schadens zu übernehmen, in jedem Fall in Höhe von 90 % des Gesamtschadens frei.

Hat die Bank ihre Verpflichtungen erfüllt und der Karteninhaber seine Pflichten grob fahrlässig verletzt, trägt der Kontoinhaber den entstandenen Schaden in vollem Umfang.

Grobe Fahrlässigkeit des Karteninhabers liegt insbesondere vor, wenn

- er den Kartenverlust der Bank oder dem Zentralen Sperrannahmedienst schuldhaft nicht unverzüglich mitgeteilt hat,
- die persönliche Geheimzahl auf der ec-Karte vermerkt oder zusammen mit der ec-Karte verwahrt war (z. B. im Originalbrief, in dem sie dem Karteninhaber mitgeteilt wurde),
- die persönliche Geheimzahl einer anderen Person mitgeteilt und der Mißbrauch dadurch verursacht wurde.

Die Haftung für Schäden, die innerhalb des Zeitraums, für den der Verfügungsrahmen gilt, verursacht werden, beschränkt sich jeweils auf den mitgeteilten Verfügungsrahmen.

2. ec-Bedingungen Sparkassen, Neufassung 1996 (Auszug)

A. ec-Service

(Verfahren mit Zahlungsgarantie: eurocheque, Geldautomaten, electronic cash, edc, GeldKarte)

A I. Geltungsbereich

Der Karteninhaber kann die ec-Karte für folgende Dienstleistungen nutzen:

1. ohne Einsatz der persönlichen Geheimzahl (PIN)

(...)

b) als GeldKarte zum bargeldlosen Bezahlen an automatisierten Kassen des Handels- und Dienstleistungsbereichs, die mit dem GeldKarten-Logo gekennzeichnet sind (GeldKarten-Terminals).

A. II. Allgemeine Regeln

4. Rückgabe der ec-Karte und der eurocheque-Vordrucke

(...) Ein zum Zeitpunkt der Rückgabe noch in der GeldKarte gespeicherter Betrag wird dem Karteninhaber erstattet. (...)

5. Sperre und Einziehung der ec-Karte

(...) Ein zum Zeitpunkt der Einziehung noch in der Geldkarte gespeicherter Betrag wird dem Karteninhaber erstattet.

6. Allgemeine Sorgfalts- und Mitwirkungspflichten des Kunden

6.2 Aufbewahrung der ec-Karte und der eurocheque-Vordrucke

(...) Auch die ec-Karte alleine ist sorgfältig aufzubewahren, um z. B. einen Mißbrauch im Rahmen des edc-Systems zu verhindern. Darüber hinaus kann jeder, der im Besitz der GeldKarte ist, den in der Geldkarte gespeicherten Betrag verbrauchen.

A. III. Besondere Regen für einzelne Nutzungsarten

3. GeldKarte

3.1 Servicebeschreibung

Die mit einem Chip ausgestattete ec-Karte kann auch als GeldKarte eingesetzt werden. Der Karteninhaber kann an GeldKarten-Terminals des Handels- und Dienstleistungsbereichs bargeldlos bezahlen.

3.2 Aufladen und Entladen der GeldKarte

Der Karteninhaber kann seine GeldKarte an den mit dem GeldKarten-Logo gekennzeichneten Ladeterminals innerhalb des ihm von seiner Sparkasse/Landesbank eingeräumten Verfügungsrahmens zu Lasten des auf der Karte angegebenen Kontos aufladen. Vor dem Aufladevorgang muss er seine persönliche Geheimzahl (PIN) eingeben. Der Karteninhaber kann seine GeldKarte darüber hinaus auch gegen Bargeld sowie im Zusammenwirken mit einer anderen Karte zu Lasten des Kontos, über das die Umsätze mit dieser Karte abgerechnet werden, aufladen. Die Sparkasse/Landesbank unterrichtet den Karteninhaber über die Höhe des Betrages, den die GeldKarte maximal aufnehmen kann.

Aufgeladene Beträge, über die der Karteninhaber nicht mehr verfügen möchte, können bei der kartenausgebenden Sparkasse/Landesbank entladen werden. Die Entladung von Teilbeträgen ist nicht möglich.

Bei einer Funktionsuntüchtigkeit erstattet die kartenausgebende Sparkasse/Landesbank dem Karteninhaber den nicht verbrauchten Betrag.

Benutzt der Karteninhaber seinen ec-Karte, um seine GeldKarte oder die GeldKarte eines anderen aufzuladen, so ist die persönliche Geheimzahl (PIN) am Ladeterminal einzugeben. Die Auflademöglichkeit besteht nicht mehr, wenn die PIN dreimal hintereinander falsch eingegeben wurde. Der Karteninhaber sollte sich in diesem Fall mit seiner Sparkasse/Landesbank, möglichst mit der kontoführenden Stelle, in Verbindung setzten.

3.3 Sofortige Kontobelastung

Benutzt der Karteninhaber seine ec-Karte, um seine GeldKarte oder die GeldKarte eines anderen aufzuladen, so wird der Ladebetrag sofort nach dem Aufladen der GeldKarte dem Konto, das auf der ec-Karte angegeben ist, belastet.

3.4 Zahlungsvorgang mittels GeldKarte

Beim Bezahlen mit der Geldkarte ist die PIN **nicht** einzugeben.

Bei jedem Bezahl-Vorgang vermindert sich der in der GeldKarte gespeicherte Betrag um den verfügten Betrag.

3.5 Haftung bei Verlust aufgeladener GeldKarten
Bei Verlust der ec-Karte erstatte die Sparkasse/Landesbank den in der Geldkarte vorhandenen Betrag **nicht**, denn jeder, der in Besitz der ec-Karte ist, kann den in der GeldKarte gespeicherten Betrag ohne Einsatz der PIN verbrauchen.

3.6 Haftung für Schäden durch mißbräuchliche Aufladevorgänge
Sobald der Sparkasse/Landesbank oder dem Zentralen Sperrannahmedienst der Verlust der ec-Karte angezeigt worden ist, trägt die Sparkasse/Landesbank die **danach** durch mißbräuchliche Aufladevorgänge entstandenen Schäden.

Für Schäden, die **vor** der Verlustanzeige entstanden sind, haftet der Kontoinhaber, wenn sie auf einer schuldhaften Verletzung seiner Sorgfalts- und Mitwirkungspflichten beruhen. Hat die Sparkasse/Landesbank zu der Entstehung eines Schadens beigetragen, so bestimmt sich nach den Grundsätzen des Mitverschuldens, in welchem Umfang Sparkasse/Landesbank und Kontoinhaber den Schaden zu tragen haben. Die Sparkasse/Landesbank übernimmt auch die vom Kontoinhaber zu tragenden Schäden, die **vor** der Verlustanzeige entstanden sind, sofern der Karteninhaber seine Sorgfalts- und Mitwirkungspflichten (vgl. Abschnitt II. Nr. 6.2, 6.4, 6.5) nicht grob fahrlässig verletzt hat.

Grobe Fahrlässigkeit des Karteninhabers liegt insbesondere vor, wenn

- die persönliche Geheimzahl auf der ec-Karte vermerkt oder zusammen mit der ec-Karte verwahrt war (z. B. der Originalbrief, in dem die PIN dem Karteninhaber mitgeteilt wurde),
- die persönliche Geheimzahl einer anderen Person mitgeteilt und der Mißbrauch dadurch verursacht wurde,
- der Karteninhaber der Sparkasse/Landesbank oder dem Zentralen Sperrannahmedienst nach Feststellen de Kartenverlusts das Abhandenkommen nicht **umgehend** meldet, obwohl ihm dies ohne weiteres möglich war und der Schaden durch die Verspätung verursacht wurde. Schäden, die nach der Verlustmeldung entstehen, werden von der Sparkasse/Landesbank erstattet.

Die Haftung des Karteninhabers beschränkt sich auch unter Berücksichtigung von Schäden an ec

Geldautomaten und an automatisierten Kassen im electronic cash- und edc-System auf 1.000 DM pro Kalendertag. Eine Übernahme des vom Kontoinhaber zu tragenden Schadens durch die Sparkasse/Landesbank erfolgt nur, wenn der Kontoinhaber die Voraussetzungen der Haftungsentlastung glaubhaft darlegt und Anzeige bei der Polizei erstattet.

III. Bedingungen für die Teilnahme am System „GeldKarte" („Händlerbedingungen", Auszug)[1366]

1. Das Unternehmen nimmt am System Geldkarte der deutschen Kreditwirtschaft nach Maßgabe dieser Bedingungen teil. Hierzu erhält es von seinem Kreditinstitut eine Händlerkarte oder eine entsprechende Software, die die erforderlichen Authentifikationsschlüssel der Kreditwirtschaft und eine entsprechende Kennung (in der Regel die Kontonummer)bei seinem Kreditinstitut enthält, so daß die GeldKarten-Umsätze dem Unternehmen gutgeschrieben werden können.
Alle dem Unternehmen zur Verfügung gestellten Medien bleiben im Eigentum des Kreditinstituts. Die Medien dürfen nicht zu anderen Zwecken als zur Durchführung der vorgesehen Zahlungsverkehrsanwendungen verwendet werden. Das Unternehmen hat alles zu unterlassen, was die Sicherheit oder den ordnungsgemäßen Ablauf des Systems GeldKarte beeinträchtigen könnte.

2. Das Unternehmen ist verpflichtet, nur solche GeldKarten-Terminals einzusetzen, die von der Kreditwirtschaft zugelassen sind. Das Unternehmen hat sich die Zulassung vom Hersteller des Terminals nachweisen zu lassen.

3. An seinen GeldKarten-Terminals akzeptiert das Unternehmen die von den deutschen Kreditinstituten emittierten ec-Karten sowie die sonstigen in Anlage 1 aufgelisteten Karten zu Barzahlungspreisen und -bedingungen.
Die Verwendung von Karten anderer Systeme an den GeldKarten-Terminals des Unternehmens ist hiervon unberührt, soweit die ordnungsgemäße Verarbeitung der in Satz 1 genannten Karten nicht beeinträchtigt ist.

4. Mit Abschluss eines ordnungsgemäßen Bezahlvorgangs mittel GeldKarte erwirbt das Unternehmen eine Garantie gegen das kartenausgebende Institut in Höhe des getätigten Umsatzes.

5. Für den Bereich des GeldKartensystems und die Garantie wird dem Unternehmen ein Entgelt in Höhe von 0,3 , mindestens 0,02 DM je Umsatz, berechnet.

6. Der Händler ist verpflichtet, alle GeldKarten-Umsätze bei seinem Kreditinstitut oder einer von diesem benannten Stelle einzureichen. Um die Sicherheit des Systems zu gewährleisten und um zu verhindern, daß z. B. gefälschte oder verfälschte Umsätze bzw. Umsätze mehrfach eingereicht werden, prüft das Kreditinstitut oder die beauftragte Stelle die Ordnungsgemäßheit der eingereichten Umsätze. Stellt es dabei kein Fehler fest, werden die Umsätze zum Einzug freigegeben.

[1366] Ganz abgedruckt in WM 1996, 2359.

Literaturverzeichnis

Aden, Menno: Die Haftung der einlösenden Bank bei abhandengekommenen Schecks – NJW 1994, 413 ff.

Aepfelbach, Rolf / *Cimiotti*, Gerd: Zur Sicherheit des ec-Kartensystems - WM 1998, 1218 ff.

Ahlers, Horst: Kartengesteuerter Zahlungsverkehr und außergerichtliche Streitschlichtung - Bericht zum Bankrechtstag am 26. Juni 1998 in Dresden - WM 1998, 1561 ff.

– Die neuen Bedingungen für ec-Karten - WM 1995, 601 ff.

Ahrens, Claus: Wertpapiere in bargeldlosen Zahlungssystemen - Diss. (Würzburg), Baden-Baden 1997

Avancini, Peter: Rechtsfragen des Kreditkartengeschäfts - ZfRV 1969, 121 ff.

Bader, Peter: Duldungs- und Anscheinsvollmacht - Zur Entwicklung in der Rechtsprechung der Zivilgerichte und zur dogmatischen Einordnung - Diss. (Regensburg), Frankfurt a. M. Bern Las Vegas 1979

Ballerstedt, Kurt: Zur Lehre vom Gattungskauf - In: Festschrift für Hans Carl Nipperdey zum 60. Geburtstag, München Berlin 1955

Bälz, Ulrich: Anm. zu BGH, Urt. v. 23.4.1991 - JZ 1991, 1143 f.

Baumbach, Adolf / *Hefermehl*, Wolfgang: Wechselgesetz und Scheckgesetz 22. Aufl., München 2000

Baumbach, Adolf / *Hopt*, Klaus J.: Handelsgesetzbuch – Kommentar, 30. Aufl., München 2000

Baumgärtel, Gottfried: Handbuch der Beweislast im Privatrecht Band 1, 2. Aufl. 1991

– Beweislastpraxis im Privatrecht - Köln Berlin Bonn München 1995

Beck, Peter: Einwendungen bei eurocheque und Kreditkarte - Diss., Köln 1986

Becker, Helmut: Schuldrechtsreform und Bankvertragsrecht - ZHR 147 (1983), 245 ff.

Bernoulli, Daniel: Specimen theoriae novae de mensura sortisDeutsche Übersetzung von A. Pringsheim, Die Grundlage der modernen Wertlehre: Daniel Bernoulli, Versuch einer neuen Theorie der Wertbestimmung von Glücksfällen, Leipzig 1896.

Beuthien, Volker: Zweckerreichung und Zweckstörung im Schuldverhältnis - Habilitationsschrift, Tübingen, 1969

Bieber, Klaus-Dieter: Rechtsprobleme des ec-Geldautomatensystems - WM 1987, Sonderbeilage Nr. 6

Biedenkopf, Kurt: Die Betriebsrisikolehre als Beispiel richterlicher Rechtsfortbildung - Vortrag, Karlsruhe 1970

Bittner, Ralf: Haftungsrechtliche Grundlagen und versicherungsrechtliche Folgen der neuen Sonderbedingungen für den Scheckverkehr - VersR 1996, 805 ff.

Blaurock, Uwe: Haftung der Banken beim Einsatz neuer Techniken im Zahlungsverkehr CR 1989, 561 ff.

Blomeyer, Arwed: Allgemeines Schuldrecht - 4. Auflage, Berlin/Frankfurt a. M. 1969

Bonus, Holger: Der Schutz des Schwächeren in der Umweltökonomie RabelsZ 40 (1976), 409 ff.

Borsum, Wolfgang / *Hoffmeister*, Uwe: Rechtsgeschäftliches Handeln unberechtigter Personen mittels Bildschirmtext - NJW 1985, 1205 ff.

Böttger, Günter: Zur rechtlichen Beurteilung des Kreditkartenverfahrens Nr. 30 der Gelben Reihe des Instituts für internationales Recht des Spar- Giro- und Kreditwesens (1979)

Braun, Johann: Die Stellung des AGB-Gesetzes im System des Privatrechts BB 1979, 689 ff.

Brockmeier, Matthias: Das POS-System des deutschen Kreditgewerbes - Diss. (Münster), Berlin 1991

Brox, Hans: Die Einschränkung der Irrtumsanfechtung - Habilitationschrift (Münster), Karlsruhe 1960

– Handels- und Wertpapierrecht - 14. Aufl. München 1999

Bucher, Michael: Die Risikoverteilung bei der Benutzung elektronischer kartengesteuerter Zahlungssysteme - Diss. (Mannheim), Frankfurt a. M. 1992

Bülow, Peter: Scheckprüfungspflicht der Kreditinstitute im Umbruch WM 1997, 10 ff.

– Kommentar zum Wechsel- und Scheckrecht und zu den AGB - 3. Aufl., Heidelberg 2000

– Sphärentheorie im Scheckvetragsrecht - WM 1996, 8 ff.

– Wirksamkeit von Nr. 11 Satz 1 der Sonderbedingungen für den Scheckverkehr? - Ein Diskussionsbeitrag - WM 1991, 443 ff.

– Scheckrechtliche Anweisung und Überweisungsvertrag in: WM 2000, 58 ff.

Bundschuh, Karl Dietrich: Haftung der Banken im Zahlungs- und Scheckverkehr - Ein Rechtsprechungsbericht - In: Köndgen (Hrsg.), RWS-Forum 1 Neue Entwicklungen im Bankhaftungsrecht, Köln 1987, S. 5 ff.

– Die neuere Rechtsprechung des Bundesgerichtshofes zum Wechsel- und Scheckrecht - WM 1984, 1357 ff.

Bydlinski, Franz: Juristische Methodenlehre und Rechtsbegriff - 2. Aufl., Wien New York 1991

Caemmerer, Ernst v.: Besprechung von Trost/Schütz, Bankgeschäftliches Formularbuch BB 1964, 520 ff.

Calabresi, Guido: Some Thoughts on Risk Distribution and the Law of Torts - In: Yale Law Journal, Bd. 70 (1960-61), 499 ff.

– The Costs of Accidents - New Haven 1970

Canaris, Claus Wilhelm: Schutzgesetze-Verkehrspflichten-Schutzpflichten In: Festschrift für Karl Larenz 1983, München 1983

– Der Einwendungsausschluß im Wertpapierrecht - JuS 1971, 441 ff.

– Die Bedeutung allgemeiner Auslegungs- und Rechtsfortbildungskriterien im Wechselrecht - JZ 1987, 543 ff.

– Anmerkung zu BGH, Urteil v. 30.5.1975, VZR 206/73 JZ 1976, 132 ff.

– Ansprüche wegen "positiver Vertragsverletzung" und "Schutzwirkung für Dritte" bei nichtigen Verträgen - JZ 1965, 475 ff.

– Gesamtunwirksamkeit und Teilgültigkeit rechtsgeschäftlicher Regelungen - in: Festschrift für Ernst Steindorff zum 70. Geburtstag Berlin/New York 1990

– Die Vertrauenshaftung im Deutschen Privatrecht - Habilitationsschrift, München 1971

– Die Feststellung von Lücken im Gesetz - Diss. (München), 2. Auflage, Berlin 1982

– Risikohaftung bei schadensgeneigter Tätigkeit in fremdem Interesse - RdA 1966, 41 ff.

– Anm. zu BGH, Urt. v. 7.6.1984, NJW 1984, 2281 ff.

Christians, Volker C. : Neue Zahlungsverkehrsinstrumente - Diss. (Köln, Fachbereich Wirtschaftswissenschaften), Frankfurt a. M. 1985

Claussen, Carsten Peter: Bank- und Börsenrecht – 2. Aufl., München 2000

Coase, Ronald H.: The Problem of Social Costs - Journal of Law and Economics, Bd. 3 (1960), 1ff. - übersetzt bei Assmann/Kirchner/Schanze (Hrsg.), Ökonomische Analyse des Rechts, 2. Aufl., Tübingen 1993, S 129 ff.

Craushaar, Götz v.: Die Bedeutung der Rechtsgeschäftslehre für die Problematik der Scheinvollmacht - AcP 174 (1974), S. 2 ff.

Crome, Carl: System des Deutschen Bürgerlichen Rechts - Band 2, Tübingen 1902

Custodis, Hans: Das Kreditkartenverfahren - Köln, 1970

Deider, Gereon: Mißbrauch von Scheckkarte und Kreditkarte durch den berechtigten Karteninhaber - Diss., Berlin 1989

Derleder, Peter: Bargeldlos und elektronisch - JZ 1990, 84 f.

Deutsch, Erwin: Allgemeines Haftungsrecht - 2. Aufl., Köln/Berlin/Bonn/München 1996

– Fahrlässigkeit und erforderliche Sorgfalt - Habilitationsschrift, Köln/Berlin/-Bonn/München 1963

Dorner, Herbert: Das Kreditkartengeschäft - Frankfurt a. M. 1991

Ebel, Friedrich: Zur Abtretbarkeit von Befreiungsansprüchen - JR 1981, 485 ff.

Eckert, Jörn: Zivilrechtliche Fragen des Kreditkartengeschäfts - WM 1987, 161 ff.

Ehmann, Horst / *Hadding*, Walther: EG-Überweisungs-Richtlinie und Umsetzung - Regierungsentwurf und Gegenentwurf - WM 1999, Sonderbeilage Nr. 3

Einsele, Dorothee: Haftung der Kreditinstitute bei nationalen und grenzüberschreitenden Banküberweisungen - AcP 199 (1999), S. 145 ff.

– Der bargeldlose Zahlungsverkehr - Anwendungsfall des Garantievertrags oder abstrakten Schuldversprechens? - WM 1999, 1801 ff.

Elsner, Wolfram: Ökonomische Institutionenanalyse - Habilitationsschrift (Bielefeld, Fachbereich Wirtschaftswissenschaften), Berlin, 1986

Elze, Hans: Lücken im Gesetz: Begriff und Ausfüllung - Diss. (München), München/Leipzig 1916

Engisch, Karl: Die Kausalität als Merkmal der strafrechtlichen Tatbestände - Tübingen, 1931

Enneccerus, Ludwig / *Lehmann*, Heinrich: Recht der Schuldverhältnisse - Lehrbuch des Bürgerlichen Rechts II, 15. Aufl., Tübingen 1958.

Erman, Walter: Handkommentar zum Bürgerlichen Gesetzbuch - Band 1 (§§ 1-853), 10. Aufl., Münster 2000

– Der Sphärengedanke als Gesichtspunkt für die Verteilung der Preisgefahr beim Werkvertrag - JZ 1965, 657 ff.

Escher, Markus: Bankrechtsfragen des elektronischen Geldes im Internet - WM 1997, 1173 ff.

Esser, Josef: Grundlagen und Entwicklung der Gefährdungshaftung - 2., unveränderte Aufl., München 1969

Esser, Josef / *Schmidt*, Eike: Schuldrecht, Allgemeiner Teil - Band 1, 2. Teilband, 8. Aufl., Heidelberg 2000

– Schuldrecht, Allgemeiner Teil Band 1, 1. Teilband, 8. Aufl., Heidelberg 1995

Esser, Josef / *Weyers*, Hans-Leo: Schuldrecht Band II, w. Teilband, Besonderer Teil 8. Aufl. 2000

Etzkorn, Jörn: Allgemeine Geschäftsbedingungen für Inhaber von Kreditkarten - WM 1991, 1901 ff.

Fervers, Martin: Die Haftung der Banken bei automatisierten Zahlungsvorgängen - WM 1988, 1037 ff.

Fickenscher, Jutta: Die Kontrolle allgemeiner Geschäftsbedingungen von Skipässen und Punktekarten - Diss., München, 1989

Fikentscher, Wolfgang: Schuldrecht - 9. Aufl., Berlin 1997

Fischer, Reinfried: EG-Empfehlung zum kartengesteuerten Zahlungsverkehr WM - 1989, 397 ff.

Fitz, Hanns: Risikozurechnung bei Tätigkeit im fremden Interesse - Habilitationsschrift (Innsbruck 1983), Berlin 1985

Flume, Werner: Rechtsgeschäft und Privatautonomie in: Hundert Jahre Deutsches Rechtsleben - Festschrift zum hundertjährigen Bestehen des Deutschen Juristentages - 1860 bis 1960, S. 135 ff., Karlsruhe 1960

– Allgemeiner Teil des Bürgerlichen Rechts - Band II Das Rechtsgeschäft 4., unveränderte Aufl., Berlin New York 1992

Freitag, Robert: Rechtprobleme bei der Rückabwicklung von Kreditkartengeschäften – WM 2000, 2185 ff.

Frotz, Gerhard: Verkehrsschutz im Vertretungsrecht Habilitationsschrift (Tübingen), Frankfurt a. M. 1972

Furubotn, Eirik G. / Richter, Rudolf: The New Institutional Economics - A Collection of Articles from the Journal of Institutional an Theoretical Economics - Tübingen 1991

Gauch, Peter / *Aepli*, Viktor / *Casanova*, Hugo: Schweizerisches Obligationenrecht Besonderer Teil (Artt. 184-1186), Rechtsprechung des Bundesgerichts 3. Aufl., Zürich 1993

Genius, Klaus: Risikohaftung des Geschäftsherrn - AcP 173 (1973), S. 481 ff.

Geva, Benjamin: Allocation of Forged Cheque Losses - Comparative Aspects, Policies and a Model for Reform - 114 Law Quaterly Review (1998), April, S. 250 ff.

Gierke, Otto: Der Entwurf eines bürgerlichen Gesetzbuches und das Deutsche Recht - Leipzig 1889

Gößmann, Wolfgang: Aspekte der ec-Karten-Nutzung - WM 1998, 1264 ff

– Rechtsfragen neuer Techniken des bargeldlosen Zahlungsverkehrs (Geldkarte, Kreditkarte) – In: RWS Forum 12, Bankrecht, Köln 1998

– Recht des Zahlungsverkehrs - 2. Auflage, Berlin 1993

Gramlich, Ludwig: Elektronisches Geld - Gefahr für Geldpolitik und Währungshoheit? - CR 1997, 11 ff.

Granzer, Wolfgang: Die Freizeichnung von verschuldensunabhängiger Haftung in Allgemeinen Geschäftsbedingungen - Diss., Frankfurt a. M. 1991

Grauel, Christian: Bankorganisatorische Stellungnahme zu LG Köln, Urt. v. 28.7.1986 - CR 1987, 452 ff.

Groß, Ulrich: Rechtliche Aspekte zum System „GeldKarte" – In: Festschrift für Herbert Schimansky, Köln 1999, S. 165 ff.

Grundmann, Stefan: Zur Dogmatik der unentgeltlichen Rechtsgeschäfte - AcP 198 (1998), S. 457 ff.

Gruson, Michael / *Fischer*, Klaus: Risikoverteilung bei Scheckfälschungen nach US-Recht - ZHR 1989 (153), 643 ff.

Hadding, Walter: Rezension von Michael Weller, Das Kreditkartenverfahren - Konstruktion und Sicherung – WM 1987, 1570 ff.

– Zahlung mittels Universalkreditkarte - In: Festschrift für Klemens Pleyer zum 65. Geburtstag, Köln Berlin Bonn München 1986

Häde, Ulrich: Die Zahlung mit Kredit- und Scheckkarten - ZBB 1994, 33 ff.

Haertlein, Lutz: Der abhandengekommene Inhaberscheck - Diss. (Berlin), Baden Baden 1999

Hammann, Harald: Die Universalkreditkarte - Diss. (Mainz), Berlin 1991

Harbeke, Christof: Die POS-Systeme der deutschen Kreditwirtschaft - WM 1994, Sonderbeilage Nr. 1

Heinemann, Klaus: Baustein anwaltlicher Berufshaftung: die Beweislast - NJW 1990, 2345 ff.

Heinrichs, Helmut: Die Entwicklung des Rechts der Allgemeinen Geschäftsbedingungen im Jahre 1997 – NJW 1998, 1447 ff.

Henssler, Martin: Risiko als Vertragsgegenstand - Habilitationsschrift (Konstanz), Tübingen 1994

Herold: Haftung bei gefälschten Schecks, DJZ 1925, Sp. 1627 ff.

Hesse, Günter: Zur Erklärung der Änderung von Handlungsrechten mit Hilfe ökonomischer Theorie - in: Schüller (Hrsg.), Property Rights und ökonomische Theorie, München 1983.

Heuer, Hermann: Beweiswert von Mikrokopien bei vernichteten Originalunterlagen - NJW 1982, 1505 f.

Heymann, Ernst: Handelsgesetzbuch - Kommentar Band 4, §§ 343-460, Berlin New York 1990

Hildebrandt, Heinz: Wertpapierrecht - Berlin 1957

Hoeren, Thomas: Kreditinstitute im Internet - eine digitale Odyssee im juristischen Weltraum - WM 1996, 2006.

Höhlscheid, Norbert H.: Die Haftung der Banken im Zahlungsverkehr - Diss. (Bochum), Bergisch Gladbach 1991

Hönn, Günther: Kartellrechtliche Probleme moderner Zahlungssysteme - ZBB 1991, 6 ff.

Honsell, Heinrich: Die Risikohaftung des Geschäftsherrn - In: Festgabe für Ulrich von Lübtow zum 80. Geburtstag, Berlin 1980

Hoppe, Tilmann: Anscheinsbeweis bei Ausspähen der PIN - ZBB 1999, 88 f.

Horn, Norbert: Zur ökonomischen Rationalität des Privatrechts - Die privatrechtstheoretische Verwertbarkeit der "Economic Analysis of Law" - AcP 176 (1976), 307 ff.

Hoyningen-Huene, Gerrick v. : Die Inhaltskontrolle nach § 9 AGBG - Heidelberg 1991

Huber, Anton: Die Haftung des Geschäftsherrn für schuldlos erlittene Schäden des Geschäftsführers beim Auftrag und bei der berechtigten Geschäftsführung ohne Auftrag – Diss., München 1965

Hübner, Heinz: Allgemeiner Teil des Bürgerlichen Gesetzbuchs – 2. Aufl., Berlin New York 1996

Hübner, Jürgen: Schadenszurechnung nach Risikosphären - Diss., Berlin 1974

Hueck, Alfred / *Canaris*, Claus-Wilhelm: Recht der Wertpapiere - 12. Aufl., München 1986

Ihering, Rudolph v. : Der Zweck im Recht - Erster Band, 3. Aufl., Leipzig 1893.

Ikas, Klaus: Zum Recht der elektronischen Zahlung mit Debetkarten in bargeldlosen Kassensystemen (EFTPOS) – Diss. (Tübingen), Berlin 1992

Jacobi, Ernst: Neue Angriffe auf die Rechtscheinstheorie im Wertpapierrecht - ZHR 99 (1934), 1 ff.

– Wechsel- und Scheckrecht – Unveränderter Nachdruck, Berlin 1956

Jäger, Uwe: Die Verteilung des Fälschungsrisikos im Wechsel- und Scheckrecht - Diss., Heidelberg, 1989

Jauernig, Othmar: Bürgerliches Gesetzbuch – Kommentar - 9. Aufl., München 1999

Joost, Detlev: Die Verteilung des Risikos von Scheckfälschungen - ZHR 153 (1989), S. 237 ff.

Junker, Carolin: Rechtsbeziehungen im Kreditkartengeschäft - DStR 1994, 1461 ff.

Keller, Alfred: Kreditkarten - Zürich, 1981

Kelsen, Hans: Reine Rechtslehre - 2. Auflage, Wien 1960.

Klanten, Thomas: Zahlung mit Euro - NJW 1998, 3152 ff.

Kleine, Roland: Aktuelle Probleme im ec-Geldautomaten-System nach deutschem Recht Münster/New York 1991

Klingner-Schmidt, Ulrike: Die Rechtsstrukturen im ec-Service - Baden Baden 1993

Knight, Jack: Institutionen und gesellschaftlicher Konflikt - Übersetzt von Horst Löchel – Tübingen, 1997

Knoche, Thomas: Der Mißbrauch der Scheckkarte - Diss., Bonn 1983

Koch, Harald: Die Ökonomie der Gestaltungsrechte - Möglichkeiten und Grenzen der ökonomischen Analyse des Rechts am Beispiel von Kündigung und Anfechtung - In: Festschrift für Konrad Zweigert, Tübingen 1981, S. 851 ff.

Köhler, Helmut: Unmöglichkeit und Geschäftsgrundlage bei Zweckstörungen im Schuldverhältnis - Diss., München 1971

Kohler, I.: Die Briefmarke im Recht - Zugleich ein Beitrag zur Lehre von den Werthpapieren - ArchBürgR 6 (1892) 316 ff.

Koller, Ingo: Die Risikozurechnung bei Vertragsstörungen in Austauschverträgen - Habilitationsschrift, München 1979

– Wertpapierrecht - In: Gutachten und Vorschläge zur Überarbeitung des Schuldrechts, Band II, Köln 1981, S. 1427 ff.

– Der Verzicht auf die Prüfung von Scheckunterschriften - WM 1985, 821 ff.

– Anm. zu BGH, Urt. v. 18.3. 1997 - JZ 1997, 1068 ff.

– Die Wirksamkeit formularmäßiger Haftungsfreizeichnungsklauseln zwischen Schadensausgleich und Schadensprävention - ZIP 1986, 1089 ff.

– Die Verteilung des Scheckfälschungsrisikos zwischen Kunde und Bank - NJW 1981, 2433 ff.

– Fälschung und Verfälschung von Wertpapieren - WM 1981, 210 ff.

– Grundstrukturen des Bankhaftungsrechts unter besonderer Berücksichtigung des Zahlungsverkehrs - In: Köndgen (Hrsg.), RWS-Forum 1 - Neue Entwicklungen im Bankhaftungsrecht, Köln 1987, S. 21 ff.

– Der Vorschuß bei der Giroüberweisung, der Geldkarte und dem Netzgeld – In: Festschrift für Herbert Schimansky, Köln 1999, S. 209 ff.

Köndgen, Johannes: Anm. zu BGH, WM 1997, 910 - WuB I D 3. - 3.97

– Die Entwicklung des privaten Bankrechts in den Jahren 1990/91 - NJW 1992, 2263 ff.

– Das neue Recht der Banküberweisung ... und die heimliche Aushöhlung des AGB-Gesetzes - ZBB 1999, 103 ff.

– Bankhaftung - Strukturen und Tendenzen - In: Köndgen (Hrsg.), RWS-Forum 1-Neue Entwicklungen im Bankhaftungsrecht, Köln 1987

Kötz, Hein: Deliktsrecht - 7. Aufl., Neuwied/Kriftel/Berlin 1996

– Haftungsausschluß der Chemischreiniger in: Walz (Hrsg.), Sozialwissenschaften im Zivilrecht, Darmstadt 1983

– Haftungsausschlußklausen - In: 25 Jahre Karlsruher Forum, Beiheft zu VersR 1983, 145 ff.

– Haftung für besondere Gefahr - AcP 170 (1970), S. 1 ff.

Kronke, Herbert: Konkretisierung der Risikozurechnungskriterien im Leistungsstörungsrecht - BGHZ 83, 197 - JuS 1984, 758 ff.

Kümpel, Siegfried: Rechtliche Aspekte des elektronischen Netzgeldes (Cybergeld) - WM 1998, 365 ff.

– Rechtliche Aspekte der neuen GeldKarte als elektronische Geldbörse - WM 1997, 1037 ff.

Landvogt, Andreas: Fälschung und Verfälschung von Wechseln und Schecks im anglo-amerikanischen, französischen und deutschen Recht - Diss., Köln 1970

Lange, Martin: Die Klauselwerke der Kreditwirtschaft - Diss. (Münster), Bielefeld 1995

Langhein, A. W. Heinrich: Das Prinzip der Analogie als juristische Methode - Diss. (Hamburg), Berlin 1992

Larenz, Karl: Die Prinzipien der Schadenszurechnung - JuS 1965, 373 ff.

– Zur Beweislastverteilung nach Gefahrenbereichen - In: Festschrift für Fritz Hauß, Karlsruhe 1978, S. 225 ff.

– Methodenlehre der Rechtswissenschaft - 6. Aufl., Berlin/Heidelberg/New York 1991

– Allgemeiner Teil des Deutschen Bürgerlichen Rechts 7. Aufl., München 1989

– Lehrbuch des Schuldrechts - Band I, 14. Auflage, München 1987

– Lehrbuch des Schuldrechts - Band II Halbband 1, 13. Aufl., München, 1986

– Lehrbuch des Schuldrechts - Band II, 12. Aufl., München 1981

– Ergänzende Vertragsauslegung und dispositives Recht - NJW 1963, 737 ff.

Larenz, Karl / *Canaris*, Claus Wilhelm: Lehrbuch des Schuldrechts, Band II - 2. Halbband 13. Aufl., München 1994

Larenz, Karl / *Wolf*, Manfred: Allgemeiner Teil des Bürgerlichen Rechts - 8. Aufl., München 1997

Layard, Richard / *Walters*, Alan A.: Microeconomic Theory - New York 1978

Lee, Wayne: Psychologische Entscheidungstheorie - Weinheim Basel 1977

Lent, Friedrich: Wille und Interesse bei der Geschäftsbesorgung - Leipzig 1938

Lieb, Manfred: Zum Handeln unter fremdem Namen - JuS 1967, 106 ff.

Liesecke, Rudolf: Die Haftungsausschlüsse der Kreditinstitute nach den Allgemeinen Geschäftsbedingungen in der Praxis - WM 1970, 502 ff.

Martinek, Michael: Moderne Vertragstypen, Band 3: Computerverträge, Kreditkartenverträge sowie sonstige moderne Vertragstypen - München, 1993

Mataja, Victor: Das Recht des Schadensersatzes vom Standpunkte der Nationalökonomie - Leipzig, 1888

Mayer-Maly, Theo: Die Bedeutung des tatsächlichen Parteiwillens für den hypothetischen In: Festschrift für Werner Flume zum 70. Geburtstag, Köln 1978, S. 621

Meder, Stephan: Die Kreditkartenzahlung als Anweisungsgeschäft - AcP 198 (1998), 72 ff.

– Zur Unwiderruflichkeit der Zahlungsanweisung des Kreditkarteninhabers gem. § 790 BGB - NJW 1993, 3245 ff.

– Rechtsfragen des bargeldlosen Zahlungsverkehrs unter besonderer Berücksichtigung der europäischen Entwicklung - JuS 1996, 89 ff.

– Kreditkartengeschäfte und Anweisungswiderruf gegenüber dem Kartenherausgeber - NJW 1994, 2597 ff.

– Kreditkartenmißbrauch: die Verteilung des Haftungsrisikos im Telephone-Order-, Mail-Order- und Internet-Verfahren - ZBB 2000, 89

– Die Haftung im beleglosen Fernabsatz-Kreditkartengeschäft – NJW 2000, 2076 ff.

Medicus, Dieter: Ansprüche auf Schadensersatz - JuS 1986, 665 ff.

– Bürgerliches Recht - 18. Aufl., Köln 1999

Meincke, Jens Peter: Besprechung von: Hans-Bernhard Rengier, Die Abgrenzung des positiven vom negativen Vertragsinteresse und vom Integritätsinteresse - AcP 179 (1979), S. 170 ff.

Merkel, Helmut: Das Recht der Kreditkarte in den USA - Diss., Berlin, 1990

– Die gesetzliche Regelung des Kreditkartengeschäfts in den USA - WM 1990, 253 ff.

Metz, Rainer: Aktuelle Rechtsfragen der Kreditkartenpraxis - NJW 1991, 2804 ff.

Meyer-Cording, Ulrich: Wertpapierrecht - 1. Aufl., Frankfurt a. M. 1980

Meyer-Cording, Ulrich / *Drygala*, Tim: Wertpapierrecht - 3. Aufl., Neuwied Kriftel Berlin 1995

Mill, John Stuart: Gesammelte Werke - Zweiter Band: System der deductiven und inductiven Logik – Autorisierte Übersetzung von Theodor Gomperz, Leipzig 1872

Möschel, Wernhard: Dogmatische Strukturen des bargeldlosen Zahlungsverkehrs - AcP 186 (1986), 187 ff.

Motive zu dem Entwurfe eines Bürgerlichen Gesetzbuchs für das deutsche Reich - Berlin Leipzig, 1888 - Band I, Allgemeiner Teil - Band II, Recht der Schuldverhältnisse

Müller-Christmann, Bernd: Neuere Rechtsprechung zum Scheckrecht - WM 1998, 577 ff.

Müller-Erzbach, Rudolf: Gefährdungshaftung und Gefahrtragung – AcP 106 (1910), S. 309 ff.

Münch, Joachim: Die Reichweite der Unterschrift im Wechselrecht. Ein Plädoyer für die Maßgeblichkeit des räumlichen Sinnzusammenhanges - Diss., Berlin 1993

Münchener Handbuch zum Arbeitsrecht - Band 1, Individualarbeitsrecht I, München 1992

Münchener Kommentar zum Bürgerlichen Gesetzbuch - 3. Aufl., München Band 1 (§§ 1-240), 1993 - Band 2 (§§ 241-432), 1994 Band 4 (§§ 607-704), 1997 - Band 5 (§§ 705-853), 1997

Nassauer, Friedemann: "Sphärentheorien" zur Regelung der Gefahrtragungshaftung in vertraglichen Schuldverhältnissen - Diss., Marburg 1978

Nobbe, Gerd: Die neuere Rechtsprechung des Bundesgerichtshofes zum Wechsel- und Scheckrecht – WM 1991, Sonderbeilage 10

Nuissl, Dagmar: Bankgeschäftsrecht – 1997, Neuwied/Kriftel/Berlin

Oechsler, Jürgen: Wettbewerb, Reziprozität und externe Effekte im Kreditkartengeschäft Diss. (Saarbrücken), Heidelberg 1992

– Grundprobleme der Zivilrechtsdogmatik des Kreditkartengeschäfts – WM 2000, 1613 ff.

Oertmann, Paul: Recht der Schuldverhältnisse - Kommentar zum BGB und seinen Nebengesetzen, §§ 241 bis 432, 5. Aufl., Berlin 1928

– Die Verantwortlichkeit für den eigenen Geschäftskreis - Das Recht 1922, Sp. 5 ff.

– Anfängliches Leistungsunvermögen - AcP 140 (1934), 129 ff.

Palandt, Otto: Bürgerliches Gesetzbuch - 60. Aufl., München 2001

Paul, Werner: Gezinkte Karten - NJW-CoR 1994, 284 ff.

Pausch, Manfred: Die Sicherheit von Magnetstreifenkarten im automatisierten Zahlungsverkehr - CR 1997, 174 ff.

– Risiken im automatisierten Verkehr mit Magnetstreifenkarten VuR 1997, 121.

Peters, Frank: Zur Geltungsgrundlage der Anscheinsvollmacht – AcP 179 (1979), 214 ff.

Petring, Ralf: Störungen bei POS-Zahlungen - Diss. (Bielefeld), Frankfurt a. M. 1990

Pfeiffer, Thomas: Die Geldkarte - Ein Problemaufriß - NJW 1997, 1036 ff.

– Anm. zu AG Kassel, WM 1993, 2110 - WuB I D 5 b. - 1.95

– Kurzkommentar zu BGH, Vorlagebeschluß v. 6.3.1997 EWiR § 9 AGBG, 7/97, S. 483 ff.

– Die Bedeutung des privatrechtlichen Immissionsschutzes Diss., Frankfurt a. M. Bern New York 1987

– Der gesetzliche Inhalt des allgemeinen Freigabeanspruchs ZIP 1997, 49 ff.

– Zivilrechtliche Probleme des Phone-Banking, des Home-Banking und des elektronischen Geldes – Vortrag in: Das Recht vor den Herausforderungen der modernen Technik – Sonderausgabe im Rahmen des Deutsch-Koreanischen Kolloquiums vom 19. bis 26. Juli 1998 – Seoul 1999

Picker, Eduard: Positive Forderungsverletzung und culpa in contrahendo - Zur Problematik der Haftung "zwischen" Vertrag und Delikt - AcP 183 (1983), S. 369 ff.

Pigou, A. C.: The Economics of Welfare - 4. Aufl., London 1932

Pleyer, Klemens / *Müller-Wüsten*, Horst E.: Gerichtliches Aufgebotsverfahren für eurocheque-Formulare und eurocheque-Karten? – WM 1975, 1102 ff.

Posner, Richard A.: Economic Analysis of Law - 3. Ed., Boston 1986

– The Economic Approach to Law - Texas Law Review 53 (1975), S. 757 ff.

Priest, George L.: The Current Insurance Crisis - Yale Law Journal, Bd. 96 (1987), S. 1521 ff.

Protokolle der Kommission für die zweite Lesung des Entwurfs des Bürgerlichen Gesetzbuches, Band 2, Berlin 1898

Pütthoff, Heinz-Helmer: Die Kreditkarte in rechtsvergleichender Sicht Deutschland-USA - Diss. (Münster), München 1974

Raape, Leo: Die Beweislast bei positiver Vertragsverletzung – AcP 147 (1947), S. 217 ff.

Rädler, Peter: Der Mieter im "Annahmeverzug" - zur Vorschrift des § 552 BGB - NJW 1993, 689 ff.

Raiser, Ludwig: Das Rektapapier - ZHR 101 (1935), S. 13 ff.

Redeker, Helmut: Geschäftsabwicklung mit externen Rechnern im Bildschirmtextdienst - NJW 1984, 2391 ff.

Reichel, Hans: Einlösung gefälschter Schecks - DJZ 1925, Sp. 1800 f.

Reifner, Udo: Die Haftung des Kontoinhabers beim Mißbrauch seiner Bankautomatenkarte durch Dritte - BB 1989, 1912 ff.

– Der abhanden gekommene Euroscheck - NJW 1987, 630 ff.

Reinfeld, Richard: Rechtsfragen des Interchange-Kreditkartensystems am Beispiel von VISA und EUROCARD - WM 1994, 1505 ff.

Reiser, Cristof: Das beleglose Scheckeinzugsverfahren im deutschen Kreditgewerbe - WM 1986, 409 ff.

– Rechtliche Aspekte der Zahlungsverkehrsnetze – WM 1986, 1401 ff.

– Anforderung an die Sorgfaltspflichten der Banken im Scheckverkehr WM 1984, 1557 ff.

RGRK: Das Bürgerliche Gesetzbuch – Kommentar, 12. Aufl., Band II, 1. Teil, §§ 241-413, 4. Teil, §§ 631-811, 1978

Richardi, Reinhard: Abschied von der gefahrgeneigten Arbeit als Voraussetzung für die Beschränkung der Arbeitnehmerhaftung - NZA 1994, 241 ff.

Rodewald, Bernd: Der Business Case für elektronische Zahlungssysteme - WM 1997, 1520 ff.

Röh, Lars: Die kausale Erklärung überbedingter Erfolge im Strafrecht - Diss. (Bonn), Frankfurt a. M. 1995

Rohe, Matthias: Netzverträge – Habilitationsschrift, Tübingen 1997

Rossa, Caroline Beatrix: Mißbrauch beim electronic cash - Eine zivilrechtliche Bewertung - CR 1997, 138 ff.

Roth, Günter H.: Besprechung von Ingo Koller, Die Risikozurechnung bei Vertragsstörungen in Austauschverträgen - AcP 181 (1981), S. 145 ff.

Rümelin, Gustav: Culpahaftung und Kausalhaftung - AcP 88 (1898), S. 285 ff.

Rümelin, Max: Schadensersatz ohne Verschulden - Rede anläßlich einer akademischen Preisverteilung – Tübingen, 1910.

– Zur Lehre von den Schuldversprechen und Schuldanerkenntnissen des BGB - Erster Teil - AcP 97 (1905), S. 211 ff.

Rünz, Hans Wilhelm: Zur Praxis des Kreditkartenverfahrens - Nr. 29 der Gelben Reihe des Instituts für internationales Recht des Spar- Giro- und Kreditwesens (1979)

Rutge, Wolfgang: Rechtsfragen des Electronic Banking - In: Scherer, J. (Hrsg.), Telekommunikation und Wirtschaftsrecht, Köln 1988, S. 139 ff.

Salje, Peter: Anmerkung zu BGH, Urteil v. 23.04.1991 - JR 1992, 374 ff.

Sandrock, Otto: Zur ergänzenden Vertragsauslegung im materiellen und internationalen Schuldvertragsrecht - Habilitationsschrift, Köln, 1966.

Savigny, Friedrich Carl v.: System des heutigen Römischen Rechts - Band 1, Berlin 1840

Schäfer, Hans-Bernd / *Ott*, Claus: Lehrbuch der ökonomischen Analyse des Zivilrechts - 3. Auflage, Berlin Heidelberg New York 2000

– Allokationseffizienz in der Rechtsordnung – Beiträge zum Travemünder Symposium zur Ökonomischen Analyse des Rechts, 23.-26-März 1988 - Berlin New York 1989

Schenck, Dedo v.: Der Begriff der "Sphäre" in der Rechtswissenschaft - Diss. (Hamburg), Berlin 1977

Schimansky, Herbert / *Bunte*, Hermann Josef / *Lwowski*, Hans-Jürgen: Bankrechts-Handbuch - Band I, München 1997

Schindler, Werner: Die neuen PIN-Nummern der ec-Karten – Interview - NJW-CoR 1998, 223 ff.

Schmalz, Dieter: Methodenlehre für das juristische Studium - 3. Aufl. Baden Baden 1992

Schnauder, Franz: Rechtsfolgen nach Abhandenkommen eines Schecks - WM 1998, 1901 ff.

Schneider, Claus Peter: Point of Sale-Zahlungen mit der ec-Karte - Diss. (Tübingen), Konstanz 1990

Schön, Wolfgang: Prinzipien des bargeldlosen Zahlungsverkehrs – AcP 198 (1998), S. 401 ff.

Schönle, Herbert: Bank- und Börsenrecht - 2. Aufl., München 1976

Schröter, Jürgen: Bankenhaftung im mehrgliedrigen Zahlungsverkehr - ZHR 151 (1987), 118 ff.

Schultz, Oliver: Risiken der Einreichung US-amerikanischer Schecks - WM 1998, 583 ff.

Schürmann, Thomas: Haftung im mehrgliedrigen bargeldlosen Zahlungsverkehr - Diss. (Bochum), Berlin 1994

Schwintowski, Hans-Peter: Ökonomische Theorie des Rechts - JZ 1998, 581 ff.

Schwintowski, Hans-Peter / *Schäfer*, Frank A.: Bankrecht -Commercial Banking - Investment Banking - Köln Berlin Bonn München 1997

Seibert, Ulrich: Verbraucherkreditgesetz und Kreditkarte - DB 1991, 429 ff.

Sen, Amartya: Collective Choice and Social Welfare - San Francisco 1970

Simon, Herbert A.: Economics, Bounded Rationality and the Cognitive Revolution - Aldershot 1992

Soergel, Hans Theodor: Bürgerliches Gesetzbuch - Kommentar, 12. Auflage Stuttgart Berlin Köln - Band 1, §§ 1-240, 1987; Band 3, §§ 433-415, 1991

Söllner, Alfred: "Ohne Arbeit kein Lohn" - AcP 167 (1967), S. 132 ff.

Stampe, E.: Aus einem Freirechtslehrbuch - AcP 107 (1911), S. 274 ff.

Staub, Herrmann: Großkommentar zum HGB - Bankvertragsrecht, Erster Teil - 4. Aufl., Berlin New York 1988 - Bd. III/3 (2. Bearbeitung), Bankvertragsrecht, 3. Aufl., Berlin New York 1981

Stauder, Bernd / *Weisensee*, Gerd J.: Das Kreditkartengeschäft Frankfurt a. M., 1970

Staudinger, Julius v.: Kommentar zum Bürgerlichen Gesetzbuch – Berlin 13. Bearbeitung - Erstes Buch: §§134-163, 1996; Zweites Buch: §§ 241-243, 1995; §§ 249-254, 1998; §§ 255-292, 1995; §§ 293-327, 1995; §§ 631-651, 1994; §§ 652-704, 1995; §§ 779-811, 1997
12. Bearbeitung – Zweites Buch: §§ 328-397
11. Bearbeitung – Zweites Buch: § 242, 1961

Stecher, Reiner: Rechtsfragen beim Bankomaten - WM 1977, 186 ff.

Steindorff, Ernst: Wertersatz für Schäden als Aufwendungsersatz im Arbeits- und Handelsrecht - In: Vom Deutschen zum Europäischen Recht - Festschrift für Hans Dölle, Tübingen 1963

Stenger, Hans-Jürgen: Anm. zu LG Hannover, Urt. v. 16.3.1998 - NJW-CoR 1998, 304 ff.

Stoll, Hans: Haftungsverlagerung durch beweisrechtliche Mittel - AcP 176 (1976), S. 145 ff.

Streit, Georg: Kartenzahlung und Verbraucherverschuldung aus rechtlicher Sicht - Diss. (Mannheim), Berlin 1997

Strohdeicher, Carsten: Risiken des automatisierten Zahlungsverkehrs beim Einsatz von POS (ECS), Geldautomaten und BTX - Diss. (Münster), Frankfurt a. M. 1990

Strube, Hartmut: Haftungsrisiken der ec-Karte - WM 1998, 1210 ff.

Stumpf, Cordula: Erläuternde und ergänzende Auslegung letztwilliger Verfügungen im System privatautonomer Rechtsgestaltung - Diss. (Würzburg), Berlin 1991

Taupitz, Jochen: Kreditkartenmißbrauch: Thesen zur zulässigen Verteilung des Haftungsrisikos in AGB - NJW 1996, 217 ff.

– Zivilrechtliche Haftung bei Kreditkartenmissbrauch - Frankfurt a. M. 1995

Thiele, Wolfgang: Zum Allgemeinen Teil des Deutschen Bürgerlichen Rechts - JZ 1969, 405 ff.

Thomsen, Detlef: Die Einwendungslehre im englischen und deutschen Wechselrecht - Diss., Heidelberg 1977

Tool, Mark R.: Institutional Economics: Theory, Method, Policy –Boston Dordrecht London 1993

Trimarchi, Pietro: Die Regelung der Vertragshaftung aus ökonomischer Sicht - ZHR 136 (1972), 118 ff.

Ulmer, Eugen: Akkreditiv und Anweisung - AcP 126 (1926), S. 129 ff., 257 ff.

– Das Recht der Wertpapiere – Stuttgart Berlin 1938

Ulmer, Peter: Wirtschaftslenkung und Vertragserfüllung - AcP 174 (1974), S. 167 ff.

Ulmer, Peter / *Brandner*, Erich / *Hensen*, Horst-Diether: AGB-Gesetz – Kommentar - 9. Aufl., Köln 2001

Usslar, Levin v. / *Morgen*, Robert D. v.: Aktuelle Rechtsfragen der Kreditkarten-Praxis - Hamburg, 1989

Vetter, Eberhard: Gefahrtragung beim grenzüberschreitenden Industrieanlagen-Vertrag - Anmerkung zu BGH, RIW 1982, S. 441 ff. - RIW 1984, 170 ff.

Wächter, C. G.: Über die Frage: Wer hat bei Obligationen die Gefahr zu tragen? - AcP 15 (1832), S. 97 ff., 188 ff.

Wand, Lothar: Die elektronische Zahlung aus rechtlicher Sicht unter besonderer Berücksichtigung der vorausbezahlten elektronischen Geldbörse (GeldKarte) - In: 4. Akademischer Bankentag am 5.11.1998: Das Recht des bargeldlosen Zahlungsverkehrs in Deutschland und Europa, Rostock, 1998

– Die neuen Bedingungen der privaten Banken für ec-Karten und den Scheckverkehr - ZIP 1996, 214 ff.

Weisensee, Gerd Josef: Das Bankkreditkartengeschäft - Diss. (Freiburg i. d. Schweiz), Bern 1978

Weller, Michael: Das Kreditkartenverfahren - Diss. (Frankfurt a. M.), Köln 1986

Werner, Stefan: Anscheinsbeweis und Sicherheit des ec-PIN-Systems im Lichte der neueren Rechtsprechung – WM 1997,1516 ff.

Westphalen, Friedrich Graf v.: Vertragsrecht und AGB-Klauselwerke, Loseblatt, München - Haftungserweiterungsklauseln (1993) - ec-Bedingungen (1996) - Kreditkartenvertrag (1995)

Weyers, Hans-Leo: Unfallschäden - Praxis und Ziel von Haftpflicht- und Vorsorgesystemen - Habilitationsschrift (Tübingen), Frankfurt a. M. 1971

Wieacker, Franz: Die Methode der Auslegung des Rechtsgeschäfts – JZ 1967, 385 ff.

Wilburg, Walter: Die Elemente des Schadensrechts - Marburg a. d. Lahn, 1941

Will, Michael: Quellen erhöhter Gefahr – Habilitationsschrift, München 1980

Wittmann, Roland: Begriff und Funktionen der Geschäftsführung ohne Auftrag - Habilitationsschrift, München 1981

Wolf, Manfred: Besprechung von Ingo Koller, Die Risikozurechnung bei Vertragsstörungen in Austauschverträgen - NJW 1980, 983 ff.

Wolf, Manfred / *Horn*, Norbert / *Lindacher*, Walter F.: AGB-Gesetz – Kommentar - 4. Aufl., München 1999

Würdinger, H. W.: Akzeptkredit und Gefälligkeitsakzept – BB 1954, 325 ff.

Zahrnt, Christoph: Die Kreditkarte unter privatrechtlichen Gesichtspunkten - NJW 1972, 1077 ff.

– Die Sicherheit der Scheckeinlösung - Berlin, 1971

Zitelmann, Ernst: Lücken im Recht – Antrittsrede, Leipzig 1903

Zöller, Richard: Zivilprozeßordnung - 22. Aufl., Köln 2001

Zöllner, Wolfgang: Wertpapierrecht – 13. Aufl.; München 1982

– Die Zurückdrängung des Verkörperungselements bei den Wertpapieren - In: Festschrift für Ludwig Raiser, Tübingen, 1974

Sachwortregister

(Die Zahlen bezeichnen die Seiten)

Untersuchungen über das Spar-, Giro- und Kreditwesen

Abteilung B: Rechtswissenschaft

Herausgegeben von Walther Hadding und Uwe H. Schneider

94 **Konzern, Konzernrecht und Konzernfinanzierung.** Hrsg. von W. Hadding und U. H. Schneider. Teil IV: **Der Schadenersatzanspruch gemäß § 317 AktG bei Schädigung der abhängigen Eine-Person-AG.** Von C.-F. Bollmann. 148 S. 1995 ⟨3-428-08117-X⟩ DM 88,– / sFr 78,–

95 **Die Rückabwicklung der verbundenen Geschäfte beim Einwendungsdurchgriff nach dem Verbraucherkreditgesetz.** Von S. Pietzcker. 163 S. 1994 ⟨3-428-08222-2⟩ DM 64,– / sFr 57,–

96 **Die zivilrechtliche Beurteilung des Lastschriftverfahrens.** Von U. Jacob. 108 S. 1995 ⟨3-428-08336-9⟩ DM 72,– / sFr 64,–

97 **Sicherheitsleistung durch Bankbürgschaft.** Einsatzmöglichkeiten, Ausgestaltung des Bürgschaftsinhaltes sowie Anforderungen an den Bürgen. Von A. Retemeyer. 137 S. 1995 ⟨3-428-08365-2⟩ DM 88,– /sFr 78,–

98 **Das UNCITRAL-Modellgesetz über den internationalen Überweisungsverkehr.** Eine Darstellung im Vergleich mit den Regeln des Artikel 4A Uniform Commercial Code (UCC) und des deutschen Rechts. Von J. Genner. XVIII, 233 S. 1995 ⟨3-428-08580-9⟩ DM 72,– / sFr 64,–

99 **Außerbörslicher Aktienhandel. Teilband I: Umfang und Ursachen.** Von S. Stenzel. Tab., Abb.; 215 S. 1995 ⟨3-428-08476-4⟩ DM 104,– / sFr 90,–

100 **Rechtsfragen internationaler Anleihen.** Von U. R. Siebel. XXXI, 875 S. 1997 ⟨3-428-09187-6⟩ DM 204,– / sFr 176,–

101 **Konzern, Konzernrecht und Konzernfinanzierung.** Hrsg. von W. Hadding und U. H. Schneider. Teil V: **Der Gleichordnungskonzern im Gesellschaftsrecht.** Von T. Milde. XVI, 264 S. 1996 ⟨3-428-08544-2⟩ DM 136,– /sFr 117,–

102 **Finanzierungsleasing und „arrendamiento financiero".** Eine rechtsvergleichende Untersuchung zum Finanzierungsleasing beweglicher Anlagegüter in Deutschland und Spanien. Von S. Leible. 478 S. 1996 ⟨3-428-08916-2⟩ DM 104,– / sFr 90,–

103 **Die Beteiligung der Sparkassen- und Giroverbände an den Landesbanken** dargestellt am Beispiel der WestLB. Von A. Gerick. VI, 344 S. 1996 ⟨3-428-08929-4⟩ DM 76,– / sFr 67,–

104 **Wertpapiersammelverwahrung im italienischen Recht.** Eine rechtsvergleichende Untersuchung. Von B. Rückert. 191 S. 1996 ⟨3-428-09004-7⟩ DM 72,– / sFr 64,–

105 **Die Vertretung verselbständigter Rechtsträger in europäischen Ländern.** Hrsg.von W. Hadding und U. H. Schneider. Teil I: **Deutschland, Italien und Spanien.**Von S. P. Fellmeth. 481 S. 1997 ⟨3-428-09111-6⟩ DM 104,– / sFr 90,–

106 **Konzern, Konzernrecht und Konzernfinanzierung.** Hrsg. von W. Hadding und U. H. Schneider. Teil VI: **Organhaftung und Haftpflichtversicherung.** Von H. Ihlas. Tab., Abb.; 436 S. 1997 ⟨3-428-09051-9⟩ DM 88,– / sFr 80,–

107 **Das Recht des Terminhandels.** OTC-Optionen als Grenzfälle des Börsentermingeschäfts. Von K. Franken. 254 S. 1997 ⟨3-428-09195-7⟩ DM 96,– / sFr 85,–

108 **Namenssparbriefe des Kapitalmarktes im Wertpapierrecht.** Wertpapierrechtliche Besonderheiten bei Begründung, Übertragung und Erlöschen von Namensschuldverschreibungen des Kapitalmarktes, dargelegt anhand der Vertragsrealität von Sparkassenbriefen. Von A. Seitz. 415 S. 1997 ⟨3-428-09109-4⟩ DM 104,– / sFr 90,–

109 **Umfang, Grenzen und Nachweis der Vertretungsmacht bei privaten und öffentlichen Rechtsträgern in Österreich.** Von G. Seikel. 250 S. 1998 ⟨3-428-09359-3⟩ DM 104,– / sFr 90,–

110 **Grundschuldbestellung und Übernahme der persönlichen Haftung.** Von C. Marburger. 148 S. 1998 ⟨3-428-09374-7⟩ DM 80,– / sFr 71,–

111 **Börsendienstleistungen im Europäischen Binnenmarkt.** Die Marktkonzeption der Wertpapierdienstleistungsrichtlinie am Beispiel der Aktienmärkte. Von H. Klenke. 212 S. 1998 ⟨3-428-09396-8⟩ DM 104,– / sFr 90,–

112 **Konzern, Konzernrecht und Konzernfinanzierung.** Hrsg. von W. Hadding und U. H. Schneider. Teil VII: **Die Aufsicht über Finanzkonglomerate.** Das Aufsichtsrecht der Finanzdienstleistungsunternehmen im Spannungsverhältnis zwischen Gruppen- und Einzelinstitutsaufsicht. Von J. Schieber. 349 S. 1998 ⟨3-428-09523-5⟩ DM 104,– / sFr 90,–

113 **Steuerrecht und Dividenden-Stripping.** Von A. Unfried. XXI, 292 S. 1998 ⟨3-428-09538-3⟩ DM 104,– / sFr 90,–

114 **Die Außenhaftung von Emissionskonsorten für Aktieneinlagen.** Von B. Singhof. 274 S. 1998 ⟨3-428-09539-1⟩ DM 104,– / sFr 90,–

115 **Grenzüberschreitendes (internationales) Insolvenzrecht der Vereinigten Staaten von Amerika und der Bundesrepublik Deutschland.** Systeme und Wechselwirkungen rechtsvergleichend auch zu anderen Rechtsordnungen, insbesondere der Schweiz. Von E. J. Habscheid. XLV, 534 S. 1998 ⟨3-428-09327-5⟩ DM 204,– / sFr 176,–

116 **Konzern, Konzernrecht und Konzernfinanzierung.** Hrsg. von W. Hadding und U. H. Schneider. Teil VIII: **Recht und Praxis des konzernweiten Cash Managements.** Ein Beitrag zur Konzernfinanzierung. Von M. W. Hormuth. 286 S. 1998 ⟨3-428-09575-8⟩ DM 104,– / sFr 90,–

117 **Die Vertretung verselbständigter Rechtsträger in europäischen Ländern.** Hrsg. von W. Hadding und U. H. Schneider. Teil III: **Dänemark, Niederlande und Schweiz.** Von H. de Groot, S. F. Hansen und G. Seikel. 231 S. 1998 ⟨3-428-09181-7⟩ DM 136,– / sFr 117,–

118 **Der Bereicherungsausgleich im Überweisungsverkehr** unter Berücksichtigung des Zurückweisungsrechts des Gutschriftempfängers und der Stornierungsbefugnis der Kreditinstitute. Von O. Seiler. 289 S. 1998 ⟨3-428-09576-6⟩ DM 104,– / sFr 90,–

119 **Die weiche Patronatserklärung.** Von J. Fried. 274 S. 1998 ⟨3-428-09581-2⟩ DM 104,– / sFr 90,–

120 **Die Forderungsabtretung, insbesondere zur Kreditsicherung, in ausländischen Rechtsordnungen.** Hrsg. von W. Hadding und U. H. Schneider. X, 868 S. 1999 ⟨3-428-09643-6⟩ DM 244,– / sFr 210,–

121 **Die Auseinandersetzung bei Sparkassenzweckverbänden.** Von M. Scherl. 196 S. 1998⟨3-428-09593-6⟩ DM 116,– / sFr 100,–

122 **Anlegerschutz in öffentlichen Unternehmen.** Von S. Harbarth. 517 S. 1998 ⟨3-428-09729-7⟩ DM 136,– / sFr 117,–